KB154964

현대 라틴아메리카

현대 라틴아메리카

초판 1쇄 발행 _ 2014년 5월 30일
초판 3쇄 발행 _ 2018년 10월 5일

지은이 토머스 E. 스키드모어, 피터 H. 스미스, 제임스 N. 그린
옮긴이 우석균, 김동환 외
펴낸곳 (주)그린비출판사 | **주소** 서울시 마포구 와우산로 180, 4층
전화 02-702-2717 | **이메일** editor@greenbee.co.kr | **신고번호** 제2017-000094호

ISBN 978-89-7682-533-9 03950
이 도서의 국립중앙도서관 출판시도서목록(CIP)은 서지정보유통지원시스템 홈페이지(http://seoji.nl.go.kr)와 국가자료공동목록시스템(http://www.nl.go.kr/kolisnet)에서 이용하실 수 있습니다. (CIP제어번호: CIP2014016683)

이 책은 2008년도 정부(교육부)의 재원으로 한국연구재단의 지원을 받아 번역되었음. (NRF-2008-362-B00015)

철학이 있는 삶 **그린비출판사** www.greenbee.co.kr

트랜스라틴 총서 13

현대 라틴아메리카

MODERN LATIN AMERICA

토머스 E. 스키드모어 / 피터 H. 스미스 / 제임스 N. 그린 지음

우석균 / 김동환 외 옮김

그린비

데이비드, 제임스, 로버트,

조너선, 피터, 사샤, 어맨더,

그리고

소냐를 위하여

서문

이 7판은 상상 이상으로 일이 훨씬 컸다. 초기에 우리는 최신 정보를 집어넣는 한편 책을 더 이해하기 쉽고 가르치기 편하게 만들기로 결정했다. 우리는 교육 쟁점을 토의하고, 강의 경험을 적은 메모들을 교환하고, 동료들과 학생들의 필요에 가장 부합될 책을 새로 상상하려고 애썼다.

대화가 진전되면서 우리는 이 도전이 『현대 라틴아메리카』의 대대적인 다시 쓰기와 개편을 요구하리라는 것을 깨달았다. 이런 목표로 우리는 다음과 같은 일을 했다.

- 네 개의 완전히 새로운 장을 썼다. 중앙안데스(6장), 베네수엘라(8장), 경제전략(12장), 문화와 사회(14장)를 다루는 장들이다.
- 옛날 장들을 결합시켜 새로운 장을 두 개 만들었다. 중앙아메리카와 카리브(4장), 그리고 비교연구의 관점에서 본 정치 이행(13장)을 다루는 장이다.
- 학생, 강의자, 일반 독자가 실용적으로 이용할 수 있는 웹사이트를 개발했다.

책 전체적으로는 지도와 삽화를 추가하고, 설명 방식을 재구성하고, 최대한 명확하고 간결하게 쓰려고 노력했다. 이 7판은 새롭고 다른 책인 것이다.

과거와 마찬가지로 지금 라틴아메리카는 대단히 큰 불확실성의 시기를 거치고 있다. 지난 세기 마지막 25년 동안 라틴아메리카는 독재를 종식시키고 민주주의를 달성했다. 또한 대대적인 경제개혁도 착수했다. 그러나 빈곤과 불평등이 지속되고, 광범위한 민중 저항이 발생했다. 하지만 무장봉기의 형태로가 아니라 야권 후보와 정당들을 선거에서 지원하는 형식이었다. 그리하여 민주주의가 제대로 작동해 왔다. 또한 라틴아메리카의 경제적 조건이 개선되기 시작했고, 2008~2009년의 세계금융위기가 지역 국가들에게 끔찍한 요금을 징수했다. 미래에 무슨 일이 일어날지는 아무도 모른다.

이 7판 작업에서 매튜 C. 키어니, 캐롤라인 랜도, 타르소 루이스 라모스의 대단히 유능한 도움을 받았음을 기꺼이 인정하는 바이다. 마이클 시프터, 더글러스 코프, 동료 학자들의 사려 깊은 충고 덕분에 몇 가지 부적절한 실수를 면해서 감사한다. 펠리서티 스키드모어의 특별한 역할도 인정하고 싶다. 그의 편집 방침, 전문적 뒷받침, 정신적 지원 덕분에 작업을 마칠 수 있었다.

마지막으로 우리는 라틴아메리카 사람들에게 감사와 존경을 표하는 바이다. 이 책은 그들의 이야기이다. 외국인 학자인 우리로서는 책이 제대로 써졌기만을 바랄 뿐이다.

토머스 E. 스키드모어
피터 H. 스미스
제임스 N. 그린

차 례

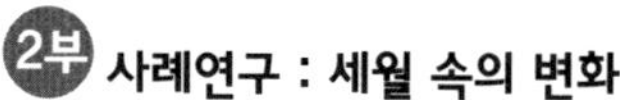

2부 사례연구 : 세월 속의 변화

| 일러두기 |

1 이 책은 Thomas E. Skidmore, Peter H Smith, James N. Green의 *Modern Latin America*(7th edition, New York: Oxford University Press, 2010)를 완역한 것이다.

2 본문의 주석은 모두 각주로 표시되어 있다. 옮긴이 주는 끝에 '—옮긴이'라고 표시했으며, 표시가 없는 것은 모두 지은이 주이다.

3 본문 중에 독자의 이해를 돕기 위하여 옮긴이가 추가한 내용은 대괄호([ ])로 묶어 표시했다.

4 단행본·정기간행물은 겹낫표(『』)로, 논문·단편·기사 및 영화·연극·TV프로그램 등의 제목은 낫표(「」)로 표시했다.

5 외국어 고유명사는 2002년 국립국어원에서 펴낸 외래어 표기법을 따르는 것을 원칙으로 하되, 통용되는 표기를 고려하여 예외를 두었다. (예: 칼 맑스, 발터 벤야민)

1부 | 질문과 맥락

1장 | 왜 라틴아메리카인가?

"미국은 라틴아메리카 때문이라면 무슨 일이든 할 것이다. 다만 라틴아메리카에 대한 독서만 빼고 말이다." 미국의 정치 부문 언론인으로 오랜 세월 전설적 인물이었던 고故 제임스 레스턴이 한 말이다. 그가 틀렸음을 입증해야 할 이유가 있을까?

물론 몇 가지 이유가 있다. 첫째, 미국의 경제적 이해는 이 지역과 깊이 연계되어 있다. 라틴아메리카는 미국의 주요 무역대상 지역 중 하나이다. 미국의 투자처이며, 석유를 비롯한 주요 원자재의 공급처이기도 하다. 멕시코와 브라질 같은 핵심 국가들의 급속한 성장은 조만간 세계무대에서 새로운 강대국의 등장을 야기할 수도 있다.

우리는 또 정치적으로 긴밀하게 연계되어 있다. 라틴아메리카에서 혁명적인 격변이나 반미 운동이 일어나면 미국의 대외정책은 심각한 도전에 직면한다. 이 경우 우리의 국익을 어떻게 규정하고, 보호하며 촉진시킬 것인지 심각한 의문을 제기한다. 미국의 양당 대통령들은 일관되게 라틴아메리카의 중요성을 인정했다. 공화당의 조지 H. W. 부시 대통령은 멕시코와 특수한 관계를 맺길 원했고, 모든 라틴아메리카 국가와 미국이 경제적으로 결합하는 FTA를 1990년에 제안했다. 민주당의 빌 클린턴 대통령은 1994년에 서반구 국가들이 참여하는 '미주정상회담'을 주최함으로써 전례를 따랐다. 공화당의 조지 W. 부시 대통령은 2001년 첫 해외순방 대상지로 멕시코를 택했다. 민주당 대통령 당선자 버락 오바마는 2009년 취임하기도 전에 멕시코 대통령과 개인 회담을 가지기도 했다.

국내적 고려사항도 있다. 미국의 많은 부분이 라틴화되었다. 멕시코, 푸에르토리코, 중앙아메리카, 카리브, 심지어 브라질에서 온 이민자들의 영향력 때문이다. 한때 멕시코였던 영토에 살던 에스파냐어 사용 주민의 자손인 히스패닉 계의 영향력은 제쳐 놓고 말이다. 역사적 사건에 따른 편입이든 근자의 이민이건 라틴아메리카인과 그들의 풍습이 미국 남서부텍사스에서 캘리포니아까지, 플로리다, 뉴욕으로 퍼졌다. 이제 많은 미국의 주요 도시에서는 다른 어떤 집단보다 에스파냐어 사용 가족 집단의 아동들이 훨씬 많다. 이중언어 사용은 이제 정치적 쟁점이 되었고, 국경의 안과 밖에서 모두 에스파냐어 사용 아메리카[1]의 의미를 다시 생각하게 했다.

대부분의 미국 시민라틴아메리카에서 통상 우리를 가리켜 부르는 '북미인'은 남쪽의 이웃나라들을 잘 모른다. 미국 시민 다수는 미국이 '곤봉' 외교나 군사력을 동원하여 자신의 의지를 이들에게 강요해도 된다고 믿는다. 다른 사람들은 그들에게 관심조차 보이지 않는다. 어떤 사람들은 아직도 남쪽 사람들에 대한 진부한 전형적 이미지를 떠올린다. '라틴 애인'Latin lover,[2]

1) 이 책에서 'America' 혹은 'Americas'는 주로 아메리카로 번역하되, '미주정상회담'처럼 관례적으로 굳어진 경우에는 '미주'로 번역하였다.—옮긴이

2) 미국에서 라틴아메리카 남성들에 대한 정형화된 이미지의 하나로 이들을 정열적이고 매력적인 존재, 따라서 연인으로 적합한 대상으로 간주한다. 때로는 남부 유럽 남성들까지 그 대상이 확대되기도 한다.—옮긴이

'프리토 반디토'Frito Bandito,[3] 혼이 담긴 듯한 체 게바라의 이미지, 브라질 카니발의 물라토 여왕 등의 이미지가 제일 먼저 머리에 떠오른다.

하지만 심사숙고해 보면, 라틴아메리카가 복잡한 지역이란 점을 알게 된다. 지리적으로 라틴아메리카는 (텍사스와 멕시코 사이에 있는) 리오그란데 강에서 남아메리카의 남단에 이르는 땅 덩어리에다 카리브 제도를 포함한다. 총 면적은 미국의 2.5배나 된다. 남미의 서부에 길게 걸쳐 있는 안데스 산악지형에서 아마존 분지의 열대우림 지형까지, 또 북부 멕시코의 건조한 사막에서 아르헨티나 팜파스의 비옥한 초지대에 이르기까지 지형적 특징도 대단히 다양하다.

라틴아메리카는 엄청나게 다양한 인종과 인구의 대륙이기도 하다. 여기에는 다양한 인종 집단과 혼혈인들——원주민, 유럽 백인, 아프리카 흑인, 중국인, 일본인, 그리고 전 세계에서 온 이민자——이 모여 산다. 인구 규모에서도 큰 차이를 보인다. 브라질 인구는 아르헨티나의 경우보다 거의 다섯 배나 많고, 칠레보다는 10배 이상 많다. 2007년에 미국 인구가 3억 명 정도일 때, 라틴아메리카의 인구는 5억 5천만 명을 넘었다.

이러한 문화적 모자이크를 반영하듯이, 언어도 다양하다. 대부분 지역에서 에스파냐어를 말하지만, 브라질에서는 포르투갈어를 사용한다. 안데스의 일부 지방에서는 케추아어, 아이마라어 등 기타 원주민 언어들을 사용한다. 카리브 지역에는 프랑스어, 영어, 네덜란드어도 사용된다. 멕시코의 일부 지역들에서는 원주민 언어들을 사용하고, 과테말라에서도 20개가 넘는 원주민 언어를 사용한다.

---

3) 미국의 한 옥수수 콘칩의 선전용 만화 캐릭터로 서부영화에서 정형화된 멕시코 악당의 모습을 하고 있다. '프리토'는 '튀긴', '반디토'는 '악당'이라는 뜻이다.—옮긴이

라틴아메리카에 대한 미국의 정형화된 시각

몇 년 전 저명한 여론조사기관이 전국적으로 조사를 실시하였다. 응답자는 19개의 단어가 있는 카드를 받아, 중앙아메리카와 남아메리카의 사람들을 가장 잘 표현하는 단어들을 지적하라고 주문을 받았다. 응답결과는 다음과 같다.

어두운 피부	80%	창의적	23%
급한 성질	49%	예리한	16%
감정적	47%	똑똑한	15%
종교적	45%	정직한	13%
후진적	44%	용감한	12%
게으른	41%	너그러운	12%
무식한	34%	진보적	11%
의심이 많은	32%	효율적	5%
우호적인	30%	무응답	4%
더러운	28%	의견 없음	0%
자부심이 강한	26%		

응답자들은 원하는 만큼 많은 단어를 고르기를 요청받았기 때문에 백분율을 합치면 100을 훨씬 초과한다.

출처: John J. Johnson, *Latin America in Caricature* (Austin: University of Texas Press, 1980), p. 18.

게다가 라틴아메리카 사회는 놀라운 대조를 보여 준다. 부자와 빈자, 도시와 농촌, 식자와 문맹자, 권세를 부리는 대농장 주인과 굽실대는 농민, 부유한 기업인과 거리의 절망적인 소년들. 정치적으로 보자면 라틴아메리카는 소국과 대국을 합쳐 20개 국가 남짓하지만, 최근의 경험을 보자면 군부독재에서 선거민주주의, 심지어 사회주의 체제까지 다양하다.[4)]

4) 이는 보수적으로 계산한 것이다. 여기에는 벨리즈, 프랑스령 가이아나, 수리남, 과들루프, 마르티니크, 영어권 카리브 국가들, 또 푸에르토리코 자치령이 빠져 있다. 라틴아메리카와 카리브의 공식적인 지역단위 수는 41개이다.

〈지도 1〉 현대 라틴아메리카

경제적으로 보자면 라틴아메리카는 '개발도상' 경제권이다. 역사적으로나 현실적으로나 급격한 경제성장의 길은 막혀 있었다. 하지만, 여기서도 단일경작 종속경제인 온두라스와 같은 소국에서 역동적인 산업대국 브라질까지 다양하다.

라틴아메리카는 현대사 내내 식민주의적, 제국주의적, 신제국주의적 열강들에게 정치적, 경제적 독립을 쟁취하고자 열정적으로 노력했다.

하지만 '라틴아메리카'란 용어가 19세기 중반에 프랑스에 의해 대중화되었다는 것도 아이러니이다. 프랑스는 자신의 문화도 에스파냐와 포르투갈처럼 '라틴'이므로(즉, 프랑스도 로망스 언어 사용국이므로) 이 지역 전체에 제국주의적 리더십을 행사할 수 있다고 주장한 것이다.

대조와 역설

위에서 관찰한 것처럼 라틴아메리카를 쉽게 범주화하기는 어렵다. 역설에 가득 찬 지역이기 때문이다. 이러한 통찰력에 기대면 흥미로운 실마리들이 보인다.

첫째, 라틴아메리카는 신생 대륙이기도 하고 구대륙이기도 하다. 에스파냐와 포르투갈은 1492년에 라틴아메리카를 정복했고, 지배와 위계에 기초한, 전적으로 새로운 사회질서를 창출했다. 이어 유럽과 아프리카, 그리고 원주민적 요소들이 뒤섞였다. 유럽의 침투는 원주민 사회를 뿌리 깊이 변화시켰다. 아프리카와 아시아의 구 문명들과 비교한다면, 라틴아메리카 사회는 상대적으로 젊다. 반면에 대부분의 라틴아메리카 국가는 19세기 초엽에 에스파냐와 포르투갈에게 정치적 독립을 획득했다. 여타 개도국들의 반식민주의 운동이 성공하는 데는 이후 100년 이상이 걸렸다. 그러기에 국가의 탄생 기준을 보자면, 라틴아메리카는 상대적으로 오래되었다.

둘째, 라틴아메리카의 역사를 관통해서 살펴보면 격변과 안정기가 교차했음을 알 수 있다. 정복으로 시작된 정치적 폭력의 전통은 쿠데타, 암살, 무장운동, 군부개입, (더 희귀한 사례인) 사회혁명으로 이어졌다. 이념적 대결도 잦았다. 여기에는 자유주의, 실증주의, 조합주의corporatism,

아나키즘, 사회주의, 공산주의, 파시즘은 물론, 종교적 가르침까지도 투쟁의 강도를 증폭시켰다. 하지만 정치적 갈등의 형태가 상이할지라도, 낡은 사회적·경제적 구조는 온존했다. 멕시코(1910), 볼리비아(1953), 쿠바(1959) 등에서 현대적 혁명이 터졌을 때도, 전통사회의 다양한 측면은 계속 살아남았다. 최근에 정치적 민주주의가 도래하면서 과거와는 급작스럽게 단절된 것처럼 보이지만, 기저에 흐르는 연속성은 여전하다. 역사의 힘은 여전히 강하다.

셋째, 라틴아메리카는 독립적이면서 종속적이고, 자립적이면서 의존적이다. 1830년 기준으로 카리브의 일부를 제외하곤 대부분의 나라가 독립국가가 되었다. 계몽사상에 기초한 주권의 기치를 높이 든 것이다. 하지만 대외 열강들—처음에는 영국과 프랑스, 나중에는 미국—이 새로운 형태로 침투하면서 독립국가는 취약해졌다. 유럽과 미국에 비해 경제적으로나 정치적으로 허약했기 때문에 라틴아메리카 정책 결정자들의 선택지는 빈번하게 제한될 수밖에 없었다. 라틴아메리카 내부에서도 권력은 아이러니하게도 애매했다. 권력은 모두가 추구하는 최고의 상품이었지만, 제한적인 영향력밖에 없었다.

넷째, 라틴아메리카는 풍요와 빈곤이 공존하는 지역이다. 정복 이래 이 지역은 천연자원의 엄청난 보고로 알려졌다. 애초에 유럽인들은 은과 금을 구하러 왔다. 오늘날은 이들이 원하는 것이 석유, 가스, 구리, 철광석, 커피, 설탕, 대두 또는 일반 무역의 확대 등으로 바뀌었지만, 끝없이 쏟아지는 부의 이미지는 여전히 남아 있다. 놀랍지만 이와는 대조적으로 농기구도 없는 농민, 일자리가 없는 노동자, 먹을 것 없는 어린이, 희망을 상실한 어머니 같은 빈곤의 모습도 포착된다. 라틴아메리카에서 즐겨 인용되는 경구 하나가 이런 장면들을 잘 요약한다. "라틴아메리카는 황금산 꼭대기에 앉은 거지이다."

누구든지 손쉽게 대조적인 측면들을 추가할 수 있을 것이다. 하지만 대조점들만으로는 라틴아메리카 사회의 복잡하고 모순된 현실을 이해함에 있어서 어려움——과 놀라움——을 느끼게 된다. 결국 라틴아메리카의 역사와 사회를 이해하자면 보다 유연하고 폭넓은 잣대의 접근법이 요구되는데, 이 책은 이를 제공하고자 한다. 우리는 많은 학자의 저작에 기초하여 나름대로의 해석을 제시하였다. 또한 독자들에게 대안적 시각들도 소개하려고 노력하였다.

라틴아메리카에 대한 해석들

수세대 동안 대부분의 현대 라틴아메리카 분석가들은 빈번하게 독재로 얼룩진 이 지역의 정치적 불안정에 주목했다. 북미와 유럽의 관측자들이 이끌린 질문은 주로 다음 세 가지였다. 왜 독재가 빈발하는가? 왜 민주주의를 하지 못하는가? 왜 그렇게 무질서가 상존하는가? 1930년에 한 저명한 미국 사회과학자가 관찰한 바이다. "세월은 속절없이 가고, 진정한 공화정 형태의 정부를 수립하려던 준비되지 않은 국민의 불안감과 실망은 고조된다." 어느 영국 학자도 이렇게 관찰했다. "라틴아메리카 공화국들의 정치사는 자유와 폭정이 교대하는 시기들로 얼룩졌다." 이러한 주장들에 내재하는 전제나 노골적인 주장은 구미의 민주주의 스타일이 여타 정치조직 모델보다 우월하다는 것이다. 그래서 외국인 저자들은 대체 라틴아메리카 또는 라틴아메리카 사람들은 무엇이 "잘못되었는가"라고 즐겨 질문을 했다.

오랫동안 이에 대한 해답으로 제시된 것은 인종주의적 해석, 심리학적 단순화, 진부한 지리적 시각, 문화적 왜곡 등의 잡동사니였다. 이런 견해들에 따르면, 라틴아메리카는 민주주의에 도달할 수 없었다. 이유는 다음과 같이 다양했다. 피부색이 검은 사람들(인디오Indian, 흑인)은 민주주의가 어울리지 않는다. 열정적인 라틴인들의 기질이 민주주의를 유지하지 못한다. 열대 기후가 민주주의를 억제하는 측면이 있다. 로마가톨릭의 교리가 민주주의를 방해한다.

각각의 주장은 이러한 비판을 받았다. 독재는 멕시코와 같은 혼혈 사회에서도 있었지만, 아르헨티나처럼 거의 백인들만의 국가에서도 성행했다. 또 독재는 쿠바와 같은 열대기후대뿐만 아니라, 칠레와 같은 온대기후대에서도 있었다. 독재는 가톨릭 신자가 아닌 사람들과 무늬만 가톨릭 신자인 이들의 지지를 받았고, 많은 독실한 가톨릭교도가 자유를 위해 싸웠다. 히틀러의 독일, 스탈린의 소련의 경우처럼 라틴아메리카 외부의 권위주의 체제에서 입증되듯이 특정 기질만 독재를 야기하는 것은 아니다. 하지만 부적절한 설명은 설명만으로 끝나지 않았다. 이런 주장들을 극단적으로 밀어붙이면, 구미의 침투가――미국과 유럽의 금융적·문화적·군사적 침투는 남쪽의 '후진적' 공화국들에 점차 증가했다――정당화되었다.

1950년대 말과 1960년대 초에 학계 분위기는 개선되었다. 북미 사회과학자들이 '근대화 이론'을 정립했을 때였다. 근대화론에 의거한 접근법이 라틴아메리카에 적용되자, 경제성장이 사회변동을 유발시켜, 보다 '선진적인' 정치를 가능케 할 수 있으리라는 주장으로 연결되었다. 농촌사회에서 도시사회로 이행하면 가치관도 변화하리라는 전망이었다. 사람들은 이제 진정한 민주주의가 요구하는 자발적인 조직체에 관여하거나 참여하기 시작할 것이다. 보다 중요한 점은 중간계급이 등장하여 진보적이고 중재자적인 역할을 수행하리라는 주장이었다. 라틴아메리카와 라틴아메리카 시민들은 구미와 본질적으로 '상이한' 것이 아니라 단지 '후진적'일 뿐이었다. 근대화론의 지지자들은 역사적 기록을 보니 라틴아메리카에서도 근대화 과정이 잘 진행되고 있다고 생각했다. 한 낙관적인 미국 학자는 1950년대에 이렇게 주장했다. "중간부문 안정론자와 조화론자가 되었고, 그 과정에서 극단적 주장들의 위험을 알게 되었다." 1970년대에 역사 교과서를 쓴 어느 저자의 주장도 이와 유사했다. "독립 이래의 라틴아메리카 역사를 일별하면 …… 낡은 제도와 태도의 저항을 물리치고, 점차 근대화가 진행되었다."

하지만 현실은 훨씬 냉혹했다. 1960년대와 1970년대의 경제성장은 전반적인 번영을 확산시키기는커녕 소득분배의 불평등을 더욱 심화시켰다. 도시와 농촌 사이의 생활수준 격차도 증가했다. 상대적으로 혜택을 입은 중간계층은 일종의 '계급의식'으로 무장하여, 결정적인 순간에 민중의 이익에 반하여 지배계급 쪽에 붙어 버렸다. 정치는 권위주의 쪽으로 선회했고, 군부정권이 탄생했다. 이런 패턴의 발전이 라틴아메리카의 대부분 선진적 국가들—그리고 가장 빨리 발전한 국가들—사이에 일어나 근대화론의 주장과 완전히 모순되어 버렸다. 대체 무엇이 잘못된 것이었을까?

두 가지 종류의 답이 제출되었다. 일군의 학자들은 라틴아메리카의 문화적 전통과 에스파냐와 포르투갈의 뿌리에 주목했다. 이들의 분석에 따르면, 반민주적 정치는 따지고 보면 로마가톨릭과 지중해적 세계관의 산물이다. 이 세계관은 조화와 질서를 요구하고 갈등을 제거하기를 바란다. 라틴아메리카의 헌법은 겉보기와는 달리 결코 민주적이지 않았다. 정당정치도 마찬가지로 겉모습과 달리 대의제에 충실하지 않았다. 구미의 학문 공동체는 자신의 근시안과 편견에 치우쳐 사회적 사실을 잘못 읽었을 뿐이었다.

두번째 집단의 학자들은 근대화론이 제시한 사회경제적 원인과 정치적 결과의 연계는 받아들이되, 질문을 완전히 뒤집었다. 라틴아메리카의 경제적 발전은 구미의 경험과 질적으로 달랐다. 따라서 정치적 귀결도 상이할 수밖에 없었다. 이들의 구체적인 주장은 이랬다. 라틴아메리카의 경험은 심각하게 침투해 있는 경제적 종속이라는 사실에 의해 결정되었다. 이 견해를 주장하는 저자의 설명을 따라가 보자.

> 종속dependency이란 특정 국가들의 경제가 다른 경제의 발전과 팽창에 의해 조건이 지어지는 상황을 뜻한다. 두 나라 또는 그 이상 경제들 사이의 상호의존 관계나, 이들 경제와 세계무역 사이의 상호의존 관계는 일종의 의존dependence 관계를 전제로 한다. 이 의존 관계에 따르면, 몇몇 나라들(지배적인 국가들)은 스스로 팽창하고 자족적일 수 있는 반면, 다른 나라들(종속적인 국가들)은 전자가 팽창할 때 그 반영으로서만 성장할 뿐이다. 이때 종속경제는 자신의 직접적인 발전에 긍정적이거나 부정적인 효과를 안게 된다.

'종속적 발전'은 내재적인 특성상 사회적 불평등을 유발해서 세계경제에 참여하는 부문에게 혜택을 배분하면서, 다른 집단들에게는 이를 거부한다. 토지가 풍부한 나라의 예를 들어 보자. 지배층은 농산물 수출로 엄청난 이윤을 챙기지만, 노동자나 농민은 얻는 것이 전혀 없거나 거의 없다. 지주들은 현상유지가 이득이 되기 때문에 지역경제의 다변화를 위해 투자할 의사가 전혀 없다. 그래서 '발전 없는 성장'이 특징적 상황으로 등장한다. 게다가, 성장이 있다고 한들, 상당한 위험에 노출되어 있다. 만약에 해외시장이 위축되거나 가격이 하락한다면, 전체 경제의 고통은 가중된다. 요컨대, 호황 국면은 자국의 권력체들이 통제할 수 없는 요소와 의사결정에 달려 있다.

곧 '종속이론'으로 알려질 이런 논리를 주장하는 이들은 경제적 종속이 정치적 권위주의로 이어진다고 주장했다. 이들의 견해에 따르면, 라틴아메리카 경제의 '종속적' 지위는 이 지역의 산업이 성장할 수 있는 능력에 내재적 한계를 부과한다. 경제적 어려움의 명백한 표식은 외환계정 — 한 나라에 필요한 수입품을 지불할 능력 — 의 난관이다. 수출이 수입보다 뒤처지면 차액은 오직 자본 유입으로만 채워질 수 있을 뿐이다. 하지만 외국인 채권자들 — 기업, 은행, 세계은행과 같은 국제기구 — 은 해당 정부가 필요한 '희생조치들'을 강제하지 않는다고 보기 때문에, 필요한 추가 금융공급을 거부한다. 그래서 외국인 채권자들에게 확신을 줄 필요성 때문에 국내정치가 희생되기도 한다.

1960년대와 1970년대 가장 빈번한 해결책은 군부쿠데타였다. 집권한 독재정권은 '강경한' 결정을 취했고, 보통 대단히 인기가 없는 인플레이션 퇴치 전략을 실행했다. 가장 큰 희생자는 하층계급들이었다. 이런 정책을 실행하면 민중 부문을 억압해야 했다. 그래서 브라질, 아르헨티나, 칠레에서 등장한 쿠데타와 억압적 권위주의 정권들은 경제발전에도 불구하고가 아니라, 바로 경제발전 때문에 탄생했다.

이런 전체적인 맥락 때문에 라틴아메리카 전역에 아직도 현재진행형으로 존재하는 민주화 주기를 많은 관측자들 — 과 경험 많은 학자들 — 은 경이로운 시선으로 바라보고 있다. 1970년대 말부터 시작해서 권위주의 정권들은 차례차례 민간 지도자와 민선정부로 대체되었다. 이런 경향에 대한 설명은 다양한 형태로 제시되었다. 한때 난공불락의 지배적 권력체였던 권위주의 정권은 상당한 균열과 허약성을 노출했다. 시민들은 매일 궐기하여 투쟁하였고, 시민단체를 결성하고, 보통선거를 요구하였다. 아르헨티나와 칠레에서 중앙아메리카에 이르기까지 국민들은 심각한 경제적 위기에 처하여, 정치적 권리를 표출하고자 했다. 새로운 선거 체제가 완전히 '민주적'인지 아닌지는 상당한 논란거리였지만, 과거의 노골적인 독재체제와 비교할 때는 엄청나게 개선된 것이었다.

이러한 변화상을 둘러싸고 학자들은 조심스레 접근했다. 근대화론이나 종속이론과 같은 거대이론들은 동원되지 않았다. 정치적 분석가들은 믿음, 생각, 신념의 역할을 강조했다. 몇몇 학자는 라틴아메리카와 여타 세계의 민주화를 소련의 붕괴(와 더불어 일어난 맑스주의 이념에 대한 신뢰 상실)에 비춰, 미국적 가치관의 세계적 승리로 해석했다. 다른 학자들은 지도력의 중요성을 강조하고 지배층 층위에서 이뤄진 전술적 행동을 강조했다. 또 다른 학자들은 '시민사회'의 등장을 강조했다. 풀뿌리조직들의 네트워크가 반反권위주의 감정에 뼈와 살을 부여했다는 것이다. 또 1820년대 이래 고이 간직해 온 이념적 전통도 중시되었다. 민주주의란 이상은 수십 년 동안 계속 체계적으로 부정되어 왔지만, 라틴아메리카 전역을 통하여 광범위한 '열망'으로 자리를 잡은 것이다.

경제 전망도 밝아졌다. 1980년대 내내 해외 채권자들의 압력을 받으면서 라틴아메리카의 지도자들은 그들의 국가경제를 '자유화'시킬 목적으로 설계된 파급력 큰 조치들—관세 인하와 무역장벽 철폐, 국영기업 민영화, 재정적자 축소—을 시행했다. 인플레는 하락하고 외국인 투자는 증대되었다. 그 결과 라틴아메리카의 평균 성장률은 1985~89년 사이에는 고작 1.5퍼센트였는데 1990년대에는 3.2퍼센트로 상승했다. 그러나 1994년 말 멕시코와 1999년 초 브라질의 예기치 않은 재정위기, 2001

년 아르헨티나의 재앙적인 경제 붕괴가 환멸과 당혹을 야기했다. 2004년부터 경제발전에 대한 희망이 다시 고개를 들어 2007년까지 이어졌다. 이 시기 라틴아메리카 전체 경제성장률은 5퍼센트였다. 그러나 2008~9년의 세계 경제위기가 이 긍정적인 국면을 갑자기 끝내 버렸다. 라틴아메리카의 경제전망은 다시 한 번 불확정성과 의구심으로 점철되었다.

경제 영역에서 몇몇 전문가는 1990년대 초의 성장 열기를 친자본주의적이고 자유시장 지향적인 정책개혁을 옹호하기 위해 언급한다. 하지만 다른 전문가들은 성장 열기는 국제투자의 파고를 반영할 뿐이라고 반박한다. 여전히 자본은 위기가 닥치면 갑자기 사라져 버리고, 라틴아메리카는 과거와 다름없이 여전히 '종속적'일 뿐이라는 주장이다. 여전히 다수에게 지속적인 관심사는 경제적 변동과 정치적 변동 사이의 문제적 관계이다. 경제적 자유화가 정치 민주화를 이끄는가? 아니면 그 반대로 작용하는가? 라틴아메리카의 최근 변화상은 새로운 질문을 제기하며, 지적인 도전을 지속적으로 요구한다.

이 책의 분석 주제들

이 책은 라틴아메리카 역사 개관이지, 사회이론을 펼친 것은 아니다. 하지만 주제를 다룰 때 개념 틀이 필요하다는 점은 인정한다. 우리는 근대화론에서 두 개의 중심 생각을 빌렸다.

- 경제변동은 사회변화를 유발하고, 이는 다시 정치적 귀결을 갖는다는 인과적 전제
- 사회계급 집단들 사이의 변화하는 연합이 시간이 흐르면서 정치 갈등의 패턴을 변화시킨다는 생각.

이런 연유로 사례연구 장들(2부)은 '경제성장과 사회변화'라는 개관 부문을 포함하고 있고, 그 후 정치에 관한 논의로 이어진다.[5)]

원래의 '종속이론' 접근법은 오래전에 학계에서 사라졌지만, 우리는 그 기본 틀을 여전히 유용한 학습도구로 간주한다. 따라서 우리는 다음과 같은 개념들을 수용한다.

- 국제분업에서 한 나라가 차지하는 위치가 경제성장이 가능한 경로의 형태를 규정한다.
- 세계체제에서 '주변부'라는 기능적 위치는 상업적-산업적 '중심부'와 구분된다. 북대서양 체제가 이미 선진국으로 도약한 단계에서 라틴아메리카의 경제변동은 구미가 이전 시기에 겪은 패턴과 다를 수밖에 없다는 점을 뜻한다.
- 경제변동 과정의 차이는 곧 상이한 사회변화의 형태로 귀결된다. 예컨대, '중간계급'들이나, 도시와 농촌의 노동계급의 성격도 다를 것이고, 계급 사이의 관계도 다르다.
- 이런 사회세력과 경제세력 사이의 결합이 정치 지도자들이 취할 수 있는 선택지를 결정짓는다. 이는 곧 민주주의 정권과 권위주의 정권의 교대 과정을 설명해 준다.
- 이런 제약조건 속에서도 몇몇 라틴아메리카 국가는 다른 국가들에 비해 경제발전에 자신의 자원(특히 농산물)을 잘 활용하여 보다 나은 성과를 내기도 했다.

---

5) 이에 대한 유일한 예외는 멕시코(3장) 부분이다. 1910년의 멕시코혁명이 향후 국가발전에 지대한 영향을 미쳤기에, 우리는 다른 장들과 달리 상이한 방식을 취했다.

이런 맥락에서 각국이 부여받은 자원, 능력, 상황에 따라 큰 차이가 있다는 것을 인정할 필요가 있다. 인구가 많고 다양한 천연자원이 있는 나라들(멕시코와 브라질)은 상당한 수준의 산업화 프로그램에 착수할 수 있었다. 석유(베네수엘라)와 천연가스(볼리비아)와 같은 필수적인 천연자원이 있는 나라들은 세계시장에서 가격이 상승하면 큰 혜택을 입었다. 하지만 구리나 기타 광산물이 있는 나라들(칠레와 페루)의 경우 외국계 기업들이 대규모 광업회사를 운영했다. 열대와 아열대 지역의 경우 기후와 토양 조건은 설탕 생산에 유리했는데(특히 카리브 해), 이 경우 흔히 말하는 '플랜테이션 사회'가 탄생했다. 이 모든 국가가 처했던 도전은 1차 산품 수출의 소득을 이용하여 어떻게 경제 다변화와 자기지속형 발전 과정으로 이끄는가 하는 것이었다.

요컨대 우리는 국제적 맥락 속에서 사회, 문화, 경제, 정치 사이의 관계를 검토하고자 한다. 우리는 이 접근법이 근현대 시대 전체에 적용될 수 있다고 믿는다. 이 책 전체를 통해 이러한 연계점들을 찾고자 한다.

우리는 이러한 접근법의 한계도 인정한다(어떠한 접근법도 한계가 있는 것은 마찬가지이다). 역사적 변동이란 복잡한 과정이라고 믿기에, 이를 이해하기 위해서는 다인과적multicausal 접근법을 취할 필요가 있다고 본다. 사상이나 이념도 단순히 장식물이나 상부구조가 아니다. 이는 역사를 만드는 인간들의 지각, 태도, 행동에 중요한 영향을 미친다. 아르헨티나와 브라질의 정치적 전통을 비교해 보고자 한 사람이라면 이런 진실을 보증할 것이다. 급격한 인구성장과 같은 인구학적 요소들도 장기지속적인 사회적, 정치적 효과를 낳는다. 우리가 그린 라틴아메리카 사회의 초상화에서, 우리는 '국제정치경제적' 접근법과 문화 및 여타 비경제적 힘을 통합적으로 이해하고자 한다.

우리의 이야기는 정복과 식민지시대1492~1825부터 시작한다. 라틴아메리카는 이때 에스파냐와 포르투갈에 예속되면서 자본주의 세계체제의 주변부로 통합되었다. 그 다음 우리는 이러한 식민적 연계들이 어떻게 파열되어 독립으로 이어졌는지 서술한다. 독립 이후 라틴아메리카는 1830년부터 1880년 사이에 경제적, 정치적 공고화의 시기를 거쳤다.

이 책의 핵심은 19세기에서 현재에 이르는 장기적 이행의 심층적 사례연구들이다. 우리는 의도적으로 개별 국가(또는 국가군)들의 장기 변화를 다루었다. 그래야 시간이 흐르면서 일어나는 역사적 변동을 관찰하고 분석하기가 용이하기 때문이다. 이 2부의 자료들은 보다 넓은 개념 틀(우리가 채용한 이론적 틀 그 이상도 포함한다)을 검증하고, 평가하고, 창출하기 위한 경험적 증거들을 제공한다. 각 장들은 다음과 같은 순서로 되어 있다.

- 멕시코: 미국의 이웃국가로 1910년의 대규모 민중봉기의 무대.
- 중앙아메리카와 카리브: 플랜테이션 경제와 미국의 지배(이러한 지리적 단위들은 보통 '하위지역'subregions으로 간주된다. 이 책에서 우리는 라틴아메리카를 종종 '지역'으로 언급하기 때문이다).
- 쿠바: 설탕 의존적이고 플로리다 해안과 아주 가까운 섬나라로, 완전한 사회주의 혁명을 경험한 유일한 라틴아메리카 사회.
- 중앙안데스(볼리비아, 페루, 에콰도르): 강력한 원주민 문명을 지닌 하위지역으로, 아직도 안정감 있는 국가 건설을 위해 노력하고 있다.
- 콜롬비아: 정치 민주주의가 광범위한 마약거래와 더불어 체계적 폭력의 분위기 속에서 공존하는 국가.
- 베네수엘라: 과거의 안정적인 양당 민주주의가 붕괴하고 권위주의

통치로 넘어간 세계적인 산유국.

- 아르헨티나: 비옥하고 생산성 높은 팜파스의 축복을 받은 나라지만, 내분과 군부개입으로 얼룩졌고, 최근에야 민주주의가 회복된 나라.
- 칠레: 질산염 비료와 구리의 주산지로 과거 실패한 사회주의 경험을 간직한 나라.
- 브라질: 전통적으로 커피 주생산국이었지만, 최근에는 급속한 산업성장과 민주적인 정치 이행으로 잘 알려진 거대한 나라.

우리는 개별 사례연구에 사회적, 정치적 주제를 충분히 다루었기 때문에 독자들은 각 장을 독립적으로 읽어도 된다.

사례연구에 이어지는 3부에서는 분석적인 종합과 요약이 담겨 있다. 12장에서는 경제전략과 정책을 일별하고, 13장에서는 비교분석의 시각에서 정치변동의 패턴을 잡아낸다. 마지막 장인 14장은 국민문화, 지적 경향, 예술적 표현 형식을 검토한다.

이 책은 라틴아메리카 사회에 대한 완전한 목록이 아니라 그림 한 폭을 제공한다. 우리의 목표는 라틴아메리카가 지금까지 걸어온 경로의 복잡성과 다양한 길을 이해하는 데 도움을 줄 패턴과 경향을 추적하는 것이다. 우리는 이 책이 토론과 논쟁을 촉진시키길 희망한다. 그래서 학생들과 동료들이 우리의 해석 가운데 많은 부분에 동의하지 않기를 희망한다. 무엇보다도 우리는 라틴아메리카의 놀라움과 환희의 역사 속으로 독자들을 인도하기를 원한다. 그 역사는 그 자체로도 흥미롭고 나아가 세계무대에서도 중요한 역할을 수행한다.

[이성형 옮김]

2장 | 라틴아메리카의 식민지시대

정복과 식민화라는 역사적 현실은 라틴아메리카 근현대사에 오래 지속되는 긴 그림자를 드리웠다. 3세기에 걸쳐 지속된 제국의 통치는 이 지역의 문화에 깊고 고통스런 상처를 안겼고 위계적 복종과 종속 관계를 강요했다. 처음에는 유럽, 나중에는 미국으로 대표되는 외세는 수용되거나 거부당했으며 찬사와 두려움을 불러일으켰다. 말하자면 매혹과 우려의 양가적 감정의 대상이 된 셈이다. 동시에 불의에 맞선 영웅적인 저항의 일화와 압제에 대항한 반란은 후세에 대중적 정체성, 자긍심, 집단적 자기 역량 강화 등 지속적인 유산을 남겼다. 비극과 승리 속에서 상호 조정과 적응의 과정을 통해 유럽의 식민지배자, 원주민, 유입된 아프리카 노예들은 혼종적 전통hybrid tradition, 엄청난 에너지, 끝없이 변화를 모색하는 능력을 지닌 복잡한 사회를 형성할 수 있었다. 여러 독립국은 향후 독자적인 길을 걷지만, 그들의 역사는 모두 이런 식민지의 경험이 얼마나 오래 이어지는지를 드러내 준다. 라틴아메리카의 역사 속에서 우리는 불운한 상황에 창조적으로 적응하는 끊임없는 이야기, 인간의 용기와 재능에 대한 지속적이고 사기를 드높이는 증거들을 만나게 될 것이다.

정복의 전조

오늘날의 라틴아메리카에 처음 도착했을 때, 유럽인들은 마야, 아스테카, 잉카 등 세 개의 주요 문명과 맞닥뜨리게 되었다. 우리가 여전히 아메리카 원주민을 '인디오'Indian라고 불러야 하는 것은 자신들이 향료가 풍부한 인도에 도착했다고 믿고 싶었던 16세기 에스파냐인들의 실수를 영속시킬 뿐이다.

남부 멕시코의 유카탄 반도와 오늘날의 과테말라 대부분을 점령한 마야인들은 기원전 500년경 그들의 문명을 확립하기 시작했다. 그들의 가장 유명한 성취는 문화적 위업이었다. 그들은 정교한 신전의 건립뿐만 아니라 건축, 조각, 회화, 상형문자 기록, 수학, 천문학, 연대기(달력의 발명을 포함해) 분야에서 선구적인 업적을 남겼다. 보통 일련의 독립적인 도시국가, 즉 20만 명 또는 그보다 인구가 많은 도시국가들로 조직된 마야 문명은 복잡한 사회질서를 발전시켰다. 이유는 잘 알려져 있지 않지만 고전기 마야 사회는 붕괴되었고, 중부 멕시코의 고지대에서 내려온 톨테카 침략자들의 지배 아래 놓였다가(972~1200), 그 뒤(1200~1540) 끝내 흡수되었다. 그러나 마야인의 직계 후손들은 남부 멕시코와 과테말라에서 오늘날에 이르기까지 살아남았다.

멕시코의 광활한 중부계곡 지대는 결국 아스테카 제국의 중심지가 되었다. 12세기와 13세기에 톨테카를 정복하기 위해 북쪽에서 내려온 치치메카 족의 일원으로서 아스테카인들은 이웃 부족들과 지속적으로 전쟁을 벌였고 마침내 1325년 무렵 현재의 멕시코시Mexico City 위치에 테노치티틀란 시를 건설했다. 멕시코 계곡 전역에 대한 통제권을 장악한 뒤 그들은 위세가 대단한 제국을 만들어 냈다. 콜럼버스가 카리브 해의 섬에 도착했을 무렵 그 제국은 절정에 이르고 있었다.

아스테카인들은 군사 조직과 의례儀禮적인 도시 건설에서 돋보이는 역량을 과시했다. 빼어난 시詩를 제외하고 그들의 예술은 다른 많은 옛 멕시코 문명의 예술에 비해 섬세함과 숙련도에서 떨어지는 편이었다.

결론적으로 아스테카의 사회는 엄격하게 계층화되어 있었다. 밑바닥에는 노예가 존재했고 상층에는 세습 귀족이 있었다. 교육, 혼인, 노동은 프로그램처럼 세심하게 계획되었다. 토지는 평민과 귀족이 개인적으로 소유할 수 있었으나 공동체 또한 공동 소유지의 소산을 공유했다. 목테수마 2세 같은 세습 통치자들은 엄청난 정치권력을 행사했다. 그렇지만 중앙집권화에도 불구하고 이웃 지역의 정복된 국가들은 제국으로 통합되지 않았다. 그들은 공납을 내는 봉신封臣으로 취급되었다. 일부, 특히 틀락스칼라 근처의 지역들은 독립을 유지했지만 테노치티틀란과 끊임없이 전쟁 상태에 있었다. 이런 지속적인 전쟁 상태의 이유 가운데 하나는 아스테카의 종교 때문이었다. 인신공양을 요구하는 아스테카의 종교는 전쟁 포로들을 잔혹한 제의에 사용하곤 했다.

잉카인들은 매우 다른 조직 형태를 채택했다. 잉카 제국은 안데스 산맥을 따라 4,800여 킬로미터 정도 뻗어 있었다. 북부 에콰도르에서 페루를 거쳐 남부 칠레와 내륙으로 이어져 있었다. 페루의 쿠스코 계곡 지역에서 본거지를 확고히 다진 뒤 잉카인들은 1400년대 초 제국을 팽창시키기 시작했고, 이는 1532년 에스파냐인들의 정복 전까지 지속되었다(잉카라는 용어는 통치자나 왕을 의미하고 또한 쿠스코 주민을 지칭하기도 한다). 일단 패배한 집단들은 제국의 일부가 되었다. 황제 또는 잉카에 대한 지지를 강화시키고자 피정복 지역의 귀족은 쿠스코로 소환되었고 왕의 손님으로 대우받았다. 반면 정복한 지 얼마 되지 않은 지역에서 저항하는 세력은 잉카에 충성스런 추종자들이 다스리는 지역으로 이송되었다. 정치권력은 촘촘하게 조직되고 규율이 잘 잡힌 관료 집단이 거머쥐었고, 아래로는 지방 관리들이, 맨 위에는 최고 통치자가 존재했다. 그리하여 잉카인들은 안데스 지역 곳곳에 효과적으로 권위를 행사할 수 있었다.

잉카인들은 능숙한 기술자로서 넓은 도로 체계(잉카인들은 바퀴를 사용하지 않았기 때문에 사람과 가축의 통행을 위한 도로였다)와 복잡하게 얽힌 관개시설을 구축하고 산비탈에 인상 깊은 계단식 농업을 시도했다. 그들은 군대를 지원할 뿐 아니라 수확이 좋지 않은 시기에 지역 주민들을 도울 수 있도록 넓은 곡물 저장고를 마련했다. 잉카인들은 또한 직물 디자인 분야와 아울러 머리 상처를 치료하는 데 뛰어난 역량을 선보였다. 후자의 경우 인간의 두개골을 절개하는 특별한 기술이 발휘되었다.

마야, 아스테카, 잉카인들을 제외하고 다른 많은 토착문화가 존재했다. 오늘날 멕시코 지역만 하더라도 200개가 넘는 다양한 언어 사용 집단이 존재했다. 라틴아메리카 원주민의 규모에 대해서는 각기 다른 추정이 제기되었다. 어떤 학자는 그 수효를 9천만 명에서 1억 1,200만 명까지 추산하면서 중부 멕시코와 페루에 각각 3천만 명이 거주했다고 주장한다. 이 계산이 지나치게 부풀려진 것이라고 할 수 있지만 15세기 말 유럽 기준에서 볼 때 원주민 사회들은 매우 크게 성장해 있었다. 그 무렵 에스파냐인들이 도착했다.

유럽의 상황

유럽의 아메리카 '발견'은(인디오들은 짐작건대 자신들이 어디에 있는지 알고 있었을 것이다) 15세기에 두드러진 유럽 팽창의 일부였다. 유럽은 항해자들과 탐험가들이 지구에 대한 당시 지식의 경계를 확장시킴에 따라 세계의 나머지 부분에 대해 알게 되었다. 1600년대 초에 유럽인들은 지구 전체의 네트워크를 구축했고 근대 세계의 형태를 갖출 만한 경제적 지배를 확립했다.

이런 유럽 팽창의 분출은 몇 가지 요인의 결합 때문에 가능했다. 하나는 기술력이었다. 수로 안내와 항해는 두드러진 사례였고, 활짝 펼쳐진 대양에 도전할 수 있도록 연안선沿岸船들을 개조하는 역량 또한 그러했다. 또 다른 예는 무기 체계였다. 이는 멕시코에서처럼 때때로 잘 무장된 원주민들에 맞서 유럽인들을 강화해 주었다.

두번째 요인은 경제적 토대였다. 이는 해양 사업과 군사 계획에 자금을 제공해 주었다. 기술만으로는 충분하지 않았다. 바이킹인은 아메리카에 도달할 수 있는 기술적 역량을 보여 주었지만, 인력과 돈이 요구되는 정착과 식민화를 수행할 수 있는 자원이 부족했다. 간단히 말해 신세계는 적은 재원이나 제한적인 목표를 지닌 투기꾼이 소유할 수 없는 것이었다.

셋째, 전문 지식이나 기술, 그리고 이윤 이상의 것에 관심을 지닌 유럽의 강대국이 존재해야만 했다. 그것은 각별한 결단력으로 미지의 세계를 헤치고 나갈 준비가 되어 있어야만 했다. 에스파냐와 포르투갈은 이런 서술에 꼭 들어맞았다. 두 가톨릭 왕정 국가는 이교도 집단을 진정한 종교로 개종시키려는 십자군적 이상이라는 독특한 동기를 지니고 있었다. 특히 에스파냐는 8세기 이래 이베리아 반도를 통치해 온 이슬람 세력에 맞서 뒤늦게 영토의 통합을 이루었다. 포르투갈은 더 일찍 이슬람 세력의 통치에서 벗어났지만 에스파냐에 못지않게 기독교 신앙의 전투적인 확산에 전념했다. 그들의 대담성은 향후 4세기에 걸쳐 유럽인들이 라틴아메리카에 침입하게 될 때 선례를 남겼다. 라틴아메리카 대부분의 지역이 저항했음에도 불구하고 라틴아메리카는, 때로는 모순되게도, 15세기에 서쪽으로 항해한 유럽의 연장extension으로 남게 될 운명이었다.

에스파냐령 아메리카 식민지

에스파냐인들이 에스파냐에서 무어인들의 마지막 거점을 일소한 바로 그 해에 콜럼버스가 아메리카에 도착했다는 것은 우연의 일치가 아니었다. 이베리아 반도의 재정복Reconquista을 통해 전투적인 기독교 귀족들은 영토를 획득하고 국왕은 정치적 통제권을 강화했다. 그 결과 1492년에 귀족과 귀족이 되고 싶어 하던 이들은 더 많은 정복을 위해 열을 올리게 되었고 국왕은 이런 신민들의 관심을 해외로 돌릴 채비를 갖추었다.

그러므로 에스파냐인들은 이베리아 반도에서 익히 발현된 정복 정신을 간직한 채 신세계에 도착한 셈이었다. 에스파냐에서는 사회적 신분상승의 기회가 그리 많지 않았고, 신세계의 정복자—에르난 코르테스, 프란시스코 피사로, 그리고 그들의 추종자—들이 물질적 부뿐 아니라 사회적 신분을 획득하기 위해 아메리카에 왔다고 말할 수 있는 증거가 적지 않다. 에스파냐인들의 동기는 의심할 바 없이 복합적이었다. 페르난도와 이사벨, 그리고 후속 군주들은 신세계의 부가 유럽에서 그들의 입지와 영향력을 강화할 수 있으리라 생각했다. 수많은 헌신적인 선교사들은 이교도 인디오들의 영혼을 구원하길 희망했다. 정복자들의 마음속에는 다양한 목적이 들어 있었던 것이다. 어떤 정복자는 "우리는 하느님과 국왕을 섬기기 위해, 또한 부자가 되기 위해 이곳에 왔다"고 말했다. 그러나 그들의 지배적인 동기는 귀족 신분과 부의 성취였던 것으로 보인다(페루 정복자들의 약 3분의 1은 신분이 낮거나 '평범한' 귀족 출신이었다.

3분의 2는 평민 출신이었다. 이들은 특정 지위를 획득하려는 의도를 지니고 있었다). 그리하여 그렇게 내몰린 그들은 잘 알지 못하는 곳을 향해 출발했다. 몇 년이 지나지 않아 그들은 아스테카와 잉카의 막강한 제국을 무너뜨렸다.

그들은 과연 어떻게 이런 엄청난 일을 이루었을까? 코르테스가 1519년 쿠바에서 멕시코를 향해 떠났을 때 그는 단지 부하 550명과 말 16필을 대동했을 뿐이었다. 2년 반 내에 코르테스와 그의 지치고 초라한 에스파냐 파견대(증원병 수백 명에 의해 보강된)는 웅장한 아스테카의 수도 테노치티틀란을 산산이 파괴했고, 낙담하고 당황한 신격화된 군주 목테수마의 항복을 강요했으며, 용맹스런 콰우테목이 이끌던 마지막 저항 세력을 진압했다. 그들이 이룬 공적에 대한 한 가지 설명은 에스파냐의 장비와 기술——예컨대 (머스킷 총과 대포에 쓰는) 화약, 말, 군대 조직, 그리고 계속 공세를 취하는 자신감[1] 등——의 우위였다. 또 중요한 것은 아스테카가 아닌 다른 부족들의 역할이었다. 예컨대 틀락스칼라인들은 아스테카의 지배에 저항하고 분개했기 때문에 에스파냐인들에게 병력과 적절한 군사 전술에 대한 조언을 제공했다. 마지막으로, 그리고 아마 가장 중요한 사항은 천연두의 창궐이었다. 이 질병은 아메리카에서 알려지지 않은 것으로서 선천적 면역성이 결여된 토착민들을 휩쓸어 버렸다. 1521년, 즉 코르테스의 원정이 시작된 지 두 해가 지났을 때, 그리고 콜럼버스의 첫 항해 뒤 30년이 채 지나지 않았을 때 아스테카 제국은 에스파냐인

1) 전통적인 설명에 따르면, 아스테카의 저항은 에스파냐 침입자들이 신적 존재이고 코르테스가 케찰코아틀 신의 화신이었다는 믿음 탓에 약화되었다. 최근 연구들은 이런 견해에 강력하게 도전했다.

들의 통제 아래 굴복하고 말았다. 코르테스는 그의 권위를 강력히 주장할 수 있는 때를 놓치지 않았다. 이웃의 족장들로부터 충성서약을 받아 냈고 적극적인 재건 노력을 지휘했다.

멕시코에서 에스파냐인들에게 유리하게 작용한 몇 가지 요인은 페루에서도 영향을 미쳤으나 피사로의 과업은 당시 잉카 제국을 몹시 괴롭힌 내전 덕분에 더욱 손쉬웠다. 지역의 갈등에 골머리를 앓고 있던 잉카 군주 아타왈파는 피사로를 결코 심각하게 생각하지 않았다. 소규모 에스파냐인 무리는 1533년에 잉카를 장악했다. 그들은 전리품으로 성인 남성이 팔을 쭉 뻗은 높이에 면적이 12피트(약 3.66미터) × 17피트(약 5.18미터)인 방을 채우고 남을 만큼의 금과 은 더미를 싣고 갔다. 엘도라도의 꿈은 안데스에서 실현되었다.

에스파냐인들이 아메리카에서 그들 사회의 여러 측면을 재현하는 데는 그리 오랜 시간이 걸리지 않았다. 그들은 전형적인 에스파냐식 도시를 설계했고 매우 복잡한 사회를 만들어 냈다. 엄격한 이주 통제 아래 통 제조업자, 제과업자, 필경사를 비롯해 에스파냐에 존재하던 모든 직업 분야의 주민이 신세계에서 성공하기 위해 건너왔다.

이 이산diaspora의 물결에서는 남성이 압도적으로 많았다. 예컨대 페루에 관한 한 연구에 따르면, 백인 남녀의 비율은 최소한 7대 1이었다. 이런 상황은 에스파냐 여성을 차지하기 위한 격렬한 경쟁을 초래했을 뿐 아니라 에스파냐 남성들이 배우자로 인디오 여성들을 받아들이게 만들었다. 흔히 사생아이긴 했지만 그들 사이에서 태어난 혼혈아들은 메스티소로 알려지게 되었다. 시간이 지나면서 메스티소는 멕시코, 중앙아메리카, 안데스 지역 등 에스파냐령 아메리카의 대다수 지역에서 지배적인 인종 집단이 되었다.

에스파냐 국왕은 곧 독립성이 강한 정복자들과 이해관계가 상충된다는 점을 깨닫고 신세계의 경제와 사회 체제를 견고한 통제 아래 두기 위해 정교한 관료제를 정비했다. 에스파냐에서 신세계와 관련된 업무를 담당한 핵심 기관은 인디아스평의회였다. 해외식민지에 설치된 주요 행정조직 단위로는 국왕이 임명한 부왕副王에 의해 통치되는 부왕령이 있었다. 첫번째 부왕령은 1535년 (당시 누에바에스파냐로 알려진) 멕시코에 설립되었다. 두번째는 1544년 페루에 세워졌다. 두 곳의 다른 부왕령이 18세기에 세워졌다. 교회 또한 그와 유사한 구조를 갖추게 되었다. 교회의 기구들은 대주교와 종교재판소 관리들에 의해 좌우되었다.

실제 이와 같은 관료제는 사법관할권 문제를 둘러싸고 격렬한 갈등을 초래했으나 일단 교착상태가 전개되면 항상 그것을 부왕이나 인디아스평의회와 같은 상급 권력기관으로 전달할 수 있다는 점이 그 체제의 특성이었다. 이는 다양한 기구들이 서로 감시인 노릇(관직 수행에 대한 주기적인 점검과 조사 외에도)을 했음을 의미했다. 이 제도의 또 다른 특징은 놀랄 만큼 융통성을 지니고 있었다는 점이다. 사실상 모든 집단이 어느 정도는 관료제에 접근할 수 있었다. 물론 국왕이 최고 권력을 유지하고 있었으나 "복종하지만 실행하지는 않는다"obedezco pero no cumplo라는 문구에서 드러나듯 지방 관리들은 때때로 국왕의 명령에 이런 방식으로 반응하는 등 상당한 수준의 자율권을 갖고 있었다. 외견상의 특이성에도 불구하고 에스파냐의 관료제는 거의 300년 동안 식민지를 국왕의 지배 아래 유지하면서 신세계에서 상당히 잘 작동했다.

이런 정치 구조를 지탱해 준 것은 군주와 지배층의 지배에 정당성을 부여한 일련의 가치관과 가설이었다. 이는 대부분 토마스 아퀴나스가 명확히 표현한 로마가톨릭교의 근본 교리에서 비롯되었다. 그에 따르면, 세계에는 세 가지 종류의 법률이 존재했다. 그것은 신의 성스러운 의지라고 할 수 있는 신법神法, 자연계에서 신법을 완벽하게 반영하거나 구체화한 자연법, 사회 내에서 신의 의지에 가까워지려고 불완전하나마 철저히 노력하려는 인간의 법이었다. 원죄를 안고 태어난 인간은 당연히 잘못을 저지르기 쉬울 뿐 아니라 오직 신의 은총으로만 일부 인간들이 다른 이들보다 오류를 덜 범할 수 있는 것이었다. 그러므로 정치 조직의 목적은 오류를 덜 범하는 이들을 권력의 자리에 올려 그들로 하여금 더 나은 방식으로 신의 의지를 해석하고 실행하도록 하는 것이었다. 그리고 일단 권력을 장악한 통치자는 인민people의 의지가 아니라 자신의 양심과 신에게만 책임이 있었다.

이와 같은 논리적 근거는 에스파냐 군주의 지배권에 정당성을 부여했다. 그 신학적 기원은 교회와 국가 간의 긴밀한 연관성을 드러내 주는 한편 이를 강화해 주었다. 흔히 그랬듯이, 식민 통치가 끝난 뒤에도 되살아난 관례는 민주주의 이론을 맹렬히 비판하기도 했다. 시간이 지나면서 정치적 지배자들은 전통적인 로마가톨릭교 교리의 잔재를 통해 그들의 권력을 정당화했다.

제국의 경제 구조는 경제 활동이 금 또는 은을 기준으로 평가된 국가의 역량과 위신을 향상시켜야 한다는 당대의 중상주의 이론을 반영했다. 훌륭한 중상주의자는 국제무역 수지에서 흑자를 기록해 그 보상으로 금, 은 등 지급 수단을 획득해야 했다. 이런 논리에 따라 에스파냐는 신세계에서 발견된 재화를 독점적으로 입수하고자 했다. 첫번째 표적은 우선 금광, 그 다음은 주로 은광이었다. 또 다른 목표는 상업과 교역에 대한 완벽한 통제권을 유지하는 것이었다. 반면 농업은 초창기에 (수출생산물을 제외하고는) 국왕 관리들의 관심을 거의 끌지 못했고 제조업은 나중까지도 그리 활성화되지 않았다.

이 경제 체제의 근간은 이런 저런 형태의 강제 동원에 따른 인디오들의 노동력이었다. 인디오들은 국왕뿐 아니라 국왕이 임명한 특사들에게 공납을 바쳤다. 값싼 노동력은 매우 중요했기 때문에 에스파냐 국왕, 식민지 관리, 성직자들은 인디오들을 통제하기 위해 격렬하게 다투었다. 1542년에 국왕은 식민지 관리들의 권한을 축소하고자 '신법'新法을 포고했다. 이 신법은 토착민을 정복자들의 직접적인 관할에서 떼어 냄으로써 그들을 보호하고 국왕의 직접적인 감독 아래 두려는 의도를 지닌 것이었다. 1600년경에 국왕은 최소한 법적인 측면에서 이런 과업을 완수하는 데 대체로 성공했다. 그렇지만 실제로 이런 전환은 억압의 법적 형태만 변경시켰을 뿐 억압 자체는 지속되었다.

인디오들에게 정복은 무엇보다 인구의 급격한 감소를 의미했다. 학자들은 에스파냐인들이 처음 도착했을 때 원주민indigenous 인구의 규모가 어느 정도였는지에 관해 오랫동안 격렬히 논쟁했다. 중부 멕시코에 관해 가장 신뢰할 만한 연구에 따르면, 1519년의 인구는 약 1,600~1,800만 명이었다. 1580년경 그 수는 겨우 190만 명 선으로 격감했고, 1605년에는 100만 명에 불과했다. 1519년의 인구에 비해 무려 95퍼센트나 감소한 것이었다. 페루에 관한 자료는 완벽하지 않지만 (정복 40년 뒤인) 1570년 170만 명에서 1620년 60만 명 이하로 지속적으로 감소하는 추세를 보여 준다. 최소한 50퍼센트가 넘는 하락세였다. 인구의 격감은 주로 천연두, 홍역, 유행성 감기 등 질병의 발생 탓이었으며, 정확한 수치는 불확실하지만 정복은 분명히 인구학적 참사를 초래했다고 볼 수 있다.

인디오 생존자들은 그들의 사회질서가 허물어지고 왜곡되는 것을 지켜보았다. 에스파냐인들에게 노동력과 공납을 제공하도록 강요받게

16세기 중남부 멕시코에 건립된 이 도미니쿠스회 수도원의 요새 같은 모습은 누에바에스파냐의 정복에서 교회와 국왕이 맺은 협력 관계를 적절하게 예증한다. (미국 의회도서관 제공)

되자 토착민들은 전통적인 사회적 관계망을 유지하고자 투쟁했다. 그들은 대부분 원주민 지배층이 통치하는 촌락에 거주했다. 멕시코에서 이 공동체들은 때때로 연보年譜에서 부동산 거래, 그리고 유언장에 이르는 광범위한 문서 기록을 보존했는데, 후대 역사가들은 이 기록들을 매우 중요한 사료로 활용했다. 가장 비옥한 토지는 정복자들이 차지했고 그들은 대부분 토지를 가축을 기르는 목장으로 개조했다. 원주민들은 오랜 종교적 상징들이 파괴되는 것을 목격했다. 그리고 이리저리 궁리한 결과인 제설혼합주의적 관행들syncretistic practices을 고수했다. 각종 질병이 여성보다 남성에게 큰 피해를 입혔고, 그 결과 성비 불균형이 초래되어 혼인 형태와 가족 구조를 더욱 혼란에 빠뜨렸다.

특히 열대 저지대에서의 인디오 인구 감소를 상쇄하기 위해 에스파냐인들은 아프리카에서 흑인 노예들을 수입하기 시작했다. 이는 에스파냐와 포르투갈뿐 아니라 그들이 장악한 대서양의 섬들에서 이미 익숙한 관행이었다. 1518년부터 1870년까지 에스파냐령 아메리카는 대서양 노예무역 전체의 16퍼센트 이상을 차지하는 150여만 명의 노예를 쿠바와 남아메리카 북단을 통해 들여왔다. 유입된 노예들은 저지대 해안 지역에서 노동력으로 활용될 운명에 처해 있었다. 광대한 사탕수수 농장을 지니고 있던 브라질은 약 370만 명의 노예를 들여왔다.

나중에 기술하겠지만, 북아메리카에서 매우 양극화된 두 인종의 사회가 전개된 것과는 대조적으로 라틴아메리카에서는 다인종사회가 형성되었다.

인디오, 유럽인, 아프리카인 등 에스파냐령 아메리카 식민지의 세 인종 집단은 인종과 기능에 따라 분화된 사회구조를 구성했다. 16세기에 전체 인구의 2퍼센트 미만에 지나지 않던 백인은 가장 강력할 뿐 아니라 더 높이 평가되었다. 같은 기간 동안 흑인 자유민, 메스티소, 물라토를 포함한 혼혈인 집단은 통틀어 전체 인구의 3퍼센트 이하였다. 인구의 95퍼센트 이상을 차지한 원주민들은 국왕의 법령에 따라 신중하게 제한되고 보호받는 독특한 직무에 배치되었다.

정복 후 처음 몇 년 동안 한편으로는 정복자들과 그 후손들 간에, 다른 한편으로는 정복자들과 나중에 도착해 특권을 요구한 귀족 출신 간에 분쟁이 발생했다. 교회와 군대의 경력 또는 상인, 광산업자, 목양업자 같은 직업 역시 개인의 사회적 지위를 결정했다. 사회적 범주의 중첩 때문에 사회적 지위가 주요한 지렛대일 수밖에 없는 복잡한 체계가 탄생했다. 에스파냐에서 끊임없이 밀려든 신참자들은 사회경제적 구조 속에 통합되기 위해 흔히 지역의 유력 가문들과 혼인을 통한 협력 관계를 모색했다. 18세기에는 신세계에서 태어난 유럽계 혈통(크리오요 혹은 크리올)

과 새로 에스파냐에서 온 이들(페닌술라르)[2] 사이에 구별과 대립 관계가 분명해졌다. 이런 갈등과 원한은 결국 유럽의 통치에서 벗어나 독립하려는 저항의 밑거름이 되었다.

인종 집단 간의 상호작용은 그리 긴장감으로 가득하진 않았지만 여전히 활발하지 않았다. 인종 간 내연 관계는 널리 퍼져 있었지만 혼인은 매우 드물었고, 혼인이 이루어지더라도 흔히 철저히 계층 구분에 의거했다. 백인은 메스티소와, 메스티소는 원주민과 혼인할 수 있었지만 백인이 원주민과 혼인하는 경우는 극히 드물었다. 비종교적 또는 종교적 헌신은 특히 백인을 포함한 인종 간 연계로 확대되었고, 이런 현상은 사회적 경계를 흐릿하게 하고 신분상승의 열망을 정당화하며 사회적 계층화에 대한 불확실성을 유발했다. 사회적으로나 지리적으로 이동은 확실히 존재했고, 개개인이 전 생애를 통해 상당한 변화를 체험할 수 있었다.

혼인과 가족 제도는 일반적으로 남성의 여성 지배를 당연한 것으로 여겼다. 남성우월주의machismo는 라틴아메리카의 폭넓은 사회적·인종적 영역에서 일찍 출현했고 많은 여성은 제한적인 인생을 살아갈 수밖에 없었다. 그러나 정형화된 이미지와는 달리 표준적인 가정은 많은 아이를 거느린 남성 가장이 항상 이끌기만 한 것은 아니었다. 흔히 가족은 대체로 나이 차가 많이 나지 않는 부부와 2~4명의 자녀로 이루어졌다.

그러나 모든 여성이 혼인하지는 않았고, 혼인하더라도 평생 혼인 상태로 남아 있지 않는 경우도 왕왕 있었다. 16세기에 관한 자료는 부족하지만, 인구조사 결과에 따르면 1811년 당시 멕시코시의 성인 여성 가운데 44퍼센트만이 혼인한 상태였다. 기혼 여성 가운데 대부분은 과부였고

---

2) '페닌술라르'(peninsular)는 이베리아 반도 출신의 백인을 가리킴.—옮긴이

지배층 여성과 경제력

라틴아메리카의 지배적인 성별 관계의 이미지는 폭력적인 남성과 폐쇄적이고 집안에 틀어박혀 있는 여성, 그리고 철저한 가부장 사회라는 것이다. 그것은 흔히 '마치스모' 라는 단어로 요약되곤 한다. 그럼에도 이런 이미지를 단호히 반박하는 범주의 여성들이 있었다.

> 식민지 사회의 재산가들 가운데 남편이 먼저 사망한 여인들은 주목할 만한 행동의 자유를 누렸고 식민지 경제 활동에 폭넓게 참여했다. 에스파냐령 아메리카에서 이들은 지참금과 남편이 증여한 재산에 대해 완전한 지배권을 향유했다. 게다가 이들은 혼인 기간 동안 획득한 모든 부의 절반을 받았다. 자녀가 미성년자인 경우 자녀에게 남겨진 유산 역시 이들이 관리했다. 이런 부류의 여성 가운데 가장 두드러진 사례는 도냐 헤로니마 데 페냐로사였다. 도냐 헤로니마는 16세기에 판사이자 페루 부왕의 고문으로 활약한 부유하고 강력한 변호사의 미망인으로서 에스파냐에 있는 재산뿐 아니라 부동산, 과수원, 농장, 광산, 제당소 등 가문의 엄청난 소유 재산을 관리했다. 도냐 헤로니마는 재혼하지 않고 가문의 재산을 경영하는 편을 선택했으며 실제로 재산을 늘리기까지 했다. 도냐 헤로니마가 사망했을 때 그의 장남이 토지 재산을 한사(限嗣) 상속했고 다른 자녀에게도 얼마간 배분되었다. 차남 이하 아들 세 명은 대학 교육을 이수하기 위해 에스파냐로 떠났고 다른 한 명은 교회의 성직에 종사하게 되었다. 딸에게는 35,000페소에 이르는 넉넉한 지참금이 주어졌다.

출처: Mark A. Burkholder and Lyman L. Johnson, *Colonial Latin America*, 5th ed.(New York: Oxford University Press, 2004), pp. 229~230.

멕시코시의 모든 가구의 가장 가운데 약 3분의 1이 독신 여성이었다. 이는 부분적으로는 남성의 기대 수명이 더 낮은 탓이기도 했다. 이유가 무엇이든 멕시코의 많은 기혼 여성은 인생의 대부분을 독신으로 지냈다.

에스파냐령 아메리카 식민지는 17세기 초에 이르러 심각한 변화를 겪게 되었다. 첫번째 변화의 계기는 에스파냐가 15세기 말과 16세기에 행사하던 지배력을 상실하기 시작했을 때 유럽에서 비롯되었다. 1588년 무적함대가 영국에 패배한 뒤 에스파냐 왕실의 재정은 거듭 파산 상태에 이르렀고 귀족들이 왕권에 도전했으며 카탈루냐가 반란을 일으켰고

1580년 이래 에스파냐 군주가 통치하던 포르투갈은 1640년에 독립을 재천명하는 데 성공했다. 동시에 에스파냐와 포르투갈은 신세계에 대한 그들의 독점적 지위를 상실하기 시작했다. 영국, 네덜란드, 프랑스는 북아메리카에 정착지를 마련했고 카리브 해 연안에도 거점을 확보했다.

에스파냐의 지배력이 약화되면서 17세기 내내 유럽 여러 국가는 새롭게 최강국으로 떠오른 프랑스에 맞서 세력균형을 모색하고자 했다. 신세계는 유럽의 세력균형에서 매우 중대한 요소로 부각되었다. 이는 에스파냐 왕위계승전쟁(1700~1713)에서 더욱 분명해졌다. 이 전쟁을 통해 프랑스의 부르봉 왕가는 에스파냐 왕위를 차지했고 영국은 에스파냐령 식민지로의 노예무역 계약과 거래asiento[3]를 통제하게 되었다.

대대적인 변화는 식민지에서도 나타났다. 사회의 인종 구성은 큰 변화를 겪었다. 이민과 자연 증가가 지속되면서 백인, 주로 크리오요는 1825년 무렵 전체 인구의 20퍼센트에 이를 정도로 꽤 큰 부분을 차지하게 되었다. 메스티소와 혼혈인 범주의 상대적 증가는 훨씬 더 극적이었다. 1570년경 3퍼센트에도 미치지 못하던 이들의 비율은 1825년에 약 28퍼센트까지 증가했다. 원주민 인구의 변동 폭은 훨씬 더 컸는데, 절대적 수치에서 약간 회복되었지만 95퍼센트 이상의 비율은 42퍼센트 정도로 격감했다. 그 사이 아프리카 출신 흑인들은 에스파냐령 아메리카 인구의 12퍼센트를 차지하기에 이르렀다.

크리오요는 광업과 상업을 비롯한 주요 경제 부문에서 적극적인 역할을 맡기 시작했다. 특히 이목을 끄는 점은 이들의 토지 소유가 점차 증가해(정복 초기 에스파냐 군주들은 이런 경향을 엄중히 단속했다) 어떤 지

3) 국내외 개인 혹은 회사가 에스파냐 왕실과 체결한 계약을 가리킴.—옮긴이

역에서는 광대한 토지가 등장했다는 사실이다. 광활한 토지 소유와 채무 노예의 존재를 특징으로 하는 대농장hacienda은 흔히 대농장주hacendado 또는 그들의 현장 감독이 지배하는 사실상의 농촌 자치 공동체가 되었다. 토지 소유권은 세습되었고 대부분이 크리오요 가문의 소유였다. 18세기 중엽 무렵 국왕은 득의양양한 신세계의 귀족과 맞서야 했다.

크리오요의 정치적 역할은 그리 분명하지 않았다. 17세기 말과 18세기 초에 크리오요들은 주로 지방의 시 의회나 아우디엔시아[4] 등에서 여러 중요한 정치적 직위를 차지했다. 이보다 더 높은 직위는 여전히 페닌술라르들의 전유물이었다. 그렇지만 강력한 제국으로서 에스파냐의 위세가 약해지자 정치 제도들은 예전처럼 작동하지 못했다.

포르투갈령 아메리카 : 다른 세계?

포르투갈령 아메리카의 역사는 에스파냐령 아메리카에서 전개된 역사와 대조를 이룬다. 아비스 왕가의 통치 아래 포르투갈인들은 아프리카, 인도, 중국, 대서양의 일부 섬 등에 마련한 전초기지와 함께 드넓게 펼쳐진 제국을 수립했다. 사실 포르투갈은 우수한 지도 제작법과 항해술을 명민하게 활용해 유럽의 탐사 개척 분야에서 선두주자가 되었다. 1494년 에스파냐와 포르투갈 간에 체결된 토르데시야스 조약을 통해 에스파냐는 서부 아프리카 해안에 가까운 카보베르데 섬 서쪽 370레구아[5]의 자

4) 시 의회는 '카빌도'(cabildo)의 번역어이고, 아우디엔시아(audiencia)는 법원의 기능을 주로 수행했다. 그렇다고 시 의회와 아우디엔시아가 각각 입법과 사법 기능만 전적으로 담당했다고는 볼 수 없다. 삼권분립 개념이 없던 시절이었다는 점을 염두에 두어야 한다.—옮긴이

5) 1레구아는 육지에서는 대략 4.8km, 해상에서는 5.6km.—옮긴이

오선(경선)을 기준으로 서쪽에 있는 모든 땅의 소유권을 승인받았다. 포르투갈은 이 분할선의 동쪽에 있는 모든 땅을 수여받았다. 1500년에 포르투갈인 선장 페드루 알바르스 카브랄은 현재의 브라질 해안에 상륙했고 그 광대한 영토가 포르투갈 군주의 소유임을 주장했다.

포르투갈의 신세계 침입은 두 가지 점에서 에스파냐의 침입과는 다른 양상을 띠었다. 첫째, 브라질에는 아스테카나 잉카 문명에 견줄 만한 원주민 문명이 존재하지 않았다. 가장 큰 언어 집단인 투피-과라니 족은 현재의 베네수엘라에서 브라질 남부와 파라과이로 이어지는 해안을 따라 거주하고 있었다. 또 타푸이아 족은 내륙에 거주했다. 일부 인디오들은 식인풍습을 지녔으며 대부분 반半유목민적 생활을 영위했다. 이런 사실에서 브라질 식민은 단번에 이루어지기보다는 점진적 과정을 거치게 될 것이라고 추측할 수 있다. 더욱 중요하게 이는 포르투갈인들이 에스파냐인들과 달리 고도로 조직화된 원주민의 정주 문명을 거의 접하지 못했다는 것을 의미했다.

더욱이 이 지역에서는 은이나 금의 흔적을 발견할 수 없었기 때문에 엄청난 부를 축적할 방법을 찾기가 쉽지 않았다. 가장 중요한 경제활동은 유럽에서 염색원료로 품질을 인정받은 브라질나무(여기서 국가 명칭이 비롯되었다)의 수출이었다. 그리고 머지않아 대부분의 에스파냐령 아메리카 식민지와 달리 농업, 특히 사탕수수 경작이 브라질 식민 경제에서 우위를 차지했다.

(에스파냐에 비해) 인적자원과 광물자원이 부족했기 때문에 포르투갈 국왕은 신세계의 재산을 차지하도록 신민들을 설득하거나 유인하는 데 비상한 수단을 쓸 수밖에 없었다. 1530년대에 국왕은 대개 인도 또는 아프리카에서 활동한 경험을 갖춘 군인이나 특별히 총애해 손수 지명한

〈지도 2〉 식민지시대 라틴아메리카 : 정치·행정 단위

* 식민 초기부터 존재한 일종의 정착촌이자 행정단위로서 독립 후 주(州)가 됨.—옮긴이

이들(어떤 경우든지 지체 높은 가문 출신이었음)에게 (거의 전부 미개척지인) 영토에 대해 유효한 지배권을 대대적으로 하사하기 시작했다. 하사된 영토는 해안을 따라 평균 208킬로미터, 그리고 서쪽으로는 포르투갈과 에스파냐령 아메리카를 나누는 가상의 경계선까지(800킬로미터 또는 그 이상) 뻗어갈 정도로 방대한 규모였다.

국왕은 1549년에야 효율적인 제국의 관료제를 확립하기 시작했으나 관료제의 목적은 에스파냐령 아메리카의 경우와 같이 정복자들로부터 소유 재산을 탈환하려는 것이 아니라 식민지를 프랑스와 영국의 침입에서 보호하려는 데 있었다. 포르투갈 당국이 그런 조치를 취하게 된 까닭은 포르투갈인들이 아메리카에서 수적으로 부족했기 때문이었다.

부분적으로는 정착 초기에 브라질이 포르투갈의 다른 해외영토(더욱 수익성이 높은)에 비해 우선순위에서 밀렸기 때문에 포르투갈 군주의 지배는 에스파냐령 아메리카에 비해 훨씬 더 느슨하게 시작되었다. 1549년 이후 포르투갈 국왕이 통제를 강화한 뒤에도 국왕 지배 하의 각종 기관은 수출품에 대한 세금 징수가 용이한 대서양 연안에 주로 몰려 있었다. 지방 차원에서 권력은 주로 지주와 시 의회에 집중되었다. 16세기 브라질에서는 교회조차 멕시코와 페루에 비해 미약했다.

16세기 말과 17세기 초에 지주들은 브라질의 동북부에서 수익성이 높은 제당업을 발전시켰다. 마데이라 제도 같은 대서양의 섬들에서 일찍이 설탕 가공 기술의 획기적 발전을 이루었지만 포르투갈인들은 유럽에서 설탕제품을 판매하기 위해 네덜란드인들에게 의존했었다. 그렇지만 아메리카에서 사탕수수를 재배하려면 풍부한 노동력이 필요했다. 포르투갈인 지주들은 우선 브라질 원주민에게 의존했다. 하지만 페루와 멕시코의 경우처럼 원주민들은 곧 유럽에서 건너온 파괴적인 질병에 희생당했다. 생존자들은 대개 내륙으로 도피했다. 포르투갈인들은 18세기까지도 계속 원주민들을 착취했지만 만족할 만한 노동력을 확보하기 위해 다른 곳을 물색해야만 했다.

분명한 출처는 아프리카였다. 1500년대 초 에스파냐인들과 포르투갈인들은 이미 50년간 이베리아 반도와 에스파냐령 카나리아, 포르투갈령 마데이라 제도 등의 대서양 섬에서 아프리카 출신 노예의 노동을 활용한 바 있었다. 포르투갈은 1580년대에 접어들어서야 아프리카 출신 노예의 수입輸入을 정당화하기 충분할 정도의 잠재적인 이익을 확인했다. 1650년 무렵 브라질 동북부 지역은 세계 최대의 사탕수수 생산지가 되었다. 이는 대부분 아프리카 출신 노예 노동의 성과였다. 설탕 수출액은 어림잡아 연간 250만 파운드에 달했고 그에 따라 브라질 동북부 해안 지대는 아메리카 전역에서 아마 가장 부유한 지역으로 떠올랐다.

다른 유럽 열강들도 설탕 붐에 끼어들고자 했다. 네덜란드인들은 1624년 브라질에 침입해 사탕수수가 풍부한 동북부 지역을 통제하다가 1654년 포르투갈인 농장주, 상인, 혼혈인 부대에 밀려 다시 대서양으로 물러났다. 곧이어 네덜란드인들은 새로운 기술을 가지고 카리브 해 지역으로 이동했다. 17세기 말과 18세기에 사탕수수 재배를 통해 크게 변모한 카리브 해 지역은 대서양무역 체제의 핵심이 되었다. 포르투갈인들은 예전에 누렸던 신세계의 설탕 생산에 대한 거의 독점적인 지위를 다시는 회복하지 못했다.

브라질 중남부에서 경제 활동은 우선 목축업, 그리고 더 중요하게는 (동북부 지역으로 옮겨진) 원주민들에 대한 노예들의 습격과 약탈에 집중되었다. 반데이란치Bandeirante[6]들이 자행한 이 약탈 행위는 브라질 내륙에 대한 포르투갈인의 지배를 확대하는 데 기여했다. 반데이란치들은 캘리포니아의 금광 채굴업자와 미국 오지의 주민을 혼합한 유형의 존재로서 브라질 역사에서 전설적인 지위를 차지했다. 더욱이 이들의 약탈 행위는 오랫동안 포르투갈인을 외면한 광물 자원의 발견으로 이어졌다. 1690년대에 미나스제라이스에서 금맥이 발견되었고 수많은 이들이 앞다투어 몰려들었다. 1729년에는 다이아몬드 광산이 발견되었다. 광업은 1750년 무렵 연간 360만 파운드의 산출량을 기록하면서 절정에 이르렀지만, 전문적 기술 수준이 낮았기 때문에 1700년대 말에는 쇠퇴를 맞이했다. 비슷한 시기에 짧은 면화 수출 호황기도 있었지만, 브라질이 전반적으로 번영을 회복한 것은 19세기의 커피 수출 붐 덕분이었다.

브라질의 식민경제체제는 수출 지향적이었다. 그 결과 사회구조는 포르투갈 국왕의 투자를 반영했다. 가장 중요한 결과 가운데 하나는 아프리카 출신 노예들이 곳곳에 널리 퍼졌다는 점이다. 1810년 무렵까지 당시 대서양 노예무역의 3분의 1에 가까운 250여만 명의 아프리카인들이 브라질로 유입되었다. 대부분의 에스파냐령 아메리카와 달리 포르투갈령 아메리카 사회에서는 아프리카 출신이 주요 구성원으로 자리를 잡았다.

〈표 2.1〉에서 볼 수 있듯이, 아프리카 출신은 1825년경 에스파냐령 아메리카에서는 12퍼센트에 그친 반면, 브라질 전체 인구의 거의 절반에 이르렀다. 그밖에 물라토가 대다수인 혼혈인 집단이 브라질 전체 인구 가운데 18퍼센트를 차지했다. 달리 말해 19세기 초 브라질 전체 인구의 3분의 2 정도는 부분적으로나 전적으로 아프리카 혈통을 지닌 셈이었다.

다양한 인종으로 구성된 브라질의 식민지사회는 계층적 구분이 매

6) 깃발을 든 사람이라는 뜻.—옮긴이

〈표 2.1〉 식민지시대 라틴아메리카 인구의 인종 구성

단위: %

	에스파냐령 아메리카		포르투갈령 아메리카	
	1570년	1825년	1570년	1825년
백인 (법적 규정 또는 사회적 통념에 의거)	1.3	18.2	2.4	23.4
혼혈 (메스티소 또는 물라토)	2.5	28.3	3.5	17.8
아프리카계 흑인	혼혈 범주에 포함	11.9	혼혈 범주에 포함	49.8
원주민	96.3	41.7	94.1	9.1
계	100.1	100.0	100.0	100.1

유의사항: 일부 세로줄의 합계는 반올림 때문에 100퍼센트가 넘을 수 있다.
출처: Richard M. Morse, "The Heritage of Latin America," in Louis Hartz, ed., *The Founding of New Societies* (New York: Harcourt, Brace & World, 1964), p. 138 참조, 일부 변형.

우 뚜렷한 편이었다. 인종 간 혼인은 전체 건수의 10퍼센트 이하로 매우 드물었고 에스파냐령 아메리카와 마찬가지로 철저히 계층 구분에 의거해 이루어졌다. 즉 백인은 물라토와 혼인했으나 흑인과는 거의 혼인하지 않았다. 내연 관계와 관습법적인 사실혼 관계는 백인보다 흑인 사이에서 더욱 빈번했다. 멕시코시와 마찬가지로 브라질 식민지사회의 한 표본에서 가족 단위의 약 3분의 1은 독신 여성 가장이 이끄는 것으로 나타났다.

사회구조의 두번째 주요 특징은 백인 지배층 내, 특히 브라질 태생 지주와 포르투갈 출신 상인 간의 내적 분열을 꼽을 수 있다. 이런 불화는 에스파냐령 아메리카에서 벌어진 크리오요와 페닌술라르 간의 갈등과 비슷한 양상을 보였고 이는 독립운동으로 이어질 수 있는 가능성을 지녔다. 나중에 드러난 바와 같이 유럽의 정치 상황이 그 과정을 중단시켰다. 어쨌든 브라질에 대한 포르투갈 국왕의 더 느슨한 지배는 대부분의 에스파냐령 아메리카보다 식민지 주민의 분노를 덜 유발하게 했다.

포르투갈령 아메리카가 유럽 경제의 주변부로 통합된 과정은 에스파냐령 아메리카의 통합 과정과 유사하지만 몇 가지 주목할 만한 차이점이 있다. 첫째, 2세기 동안 브라질에서는 멕시코와 페루에서 에스파냐인들을 사로잡은 금과 은이 부족했다. 둘째, 18세기까지 브라질이 유럽 경제에 주로 기여한 부문은 광업이 아니라 농업이었다. 셋째, 아마 가장 중요한 차이는 포르투갈이 귀중한 식민지로부터의 세입 확보에 더 단순한 체계를 발전시켰다는 점이다. 에스파냐와 달리 포르투갈은 식민지의 국내시장에 세금을 부과하고 이를 통제할 목적으로 방대한 관료 네트워크를 구축하지 않았다. 대신 포르투갈은 거의 전적으로 브라질의 수출품에 세금을 부과하는 데 집중했다. 그 결과 브라질에서는 에스파냐령 아메리카에 비해 식민 본국의 정치적 권위에 맞서 반란을 일으킬 수 있는 식민지 주민들의 강력한 연대 가능성이 더 낮았다.

라틴아메리카의 독립

오늘날의 라틴아메리카 국가들의 형성을 촉발한 독립운동은 유럽에서 발생한 사건에 그 기원을 두고 있다. 독립운동은 대부분 급진적이지 않았고 사회질서의 가공할 만한 변화를 초래하지도 않았다. 독립운동의 원동력은 대체로 보수적인 것으로 판명되었고 그에 맞게 19세기 초 신생 공화국들의 방향이 정해졌다. 라틴아메리카 독립운동의 이야기는 유럽에서 시작된다.

1713년 다른 유럽 국가들에게 에스파냐 왕위의 계승을 최종 승인받은 에스파냐 부르봉 왕가의 군주들은 유럽과 아메리카에서 에스파냐의 하락세를 반전시키고자 노력했다. 그들은 왕실 수입을 늘리고 유럽의 경쟁 세력에 맞서 신세계의 방어 체제를 재정비하고자 시도하면서 부르봉 개혁으로 알려진 일련의 광범위한 행정·정치 개혁을 부과했다. 그중 하나가 새로운 부왕령의 창설이었다. 먼저 1717년에, 그리고 또다시 1739년에 남아메리카 북부의 누에바그라나다에서 다시 수립된 부왕령은 대체로 오늘날의 파나마, 콜롬비아, 에콰도르, 베네수엘라에 해당했다. 또 1776년 부에노스아이레스에 설치된 또 다른 부왕령은 리오데라플라타 부왕령으로 오늘날의 볼리비아, 파라과이, 우루과이, 아르헨티나를 포괄했다.

게다가 카를로스 3세1759~1788는 합스부르크 시대의 복잡한 행정 체계를 지방행정관제로 대체했다. 실제 에스파냐령 아메리카에서 증오의 대상이 된 코레히도르corregidor; 지방의 행정·사법 관리를 부왕이 아니라 국왕에 대해 직접 책임을 지는 지방행정관, 즉 인텐덴테intendente로 대체했다. 거의 모든 지방행정관은 아메리카 태생의 크리오요가 아니라 국왕에 충성을 서약하는 에스파냐 출신의 페닌술라르였다. 지방행정관들은 정부에 대한 국왕의 지배를 강화시켰지만 동시에 그동안 엄격하지 않은 행정 체계를 마음껏 이용하고 있던 대다수 부유한 크리오요들과 충돌을 피할 수 없었다.

이런 경향은 지방 법원의 운영에서도 감지된다. 17세기 말 극도의 자금난에 시달린 합스부르크의 군주들은 17세기 초에 펠리페 4세가 그랬던 것처럼 돈을 받고 재판관을 임명했다. 재판관직을 매입한 이들은 크리오요였고 1750년 당시 재판관 93명 가운데 51명이 아메리카 태생이었다. 부르봉 왕가의 군주들은 이런 경향을 반전시켜 1807년에는 재판관 99명 가운데 단지 12명만이 크리오요였다. 결국 크리오요들은 권위와 명성이 있는 지위를 차지하고자 다른 곳을 물색할 수밖에 없었다.

그들이 주목한 자리는 18세기 초까지 제 구실을 거의 하지 못했던 시 의회였다. 시 의회의 관직이 항상 열렬한 매입자들을 찾아내지는 못했다. 하지만 지방행정관이 도착하면서 더욱 효율적인 과세가 이루어지자 시 의회의 수입은 늘어나게 되었고, 시 의회는 지방의회나 자문기구로서 본연의 역할을 강화했다. 그리하여 시 의회는 크리오요에게 권위 있는 제도적 기반을 제공했다.

또한 카를로스 3세는 교회에 대한 국왕의 지배를 강화하면서 왕권을 신장시키고자 했다. 가장 극적인 조치는 1767년 에스파냐령 아메리카 전역에서 예수회를 추방하는 명령이었다. 카를로스 3세는 예수회를 국가 내의 국가로, 달리 말해 권력과 부의 경쟁자로 보았다. 예수회 재산은 대부분 경매를 통해 판매되었고 그 수익은 물론 국왕에 귀속되었다.

독신 생활과 반(反)교권주의

식민지 페루의 교구 사제들은 고위 성직자들에 의해 교구의 신자들을 돌보는 것을 금지당했다. 신자들을 돌보는 일에는 위험도 내포되어 있었기 때문이다. 그중 하나는 여성 교구민들과의 친밀한 관계였다. 로마가톨릭교회의 아들로서 사제들은 독신 서약에 충실해야 할 의무를 지니고 있었다. 이 서약은 종종 사제들을 심한 시험에 빠뜨리기도 했다. 완전한 가족을 거느린 사제들에 관한 보고가 계속 밀려드는 가운데 1727년 에스파냐 국왕은 페루의 교회 당국에게 이 문제를 엄중히 처리하도록 명령했다. 이에 따르면, 사제를 돕는 하인은 40세가 넘어야 하고 흠 잡을 데 없는 평판을 지녀야 했다. 핵심적인 조언은 다음과 같았다. "육체의 유혹을 극복하는 가장 좋은 방법은 유혹에서 달아나는 것이다. 위험을 초래하는 자는 그 속에서 죽게 될 것이다." 식민지시대 말기에 이르면 에스파냐령 아메리카와 포르투갈령 아메리카에서 결코 적지 않은 사제들이 독신 서약을 어겼다. 그 결과 이어진 각종 추문은 교회에 대한 대중의 지지를 크게 약화시켰고, 19세기 에스파냐령 아메리카의 정치를 지배하게 될 반교권주의를 배양하는 데 기여했다.

출처: William B. Taylor, *Magistrates of the Sacred: Priests and Parishioners in Eighteenth-Century Mexico* (Stanford, Calif.: Stanford University Press, 1996), p. 621.

군대는 또 다른 권력의 기반이었다. 외세의 위협을 차단하고 잠재적 반란을 분쇄하기 위해 국왕은 식민지 민병대의 창설을 선포했다. 식민지 민병대는 지위에 굶주린 크리오요들에게 훌륭한 명성의 원천이었다. 그러나 그것은 또한 군사적 균형을 바꿔 버렸다. 예컨대 1800년 아메리카 태생의 식민지 민병대원 2만 3,000명에 비해 누에바에스파냐 부왕령의 에스파냐 정규군은 단지 6,000명에 불과했다. 식민지 민병대는 나중에 독립운동을 전개하는 애국파 부대의 기반이었다.

에스파냐의 부르봉 왕가는 유럽에서 세력을 강화하고자 특히 식민지 경제의 발전을 촉진했다. 1778년에 카를로스 3세는 자유무역 포고령을 공포했다. 이에 따르면, 에스파냐령 아메리카의 24개 항구는 상호 간에 교역하거나(하지만 에스파냐의 지배 범위 밖에 있는 항구와 교역하는 것은 여전히 금지되었음) 에스파냐의 모든 항구와 직접 교역할 수 있게 되었다. 교역은 더 이상 식민지의 4개 항구(베라크루스, 카르타헤나, 리마/카야오, 파나마)로만 제한되지 않았고 에스파냐 카디스의 독점에 구속되지도 않았다. 이런 조치 때문에 부에노스아이레스는 즉시 이득을 얻기 시작했다. 사실 예전에는 금지된 이 항로들을 따라 밀매매가 오랫동안 성행한 바 있었다. 에스파냐 국왕은 한때 밀수되던 상품에 세금을 부과할 수 있게 되면서 관세 수입을 늘렸다.

부분적으로는 이 조치 덕분에 부르봉 왕가의 통치 아래 식민지 경제의 여러 부문이 번성했다. 1776년 작고 활력 없는 도시에 불과한 부에노스아이레스 항구는 1800년까지 인구 5만여 명에 이르는 도시로 성장했다. 1790년대 멕시코의 금·은 화폐 주조는 1740년대에 비해 세 배나 늘었다. 19세기로 접어들기 전까지 교역은 더욱 번창했다.

부르봉 왕가의 정책은 성공을 거둔 것처럼 보였다. 행정 체계는 더 효율적으로 운영되었고 방위력은 향상되었으며 교역이 증대해 정부의 수입이 늘었다. 그러나 크리오요들은 대체로 이런 변화에 대해 불편한 심경을 드러냈다. 이런 변화가 그들의 지위와 영향력을 약화시키려는 위협으로 느껴졌고 흔히 그런 결과를 낳았기 때문이었다. 이는 확실히 크리오요의 지위에 대한 도전으로 계몽사상이나 북아메리카의 영국 식민지의 저항보다 더 큰 영향을 미쳤고 결국 에스파냐령 아메리카의 주민들을 자극해 독립을 선택하도록 이끈 요인이 되었다.

물론 에스파냐의 지배에 대한 식민지인들의 저항이 존재했다. 1780년 잉카 통치자의 직계 후손임을 자처한 투팍 아마루 2세는 8만 명에 이르는 인디오 부대를 이끌고 반란을 일으켰다. 페루 남부와 볼리비아를 휩쓴 이 봉기를 잔인하게 진압하는 데 거의 2년이 소요되었다. 1781년에는 누에바그라나다의 소코로 시민들이 세금 인상에 맞서 격렬하게 저항했고 이 저항은 부왕령의 여러 곳으로 확산되었다. 라틴아메리카의 애국적인 역사가들은 이 사건들을 흔히 크리오요가 주도한 19세기 독립운동의 전조로 기술하지만, 그렇게 보기는 어렵다. 투팍 아마루 2세의 경우 일부 독립을 지향하는 움직임이 있었지만 원주민들이 주도한 봉기는 결코 크리오요의 든든한 지지를 얻지 못했다. 누에바그라나다에서 발생한 1781년 봉기에서도 저항 세력은 에스파냐 국왕의 지배로부터 독립을 얻으려고 하지는 않았다. 그들은 식민체제에 맞서지는 않았고 다만 체제 내에서 저항했을 뿐이다.

그렇다면 독립은 어떻게 도래했는가? 다시 한 번 라틴아메리카의 운명은 구세계(유럽)의 왕조 정치에 의해 결정되었다. 프랑스혁명기 동안 국왕을 구하려는 프랑스 부르봉 왕가를 돕고자 시도했지만 실패한 뒤 에스파냐는 1796년 프랑스와 동맹관계를 맺었다. 이 협정은 에스파냐 해군이 1805년 트라팔가 해전에서 전멸당하는 직접적인 원인이 되었다. 프랑스의 독재자가 된 나폴레옹 보나파르트는 1807년 프랑스 군에게 영국의 오랜 동맹국인 포르투갈을 점령할 것을 명령했다. 나폴레옹의 군대는 포르투갈의 수도 리스본 북쪽의 언덕에 도착했지만 그 직전에 영국 해군은 포르투갈의 브라간자 왕가와 포르투갈 조정을 재빨리 브라질로 피신시키는 데 성공했다. 곧이어 나폴레옹 군대는 에스파냐로 방향을 바꾸었다. 1808년 그들은 마드리드를 점령하고 나폴레옹의 형 조제프를 에스파냐 왕으로 옹립했다. 이 사건은 에스파냐령 식민지의 반란을 촉발했다.

에스파냐에서는 조제프 보나파르트에 저항하는 움직임이 나타났고 나폴레옹의 포로가 된 페르난도 7세의 지지자들이 그 대의에 동참했다. 페르난도의 이름으로 통치하기 위해 세비야에 협의회junta가 수립되었다. 1810년 국왕의 부재로 생긴 권력의 공백을 메우기 위해 에스파냐의 자유주의자들은 의회cortes를 구성했다. 1812년에 의회는 의회의 권한을 옹호하고 종교재판소를 폐지하며 국왕의 역할을 제한하는 새로운 헌법을 공포했다.

식민지의 대응

나폴레옹이 자신의 형을 에스파냐 왕위에 앉혔을 때 대다수 에스파냐인들이 그랬듯이 크리오요들은 그를 사기꾼으로 치부하고 받아들이지 않았다. 에스파냐에 더 이상 합법적인 정부가 존재하지 않았기 때문에 식민지 주민들은 주권을 인민에게 되돌려 주어야 한다고 주장했다. 이런 논리가 독립을 주장하는 논거로 확대될 수 있었을까?

그러나 에스파냐령 아메리카에 갑자기 닥쳐온 일련의 사건들이 필연적인 것은 아니었다. 유럽의 계몽사상이나 미국혁명의 선례만으로는 에스파냐령 아메리카의 봉기를 유발했다고 볼 수 없을 것이다. 나폴레옹의 개입이 없었더라면 에스파냐령 아메리카 식민지들은 쿠바와 마찬가지로 19세기 말까지 에스파냐의 통치 아래 남아 있었을지도 모른다.

나폴레옹에 맞서 저항한 핵심 지역 가운데 하나는 가장 늦게 설치된 부왕령의 소재지이자 시 의회가 이미 괄목할 만한 권위를 획득한 부에노스아이레스였다. 1806년 영국 함대가 부에노스아이레스를 점령하자 부왕은 내륙 도시 코르도바로 피신했다. 시민 의용대가 영국군을 몰아냈고, 1807년 영국의 두번째 공격은 더 수월하게 물리쳤다. 즉 영국의 침략으로부터 부에노스아이레스를 성공적으로 방어한 이들은 부왕령 당국이 아니라 크리오요였다. 이는 군주의 허약함과 현지 주민들의 역량을 동시에 보여 주었다.

리오데라플라타 지역에서 또 다른 미해결 관심사는 자유로운 교역이었다. 1788년 카를로스 3세의 포고령은 멀고 구불구불한 길을 따라 파나마까지 육로로 이동한 뒤 마침내 대서양을 횡단하는 방식 대신에 부에노스아이레스에서 에스파냐로 직접 상품을 선적할 수 있게 만들었으나 실제로 부에노스아이레스는 교역의 가능성을 부분적으로만 인정받았을 뿐이다. 그러나 소가죽과 염장 쇠고기에 전도유망한 시장을 제공한 것은 에스파냐가 아니라 영국이었다. 그리하여 밀매매는 여전히 성행했고 다른 유럽 국가들과 공개적으로 자유로운 교역을 바라는 아르헨티나의 요구는 강해졌다.

1809년 나폴레옹이 에스파냐의 국왕 페르난도 7세를 축출한 뒤 부에노스아이레스의 젊은 변호사 마리아노 모레노는 2년 동안 전면적인 자유무역을 실시할 것을 요구했다. 모레노는 그런 조치의 시행이 에스파냐 국왕에 대한 충성심을 강화하고 이를 통해 밀매매가 아니라 합법적인 교역에 관세를 매길 수 있기 때문에 수입을 늘릴 수 있다고 주장했다. 그 해 말에 부왕은 부에노스아이레스에게 에스파냐의 동맹국이나 나폴레옹 전쟁에서 중립을 지키는 국가들과 자유롭게 교역할 수 있도록 제한적인 조치를 승인했다. 다시 한 번 부에노스아이레스의 지배층은 정치적 성공을 맛보았다.

나폴레옹의 군대가 1810년 에스파냐에서 부르봉 저항 세력의 거점을 장악하자 주도적인 시민들은 회합을 갖고 '페르난도 7세의 이름으로 통치하는 리오데라플라타 지역의 임시협의회'를 구성하기로 결정했다. 의회가 공식적으로 독립을 선포한 시기는 1816년이었지만, 그 방향은 이미 정해진 셈이었다.

1810년에 카라카스에서도 유사한 움직임이 출현했다. 이곳에서는 지역 시 의회가 에스파냐인 총사령관을 해임하고 페르난도 7세의 이름으로 통치할 협의회를 조직했다. 부에노스아이레스와 마찬가지로 반란을 일으킨 집단은 주로 부유한 크리오요들로 이루어져 있었다. 반란의 지도자들은 더욱 단호한 견해를 지니고 있었다. 가장 유명한 지도자 시몬 볼리바르는 처음부터 아메리카의 독립을 원했다.

1783년 카라카스의 부유한 크리오요 가문에서 태어난 볼리바르는 아홉 살 때 고아가 되었다. 그는 교육을 끝마치기 위해 에스파냐로 건너갔고 3년 뒤 에스파냐 출신의 젊은 신부新婦와 함께 카라카스로 돌아왔다. 그러나 몇 달 만에 신부는 황열병으로 사망했다. 볼리바르는 크게 낙담했고 결코 재혼하지 않았다(그렇지만 여러 여성과의 교제를 끊은 것은 아니었다). 매력적이고 유쾌하며 설득력 있는 성격을 지닌 볼리바르는 지지자들에게 충성심과 신뢰를 불어넣었다. 계몽사상에 익숙한 그는 1805년 조국을 에스파냐의 지배에서 해방시킬 것을 맹세했다. 1811년 7월 베네수엘라를 통치하기 위해 소집된 의회는 독립을 선포함으로써 그의 포부에 부응했다.

그러나 세비야에 있는 친親페르난도파 섭정위원회는 예상보다 더 탄력적으로 대처하는 역량을 선보였고 이 무례한 반란 세력을 진압하기 위해 군대를 파견했다. 처음에는 흑인들, 그 다음에는 베네수엘라 내륙 평원의 목부llanero들과 합세한 에스파냐 군대는 프란시스코 데 미란다가 지휘하는 식민지인들의 부대를 물리쳤다. 볼리바르는 가까스로 누에바그라나다로 도피했다. 그는 1813년에 베네수엘라로 돌아왔고 몇 차례 놀랄 만한 군사적 승리를 거두었다.

유럽에서 발생한 사건들은 또다시 식민지의 움직임을 방해했다. 1814년 나폴레옹이 패배한 뒤 페르난도 7세는 에스파냐 왕위를 되찾았고, 1812년에 공포된 자유주의 헌법을 폐기하면서 절대군주제를 복원했

자신감이 넘치는 시몬 볼리바르는 서른 살 무렵에 독립운동 세력의 군 지휘권을 떠맡았다. (미국 의회도서관 제공)

다. 대다수 크리오요들은 국왕이 돌아왔기 때문에 그들의 군사적 동원을 지속할 이유가 없다고 결론지었다.

볼리바르는 이때 자신의 추종자들과 군수물자가 줄어들고 있음을 감지했다. 몇 차례 패배를 경험한 뒤 그는 1814년에 또다시 누에바그라나다로, 그 다음에는 영국령 자메이카 섬으로 피신하지 않을 수 없었다. 그는 에스파냐령 아메리카가 단일한 국민국가로 통합되기를 희망했으나 그 가능성이 그리 높지 않다는 것을 알고 있었다. 이런 인식은 몇 년 전 베네수엘라의 공화정을 수립하는 데 실패한 경험에서 비롯된 것이었다. 그의 조언은 간결했다. "최선의 정부 형태가 아니라 가장 성공할 것 같은 정부 형태를 채택하라."

누에바에스파냐에서 발생한 사건들은 다른 경로를 취했다. 크리오요 애국파에 대비한 선제적 공세를 통해 페닌술라르들은 부왕 호세 데 이투리가라이를 축출하고 세비야에 있는 섭정위원회를 신속하게 승인했다. 멕시코시는 1821년까지 군주 지지파의 수중에 굳건히 남아 있었다.

누에바에스파냐의 여러 지방, 특히 수도의 북부 지방은 또 다른 양상을 보였다. 1810년 미겔 이달고 신부를 포함해 유력한 크리오요 집단이 페르난도 7세의 이름을 걸고 권력을 장악하려고 계획하고 있었다. 그 책략이 발각되자 이달고는 행동하기로 결정했다. 1810년 9월 16일에 돌로레스라는 작은 고을에서 이달고는 추종자들에게 무장할 것을 열정적으로 명령했다. 기묘하게도 군사적 동원에 가담한 이들은 회합에 모인 지방의 저명인사들이 아니라 오랫동안 고통받아 온 혼혈인과 인디오들이었다. 그들은 과달루페 성모의 깃발 아래 무리 지어 몰려들었다. 그들은 오래전부터 과달루페 성모를 고유의 상징으로 받아들인 바 있었다. 이 분노에 찬 '유색인 평민'들은 훈련되지 않은 대규모 부대를 이루었다. 그러나 깜짝 놀란 크리오요 지배층의 눈에는 군대가 아니라 '도당'徒黨, horde으로 보였다.

이달고를 따르는 무리는 과나후아토 시로 들이닥쳐 곡물창고를 대대적으로 공격하고 지방행정관을 포함해 에스파냐 병사와 민간인 500명을 학살했다. 자유롭게 약탈한 뒤 그들은 멕시코시로 향했다. 이달고는 그 과정에서 이들에 대한 통제권을 유지하고자 분투했다.

1810년 11월에 이달고는 약 5만 명의 무장병력을 이끌고 멕시코시 외곽에 진을 쳤다. 그 뒤 줄곧 논쟁과 심사숙고 끝에 멕시코시에서 퇴각하기로 결정했다. 그는 확실히 수도를 점령할 수 있었을 것이다. 하지만 왜 퇴각했을까? 휘하의 추종자들을 두려워했을까? 대신 이달고는 북쪽으로 이동했다. 1811년 초 과달라하라 근처에서 패배한 뒤 그는 코아우일라를 향해 계속 이동했다. 그는 그곳에서 체포당했고 뒤이어 치와와에서 총살형을 당했다.

금세 무너질 듯한 반란 세력의 지휘권은 또 다른 사제인 호세 마리아 모렐로스에게 넘겨졌다. 이달고와 마찬가지로 모렐로스는 인디오 공납 폐지와 노예제 폐지를 지지했고 농업개혁을 제안하기까지 했다. 농업개혁은 식민지 지배층 사이에서 파열을 불러일으키는 쟁점이었다. 또한 모렐로스는 시민들이 정부 형태를 선택할 수 있는 권리를 지니고 있다고 주장했다. 결국 모렐로스는 "페닌술라르를 제외한 모든 주민이 더 이상 인디오, 물라토, 메스티소 등으로 지정되지 않고 그저 모두가 아메리카인으로 불리게 될 새로운 정부"를 상상했다. 그리하여 모렐로스는 민족주의와 사회적·인종적 평등을 결합시켰다.

1813년 칠판싱고 의회는 에스파냐로부터 멕시코의 독립을 선포했다(그러나 멕시코의 독립기념일은 이달고의 연설을 기념해 9월 16일로 정해졌다). 의회는 또한 노예제 폐지를 선언하고 로마가톨릭교회를 국교로 정했다. 다음 해에 가결된 헌법은 인민주권의 이상을 지지하고 간접선거제를 채택했다. 그리고 3인으로 구성된 약한 행정부와 아울러 강력한 입법부를 수립하고자 했다.

그동안 에스파냐인들은 군사적 승리를 거두고 있었다. 에스파냐 군대의 지휘관 가운데 젊은 아구스틴 데 이투르비데가 있었다. 그는 나중에 멕시코 독립 과정에서 중심적인 역할을 담당하게 된다. 1815년 모렐로스는 생포되고 재판(세속 당국의 법정뿐 아니라 종교재판소까지)을 거쳐 처형당했다. 다른 이들은 독립이라는 대의를 위해 계속 투쟁했으나 에스파냐인들이 우위를 차지했다.

이렇게 에스파냐령 아메리카 독립운동의 첫번째 단계는 마무리되었다. 누에바에스파냐의 이달고와 모렐로스는 모두 처형되었다. 자메이카에서 망명생활을 하던 볼리바르는 침체에 빠져 있었다. 리오데라플라타의 협의회는 단합을 유지하기 위해 분투했지만 아직 독립을 요구하지는 못했다. 페르난도가 에스파냐 왕위에 복귀한 뒤인 1815년 즈음에는 에스파냐 국왕이 식민지의 반란을 제압한 것처럼 보였다.

독립의 성취

남아메리카에서 에스파냐 군의 우세는 오래 지속되지 않았다. 1816년 볼리바르는 베네수엘라로 돌아왔고 그가 일찍이 거두었던 승리를 재현하기 시작했다. 그러나 당시 볼리바르는 예전에 군주 지지파를 위해 전투를 벌인 용감한 목부들의 탁월한 지도자인 호세 안토니오 파에스와 동맹을 맺었다. 당시 파에스는 에스파냐로부터 독립을 성취하기 위한 투쟁에 동참한 상태였다. 볼리바르의 독립운동은 1819년에 4,000명이 넘는 영국의 증원군 병력이 도착하면서 더욱 강화되었다. 그리하여 세력이 강화된 볼리바르는 1819년 초 베네수엘라를 완전히 장악했다.

누에바그라나다에서 에스파냐 군대를 물리친 뒤 볼리바르는 1821년에 베네수엘라, 누에바그라나다, 에콰도르를 통합해 '그란콜롬비아'라는 새로운 국가를 수립하고자 노력했다. 이 시도는 지지를 거의 얻지 못했고 그리하여 볼리바르는 더 많은 군주 지지파와 에스파냐인들을 추적하고 물리치기 위해 남쪽으로 전진했다.

한편 호세 데 산 마르틴은 남아메리카에서 비상한 군사작전을 수행하고 있었다. 오늘날의 아르헨티나 북부 국경에서 에스파냐 관리의 아들로 태어난 산 마르틴은 열한 살 때부터 군 경력을 쌓기 시작했다. 그는 1812년에 부에노스아이레스의 협의회에서 활동하면서 식민지 독립운동에 헌신할 것을 결심했다. 훈련 상태와 태도로 볼 때 그는 타고난 군인으로서 볼리바르와 같은 정치적 통찰력이나 모렐로스 같은 사회적 의식을 지니고 있지는 않았지만 능숙한 군사 전략가였다.

반란 세력의 지휘관으로서 산 마르틴은 1817년 초 당대에 가장 대담한 군사적 위업 가운데 하나를 시도할 준비를 갖추고 있었다. 그것은 5,000명의 병사를 이끌고 안데스 산맥을 넘어 칠레에 주둔하고 있는 에스파냐 군을 기습 공격하려는 계획이었다. 산 마르틴은 완전히 방심하고 있던 에스파냐 병사들을 덮쳤고 차카부코 전투에서 중요한 승리를 거둔 뒤 산티아고로 의기양양하게 진입했다. 산 마르틴은 그곳에서 다음 목표인 페루의 해방을 준비했다.

1820년에 산 마르틴은 페루 해안에 도착했다. 리마는 멕시코시보다 군주를 지지하는 색채가 더욱 짙은 곳이었다. 부르봉 왕가 시대에 부에노스아이레스가 부왕령으로 격상되면서 리마는 경제적인 타격을 입었지만, 군주를 지지하는 감정은 여전히 강력했다. 크리오요와 페닌술라르 모두 페르난도 7세의 통치 지속에 찬성하고 있었다. 산 마르틴은 "나는 군사적 영예를 추구하지 않는다. 또한 페루의 정복자라는 칭호를 갈망하지도 않는다. 내가 원하는 것은 페루를 압제에서 해방시키는 것뿐이다. 리마의 주민들이 정치적으로 적대감을 갖는다면, 리마가 내게 무슨 좋은 일을 베풀겠는가?"라고 언급하면서 공격을 보류했다.

이곳에서도 에스파냐에서 발생한 급진적 변화가 사건들의 전개를 촉진시켰다. 페르난도 7세가 정치적 압력에 굴복하고 갑자기 1812년 자유주의 헌법을 승인하자 리마의 군주 지지파는 이런 방향 전환에 크게 놀랐다. 그들은 특히 종교재판소의 폐지와 사제의 위엄에 도전하는 분위기에 대해 곤혹스러워했다. 많은 주민이 왕권에 대한 제한을 수용할 수 있었으나 교회의 역할과 권위에 제한을 가하는 것에는 반대했다.

에스파냐의 이런 정국 전환은 멕시코시와 리마의 여론 추세를 급격히 바꾸었다. 에스파냐로부터의 독립은 더 이상 급진파 또는 자유주의적 대의의 전유물이 아니었다. 그것은 전통적 가치와 사회 규범을 지지하는 수단으로서 보수주의자들의 목표이기도 했다. 마치 이 사실을 시인이라도 하듯이 리마의 시 의회는 1821년 중반에 산 마르틴에게 리마로 들어오도록 정중히 요청했다. 같은 해 7월 28일 산 마르틴은 공식적으로 페루의 독립을 선포했다.

에스파냐 군과 몇 차례 더 소규모 전투를 벌인 뒤 산 마르틴은 시몬 볼리바르와 역사적인 회합을 갖기 위해 에콰도르로 갔다. 이 회합에서 정확하게 무슨 일이 있었는지는 결코 입증되지 않았다. 볼리바르는 아메리카의 위대한 두 인물, 산 마르틴 장군과 그 자신을 위해 건배를 제의하면서 우호적인 분위기를 조성했을지도 모른다. 외견상 볼리바르는 페루에 군주를 두자는 산 마르틴의 제안을 거절했고, 그란콜롬비아로의 단결을 거듭 강력히 요구했으며, 자신의 휘하에서 활동하려는 산 마르틴의 제안을 정중히 사절했다. 어쨌든 산 마르틴은 모든 관직에서 물러난 뒤 곧 유럽으로 건너갔고 1850년에 그곳에서 사망했다.

1823년 말 볼리바르는 에스파냐인들이 여전히 강력한 군대를 유지하고 있던 페루로 이동했다. 1824년에 군주 지지파는 아야쿠초 전투에서 독립운동 세력에게 결정적으로 패배했다. 1825년 볼리바르는 페루와 (오늘날의 볼리비아인) 알토페루Alto Perú[7]를 단일 국가로 통합하려는 희망을 품고 알토페루에 진입했다. 그러나 그는 너무 늦었다. 알토페루 지역의 지도자들은 독자적인 공화국 수립에 집중하고 있었다. 그들은 신속하게 그 과업을 추진하면서 볼리바르의 이름을 새로운 공화국에 붙였고 그를 종신 대통령으로 추대했다.

리마로 되돌아온 뒤 볼리바르는 연방의 실패 분위기가 감도는 상황을 수습하고자 그란콜롬비아로 갔다. 그때쯤 볼리바르는 자신의 꿈을 실현하는 데 실패하게 되자 마음이 상해 점차 괴로움과 깊은 원한을 품게 되었다. 1830년에는 베네수엘라와 에콰도르가 그란콜롬비아에서 탈퇴했다. 폐결핵에 시달려 온 볼리바르는 절망 속에서 지난 세월을 회상했다. 그는 "아메리카는 통치불가능한 곳이다. 이제까지 혁명의 과업에 진력한 이들은 마치 바다에 쟁기질을 하듯이 헛수고만 한 셈"이라고 한탄했다. 1830년 12월 17일 해방자 볼리바르는 불과 마흔일곱 살의 나이에 사망하고 말았다.

1815년 모렐로스가 패배하고 나서 누에바에스파냐의 독립운동은 페

---

7) 직역하면 '페루 고지대'라는 의미이지만 대체로 현재의 볼리비아 지역에 해당한다.—옮긴이

르난도 7세가 1812년 헌법에 대한 복종을 선언함으로써 부유하고 명망 있는 크리오요들이 독립운동 세력에 가담하도록 떠밀릴 때까지 지지부진한 상태였다. 멕시코의 독립운동은 원래 모렐로스를 진압하고자 에스파냐 군을 이끈 바 있는 아구스틴 데 이투르비데에 의해 계승되었다. 그리하여 멕시코의 독립운동은 모순적이게도 보수적 색채를 얻게 되었다.

기회주의적인 이투르비데는 부왕을 재촉해 남부 지역에서 군주 지지파에 대한 지휘권을 획득했다. 그 뒤 그는 반란 세력의 지도자를 향해 진격했지만 오히려 반란 세력과 독립의 대의를 위해 즉시 동맹을 맺었다. 이투르비데는 1821년 세 가지 '보증'을 위한 요구사항을 공포했다. 그것은 종교(가톨릭 신앙의 국교화), 독립(추측건대 군주제를 유지하는 독립), 연합(크리오요와 페닌술라르에 대한 동등하고 공평한 대우)이었다. 이투르비데는 멕시코시를 장악하고 자신이 황제로 추대되는 제국을 수립했다. 그의 제국은 고작 2년 동안 지속되었을 뿐이다.

중앙아메리카의 크리오요 지주들은 멕시코의 크리오요 지주들이 그랬던 것처럼 에스파냐에서 자유주의가 우세해진 상황의 변화에 대해 염려하게 되었다. 1822년 중앙아메리카의 지주들은 이투르비데의 제국과 운명을 함께 하기로 결정하고 중앙아메리카와 멕시코제국의 병합을 선언했다. 하지만 이투르비데가 1823년에 퇴위했을 때, 과테말라에서 코스타리카에 이르는(파나마를 제외하고) 오늘날의 중앙아메리카 국가들은 독립적인 중앙아메리카연방United Provinces of Central America이 되었다. 1830년대에 이르러 에스파냐의 신세계 식민지는 쿠바와 푸에르토리코로 축소되었다.

브라질의 독립 여정

브라질의 독립은 에스파냐령 아메리카의 독립과 매우 다른 방식으로 이루어졌다. 이는 부분적으로는 1800년 무렵 브라질이 작은 식민 본국보다 훨씬 더 인구가 많고 번영을 누리고 있었다는 사실 때문이다. 반면에 경제적 또는 정치적 영향력에서 식민 본국인 에스파냐를 상대할 에스파냐령 식민지는 전혀 없었다. 식민지 주민들이 독립을 선포했을 때, 에스파냐는 끈질기게 반격했고 에스파냐령 아메리카인들은 점차 국왕을 혐오하게 되었다. 그러나 포르투갈인들은 정치적 자치권을 요구하는 브라질인들의 움직임을 저지할 수 있는 군사력을 보유하지도 못했다.

브라질 독립운동의 전후 맥락은 또 다른 중요한 차이점을 분명히 드러냈다. 1807년 11월 나폴레옹 군대가 이베리아 반도를 침공했을 때, 포르투갈 왕실과 조정은 영국 해군 덕분에 브라질로 피신할 수 있었다.

식민지시대 동안 포르투갈은 가장 중요한 식민지에 대해 대학 설립, 출판과 언론매체 운영, 타국과의 교역 등을 허용하지 않았다. 나중에 국왕 동 주앙 6세가 되는 섭정 황태자는 브라질에 도착한 뒤 신속하게 브라질의 항구들을 개방함으로써 포르투갈의 교역 독점에 종지부를 찍었다. 그의 논리는 분명했다. 나폴레옹이 포르투갈을 통제하고 있었기 때문에 망명한 포르투갈 군주는 만일 리스본과의 독점적인 연계가 단절되기만 한다면 브라질의 대외 교역에서 계속 이익을 얻을 수 있었다. 결국 최대 수혜자는 역시 브라간자 왕가와 수행원들을 브라질로 데려다 준 영국인들이었다.

1810년 영국은 15년 동안 유효한 공식 협정에 의해 브라질과의 관계에서 특권을 누리게 되었다. 그 주요 내용은 첫째, 브라질에 들어오는 영국산 상품에는 가장 낮은 관세(포르투갈보다 훨씬 더 낮은 수준!)가 부과될 것이고, 둘째, 포르투갈 국왕에게 아프리카 노예무역을 점진적으로 폐지하는 권한을 위임할 것이며, 셋째, 브라질에서 영국 신민에게 영국이 지명한 판사들에 의한 재판권을 보증할 것, 즉 영국의 영사재판권을 보증할 것 등이었다. 이 협정은 곧 브라질 지배층의 깊은 분노를 야기했다.

망명한 포르투갈 군주는 리우데자네이루에 국립도서관, 국립박물관, 식물원과 같은 새로운 기관들을 창설하기 시작했다. 동 주앙 6세는 프랑스 예술사절단을 초청해 건축, 회화, 조각 부문에서 전문화를 촉진시켰다.

또한 국왕은 브라질로 외국 이민자들을 유치하고자 노력했다. 그러나 매우 제한적인 성과를 거두었고, 1880년대 말까지는 유럽인의 대규모 이민이 시작되지도 않았다. 모든 공업을 금지한 1785년 칙령의 철회를 포함해 방직업을 장려하는 시도도 있었다. 그러나 그런 조치들은 브라질의 경제적 후진성, 즉 자본, 기술, 숙련 노동력, 든든한 국내 시장의 결여, 노예에 의존하는 모든 형태의 육체노동 등의 깊은 원인을 파악하고 이에 큰 영향을 미칠 수는 없었다.

1814년에 프랑스군이 포르투갈에서 철수했지만 프랑스군을 축출하고자 포르투갈인들과 연합한 영국군은 그대로 남았다. 영국군이 포르투갈을 떠난 뒤 새로운 헌법을 기초하기 위해 의회(코르테스 제라이스)가 소집되었다. 새롭게 승리를 거둔 포르투갈의 자유주의자들은 브라질의 부를 활용하는 데 관심을 가지고 있었고 왕실에게 포르투갈로 귀환하도록 강권했다. 동 주앙 6세는 곧 그의 아들 동 페드루를 포르투갈-브라질 연합왕국의 섭정 황태자로서 브라질에 남겨 두면서 리스본으로 돌아왔다.

그리하여 모든 관심은 리스본의 의회에 집중되었다. 의회는 브라질에서 포르투갈 국왕의 교역 독점권을 회복하려는 조치들을 승인했다. 또한 의회는 브라질 각 지역에 대한 포르투갈 당국의 직접적이고 개별적인 통치를 재개하는 조치를 승인함으로써 1808년 이후 리우데자네이루에서 수립된 중앙집권적 지배의 토대를 약화시켰다. 포르투갈의 자유주의자들이 아무리 '자유주의적'이라고 할지라도 그들은 아메리카의 '공동왕국'이 자치권을 요구하는 움직임을 혐오했다.

브라질의 지배층을 구성하고 있던 지주들과 도시의 전문직업인들은 포르투갈의 재식민화 시도에 대항할 채비를 갖추고 있었다. 갓 출범한 리우데자네이루의 신문과 잡지에는 그들의 열정적인 웅변이 넘쳐났다. 그들은 섭정 황태자인 동 페드루가 브라질에 남아 있기를 원했다. 그렇지만 리스본의 의회는 섭정 황태자의 조속한 귀환을 요구하면서 점증하는 브라질의 자치권 주장을 반전시키고자 새로운 조치를 취했다. 동 페드루에 대한 브라질 대농장주들의 압박은 성과를 거두었다. 1822년 9월 7일 동 페드루는 의회의 귀환 요구를 거부했다. 그는 "독립이 아니면 죽음을!"이라고 외치면서 라틴아메리카 근대사에서 유일하게 오래 존속할 독립 군주정의 탄생을 알렸다.

브라질인들은 독립을 쟁취하기 위해 싸워야 했지만 그것은 에스파냐령 아메리카인들의 투쟁과 같이 대규모적이지는 않았다. 가장 격렬한 전투는 동북부 해안의 바이아와 동부 아마존 계곡의 그랑파라에서 펼쳐졌다. 바이아에서는 협의회가 포르투갈에 충성할 것을 선언하고 현지의 독립운동 세력을 물리쳤다. 1823년 독립운동 세력은 영국인 코크런 제독의 도움으로 승리를 거두었다. 코크런은 숙달된 전투 경험 전수를 위해 독립파 정부에게 고용된 바 있었다. 또 다른 용병인 그렌펠 제독은 그랑파라에서 유사한 충성파 협의회에게 승리를 거두었다. 그의 부대는 그 뒤 더욱 급진적인 사회변화를 요구하는 그랑파라의 일부 반란 세력을 소탕했다. 멕시코의 경우와 마찬가지로 브라질 지배층은 사회경제적 질서에 대한 어떤 근본적인 도전이라도 기민하게 진압했다.

포르투갈의 군사적 취약성은 왜 브라질의 독립투쟁이 에스파냐령 아메리카의 독립투쟁보다 훨씬 덜 잔혹했는지를 얼마간 설명해 준다. 게다가 일부를 예외로 하고 대다수 지배층이 공화제보다 군주제를 선호했기 때문에 브라질의 반란 세력은 공화주의 문제를 둘러싸고 분열을 일으키지 않았다는 점 역시 중요하다. 왕실의 망명 덕택에 브라질인들은 중앙집권적 통치를 정당화하는 독립 군주제를 선택할 수 있었다. 따라서 브라질은 독특한 유산을 지니고 독립을 맞이했다. 아울러 적잖이 중요한 것은 브라질인들이 독립을 군사적 능력과 결부시키지 않았다는 점이다. 브라질에서는 시몬 볼리바르나 산 마르틴과 같이 애국적 상상력을 지배하는 인물이 나타나지 않았다.

독립의 여파

에스파냐령 아메리카의 신생공화국들은 1820년대에 독립을 맞이하자 만만찮은 문제에 직면했다. 전쟁의 난폭한 폭력은 경제적 재앙을 초래했다. 파괴 행위는 아마 결사항전 때문에 막대한 인명 피해가 난 베네수엘라에서 최고조에 달했을 것이다. 이달고와 모렐로스가 활약한 멕시코 독립투쟁의 초기 단계에서도 인명과 재산의 피해가 유사한 수준으로 극심했다. 호세 아르티가스가 견고한 에스파냐 군에 맞서 가우초 출신 반란자들을 이끈 우루과이 역시 심각한 손실을 입었다. 독립운동의 두번째 단계에서는 주요 전쟁터가 다른 지역으로 옮겨졌다. 특히 전에 비해 전투가 덜 치열해 보였던 페루로 전쟁터가 옮겨졌지만 그곳에서도 대규모 부대를 유지하는 데 부담이 컸다. 민간인 노동력은 격감했고 대륙 곳곳에서 자본이 부족했다.

신생국들의 경제는 압도적으로 농업과 광업에 의존했다. 이는 당시 서유럽을 제외한 세계 어느 곳에서나 공통적인 현상이었다. 그러나 라틴아메리카는 과거 250여 년에 걸쳐 유럽이 지배하는 세계교역경제에 부분적으로 편입되어 있었다는 점에서 대부분의 아프리카, 중동, 아시아 지역과 달랐다. 라틴아메리카를 북대서양 경제와 연결시킨 것은 라틴아메리카의 농업과 광업 생산에서 비롯된 수출 잉여였다. 개별 독립국들이 수립되었지만 이 기본적인 경제 구조는 거의 모든 곳에서 그대로 유지되었고 그 뒤 몇십 년 동안 천천히 얼마간 바뀌었을 뿐이다.

1810년부터 1826년까지 교역은 거의 완전히 정체되었다. 에스파냐와의 상업 거래가 중단되었고 예전의 식민지 간 교역도 크게 축소되었다. 예컨대 아르헨티나의 서북부는 페루와의 교역이 중단된 탓에 어려움을 겪었다. 누에바에스파냐와 다른 지역에서 전개된 게릴라전은 물품 운송을 어렵고 위험하게 만들었다. 에스파냐인들의 큰 관심을 끌지 못했던 예전 식민지 내부, 그리고 식민지 간의 교류 체계는 거의 완전한 폐기 상태에 빠졌다.

에스파냐령 아메리카와 포르투갈령 아메리카의 주요 지역에서는 독립 이후 지역 갈등 요소가 존재했다. 멕시코는 1850년 이전에 국가 자체를 갈라놓고 유효한 국가적 목표조차 수립할 수 없도록 만든 전쟁 탓에 시련을 겪었다. 같은 시기에 브라질에서는 페드루 1세가 퇴위하고 유럽으로 돌아간 뒤 그의 다섯 살짜리 아들이자 왕위 계승자인 페드루 2세는 섭정위원회의 지도 아래 놓일 수밖에 없었고 일련의 지역분리주의 반란이 국가 전체를 뒤흔들었다. 이는 1840년대까지 군주제를 효과적으로 무력하게 만들었다. 그리고 리오데라플라타에서 발생한 부에노스아이레스 지역과 나머지 지역 간의 격렬한 대립은 후안 마누엘 데 로사스의 독재정권1829~1852에 의해 단지 일시적으로 해소되었을 뿐이다. 어느 곳에서나 지역 차원의 경제적 자율성을 주장하는 움직임이 일어났다. 이는 분열을 의미했다. 에스파냐령 아메리카에서 이는 볼리바르의 꿈이 민족주의의 전진 아래 철저히 파묻히게 될 것을 의미했다. 신생공화국들은 잇따라 경제적 독립을 요구했다. 그들은 곧 세계시장이 정신을 번쩍 차리게 만드는 시험대라는 점을 깨닫게 될 것이었다.

에스파냐령 아메리카에서 대다수 신생국들의 정부는 경제 재건을 시도하기 전에도 공공부채를 처리해야 했다. 반란 세력이 구성한 정부는 전투를 지속하고 군대를 무장하기 위해 빈번하게 자금을 획득하거나 빌려야 했다. 조심스럽게 말한다면 세금 징수는 어려웠다. 그 결과 국고는 고갈되었고 정부 당국은 자금을 구하기 위해 다른 곳을 물색하지 않으면 안 되었다. 주된 자금원은 영국이었다. 영국의 은행가들은 특히 아르헨티나, 칠레, 페루, 멕시코 정부에 차관을 제공했다. 따라서 새로운 정부의 부채는 곧 늘어났다. 외채 관리는 오늘날에 이르기까지 라틴아메리카의 여러 국가를 괴롭힌 중요한 문제로 남게 되었다.

외국 자본이 투자된 또 다른 분야는 아프리카 노예무역으로서 브라질에서는 1850년까지, 쿠바에서는 1865년까지 대규모로 지속되었다. 양국은 모두 노예노동에 의존한 수출 위주의 농업 경제를 유지했다. 그리하여 당시 서반구[8] 이외의 다른 곳에서 노예노동이 거의 폐지되고 있을 무렵에 양국은 노예노동을 통해 수익을 올리게 되었다.

---

8) 아메리카를 가리킴.—옮긴이

1830년부터 1850년까지 북대서양 경제권을 상대로 한 라틴아메리카의 수출은 증가했다. 주요 생산물은 칠레의 밀과 질산염 비료, 콜롬비아의 담배, 아르헨티나의 가죽, 염장 쇠고기, 양모, 페루의 구아노, 쿠바의 설탕, 브라질의 커피, 베네수엘라의 카카오 등이었다. 이 국가들은 직물과 소비재를 대량 수입하고 있었고, 그 결과 현지 수공업 생산자들은 흔히 실직 상태에 빠지곤 했다. 식민지시대에 근근이 버텨 온 라틴아메리카의 소규모 생산자들에 맞서 경쟁한 이들은 서유럽(특히 영국)의 공업 생산자들이었다. 그 결과는 처음부터 정해져 있는 것이나 다름없었다.

이는 모두 자유무역의 일부였다. 자유무역이라는 신조는 계몽주의 철학과 독립 이후 자유주의 원칙에 대한 헌신과 함께 라틴아메리카에 유입되었다. 자유무역의 적용은 19세기 당시 라틴아메리카에서 가장 중요한 경제정책상의 결정이었다. 외국산(주로 유럽산) 수입품의 급속한 유입과 함께 일부 외국 상인들, 특히 영국 상인 집단이 도착했다. 그들은 라틴아메리카 각지에서 상품과 서비스(선박 운송, 보험, 자금 조달 등)의 수입을 주도하는 핵심 인물이 되었다.

유럽산 제품이 라틴아메리카의 생산물을 꾸준히 대체했다는 사실이 놀랄 만한 일인가? 유럽의 더 나은 기술과 규모의 경제가 승리하는 것이 불가피하지 않았던가? 운송비의 절감 효과가 라틴아메리카의 생산자들을 보호하는 데 도움을 주었더라면 좋았을 테지만, 외국산 제품의 추정상의(또는 진정한) 우수성은 독립 직후 심각한 딜레마를 야기했고 이는 오늘날에도 계속되고 있다. 라틴아메리카 경제는 경쟁력 있는 국내 산업을 키우는 데 대체로 실패했다. 왜 그랬을까? 충분한 시장의 부족이 분명한 가지 요인이었다. 그러나 그에 못지않게 중요한 요인은 지배층이 농업 위주의 경제에 기초한 사회를 계속 유지할 수 있게 만드는 가치 체계와 사회적 위계질서였다.

그러므로 1830년부터 1850년까지의 경제적 성과의 기록은 라틴아메리카가 세계경제체제에 천천히 적응하는 과정을 보여 준다. 라틴아메리카는 19세기에 급속히 팽창한 북대서양 경제권의 주변부에 있었다. 이 시기의 경제사에 관한 연구와 자료 모두 괴로울 만큼 부족하지만, 입수할 수 있는 증거에 따르면 라틴아메리카의 여러 공화국들은 수동적인 자세를 취한 듯하다. 활력은 외부에서 비롯되었다.

또한 라틴아메리카의 대다수 공화국에서 대규모 군대의 창설과 유지는 재능에 바탕을 둔 출세의 통로를 만들어 냄으로써 사회질서에 중대한 영향을 미쳤다. 전투가 격렬해지고 그에 따른 보상이 늘어나자 크리오요 독립투사들은 피부색이나 사회적 지위보다는 능력을 토대로 병사와 지휘관을 선발해야 했다. 그리하여 거칠고 교양 없는 메스티소인 호세 안토니오 파에스가 베네수엘라에서 높이 평가되는 군사 지도자가 되었다. 멕시코의 독립투사 호세 마리아 모렐로스도 메스티소였다. 그밖에 다른 사례들도 많이 있다. 군사적 역량은 주변인 집단의 일원이 사회적으로 인정받을 수 있는 수단이 되었다. 어떤 신생독립국의 정부도 메스티소나 그 밖의 혼혈인들에게 법적 제한을 두지 않았다. 이는 한때 엄격하던 사회적 경계를 희미하게 만드는 데 도움이 되었다.

그러나 전쟁이 야심 있는 메스티소와 다른 이들에게 사회적 통로를 열어 놓았지만 실제 신분상승은 제한적이었다. 경제적 원천, 특히 토지는 전통적인 크리오요 가문들의 수중에 남아 있었다. 상업은 전투가 벌어진 뒤에는 미미한 수준이었고 많은 상인 가문이 교역의 통제권을 유지했다. 공업은 거의 존재하지 않았다. 그 결과 평범한 집안 출신이 출세하는 유일한 방법은 군을 통해 정계에 진출하는 길뿐이었다.

이와 같은 사회적 격동은 1820년부터 1850년까지 에스파냐령 아메리카가 겪은 대부분의 정치적 동요를 설명하는 데 도움이 된다. 신생공화국들은 흔히 다른 직업을 선택할 수 없었던 메스티소 출신의 지휘관들이 이끈 대규모 군사 기구와 시설을 유지한 상태에서 전쟁을 끝마쳤다. 출세하려면 메스티소 지휘관들은 군대에 남아 있거나 정부로 이동해야 했다. 그동안 대륙의 여러 지역에서 크리오요 지주들은 정치권력을 놓고 경합을 벌이지 않았다. 그들은 자급자족적인 단위로서 기능할 수 있었던 대농장으로 물러나 토지소유를 늘리고자 시도했다. 실제로 그들은 군인들과 카우디요로 알려진 실력자들에게 정부를 맡겨 두었다. 부분적으로는 크리오요 지주들에게 정치권력이 혼란과 노고를 감당할 만한 가치가 있는 것으로 여겨지지 않았기 때문이다. 19세기 후반에 정부 권력이 선망의 대상이 되었을 때, 대농장주와 대목장주estanciero들은 그들의 영역을 떠나 정치권력을 노리게 되었다.

그러므로 여러 정부들이 카우디요, 흔히 무력으로 권력을 장악한 군인(또는 군인 출신의 실력자)들에 의해 무너지고 다시 수립되었다. 일단 대통령의 권좌에 오르면 그들은 대개 부족한 국고로는 추종자들에게 제대로 보상을 제공할 수 없다는 것을 알게 되었다. 그럴 경우에 추종자 무리들은 뿔뿔이 흩어지고 새로운 카우디요들이 새로운 추종자 집단과 함께 나서게 될 것이었다. 정부 당국은 든든한 재정을 확보하지 못했고 따라서 누군가에게 타도될 위험성이 매우 높았다. 1820년대부터 19세기 중엽까지 에스파냐의 옛 식민지에 수립된 신생독립국들의 정치적 권위는 미약했다. 국가는 핵심 기관으로서의 자율적인 역량을 크게 행사하지 못했다.

이 시기 동안 권력을 강화하고 집중화하려는 또 다른 추세의 움직임이 등장했다. 그것은 대중의 합의가 아니라 대개 독재의 형태를 띠었다. 그리하여 독립 후 첫 20년 동안 칠레의 디에고 포르탈레스와 아르헨티나의 후안 마누엘 데 로사스 같은 실질적인 또는 자칭 '실력자'들이 출현했다. 그들은 국가 전체에 자신의 의지를 강요하고자 시도했고 이를 통해 국가의 역할을 강화했다. 지방에 기반을 둔 유력자와 중앙집권주의자(군인이든 민간인이든) 간의 갈등은 신생독립국의 정치에서 기본적인 주제가 되었다.

독립투쟁이 에스파냐령 아메리카에서 메스티소와 중간계층에게 제한된 통로를 열어 주었다고 할지라도 인디오 대중에게는 그런 기회조차 제공하지 않았다. 일반적으로 토착민들은 독립투쟁 과정에서 애매모호한 역할에 머물러 있었다. 그들은 멕시코에서 이달고의 편에 합류하거나 중립을 지켰지만, 칠레 남부에서는 군주 지지파를 지원했다. 또한 페루와 콜롬비아에서는 양편으로 갈라져 서로 싸웠다. 그러므로 신생공화국의 지도자들은 인디오들에게 빚을 졌다고 느끼지 않았다. 더욱 중요한 사실은 인디오들이 에스파냐의 식민지 법률 체계 아래에서 누려 온 카스트 신분에 대한 특별한 보호를 상실했다는 점이다. 문제점이 적지 않았지만 카스트 신분은 인디오들에게 흔히 활용되는 도피처였다. 그들은 또한 (누구에게도 양도할 수 없었던) 공유지를 상실했고, 이론적으로는 19세기 자유주의자들이 그토록 예찬한 경쟁적인 시장에 참여할 것을 강요당했다. 실제로 인디오들은 훨씬 더 고립되고 빈곤에 시달리게 되었다.

독립은 브라질에 다소 특이한 사회적 유산을 남겼다. 에스파냐령 아메리카에서처럼 지배층을 대체하는 대신에 브라질은 오히려 포르투갈 국왕과 그 수행원들이라는 지배층을 획득했다. 왕실과 함께 도착한 포르투갈인들은 대부분 현지 지배층 가문에 통합되었고 브라질의 상류층과 긴밀한 정치·경제·사회적 유대 관계를 수립했다. 또한 브라질은 1889년까지 지속될 군주제를 얻게 되었다. 그러나 이런 정치적 추세는 흑인 노예들에게 거의 영향을 끼치지 않았다. 사실 노예제는 (쿠바와 푸에르토리코를 제외한) 에스파냐령 아메리카와 마찬가지로 독립 당시에 또는 1850년대까지 폐지되지 않았다. 흑인 노예 문제는 나중에 브라질 정치에서 주요 쟁점이 되었다. 다른 신생국들과 다를 바 없이 브라질에서도 독립 자체가 극빈층의 생활을 크게 바꾸지는 않았다.

라틴아메리카를 견인하는 국제경제

1850년 이후 라틴아메리카는 독립 후 공고화 국면에서 벗어나 더 긴밀히 세계경제로 통합되는 토대를 놓기 시작했다. 정치적 측면에서 볼 때, 이는 각 정부에게 페루의 구아노, 브라질의 커피, 멕시코의 광물, 카리브해 지역의 설탕 등 주요 1차산물을 수출하는 데 필요한 기반시설을 조성할 것을 준비하도록 요구했다. 카우디요의 시대가 지나고 행정관리의 시대로 바뀌면서 국가적 통합이 가장 중요한 과업으로 떠올랐다.

독립공화국들은 토지와 노동력이라는 각국 경제의 두 가지 핵심 요소를 더욱 적절히 활용하고자 대책을 세웠다. 여러 정부는 대부분 기업가들의 수중에 토지를 맡겨 결실을 거두려고 노력했다. 그들은 또한 정치적 측근들에게 포상하고 전술적 동맹을 맺으며 지배 연합을 강화하고자 시도했다. 브라질과 멕시코에서 그런 시도는 국유지(예전의 국왕 소유지)를 매각하려는 정부 당국의 압력을 의미했다. 그와 같은 전략은 멕시코와 안데스 지역의 인디오공동체에 치명적인 손실을 입혔다.

라틴아메리카의 일부 국가에서 지배층은 노동력을 확보하기 위해 유럽에서 이민자들을 유치하기를 원했다. 저명한 지식인들은 유럽의 이민자들이 라틴아메리카 여러 국가의 인종적 혈통을 향상시킬 것이라고 주장했다. 이 시기에 더 이상의 투자 없이도 국가 발전에 기여할 수 있으리라 기대된 유럽의 이민자들을 유치하자는 제안이 속출했다. 사실 아르헨티나와 브라질의 지배층은 곧 이민이 국내와 이민 송출국 모두에서 조심스럽게 다뤄져야 할 민감한 문제라는 점을 간파하게 되었다. 1880년 이전에 이민은 어느 곳에서도 노동력을 늘리는 데 중요한 요소로 자리 잡지 못했다. 하지만 유럽의 이민자들을 유치하려는 지배층의 강력한 추진력은 자국의 사회경제적 구제책을 유럽에서 찾을 수밖에 없다는 그들의 신념을 입증했다. 점차 분명해질 테지만, 이런 신념은 자국의 생존력에 대한 라틴아메리카 지배층의 의구심을 반영하는 것이었다.

한편 19세기 중엽에는 라틴아메리카의 운송망을 개선하려는 시도가 등장했다. 필수적인 기반시설은 철도, 운하, 부두, 도로 등이었다. 16세기 이래 화물(주민들을 포함해)은 노새나 당나귀 떼에 실려 옮겨졌다. 단지 일부 지역에서만 선박이 지나갈 수 있는 강이나 호수가 대안이 되었을 뿐이다. 19세기 중엽에 라틴아메리카는 철도를 건설하려는 수많은 기획의 표적이었다. 정부가 계획을 세우면 자본은 대개 외국, 특히 영국과 미국에서 왔다.

1850년대 이후 라틴아메리카 각지에서 경제 활동의 리듬은 빨라졌다. 미국, 그리고 영국을 위시한 서유럽의 활발한 경제에서 주로 자극을 받았다. 유럽의 산업화가 더욱 진전되면서 구아노, 질산염 비료, 양모, 공업용 금속 등 1차상품뿐 아니라 설탕, 쇠고기, 곡물 등 식량에 대한 유럽인들의 수요가 증대했다. 이 시기에 유럽과 멕시코, 아르헨티나, 페루, 브라질, 쿠바(쿠바는 여전히 에스파냐의 식민지였지만) 간의 경제적 유대 관계 ── 교역, 투자, 금융, 기술이전, 이민 ── 는 더욱 깊어졌다. 1880년 즈음에는 훨씬 더 거대한 경제적 팽창의 무대가 마련되었다.

1850년 이후 경제의 상승세는 중요한 한계를 지니고 있었다. 첫째, 국내 산업의 성장을 거의 이끌어 내지 못했다. 금속 공구, 소형 기계, 계기計器, 건설 장비, 무기류, 기타 경공업 제품에 대한 라틴아메리카 국가들의 수요 증대는 국내 작업장이나 공장이 아니라 주로 유럽을 통해 충족되었다. 이런 추세는 전혀 놀라운 것이 아니다. 영국, 프랑스, 미국의 제품들은 대부분 국내산 제품에 비해 품질이 우수했다. 국내 생산자들이 품질을 향상시킬 수 있는 충분한 시간과 시장을 확보했더라면 유럽의 우위와 이익을 줄일 수 있었을 것이다. 그러나 이는 라틴아메리카의 생산자들이 높은 관세나 노골적인 수입 금지 조치를 통해 정부가 자국 시장을 보호해 주도록 요구해야만 하는 일이었다.

그렇지만 어떤 라틴아메리카 국가도 이 시기에 그런 조치를 취하려고 준비하거나 실행할 수 없었다. 지주와 목축업자들을 비롯한 경제적 지배 집단은 그들의 유럽인 소비자들이 번영을 예비하는 유일하게 참된 길이라고 설파한 자유무역을 열렬히 신봉하고 있었다. 전략적으로 대도시에서 활동하던 상인들도 명백한 이해관계 때문에 보호주의를 반대했다. 19세기 중엽에 흔히 그랬듯이 상인이 외국인(보통 영국인 또는 프랑스인)이었다면, 그렇게 행동하려는 동기는 훨씬 더 분명했다. 라틴아메리카의 보호무역 또는 국고 보조 산업 육성의 옹호자들은 이런 강력한 세력에 맞서 거의 자기 목소리를 낼 수 없었다.

두번째 한계는 독립투쟁기 이래 이어져 온 매우 계층화된 사회경제적 구조가 한층 강화되었다는 점이다. 대개 최상층부에는 극소수 지배층, 그 다음에는 좀더 다양한 중간 집단, 그리고 하층부에는 80~90퍼센트를 차지하는 대중이 포진하고 있었다. 농업, 목축업, 광업에 지속적으로 역점을 둔다는 것은 결국 대다수 노동자들로 하여금 '발전된' 경제가 만들어 내고 필요로 하는 소비자가 될 수 없게 막는 노동조건과 임금수준이 지속될 것이라는 의미이기도 했다.

국제경제는 라틴아메리카를 더 강력하게 끌어당기고 있었다. 그것은 라틴아메리카의 향후 발전을 좌지우지하게 될 것이었다. 그 경제적 유대 관계의 본질이 무엇인지는 지속적인 역사적 토론의 주제가 되었고 앞으로 이 책의 남은 부분에서도 되풀이될 수밖에 없을 것이다.

[박구병 옮김]

2부 | 사례연구: 세월 속의 변화

3장 | 멕시코 : 혁명 길들이기

멕시코의 역사는 대조 연구를 권한다. 자원이 풍부한 이 나라는 번영(비록 지배층을 위한 것이지만)과 빈곤이 공존했다. 에스파냐에서 독립한 후 수십 년 동안은 만성적인 정치 불안의 전형적인 모습을 보여 주었다. 정권교체는 항상 무력 충돌을 수반하여 신생 국가의 영토적 통합을 위협하였다. 19세기 중반 멕시코는 자유주의적 정치이념을 수용하여 기존의 교회권력과 식민지 유산의 영향력을 크게 약화시킬 수 있었다. 그러나 이 물결은 수십 년간 지속된 독재정권으로, 그리고 결국에는 20세기의 세계에서 첫번째 대혁명인 멕시코혁명으로 귀결되었다. 혁명이 끝나고 멕시코는 다른 라틴아메리카 국가들과는 다른 정치적 안정을 반세기 이상 누렸다. 그러나 이는 선거민주주의로의 이행을 지연시키는 결과를 가져오기도 했다. 선거민주주의는 2000년이 되어서야 가능했다.

라틴아메리카 국가들 중 멕시코만큼 미국과 치열하고 복잡한 관계를 유지한 나라는 없었다. 두 국가의 국경이 2,000마일에 이른다는 사실은 이와 같은 상황을 상징한다. 양국의 지형적 근접성은 멕시코에게는 혜택과 재앙을 동시에 가져다준 양날의 칼날과도 같은 것으로, "가엾은

〈지도 3〉 멕시코

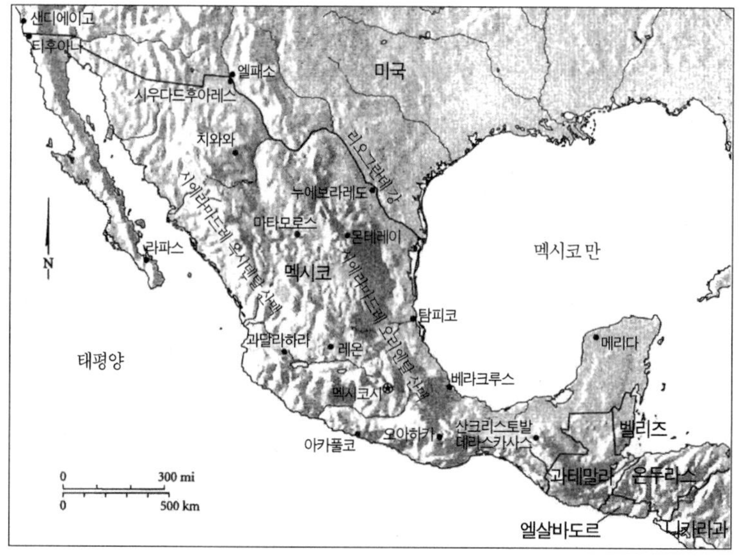

멕시코여! 신과는 너무 멀고 미국과는 너무 가깝구나"라는 유명한 말이 이 같은 상황을 잘 묘사한다. 멕시코와 미국은 서로 전쟁을 하기도 하고 공동의 적에게 대항하여 함께 싸우기도 했으며, 경제적 유대 및 협력을 통해 서로 발전을 도모하기도 했다. 미국의 멕시코 이민자들은 저임금 일자리를 차지했으며 매년 수십억 달러를 고향에 보내고 있다. 한편 멕시코계 미국인들은 미국의 정치지형에 주요한 영향을 주는 그룹으로 성장하였으며, 두 나라의 문화적 통합은 대중음악, 음식, 영화, 스포츠 등에서 일상의 일이 되었다. 원하든 원치 않든 간에 멕시코의 운명은 미국과 불가분의 관계에 놓여 있었다.

식민지에서 독립국가로

독립전쟁은 멕시코에 무질서와 쇠퇴를 남겼다. 상황은 아르헨티나와 브라질보다 더욱 심각했다. 독립전쟁이 국토 전역에서 장기간에 걸쳐 진행되었기 때문이었다. 멕시코 경제는 피폐해졌다. 에스파냐는 자본을 모두 회수했다. 한때 에스파냐 제국의 자랑이었던 금광과 은광은 황폐해졌다. 반란군과 군주 지지파는 광산 기술자들을 죽이곤 했고, 수많은 광부가 전쟁터로 나갔다. 충분한 관리가 이루어지지 않아 광산에는 물이 차고, 기계장비는 무용지물이 되었다. 생산량은 전쟁 전 수준의 3분의 1로 줄었다. 광산을 둘러싼 지역사회는 쇠퇴하였다. 가령 발렌시아는 인구가 1810년 22,000명이었으나, 1820년에는 겨우 4,000명밖에 남지 않았다. 그 귀중한 광산들이 완전히 생산성을 회복하기까지는 한 세대가 더 지나야 했고, 또 상당한 금액의 외국인 투자를 필요로 했다.

섬유산업도 어렵기는 마찬가지였다. 전쟁의 상처는 전국에 걸쳐, 특히 멕시코 중부계곡에서 확연히 드러났다. 이곳을 지나던 한 여행자는 당시의 상황을 다음과 같이 상기했다. "파괴의 흔적은 모든 곳에서 볼 수 있었다. 여관으로 사용되는 부왕의 궁에는 노새들이 쉬고 있고, 노새 몰이꾼들은 풀케[1]를 마시고 있다. 마을 전체가 풍비박산 난 곳도 있었다. 지붕 없는 집들, 허물어진 담과 기둥, 수도원의 잔재인 오래된 예배당 등등."

도로도 방치되어 운용 가능한 교통, 통신 수단이 결여되어 있었다. 에스파냐는 300년이 넘는 식민지 기간 동안 간선도로라고 부를 수 있는 길을 오직 세 개만 만들었을 뿐이다. 역마차를 이용하는 여행은 쉽지 않

1) 용설란(龍舌蘭, Agave americana)으로 빚은 술.—옮긴이

고 위험이 따랐으며, 말을 이용한 수송은 느리고 높은 비용이 들었다. 이는 경제통합에 심각한 장애요소였다.

경제적 무질서는 극소수의 일자리와 높은 실업을 의미했다. 한 추산에 의하면 전쟁이 끝난 후 약 30만 명의 남성이 일자리 혹은 수입이 없었다. 이들 대부분은 전쟁에 참가했던 사람들로 전체 성인인구의 15~30퍼센트를 차지하고 있었다. 이들은 절박했고, 종종 분노하고 있었으며, 보통 무장을 하고 있었다. 이들은 경제적인 문제를 제기했을 뿐 아니라 사회적 위협이 될 수밖에 없었다.

참전용사들 중 일부는 용케 일거리를 얻었다. 어떤 이들은 범죄자로 전락했다(특히 노상강도가 되었다). 군에 남은 이들도 있었다. 또한 얼마 안 가 멕시코 정치무대에서 커다란 역할을 하게 되는 지역의 정치두목인 카우디요를 떠받치는 비공식적인 부대, 즉 준군사조직에 가담하는 이들도 있었다.

한편, 독립전쟁은 멕시코의 사회구조에도 직접적인 영향을 미쳤다. 1820년대 후반 멕시코 정부는 모든 에스파냐인을 추방하는 포고령을 내렸다. 이 조치는 에스파냐인들에 대한 대중의 증오를 조장했을 뿐만 아니라, 경제에서 중요한 자본의 원천을 날려 버렸다. 그리고 멕시코 상류계급 혹은 귀족을 일거에 제거했다. 이제 에스파냐 사람이 아닌 크리오요 지주들이 멕시코 사회의 상류층을 형성했다.

부르봉 시대부터 시작된 경제변동과 1830~1840년대의 점진적 경제회복은 새로운 그룹들에게 부와 사회적 지위를 얻을 수 있는 기회를 제공해 주었다. 대부분의 신흥부자들 경우처럼 주로 멕시코시에 집중된 이 야심가들은 과시욕이 있어서 겉치레가 심했다. 요컨대 19세기 초 멕시코에는 두 부류의 크리오요 상류계급이 있었다. 한 부류는 그들의 토지를 유지한 오랜 전통적인 가문들이었다. 또 다른 부류는 토지뿐 아니라 상업과 전문직을 통해 형성된 새로운 집단이었다. 이 새로운 집단, 최근 상류계급이 된 이들이 바로 정치에 적극적으로 가담하게 된 이들이었다.

가난은 멕시코 국민 대부분에게 지속된 문제였다. 멕시코는 특히 중부와 남부에 고전적인 농민 집단이 있었다. 땅을 파서 궁핍한 삶을 영위하는 농촌 주민campesino의 상당 부분이 농민이었다. 인디오 혹은 메스티소 농민들은 농업 부문에 노동력을 제공해 주었다. 많은 농민이 대농장에서 일하며 사실상 농노처럼 살았고, 일부는 도시로 가서 구걸을 했다.

이 불완전고용 상태의 농민의 존재는 풍부한 잉여노동력을 멕시코에 보장해 주었다. 부분적으로는 이런 이유로 해서, 또 다른 한편으로는 반외국인 정서 때문에 멕시코는 아르헨티나와는 대조적으로(9장 참조) 외국인 이민자들의 유입을 조장하지 않았다. 멕시코에서는 유럽인 노동계급이 두드러진 적이 없었다. 19세기 어느 순간에도 외국인 노동자 인구의 급성장은 없었다. 인구는 1800년에 약 6백만 명, 1850년에는 750만 명에 이르렀다. 1900년에 인구는 1,360만 명에 이르렀다. 이 증가율은 약 50년 동안 연간 1.2퍼센트에도 미치지 못하는 것이었다. 멕시코 인구는 20세기에 이르러서야 폭발적으로 증가했다.

독립 후 멕시코의 강력한 두 개의 권력기관은 교회와 군이었다. 독립전쟁이 진행되는 동안 교회는 그들의 축적된 재산을 거의 그대로 유지했다. 한 관측자에 따르면 교회는 적어도 멕시코 토지의 절반 가까이를 장악하고 있었을 것이다. 교회는 광대한 토지 소유와 이를 바탕으로 한 투자로 고정수입이 있었다. 교회의 투자는 멕시코 전체에서 단연코 최대의 금융거래였다. 대지주에 대한 관대한 조건의 대출로 교회는 안정적인 수입을 보장받았을 뿐만 아니라 멕시코 상류층과 끈끈하게 유착했다. 교회

국가 의전과 상류사회

외부인들은 사회관습에 대한 놀라운 통찰력을 제공할 수 있다. 패니 칼데론 데 라 바르카(1804~1882) 경우가 바로 그렇다. 그녀는 스코틀랜드 태생으로, 1830년대 말에서 1840년대 초까지 주 멕시코 에스파냐 공사의 부인이었다. 다가오는 가장무도회에서 푸에블라 주의 전통 의상을 입으려던 그녀의 계획에 대한 반응의 묘사에서 볼 수 있듯이, 패니 칼데론 데 라 바르카의 예리한 관찰은 아직 형성 중인 사회질서의 취약성을 포착했다.

> [1840년 1월 5일] 우리는 에스파냐인 한 무리를 맞이했다. 그들 모두 내가 과연 가장무도회에서 푸에블라 전통 의상을 입을 것인지 알고 싶어 안달인 것 같았다. 젊은 푸에블라 여성처럼 보이는 두 여인은 …… 푸에블라 전통의상을 입기로 한 내 생각에 모두가 기뻐했다고 말해 주었다. 나는 다들 할 일이 별로 없는가 보다라고 생각했고, 모두가 그런 일에 신경쓴다는 사실에 상당히 놀랐다.
>
> 12시경에 제복을 입은 대통령이 부관들을 대동하고 나를 방문했다. 대통령은 30분가량 빈둥거리고 이야기를 나눴다. 가능한 한 친절한 매너를 유지하며 좋은 인상을 주기 위해 노력하고 있었다. 잠시 후 더 많은 에스파냐 사람들이 도착했다. 우리가 방문을 마무리하고 저녁식사를 하기 위해 자리를 옮기려 할 때, 국무부 장관, 전쟁부 장관, 내무부 장관을 비롯한 여러 장관이 응접실에 모여 있다는 이야기를 듣게 되었다. 그들의 엄숙한 분위기로 미루어, 방문 목적이 무엇이었겠는가? 푸에블라 전통의상을 입기로 한 결정 때문에 멕시코 전역이 충격에 빠져 있다고 내게 말하기 위해서였다. 나아가 계획을 취소하라고 요청하기 위해서였다. 그들은 우리에게 모든 푸에블라 여성이 스타킹도 착용하지 않는 '천한 여성들'(femmes de rien)이며 ―― 이는 내가 멕시코 내각의 스웝 조항(sweeping clause)이라고 부르는 것이다 ――, 따라서 에스파냐 공사 부인이 그런 옷을 단 하룻저녁이라도 입어서는 안 된다고 확언했다.

언제나 외교적인 패니는 "각료회의의 주의에 감사를 드렸고", 더 관례적인 옷을 찾아냈다.

출처: *Life in Mexico: The Letters of Fanny Calderón de la Barca*, ed. Howard T. and Marion Hall Fisher (Garden City, N.Y.: Doubleday, 1966), pp. 125 and 691 (note 1).

와 교회 재산이 반대파, 특히 교회의 관대함의 혜택을 받지 못한 이들 사이에서 표적이 되리라는 것은 자명했다.

두번째 권력 집단은 군으로, 이들은 멕시코 정치를 지배했다. 1821년에서 1860년에 이르는 40년 동안 적어도 50번 대통령이 바뀌었다. 이는 평균 임기가 약 1년 이하였음을 뜻한다. 이 불운의 정권들 중 35번은 군 간부들이 이끌었다. 대통령직을 차지할 수 있는 수단이 군부쿠데타였기 때문이다. 이 시기에 산타 안나라는 희비극적인 인물이 있었는데 그는 아홉 번에 걸쳐 대통령이 되었고, 그밖에도 대리인을 내세울 때도 있었다.

산타 안나는 멕시코에서 가장 유명한 카우디요였다. 카우디요들은 주로 부의 축적에 관심이 있던 무장 추종자들을 모아 부대를 조직하였다. 그러나 일단 권력을 잡으면 (보통 이전 정권의 군 관련 지출 때문에) 바닥 난 정부 금고와 직면하곤 했다. 집권한 카우디요는 결국 실각하고, 새로운 지도자가 새로운 추종자들과 더불어 권력을 장악하였다. 카우디요들은 통치 기술 따위에는 신경을 쓰지 않았다. 통치는 변호사와 전문직 집단에게 맡겨졌다. 이들 중 다수는 멕시코시 출신이며 각료가 되었다(이 과정에서 같은 얼굴이 종종 다시 등장했다. 1820년에서 1860년 사이 거의 600회의 각료 임명이 있었는데, 단지 207명이 그 자리를 차지했다). 이것이 카우디요 정치가 변화와 연속성을 동시에 가질 수 있었던 이유였다.

미국의 침략

독립전쟁에 따른 타격으로 멕시코는 취약한 신생국가였다. 더구나 북쪽에는 대영제국을 50년 전에 몰아낸 강력한 새로운 국가가 자리하고 있었다. 신흥국가 미국은 이제 서부와 남부를 향해 뻗어나가, 예전의 누에바 에스파냐 부왕령의 북부 지대, 사람이 별로 살지 않는 거대한 지역을 향하고 있었다.

에스파냐인들은 멕시코 북부—캘리포니아의 방대한 영토, 콜로라도 강 계곡 전체, 텍사스—에 정착할 수 있을 자원을 결코 발견하지 못했다. 그들이 할 수 있는 최선은 지략과 충성심 있는 예수회를 통해 선교부락misión 네트워크를 창출하는 것뿐이었다. 이 정비되지 않은 영토는 들썩들썩하던 미국인들에게는 분명 크나큰 매력이 아닐 수 없었다. 그러던 중 1821년 스티븐 오스틴과 일단의 정착민이 당시 멕시코 영토이던 텍사스로 이주했다. 그리고 멕시코시의 중앙 정부와의 점진적인 갈등은 결국 1835년 텍사스 소요로 이어졌고, 이듬해에는 독립을 선포하기에 이르렀다. 산타 안나는 반란을 진압하고자 멕시코군을 이끌고 텍사스의 알라모 요새를 공격해 최후의 일인까지 다 죽여 버렸다. 그러나 그 후 산하신토에서 패배했고 결국 텍사스는 독립을 달성했다. 미국 의회는 1845년 텍사스 합병을 의결했고, 텍사스 지도자들은 지체 없이 이에 찬성했다.

멕시코는 텍사스 합병을 미국의 전쟁 행위로 받아들였다. 그렇지 않아도 부채 문제로 미국과 멕시코 관계는 악화일로였다. 이때 미국 대통령 제임스 K. 포크는 분쟁이 일어난 국경지대로 군대를 파견하였고, 멕시코인들은 이를 침략으로 간주하였다. 멕시코가 반격하자 포크는 선전포고를 했다. 존 C. 캘훈과 에이브러햄 링컨 같은 저명한 의원들의 반대에도 불구하고 의회의 동의를 얻어 낸 포크는 자신과 지지자들이 원하던 전쟁을 개시했다.

전혀 상대가 안 되는 전쟁이었다. 처음에는 산타 안나가 재커리 테일러 휘하의 미군을 그럭저럭 막아냈다. 그러나 1847년 윈필드 스콧 장군이 자신의 부대를 베라크루스에서 곧장 멕시코시로 진격시켰다. 멕시코의 보통 사람들이 미군을 격퇴하려고 노력했고, 젊은 사관생도들은——이후 이들은 "차풀테펙[2]의 소년영웅들"이라 불리게 된다——국기

2) 멕시코시에 있으며, 미군 침략 당시에 사관학교가 있었다.—옮긴이

를 내리느니 죽음을 택했다. 하지만 아무 소용 없었다. 멕시코는 패배하여 혹독한 대가를 치러야 했다.

1848년 2월 과달루페이달고 조약으로 전쟁은 공식적으로 종결되었다. 이 조약에 따라 미국은 멕시코에 고작 1,500만 달러를 지불하고 텍사스에서 캘리포니아에 이르는 당시 멕시코 국토의 절반에 가까운 방대한 영토를 손에 넣을 수 있었다. 이는 분통 터지는 패배였고, 아직도 멕시코에 뼈아픈 기억으로 남아 있다. 이 같은 감정은 미국에서 이 전쟁을 '미국-멕시코 전쟁'이라 일컫는 반면 멕시코에서는 '미국침략전쟁'이라고 부르는 데에서도 알 수 있다.

개혁, 군주제, 재건된 공화국

군사적 치욕은 멕시코에 오랫동안 큰 영향을 끼쳤다. 한편으로는 종종 지독한 양키 혐오증, 즉 미국을 향한 깊은 불신과 적대감 형식으로 표출되는 민족주의적 감정을 고조시켰다. 부수적 결과로 분파적인 정치 분열을 강화시켰다. 19세기의 라틴아메리카 여러 나라에서처럼 멕시코에서도 양대 정당이 발전했다. 가톨릭교회와 긴밀하게 제휴하며 강력한 중앙집권 정부를 주장한 보수주의자들과, 제한된 정부권력과 성직자 특권 종식을 옹호한 자유주의자들이 각각 만든 정당이었다. 이 두 정치 세력은 전쟁 패배의 책임을 서로에게 전가했다. 루카스 알라만이 이끌던 보수주의자들은 멕시코의 국력이 약해진 이유는 북쪽의 앵글로색슨들의 가치관과 제도를 수용하려 했기 때문이라고 주장했다. 보수주의자들에 따르면 멕시코에 필요한 것은 히스패닉 전통으로 돌아가는 것이었다. 이는 구체적으로 귀족적 이상의 진작, 군부와 교회의 합법적 특권 보호, 입헌군주제 도입(아마도 유럽의 왕자를 수입함으로써)을 필요로 했다. 이에 반해 자유주의자들은 멕시코는 전통이 아니라 근대화가 필요하다고 주장했다.

보수진영과 자유진영의 대립은 1850년 중반까지 계속되었다. 이때 국가 재정 문제로 어려움을 겪고 있던 산타 안나 대통령은 이를 해결하려고 (또한 정치자금을 마련할 목적으로) 1,000만 달러를 받고 메시야 계곡을 미국에 매각하려고 했다. 지금의 뉴멕시코와 애리조나 남부 지역인 이곳에다 미국은 새로 얻은 캘리포니아 주에 이르는 철도를 놓고 싶어 했다. 산타 안나의 결정은 국가에 대한 배신행위로 간주되어 광범위한 저항에 부딪혔으며 결국 반대세력에 의해 1855년 권좌에서 밀려났다.

장차 개혁의 시대La Reforma로 기억될 격동의 시기가 이제 시작되었다. 문민정부였던 자유주의 정권은 멕시코에 새로운 사회질서를 만들기 위해 대대적인 개혁을 단행했다. 우선 군인과 성직자들이 민사법원 재판의 관할을 받지 않는 특혜인 자치특권fuero을 폐지했다. 실제 이용하지 않는 재산의 소유도 금지했다. 이는 교회가 성당, 수도원, 신학교는 계속 소유할 수 있지만 수백 년 동안 축적한 엄청난 여타 자산은 경매 처리된다는 것을 의미했다(이는 사회혁명은 아니었다. 토지는 땅 없는 페온peón[3]에게 돌아가지 않고 부유한 대농장주들에게 팔렸다. 사실 이 조치는 가난한 이들을 더욱 피폐하게 했다. 인디오 마을의 공유토지인 에히도ejido도 이 조치의 대상이 되었기 때문이다). 세번째 개혁안은 교회의 등기 권한을 국가로 이전시키는 것이었다. 출생, 결혼, 입양, 사망신고는 이제 민간 공무원들에 의해 처리되었다. 이 조치들의 대부분은 1857년 새 헌법에 반영되었

3) 원래는 날품팔이 농업노동자를 가리킨다. 그러나 대지주의 농간으로 빚을 지고 농노처럼 예속되어 있는 경우가 많았다.—옮긴이

다. 최초로 멕시코 국민의 양도할 수 없는 권리를 인정한 자유주의 헌법이었다.

이로 인한 보수 세력의 반발은 결국 개혁전쟁1858~1861으로 귀결되었다. 전쟁은 여러모로, 그동안 논란이 된 정책과 제도, 교회와 국가의 갈등, 독립 후의 소규모 내전들의 누적된 결과이기도 했다. 군사적 대립이 치열해질수록 이념 논쟁도 함께 가열되었다. 비천한 인디오 출신으로 자수성가한 변호사였던 베니토 후아레스의 지도 아래 자유주의파 임시정부는 개혁입법 정신을 확대하는—신고제 출생과 혼인, 교회 재산 국유화, 종교적 거리행진의 제한, 그리고 가장 중요한 정교 분리—일련의 포고령을 내렸다. 후아레스는 몇 년간의 치열한 전쟁 끝에 승리를 거두고 멕시코시에 입성했고, 1861년 정식으로 대통령에 선출되었다.

그러나 평화는 아직 오지 않았다. 멕시코가 국가부도 위기에 처하자 후아레스 정부는 2년간의 외채 지불유예를 선언해서 유럽 채권자들의 분노를 샀다. 나폴레옹 3세 치하의 프랑스는 제국의 영토와 영향력 확대를 위해 5년간의 점령 전쟁을 시작했다(1862년 5월 5일 푸에블라 전투에서 멕시코군은 프랑스의 멕시코시 진격을 일시 저지했다. 멕시코에서는 5월 5일을 푸에블라 전투의 승리를 축하하는 날로 지정하여 기념하고 있다). 후아레스가 자리에서 물러나자, 나폴레옹 3세는 합스부르크 왕가의 오스트리아 대공 막시밀리아노를 멕시코 황제로 앉혔다(이리하여 국가부흥을 위한 보수주의 입법이 이루어졌다). 1864년 5월에 멕시코에 온 순진한 막시밀리아노는 새로운 신민의 환심을 사고자 지방을 순회하고, 언론의 자유를 선언하고, 대대적인 정치범 사면을 천명했다. 그러나 후아레스는 저항했고, 내전이 뒤따랐다. 유럽의 현안들에 심란해진 나폴레옹 3세는 마침내 멕시코에서 철군하기로 결정하였다. 이 같은 결정에 속수무책이던 막시밀리아노는 결국 1867년 5월에 항복하고 말았다. 강경 입장을 고수한 후아레스는 그 다음 달에 막시밀리아노 처형을 명령했다. 이리하여 멕시코의 군주제 경험은 막을 내렸다.

자유주의자들의 재집권은 '재건된 공화국'이라고 일컬어지는 시대를 열었다. 후아레스와 공화국 지지자들은 멕시코를 근대화의 길로 이끌기 위해 모든 노력을 기울였다. 1867년 7월 세번째로 대통령에 당선이 된 후아레스는 광범위한 경제·교육 개혁을 단행하였다. 순조롭게 진행된 개혁 덕분에 후아레스는 1871년 네번째로 대통령에 입후보했다. 이 선거는 19세기의 가장 치열한 선거였다. 국회가 후아레스의 승리를 추인하자, 낙선자 중 한 사람인 포르피리오 디아스는 결과 승복을 거부했다. 그리고 분노에 차, 행정부 수반의 무제한 연임이 멕시코의 원칙과 제도를 위험에 빠뜨린다고 천명했다. 그러나 디아스의 반란은 곧 진압되었고, 후아레스가 1872년 심장마비로 갑작스럽게 죽음을 맞자, 세바스티안 레르도 데 테하다가 손쉽게 그의 뒤를 이었다.

레르도의 임기는 상대적으로 조용하고 건설적이었다. 그러나 그가 1876년 재선 계획을 발표하자 문제들이 발생했다. 독선적인 디아스가 실질적인 참정권과 재선 반대를 명분으로 또다시 반란을 일으켰다. 단 한 차례의 결정적인 교전 후에 디아스는 1876년 11월 멕시코시를 점령했다. 디아스는 직접 혹은 간접적으로 향후 수십 년 동안 나라를 좌지우지하게 된다.

디아스의 시대 : 비용을 치른 진보

디아스는 1876년부터 1911년까지 약 35년 동안 정치의 달인임을 보여주었다. 우선 그는 군 동료들과 지지자들을 규합하여 광범위한 연합을 창출했다. 그리고 지방의 카우디요들을 교묘히 조종하여 서로 싸우게 만들었다. 정권이 안정되어 가면서 디아스는 군대를 꾸준히 키웠다. 멕시코 인구 대부분이 거주하고 있는 시골 지역의 통제를 유지하기 위해서는 주로 지방경비대guardia rural에 의존했다. 한 마디로 디아스는 군과 경찰력을 기반으로 연방정부의 권력을 참을성 있게 키워 나갔다.

초기에 디아스는 멕시코의 정치에서 아무런 새로운 것을 대변하지 못하고 있는 듯했다. 무엇보다 그는 자유주의 운동의 결과물이었다. 그러나 시간이 지날수록 디아스가 기존의 자유주의와는 차이가 나는 자유주의자임이 분명해졌다. 그는 교회 문제처럼 중요한 사안에서 중립을 지켰다. 교회를 공격하지도 교회 편에 서지도 않았다. 독실한 가톨릭 신자였던 두번째 부인이 자유주의자들이 강력히 비판한 교회를 향해 화해의 상징 역할을 하도록 대놓고 허용했다.

그러나 디아스는 다른 방면으로는 자유주의 원칙에 충실했다. 그는 1850년대 주로 교회를 겨냥한 자유주의자들의 조치였던 토지공동소유 금지를 인디오 촌락에도 적용해야 한다고 결정했다. 이는 디아스의 가장 중요하고 파급력 큰 조치 중 하나였다. 이로 인해 광활한 토지가 투기업자, 목장주, 총애받는 정치인들에게 개방되었다. 심지어 디아스는 국가가 미개간 토지를 수용하여 민간이 개발할 수 있도록 허용하는 친지주적인 법령을 1894년에 공포했다. 새로운 자본의 주요 원천은 외국이었다. 디아스와 각료들은 구매 후보자들을 특히 미국과 영국에서 물색해서 특혜를 주었다. 이러한 통 큰 전략은 19세기 막바지 대부분의 라틴아메리카 지배층이 주도한 자유주의 경제원칙의 골자이기도 했다. 멕시코에서 이러한 신조를 표명한 지식인, 기술관료, 지성적인 정치인 등과 같이 실증주의 철학사조에 바탕을 둔 자유주의자들에게는 '과학자'라는 꼬리표가 붙었다. 실증주의 철학과의 관계를 강조하기 위한 꼬리표였다.

디아스는 그의 정치능력을 가장 기본적인 방법으로 증명했다. 그 누구도 예상하지 못할 만큼 오랜 기간 권력의 자리에 있었던 것이다. 오직 한 번의 임기를 제외하고(1880~84년의 대통령은 마누엘 곤살레스였다) 대통령직을 유지한 것이다. 디아스는 경제성장에는 정치 안정이 필수적이라고 보았고, 자신이 정치 안정이라는 귀중한 선물을 멕시코에 주었다고 믿었다. 만약 일정한 수준의 정치적 탄압이 대의를 위해 필요하다면 이는 당연한 것이라고 생각한 인물이었다. 상황판단이 빠른 정치인이던 디아스는 과거 영구집권 기도에 대해 강력히 항의를 한 것과는 대조적으로 계속 개헌을 해서 대통령에 재선될 수 있었다. 디아스는 특권층에 어떻게 호소를 할지, 이들을 어떻게 충성스럽게 만들지, 멕시코를 '문명화'된 국가로 격상시킬 경제계획에 대한 지지를 어떻게 이끌어 낼지 간파한 인물이었다.

경제발전은 놀라웠다. 철도가 두드러진 사례였다. 초기에 디아스는 철도 건설을 공적자금으로 충당하려 하였으나 1880년 말에 이르러서는 외국인들에게 사업권을 부여하기 시작했다. 철도 총연장은 4년 만에 750마일에서 3,600마일로 증가했고, 1900년에는 12,000마일에 이르렀다. 외국인이 건설한 대부분의 철도는 1907년 국가에 수용되었다.

또한 이 시기 외국과의 교역은 다른 라틴아메리카 국가들과 마찬가지로 급격히 증가해서 1877~1910년 사이 9배 증가하였다. 은과 금은 물론 구리와 아연 같은 광물 수출이 늘어나면서 미국이 멕시코의 최대 교역 상대국이 되었다. 섬유, 시멘트, 제철, 소비재를 중심으로 어느 정도의 산업화가 이루어졌다. 디아스는 미국과 유럽에서 멕시코의 신용도를 유지해 줄 일관된 경제정책의 필요성을 중시했다. 1895년 멕시코 연방정부는 흑자재정을 달성하였고, 디아스 체제의 남은 기간 내내 균형 잡힌 재정을 유지했다. 1910년 독립 100주년이 다가오면서 디아스와 그의 심복들은 '질서와 진보'라는 만인의 이상을 자신들이 멕시코에서 실현했노라고 선포할 수 있었다.

경제 활동의 성격은 지역마다 달라서 서로 전혀 다른 사회구조를 만들었다. 북쪽은 주로 광업과 목축업 지대였고 광부와 목부牧夫 같은 임금노동자들이 주를 이루었다. 이와는 대조적으로 멕시코의 중부계곡에서는 밀과 곡물들이 중간 규모 농장과 대농장에서 생산되었다. 사탕수수는 중남부 지역, 특히 모렐로스 주에서 생산되었고, 제당소들이 전통적인 소작농들의 토지를 빼앗았다. 유카탄 지역에서는 대규모 용설란 플랜테이션이 번영을 구가했고 현지 토착민들이 페온으로 전락했다.

디아스 치하에서 멕시코는 결코 강력한 기업가 계급이 발전하지 않았다. 사업인가와 특혜는 국가에서 비롯되었고, 자본은 영국과 프랑스 그리고 물론 미국에서 들어왔다. 중산층은 대단히 허약했다.

이 사회적 요인들은 심대한 정치적 의미를 지녔다. 라틴아메리카 다른 나라에서는 전문직종에 종사하는 중산층이 개혁 압력을 넣고 지도력을 발휘했다. 또 경우에 따라서는 신흥 산업가들의 지지를 이끌어 내기도 했다. 멕시코에서는 그렇지 않았다. 세기의 전환기에 멕시코는 혁명을 위한 사회적 조건들은 모두 갖추었으나 개혁을 위한 토대는 상당히 취약했다.

디아스 정권의 경제적 진보에는 희생이 따랐다. 부유층이 번영을 누리고 유럽 귀족의 생활방식을 모방하는 사이, 멕시코의 대다수 사람들은 끝도 없이 계속되는 빈곤에 직면했다. 풍부한 잉여 노동력 때문에 멕시코의 임금수준은 대단히 낮게 유지되었다. 의심의 여지 없이 과장된 것이기는 하지만, 1910년의 구매력이 1810년의 4분의 1 수준에 불과했다는 평가도 있다. 멕시코는 농산물 수출국이었으나 대다수 국민의 기본 식량인 옥수수와 콩의 생산은 인구성장을 겨우 따라가고 있었다. 인구동태 통계는 우려스러웠다. 1900년에 남자아이의 29퍼센트가 한 살이 되기 전에 사망했고, 생존자 다수는 결국에는 노동력 착취의 현장에서 하루에 12시간씩 일을 해야 할 운명이었다. 전체 인구의 고작 4분의 1만이 글을 깨쳤다.

이렇게 대단히 불평등한 경제적 '진보'는 도시노동자와 농촌노동자 모두의 끊임없는 저항에 부딪혔다. 파업들이 발생했다. 파업은 가끔 격렬해졌는데, 특히 산업형 임금노동자들이 있는 곳에서 그랬다. 예를 들어, 1906년에서 1908년 사이에 카나네아 구리회사의 멕시코 노동자들은 미국인 노동자들이 더 많은 임금을 받는 것에 대해 지속적으로 항의했다. 철도 노동자와 리오블랑코 섬유공장 노동자들 사이에서도 의미 있는 파업이 발생했다. 노동자들의 파업은 1906~1908년 국제 금융위기로 인해 더욱 심각하게 번지고 있었다. 지방의 경우 모렐로스 주의 소작농들은 사탕수수를 비롯한 시장 곡물의 상업적 재배 때문에 땅을 빼앗겼다는 사실에 크게 분노하고 있었다. 북부에서도 철도 건설로 토지를 상실한 뒤 유사한 반발이 있었다.

디아스와 그의 정책 보좌관들이 일관성 있는 경제정책을 유지할 수 있었던 것은 독립 이래 멕시코에서 가장 효율적으로 중앙집권화된 정부를 창출한 덕분이었다. 모든 의사결정은 지역의 카우디요들을 배제한 채 멕시코시에서 이루어졌다. 사회 고위층은 관직, 특히 연방정부의 관직을 찾았다. 이를 얻은 사람들은 선망의 대상이 되었다. 부의 성취를 위해서는 너무나 자주 정부와의 접촉을 필요로 했기 때문이다. 디아스 집단에서 배제된 더 젊은 지배층 사이에서 좌절감이 커지면서 정치적 압박도 증가했다. 시간은 이제 디아스의 편이 아니었다. 그러나 과연 누가 그 결과를 예측할 수 있었을까?

멕시코혁명

혁명은 억압받는 자들에 의해 일어나기보다는 지배층의 분열로 인해 생기는 경우가 많다. 당시 불만이 많았던 젊은 지배층의 분노는 기존체제를 공격하기에 충분한 것이었다. 그리고 1910년 멕시코에서 그 일이 일어났다.

그 대표적인 인물이 프란시스코 I. 마데로였다. 마데로는 목축업과 광업으로 부자가 된 가문의 후손으로 디아스 정권과 깊은 관계를 맺고 있는 집안 출신이었다. 마데로의 할아버지 에바리스토 마데로는 1880~1884년 코아우일라 주지사를 지냈으며, 그의 집안은 오랫동안 디아스 정권의 재무부 장관이었던 호세 Y. 리만투르와도 친분을 쌓았다. 마데로는 파리와 미국의 캘리포니아대학에서 최고의 교육을 받고 멕시코에 돌아와 농업의 상업화, 특히 가문의 면화 플랜테이션 농장에 능력을 쏟아부었다. 그는 경제에서 강고한 자유주의자였고, 이는 디아스 시대와 맞았다. 그러나 정치적으로도 그래서 디아스 시대와 맞지 않았다. 정치적 민주주의에 대한 신념 때문에 마데로는 곧 디아스 체제와 멀어지게 되었고, 결국 디아스 정권을 신랄하게 비판하는 인사가 되었다. 마데로는, 멕시코는 선거민주주의 준비가 되어 있으며 만약 디아스가 (모든 사람의 예상처럼) 1910년에 또다시 입후보한다면 적어도 부대통령은 디아스의 정파가 아니어야 한다고 주장했다.

당시 디아스는 자신의 성공에 심취해 있었다. 야심적인 철부지 도련님의 불평을 진지하게 받아들일 이유가 어디 있겠는가? 마데로는 독재자가 충고를 귀담아 듣지 않자 뜻밖의 대응을 했다. 1910년 재선반대당Partido Nacional Antirreeleccionista 후보로 대통령 선거전에 뛰어든 것이다. 디아스는 그 어느 때보다 가장 강력한 반대에 직면했다. 디아스의 선거기계electoral machine는 또 한 번의 승리를 만들어 냈지만, 결코 수월하지 않았다. 디아스는 마데로를 비롯한 약 5,000명의 반대인사들을 감옥에 가두어야 했다. 대담해진 마데로는 디아스의 승리를 인정하지 않았다. 대신 그 유명한 산루이스포토시 강령을 선포하고 무장투쟁을 선동했다(투옥된 상태에서 일어난 일로 이는 디아스의 철권이 무뎌졌음을 의미한다). 저항군이 (국경을 사이에 두고 텍사스의 엘패소 시와 마주해 있는) 시우다드후아레스를 점령하면서 그 세력이 급격히 커졌다. 상황이 이렇게 전개되자 디아스는 의외로 큰 저항 없이 항복하고 1911년 5월 멕시코를 떠났다. 새로운 선거가 실시되었고, 마데로가 승리했다. 그리고 1912년 멕시코시에서 열광하는 군중들 앞에서 대통령에 취임했다. 이제 멕시코에서 민주주의가 이루어지는 듯 보였다.

멕시코혁명은 마데로와 그의 지지자들이 시작했을지 모르지만, 그들은 혁명을 더 이상 통제하지 못했다. 다른 반란자들은 그 이상의 큰 목표를 가지고 있었다. 에밀리아노 사파타는 서남부 지방인 모렐로스 주의 땅 없는 농민들의 든든한 지도자로 등장했다. 이 농민들은 말만 번드레한 변호사들과 투기꾼들이 '자유주의적' 신법들을 이용해 어떻게 그들의 토지를 빼앗았는지 지켜본 농촌 주민들이었다. 사파티스타zapatista[4]로 알

---

4) '사파타 지지자', '사파타주의자'라는 뜻.— 옮긴이

에밀리아노 사파타는 모렐로스 주에서 시작된 혁명적 농민운동에서 확고한 통솔력을 발휘했다.

려지게 되는 이들은 혁명이 정의를 회복할 수 있는 기회라고 믿었다. 즉, 그들은 땅을 되찾고자 했다. 마데로가 이러한 대의를 지지하지 않자 사파티스타들은 그에 대한 지지를 철회하고 자신들만의 혁명을 선포하기에 이르렀다.

마데로는 '진정한' 혁명가가 아니었다. 그는 의회주의자에 가까웠으며 디아스를 몰아내고 나면 제대로 된 민주주의를 멕시코에서 이룰 수 있다고 생각한 인물이었다. 반대파가 자신을 치기 전에 먼저 쳐야 한다는 생각—결벽증이 덜한 반란자들이 그에게 제안했다—에 주저주저했다. 그 실수의 대가로 1913년에 목숨을 잃었다. 디아스 밑에서 고위 장성으로 군참모총장 자리에 있던 빅토리아노 우에르타의 손에 살해된 것이다. 우에르타는 신중하지 못한 미국 대사 헨리 레인 윌슨을 음모에 끌어들임으로써 미국의 악명 높은 간섭이 멕시코 정치에 지속될 수 있게 하였다.

판초 비야는 북부에서 강력한 군사 조직을 창출했다. 그러나 비야는 튀는 성정 때문에 멕시코와 미국에서 미심쩍은 명성을 얻었다. (미국 의회도서관 제공)

우에르타는 디아스 체제 같은 것을 부활시킬 수 있으리라고 생각한 막무가내 인물이었다. 격앙되어 있는 멕시코에 자신의 권위를 세우려고 했으나 이내 저항에 부딪혔다. 디아스 정권에 저항하여 싸운 많은 멕시코인들은 우에르타를 찬탈자로 간주했다. 반대세력이 형성되기 시작했고, 세가 결집되면서 멕시코혁명은 진정한 '혁명적' 단계로 접어들었다. 또한 나라를 피비린내 나는 내전으로 몰아넣었다.

우에르타에 대한 가장 강력한 저항의 중심지 한 곳이 판초 비야가 장악한 북부의 치와와 주였다. 비야는 소규모 군을 움직인 가축 도적 출신의 투박한 인물이었다. 그와 자주 비교되는 사파타와는 다르게 비야는 농민 반란을 이끈 것이 아니었다. 적어도 초반에 비야를 지지한 이들은 소농장주, 실업자가 된 광부와 노동자, 목부들이었다. 즉, 이들은 일자리를 원한 사람들이지 소규모 토지를 원한 땅 없는 농민들이 아니었다. 따라서 1913년 12월 비야가 농업개혁을 천명했을 때 대농장들의 몰수를 요구했지 토지 분배를 요구하지 않은 것은 이상한 일이 아니었다. 주 정부가 대농장을 관리하고, 대농장의 상업적 작물을 통해 군대를 유지하기 위한 재정적 지원을 받는 것이 비야의 구상이었다.

비야는 이와 같은 생각을 곧바로 실천에 옮겼다. 비록 관리 문제가 발생했지만 목적은 달성되었다. 재정 문제가 해결되고 무기 공급(멕시코 혁명 당시 대부분의 무기는 미국에서 공급되었다) 또한 이루어졌다. 비야의 군대는 충분한 식량과 좋은 무기로 무장할 수 있었다. 사실 비야의 추종자들은 이제 그의 부대에서 소득이 보장된 전문 용병과 같은 안전한 일자리를 제공받고 있었던 것이다.

우에르타에 대한 또 다른 도전은 마데로의 고향인 코아우일라 주에서 일어났다. 주지사 카란사가 강력한 저항운동을 결집시킨 것이다. 카란사는 마데로처럼 비주류 지배층으로 디아스 체제에서 상원의원에까지 이른 인물이었다. 부유한 토지 소유주였고 임시 주지사도 역임했다. 카란사는 고심 끝에 1910년 대선 때 '재선 반대' 움직임에 동참했다. 혁명정부가 들어서자 카란사는 코아우일라의 주지사로 임명되었다.

카란사는 우에르타의 정권 찬탈 행위에 적극 대처했다. 1913년 3월 '과달루페 계획'을 통해 우에르타 정부는 불법이며 자신이 '입헌파 혁명군 최고의장'이 되어야 한다고 선언했다. 그런 연후에 대통령 선거를 소집한다는 것이었다. 그러나 이 계획에는 광범위한 사회경제적 개혁이나 이념 문제가 결여되어 있었다. 따라서 카란사 파의 이 같은 움직임은 또 다른 카우디요 정치로의 회귀로 보였다. 이로 인해 특히 농촌 지역의 지지자들이 이탈해서 카란사에 대한 지지는 북쪽 지방에 한정되었다.

멕시코 무장세력이 아닌 외부 개입이 결국 우에르타의 최후를 야기했다. 당시 우드로 윌슨 미 대통령은 우에르타 정부를 인정하지 않기로 결정했으며, 미국 선원의 체포사건을 계기로 베라크루스에 해병대를 파견했다. 우에르타는 이에 맞서기 위해 그의 부대를 파견해야만 했고, 이는 내전에서 그의 위치를 약화시켰다. 더 이상 상황이 나아질 기미가 보이지 않자 우에르타는 1914년 7월 미국이 자신을 끌어내렸다고 비난하며 사임할 수밖에 없었다.

1914년 중반에 이르러 혁명으로 야기된 사회적 갈등은 점점 첨예해지고 있었다. 비야 그리고 특히 사파타는 급진적인 사회개혁을 요구하고 있었다. 카란사는 자유주의 수사 이상의 것이 필요하다고 직감하고 왼쪽으로 이동하기 시작했다. 그는 상세한 내용 언급 없이 "농촌의 페온, 노동자, 광부를 비롯한 전반적인 프롤레타리아 계급의 상황을 개선하기 위한 입법"을 약속했다. 곧 그는 농업개혁을 선포하여 에히도라 불리는 농촌 공동체의 부활 혹은 생성을 천명하고, 법적 토지소유권 회복을 위한 절차를 마련하고, 국가농업위원회를 설치하였다. 이제 카란사는 노동자에게 고개를 돌렸다. 당시 가장 조직이 잘 되어 있던 소규모 도시노동자 운동인 아나코생디칼리스트들과 협의하여, 친노동자적인 입법의 대가로 그들의 적색대대의 지지를 이끌어 냈다.

1915년 군사적 상황은 카란사에게 유리하게 전개되었다. 멕시코 북부 소노라 주 출신으로 카란사의 탁월한 군 사령관이었던 알바로 오브레곤이 대규모 전투에서 비야에게 결정적인 패배를 안겼다. 비야는 치와와 주로 후퇴해 게릴라전을 지속했으나 더 이상 국가적인 위협이 못 되었다. 사파타 세력은 멕시코시로 진격하려는 계획을 더 이상 지속할 수 없게 되자 모렐로스로 철수하여 연방정부의 기습에 대비하고 있었다.

카란사는 그의 주요 적들이 궁지에 몰리자, 1916년 말에 헌법제정회의를 소집할 수 있었다. 카란사는 1917년 5월 공식적으로 대통령 자리에 올랐다. 이제는 멕시코혁명의 최고의 문서인 멕시코헌법 제정을 마무리하는 단계만을 남겨 두고 있었다.

카란사 자신은 그 어떤 급진적인 사상도 가지고 있지 않았다. 고전적인 자유주의 원칙을 수정하는 정도로 1857년 헌법을 모방했을 뿐이다. 그러나 헌법제정 대표단은 그렇지 않았다. 이들은 볼셰비키 혁명 이전 시기인 것을 감안하면 대단히 급진적인 헌법을 제정했다. 헌법 27조는 토지 재분배에 대한 국가 권한을 강화시켰으며, 123조는 북아메리카 어디에서도 들어본 적이 없던 노동권을 보장했다. 3조는 교회에 대한 새로운 제약 사항들을 추가하면서 실질적으로 교회를 통제했다. 사회주의적 색채가 헌법에 스며들었다. 디아스 정권에 대한 지배층의 단순한 불만으로 시작된 멕시코혁명이 갑자기 권력과 소유관계의 의미 있는 변화를 야기하는 사회혁명이 되고 있는 것이 명백해졌다. 1917년 이후, 야심 있는 정치 지도자라면 자신이 멕시코의 노동자와 소작농 편에 서 있다는 수사적인 태도라도 취해야 했다.

비야와 사파타 같은 농촌의 반군 지도자들이 자신들의 근거지를 계속 장악하고 있어서 카란사에게는 여전히 위협적인 존재였다. 1919년 사파타는 카란사 군의 매복에 걸려 살해당했다. 이듬해 카란사는 후계자 문제로 위기를 맞았다. 그는 당시 잘 알려지지 않은 정치인 이그나시오 보니야스를 후계자로 삼고 싶었다. 이는 카란사의 근시안적인 생각이었다. 1910년 대선 슬로건인 '재선 반대'는 여전히 강력한 슬로건이어서 새 헌법에도 명시적으로 표현되었다. 그러나 지금 카란사는 그의 꼭두각시가 될 것이 뻔한 인물을 후계자로 지목함으로써 그 원칙을 위반하고 있었다. 혁명은 또다시 유혈사태로 치닫게 되었다. 비야를 상대로 승리를 일구어 낸 오브레곤 장군이 봉기를 주도했다. 결국 카란사는 도망치지 않으면 안 되었고, 도주 중에 자신의 경호원에게 암살당했다. 암살자는 오브레곤을 위해 거사한 것으로 추정된다. 디아스의 하야로 이어졌던 후계자 문제는 여전히 풀리지 않는 과제였다.

정치와 정책 : 변화의 패턴

오브레곤이 대통령이 되었다. 그의 정부는 당시의 유명한 지식인 호세 바스콘셀로스를 중심으로 야심찬 농촌교육 캠페인을 벌였다. 노동 분야에서 오브레곤 정부는 새로 설립된 멕시코노동자지역연맹Confederación regional Obrera Mexicana에 심혈을 기울여 이들과 협력 관계를 유지했다. 이와 동시에 공산주의 노조와 아나키즘 노조들은 탄압했다. 오브레곤은 생산 감소를 우려하여 토지분배에 대해서는 조심스러운 입장을 보였다. 그리고 1923년에 대중반란 지도자들 중 최후의 인물 판초 비야가 총알세례를 받고 사망했다. 근본적인 사회개혁을 실질적으로 요구하던 시대는 그렇게 막을 내렸다. 오브레곤은 혁명의 안정에 두 가지 공헌을 했다. 첫째, 워싱턴과의 합의를 이끌어 냈다. 멕시코에 있는 미국 석유회사들의 입지를 보장하고, 대신 미국의 외교적 인정을 받았다. 둘째, 권력을 평화적으로 후계자에게 넘겼다. 1880년 이래 한 번도 멕시코에서 없었던 일이다.

다음 대통령은 소노라 주의 또 다른 군 장성 플루타르코 엘리아스 카예스였다. 이 군인이자 정치인은 혁명 후 멕시코 정치 제도의 기반을 세운 인물이었다. 그러나 카예스의 위기는 의외로 우파에서 찾아왔다. '크리스테로'[5]라 칭하는 가톨릭의 전투적인 신자들이 멕시코혁명의 이상에

---

5) '크리스토'(cristo, 그리스도)를 추종하는 사람들이라는 뜻. — 옮긴이

도전하는 광범위한 세력을 형성하였다. 구 경제질서를 옹호하는 부유한 사람들만 크리스테로가 된 것은 결코 아니었다. 멕시코혁명은 사탄의 일이고, 오직 칼로만 멈출 수 있다고 본 많은 소박한 민초들이 포함되어 있었다. 이 같은 믿음은 반동적 성향의 성직자들에 의해, 특히 반교권적인 혁명에 대항하기 위한 십자군 병사가 필요했던 할리스코 주에서 부추겨졌다.

1928년 카예스 대통령의 임기가 막바지에 이르자, 정치적 야심을 숨기지 않았던 오브레곤은 대통령 선거에 재출마를 선언했다. 그는 현직 대통령이 아니기 때문에 재선이 아니라는 논리를 폈다. 오브레곤은 선거에서 어렵지 않게 승리했다. 그러나 살아서 권력 행사를 즐길 수는 없었다. 대통령 임기가 시작되기도 전에 한 가톨릭 광신도에게 암살된 것이다.

임기 말의 카예스가 권력공백 상태에 개입했다. 그는 정치 지도자들의 합의를 이끌어 내어 새로운 선거를 준비하고 국가혁명당Partido Nacional Revolucionario이라는 새로운 정당을 만들었다. 짧은 임기의 대통령들이 자리를 이어가는 동안에 카예스는 막후에서 계속 권력을 행사했다.[6)]

많은 사람이 1934년 대통령에 당선된 카르데나스의 임기 중에도 카예스가 권력의 핵심 역할을 할 것이라고 예상했다. 비교적 덜 알려진 군장성 출신으로 미초아칸 주지사를 지낸 카르데나스는 많은 사람들을 놀라게 했다. 대통령의 자리에 오르자마자 카예스가 망명을 떠나게 만든 것이다. 이 사건은 앞으로 그가 오직 자신의 결정에만 따라 움직일 강인

---

6) 1928년에서 1934년까지 에밀리오 포르테스 힐, 파스쿠알 오르티스 루비오, 아벨라르도 L. 로드리게스 등 세 사람의 대통령이 있었다.— 옮긴이

한 인물임을 입증하는 첫번째 사례였다.

당시 많은 농민들은 자신들의 통치자들이 말하는 '혁명적' 목표에 대해 냉소적이었다. 그토록 자주 약속한 토지는 대체 어디에 있는가? 카르데나스는 그 약속들을 이행하기로 결심했다. 그의 임기 중인 1934~1940년 사이 약 4,400만 에이커에 이르는 토지를 땅 없는 농민들에게 나누어 주었다. 이는 이전의 모든 통치자들이 분배한 토지의 약 2배 규모였다. 카르데나스는 적절한 지원 없는 무조건적인 토지분배의 위험성에 대해서도 잘 알고 있었다. 자칫 가족의 기본적인 생계만을 해결할 뿐 시장을 위한 잉여 생산물을 창출할 수 없는 자급자족 농업으로 귀결될 수 있기 때문이다. 이는 도시에 대한 식량공급에 심각한 문제를 야기할 뿐 아니라 수출 경제에도 큰 영향을 미칠 수 있었다.

카르데나스의 해결책은 에히도의 공동체 시스템을 활용하는 것이었다. 이는 자본주의적이지도 사회주의적이지도 않은 전형적인 멕시코 시스템이라는 이점이 있었다. 토지를 형식적으로는 에히도에 분배하여 공동소유로 하고, 이어 그 땅을 분배하여 개인에게 할당하였다. 각각의 에히도는 수백 가구, 심지어 수천 가구에 달했다. 그의 계획에는 학교와 병원 설립 계획, 그리고 새로 설립된 에히도신용은행이 제공할 융자 계획이 포함되어 있었다. 물론 모든 토지분배가 에히도에만 이루어진 것은 아니었다. 개인 혹은 가족단위로도 일정한 면적의 땅이 분배되기도 하였다.

방대한 면적의 토지 분배는 초기에 열렬한 환호를 받았지만, 장기적으로는 다소 상반된 결과가 빚어졌다. 시장을 위한 농업생산은 많은 부분에서 감소했다. 정부가 약속한 사회적·재정적 지원은 모든 요구를 충족시키지 못했다. 결과는 많은 공동체의 낮은 생산성과 비조직성 그리고 많은 소농의 불충분한 시장 통합이었다. 그럼에도 불구하고 카르데나스는 농민들에게는 영웅이 되었다. 그는 농민혁명으로서의 멕시코혁명의 특징을 심도 있게 강화시켰다.

카르데나스는 카예스에게 물려받은 정당 구조도 재편했다. 1938년 그는 국가혁명당을 재정비하면서 멕시코혁명당Partido de la Revolución Mexicana으로 이름을 바꾸었다. 멕시코혁명당은 이제 4개의 직능 그룹을 중심으로 구성되었다. (농민 중심의) 농업 부문, 노동 부문, 군 부문, 그리고 주로 나머지 중산층을 포함하는 범주인 '대중' 부문이 그것이다. 이 같은 직능대표 개념은 카르데나스와 그의 보좌관들이 당시 브라질과 지중해, 특히 이탈리아, 에스파냐, 포르투갈에서 유행하던 정치적 기류인 조합주의에서 빌려 온 것이었다.

이런 기조 속에서 카르데나스는 하층계급을 다루기 위한 전략을 고안했다. 노동자와 농민 모두를 조직하되 서로 분리하는 방법이었다. 그래서 정당 내부에 서로 분리된(그리고 서로 경쟁하는) 부문들을 둔 것이다. 이로써 정부는 대중운동의 실질적인 통제권을 가질 수 있었으며, 동시에 농민과 노동자 간의 수평적 연합의 출현 가능성을 막을 수 있었다.

또한 카르데나스는 미국과의 관계에서 더 급진적인 태도를 취했다. 가장 민감한 사안은 당연히 석유 문제였다. 20세기 초 멕시코는 세계 석유 매장량에서 상당한 비중을 차지하고 있었다. 1930년대에 멕시코에 있는 대부분의 외국 석유회사는 일부 영국계 기업을 제외하고는 모두 미국계 기업이었으며, 이들은 대규모 투자를 한 상태였다. 외국기업들은 결국 임금 문제로 멕시코 노동자들과 갈등을 빚었다. 이는 최종적으로 멕시코 대법원까지 갔으며, 대법원은 노동자들의 손을 들어 주었다. 외국기업들은 지금까지 늘 그래 왔듯 후진적인 멕시코에서는 법의 테두리 밖의 해결책이 있으리라고 생각하면서 대법원의 결정에 불복했다. 그러나 1938년 카르데나스는 이 사안에 대해 직접 개입하여 외국기업들을 수용하겠다고 선언함으로써 모두를 놀라게 했다. 카르데나스가 내세운 주장은 그들이 대법원의 판결을 무시했다는 것이었다. 수용의 법적 근거는 1917년 헌법 제27조이며, 이는 심토subsoil에 대한 제반 권리는 표토surface 소유자가 아닌 국가(왕실)에 귀속된다는 에스파냐 법의 오랜 원칙에 의거한 것이다. 석유회사들은 격분했다. 미국 기업들은 프랭클린 루스벨트 대통령의 개입을 촉구하고 나섰다. 당시 미국의 우파 세력은, 처음에는 교회를 공격한 '무신론적' 멕시코 혁명가들이 이제는 사유재산을 공격한다고 맹비난했다.

카르데나스의 국유화 정책은 멕시코 내에서는 큰 환영을 받았다. 결코 깊이 숨어 있지 않던 멕시코의 민족주의적 감정이 이를 계기로 표출된 것이다. 카르데나스 대통령은 이제 그링고gringo[7]에 맞서는 멕시코의 진정한 영웅이 되었다.

루스벨트 대통령은 멕시코 정부에 몇 차례 분노에 찬 요구를 했으나, 워싱턴에서는 좀더 냉철하게 대처해야 한다는 분위기가 우세했다. 결국 루스벨트의 요란한 '선린외교' 정책은 미국이 적어도 라틴아메리카에 침략하지 않는다는 것을 의미했다. 사실 멕시코 정부는 석유회사들에게 보상을 하겠다고 이미 밝혔다. 논쟁은 수용 재산의 가치 산정에 집중되었다. 미국 기업들은 그들이 소유했던 땅에 매장된 석유의 미래가치까지 포함시킨 엄청난 규모의 소송을 제기했다. 그러나 소송에서 이기지 못했다. 후속 협상은 결국 멕시코 정부에 유리하게 진행되었다. 2차 세계대전

---

7) 넓은 의미로는 외국인, 좁은 의미로는 영어권 외국인, 특히 미국인을 가리키는 말.—옮긴이

직전의 미국이 멕시코 정부의 지지를 간절히 필요로 했기 때문이다.

멕시코는 보상금을 지급하고 멕시코석유공사PEMEX를 설립하여 국가가 석유를 독점했다. 그 후 멕시코석유공사는 수십 년 동안 멕시코 민족주의의 상징이 되었다. 무엇보다도 그 대상이 바로 미국이었기 때문이다. 그러나 석유회사들과 미국 정부 내의 그들의 친구들은 이 사건을 결코 잊지 않았다. 30년 동안 모든 멕시코 석유에 대한 전 세계적인 구매 거부를 강요하고, 멕시코석유공사의 정유시스템 발전을 저해하기 위해 외국 설비업체들을 블랙리스트에 올렸다. 이 같은 조치는 멕시코의 대담한 민족주의적 대응에 대해 응분의 대가를 치르게 하여 다른 라틴아메리카 정부들이 이와 유사한 수용을 감히 시도하지 못하도록 하기 위한 계산이었다. 멕시코는 엉클 샘에 맞선 대가를 톡톡히 치러야 했다.

요약하자면, 1920년대부터 1930년대까지는 멕시코에서 혁명 이후의 정치체제가 공고히 되어 가는 시기로, 복잡하고 독특한 형태의 정치지형이 만들어졌다. 보통선거는 있었으나, 실질적으로 여당 후보만이 이길 수 있는 정치구도였다. 임기를 마치는 대통령은 공식적인 입장과는 달리 이른바 손가락질dedazo이라는 비공식적인 방법으로 후계자를 지목할 수 있었다(물론 광범위한 협의 과정이 존재했지만, 현직 대통령의 의사가 항상 가장 중요했다). 누구든 야심이 있는 정치인이라면 멕시코혁명의 이상에 열렬한 지지를 보내야 했으나, 그렇다고 엄격한 혁명 이념이 있었던 것은 아니었다. 정부는 정치적 반대에 부딪히게 되면 흔히 적정 수준의 발언권, 일자리, 정책적 양보 등을 통해 비판자들을 기존 체제로 끌어들였다. 이에 대해 한 평론가는 '두 개의 당근, 아니면 서너 개까지, 그리고 필요하면 채찍'이라는 말로 이 체제를 요약했다. 국가는 정치적 반대세력을 포용 혹은 약화시킴으로써 지지기반을 공고히 해나갔다. 이 상황은 1990년대까지 지속되었으며, 그 비민주적인 성격에도 불구하고 두 개의 독특한 정치적 성과를 이룰 수 있게 한 기반이기도 했다. 민간에 의한 군부 통제와 반세기가 넘는 정치적 안정이 바로 그것이었다. 다시 말해, 혁명 이후 멕시코에서는 1960~1980년대에 남미원뿔지대Cono Sur[8]를 휩쓸던 철권 군부통치와는 별로 닮지 않은 상대적으로 '온건한' 권위주의가 전개되었다.

안정, 성장 그리고 경직성

카르데나스는 이후 그 어떤 정치가도 쉽게 따라할 수 없을 일을 했다. 그의 후계자 선택은 1990년대까지 6년 대통령 임기의 마지막 해마다 반복될 양상으로 전개되었다. 대부분 잘못된 정보 때문에 발생하였는데, 지명 예상자를 둘러싼 추측이 끝도 없이 이어졌다. 카르데나스는 가장 유력한 두 명의 후보(한 사람은 급진파이고 또 한 사람은 보수파였다) 중 아무도 선택하지 않았다. 대신 별로 알려지지 않은 인물로 국방 장관이던 마누엘 아빌라 카마초에게 관심을 돌렸다. 여기에는 물론 혁명을 좀더 온건한 방향으로 이끌고 가자는 정치 지배층 내부의 합의가 있었다.

아빌라 카마초는 선거유세 기간 동안 자신이 반교권주의자가 아니라는 점을 분명히 했다. 심지어 자신은 신앙인이라고 선언하기도 했다. 그와 대결한 야당 후보는 친교권주의를 표방하며 막 창당한 우파 정당 국민행동당PAN : Partido Acción Nacional의 후안 안드레우 알마산이었다. 여당인 멕시코혁명당 후보가 손쉽게 승리했다.

---

8) 남미 남부가 원뿔형을 닮았다고 해서 붙은 이름. 보통 아르헨티나, 칠레, 우루과이가 이 지대에 포함된다. 그러나 가끔 파라과이와 브라질 남부 지방이 포함되기도 한다.—옮긴이

몇 가지 핵심 정책 분야에서 아빌라가 카르데나스보다 더 온건하다는 것이 곧 입증되었다. 그 하나는 토지분배였다. 카르데나스는 대규모 토지분배를 통해 멕시코 농민의 사랑을 받았다. 반면 아빌라 카마초는 가족단위 분배에 치중했다. 카르데나스가 4,400만 에이커의 토지를 분배한 반면, 아빌라 카마초는 1,100만 에이커의 토지를 분배했을 뿐이다.

노동 분야에서도 아빌라 카마초는 좌파에서 멀어지는 행보를 걸었다. 그는 여당 노동 부문의 지도자를 피델 벨라스케스로 교체했다. 피델 벨라스케스는 자신보다 전투적인 노조 지도자들에게 노골적으로 적대적인 태도를 취했으며, 그들의 파업을 힘들게 만들었다. 자율적인 노조 활동이 점차 좌절되어 가는 동안, 정부는 다른 전선을 구축했다. 사회복지를 다루는 기관인 멕시코사회복지청IMSS을 설치하여 종합병원과 개인병원 네트워크를 통해 노동자들에게 의료복지를 제공했다. 대상은 제한적이어서 1940년대 중반 고작 몇십만 명 정도의 노동자만 혜택을 받았지만, 이후 조직이 잘 되어 있는 작업장의 노동자들에게까지 꾸준히 확대될 노동복지시스템의 선례가 되었다.

아빌라 카마초 대통령은 2차 세계대전의 도전과 직면했다. 멕시코인들은 연합국의 대의에 강력히 동조했지만, 미국과의 자동적인 연합에 대해서도 마찬가지로 강력한 의구심을 지녔다. 일본의 진주만 공격 직후 멕시코 정부는 일본, 독일, 이탈리아와 외교를 단절했지만 선전포고는 하지 않았다. 독일의 U보트의 공격으로 멕시코 선박이 침몰되는 일이 되풀이된 후에야, 아빌라 카마초는 1942년 5월 의회의 동의를 얻어 선전포고를 하기에 이르렀다. 이로써 멕시코는 브라질과 함께 추축국과의 전투에 병력을 파견한 라틴아메리카의 단 두 나라가 되었다.

아빌라 카마초의 또 다른 행보가 멕시코의 미래에 더 중요성을 지녔을 것이다. 프랭클린 루스벨트와 아빌라 카마초의 공개적인 협약을 통해 멕시코는 미국의 전쟁 참여로 부족해진 노동력을 보충하기 위해 멕시코의 농촌노동자들을 미국에 보내기로 결정했다. 전쟁이 지속되자, 브라세로bracero로 불리는 멕시코 노동자들은 농업 이외의 일자리도 채우기 시작했다. 이는 미국 노조의 반발을 불러일으켰다. 전쟁은 양국 사이에 중요한 선례를 남기고 종결되었다. 미국인 노동자를 구할 수 없는 일자리를 차지할 멕시코 노동자의 북쪽(미국)으로의 이동이 공식화된 것이다. 1945년에 이르러서는 약 30만 명의 멕시코인이 미국에서 일한 경험이 있었다. 비록 많은 멕시코인이 편견과 차별을 겪었지만, 대부분 멕시코에 있을 때보다 높은 임금을 받았다. 국경 너머의 고임금 가능성은 멕시코의 가난한 이들에게는 향후 세대에도 뿌리칠 수 없는 유혹이었다.

2차 세계대전의 종전과 함께 멕시코는 고질적인 가난에서 벗어나기 위해서는 산업화를 이루어야 한다고 보았다. 이 길을 이끌 사람으로 선택된 이는 혁명 이후 최초의 민간인 출신 대통령 미겔 알레만이었다. 우선 알레만은 여당을 재조직하고 제도혁명당PRI : Partido Revolucionario Institucional으로 이름을 바꾸었다. 당의 새로운 명칭에 포함된 '제도'는 실용주의적 노선으로 변경하겠다는 의사를 내포한 것이었다. 당은 기존 네 부문 중에서 농민, 노동자, 대중 세 부문으로 재편되었다. 이렇게 하여 다른 라틴아메리카의 어떤 정당에 비할 수 없는 대단히 지배적인 여당으로 부상했다.

새 대통령의 변별점은 경제발전에 있었다. 멕시코에서 가장 필요한 것은 도로, 댐, 통신, 항만시설 같은 기반시설이었다. 이에 알레만은 관개와 수력발전 프로젝트 등의 공공사업을 야심차게 추진하였다. 한편 미국으로부터의 관광 수요를 위해 고속도로와 호텔 건설도 함께 진행되었다.

이는 비록 멕시코 민족주의자들이 불쾌해할 사회적·문화적 영향이 있는 일이었으나, 멕시코로서는 관광산업이 대단히 중요한 외화획득 원천이기 때문에 투자가 이루어졌다.

멕시코 경제는 눈에 띄는 성장을 기록했다. 성장의 바탕은 수입에 대한 보호조치의 급격한 강화였다. 이 같은 조치는 단기적으로는 멕시코의 심각한 국제수지 적자를 덜기 위해 정당화되었으며, 국내생산에 안정적인 시장을 제공하는 실질적 효과를 유발했다. 멕시코 제조업은 급격히 활성화되어, 1948~1951년 사이 연평균 9.2퍼센트의 성장률을 기록했다. 농업생산의 증가는 더욱 두드러져 연평균 10.4퍼센트 성장했다. 이 같은 성장에 그림자가 드리워진 것은 알레만 대통령의 임기가 끝날 무렵이었다. 그리고 부패가 증가하면서 그림자가 더욱 짙어졌다.

제도혁명당 지도자들은 1952년 새로운 후계자를 선택해야 할 시기가 다가오면서 정부 이미지를 쇄신해야 한다는 것을 알았다. 그들은 알레만의 의사를 배제하고 아돌포 루이스 코르티네스를 대통령에 앉혔다. 그는 적어도 부분적인 해답이라도 제공할 수 있는 색깔 없는 정치인이었다. 루이스 코르티네스는 베라크루스 주지사를 역임하고 알레만 재임 시절 내무부 장관을 지냈다. 그러나 청렴하다는 평을 받는 인물이었다. 루이스 코르티네스는 대통령이 되자 선거 공약대로 비리 혐의가 있는 관료들을 파면했다.

루이스 코르티네스의 가장 중요한 정책은 경제부문에서 나타났다. 2차 세계대전 때부터 멕시코는 라틴아메리카의 국가들 중에서도 높은 인플레이션을 경험하고 있었다. 이에 멕시코 경제 관료들은 중대한 결정을 내렸다. 낮은 인플레이션을 위한 경화hard-money 정책을 선택한 것이다. 이는 페소/달러 환율의 고정을 의미했고, 나아가 이 환율을 유지하기 위해 멕시코 경제를 (보수적인 재정·통화 정책을 통해) 통제한다는 것을 의미했다. 그 첫발은 고평가된 페소화를 평가절하 하는 것이었다. 1954년 1달러 당 8.65페소였던 환율은 12.5페소가 되었다. 이 평가절하는 멕시코 수출에 즉각적인 영향을 주었다. 또한 외국인 관광객들에게 멕시코는 싼 나라가 되었다. 멕시코는 갑자기 국제 투자자들에게 유망한 투자처가 되었다.

루이스 코르티네스가 67세의 나이로 대통령 자리에서 물러나면서, 그와 킹메이커들은 루이스 코르티네스보다 20년 젊은 후계자를 지목했다. 당시 노동부 장관이자 온건좌파 성향의 아돌포 로페스 마테오스였다. 로페스 마테오스는 그의 정부가 "헌법의 테두리 안에서의 극좌 노선"을 택할 것이라는, 조금은 애매모호한 선포를 하였다. 멕시코는 노조화가 진전된 국가가 아니었다. 농촌 주민들을 비롯한 대다수의 하층계급은 그들의 이익을 보호하거나 증진시킬 수 있는 독립적인 수단이 없었다. 기존의 노조는 사실상 어용집단이었다.

이러한 패턴에도 불구하고 마테오스는 곧 전투적인 성향을 가진 철도노동자들의 강력한 저항에 부딪혀 1959년 대파업이 일어났다. 파업을 이끌던 지도자 데메트리오 바예호는 정부 주도의 지배적인 노동관계를 청산하고 독립적인 노조활동에 대한 완전한 권리를 주장했다. 노동자들은 파업 지시를 따라서 완강하게 장기 농성을 벌였다. 마테오스는 주동자들을 체포하고 노동자들에게는 일터로 복귀하라는 명령을 내리는 등의 구태의연한 처방을 선택했다. 대파업은 끝이 나고 바예호는 수년간 감옥에서 보내야 했다. 전투적인 노동운동에 대한 본보기였다.

그렇지만 로페스 마테오스는 보수적인 전임 대통령들과 거리를 두기 위해 노력했다. 이 중 가장 눈에 띄는 것은 토지에 관한 정책이었다. 멕시코의 가난한 농촌 거주자들의 오래된 숙원은 다름 아닌 토지 소유였다. 로페스 마테오스는 약 3천만 에이커에 이르는 땅을 분배함으로써 카르데나스 다음가는 농지개혁 기록을 세웠다. 물론 이 새로운 토지 소유자들을 위한 기본적인 지원(그리고 융자)은 훨씬 더 어려운 문제였고 거의 이루어지지 않았다. 그럼에도 불구하고 또다시 혁명적 계기가 마련되었다.

경제정책에서 로페스 마테오스는 여전히 1954년 평가절하에 담긴 경화 정책을 계속 유지했다. 투자는 계속 활기를 띠었고, 멕시코는 해외자본, 특히 뉴욕 채권시장의 돈이 넘쳐났다. 멕시코의 매력은 높은 이자율과 (달러와의) 태환 보장, 외견상의 정치적 안정이었다. 정부는 이례적으로 아주 낮은 인플레이션을 유지하여, 그 덕분에 1달러당 12.5페소의 고정 환율이 유지되었다. 그렇다고 멕시코가 완전히 개방적인 시장경제였던 것은 결코 아니다. 오히려 로페스 마테오스 재임 시절, 국가의 경제개입이 늘어났다. 가령, 미국과 캐나다 소유의 전력회사들은 물론, 대체로 할리우드가 통제하던 영화산업이 국유화되었다.

로페스 마테오스 정부는 외교 부문에서 몇 가지 중요한 변화를 가져왔다. 1964년 로페스 마테오스와 린든 존슨 미 대통령 사이의 공식협정으로 엘패소 지역에서 오랫동안 분쟁이 되어 온 강기슭에 대한 멕시코의 주권이 확립되었다. 동시에 로페스 마테오스는 다른 주요 외교 사안에서도 독립성을 유지했다. 그 대표적인 사례가 피델 카스트로의 쿠바 문제였다(5장 참조). 1960년 이후 미국은 미주기구에서 끊임없이 반쿠바 투표 압력을 넣었다. 멕시코는 라틴아메리카에서 유일하게 쿠바와 외교단절을 하지 않은 나라였다. 라틴아메리카 국가들의 통일된 대응을 요구한 미국의 압박에 굴하지 않은 것은 멕시코의 자부심이었다.

1964년 로페스 마테오스의 뒤를 잇기 위한 여당 후보는 구스타보 디아스 오르다스였다. 많은 사람이 그가 제도혁명당을 오른쪽으로 되돌릴 것이라고 생각했다. 디아스 오르다스는 멕시코 가톨릭의 본산인 푸에블라 주 출신이었다. 내무부 장관으로 있을 때 '급진적' 인사들의 체포령을 내린 경력도 있었다. 체포된 이들 중에는 세계적으로 유명한 미술가 다비드 알파로 시케이로스도 포함되어 있었다.

이런 기대와 달리 디아스 오르다스는 전임 대통령의 정책을 계승하겠다고 약속했다. 로페스 마테오스는 제도혁명당의 일당체제에 대한 비판을 진지하게 받아들인 바 있었다. 그래서 총선에서 일정 득표를 한 야당에게 최소한의 의석을 보장하는 헌법 수정 조항을 밀어붙였다. 이 원칙이 적용된 1964년 선거에서, 비록 제도혁명당의 의석수는 여전히 압도적으로 많았지만, 우파와 좌파의 야당들이 함께 의석을 차지할 수 있었다.

디아스 오르다스는 처음에는 이 개혁적 열망을 존중했다. 그러나 제도혁명당의 완강한 지도자들은 새로 임명된 당 사무총장 카를로스 마드라소에 대한 그들의 분노를 여지없이 드러냈다. 카를로스 마드라소가 일당체제에서는 늘 예민한 문제인 대통령 후보지명 절차를 공개하려고 시도했기 때문이다. 디아스 오르다스는 정당기계party machine의 이 같은 불만에 부응하여 마드라소를 해임했다. 멕시코 연방정부가 국민행동당 후보가 승리한 바하칼리포르니아 주미국 캘리포니아 주의 바로 남쪽 북부 두 지역의 시장 선거를 무효화시키면서 새로운 강경노선이 더 명백해졌다. 일당체제의 자유화는 한계에 다다랐다.

디아스 오르다스의 근심이 바하칼리포르니아 주 시장선거 사태로 끝이 났다면 다행이었을 것이다. 하지만 그는 1960년대 서구를 휩쓸던 학생시위 시대에 통치를 해야 하는 운명이었다. 1968년 멕시코 하계올림

1968년 학생운동은 절충적 이념의 제한된 시위로 시작되었다. 멕시코시의 레포르마 대로를 따라 진행된 이 평화로운 행진에서 체 게바라와의 연대 선언을 한 것에서 알 수 있듯이 말이다. 그렇지만 결국에는 멕시코의 정치 시스템에 비극적인 위기가 되었다. (UPI)

픽 개최가 도화선이 되었다. 멕시코 정부는 올림픽을 통해 멕시코를 국제사회에 '세일즈'하기 위해 전력을 다했다. 언제나 학생들이 강력한 지지기반이었던 멕시코 좌파는 멕시코 정부가 국제적 지지를 얻는 게 아닐까 노심초사했다. 결국 두 진영의 의지를 시험하는 무대가 펼쳐졌다. 1968년 7월 멕시코시의 학생시위는 전투경찰의 잔인한 진압에 부딪혔다. 8월에는 시위가 국립대로 확산되어 대대적인 투쟁으로 고조되었다. 정부는 이를 올림픽을 방해하려는 '전복세력의 음모'로 규정했다. 디아스 오르다스는 그동안 성역으로 인정되던 대학 캠퍼스에 군대를 투입하는 강경책으로 응대했다. 충돌은 거세질 수밖에 없었다. 과연 좌파 학생들은 올림픽 개최를 중단시킬 수 있었을까?

학생들과 진압부대의 비극적 대립은 계속되었다. 1968년 10월 2일 멕시코시의 학생 시위대는 틀라텔롤코에서 대단히 강력한 진압부대와 맞닥뜨렸다. 전해진 바에 의하면, 군경이 해산 명령도 내리지 않고 진입해 발포를 시작해서 많은 군중이 치명적인 십자포화에 쓰러져 갔다. 수백 명이 죽고 그보다 많은 사람이 부상을 입었다. 틀라텔롤코 학살은 멕시코 전역을 전율시켰다. 그러나 정작 군부와 정부로부터는 이 학살과 관련한 그 어떠한 조사나 해명이 없었다. 많은 비판자들이 학살로 제도혁명당 권력독점의 종말이 입증되었다고 말했다. 또한 잔혹한 진압은 권력에 대한 대중의 도전은 결국 수많은 희생자를 낼 뿐이라는 사실을 사람들에게 각인시켰다. 그 영향은 위협적이었으며 올림픽은 예정대로 개최되었다.

이러한 정치적 소용돌이에도 불구하고 멕시코 경제는 계속해서 호황이었다. 비록 소득분배는 여전히 크게 불평등했지만 국내총생산(GDP)은 연간 6퍼센트 성장했다. 1950년과 1959년 사이 멕시코의 가장 가난한 인구 10퍼센트에게 돌아가는 소득은 2.4퍼센트에서 2.0퍼센트로 하락한 반면, 가장 부유한 계층 상위 10퍼센트에 집중된 소득은 49퍼센트에서 51퍼센트로 증가했다. 멕시코의 '기적적인' 성장은 오직 소득 불평등을 심화시킬 뿐이었다.

대통령직 승계 시기에 이르자 디아스는 틀라텔롤코 참사 당시 치안 책임자인 내무부 장관 루이스 에체베리아를 낙점했다. 이 선택은 분노한 멕시코 국민을 재통합할 수 있는 선택이 아니었다. 에체베리아 후보는 열정적인 선거유세를 통해 새로운 면모를 만들어 내기 위해 노력하였으며 언제나 그렇듯 선거는 제도혁명당의 대승으로 끝났다. 대통령으로서 새로운 임무에 매진하기 시작한 에체베리아는 경제부문에 가장 역점을 두었다. 그러나 이는 곧 가장 비판을 받는 부문이 되었다.

에체베리아 대통령과 그의 고문들은 경제성장을 원했다. 또한 이와 함께 좀더 나은 소득분배를 이루고자 했다. 멕시코에서 언제나 그렇듯 시작은 농촌지역에서였다. 농촌의 전기와 도로와 같은 기반시설 건설에 공을 들였다. 도시 소비자들의 불만을 잠재우기 위해 에체베리아 정부는 기본적인 식품에 대한 기존의 가격통제를 더욱 강화했다. 연방정부가 사실상 도시민들을 위해 농산물 가격보조를 확대한 것이었다. 이는 연방정부의 재정을 투입하거나 농산품 가격을 낮추는 방법으로 이루어졌다. 후자는 생산을 저하시킬 수밖에 없었고, 전자의 경우는 인플레이션이 유발될 수 있었다. 에체베리아는 임기 내내 임금, 토지, 사회복지 등의 혜택을 가난한 계층에게 확대하는 단기적인 조치들에 점점 의존했다.

이와 동시에 멕시코 정부는 경제에 대한 전반적인 통제를 강화해 나갔다. 연방 기관이나 부처들을 통한 직접지출 외에도, 정부는 상당한 예산(여러 해 동안 예산의 절반 이상)을 몇몇 특정 단체나 국가 지원 기업들에 할당했다. 국가금융원Nacional Financiera을 비롯한 가장 주요한 대출기관들은 정부가 운영했으며, 신용 부문에 대한 이러한 통제는 멕시코 정부가 경제에 대해 막대한 영향력을 가질 수 있게 한 요인이었다. 예를 들어 1970년 멕시코 정부는 10대 기업 중 9개사, 25대 기업 중 13개사, 50대 기업 중 16개사의 대주주였다.

국가가 자본주의 경제에 적극적으로 참여하는 반면, 민간 부분에 대해서는 상당한 독립을 유지하고 있었다. 이와 같은 자율성은 멕시코 지도자들이 주로 전문 정치인 출신이었다는 사실에 기인했다. 그들은 부유한 집안 출신이 아니었고, 고등학교나 대학을 졸업하고 바로 정치에 입문한 사람들이었다. 미국과는 대조적으로 멕시코에서는 민간과 공공기관의 인적 교류가 매우 적었다. 결과적으로 국가는 특정 사회단체나 이익집단에 얽매이지 않을 수 있었다. 물론 국가와 민간 영역의 협조가 이루어지기도 하였으나 항상 그렇지는 않았다. 이는 멕시코 정부에게 상당한 행동의 자유를 주었다.

그러는 사이 멕시코 정부는 게릴라 운동이라는 새로운 문제에 직면했다. 멕시코 정치인들은 게릴라 운동이 만연한 다른 라틴아메리카 국가들과 멕시코는 "다르다"며 오랫동안 안심하고 있었다. 어찌되었든 멕시코는 이미 그들의 혁명을 치른 나라였다. 그럼에도 불구하고 멕시코도 예외일 수는 없었다. 게릴라는 제도혁명당과 이들의 모든 일에 대해 무력적인 대응도 서슴지 않았다. 1971년을 시작으로 은행을 털거나 정부 고위관리들을 납치하였으며, 1974년에는 대통령의 장인을 납치하여 몸값을 요구하기도 했다. 전직 교사 루시오 카바냐스가 게레로 주에서 게릴라 부대를 이끌며 준동했다. 그들은 제도혁명당의 주지사 후보를 납치하는가 하면 외진 지역의 군 병영을 공격하기도 했다. 1년 이상 동안 약 1만 명의 군인이 동원되어 게릴라들을 추적하여 그들과 그들의 지도자를 죽였다. 그러나 좌파의 예견에도 불구하고 카바냐스는 게레로 주를 비롯해 그 어떤 곳에서도 후계자를 찾지 못했다. 그렇게 게릴라 운동의 위협은 수그러들었다. 왜 그랬을까? 제도혁명당의 호선 시스템co-optive system 덕분일까? 아니면 정부의 진압 네트워크의 결과인가?

그러나 에체베리아 대통령이 당면한 가장 큰 문제는 게릴라가 아니라 경제 문제였다. 멕시코 경제전략의 취약점은 인플레이션이었다. 노골적으로 말해서, 인플레이션이 미국보다 높았다면 멕시코 페소의 고정환율 유지는 기대할 수 없었을 것이다. 그런데 1973년 멕시코 인플레이션이 20퍼센트에 달했고 1974년까지 그 수준을 유지하였다. 1954년 환율에 입각한 멕시코의 상품은 세계시장에서 경쟁력을 잃어 가고 있었다. 그러나 멕시코 정부는 고정환율을 고수했다. 그것이 멕시코 발전의 기반이자 강력한 정치적 상징이었기 때문이다.

멕시코는 왜 인플레이션에 시달리게 되었을까? 많은 라틴아메리카 사람이 질문을 거꾸로 던질지도 모르겠다. "멕시코는 어떻게 그토록 오랫동안 높은 인플레이션을 피할 수 있었을까?"라고 말이다. 그 답은 다음과 같다. 멕시코 정부는 너무나 많은 유권자들을 만족시키기 위해 큰 폭의 적자를 감수하면서 그들을 지원함으로써 인플레이션을 유발했다. 더욱이 에체베리아 임기 중반에는 심각한 국제수지 적자의 압력도 겪고 있었다. 멕시코의 지속적인 산업화 정책은 많은 자본재를 필요로 하였다. 그러나 비교적 새로운 품목의 수입이 상황을 더욱 심화시켰다. 바로 농산물의 수입이었다. 경제정책의 실패가 농업에서 나타난 것이다. 토마토와 딸기처럼 수출, 특히 대미 수출을 위한 농산물 생산은 증가했으나, 곡물과 같은 기본적인 식료품에 해당하는 품목의 생산은 감소했다. 그리고 이 수요를 충족시키기 위한 농산물 수입의 증가가 국제수지에 큰 부담을 주었던 것이다.

결국 심판의 날은 에체베리아 임기 마지막 해에 찾아왔다. 비극은 멕시코 페소의 과도한 고평가에 있었다. 멕시코 정부가 1달러 당 12.5페소의 환율을 고집스럽게 유지하면서, 돈이 있는 멕시코 사람들은 페소를 달러로 바꾸고자 했다. 멕시코 정부의 연이은 페소 평가절하 거부는 입발린 소리로 들렸다. 1976년 9월 자본 유출이 극심한 수준에 이르자, 정부는 결국 손을 들었다. 페소는 60퍼센트 평가절하 되었다. 정부 신용도가 너무 낮아서 불과 한 달 뒤에 시장을 안정시키기 위해 추가적인 40퍼센트의 평가절하가 필요했다. 이렇게 졸렬하게 단행된 평가절하를 통해 과연 국내외 투자자들을 납득시킬 수 있었을까? 멕시코는 마침내 현실적인 환율을 가지게 되었지만, 그럼에도 불구하고 에체베리아 정부는 향후 국제수지 위기를 막기 위한 필수 조건인 공공부문 재정적자에 대한 대처에 실패했다.

에체베리아는 부산스럽게 생색을 내면서 임기를 마쳤다. 임기 종료 불과 11일 전에 북부 지방의 비옥한 농지를 몰수하여 땅 없는 농민들에게 나누어준 것이다. 지주들은 불안에 떨었다. 멕시코인들 사이에서 수십 년 만에 처음으로 군부쿠데타 가능성에 대해 심각한 이야기가 오갔다. 광범위한 우려에도 불구하고 에체베리아는 예정된 일정에 따라 평화적으로 임기를 마쳤다.

새로운 대통령은 호세 로페스 포르티요였다. 그는 경제가 통제 불가능한 상태로 치닫고 있던 시기에 재무부 장관을 지낸 인물이었다. 멕시코 재정적자는 점점 심각한 수준으로 치달았다. 연방정부 예산뿐 아니라 국제수지도 큰 문제였다. 연간 인플레이션은 30퍼센트에 달했다. 당시 다른 라틴아메리카 국가들 기준으로는 심각한 수준은 아니었으나, 멕시코의 성장모델에 대한 신뢰를 갉아먹기에는 충분한 것이었다. 이에 로페스 포르티요는 멕시코의 영원한 과제였던 외국인 투자자들의 신뢰를 회복하는 임무를 우선으로 삼았다. 1976년 12월에 대통령 임기가 시작된지 몇 주 후, 포르티요는 대대적인 홍보를 하며 워싱턴을 방문해 임기 막바지에 있던 미국의 제럴드 포드 대통령과 회담을 갖고 미국 의회의 양원 합동회의에서 연설을 하였다. 멕시코 지배층이 자신들의 숙명이 미국의 의견에 긴밀하게 연결되어 있다고 보고 있다는 사실을 강력하게 환기시켜 준 일이었다.

로페스 포르티요의 대통령 임기는 경제 현안들의 지배를 받게 되었다. 그가 대통령에 취임하자마자 멕시코는 엄청난 양의 석유를 발견하기 시작했다. 1980년 로페스 포르티요는 멕시코가 700억 배럴의 확인 매장량과 2,000억 배럴 이상의 잠재 매장량을 가지고 있다고 발표할 수 있었다. 에너지의 만성적인 부족과 치솟는 가격으로 몸살을 앓고 있던 세계에서 멕시코는 갑자기 새로운 국제적인 영향력을 획득했다. 의기양양한 포르티요는 다음과 같이 선언하기에 이른다. "오늘날 세계에는 두 종류의 나라가 있다. 석유가 없는 나라와 석유가 있는 나라이다. 그런데 우리는 석유를 가지고 있다."

이 뜻밖의 횡재에 고무된 로페스 포르티요는 외교정책에서 미국과는 다른 독립적인 노선을 걸었다. 특히 곧 폭력과 내전에 휩싸이게 되는 중앙아메리카(4장 참조) 문제에 대해서 그랬다. 1979년 니카라과에서 미국의 오랜 협력세력을 거꾸러뜨린 좌파혁명운동에 대해 포르티요는 호감을 표명했다. 1980년에는 중앙아메리카에 대한 영향력을 구축하기 위한 방안의 일환으로 지역 내 국가들에 아주 낮은 가격으로 석유를 제공하기도 했다. 1981년 중반 멕시코는 프랑스와 함께 엘살바도르의 좌파 반군을 "합법적인 정치세력"으로 인정하고 중앙아메리카의 영원히 풀리지 않는 정치적 매듭을 중재를 통해 해결할 것을 제안하는 선언을 했다. 이에 대해 미국이 강한 불만을 토로하면서, 멕시코의 민족주의자들은 자국 정부의 이런 적극적인 외교적 결단에 열렬히 환호했다.

그러나 국내문제는 여전히 풀리지 않는 과제였다. 멕시코는 1950년대 중반에서 1970년대 후반 사이에 문제없이 운용되던 경화 전략이 더 이상 가능하지 않다는 것을 깨닫고 있었다. 1982년 멕시코의 인플레이션은 2차 세계대전 이후 최고치인 60퍼센트에 육박했다. 1982년 초반 또 다른 고통스러운 평가절하가 불가피해졌다.

멕시코는 엄청난 석유 매장량을 바탕으로 이 같은 사태를 피하고자 했다. 그러나 1981년 이후 석유가격 하락으로 인해 기대하던 외화수입은 급격하게 줄었다. 이에 포르티요 정부는 국가 채무를 증대시킬 막대한 외채를 들여왔다. 그러나 가장 우려스러운 일은 멕시코 경제가 증가하는 노동인구 비율만큼 충분한 일자리를 만들어 내지 못하고 있다는 사실이었다.

포르티요는 정치적 반대세력의 불만을 잠재우기 위한 방편으로 개혁 프로그램을 내놓았다. 특히 두 가지 혁신은 지대한 영향을 가져올 것으로 보였다. 첫째, 정당 등록규정이 수월해졌다. 이로써 공산당도 공식적인 인정을 받을 수 있었다. 둘째, 400석의 하원의원 의석 가운데 적어도 100석을 야당에게 보장했다. 이 같은 변화는 기존의 권력관계를 근본적으로 변화시키는 데에는 한계가 있었지만, 적어도 체제 내에서나마 야당을 위한 정치적 공간이 생겼다는 의미가 있었다. 포르티요는 후계자로 하버드에서 교육을 받은 기술관료이자 장관직을 역임한 미겔 데 라 마드리드를 지명했고, 그는 예상대로 1982년 7월 선거에서 승리를 거두었다.

그러나 12월 1일 데 라 마드리드가 취임하기도 전에 멕시코 경제는 그 전과는 비교되지 않을 정도로 심각한 금융위기에 흔들렸다. 멕시코는 800억 달러가 넘는 외채를 갚을 달러가 바닥났다. 워싱턴, 뉴욕, 프랑크푸르트, 런던에는 공포에 가까운 기운이 감돌았다. 이들은 무엇보다 라틴아메리카의 다른 국가들이 멕시코 사례를 본보기로 하여 사실상의 채무 불이행을 선언하지 않을까 노심초사했다. 만약 그런 사태가 일어난다면, 미국과 유럽 및 일본 은행들은 막대한 손실을 입게 될 것이고, 국제금융시장에도 심각한 위협이 되는 것은 자명한 일이었다. 위기의 원인들은 명백했다. 멕시코 주요 수출품목인 석유의 가격이 폭락했고, 이자율은 치솟았으며, 멕시코의 갑부들은 수백억 달러를 해외로 유출시켰다. 미국 정부, IMF, 상업은행들은 멕시코를 "구제"하기 위해 추가 대출에 나섰다. 멕시코는 이 새로운 대출로 외채이자를 지불할 수는 있었지만 원금 상환은 불가능했다.

구제금융에는 대가가 있었다. 멕시코는 IMF의 긴축계획을 받아들여야 했다. 핵심목표는 국내총생산의 15퍼센트에 달하는 재정적자를 줄이는 일이었다. 이는 식료품과 공공기업에 대한 정부 보조를 단계적으로 폐지하는 것을 의미했다. 또한 멕시코는 효과적인 산업정책의 운영과 세계시장에서의 경쟁력을 높인다는 취지 아래 관세장벽을 낮추어야 했다.

데 라 마드리드 대통령은 IMF의 처방을 충실하게 따랐다. 그러나 이로 인해 멕시코 경제는 심각한 경기침체를 겪어야 했다. 1985년 실질임금은 1982년 수준보다 40퍼센트 이상 낮아졌으며, 옥수수 토르티야[전병]와 같은 멕시코의 기본 식료품에 대한 보조가 폐지되면서 국민의 생활수준은 더욱 하락했다. 1985년 9월 멕시코시를 강타한 대지진은 경제적 재앙을 더욱 악화시켰고, 1985~1986년의 석유가격 하락은 원유수출 수입을 감소시키면서 멕시코 경제를 훨씬 더 취약하게 만들었다.

이와 같은 악재 속에, 데 라 마드리드 대통령과 그의 보좌관들은 경제정책의 일대 변환을 받아들이기로 결정했다. '신자유주의'로 일컬어지는 프로그램이었다(12장 참조). 이 프로그램에는 두 가지 주요 축이 있었다. 하나는 국가의 경제적 역할을 줄이고 재구성하는 것이었다. 이는 공공지출의 지속적인 삭감과 국유기업들의 '민영화' 프로그램을 통해 이루

멕시코의 인구동태 통계(2007년)

인구(백만 명)	105.3
GDP(십억 달러)	893.4
1인당 GNP(달러)	8,340
빈곤율(%, 2006년 기준)	31.4
기대수명(세)	74

출처: 세계은행, 라틴아메리카카리브해경제위원회

어졌다. 1982년 말 데 라 마드리드 대통령의 임기 시작 당시 1,115개의 국유기업이 있었으나, 1986년 후반 거의 100개 기업을 민영화하고 279개 기업은 정리하였다.

새로운 정책의 두번째 골자는 무역 자유화와 경제 '개방'이었다. 이는 1986년 9월 멕시코가 GATT에 가입하면서 극적으로 드러났다. GATT 가입은 수입 장벽을 낮추겠다는 장기적인 약속을 의미했기 때문이다. 멕시코는 즉시 관세를 낮추거나 철폐하기 시작했다. 그리고 수출, 특히 석유 외의 산품 수출을 촉진시켰다. 의도와 실행 모든 면에서 이 변화들은 2차 세계대전 이후의 수입대체산업화 정책을 거의 완전히 포기하는 것이었다.

1988년 초반 데 라 마드리드 정부는 여전히 문제 해결의 실마리를 찾지 못하고 있었다. 인플레이션은 연 143퍼센트까지 치솟고, 공공부문 재정적자는 국내총생산의 19퍼센트에 이르고, 멕시코 금융시장은 큰 타격을 받아 주식시장은 75퍼센트 하락했다. 미국이 계획한 추가 자본 유입이 1987년 12월에 이루어졌다. 일련의 복잡한 과정을 통해 멕시코는 미국의 채권을 상업은행 부채에 대한 일종의 담보로서 구입하였다. 이러한 움직임에도 불구하고 상환 불능이 명백해진 외채에 대한 실질적인 해결 전망은 보이지 않았다.

여러 합의에도 불구하고 미국과는 계속 갈등이 있었다. 레이건 대통령 시절인 1982년, 데 라 마드리드 정부는 다자간 협상을 통해 중앙아메리카의 격렬한 갈등을 해결하자는 새로운 제안을 공동 발의했다. 첫 회담이 이루어진 장소의 이름을 따서 '콘타도라 구상'으로 알려진 이 계획은 정치적 민주주의와 경제협력에 의거한 지역 평화를 촉구했다. 이 구상은 유엔의 즉각적인 지지를 얻었으나, 니카라과 혁명정부에 대한 유엔의 사실상의 인정과 미국 개입 제한에 반발하는 레이건 정부의 강경파들의 강력한 반대에 부딪혔다. 콘타도라 구상의 비전은 미국의 강한 압박 속에서 코스타리카, 온두라스, 엘살바도르의 친미정권들이 반대를 표명하면서 효력을 상실했다. 그럼에도 불구하고 멕시코는 다시 한 번 자주성을 과시했다.

양국 간 긴장 관계의 또 하나의 원인은 미국 내 멕시코 노동자(합법이든 불법이든)에 대한 미국의 정책으로 인해 불거졌다. 1986년 통과된 심슨-로디노 법은 불법 이민자를 채용한 고용주에 대한 처벌 수위를 강화한다는 내용이었다. 품위 있는 삶이라는 커다란 희망 때문에 미국 내 일자리(보통 일시적인 일자리)를 찾아온 멕시코 북부와 중부 지방의 젊은 세대에게 이 법안의 실행은 큰 위협이 아닐 수 없었다. 몇 년 지나지 않아 이 법안은 당시의 이민 흐름에 별다른 영향을 주지 못했다는 것이 판명되었지만, 멕시코인들은 여전히 우려가 컸다.

1980년대 후반 멕시코의 외채위기와 경제침체는 사회적 불평등과 대중적 압력을 고조시켰다. 투자는 급감하고, 실업은 증가하고, 1인당 국민소득은 1980년대와 비교해 9퍼센트 이상 하락했다. 그러나 멕시코는 1960~1970년대 남미원뿔지대 국가들과는 대조적으로 전반적이고 광범위한 권위주의적 억압에 나서지는 않았다. 멕시코 정치시스템의 몇 가지 주요 속성——제한된 경쟁, 노동계급 운동 장악, 민간의 이해관계로부터의 독립성, 전술적 유연성 등——이 멕시코가 국민을 노골적으로 탄압하는 것을 피할 수 있었던 이유를 설명하는 데 도움이 된다.

정부에 대한 신뢰도가 낮아지고 있다는 것을 인식한 제도혁명당 지도자들은 대통령 후계자 지명 과정을 전례 없이 가시적으로(진정으로 더 개방적인 것은 아닐지라도) 진행시켰다. 데 라 마드리드 대통령의 선택은 이번에도 미국에서 교육을 받은 인물로, 39세의 경제학자 카를로스 살리나스 데 고르타리였다. 그는 기획예산부 장관으로 있으면서 대단히 인기 없었던 1980년대 긴축정책을 입안한 바 있었다.

1988년 선거는 놀라웠다. 그리고 의미 있는 변화의 징조를 보여 주었다. 역사상 처음으로 제도혁명당은 우파와 좌파(존경받는 전 대통령 라사로 카르데나스의 아들 콰우테목 카르데나스가 제도혁명당에서 떨어져 나온 분파를 이끌었다) 양 진영의 심각한 도전을 받았다. 노조 노동자들도 제도혁명당 후보에게 불만을 표출했다. 살리나스는, 정부 발표에 따르면, 50.3퍼센트의 득표율로 가까스로 당선되었다. 그는 승리를 천명하면서, "실질적인 일당체제" 시대의 종말을 선언했다. 젊은 살리나스는 여러 악조건 속에서 1988년 12월 대통령에 취임했다. 과연 그는 도전할 준비가 되어 있었을까?

살리나스의 첫번째 과제는 정치적 권위를 과시하는 일이었다. 그는 기존의 정치지형을 수정 보완하는 대신 내각을 자신의 주변 인물들로 채웠다. 1989년 1월 살리나스는 독립적이며 부패가 심했던 석유노조 수뇌부 본부에 대한 현장급습을 지휘하였다. 이들은 (불법 무기소유 명목으로) 구금되었다. 얼마 뒤 살리나스는 규모가 크고 세력이 막강한 교원노조를 오래 이끈 위원장을 축출했다. 또한 살리나스는 내각의 해군 장관을 해임하기도 했는데, 이는 멕시코의 민간-군부의 예민한 관계를 고려했을 때 이례적인 조치였다.

선거에서 공약을 했기 때문에 살리나스는 온건한 정치적 개방을 추진했다. 그는 바하칼리포르니아 주지사 선거에서 국민행동당이 승리하였음을 인정하도록 제도혁명당 당직자들에게 지시하였다. 또한 선거 시스템과 당 내부의 개혁을 감독했다. 그러나 이 전략에는 한계가 있었다. 제도혁명당은 멕시코시를 둘러싸고 있으며 1988년 대통령 선거 당시 좌파 야당 진영의 강력한 근거지였던 멕시코 주의 중요한 선거에서 승리를 주장하는 어처구니없는 행동을 했다. 정부도, 세력을 규합하여 응집력 있고 지속 가능한 정당을 조직하는 데 대단히 큰 어려움을 느끼던 콰우테목 카르데나스와 그의 지지자들을 괴롭히고 위협했다. 정치적 개방은 오직 우파(그리고 국민행동당)를 향한 것이었고 좌파는 여전히 배제되어 있었던 것이다.

멕시코 역사상 처음으로 인권 문제가 국가적 의제로 출현했다. 경찰이 마약 밀매업자 소탕 명목으로 저지른 공권력 남용에 대한 심각한 비판들이 제기되었다. 비판자들은 콰우테목 카르데나스의 지지자들이 1990년 한 해 동안에만 적어도 60명 이상 살해되거나 '실종'되었다고 보고했다. 그들은 어느 저명한 인권 운동가의 피살에 분노를 표명했다. 살리나스는 이 같은 비판을 잠재우기 위한 방안으로 전 대학 총장 호르헤 카르피소가 이끄는 국가인권위원회를 설치하였다. 그러나 실질적인 권한은 주지 않았다.

살리나스가 가장 지속적인 업적을 남기고 싶어 한 분야는 경제였다. 그는 멕시코의 구조조정을 마무리하고자 데 라 마드리드 정부가 시작한 신자유주의 전략을 계속 확대했다. 살리나스와 그의 경제팀은 무역장벽을 계속 낮추었다. 민영화도 적극적으로 추진하였다. 심지어 성역이던 전화회사와 (1982년 로페스 포르티요가 국유화한) 금융산업도 매물로 내놓았다. 살리나스는 미국 정부의 지원을 받아 1990년대 중반까지 외채 순상환분을 연 20억 불로 제한하는 외채-구조조정 관련 새로운 합의안을 이끌어 냈다. 정부는 또한 지역발전을 지원하고자 '국가연대프로그램'을 만들었다. 이는 자구 프로젝트들에 종잣돈을 제공하기 위한 전국적인 프로그램이었다. 이와 같은 조치들에 부응하는 듯, 멕시코 경제는 회복 기미를 보였다. 연간 인플레이션은 20~30퍼센트로 떨어지고, 국내총생산 성장률은 1989년에는 3.1퍼센트, 1990년에는 3.9퍼센트를 기록하였다.

북미자유무역

살리나스의 6년 임기 중 가장 대표적인 성취는 북미자유무역협정NAFTA이었다. 유럽과 일본의 대규모 투자를 끌어들이기 불가능해지자, 살리나스 행정부는 미국과의 자유무역 협상 의도를 천명했다. 이 제안은 보호주의 전략인 수입대체산업화 정책을 전면 부정하는 것일 뿐 아니라, '북쪽의 거인'Colossus of the North과 일정한 거리두기를 했던 국가적 전통을 폐기하는 것이기도 했다. 소기업가와 곡물 재배자들은 미국과의 경쟁으로 도태될지도 모른다는 두려움을 표명했고, 일단의 지식인은 멕시코의 경제적 자주권과 문화적 자부심의 임박한 사망에 조종을 울렸다. 이 같은 상황에도 불구하고 살리나스는 요지부동이었다.

1992년 8월에 베일을 벗은 북미자유무역협정은 인구 3억 7천 명과 약 6조 달러에 달하는 세계에서 가장 큰 무역블록 중 하나를 만들고자 멕시코와 미국은 물론 캐나다까지 포함하는 3국 간 동반자 관계의 창출이라는 비전을 담고 있었다. 이 협정을 통해 세 나라는 15년 동안 관세와 무역장벽을 폐지함으로써 상품의 자유로운 이동을 촉진시키려고 했다. 미국 상품의 65퍼센트가 즉각 혹은 향후 5년 이내에 면세 혜택을 얻었다. 멕시코에 수출되는 미국 농산물의 50퍼센트는 즉각 비관세 품목이 되었다. 경제통합에 전통적으로 가장 저항이 큰 농업 분야에서 몇 가지 "대단히 민감한" 품목은 특별히 예외로 두었다. 멕시코에서는 옥수수와 마른콩, 미국에서는 오렌지주스와 설탕이 2009년까지 단계적 관세 철폐 품목에서 제외되었다. 미국 내에서 자동차에 대한 관세는 10년에 걸쳐 단계적으로 철폐하기로 했다. 그러나 원산지 규정에 따라 미국 내 부품이 적어도 약 62.5퍼센트가 되어야 한다고 명기되었다. 아시아 국가들은 당연히 이 조항을 북미시장에서 아시아 산업과 생산품을 배제하려는 얄팍한 술책으로 간주했다.

북미자유무역협정은 멕시코에 다양한 방식으로 미국의 투자를 유치할 수 있는 활로를 열어 주었다. 이 조약으로 미국 은행과 증권사는 멕시코에 지점을 설립할 수 있었으며, 미국 시민은 멕시코의 은행과 보험사에 투자할 수 있었다. 멕시코는 석유 분야에서 여전히 외국인 소유를 금했지만, 북미자유무역협정에 의거해 미국 기업들은 멕시코석유공사가 발주하는 입찰에 참가하고 멕시코 기업들과 대체로 동등한 조건으로 사업을 할 수 있게 되었다. 북미자유무역협정에는 한 가지 사안이 두드러질 정도로 부재했다. 다름 아닌 노동이민에 관한 내용이었다. 기업 임원들과 제한된 전문직 종사자들의 이동에 대해서만 제한적으로 명문화시켰을 뿐 대규모 노동이주에 대해서는 전혀 언급이 없었다.

북미자유무역협정은 미국 내에서도 격렬한 논쟁을 불러일으켰다. 1992년의 뜨거운 대통령 선거전에서 민주당 후보 빌 클린턴은 환경보호와 노동자 권리에 대한 효과적인 안전장치가 마련되어야만 북미자유무역협정을 지지하겠다고 말했다. 1993년 9월 양국 정부는 노동과 환경에 대한 "추가" 협정 혹은 이면협정에 합의했다. 미국 의회가 비준투표를 준비하고 있을 때, 텍사스의 억만장자(그리고 전 대통령 후보) 로스 페로가 북미자유무역협정을 전면적으로 비판하고 나섰다. 그는 이 협정이 저임금 멕시코 노동자들을 겨냥한 사업을 활성화시켜 결과적으로 수백만 명의 미국 노동자가 일자리를 잃게 될 것이라고 주장했다. 이에 반해 지지자들은 북미자유무역협정이 미국의 수출을 증진시키고, 규모의 경제를 성취하고, 미국의 경쟁력을 강화시킬 것이라고 주장했다. 역사적으로 민주당의 보루였던 노조의 강력한 반대에도 불구하고 클린턴은 북미자유무역협정 체결을 위해 끊임없이 로비를 했다. 그리고 로스 페로가 부통령 앨 고어와의 길이 기억될 텔레비전 토론에서 적절히 대응하지 못한 이후, 미 하원은 234 대 200으로 마침내 북미자유무역협정을 승인했다. 이어 상원도 61 대 38로 승인했다.

마지막으로 북미자유무역협정에는 몇 가지 주요 특징이 있다. 첫째, 지역경제통합을 내포하고 있었다. 이 협정의 이름에도 불구하고 북미자유무역협정은 '자유무역'이 주요 골자가 아니었다. 1990년 즈음 미국과 멕시코 양국 무역에서 관세장벽, 그리고 심지어 비관세장벽도 이미 충분히 낮은 수준이었다. 북미자유무역협정의 주요 목적은 투자였다. 미국 시장에 대한 특혜접근과 북미자유무역협정을 통한 공식적 "승인"을 획득함으로써 멕시코는 상당한 규모의 외국인 직접투자를 미국은 물론 일본과 유럽에서 끌어들이고자 했다. 미국은 저임금의 고급기술노동력의 확보를 통해 제조업의 수출기반을 창출하여 세계경제에서의 경쟁력을 향상시키고자 했다. 이런 이유들 때문에 북미자유무역협정은 투자, 경쟁, 통신, 금융서비스에 대한 광범위한 내용을 포함하고 있었다. 북미자유무역협정은 표면적으로 드러난 것보다 더 본질적이고 심대한 통합 비전을 지니고 있었다.

둘째, 북미자유무역협정은 분명한 환경보호 규정을 만들었다. 북미자유무역협정의 원래 협상안은 환경 문제를 심도 있게 언급하지 않았다. 그러나 빌 클린턴 대통령은 선거공약에 따라 환경보호에 관한 추가 협상을 직접 챙겼고, 미국-멕시코 국경지대는 별도의 합의를 통해 쌍무적인 통합환경계획의 특별한 감독을 받게 되었다. 일부 관측자들은 이 합의들의 실질적인 의미에 대해 의문을 표했지만, 양국 간 협상이 이루어졌다는 사실은 한 가지 점을 분명히 했다. 무역과 환경이 이제 불가분의 관계가 되었다는 점이다.

북미자유무역협정의 눈에 띄는 또 다른 특징은 협정에 정치적 이유가 깔려 있다는 사실이다. 미국은 몇 가지 주요 목표를 가지고 있었다. 하나는 미국 남쪽 국경지역의 안정을 확보하는 것이었다. 미국은 북미자유무역협정이 멕시코의 경제성장을 촉진시켜 멕시코의 사회적 압력을 완화시키고 정치체제를 유지하게 하리라고 생각했다. 두번째 목표는 미국의 5대 수입품목 중 하나인 석유에 대한 용이한 접근을 확보하고자 하는 것이었다. 세번째 목표는 북미자유무역협정을 통해 유럽, 일본, GATT와의 무역 협상에서 중요한 협상카드를 얻는 것이었다. 그리고 네번째 목표로는 미국의 대외정책 전반에 대한 멕시코의 외교적 지지를 공고히 하기를 원했다. 1980년대 중앙아메리카를 둘러싼 의견대립이 보여 주었듯이, 이는 오랫동안 양국 간 긴장의 원인이었다. 그러나 북미자유무역협정이 발효되면 멕시코는 국제외교의 주요 이슈에서 미국과 심각한 의견 불일치를 표명하지 못할 전망이었다.

멕시코는 무엇보다도 북미자유무역협정을 통해 사회적 평화 유지를 추구했다. 북미자유무역협정이 투자를 활성화시키고, 고용을 촉진하고, 매년 고용시장에 진입하는 100만 명의 노동인구에게 의미 있는 기회를 제공해서 사회적 긴장을 감소시키리라고 기대했다. 둘째, 북미자유무역협정은 살리나스에게 그의 경제개혁을 제도화할 수 있는 기회였다. 경제개혁을 국제조약에 명문화시킴으로써 역사적으로 볼 때 대통령직 승계에서 일어나던 불확실성으로부터 자신의 경제개혁을 보호하고자 했다. 셋째, 멕시코는 자국의 그다지 민주적이지 않은 정치체제에 대한 국제적 인정을 얻고자 했다. 이는 특히 중요한 사안이었다. 아르헨티나, 칠레, 브라질을 비롯한 여러 나라에서 민주화가 진행되면서 멕시코는 더 이상 라틴아메리카의 정치적 귀감으로 여겨지지 않게 되었기 때문이었다. 마지막으로 멕시코는 북미자유무역협정이 다른 라틴아메리카 국가들에 비해, 나아가 제3세계 전체에 비해 자국의 외교적 영향력을 우월하게 해주리라고 믿었다. 미국, 캐나다와의 제휴는 멕시코를 산업화된 선진 민주주의 국가들 및 제1세계의 선두 국가들과 접속시켜 줄 것이었다. 결과적으로 멕시코는 발전을 갈망하는 남南의 국민들의 대표이자 교섭 담당자로서 개도국들과 선진 국가들 사이의 "다리" 역할을 할 수 있을 것이었다.

이 협정의 정치적 동기가 무엇이든 간에 북미자유무역협정은 교역 확대라는 경제적 목표를 달성하였다. 멕시코와 미국의 교역량은 1993년 830억 달러에서 1995년 1,080억 달러로 증가했으며, 2000년에는 2,000억 달러 이상이었다. 이 시기에 미국은 중국, 한국, 싱가포르를 합한 것보다 더 많은 수출을 멕시코에 했으며, 멕시코는 캐나다 다음으로 미국의 두번째 교역 대상국이 되었다(추후 중국으로 바뀌었다). 그러나 널리 퍼진(그리고 과장된) 기대와는 반대로 북미자유무역협정이 멕시코의 모든 문제를 해결해 주지는 못했다.

최근 상황(1994년~현재)

북미자유무역협정의 모든 낙관적 전망은 곧 도전에 직면했다. 북미자유무역협정이 발효된 1994년 1월 1일 빈곤에 시달리던 멕시코 남부의 치아파스 주에서 오랜 세월 축적된 불만, 살리나스 경제 모델, 비민주적 정치체제를 비난하는 게릴라 운동이 일어났다. 사파티스타민족해방군EZLN은 대단히 공론화된 정부 당국과의 협상이 진행되는 과정에서 다채롭고 유능한 지도력으로 전국적이고 국제적인 주목을 받았다. 무력진압에서부터 정치적 타협까지 정부의 다양한 대응에도 불구하고 사파티스타 운동은 두고두고 멕시코 체제의 골칫거리가 되었다.

두 달 후 대중의 관심이 대통령직 승계에 집중되었을 때, 암살자의 흉탄이 살리나스가 지명한 제도혁명당 후보 루이스 도날도 콜로시오를 쓰러뜨렸다. 살리나스는 서둘러 다른 후계자를 지목했다. 42세의 에르네스토 세디요 폰세 데 레온이었다. 그는 임박한 8월 대선을 위해 허둥지둥 선거전에 임해야 했다. 이와 같은 일련의 사건은 멕시코의 국제적 이미지에 결정적인 타격을 주었다. 멕시코는 더 이상 제1세계 합류 직전의 전도양양한 국가가 아니라 금방이라도 분열될 것 같은 제3세계 사회로 보였다.

성실하고 총명한 세디요는 탁월한 기술관료였다. 예일대학에서 경제학 박사학위를 받았으며 중앙은행과 기획부에서 대부분의 이력을 쌓았다. 이 같은 이력으로 인해 세디요는 직업 정치인들이나 연방정부의 '정치적' 부처의 관료들과는 거의 접촉이 없었다. 별로 신통치 않은 선거 유세에도 불구하고 세디요는 1994년 8월 선거에서 48.8퍼센트를 득표하여 대통령이 되었다(우파인 국민행동당은 26퍼센트를 얻었으며, 좌파 진영인 콰우테목 카르데나스의 민주혁명당PRD: Partido de la Revolución Democrática은 16.6퍼센트를 얻었다). 이로써 선출직 공직을 맡아본 적 없이 대통령이 된 다섯번째 인물이 되었다.

1994년 12월 임기가 시작되자마자 세디요는 위기에 직면했다. 페소화의 과대평가에 두려움을 느낀 투자자들은 일주일 동안 100억 달러 이상을 회수했다. 이에 세디요 행정부는 평가절하를 단행해야 했다. 미국 달러 대비 멕시코 페소의 가치는 절반 이상 하락함으로써 정부는 지불불능에 이르기 직전이었다. 1995년 초 클린턴 행정부는 거의 500억 달러에 달하는 다국 경제지원 계획을 가동했다. 여기에는 미국 정부의 200억 달러가 포함되어 있었다. 이 조치의 가장 큰 목적은 테소보노tesobono; 멕시코 정부가 발행한 달러 연동 단기국채로 조달한 300억 달러에 대한 잠재적 채무 불이행의 위험을 막고자 하는 것이었다. 미국의 연기금, 뮤추얼펀드, 기타 제도권 투자자들이 막대한 피해를 볼 수 있었기 때문이다. 또 다른 목적은 경제개혁에 대한 신뢰도와 북미자유무역협정 자체의 실효성을 유지하는 것이었다.

금융위기는 정치적 위기로 이어졌다. 1994년 내내 비현실적인 환율을 고수한 살리나스에 대한 비판이 쏟아지자 이 전직 대통령은 세디요와 그의 경제 각료들이 12월의 평가절하를 잘못 처리했다면서 공개적으로 비판하고 나섰다. 이에 대해 세디요는 부패 혐의로 그의 형을 체포하고 살리나스가 미국으로 실질적인 망명을 떠나게 만드는 것으로 응수했다.

살리나스 재임 시절 검찰차장을 지낸 인물이 미 당국에 의해 구금되면서 부패, 가족 간 음모, 1994년 9월 제도혁명당 고위 당료 암살 건 연루 등에 대한 더 큰 비난이 이어졌다. 카를로스 살리나스가 공공연한 혐오 인물이 되면서, 멕시코 정치 지배층을 분열시킬지도 모를 심각한 균열이 대두되었다.

이에 대한 대중의 반응은 분노였다. 선거로 당선된 제도혁명당 대통령이 임기를 마치지 못할 것이라는 소문이 수십 년 만에 처음으로 돌기 시작했다. 1995년 초 여론조사에 의하면 응답자의 절반 이상이 군부쿠데타 가능성이 있다고 생각하는 것으로 나타났다. 할리스코에서 케레타로와 누에보레온에 이르는 시와 주에서 야당 후보들이 선출직을 차지하기 시작했다. 그리고 1997년 제도혁명당은 처음으로 하원에서 과반수를 차지하지 못했다.

제도혁명당의 분명한 쇠퇴는 당원들, 또 "공룡"이라고 경멸적으로 불리던 전통적인 당 지도자들의 불만으로 이어졌다. 살리나스와 세디요와 같은 기술관료들의 수십 년 동안의 오랜 지배에 성난 제도혁명당은 전당대회에서 차기 대통령 후보는 선출직 경력이 있어야 한다고 의결했다(1970년 이래의 모든 대통령이 충족시키지 못한 조항이다). 세디요 대통령은 그동안 손가락질 방식으로 정하던 후계자를 자신은 하지 않겠노라고 천명했다. 그래서 제도혁명당은 2000년 대선을 위한 새로운 예비선거 시스템을 고안하고 당에서 가장 존경받는 인물에게 관리 책임을 맡겼다. 1999년 중반 당의 지명을 바라는 네 명의 후보가 있었고, 그들 중 누구도 기술관료라 부를 수 없었다. 정치 분석가이자 전직 의원 한 사람은 아마도 희망에 차서 다음과 같이 선언했다. "이제 기술관료주의에 의해 운영되는 정부는 끝이 났다. 하느님, 감사합니다."

새로운 시대의 도래

2000년 대통령 선거는 멕시코 정치의 중요한 분수령이 되었다. 치열하게 진행된 대통령 선거에는 세 명의 후보가 있었다. 제도혁명당의 프란시스코 라바스티다, 민주혁명당의 콰우테목 카르데나스, 새로운 인물로서 보수적인 국민행동당의 비센테 폭스였다. 폭스는 훤칠한 키에 강인한 인상의 전형적인 마초로 기업인이자 목장주였다. 1970년대 후반 코카콜라 멕시코 지사의 CEO가 되었으며 국민행동당에 입당하여 하원의원 선거에서 승리한 1988년에야 정치에 입문했다. 이후 작은 주인 과나후아토의 주지사를 역임했다. 기존 정치인과는 전혀 다른 정치 배경을 가진 50대 후반의 폭스가 출사표를 던진 것이다.

카리스마 넘치는 유세를 벌인 폭스는 정직한 정부를 약속했다. 그는 제도혁명당을 희망이 없을 정도로 부패하고 케케묵은 정당이라고 맹비난했다. 폭스는 구체적인 제안은 없이 변화의 시기임을, 그리고 자신이 멕시코를 새롭고 현대적이며 민주적인 시대로 이끌겠다고 단언했다. 반면 라바스티다는 제도혁명당의 가장 전통적인 요소들의 화신으로 보였고, 에르네스토 세디요 대통령은 선거는 깨끗해야 한다고 거듭 강조했을 뿐이다.

폭스는 42.5퍼센트의 득표율로 최다 득표자가 되어 대통령에 당선되었다. 라바스티다는 36퍼센트, 카르데나스는 17퍼센트를 얻는 데 그쳤다. 선거 결과에 놀랐다는 듯 멕시코는 환희에 가득 찼다. 한 관측자에 따르면 이는 "전통적" 멕시코에 대한 "현대적" 멕시코의 승리였다. 그리고 폭스의 도전이 이 두 멕시코를 화합시킬 것이라고 주장했다. 2000년 12월 취임할 때 폭스는 85퍼센트의 지지율을 즐겼다. 그의 정치적 밀월은 보기 드물게 오래 지속되었다. 그러나 영원한 것은 아니었다.

폭스 대통령은 든든한 대중적 지지를 받고 있었음에도 불구하고, 완강한 입법부를 상대해야 했다——멕시코 정치에서는 새로운 일이었다. 제도혁명당은 상원과 하원 모두 과반수 의석을 차지하고 있었다. 국민행동당은 128석의 상원 의석 중 46석, 500석의 하원 의석 중 207석을 차지하고 있었을 뿐이다. 게다가 폭스 대통령은 국민행동당 의원들과도 갈등관계에 놓여 있었다. 폭스는 그들에게 충성스러운 당원이 아니라 대통령 후보를 가로챈 외부인으로 보였다. 결과적으로 폭스는 세제개혁, 민영화, 치아파스 위기 해결 같은 그의 가장 중요한 계획에 대한 국회의 동의를 얻는 것이 불가능했다. 2003년 중간 선거에서 국민행동당이 겨우 32퍼센트의 득표로 많은 의석을 잃으면서 상황은 더 악화되었다. 한 회의적인 관측자는 선거의 결과로 폭스는 2006년 임기를 마칠 때까지 "정치적 송장"이 되리라고 주장했다.

경제발전은 폭스에게 또 다른 딜레마를 안겨 주었다. 친미 성향의 기업인답게 폭스는 선거전에서 북미자유무역협정의 이점을 선전했다. 그러나 그의 임기 중반까지 경제는 빈사 상태였다. 2001년 국내총생산은 0.3퍼센트 하락, 2002년에는 마이너스를 겨우 면한 0.9퍼센트 성장, 2003년에는 1.4퍼센트 성장을 기록했을 뿐이다. 멕시코 경제의 주요 걸림돌은 물론 미국의 경기침체였다(멕시코 수출의 거의 90퍼센트가 대미 수출이었다). 사람들은 신랄하게 물었다. 대체 북미자유무역협정의 혜택은 어디에 있는 것인가? 멕시코가 급속하게 팽창하는 중국에 일자리와 시장 점유율을 빼앗기는 것이 명백해졌을 때 불만은 걷잡을 수 없이 고조되었다.

멕시코와 미국의 관계도 예기치 못한 국면을 맞았다. 거의 동시에 취임한 비센테 폭스와 조지 W. 부시는 즉시 강력하고 긍정적인 친분 관계

조용한 침략?

멕시코 발 이민은 미국에서 격렬한 논쟁의 대상이었다. 반대하는 이들 대부분은 문화 혹은 경제 영역에서 일어나는 현상들을, 오랫동안 지켜 온 미국의 가치나 일자리를 찾는 미국인 노동자들에 대한 도전으로 간주한다. 이에 반해 이민을 찬성하는 이들은 멕시코인의 존재는 미국 문화를 풍요롭게 하고 미국 경제에 필요한 노동력을 제공한다고 주장한다.

이 논쟁은 얼마나 많은 멕시코 이민자들이 미국에 있는가를 둘러싼 논쟁으로 격화되고는 한다. 노동 부문에서 일종의 "조용한 침략"이 벌어지고 있는 것일까?

불법 체류 멕시코 이민자 수를 정확히 산출하는 일은 사실상 불가능했다. 그렇지만 인구통계전문가들은 책임감 있는 예상치를 산정해 왔다. 다음은 2002년의 몇 가지 발견이다.

- 미국에는 불법 이민자를 포함하여 약 980만 명의 멕시코인이 있다. 이 수치는 멕시코 인구의 9퍼센트에 해당한다.
- 980만 명의 이민자 중 530만 명이 불법 이민자이다. 이는 미국 인구의 2퍼센트에는 미치지 못한다.
- 미국 내 총 불법 이민자 930만 명 중 대략 57퍼센트가 멕시코인이다. 대략 25퍼센트는 나머지 다른 라틴아메리카 국가 출신으로, 주로 중앙아메리카인이다.

1990년대 초반부터 멕시코 발 이민은 다음과 같이 세 가지 경향을 띠었다. 첫째, 불법 이민자들은 이전 시기처럼 노동연령의 남성에 국한되지 않고 여성과 아이들을 동반한 가족 전체를 포괄하고 있다. 둘째, 미국 국경의 단속이 강화되자 이민자들은 더 오랫동안 미국을 떠나지 않은 채 거주하게 되었다. 셋째, 멕시코 이민자들은 미국의 북서부에서 남동부에 이르기까지 미국 전역에서 일자리를 찾고 있으며, 이는 전통적으로 캘리포니아와 텍사스에 집중되었던 과거와는 다른 양상이다. 바로 이런 이유들 때문에 미국의 '이민법 개정'은 단순히 미래의 월경(越境) 문제만이 아닌 이미 미국에 거주하는 불법 체류자들까지 포괄하는 내용을 담아야 할 필요성이 있었다.

대체로 보아 멕시코 발 이민 패턴은 전략적인 목적에 따른 신중하고 조직적인 영토 점령이라는 의미에서의 "침략"으로 보기는 어렵다. 그보다는 개인과 가족의 결정이 수백만 건 축적된 결과이다. 그렇다고는 해도 공공정책에는 까다로운 도전이 되고 있다.

출처: Jeffrey S. Passel, "Mexican Immigration to the US: The Latest Estimates" (Washington, D.C.: Migration Policy Institute, 2004).

를 구축했다. 폭스는 이민 개혁안 가능성 검토를 부시에게 설득했다. 북미자유무역협정을 유럽연합 수준으로 "심화"시키기 위한 수순인 미국 내 불법 체류자에 대한 사면과 초청노동자 프로그램guest-worker program에 대한 검토였다. 또한 2001년 늦여름 워싱턴을 방문한 폭스는 그 해가 가기 전에 이 같은 개혁법들을 제정해 줄 것을 부시 대통령에게 강도 높게 요구했다. 관측자들이 멕시코 대통령의 대담함에 칭송을 아끼지 않으면서, 폭스는 자기 길을 찾은 듯했다. 바로 그때 2001년 9월 11일의 테러 공격이 발생했다. 광범위한 이민 개혁안은 이제 불가능한 사안이 되어 버렸다. 2003년 초반 멕시코가 임시로 의장국을 맡은 유엔 안전보장이사회에서 미국의 이라크 침공에 대한 지지를 이끌어 내는 데 실패하자 두 정부(그리고 두 대통령) 사이의 긴장이 고조되었다. 부시는 미미한 수준의 초청노동자 법안을 2004년 1월이 되어서야 내놓았지만 선거가 있는 해에 의회 승인을 얻을 가능성은 거의 없었다. 이 모든 기간 동안 폭스는 혼자 그 짐을 짊어져야 했다.

폭스 행정부에 대한 대중의 환멸은 멕시코의 초보 민주주의의 새로운 도전에 기름을 부었다. 좌파의 부상이 그것이었다. 민주혁명당의 안드레스 마누엘 로페스 오브라도르Andrés Manuel López Obrador; 이름 머리글자를 따서 AMLO로 통한다는 2006년 대통령 선거에서 파란을 일으켰다. 로페스 오브라도르는 자신을 노동자, 소작농, 가난한 이들의 후보라고 주장하면서, 북미자유무역협정과 폭스와 친미 정책을 신랄하게 비판했다. 선거 전 여론조사에서 두 자리 숫자로 앞섰음에도 불구하고 로페스 오브라도르는 매우 맥 빠진 유세를 펼쳤다. 최종 승자는 아주 미세한 차이로 젊은 펠리페 칼데론이 되었다. 그는 보수정당인 국민행동당의 오랜 당원이자 전직 에너지 장관이었다. 칼데론은 35.9퍼센트를 얻었고, 로페스 오브라도르는 35.3퍼센트를 득표했다. 제도혁명당의 로베르토 마드라소는 22.3퍼센트를 얻는 데 그쳤다. 이 결과가 암시하듯 멕시코는 부자와 가난한 자, 우파와 좌파, 북부와 남부, 더 발전된 지역과 덜 발전된 지역의 대립으로 양극화되고 있었다. 이제 멕시코는 통치하기 쉬운 곳이 아닐 전망이었다.

칼데론 대통령의 임기가 시작되자, 세 가지 현안이 대두되었다. 하나는 멕시코의 정치적 민주주의의 확대 혹은 "심화"였다. 자유롭고 공정한 대통령 선거만으로는 주, 도시, 기초자치단위의 민주화를 보장하지 못했다. 사실 여전히 많은 권위주의적 기반이 잔존했다. 우두머리jefe들이 좌지우지하는 계서적 전통의 보루들이 있었고, 이들은 보통 구시대의 제도혁명당과 연결되어 있었다. 그 결과는 민주적 지역과 비민주적 지역이 교차하는 체크무늬 판이었고, 이는 정치 시스템에 혼란, 비일관성, 비효율성을 야기했다. 여기에다가 멕시코 사법부의 만성적인 허약함이 더해졌다. 법원은 힘없고 부패한 기관으로 간주되어 권력 분립이라는 헌법의 이상을 침식하였고, 법이 공정하거나 평등하게 적용되지도 않았다. 경찰은 종종 독단적으로 행동하고, 인권은 유린되고, 반대 의견은 때때로 억압받았다. 결과적으로, 멕시코는 정치 비평가들이 불완전한 혹은 "비자유주의적"illiberal 민주주의라고 부르는 민주주의, 즉 국가적 차원의 자유롭고 공정한 선거나 보통시민의 시민적 자유에 대한 체계적인 제한들이 공존하는 체제를 지니고 있었다. 멕시코에서 민주화 과정은 (특히 국민들이 이룩한) 커다란 성과였다. 그러나 여전히 가야 할 길은 멀었다.

두번째 큰 현안은 첫번째와 관련된 것으로 특히 마약 카르텔과 같은 범죄조직과의 충돌 문제였다. 멕시코는 콜롬비아에서 미국으로 가는 마약의 운송 경로 중 90퍼센트를 차지했다(마리화나의 3분의 1과 점점 늘어나는 메탐페타민의 운송 경로이기도 했다). 마약거래를 통해 벌어들이는 연간 수입은 어마어마해서 80~240억 달러에 이르렀으며, 광범위한 부패의 온상지가 되기도 했다. 이 거래는 시날로아 주의 쿨리아칸, 바하칼리포르니아 주의 티후아나, 치와와 주의 시우다드후아레스, 타마울리파스 주의 마타모로스에 각각 근거지를 둔 네 개의 조직에 의해 운영되고 있었다. 모두 미국 내에서도 대규모 거래를 했다. 실제로 시날로아 카르텔은 오리건, 플로리다, 매사추세츠처럼 멀리 떨어진 곳까지도 소매 판매망을 구축했고, 걸프 카르텔은 애틀랜타 시에 대단위 유통기지를 만들었다. 그리고 이 카르텔들은 멕시코 내의 근거지에서는 주 안의 주로서 최고의 권력을 누렸다. 그들은 강력하고, 효율적이고, 창조적이고, 무자비하고, 폭력적이었다.

국가 권위를 세우기 위해 칼데론은 일찌감치 멕시코의 마약 귀족들과 맞서는 결정을 내렸다. 그는 연방경찰의 인력을 늘리고(그리고 정화하고), 군대를 늘리고, 실제로 마약 카르텔에 대한 전쟁을 선포했다. 결과는 피바다였다. 카르텔은 경찰과 군대에 맹렬히 저항했으며, 자기들끼리도 싸웠다. 2007년 한 해 동안 2,500명 이상이 죽었는데 이들 중 많은 사람이 무고한 제3자들이었다. 2008년에는 사망자가 6,000명 이상으로 치솟았다. 부시 대통령 하의 미국 정부는 칼데론의 마약과의 전쟁에 14억 달러의 군사장비를 지원하기로 약속했고, 고성능 화기의 멕시코 판매를 줄이는 데 잠정 합의했다. 그러나 2009년 초반까지 문제 해결 기미는 보이지 않았다. 미국의 소비자들이 너무도 오랫동안 불법 마약들, 특히 코카인의 수급을 요구해 왔기 때문에 마약거래는 틀림없이 사라지지 않을 것이다. 칼데론의 가장 큰 바람은 멕시코에서의 마약 사업비용을 높여 마약업자들이 그들의 사업장을 다른 곳으로 옮기는 것이었다(이론적으로 이렇게 멕시코의 마약 카르텔 문제는 해결해도, 미국의 불법마약 남용 문제는 해결하지 못할 것이었다).

끝으로 경제발전이 세번째 현안이었다. 2003년부터 2008년까지의 지속적인 성장에도 불구하고 멕시코 경제는 여전히 분투 중이었다. 인구의 3분의 1가량이 아직 극빈 상태에서 살고 있었다. 그리고 2008~2009년의 세계 경제침체를 감안하면 단기전망은 어둡다. 멕시코는 수출의 80퍼센트를 미국에 하고 있으나, 미국 소비자들은 구매를 멈추었다. 석유가격은 하락했다. 미국 고용시장의 위축으로 이주 노동자들이 귀국을 결심했고, 이는 연간 200억 달러 이상으로 규모가 늘어난 송금액의 급격한 감소와 멕시코 실업률의 증가 가능성을 의미했다. 결과적으로 2009년 멕시코 경제성장률은 거의 제로에 가까웠다. 이런 결과는 미국 경제가 침체되면 멕시코 경제는 더 큰 타격을 입는다는 오랜 패턴을 확인시켜 주는 것이었다.

칼데론 대통령이 잘 인지하고 있듯이 대미관계는 멕시코에 은총이자 저주였다. 그러나 이 같은 사실을 알고 있다고 해서 칼데론의 일이 쉬워지지는 않았다.

[정이나 옮김]

4장 | 중앙아메리카와 카리브 해 : 미국의 세력 안에서

미국과 가깝다는 것은 위험이 될 수 있다. 멕시코와 함께 중앙아메리카와 카리브 해의 국가들은 이러한 삭막한 현실을 공유해 왔다. 교역, 투자, 침공, 외교 등 다양한 방식으로 미국은 20세기 내내 이 지역의 동향과 사건들에 각별한 영향력을 행사하였다. 이러한 힘의 사용 또는 남용에서 우리는 미국의 행위에 대해 통찰할 수 있을 뿐만 아니라, 라틴아메리카인들이 북쪽에 위치한 거대한 이웃의 행동과 동기를 해석하는 방식을 이해할 수 있다. 중앙아메리카와 카리브 해의 분석은 이 지역 전체가 직면하고 있는 도전들과 아메리카 대륙이 겪고 있는 문제들의 복잡성에 대한 중요한 시각을 제공한다.

카리브 해의 섬들은 일반적으로 작다. 지형은 바베이도스의 평원으로부터 마르티니크와 과들루프의 암벽 해안에 이르기까지 다양하다. 쿠바와 자메이카와 같은 몇몇 섬에는 기복이 심한 언덕과 산이 존재한다. 기후는 온화하고, 강수량은 풍부하며, 토양은 비옥하다. 한편, 오늘날의 중앙아메리카 국가들은 카리브 해 지역의 서쪽 변방에 일렬로 위치해 있다. 3,000미터가 넘는 화산들이 산재한 장엄한 산악지대, 약간의 불모지

〈지도 4〉 중앙아메리카와 카리브 해 지역

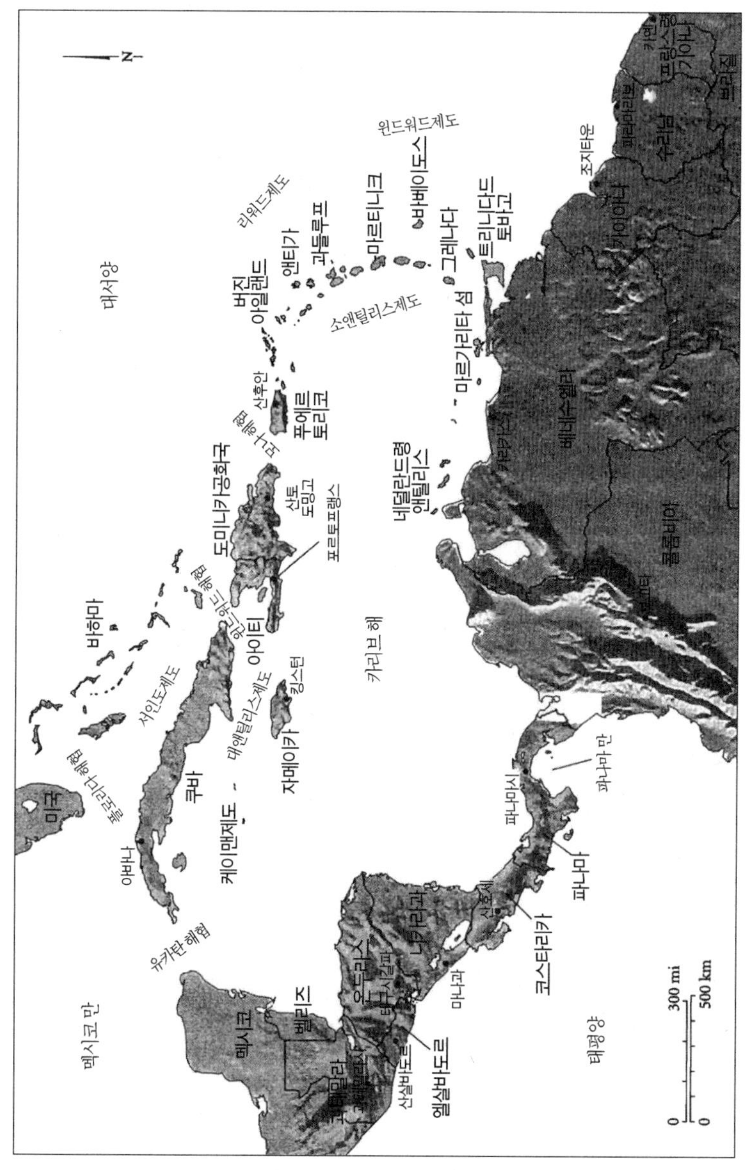

대, 해변을 따라 이어진 초록이 무성한 밀림들. 과테말라에서 파나마에 이르기까지 지협은 날카로운 대조를 보여 준다. 산악지대에는 호수들이 있으나 항해가 가능한 큰 강은 없다. 해안에는 수심이 충분히 깊은 항구가 없다. 카리브 해의 나머지 지역에서와 마찬가지로 자연은 강력한 지진, 격렬한 폭우, 파괴적인 폭풍우를 통해 재앙을 가져다줄 수 있다.

열강, 미국 그리고 대 카리브 지역

카리브 해의 지배는 수 세기 동안 주요 열강의 관심사였다. 멕시코 만과 카리브 해에는 전략적으로 매우 중요한 항로들이 위치하였다. 식민지시대 동안 카리브 해는 (에스파냐 보물선 선단을 위한 항로는 물론이고) 에스파냐의 가장 소중한 신세계 영토로의 접근로를 제공하였다. 섬들은 당시 가장 돈이 되는 작물 중 하나인 사탕수수의 재배에 이상적인 기후를 갖추었다. 유럽 열강이 아메리카에서 경제적, 지정학적 이익을 얻기 위해 나서면서, 한 역사가가 지적하였듯이, 카리브 해는 지중해처럼 갈등의 주요 무대가 되었다.

16세기에 멕시코와 페루에서 귀금속 광물들이 발견되면서 에스파냐의 관심은 카리브 해에서 멀어졌고, 카리브 해는 그저 당시 번창하던 본토로의 출입구가 되었다. 에스파뇰라 섬, 쿠바, 푸에르토리코는 단지 금과 은을 운송하는 왕실 선단을 위한 공급창이자 군사요새로서의 역할만을 수행하였다. 이 시기 에스파냐 왕실은 상업적, 정치적 독점권을 유지할 수 없었다. 쉽게 말해서 이 지역은 너무 넓었고, 정착지와 요새는 지나치게 산재되어 있었으며, 경제적 비용이 너무 높았다. 사실상 카리브 해는 돈을 좇는 사략선과 해적들의 매혹적인 표적이 되었다. 영국을 필두로 하는 에스파냐의 주요 경쟁국들은 이러한 해적들을 지원하거나 때로는 스스로 해적활동을 행하였다. 프랜시스 드레이크, 존 호킨스, 헨리 모건 등은 모두 나중에 영국의 기사 작위를 수여받았다.

다른 유럽 열강 역시 정착지를 건설하였다. 영국은 1655년에 자메이카를 점령하였다. 프랑스는 1659년에 에스파뇰라 섬의 서쪽 절반을 점령한 후 생도맹그(오늘날의 아이티)라는 이름을 붙였다. 네덜란드는 1630년부터 1654년까지 브라질의 북동부를 차지하고 베네수엘라의 해안을 따라 수많은 섬으로 이동하였다. 에스파냐는 조금씩 식민지에 대한 권리의 일부를 양보하거나 사실상 상실을 인정하였다. 카리브 해의 소유는 유럽 전쟁의 저당물이 되었고, 포커 게임을 하듯이 승자와 패자가 주고받았다.

19세기 초에 이르러 대영제국은 유럽의 독보적인 군사적, 경제적, 정치적 강대국으로 등장하였다. 아메리카에서 대영제국의 주요 목표는 18세기 내내 밀수품 거래에 의존하였던 영국의 상업적 이익을 증진시킨다는 경제적인 목표였다. 이러한 활동의 기반은 당시 최고의 해운, 은행, 보험, 투자자본과 같은 강력한 경제적 제도들이었을 것이다. 실제로 영국은 라틴아메리카를 세계경제에 통합시킴으로써 과거 에스파냐와 포르투갈의 식민지 인프라를 대체하고자 하였다. 그러나 영국은 주로 직접적인 정치적 지배의 부담 없이 경제적 이득만을 취하려 하였다. 즉, 유럽 최고의 투자국이자 무역국인 영국의 제국주의는 군사적으로 다른 나라와 뒤얽힐 가능성이 있는 영토 지배라는 고비용의 관계를 피하는 '비공식 제국주의' informal imperialism였다.

미국은 어떠하였을까? 이 신생공화국 역시 지정학적 상황을 검토한 후, 카리브의 지배를 국가안보 문제로 삼았다. 그러나 미국은 힘보다 야망이 훨씬 더 컸다. 사실 당시 미국은 1812년 전쟁에서 영국의 공격으로 워싱턴—그리고 백악관—이 초토화될 정도였다. 결코 열강이라 할 수 없었다.

미국은 1823년 '먼로 선언'을 통해 자국의 권위를 확고히 하고자 하였다. 원래 차르 치하 러시아의 아메리카 대륙 북서부 침공 가능성에 대한 대응이 목적이었던 먼로 선언은 에스파냐가 과거의 식민지들을 되찾을 수 있도록 도우려는 유럽의 보수적인 신성동맹에 대한 도전으로 더 유명해졌다. 제임스 먼로 대통령은 "아메리카 대륙이 자주자결의 자유로운 독립국들로서 앞으로는 어떠한 유럽 제국에 의해서도 식민의 대상으로 여겨져서는 안 된다"라고 단호하게 선언하였다.

또한 미국은 간접적인 수단들을 동원하여 신세계에서 정치력을 확대하려는 유럽 열강에게 비난과 경고의 메시지를 전달하였다. 이후의 유명한 슬로건에서도 드러나듯이, 먼로 선언의 기본 메시지는 '아메리카인들을 위한 아메리카'America for the Americans였다.

사실 이 메시지는 유럽 대륙에서는 무관심과 냉소를, 영국에서는 가벼운 걱정을, 라틴아메리카에서는 상당한 공감을 불러일으켰다. 미국 내부에서 강경하고 단정적인 먼로 선언은 라틴아메리카에 대한 미국 정책의 초석이 되었다. 그러나 미국은 이 선언을 강제하기 위한 의지나 능력이 없었다. 당시 미국은 승리를 거둔 멕시코와의 전쟁을 포함하여 아메리카 대륙 내부에서의 팽창과 남북전쟁과 같은 노예제와의 싸움에 여념이 없었다.

미국이 '유럽의 호수' 같았던 카리브 해에서 행동을 취할 준비가 된 것은 19세기 말이 되어서였다. 아이티와 도미니카공화국이 위치한 에스파뇰라 섬을 제외한 카리브 해의 모든 섬이 유럽 제국의 식민지였다. 에스파냐는 여전히 쿠바와 푸에르토리코를 가지고 있었고, 영국은 (영국령 온두라스와 영국령 기아나와 같은 본토의 점령지를 포함하여) 자메이카, 버진아일랜드 일부, 그레나다 및 리워드 제도의 몇몇 섬을, 프랑스는 마르티니크, 과들루프 및 프랑스령 기아나를, 네덜란드는 몇 개의 섬과 남아메리카의 북쪽 가장자리에 위치한 네덜란드령 기아나(오늘날의 수리남)를 보유하였다. 미국의 입장에서 봤을 때 이러한 유럽 열강의 전초기지들은 자국의 실력 행사에는 달갑지 않은 장애물이었다.

이러한 사실은 1898년 쿠바에서 시작된 에스파냐로부터의 독립전쟁에 미국이 왜 개입하였는지를 잘 설명해 준다. 미국이 이러한 결정을 내리는 과정에서 아메리카 대륙에서 에스파냐를 쫓아내야 한다는 이상주의적 열망이 중요한 역할을 하였다. 에스파냐는 유럽사회의 가장 반동적인 국가들의 표상으로 여겨졌다. 식민주의 군주국 에스파냐는 미국이 반대하는 모든 것의 상징이었고, 먼로 선언과 계속해서 충돌하였다. 게다가 (아메리카 대륙에서 에스파냐가 보인 잔혹함에 대한 영국의 역사가와 정치평론가들의 과장된 설명들을 지칭하는) '흑색 전설'이 대중에게 받아들여지며 이러한 확신이 더욱 굳어졌다.

그러나 미국의 개입은 단순히 쿠바를 해방시키기 위한 것이 아니었다. 미국의 힘을 과시하려는 의도도 있었다(5장에서 설명하겠지만, 워싱턴의 정책 결정자들은 쿠바가 언젠가는 미국에 병합될 것이라고 생각했다). 같은 맥락에서 미국의 고위관료들은 무력을 사용하여 카리브 국가들에게 채무 변제를 강요하는 유럽의 행동들을 심각하게 받아들였고, 이러한 우려에서 유럽 제국의 군함들을 철수시키기 위하여 미국이 채무 변제에 대한 책임을 떠맡는 '달러외교'가 탄생하였다. 파나마운하의 완공은 카리브 해를 '미국의 호수'로 바꾸려는 미국의 결심을 강화하는 계기가 되었다. 워싱턴 입장에서 봤을 때, 이 지역은 상업적·경제적·정치적·군사적으로 이해관계가 복잡하게 얽혀 있을 뿐만 아니라 얻을 수 있는 이익이 매우 컸다. 앞으로 살펴보겠지만, 이러한 전략적 입장은 미국의 지속적인 군사개입과 비밀공작으로 구체화되었다.

1940년대 냉전의 발발로 미국의 안보는 서반구에서뿐만 아니라 미국의 '뒷마당'에서 국제 공산주의의 위협이라는 새로운 근심거리에 직면하였다. 반공주의 논리는 내부적으로 일관되고 분명하게 표현되었다(그렇다고 해서 이러한 논리가 옳다는 것을 의미하지는 않는다). 이 논리에 따르면 자본주의와 서구민주주의 전복에 여념이 없는 소련과 그 예속 국가들에 대항하여 싸우는 것 이외에 미국이 선택할 수 있는 여지가 없었다. 냉전 이론가들은 제3세계가 소련이 좋아하는 표적으로 공산당과 그 동조세력에 의해 전복될 것이라고 주장하였다. 1950년대 초까지 가장 격렬한 도전들은 유럽(베를린 장벽, 그리스 내전, 프랑스와 이탈리아의 선거)과 아시아(한국전쟁, 중화민국의 몰락, 인도차이나 내전)에서 나타났다. 라틴아메리카는 이로부터 안전할까? 카리브 해 역시 공산주의 운동의 교두보가 되지 않을까? 이러한 고민에서, 미국 정부는 이 지역에서 ①좌파운동을 탄압하고, ②반공정권을 지원하며, ③사회주의 정권과 중도좌파 정권을 전복시키기 위한 활동들을 반복해서 펼쳤다.

미국의 헤게모니는 냉전 이후까지 지속되었다. '마약과의 전쟁'은 이 지역에서 미국이 군대를 주둔시키거나 군사개입을 단행하는 구실로 작동하였다. 미국의 또 다른 관심사는 불법 이민이었다. 2001년 9월 11일의 테러공격 이후 카리브는 '국토안보'와 전 지구적인 테러와의 전쟁을 위한 관리지역에 포함되었다. 작고 가난하며 상대적으로 약한 이 지역의 국가들은 미국이라는 거인의 그늘에서 벗어날 수 없을 것이다.

식민지에서 독립국가로

1492년 12월 콜럼버스는 꽤 큰 섬에 상륙하여 그곳을 '에스파뇰라 섬'(영어로는 히스파니올라 섬)이라 명명하였다. 75만 명으로 추정되는 시보네이 또는 과나와테베이, 타이노 아라와크, 카리브(여기서 이 지역의 명칭이 유래한다) 등 세 개의 부족으로 구성된 이 지역의 토착민들에게 콜럼버스의 도착은 냉혹한 운명의 전조였다. 유의미한 교역을 발전시킬 수 없자 에스파냐인들은 엔코미엔다[1] 제도를 통해 토지와 노동력의 원천으로 이 섬을 개발하기로 결정하였다. 반半봉건적인 제도들이 토착민 사회에 강제되었다. 인디오들은 광산과 밭에서 일을 해야 했다. 열악한 노동조건과 에스파냐인들과의 육체적 접촉으로 수많은 인디오가 죽었다. 질병과 육체적 쇠약은 어마어마한 사망자를 가져왔다. 자신들을 기다리는 숙명을 깨닫고 많은 인디오가 안전과 자유를 찾아 산으로 도망쳤다. 누벨프랑스와 뉴잉글랜드에서처럼 토착민들은 사실상 말살의 제물이 되었다.

에스파냐 성직자들이 처음으로 토착민 학대에 이의를 제기한 곳이 바로 카리브 해였다. 1511년 안토니오 데 몬테시노스는 인디오 학대를 비난함으로써 산토도밍고 식민지의 신자들에게 충격을 주었다. 곧이어 바르톨로메 데 라스 카사스가 탐험가와 정복자들로부터 인디오를 보호하기 위한 활동을 활발히 펼쳤다. 이러한 호소에 대한 응답으로 왕실은 마침내 인디오 처우를 법률로 정하는 데 동의하였다. 한편 아메리카 토착민을 보호하기 위하여 라스 카사스는 중요한 제안을 하였는데, 에스파

---

1) 황제의 칙령을 통해 개척자가 위임자의 신분으로 일정 지역의 원주민을 기독교화하는 임무를 떠맡는 대신 이들을 사역시킬 수 있는 권리를 갖는 제도.—옮긴이

냐가 필요로 하는 노동력 자원으로 아프리카 노예를 수입하도록 하자는 것이었다.

에스파냐인이 중앙아메리카에 처음 도착한 것은 1501년이었다. 멕시코나 페루와 달리 중앙아메리카에는 중앙집권적인 인디오 제국이 없었다. 원주민들은 안정적인 자치 공동체에 살며 공동체 간 교역을 영위하였다. 기원전 500년 이후부터 상대적으로 발전된 문명이 과테말라 고지대와 엘살바도르에 나타났는데, 이 문명은 멕시코의 베라크루스에서 타바스코 해안에 걸쳐 있던 올메카 문명에서 영향을 크게 받았다. 이후에 나와인 정착지가 나타났고, 고대 마야 문명이 과테말라의 북부 저지대에 나타났다. 서기 600년부터 900년까지의 시기는 고대 마야 제국[2)]의 전성기였다. 비록 고도로 조직된 정치단위를 구성하지는 않았지만 그렇게 불려 온 것이다.

토착문화의 다양성 때문에 에스파냐 정복자들은 단번에 중앙아메리카에 침투하지 못하고 단계적으로 들어갈 수밖에 없었고, 정복할 때마다 하나의 신정부를 수립해야만 하였다. 그 결과가 바로 권력의 분산이었다. 지방 행정당국municipalidad의 권위는 보잘것없었고, 시 참사회ayuntamiento가 가장 중요한 통치기구가 되었다. 각 부왕령의 유명무실한 관리 하에서 중앙아메리카의 에스파냐 정착민들은 사실상 개별적인 왕실 명령에

---

2) 마야 문명의 기원과 소멸에 대해서는 많은 이견이 존재한다. 다만 서기 250년부터 900년까지 티칼, 팔렌케, 코판, 칼락물 등의 수많은 독립적인 도시국가들이 형성되었다. 본문에서 언급한 '제국'이라는 표현이 사실은 부적절한 셈이다. 신정정치, 천체관측법, 역법, 수학 등을 발달시킨 이 고대 마야 도시국가들은 9세기경부터 연쇄적으로 쇠퇴하기 시작하여 10세기에 소멸하였다. 이후 10세기 말경 유카탄 반도를 중심으로 소위 마야-톨테카 문명이 형성되었는데, 이 둘을 구분하기 위하여 편의상 전자는 고대 마야 제국, 후자는 신마야 제국이라 불러 왔다.— 옮긴이

따라 움직였다. 에스파냐 왕실은 권위를 확립하고자 16세기 중엽에 누에바에스파냐 부왕령의 일부로 과테말라왕국을 수립하였다. 카리브 해와 멕시코에서는 교회가 정복지역에 곧바로 뒤따라 들어왔다. 재속 사제와 수도 사제들, 특히 프란체스코 수도회와 도미니쿠스 수도회의 사제들이 선교활동에 적극적으로 참여하였다.

경제활동은 활발하지 않았다. 광업은 처음부터 소규모였다. 정복 초기 주요 수출상품은 카카오였다. 그러나 곧 베네수엘라가 이 시장을 차지하였다. 이어서 인디고가 주요 수출상품의 자리를 차지하였고, 담배 밀무역이 성행하였다. 1660년대 영국은 나중에 영국령 온두라스, 즉 벨리즈로 명명될 벨리즈 강 하구 지역에 전초기지를 건설하고, 염료목 및 마호가니의 교역과 해적 행위를 위한 발판으로 삼았다. 그러나 중앙아메리카는 큰 부의 원천이 아니었기 때문에 대체로 에스파냐 왕실의 관심을 받지 못하였다.

사회는 두 지배층 집단에 의해 지배되었다. 한쪽은 과테말라에서 제국 법정(아우디엔시아)을 정치적 기반으로 하는 에스파냐 태생의 관료들로 구성되었고, 다른 한쪽은 시 참사회를 권력 기반으로 하는 현지 태생의 지주들로 구성되었다. 사회구조의 밑바닥에는 인디오와 아프리카 노예로 이뤄진 노동계급이 존재하였다. 또한 중앙아메리카에서 '라디노'Ladino라 불리는 혼혈계층이 등장하였다. 이들은 지방의 임금노동자나 소농으로 일하거나 도시에서 숙련공, 상인, 행상 등으로 활동하였다. 식민지시대 말기 중앙아메리카의 인종별 인구 구성을 보면, 전체 인구의 약 4퍼센트가 백인(에스파냐인 또는 크리오요), 약 65퍼센트가 인디오, 31퍼센트가 라디노(아프리카계 혼혈 포함)였다.

18세기에는 부르봉 왕가에서 에스파냐령 아메리카에 대한 통제를 재강화하려는 시도를 펼쳤다. 모든 지역에서 크리오요 지주 계급의 정치적 자치권을 축소시키고자 하였다. 1790년대부터 1810년대까지 중앙아메리카의 카카오 생산의 지속적인 감소와 인디고 교역의 가파른 쇠락은 크리오요 계층 내부에 더 큰 불만을 촉발하였다. 이러한 요소들은 제국 관료집단과 현지 귀족집단, 수도와 지방 사이의 오랜 갈등을 증폭시켰다.

카리브 지역의 독립

에스파뇰라 섬의 서쪽에 위치한 오늘날의 아이티는 가장 번성한 프랑스의 해외 식민지 중 하나였다. 에스파뇰라 섬의 원래 주민들은 설탕농장 노동자로 수입된 아프리카 노예들로 거의 완전히 대체되었다. 프랑스혁명 기간 동안 흑인과 백인 사이의 혼혈 지주들을 포함한 아이티 거주민들은 백인 대지주들의 반대에도 불구하고 완전한 시민권을 부여받았다. 이에 따른 갈등 때문에 결국 봉기가 빈발하였다. 이 시기에 노예들은 개인적인 자유뿐만 아니라 국가의 독립을 갈망하였다.

투생 루베르튀르가 이끄는 아이티 흑인들은 1791년 봉기를 일으키고 1804년 독립을 선언하였다. 이로써 아메리카 대륙에서 두번째 독립국이자 세계 최초의 흑인 독립국가가 탄생하였다. 투생은 봉기의 주역이었지만 체포된 후 프랑스로 압송되어 어두운 지하감옥에서 생을 마감하였다. 식민 통치로부터 아이티의 독립을 선언한 것은 그의 부관이었던 장-자크 드살린이었다.

전쟁은 막대한 사탕수수 재배지를 파괴하였다. 토지는 우선 부역 corvée 시스템을 통해 집단적으로 개간되었다. 그러나 독립 직후 개인들의 열망은 자유농을 위한 토지분배를 이끌어 냈다. 라틴아메리카의 다른 지역에서 지배적으로 나타나는 대규모 과두지주제의 전통이 독립 후 아이티에 뿌리를 내리지 못한 것은 바로 이 때문이다. 대신 다수의 소규모 자유농이 사탕수수 농장을 대체하였고, 생산량은 급격하게 감소하였다. 독립은 전체 인구의 약 90퍼센트를 차지하는 흑인에게도 권력에 접근할 수 있는 길을 열어 주었고, 이에 대한 물라토들의 불만이 처음부터 양산되었다. 사실 물라토들은 성공한 소수로서 프랑스 문명의 이상을 지지하고 일반적으로 프랑스어를 사용하였다. 반면에 다수를 차지하는 흑인들은 토착어인 아이티어를 사용하고 다호메이[3] 종교들과 가톨릭의 절충적인 혼합종교인 부두교에서 영적인 영감을 얻었다. 일종의 카스트 제도가 물라토와 흑인을 차별하였고, 이 두 집단 간의 갈등은 아이티 역사의 지속적인 주제였다.

이러한 사건들은 에스파뇰라 섬 전역에서 부작용을 낳았다. 17세기 말엽부터 에스파뇰라 섬의 식민 지배는 생도맹그(이후 아이티로 변경)라는 명칭을 사용한 프랑스 지배기와 산토도밍고라는 명칭을 사용한 에스파냐 지배기로 구분된다. 이러한 상황은 1795년 (유럽의 끝없는 전쟁에 종지부를 찍은) 바젤평화조약에서 에스파냐가 프랑스에 산토도밍고를 양보함으로써 해결되기 시작하였다. 이로써 프랑스는 에스파뇰라 섬 전체를 지배하게 되었다. 그러나 1804년 아이티가 독립에 성공하였을 때, 동쪽 지역은 프랑스령으로 남았다. 그리고 1808년 나폴레옹이 에스파냐를 침공하였을 때, 산토도밍고의 크리오요들은 프랑스에 대항하여 반란을 일으켰고, 왕실의 충실한 신하로서 에스파냐의 식민 지배를 부활시켰다. 권력의 방향은 계속 변화하였다. 산토도밍고의 초기 독립과정은 의자 빼앗기 놀이를 닮았다.

---

3) 서아프리카에 위치한 베냉 공화국의 옛 이름.—옮긴이

음모와 그에 대한 반대음모가 이후 수십 년 동안 계속해서 나타났다. 멕시코와 남아메리카에서 반정부 군사행동들이 힘을 얻자, 산토도밍고의 지도자들은 1821년 독립을 선언하고 독립국가의 이름을 아이티 에스파뇰로 정하였다. 몇 달 되지 않아, 아이티군이 침공하여 정권을 잡고 군사정부를 옹립하였다. 아이티에서처럼 노예제 폐지, 토지의 국유화, 교회의 역할 축소와 같은 급진적인 조치가 단행되었다. 아이티의 점령은 1844년 지역의 우국지사들이 침략군을 몰아낼 때까지 22년 동안 지속되었다. 이날은 도미니카공화국의 두번째 독립기념일로 여겨지는데, 첫번째 독립을 유럽 열강을 상대로 얻었다면, 두번째 독립은 아이티로부터 쟁취하였다.

아이티군은 1840년대와 1850년대에도 이웃국가에 대한 침략을 멈추지 않았다. 분노와 두려움 속에서 도미니카공화국의 한 모험적인 대통령이 이상적인 해결책을 생각해 냈는데, 바로 에스파냐의 식민지로 되돌아가는 것이었다. 이 결정으로 1861년부터 1865년까지 에스파냐의 식민 지배가 재개되었고, 에스파냐의 위협을 느낀 아이티는 강하게 항의하였으며, 미국은 먼로 선언의 명백한 침해에 대해 격분하였다. 에스파냐는 곧바로 철수하였고, 또 다른 도미니카공화국의 지도자는 미국과의 병합이라는 또 다른 해결책을 추진하였다. 이는 아이티나 다른 국가의 침략을 막아 낼 수 있는 분명한 해결책이 될 것이었고, 미국의 율리시스 S. 그랜트 대통령 역시 남북전쟁을 통해 해방된 미국의 흑인노예들을 위한 정착지를 제공하려는 생각에서 이 계획을 강하게 지지하였다. 그러나 이 제안은 미국 의회의 승인을 얻는 데 실패하였다.

결국 도미니카공화국은 미국이 병합을 포기함으로써 다시 독립국이 되었다. 이후 도미니카공화국 국민은 이기적이고 허영심 많은 통치자들 때문에 고통을 받았다. 이들 중 가장 대표적인 인물이 멕시코의 포르피리오 디아스에 비견되는 독재자 울리세스 에우레아우스로 1882년부터 1899년까지 도미니카공화국을 통치하였다. 이후 정치적 음모와 경제적 혼란이 온 나라를 괴롭혔고, 결국 1916년 미국에 의해 군사점령되었다. 진정한 주권은 신기루처럼 보였다.

중앙아메리카의 독립

도미니카공화국의 운명이 아이티의 영향을 매우 강하게 받은 것처럼 중앙아메리카의 독립과정도 멕시코와 중앙아메리카가 속한 누에바에스파냐 부왕령에서 발생한 사건들에 의해 좌우되었다. 1808년 나폴레옹의 에스파냐 침공 이후 식민지배를 지지하는 당국은 신흥 크리오요에 반대하는 라디노와 인디오들과 동맹을 형성함으로써 중앙아메리카 지배를 유지하려 하였다. 1820년 에스파냐의 자유주의 헌법 채택은 이 지역 전역에 충격을 주었고, 1821년 중반 멕시코에서 아구스틴 데 이투르비데의 이괄라 강령의 선언은 빠른 결정을 강요하였다. 멕시코군에 의한 '해방'을 두려워하던, 사회적으로 보수적인 중앙아메리카의 지주들은 당시 급진적 성향의 에스파냐와 관계를 단절하기로 결정하였다. 1822년 1월 이들은 중앙아메리카와 멕시코 제국의 합병을 선언하였다. 합병은 1년 동안만 유지되었고, 이투르비데의 퇴진은 독립으로 이어졌다. 치아파스는 멕시코와 함께 남았고, (파나마를 제외하고) 코스타리카에서 과테말라까지 다른 국가들은 중앙아메리카연방을 결성하였다. 내부적인 불화와 의견충돌에도 불구하고 중앙아메리카는 상대적으로 평화로운 방식으로 에스파냐, 멕시코와 결별하였다.

그 밖의 지역에서와 마찬가지로 중앙아메리카의 정치지배층은 자유주의와 보수주의 두 당파로 나뉘었다. 자유주의자들은 부르봉 왕조가 시작한 개혁의 지속을 옹호하였다. 이들은 교회권력 제한, 노예제도 철폐, 세금 인하, 경제발전 촉진을 주장하였다. 이들은 백인과 라디노 중심의 신흥 전문직 계급과 지주 크리오요 귀족계층에서 배제된 중상류층 집단의 지지를 얻었다. 크리오요 지주 중심의 보수주의자들은 질서, 절제, 안정을 지지하였다. 이들은 교회를 필두로 하는 에스파냐 제도를 옹호하였고, 진보적인 개혁에 대하여 의구심을 나타냈다.

1820년대는 폭력으로 점철되었다. 처음에는 자유주의 세력이 우세한 듯 보였다. 1830년대에 접어들어 정식교육을 받지 않은 라디노 출신의 양돈가인 호세 라파엘 카레라가 이끄는 보수주의 세력이 반격하였다. 1837년 중반 그는 자신의 보수주의 운동의 목적을 전통적인 사법절차의 회복, 종교적 질서와 교회 특권의 부활, 망명 중인 모든 지지자의 사면, 그의 권위에 대한 복종 등으로 정의하였다. 카레라는 1865년 죽음을 맞이할 때까지 중앙아메리카의 정치를 지배하였다. 로마가톨릭교회는 공식 국교가 되었고, 사제들은 다시 교회 자치특권의 보호를 받게 되었으며, 교육은 다시 교회에서 맡았다. 정부는 인디오 대중을 동화시킨다는 목표를 포기하고 대신 에스파냐 왕정의 방식대로 원주민공동체를 보호하기로 결정하였다. 이 정책은 오늘날까지 지속되고 있는 인종분리를 가능하게 만들었다.

자유주의 세력은 카레라의 죽음 이후 부활하기 시작하였다. 진보와 발전을 신봉하는 이들은 조국을 세계에 통합시키고, 문명의 도구를 획득하고, 물질적 발전을 촉진하고자 하였다. 이들은 전망에 있어 멕시코의 '과학자들'과 시각을 공유하였다. 정치에서는 소위 '공화정 독재'를 확립한 포르피리오 디아스의 모델을 따랐다. 이들은 권력을 집중시키고 선거를 조작함으로써 자신들의 임기를 연장시켰다. 또한 국내에서 지주귀족층과 일부 중산층의 지지를 이끌어 냈고, 대외적으로는 영국, 독일, 미국 등의 해외세력과 밀접한 동맹을 형성하였다. 한편 경찰과 군대 조직을 근대화시키고 반대세력 탄압에 이용하였다.

이러한 패턴은 중요한 사회 변동을 야기했다. 과테말라와 코스타리카에서와 같이 보수주의 세력과 자유주의 세력의 구분이 더욱 분명해진 곳에서는 보수주의 가문들이 거의 완전히 몰락하였고, 온두라스와 엘살바도르와 같이 두 세력 간의 구분이 불분명한 지역에서는 몇몇 명문가문이 권력을 유지했다. 니카라과는 예외적인 경우로, 보수주의 가문들이 이미 자신들의 위치를 공고히 다졌다. 일반화하자면, 자유주의 세력의 등장은 중산층 전문가 집단과 라디노들에게 기회를 제공하고 새로운 지배층 집단의 형성을 이끌었다.

한편 자유주의 세력은 교회로부터 권력과 특권을 박탈하였다. 교회의 경제적 역할은 축소되었고 법적 특권들은 철폐되었다. 한 역사가의 말처럼, "시골이던 중앙아메리카에서 성직자들이 수행하던 역할은 더 작아졌다. 이는 중앙아메리카에서 발생한 가장 중요한 변화 중 하나였다." 교회의 활동 중지는 제도적 공백을 유발하였다. 이러한 공백은 부분적으로나마 20세기 말 새로운 종류의 로마가톨릭교회에 의해 채워지게 된다.

개관 : 경제성장과 사회변화

중앙아메리카와 카리브 지역의 경제성장은 하나의 공통분모를 만들어 냈다. 코스타리카와 같은 예외들이 있기는 하지만, 이 지역 국가들은 '플랜테이션 사회'를 형성하였다. 그 결과 이들 국가는 다음과 같은 뚜렷한 특징들을 공유하였다.

- 아시엔다, 핀카, 에스탄시아, 플랜테이션 등으로 불리는 대토지 소유제latifundio에 의거한 수출용 환금작물의 대대적인 생산
- 추수 및 관련 작업을 위한 농촌 노동력의 동원(과 통제)
- 토지소유권의 집중
- 소규모 토지minifundio에서 이뤄지는 자급농업에 대한 관심 부족의 일반화
- 지배층과 외국인 소유주들이 일반적으로 사회로부터 비교적 고립되어 거주하고 활동할 수 있는 경제적·사회적 고립영토[4]들의 형성

플랜테이션 사회는 사치와 빈곤이 공존하는 고도로 불평등한 사회였다. 이러한 사회는 산업을 개발하기에 인구와 자원이 부족한 작은 국가들에서 지속되었다. 플랜테이션 사회는 저개발 사회였고, 경제적으로 해외로부터의 시장조건 변화에 취약하였다. 그러나 엄격한 제도 때문에 변화에 대한 저항이 강하였고, 표면적으로는 조화로워 보이지만 폭발 직전의 불만이 상존하였다.

카리브 지역 : 설탕(그리고 더 많은 설탕)

카리브 지역의 주요 작물은 사탕수수였다. 초기 에스파냐 원정대들 중 하나가 카나리아 제도에서 사탕수수를 가져왔다. 이 행동 하나가 역사의

4) 라틴아메리카의 경우 주로 미국이 라틴아메리카 국가 내에 경제적 목적으로 치외법권 지대인 고립영토(enclave)를 구축한 경우가 많았다.— 옮긴이

흐름을 바꾸어 놓았다. 그리고 네덜란드 사람들이 17세기 중엽에 브라질 북동부에서 카리브로 신기술을 가지고 오면서, 사탕수수 생산이 폭발적으로 증가하였다. 사탕수수는 영국령 도서들, 특히 바베이도스와 자메이카에서 사실상 유일한 작물이 되었고, 마르티니크와 생도맹그를 포함하는 프랑스령 지역에서도 지배적인 작물이었다. 종합하면 18세기 유럽에서 소비된 설탕 전체의 80~90퍼센트가 카리브 식민지에서 생산되었다. 1740년대에 자메이카와 생도맹그는 세계 최대의 설탕 생산지였다.

생산이 증가하면서 노동력의 필요가 더욱더 명백해졌다. 아프리카 출신의 노예가 해결책을 제공하는 듯 보였다. 이렇게 아프리카의 서쪽 연안으로부터 강제이주의 슬픈 역사가 시작되었다. 신세계에 노예로 보내진 1,000~1,500만 명의 사람들 중 약 500~700만 명이 카리브로 향하였다. 이들은 설탕 플랜테이션에서 일하고, 이 지역의 인종구성을 변화시키고, 결국에는 19세기에 유럽과 미국과의 무역관계 수립에 일조하였다.

백인과 소규모 가구가 지배하는 느슨하게 조직된 16세기 사회는 17세기에 이르러 엄격하게 조직된 주인과 노예의 위계사회로 대체되었다. 생산은 식민 본국에 의해 확고하게 통제되었다. 영국을 제외하고 유럽의 각국은 이 지역에 무역회사를 설립하였다. 에스파냐의 상무청casa de contratación 이외에도 네덜란드의 서인도회사와 프랑스의 아메리카제도회사가 세워졌다.

이러한 발전의 우선적인 결과는 엄격한 인종별 계층화 체제의 확립이었다. 사실상 모든 지역에서 백인이 상층부에, 혼혈인이 중층부에, 흑인이 하층부에 위치하는 3층의 피라미드 구조가 존재하였다. 백인들이 유럽으로 돌아가고 인디오들이 사라지면서, 아프리카의 유산이 지배적이게 되었다. 이러한 경향은 이 지역의 인종 관계에 장기적인 영향을 미쳤고, 멕시코와 페루처럼 원주민 인구가 지속적으로 다수 존재하는 본토 지역과 카리브 지역이 뚜렷하게 구별되는 계기로 작용하였다.

또 다른 결과는 한때 다양했던 생산체제가 수출용 설탕을 강조하는 단일품목 경제로 변화한 것이었다. 대부분의 소비품은 다른 섬이나 대륙 아메리카, 또는 에스파냐에서 수입했다. 그레나다의 커피 경우처럼, 더 작은 섬들에서만 다른 생산품이 설탕보다 더 중요했다. 대부분의 원주민이 죽고 에스파냐 정착민들은 손수 일하려 하지 않았기 때문에, 노예공급 요구는 18세기 내내 지속되었다.

유럽의 설탕 수요 덕분에 많은 정착민이 큰 부를 쌓을 수 있었다. 이러한 부는 거대 저택을 짓고 식민 본국에서의 정치활동과 경제활동에 참

중앙아메리카와 카리브 해의 인구동태 통계(2007년)

중앙아메리카	파나마	니카라과	엘살바도르	과테말라
인구(백만 명)	3.3	5.6	6.9	13.3
GDP(십억 달러)	19.7	5.7	20.2	33.4
1인당 GNP(달러)	5,510	980	2,850	2,440
빈곤율(%, 2006년 기준)	29.9	61.9	47.5	54.8
기대수명(세)	75	72	72	70

카리브 해	도미니카공화국	아이티	푸에르토리코
인구(백만 명)	9.8	9.6	3.9
GDP(십억 달러)	36.7	6.1	67.9
1인당 GNP(달러)	3,550	560	10,950
빈곤율(%, 2006년 기준)	44.5	-	-
기대수명(세)	72	60	78

출처: 세계은행, 라틴아메리카카리브해경제위원회

여하는 데 사용되었다. 그러나 프랑스와 영국의 식민지 정착민들에게 섬에서의 생활은 전혀 편하게 느껴지지 않았다. 대부분이 고향으로 돌아가기를 희망하였고, 실제로 일부는 권력과 명예를 얻은 후 귀향하였다. 카리브 해의 일부 지역에서 플랜테이션 귀족층이 등장하였다 하더라도, 그것은 뿌리가 깊지 않았다.

에스파냐 식민지 정착민들은 16세기 초에 산토도밍고에서 설탕을 생산하기 시작하였다. 또한 아프리카 출신의 노예들을 수입하기 시작하였다. 생산량은 수년에 걸쳐 꾸준히 증가하였고 18세기에는 크게 확대되었다. 도미니카공화국의 설탕산업은 19세기 중엽에 다음 세 가지 요인의 결과로 상당한 활력을 얻었다. 우선 쿠바의 국내 분쟁은 일부 주요 농장주들로 하여금 도미니카공화국으로 사업을 옮기도록 이끌었다. 그리고 유럽에서는 전쟁으로 사탕무 산업이 파괴되었다. 또한 미국의 남북전쟁은 루이지애나의 사탕수수 생산을 감소시켰고 더 나아가 경쟁도 감소시켰다. 1880년대 초의 시장 붕괴는 일시적으로 수확 감소를 가져왔다. 또한 오직 대형 제당소들만 살아남을 수 있었기 때문에 결과적으로 소유의 집중이 급속도로 이뤄졌다.

생산이 회복되면서 플랜테이션의 매우 고된 작업을 위한 노동력이 인접한 아이티에서 직접 수입되었다. 이러한 경향의 지속은 도미니카공화국 사회 내부에서 사회적, 인종적 긴장을 불러일으켰다. 양국 관계는 결코 좋은 적이 없었다. 도미니카공화국에서 아이티 노동자들에 대한 열악한 대우는 상황을 악화시켰다. 반아이티 감정은 종종 인종 편견의 추악한 형태를 취하였다.

쿠바에서처럼, 미국의 투자자들은 세기 전환기 무렵에 도미니카공화국의 설탕에 관심을 보이기 시작하였다. 1916년부터 1924년까지 미국

〈도표 4.1〉 도미니카공화국 설탕생산량 추이(1902~1960년)

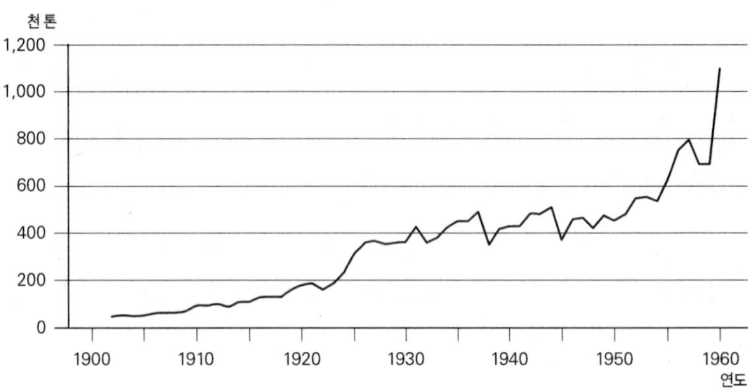

출처: Michael R. Hall, *Sugar and Power in the Dominican Republic: Eisenhower, Kennedy, and the Trujillos*, Westport Greenwood Press, 2000.

의 군사개입이 양국 관계를 결정하였다. 점령이 끝날 무렵, 미국의 거대기업 두 곳이 도미니카공화국의 21개 제당소 중 11개를 소유하였고, 나머지 10개 중 5개 역시 미국인이 소유하였다. 도미니카공화국에서 수출하는 거의 모든 설탕은 미국시장에서 팔렸다. 〈도표 4.1〉에서 볼 수 있듯이, 생산량은 1920년대에 강한 상승세를 보였고, 1930년대부터 1940년대에 이르기까지 이러한 상승세는 꾸준하게 유지되었으며, 1950년대 말엽에는 더 크게 증가하였다. 카리브에서 도미니카공화국은 쿠바에 이어 두번째로 큰 설탕 생산지였다. 이익은 지역사회에 거의 재투자되지 않았다. 이는 고립영토경제enclave economy 특유의 모습이었다.

도미니카공화국과 마찬가지로 아이티에서도 미국시장 의존은 시간이 가면서 심화되었다. 〈표 4.1〉에서 보듯이, 아이티의 수출에서 미국이 차지하는 비율은 1920년 14퍼센트에서 1950년 58퍼센트, 2000년 86퍼센트로 상승하였다. 이와 유사하게 도미니카공화국의 수출에서 미국이

〈표 4.1〉 카리브 해 국가의 미국과의 무역 비중(1920~2000년)

단위: %

	1920년		1950년		2000년	
	수출	수입	수출	수입	수출	수입
아이티	14	81	58	72	86	62
도미니카공화국	79	42	38	73	87	59

출처 : James W. Wilkie, *Statistics and National Policy*, Los Angeles: UCLA Latin American Center, 1974; Economist Intelligence Unit, Country Reports, 2003.

차지하는 비율은 1920년 79퍼센트에서 2000년 87퍼센트로 증가하였다(전쟁 후 유럽의 설탕 소비는 1940년대 말엽과 1950년 초에 도미니카공화국 설탕 생산량의 매우 큰 비중을 차지하였다. 이는 당시 미국의 낮은 비율을 설명해 준다). 1960년대 초 이후에도 도미니카공화국은 미국의 설탕 수입쿼터에서 가장 큰 비중을 유지하였다. 또한 20세기가 끝나갈 무렵 유럽연합이 진전을 보였음에도 불구하고, 미국은 여전히 아이티와 도미니카공화국의 수입에서 가장 큰 비중을 차지하는 국가였다.

중앙아메리카 : 커피와 바나나

카리브에서 사탕수수가 이론의 여지가 없는 '제왕'이었을 때, 중앙아메리카의 경제활동을 지배해 온 것은 커피와 바나나라는 두 수출작물이었다. 생산의 차이는 사회구조의 변화를 가져왔지만, 이 작물들의 재배 역시 여전히 플랜테이션 사회를 만들어 냈다.

코스타리카는 1830년대에 커피를 대량으로 생산하기 시작하였고, 칠레에서 유럽으로 수출시장을 확대하였다. 과테말라는 지체 없이 그 뒤를 따랐고, 커피는 1870년에 과테말라의 주요 수출품목이 된 이래 지금까지 그 지위를 유지하고 있다. 엘살바도르, 니카라과, 온두라스는 1870년대와 1880년대에 커피무역에 뛰어들었다. 중앙아메리카의 커피 수출은 큰 규모에 이르지는 않았다. 세계생산의 15퍼센트를 넘은 적이 없다. 그러나 항상 고품질의 상품을 수출하였다.

커피는 중요한 사회적 결과를 낳았다. 커피는 선선한 고원의 산비탈을 따라 재배되었기 때문에 저지대 농민에게서 토지를 대규모로 강탈할 필요가 없었다. 과테말라와 엘살바도르에서는, 포르피리오 시대의 멕시코에서 일어난 일에 비해서는 덜하지만, 상당한 규모의 토지 탈취가 일어났다. 온두라스, 니카라과, 코스타리카에서는 그러한 변화가 덜 일반적이었다. 또한 많은 커피 플랜테이션은 소규모였고 일반적으로 중앙아메리카 현지인들의 소유였다. 외국 투자자들은 니카라과의 커피 생산에서 중요한 부분을 담당했다. 독일인들은 과테말라에서 상당 규모의 커피 재배지를 취득하였다. 그러나 일반적으로 커피 생산은 중앙아메리카 현지인들의 손에 남아 있었다.

비록 자유주의 지도자들이 이민을 장려하려 하였지만, 중앙아메리카는 남아메리카나 미국에서와 같은 노동계급의 대규모 유입을 받아들인 적이 없다. 대신 커피 재배를 위한 노동력은 대부분 인디오와 메스티소 농민들로 충당되었다. 세월이 흐르면서 이들은 두 집단으로 나뉘었다. 플랜테이션에 매여 일하면서 작은 땅뙈기를 빌려 자경자급 재배를 하는 소작농colono과 플랜테이션 밖에서 살고 소규모 토지를 소유하고 있으면서 임금을 받고 일을 하는 일용직 노동자jornalero였다. 두 경우 모두 지방 프롤레타리아로서 계급의식을 형성하였다기보다는 토지와 가깝게 접촉하며 전통적인 농부의 세계관을 유지하였다.

비록 커피가 19세기 농업부문을 지배하였지만, 실제로 중앙아메리카 농경의 상징은 바나나일 것이다. 1870년에 로렌조 베이커라는 뉴잉글랜드 출신의 선장이 자메이카에서 미국의 동부해안으로 화물수송을 시작하였고, 수년 뒤에 파트너를 만나 보스턴 푸르트를 설립하였다. 그 사이에 다른 투자 그룹이 바나나를 뉴올리언스로 수송하기 시작하였고, 트로피칼 무역운송사를 창설하였다. 1899년에 이 두 회사는 유나이티드 프루트라는 하나의 기업으로 합병되었다. 여기서 중앙아메리카에 대한 미국의 투자, 침투, 통제의 역사에서 주목해야 할 한 장이 시작되었다.

유나이티드 프루트 혹은 중앙아메리카 사람들이 부르는 대로 프루테라frutera[5]는 바나나의 생산과 분배에서 실질적인 독점을 확립하였다. 정부에게 받은 혜택과 기타 수단들을 통해 이 회사는 뜨겁고 습하며 거의 정착지가 없는 카리브 해 연안 저지대의 막대한 토지를 취득하였다. 그리고 교통망을 지배하였고, 중앙아메리카 국제철도회사라는 대기업을 소유하였다. 또한 부두와 항구 시설을 부설하였고, 트로피칼라디오 전신회사를 설립하였다. 프루테라는 '위대한 하얀색 선단'으로 널리 알려진 다수의 선박을 보유하였고, 미국에서 시장거래에 막대한 영향력을 행사하였다. 유나이티드 프루트는 소규모 경쟁을 용인하고 장려하기까지 하였다. 그러나 1차 세계대전 이후 수십 년 동안 심각한 도전에 직면한 적이 결코 없었다.

바나나 무역은 플랜테이션 사회와 특히 고립영토경제를 초래하였다. 유나이티드 프루트의 관리자들은 미국에서 왔고 대부분이 남부 출신이었다. 흑인 노동자들은 자메이카와 서인도제도에서 유입되었다. 그 결과 동부 저지대 인구의 인종구성이 변화하였고, 프루테라 내부에서 인종

5) 과일회사라는 뜻. — 옮긴이

별 구분이 대단히 강화되었다.

바나나 산업은 그 자체로 하나의 거대한 외국기업이 되었다. 바나나 재배지 일부가 지역민의 손에 남아 있긴 하였으나 유나이티드 프루트가 기술, 융자금, 미국 시장에 대한 접근을 통제하였다. 허리케인과 병충해와 같은 자연의 위협 때문에 유나이티드 프루트는 상당 규모의 토지를 예비로 남겨 놓고자 하였다. 일반적으로 이것은 정부의 혜택을 통해 얻을 수 있었다. 이 때문에 이 회사는 현지 정치에 개입하게 되었다. 그림은 명확하였다. 유나이티드 프루트는 중앙아메리카의 경제발전에 비교적 부족했던 자극을 주기는 했지만, 지역의 국가적 문제에 직접 관여하였다.

커피와 바나나는 세기가 바뀌면서 중앙아메리카 경제를 지배하였다. 1930년대에는 이 지역 수출에서 차지하는 비중이 약 75퍼센트에 달하였고, 1960년에도 67퍼센트의 비중을 유지하였다. 결과적으로 중앙아메리카의 경제적 운명은 국제시장의 변덕에 극도로 좌우되게 되었다. 커피나 바나나의 가격이 떨어지면, 수익 역시 떨어졌다. (실제로 그런 경우는 거의 없었지만, 소유주가 원했다 해도) 커피와 바나나 플랜테이션은 쉽게 또는 재빨리 기초 식량의 생산으로 전환될 수 없기 때문에 유연한 대응의 여지가 거의 없었다. 커피가 수출에서 지속적으로 바나나보다 더 큰 비중을 차지하였고 유나이티드 프루트가 커피시장을 통제할 수 없었다는 점도 지적할 필요가 있겠다. 엄격히 경제적인 의미에서는 오직 코스타리카, 온두라스, 파나마만이 '바나나공화국'이었다. 과테말라, 엘살바도르, 니카라과는 주로 커피국가였다.

카리브 해의 사탕수수와 마찬가지로 커피-바나나 전략은 미국이라는 단일 파트너와의 무역에 크게 의지하도록 이끌었다. 19세기 말엽과 20세기 초에 중앙아메리카는 유럽과 활발한 거래를 하였다. 사실 독일은

〈표 4.2〉 중앙아메리카 국가의 미국과의 무역 비중(1920~2000년)

단위: %

	1920년		1950년		2000년	
	수출	수입	수출	수입	수출	수입
코스타리카	71	52	70	67	52	53
엘살바도르	56	79	86	67	65	50
과테말라	67	61	88	79	57	35
온두라스	87	85	77	74	39	46
니카라과	78	73	54	72	38	25
파나마	93	73	80	69	45	33

출처: James W. Wilkie, *Statistics and National Policy*, Los Angeles: UCLA Latin American Center, 1974; Economist Intelligence Unit, Country Reports, 2003.

가장 큰 커피 소비국이었다. 그러나 1차 세계대전 이후 미국이 우위를 확보했다. 〈표 4.2〉가 보여 주듯이, 1920년대부터 1950년대에 이르기까지 미국은 이 지역 수출의 60~90퍼센트를 구입하였고, 유사한 비중의 수입을 제공하였다. 국제거래에 있어 미국의 우위는 2000년에 대부분의 국가에서 40~60퍼센트로 후퇴하였다. 그러나 미국은 여전히 중앙아메리카 국가들과의 교역에서 상당한 영향력을 행사하고 있다.

이러한 광범위한 지정학적, 경제적 분석 맥락을 고려하면서 이제 몇몇 국가의 역사적 발전과정으로 시선을 돌려 보자. 중앙아메리카에서는 파나마, 니카라과, 엘살바도르, 과테말라에 초점을 맞추고, 카리브 해에서는 도미니카공화국, 아이티, 푸에르토리코를 다룬다(쿠바는 5장에서 다룬다). 이 국가들 중 대부분이 전형적인 플랜테이션 및/또는 고립영토 사회로 나타났다. 시기는 달라도 모든 국가가 미국의 힘을 혹독하게 경험하였다.

정치와 정책 : 파나마

미국이 국제무대에서 몸을 풀기 시작하면서, 그 팽창주의 열망이 가장 분명히 나타난 것은 대서양과 태평양을 잇는 운하를 건설하기 위한 노력들에서였다. 중앙아메리카에 대양 간 운하를 건설하려는 계획은 17세기부터 존재하였다. 1878년 콜롬비아 정부는 프랑스 컨소시엄이 오늘날의 파나마가 위치한 최서북단 지역에 운하를 건설하도록 허가하였다. 미국의 기술자들은 니카라과를 적지로 보았고, 한 미국 기업이 니카라과에서 기초공사를 시작하기 위한 계약을 체결하였다. 경쟁은 1893년 금융대란으로 양측이 도산함으로써 끝이 났다.

그렇지만 20세기 시작 무렵 미국은 세계무대에서 자국의 위상을 높이기로 결정하였다. 『역사에 미친 해군력의 영향』*The Influence of Sea Power upon History*, 1890과 같은 명저에서 역사가이자 정치평론가인 앨프리드 머핸은 해군력이 국제적 영향력의 열쇠라고 설득력 있게 주장하였는데, 이 주장을 통해 미국이 두 대양에 해군을 보유해야 한다는 신조가 수립되었다. 1901년 시어도어 루스벨트가 대통령에 취임한 이후, 워싱턴은 분명하게 행동을 취하기 시작하였다.

7장에서 설명하겠지만, 콜롬비아는 정치적인 국내 갈등을 겪고 있었는데, '천일전쟁'1899~1903에서 정점에 이르렀다. 전쟁이 막바지에 다다르자 워싱턴은 파나마 지역의 무질서를 청산한다는 명목으로 파병을 단행하였다. 이로 인해 외교적 위기가 조성되었고, 결과적으로 미국이 파나마에서 운하를 건설할 수 있도록 허가하는 헤이-에란 조약이 체결되었다. 미국 의회에서는 기꺼이 이 조약을 승인하였다. 그러나 주권 침해를 우려한 콜롬비아 의회는 비준을 거부하였다.

다음 행보는 반란이었다. 루스벨트와의 완벽한 교감 아래에서 필리프 뷔노-바리야라는 이름의 프랑스 기술자가 파나마에서 분리주의 봉기를 위한 계획을 준비하기 시작하였다. 봉기가 시작되자 미국 군함들은 콜롬비아군이 파나마지협을 지나 파나마시Panama City에 진입하는 것을 방해하였다. 봉기는 성공하였다.

며칠 후 워싱턴은 파나마의 새로운 독립정부를 승인하고 (여전히 프랑스 시민권자인) 뷔노-바리야를 신생정부의 공식대표로 인정하였다. 미국의 존 헤이 국무장관과 뷔노-바리야는 폭 10마일의 운하 지역에 대한 지배권을 미국에 "주권과 같이 영원히" 양도하는 조약에 급히 서명하였다. 고분고분한 파나마 의회는 이 조약을 곧바로 승인하였다. 뷔노-바리야와 행정부의 로비스트들은 아직까지 니카라과를 선호하는 감정이 상당히 강한 미국의 상원을 설득하는 데 총력을 기울였다. 결정적인 투표가 있는 날 아침 뷔노-바리야는 모든 상원의원의 책상에 화산이 분출하는 모습이 그려진 니카라과 우표를 올려놓았다. 그리고 이 무언의 메시지가 효력을 발휘하였다. 상원은 찬성 66표, 반대 14표로 조약을 승인하였고, 이제 주사위가 던져졌다.

토목공사의 걸작인 파나마운하는 1914년 개통되자마자 중요한 국제 수로가 되었다. 운하 지역은 사실상 미국의 식민지로서, 지역사회와는 분명한 대조를 보이며 합법적인 특권과 컨트리클럽이 번성하는 지역이 되었다. 운하 지역 바깥의 파나마는 중앙아메리카의 전형적인 특징들, 즉 농작물(특히 바나나) 수출 의존, 미국시장 의존, 단단하게 짜인 지주 과두 지배층에 의한 국내 통제 등을 발전시켰다. 이러한 상황은 영원히 지속될 수 없었다.

1903년 조약에 대한 재협상이 시작된 것은 1950년대에 이르러 파나마의 군부 대통령 호세 안토니오 레몬에 의해서였다. 3년 후 그의 노력은 파나마에 대한 연간 지불금의 증액, 미국 국민의 경제적 특권 축소, 미국 노동자와 파나마 노동자 간의 임금 동일화 추진 등에 대한 합의로 결실을 맺었다. 그러나 운하 지역에 대한 주권 문제는 손을 대지 못하였다. 이 문제는 1956년 이집트가 수에즈운하를 점유하면서 다시 수면으로 떠올랐다. 수에즈 위기 관련 국제회의에서 파나마가 배제된 것에 대해 리카르도 아리아스 대통령이 맹렬히 항의하자, 미국의 존 포스터 덜레스 국무장관은 "파나마운하에 대한 통치권은 미국에 있으며 파나마공화국은 이 지역에서 어떠한 주권도, 어떠한 권한도, 어떠한 권위도 갖지 않는다"고 대응하였다.

이후 양국 간의 긴장은 고조되었다 완화되기를 반복하였다. 논란거리가 된 1968년 선거 과정에서 파나마 국가경비대가 실권을 잡고 오마르 토리호스 에레라 준장을 수장으로 하는 평의회가 구성된 이후 상황이 변화하였다. 이 사건을 통해 국가경비대가 정치에서 주도권을 잡고 있음이 확실해졌다. 토리호스는 파나마의 실력자로 등장하였다. 토리호스는 계속 집권하면서 미국의 닉슨, 포드, 카터 행정부와의 협상을 참을성 있게 추진하였다.

1970년대에 들어서서 결국 미국은 운하에 대한 주권을 1999년 파나마에 완전히 이양한다는 조약을 수용하였다. 로널드 레이건을 비롯한 미국의 보수주의자들은 이 합의가 미국의 국익에 위배된다고 강력하게 비난하였다. 그러나 민주당 출신의 지미 카터 대통령은 결국 상원의 승인을 얻어 냈고 서반구의 지식인과 정치가들로부터 찬사를 받았다. 그리고 얼마 되지 않아 미국과 라틴아메리카의 관계는 긍정적인 전환을 맞이하였다.

정당한 명분 작전

수면 아래로 가라앉았던 파나마와 미국의 불화가 1980년대에 들어 다시 대두되었다. 정치 실세인 오마르 토리호스가 항공기 사고로 사망하고, 마약 관련 부정부패 연루 추문이 무성한 마누엘 안토니오 노리에가가 권력을 승계하였다(노리에가는 CIA의 비상근 요원이기도 하였다). 라틴아메리카 군인들을 위한 훈련프로그램으로 미국이 자금을 지원하고 관리하는 '아메리카학교' 운영에 대한 양자협약의 갱신을 노리에가 정부가 거부하면서 파나마의 민족주의가 확 타올랐다.

1988년 조지 H. W. 부시 대통령이 '마약과의 전쟁'의 일환으로 노리에가를 축출하고자 파나마 경제제재를 단행하자, 반미감정이 다시 들끓었다. 이듬해 노리에가는 반독재 '시민십자군' 운동 지도자인 기예르모 엔다라의 승리가 명백한 선거결과를 무효화하였고 이에 미국은 압박을 강화하였다. 1989년 12월 부시 행정부는 2만 명이 넘는 지상병력과 막대한 공군력을 동원한 '정당한 명분 작전'(Operation Just Cause)을 단행하였다. 미군은 파나마군의 저항을 제압하고 노리에가를 체포한 후 그를 마이애미로 이송하여 마약거래 연루 혐의로 법정에 세웠다. 미국의 관리들은 이 작전에서 단지 23명의 미군이 목숨을 잃었다고 밝혔다. 그러나 수백 명에서 수천 명에 이를 것으로 추산되는 파나마군의 사망자 수에 대해서는 논란이 지속되었다. 침공에 따른 파나마의 경제적 손실은 20억 달러에 달할 것으로 추정되었다.

많은 파나마 국민이 처음에는 미군을 크게 환영하였으나 곧 환상에서 깨어났다. 경제봉쇄와 침공의 결과로 1988년에서 1991년 초 사이에 파나마의 국내총생산은 22퍼센트나 감소하였다. 미국이 옹립한 신임대통령에 대한 국민의 지지도는 1989년 중반 73퍼센트에서 1991년 3월 17퍼센트로 추락하였다. 한 야당에서 이 불운한 대통령을 돈세탁 음모와 연루된 것으로 고소하였는데, 이 혐의는 바로 미국이 처음에 침공을 정당화하는 데 이용한 사안이었다.

대통령 선거는 지속과 변화를 보여 주었다. 1999년 5월 선거는 명망가 출신의 두 후보, 즉 오마르 토리호스의 아들 마르틴 토리호스와 다른 전직 대통령의 미망인 미레야 모스코소가 유력후보로 나서면서 맥 빠진 선거가 되었다. 다소 놀랍게도 모스코소가 45퍼센트의 득표율로 38퍼센트의 토리호스, 17퍼센트의 3위 후보를 제치고 승리하였다(이로써 모스코소는 파나마 역사상 첫번째 여성 대통령이 되었다. 또한 라틴아메리카 전체로도 직접선거를 통해 대통령이 된 두번째 여성이었다).

모스코소의 첫번째 시험대는 1999년 미국이 파나마에 반환하기로 예정된 파나마운하 문제였다. 그녀는 대선 승리연설에서 "우리는 지금까지 미국이 해온 것처럼 운하를 운영할 수 있음을 보여 줄 것이다"라고 단언하였다. 운하 운영 자체에 대한 파나마의 기술적 능력에 대해서는 의심의 여지가 거의 없었지만, 운하 시설물의 유지 능력에 대한 우려가 제기되었다. 안보 문제 역시 우려의 대상이었는데, 특히 파나마 안에 (미군의 주둔을 필요로 하는) 미국 주도의 마약퇴치센터를 설립하려는 협상이 1998년 결렬된 후 이러한 우려는 더욱 커졌다. 이러한 우려는 2001년 9월 11일 뉴욕과 워싱턴에 대한 테러공격 이후 파나마운하가 이후 테러범들의 공격 목표가 될 것이라는 관측과 더불어 더욱 짙어졌다.

2004년 선거에서 포퓰리즘을 내세운 마르틴 토리호스의 압도적인 승리에도 불구하고 이러한 걱정들은 불식되지 않았다. 토리호스는 아버지와 유사한 정책노선을 따르며 푸에르토리코의 독립운동을 지지하고 쿠바에 손을 내밀었다. 동시에 토리호스 행정부는 운하의 수용능력을 배가시켜 교통량을 늘리기 위한 파나마운하 확장프로젝트에 착수하였다. 2009년 경제에 대한 우려가 유권자들로 하여금 보수주의 성향의 재력가인 리카르도 마르티넬리를 대통령으로 선출하도록 이끌었고, 이로써 갑작스러운 정치적 선회가 이뤄졌다. 이것이 어떠한 변화의 전조가 되든지 간에 한 가지 사실만은 자명하였다. 파나마 경제는 계속해서 미국 경제와 밀접하게 연결되어 있을 것이다.

정치와 정책 : 니카라과

오랫동안 니카라과는 외부 강대국들, 특히 미국의 볼모였다. 19세기 내

윌리엄 워커 사건

지리적, 경제적 고려는 중앙아메리카를 관통하여 두 대양을 잇는 운하에 대한 관심을 오랫동안 고취시켜 왔다. 태평양과 카리브 해를 연결하는 호수와 강 시스템을 발견하는 데 실패하자, 설계자들과 몽상가들은 지협 운하의 가능성에 대해 생각하였다. 넓은 호수들과 산후안 강 때문에 니카라과는 운하 계획을 위한 적지로 보였다. 1849년 코넬리어스 밴더빌트와 그의 동업자들은 니카라과 자유당 정부의 허가를 얻었다. 이내 분규들이 발생했다. 코스타리카는 운하 노선의 동쪽 예상 종점에 대한 관할권을 주장하였다. 영국은 미국의 경쟁자들에게 방해가 되기를 바라며 코스타리카를 지지하였다. 1853년에 이르러 보수당이 니카라과에서 권력을 잡았고, 영토적 권리의 양도 없이 영국 편에 서기로 선택하였다.

실망한 자유당은 미국에 도움을 요청하였다. 그들이 얻은 것은 입심 좋고 머리가 비상한 테네시 주의 금욕주의적이고 개척근본주의적인 가정 출신의 윌리엄 워커였다. 젊어서 워커는 미국과 유럽에서 의학을, 이후 뉴올리언스에서 법을 공부하였다. 자유당과의 계약 아래에서 워커는 소규모 용병을 고용하여 1855년에 니카라과를 침공하였다. 그는 밴더빌트의 여객선 한 척을 나포하였고, 재빠르게 승리를 거두었다. 그리고 자신을 무장세력 수장으로 자칭하며 니카라과의 권위적 통치자로 자리를 잡았다.

미국 정부는 이 과정에 대해 관대한 태도를 취했다. 미국 시민이 타국의 내정에 개입한 것을 공공연히 용인한 것이다. 워커의 군대는 멕시코와의 1846~1848년 전쟁의 베테랑들로 구성되었고, 밴더빌트의 사업 경쟁자들에게서 지원을 받았으며, 미국 남부에서 이민자들을 받아들였는데, 이들은 노예들을 함께 데리고 왔다. 그러나 영국과 다른 라틴아메리카 국가들의 보수당들로부터 반대가 일었다. 워커는 1857년에 권력에서 축출되었다. 권력을 되찾으려 노력하던 그는 1860년 죽음을 맞이하였다.

그렇게 지속적인 영향을 남긴 '내전'이 종결되었다. 이 사건으로 자유당과 미국의 평판은 땅에 떨어졌고, 왜 니카라과에서 보수당이 19세기 중앙아메리카의 다른 나라들에서보다 더 오랫동안 집권할 수 있었는지를 설명해 준다.

내 니카라과는 탐욕스러운 투기꾼들의 끊임없는 관심을 받았다. 많은 투기꾼이 운하를 건설하려 하였고, 니카라과는 짧지만 불명예스러운, 윌리엄 워커의 독재를 경험하였다. 이러한 경향은 20세기까지 지속되었다.

워싱턴은 운하 경로 협상에서 외세의 득세에 완강하게 저항한 니카라과 독재자 호세 산토스 셀라야에 대해 강한 거부감을 보였다. 1909년 셀라야는 두 명의 미국 투기꾼에 대한 사형집행을 명령하였다. 미 국무장관 필랜더 C. 녹스는 셀라야를 "니카라과 역사의 오점"이라고 비난하며 미국 주재 니카라과 대사를 추방하였다. 미국은 셀라야에 반대하는 봉기를 지속적으로 지원함으로써 결국 셀라야의 대통령직 하야를 이뤄냈다.

재정적 혼란이 뒤를 이었다. 유럽의 채권자들이 채무 변제를 요구하기 시작하였다. 보수당 출신으로 1911년 새 대통령이 된 아돌포 디아스는 절망에 빠져, 니카라과의 내전 위협에서 미국의 경제적 이익을 보호하고 "이 보호를 공화국 국민 전체로 확대하기" 위한 군사적 지원을 미국에 요청하였다. 미국 대통령 윌리엄 하워드 태프트는 신속하게 해병대를 파병하였다. 재정위기 극복을 위한 계획이 뉴욕의 한 금융대기업의 보증을 얻었다. 이 기업은 투자에 대한 담보로 니카라과의 국립은행과 철도시스템 통제권을 인계받았다. 정치적, 경제적으로 니카라과는 미국의 완전한 보호령이 되었다. 이러한 상황은 1933년까지 지속되었다.

1920년대 중엽에 대통령 승계에 대한 논쟁이 일어났다. 미국은 신임하는 아돌포 디아스를 내세웠고 다음 선거를 관리하기로 합의하였다. 이러한 타협의 결과 자유당의 후안 바우티스타 사카사는 1932년에 대통령이 되었고, 미군 철수를 요구하였다. 뉴욕의 은행가들은 이미 자신들의 투자를 회수하였고 프랭클린 D. 루스벨트는 선린외교 정책을 막 공포하려던 참이었다. 1933년 미 해병대는 니카라과를 떠났다.

그러나 자유당 당원 중 한 사람인 아우구스토 세사르 산디노는 이러한 일련의 합의들의 수용을 거부하였다. 열렬한 애국주의자이자 민족주의자이자 사회주의적 중도파인 산디노는 미국의 개입과 니카라과의 협력주의자들에 저항하는 게릴라 투쟁을 벌였다. 산디노가 국민들에게 광범위한 지지를 얻자, 미국은 그의 지지자들 사이에 좌파가 있는 점을 우려하였고, 미 해병대를 산디노 토벌전에 합류시키기도 했다. 최종적으로 미군이 철수하자 산디노는 평화조건을 논의하기 위하여 사카사와 만나기로 합의하였다. 산디노와 그의 두 참모는 대통령궁을 나오자마자 제복을 입은 국가경비대 장교들에 의해 체포되어 처형되었다. 진정한 국가영웅인 산디노는 결국 순교자가 되었다.

그 직후 국가경비대가 니카라과 정치의 지배세력이 되었다. 수장은 아나스타시오 소모사 가르시아('타초') 장군이었는데, 그는 산디노의 처형을 명령한 잔혹한 폭군이었다. 그는 마침내 사카사를 내쫓고 1937년 대통령이 되었다. 자신과 자신의 가족을 위한 막대한 재산을 축적하며 소모사는 경제성장을 촉진하고, 토지지배층과 동맹을 맺었으며, 부지런히 미국 정부의 지원을 이끌어 냈다. 1956년 그는 암살자의 총격을 받고 미국령 파나마운하 지대에 위치한 병원으로 이송되었다. 소모사의 철저한 반공주의를 크게 고마워하던 미국 대통령 드와이트 D. 아이젠하워는 독재자의 생명을 구하기 위하여 자신의 주치의를 보냈다. 그럼에도 불구하고 소모사는 죽고 말았다.

소모사의 가내기업은 건재하였다. 장남인 루이스 소모사 데바일레는 1957년 대통령 선거에서 승리하였다. 1963년에는 소모사 집안의 신뢰할 수 있는 동업자인 레네 스치크가 대통령에 취임하였다. 그리고 권력은 웨스트포인트[미 육군사관학교] 졸업생이자 아버지처럼 국가경비대 대장인 작은아들 아나스타시오 소모사 데바일레에게 이어졌다. 이기적이고 부패한 소모사는 철권통치를 펼쳤다. 그러나 결국 그의 도를 넘는 행위는 니카라과 국민의 민심을 돌아서게 만들었다. 특히 막대한 피해를 입힌 1972년 지진 직후 마나과의 재건 과정에서 그가 막대한 이익을 얻었다는 루머가 국민적인 분노를 불러일으켰다.

대의기관의 완전한 부재는 소모사에 대한 효과적인 반대가 오직 한 가지 형태, 즉 무장투쟁의 형태를 취할 수밖에 없음을 의미하였다. 1960년대에 게릴라 운동이 등장하였다. 아우구스토 세사르 산디노의 이름을 딴 저항세력은 산디니스타[6]민족해방전선FSLN을 형성하는 데 힘을 모았다. 고통스러운 수년간의 투쟁 끝에 1979년 소모사 정권은 갑작스럽게 붕괴되었다.

1959년 이후의 쿠바에서와 마찬가지로 워싱턴은 좌파 혁명운동의 승리라는 결코 달갑지 않은 사건 전개에 직면하였다. 냉전 논리 안에서 이것은 사태의 위협적인(그리고 잠재적으로 수용할 수 없는) 전환이었다.

산디니스타들은 두 개의 포괄적인 정책 목표를 공포하였다. 첫번째 목표로 '독립적이고 비동맹적인' 대외정책의 실행을 요구하였는데, 이는 더 이상 미국에 종속되지 않겠다는 것을 의미하였다. 두번째 목표로는 균형 잡힌 발전과 사회경제적 정의를 달성하기 위한 '혼합경제'의 건설을 구상하였다. 산디니스타들은 또한 문맹, 보건, 교육과 같은 근본적인 문제들을 공략하였다. 이들의 경제적 과제는 역설적이게도 니카라과 경작 가능 토지의 약 20퍼센트를 포함하는 소모사 가족의 막대한 재산 덕분에 용이해졌다. 소모사 가족의 재산을 국유화함으로써 기존 토지귀족들의 완강한 반대를 야기하지 않고 농업개혁에 착수할 수 있었던 것이다.

새 정부는 처음에 고무적인 국제적 지원 신호를 받았다. 이들은 지미 카터가 대통령으로 있는 미국에 도움을 요청했고, 그는 처음에 7,500만 달러의 원조프로그램을 약속하였다. 그 이상의 실질적인 도움이 서유럽, 특히 서독, 프랑스, 에스파냐에서 제공되었다. 소련은 혁명을 격찬하며

6) '산디니스타'는 '산디노주의자' 혹은 '산디노 지지자'라는 뜻.—옮긴이

(실제적으로는 존재하지 않던) 교역관계를 강화하였는데, 국제적으로 통용되는 화폐로의 지원은 거의 제공하지 않았다. 그 사이 산디니스타들은 기본적인 생활수준의 향상을 도우려는 의사, 간호사, 교사, 보건엔지니어들로 구성된 약 2,500명의 쿠바인을 맞이하였다(CIA와 국무성이 숫자를 주의 깊게 체크했다). 산디니스타들은(그리고 쿠바인들도) 안팎으로부터 반혁명적인 공격이 있을 것으로 확신하였다. 그래서 정권을 보호하기 위해 쿠바의 군인, 경찰, 정보기관원들도 도착했다.

환희는 그리 오래 지속되지 않았다. 미국에서 공화당의 1980년 선거 정강은 공식적으로 "맑스주의적인 산디니스타들의 니카라과 집권"에 대하여 유감을 표시하였고, 그 후 레이건 행정부는 통상금지를 실행하고, CIA의 비밀공작을 허가하며, 심리전을 자행하는 등 산디니스타 정부를 무너뜨리기 위한 활동을 개시하였다. 아마도 더 중요한 것은 미국이 주로 전직 대통령 소모사의 군 장교들이 지휘하는 '콘트라'contras로 알려진 반혁명 망명군대를 지지하고 자금을 댄 사실일 것이다. 비록 콘트라의 군사적 성취가 제한적이긴 하였지만, 이들은 산디니스타 정부가 전체 예산의 절반을 국방에 지출할 수밖에 없도록 만들었다. 경제가 심각한 침체에 빠져든 데에는 이런 요인들도 부분적으로 작용했다. 생산량은 1987년에 4퍼센트, 1988년에 8퍼센트까지 떨어졌고, 인플레이션은 33,000퍼센트라는 상상할 수 없는 수준까지 도달하였다.

이러한 상황에서 1990년에 선거가 치러졌다. 다니엘 오르테가를 후보로 내세운 산디니스타들은 승리를 확신하였다. 전국야당연합(UNO)의 수장은 1978년 소모사 추종자들에 의해 살해된 저명 언론인의 미망인인 비올레타 바리오스 데 차모로였다. 대부분의 분석가들의 예상을 깨고 총득표에서 야당연합이 54.7퍼센트를, 산디니스타들이 40.8퍼센트를 차지하였다. 당시 국제참관인으로 와 있던 지미 카터의 재촉으로 오르테가는 패배를 인정하는 품위 있는 연설을 하였다.

차모로는 싸움의 끝을 선언하였고, 취임식에서 정치범의 '무조건적인 사면'과 징병 중지를 공포하였다. 그럼에도 불구하고 그녀는 정치기반을 공고히 할 수 없었다. 8억 6천만 달러가 넘는 외국인직접투자와 2억 달러가 넘는 외채 삭감 덕분에 차모로의 경제팀은 인플레이션을 낮출 수 있었다. 그러나 전체적인 성장은 여전히 부진하였다. 실업률은 1990년 12퍼센트에서 1993년 22퍼센트로 올랐고, 불완전 고용률은 28퍼센트였다. 오늘날 '레콘트라'recontras로 알려진 예전의 콘트라와 '레콤파'recompas로 알려진 해산된 산디니스타들 간에 작은 충돌이 종종 발생하였다. 그러나 양측은 1994년 4월 평화협정을 수용하였다. 그럼에도 불구하고 중앙정부가 농촌지역에서 법과 질서를 유지할 능력이 없음이 입증되면서 산발적인 충돌이 계속되었다.

1990년대 말에는 정치적인 이슈들이 이목을 끌었다. 1995년 2월 일련의 헌법 개정은 대통령 임기를 6년에서 5년으로 단축시켰고, 연임을 금지하는 조항을 두었으며, 오랫동안 지속된 족벌정치의 잔재에 종지부를 찍기 위하여 가까운 친인척이 대통령직을 승계하는 것을 금지하였다. 그러나 이러한 조건들은 거의 지켜지지 않았으며 1996년 선거에서 우익정당인 자유연합Alianza Liberal의 아르놀도 알레만 라카요에게 승리가 돌아갔다. 이듬해에 알레만은 고통스러운 국민대화합 과정을 진척시키기 위한 조치들을 단행하였다. 레콘트라와 최종합의에 도달하였고 1980년대에 몰수된 재산에 대하여 산디니스타들과 타협을 이루었다. 1998년 초 IMF가 경제 구조조정을 위한 제2차 대규모 차관을 승인하였다. 상황이 좋아지고 있는 것처럼 보였다.

이때 1998년 10월 허리케인 미치가 이 지역을 강타하였다. 엄청난 호우를 퍼부은 미치는 니카라과에 어마어마한 사상자를 남겼다. 거의 3천 명이 죽고, 약 1천 5백 명이 실종되거나 부상당했으며, 최소 10억 달러 이상의 피해가 발생하였다. 미치는 경제적 손실, 인적 손실 이외에 정치적 손상도 입혔다. 알레만은 국가비상사태를 선포하는 데 실패하였고, 국제적인 구호 노력을 수포로 만들었으며, 경악할 수준의 전반적인 무능력을 보여 주었다. 산디니스타들 역시 별로 나을 게 없었다. 당수인 다니엘 오르테가가 의붓딸에 대한 아동학대 혐의로 공개적으로 고발을 당했다.

루머의 소용돌이 속에서 진퇴양난에 빠진 두 지도자 알레만과 오르테가는 2000년 1월 정치적 합의에 도달하였다. 이들의 분명한 목적은 양당에 의한 니카라과 정치의 지배를 확고히 하는 것이었다. 이들은 알레만이 원하는 재선 허용과 산디니스타들이 지지하는 선거 단일라운드제의 수립을 위한 헌법 개정을 발의하였다. 2001년 11월 선거에서 알레만의 입헌자유연합당Partido Liberal Constitucionalista, 구 자유연합 후보인 엔리케 볼라뇨스 헤예르가 승리하였다. 취임 직후 볼라뇨스는 알레만과 결별하였다. 알레만은 부패 혐의로 가택연금 되었고, 이후 수감되었다. 그러나 의회 내 지지기반이 취약한 볼라뇨스는 국정운영이 어렵다는 것을 깨달았다. 국제적인 지원을 얻기 위해 그는 2003년 초 이라크에 대한 미국의 입장을 지지하였고 같은 해 말에는 미-중미 자유무역협정에 흔쾌히 서명하였다.

산디니스타들은 2006년 다니엘 오르테가가 알레만과 제휴하여 38퍼센트의 득표율로 대통령 선거에서 승리하며 인상적인 복귀를 준비하였다. 2년 후 산디니스타들은 지방자치단체장 선거에서 146개 선거지역 중 94개 선거지역에서 승리하였다. 그럼에도 불구하고 니카라과는 심각하게 양극화되었다. 중앙아메리카에서 가장 가난한 나라인 니카라과는 여전히 불확실한 미래에 직면하고 있다.

정치와 정책 : 엘살바도르

니카라과의 북쪽에 위치한 엘살바도르는 유사한 시기에 혼란에 직면하였다. 중앙아메리카의 다른 국가들과 마찬가지로 과두지배층이 실질적으로 19세기 내내 지배적이었다. 일련의 법률들은 '카토르세'라 불리는 14개 가문으로 구성된 소수의 귀족집단이 토지를 강탈하고 점유할 수 있는 길을 열어 주었고, 이들의 토지는 나날이 확대되었다. 엘살바도르의 주요 수출작물은 커피로, 교역이 활발하였다. 1907년부터 1931년까지 정치권력은 멜렌데스 일가의 손에 있었다.

농민들은 이와 같은 상황을 수동적으로 받아들이지 않았다. 토지의 상실에 분노한 이들은 1870~1900년 사이에 네 차례의 봉기를 일으켰다. 이러한 운동들은 모두 진압되기는 하였으나, 멕시코의 사파타 지지자들처럼 엘살바도르의 농촌 주민들은 자신들의 권리를 위해 싸울 의지가 있다는 메시지를 전달하였다.

1930년 5월 8만 명의 군중이 산살바도르의 중심가에서 임금과 생활조건의 악화에 항의하는 시위를 벌였다. 다음 해에는 이상주의적인 지주이자 영국 노동당의 열성적인 지지자인 아르투로 아라우호가 학생, 농민, 노동자의 지지에 힘입어 대통령 선거에서 승리하였다. 다소 순진하게도 그는 1931년 12월 지자체 선거에 엘살바도르공산당의 참여를 허용할 것이라고 공포하였다. 이러한 전망에 격앙된 군부는 그를 자리에서 내쫓고 우익 성향의 막시밀리아노 에르난데스 마르티네스 장군을 대통령에 추대하였다.

농민 봉기가 일어났고, 1932년 1월에는 과테말라와 엘살바도르 북서지역의 화산대에서 화산이 분출하면서 마체테[7]로 무장한 인디오들이 협곡과 산 중턱의 밀림을 떠나 마을들로 내려왔다. 산디노의 동지로 니카라과에서 함께 싸운 헌신적인 공산주의자인 아구스틴 파라분도 마르티가 이끄는 농민들이 지주들을 살해하였고 온 나라가 혼란에 빠져들었다.

에르난데스 마르티네스는 이를 잔혹하게 진압하기 시작하였다. 군대를 봉기 지역에 투입하였고, 인종말살전쟁의 양상을 보였다. 인디오나 인디오를 닮은 사람들은 정부군의 공격을 받았다. 이 와중에 1만 명에서 2만 명에 이르는 엘살바도르 국민이 목숨을 잃었다.

1932년 사태는 몇 가지 메시지를 남겼다. 농민들은 자신들을 파멸로 이끈 도시 출신 혁명가들을 불신하게 되었다. 인디오들은 안전을 위해 고유의 풍습과 의복을 버리기 시작하였다. 정치 영역에서는 좌파가 농촌 지역, 특히 개혁주의적 대안이 부재한 지역에서 여전히 지지자를 만들어 낼 수 있다는 결론을 내렸다. 우파 역시 나름대로 혹독한 교훈을 얻었다. 국민의 동요는 억압으로 처리해야 하고, 안보는 군부통치를 통해 유지될 수 있다는 것이었다. 14개 대지주 가문의 동의와 지지 속에서 군부가 1970년대까지 정부를 이끌었다.

개혁주의적 도전은 기독교민주당의 창립자인 호세 나폴레온 두아르테에게서 시작되었다. 산살바도르 시장 시절1964~1970 활동적이고 주관이 뚜렷했던 두아르테는 지식인, 전문직 종사자, 기타 도시중산층 사이에 강력한 지지기반을 구축하였다. 기독교민주당은 선거를 통한 평화적인

7) 칼과 낫을 겸하는 도구로 밀림에서 길을 내거나 사탕수수 등을 벨 때 사용한다.—옮긴이

개혁에 전념하였다. 두아르테가 1972년 대통령 선거에서 승리하였지만, 이를 거부하는 군부의 쿠데타에 의해 아르투로 아르만도 몰리나 대령이 정권을 잡았다. 두아르테는 수감된 후 고문을 받았고, 결국 망명길에 오르게 되었지만 결코 정치무대에서 사라지지 않았다.

농민들의 상황은 더욱 열악해졌다. 커피 수출은 호황이었지만, 가난한 사람들은 여전히 고생하였다. 농촌에 거주하는 인구의 약 80퍼센트가, 1975년에는 전체 농민의 약 40퍼센트가 땅 한 뼘 없었다. 이는 12퍼센트에 불과하였던 1960년과 비교할 때 엄청난 변화였다. 점점 더 토지를 얻을 수 있는 기회가 줄어들자 엘살바도르의 농촌 주민들은 봉기를 준비하기 시작하였다.

1970년대 내내 개혁지향적인 대통령 후보가 나타나지 않았다. 선거를 통한 변화는 이제 불가능한 것처럼 보였다. 1977년 선거는 군부에 의해 철저히 통제되었고, 그 결과는 카를로스 움베르토 로메로 장군의 당선으로 나타났다. 그는 공공질서수호보장법을 통해 억압수단들을 합법화하였다. 여론을 표출하기 위한 대안 수단으로 수많은 반체제 세력이 비폭력적인 변화노선을 추구하는 비정치집단인 '민중조직'으로 선회하였다. 때때로 두아르테와 같은 망명인사들이 조직한 민중조직들은 다시 부흥한 로마가톨릭교회의 지지와 격려를 얻기도 하였다.

교회의 부활은 당시 가장 결정적인 추이 중 하나로 인식되었다. 이러한 경향은 1960년대 초 제2차 바티칸 공의회와 1968년 콜롬비아 메데인에서 개최된 라틴아메리카 주교회의라는 두 가지 사건에서 시작되었다. '해방신학'의 토대가 된 메데인 회의에서는 자본주의와 공산주의를 인간의 존엄성에 대한 모욕으로 똑같이 비난하고, 기아와 빈곤은 부자와 권력자들의 잘못이라 탓하였다. 이러한 불평등을 시정하기 위하여 주교들은 교육, 사회적 각성, 가톨릭신자들의 소규모 풀뿌리조직인 기초공동체의 구축을 요구하였다.

이러한 사건들은 당시 오스카르 아르눌포 로메로 대주교를 수장으로 하는 엘살바도르 가톨릭교회에 큰 충격을 주었다. 억압이 가중되자, 교회는 실제로 로메로 대주교를 통해 "평화적인 수단이 완전히 고갈되었을 때, …… 봉기는 정당하다"고 선언하였다. 어느 누구도 폭력에서 자유로울 수 없었다. 1980년 로메로 대주교 자신이 산살바도르 대성당에서 총격으로 살해되었다. 정치적 개혁을 위해 수많은 사람이 신학적 구원의 길을 따랐다.

연립정부의 구성에도 불구하고 상황은 더욱 악화되었다. 군부 내 우익세력과 준군사조직인 '암살단'은 모든 반체제 세력을 '공산주의자'로 매도하며 탄압의 강도를 높였다. 한 달 동안 1천 명이 살해되는 경악스러운 상황이 계속되었다. 국방장관인 호세 기예르모 가르시아 장군을 제외한 내각 전체가 항의의 표시로 총사퇴하였다. 기독교민주당 내 자유주의 세력은 연립정부에서 탈퇴하였다. 보수주의자로 변모한 두아르테는 이러한 진퇴양난 상황에서 정부 수반의 자리에 올라 농지개혁을 위한 계획을 발표하였다.

당시 야당 세력은 지하에서 활동하였다. 가장 중요한 조직은 1932년 봉기 당시 지도자의 이름을 딴 파라분도마르티민족해방전선FMLN이었다. 1980년 말 4명의 미국 국적 여성 ── 3명의 수녀와 1명의 평신도 사역자 ── 이 잔혹하게 살해당하는 사건이 발생하였다. 카터 행정부는 이러한 인권유린에 강력하게 항의하였고, 두아르테는 철저한 조사를 약속하였다. 1981년 초 사회변혁이나 인권보다는 냉전 반공주의에 경도된 레이건 행정부는 요구를 누그러뜨렸다. 1982년 중반에는 일부 국가경비대 하급대원들이 범죄에 연루되었다. 그러나 가벼운 처벌만 받았다. 미국 정부의 암묵적인 지원 속에서 두아르테 정권은 국제적인 공분을 딛고 살아남았다.

워싱턴에서는 노트르담대학교 출신이자 미국 정책결정자들이 좋아하는 두아르테가 맑스-레닌주의 게릴라들의 지지기반에 타격을 줄 수 있는 개혁 프로그램을 단행하기를 바라는 기대감이 높았다. 사실 두아르테는 산살바도르에서는 워싱턴에서만큼 유능하지 않았다. 파라분도마르티민족해방전선 게릴라들은 고도로 훈련되어 있었고 수년 동안 통제해 온 지역에 기반을 굳히고 있었다. 두아르테 정부는 상당량의 토지를 재분배하였다. 그러나 제3세계에서 가장 열악한 상황에 처해 있는 빈곤층과 부자들 간의 격차를 가져온 과두지배층을 축출시킬 수는 없었다.

미국 내 여론이 중요한 변수가 되었다. 1983년 초를 기준으로 레이건 행정부가 엘살바도르에 제공한 경제원조는 2억 500만 달러, 군사지원은 2,600만 달러에 달하였고, 의회에 지원규모의 증액을 요청한 상태였다. 미국 내부에서는 자유주의 성향의 의원들과 종교단체를 중심으로 엘살바도르 원조에 대한 반대 여론이 커져 갔다. 특히 가톨릭교회는 1980년 4명의 미국 국적 여성 가톨릭신자가 살해된 사건에 대하여 여전히 분노를 감추지 못했다. 미국 내의 심화된 반대여론은 "엘살바도르는 에스파냐어를 쓰는 베트남이다"라고 적힌 자동차 범퍼 스티커를 통해 확인할 수 있었다.

전투는 지방에서 계속되었다. 파라분도마르티민족해방전선 게릴라들은 간헐적으로 급습하였다. 미군 '교관들'trainers(베트남을 연상시키지 않기 위해 '고문단'advisers이란 용어를 사용하지 않았다)의 지원을 받는 정부군은 전면적인 수색섬멸작전을 실행에 옮겼다. 게릴라와 정부군 양측

미국의 대 중앙아메리카 정책은 1980년대에 대중적인 논쟁과 논전을 크게 불러일으켰다. 위의 그림에서 만평가 토니 오스는 레이건 대통령의 주장과 반대 목소리를 내는 데 주저하는 미국 의회를 풍자하고 있다. 아래 그림에서 스티브 벤슨은 미국의 이익에 대한 좌익의 위협을 극화하고 있다. (UP통신의 허가를 얻어 리프린트. 저작권법에 의해 보호를 받는 저작물임)

에 대한 마을주민과 농민들의 두려움이 커져 갔다. 10년 동안 지속된 전투는 교착상태에 빠졌다. 이 와중에 7만 5천 명이 목숨을 잃었다.

1989년 3월 대통령 선거에서 보수주의 성향의 국민공화연맹ARENA이 53퍼센트의 득표율로 결정적인 승리를 거두었다. 많은 평자들은 정치 경험이 없는 건장한 플레이보이인 크리스티아니가 우익세력의 꼭두각시에 불과할 것이라고 믿었다. 당선 후 몇 달 뒤 여섯 명의 예수회 사제가 잔혹하게 살해되었다. 군부의 지원을 받는 암살단에 의한 살해가 분명해 보였다. 크리스티아니는 정부가 나서서 살인범들을 체포하여 처벌할 것이라고 엄숙하게 선언하였다. 그러나 실제로 이뤄진 것은 거의 아무것도 없었다. 다시 한 번 우파 정권은 인권에 관심을 기울이는 데 인색하였다.

그렇지만 크리스티아니는 유엔의 감독 하에 파라분도마르티민족해방전선과 협상하는 데 동의하였다. 1992년 초 정부와 파라분도마르티민족해방전선은 평화와 개혁을 위한 역사적인 협정에 서명하였다. 파라분도마르티민족해방전선은 군의 역할과 규모 축소 및 극악무도한 인권 유린자들의 처벌을 포함하는 광범위한 정치구조와 군조직의 개혁을 대가로 무장해제를 약속하였다. 1992년 12월까지 파라분도마르티민족해방전선은 휘하 게릴라 조직의 무장을 해제하고 합법적인 정당이 되었다. 이로써 파라분도마르티민족해방전선은 엘살바도르에서 두번째로 큰 정치세력으로 자리를 잡았다.

이후 선거에서는 세 번 연속 우익 국민공화연맹의 후보들이 승리를 하였다. 1994년에는 아르만도 칼데론 솔이, 1999년에는 프란시스코 플로레스 페레스가, 2004년에는 토니로 불리는 안토니오 사카가 대통령에 당선되었다. 생각하지도 않았던 일이 일어난 것은 2009년에 이르러서였다. 파라분도마르티민족해방전선의 마우리시오 푸네스가 (선거부정에 대한 큰 비난도 없이!) 51.3퍼센트의 득표율로 대통령 선거에서 승리하였다. 새날이 밝았음에도 불구하고 국민공화연맹의 열성지지자들은 여전히 공산주의에 의한 정권 탈취의 위험을 우려하였다. 이 작지만 아름다운 땅 전역에 냉전의 반향이 여전히 울려 퍼지고 있었다.

정치와 정책 : 과테말라

과테말라는 오랜 독재의 역사를 가지고 있다. 라파엘 카레라가 1865년에 사망한 이후, 후스토 루피노 바리오스가 12년 독재1873~1885를 펼쳤고, 마누엘 에스트라다 카브레라가 중앙아메리카에서 가장 오랫동안 지속된 1인 정권인 22년간의 철권통치1898~1920를 이어갔다. 1931년에 호르헤 우비코 장군은 권력을 잡자마자 신생 공산당을 무너뜨리기 위한 캠페인을 펼쳤다. 우비코는 커피 농장주들에게만 의존하지 않고 채무노예제를 철폐하여 농업노동자들 사이에서 잠정적인 토대를 구축하였다. 국립경찰이 법과 질서를 유지하였다. 한번은 우비코가 다음과 같이 말하였다. "나는 친구가 없다. 오직 길들인 적들만 있을 뿐이다."

파업과 시위의 물결은 1944년 7월 우비코의 하야를 이끌었다. 군부 삼두정치가 그를 대신하였다. 그러다가 군부 삼두정치는 젊은 장교그룹에 의해 축출되었다. 이렇게 10년간의 변화의 시작을 알리는 1944년 10월 혁명이 발발하였다.

1945년 과테말라 국민은 '영적 사회주의'에 대한 신념을 천명한 이상주의적 대학교수인 후안 호세 아레발로 베르메호를 대통령으로 선출하였다. 아레발로는 1917년 멕시코헌법을 부분적으로 모델로 삼은 진보적인 1945년 신헌법의 공포를 감독하였고, 노동자와 농민의 조직화를 권장하였다. 1945년과 1950년 사이에 임금이 80퍼센트까지 올랐다. 아레발로는 교육을 비롯한 다른 개혁들도 추진하였다. 그러나 진전이 쉽지 않았다. 5년간의 통치기간 동안 아레발로는 22회 이상의 군사쿠데타를 겪어야 했다.

1950년 아레발로는 같은 해 선거에서 중도-좌파 연합을 이끈 당시 국방부장관 하코보 아르벤스 구스만 대령에게 대통령직을 넘겼다. 1944년 10월 혁명의 중심인물인 아르벤스는 엄청난 사회적 이슈들을 양산하였는데, 이중 일부는 부유한 엘살바도르 지배층 가문 출신의 부인 마리아 빌라노바의 주장에서 비롯되었다. 아르벤스는 선거 기간 동안과 그 이후에도 공산당의 지지를 수용하였다. 그는 진정한 개혁가였다. 취임식에서 아르벤스는 과테말라의 미래에 대한 자신의 희망을 밝혔다.

> 우리 정부는 과테말라의 경제발전을 향한 행진을 시작하고자 한다. 그리고 기본 목적 세 가지를 제안한다. 첫째, 우리 조국을 반半식민지 경제의 의존적 국가에서 경제적으로 독립된 국가로 변화시킨다. 둘째, 과테말라를 봉건경제 후진국가에서 근대자본주의 국가로 변화시킨다. 셋째, 우리 국민의 생활수준을 가장 높은 수준으로 끌어올리는 방식으로 이러한 변화를 만든다.

아르벤스는 이러한 목표들을 달성하기 위하여 과테말라가 지역 민간부문을 강화할 필요가 있다고 말하였다. "국가의 기본적인 경제활동은 지역 민간부문의 손에 달려 있다." 외국자본은 과테말라 법률을 준수하는 한 환영받을 것이나 "과테말라의 사회문제와 정치문제에 대한 개입은 엄격하게 제한된다." 마지막으로 아르벤스는 과테말라가 농업개혁 프로그램을 시작할 것이라고 선언하였다.

아르벤스는 재빠르게 일에 착수했다. 그는 대서양 연안 공공항구의 건설과 동-서 고속도로의 건설을 허가하였다. 그는 입법부가 소득세 법안을 분명히 승인하리라 확신하였다. 이 법안은 완화된 형태의 온건한 제안이지만 과테말라 역사상 최초의 소득세 법안이었다. 그는 공공노동 확대와 석유를 포함하는 에너지자원의 개발을 추진하였다.

아르벤스 의제의 핵심은 농업개혁이었다. 1952년 6월에 제정된 농업개혁 법안은 거대 플랜테이션의 미경작 지역을 정부가 수용할 수 있는 권한을 부여하였다. 수용된 모든 땅은 이자율 3퍼센트의 25년 채권으로 지불하고, 토지 가격은 1952년 5월 기준 과세가격에 따라 결정하도록 하였다. 18개월의 농지개혁 기간 동안 150만 헥타르가 약 10만 가구에 분배되었다. 수용된 토지에는 부인의 결혼지참금으로 지주가 된 아르벤스 본인 소유의 토지 1,700헥타르가 포함되었다.

아르벤스의 농업개혁은 곧바로 유나이티드 프루트와 미국 정부의 완강한 반대라는 심각한 장애에 직면하였다. 프루테라는 개혁에 저항하는 명백한 이유를 가지고 있었다. 이 회사는 과테말라에 막대한 토지를 보유하고 있었고, 이중 85퍼센트가 활용되지 않거나, 회사의 주장대로라면 자연재해를 대비한 예비지였다. 그리고 세금납부 과정에서 유나이티드 프루트에서는 지속적으로 소유지를 저평가하였다(세금신고를 토대로 1953년 과테말라 정부는 수용재산에 대한 보상금으로 유나이티드 프루트에 62만 7,572달러를 주겠다고 제안했다. 이에 미국 국무부는 유나이티드 프루트를 대신하여 1,585만 4,849달러를 요구하며 맞섰다).

워싱턴은 이 문제에 깊숙이 관여하였다. 예를 들어 존 포스터 덜레스 국무장관과 그의 동생인 앨런 덜레스 CIA국장은 유나이티드 프루트와 밀접한 관계를 가진 뉴욕의 한 로펌 출신이었다. 이 회사의 워싱턴 로비스트는 아이젠하워 대통령이 신뢰하는 보좌관이자 국무부 차관인 월터 베델 스미스 장군과 사이가 가까운 유명 변호사인 토머스 코코란이었다. 월터 베델 스미스 장군 역시 한때 유나이티드 프루트의 경영직에 관심이 있었다. 그러나 워싱턴에서 전개된 반공독트린이 개인적인 관계들보다 더욱 중요하였다.

미국의 정책결정자들은 라틴아메리카와의 관계에서 강경한 반공노선을 추진하고 있었다. 1947년 리우협약[8]은 미국이 바라던 대로 대내외적으로 라틴아메리카에서 공산주의의 확산을 저지하기 위한 집단행동의 기틀을 마련하였다. 1953년 초 존 포스터 덜레스는 분명히 라틴아메리카에 대하여 걱정하였는데, 그는 당시 라틴아메리카의 상황이 공산주의 운동이 시작된 1930년대 중엽 중국의 상황에 비견할 만하다고 말하였다. "만약 우리가 조심하지 않는다면, 어느 날 아침에 깨어 신문에서 1949년 중국에서 발생한 것과 똑같은 일이 남아메리카에서 발생하였다는 사실을 읽게 될 것이다." 시험대는 과테말라일 것이다.

유나이티드 프루트의 홍보 담당자들과 덜레스 형제는 아르벤스 정부가 공산주의에 "무르다고" 비난하며 미국과 자유세계 전체에 대한 위협으로 낙인찍었다. 이들은 과테말라에서의 패배가 소련의 파나마운하 점령을 가져올 수 있다는 두려움을 양산하였다. (소위 도미노 이론을 이용하여) 과테말라가 함락되면 나머지 중앙아메리카 국가들도 마찬가지가 될 것이라고 경고하였다. 그러나 핵심의제는 농업개혁이었다. 정치문화 전문잡지 『뉴리더』의 대니얼 제임스와 같은 언론인들은 공산주의자들이

---

8) 리우조약 혹은 미주상호원조조약이라고도 부른다.—옮긴이

이 계획을 과테말라를 장악하기 위한 디딤돌로 이용할 것이라고 경고하였다. 그의 의도가 무엇이었든지 간에 미국은 아르벤스가 러시아인들의 "꼭두각시"에 불과하다고 주장하였다.

1953년 8월에 미국은 행동에 나서기로 결정하였다. 존 포스터 덜레스는 미주기구에서 과테말라를 아메리카 외부의 강대국(소련) 첩자라고 낙인찍고, 1947년 리우협약에 따라 미주기구가 집단행동에 나서야 한다고 주장하였다. 비록 라틴아메리카의 지도자들이 이러한 주장에 반대하였지만 아르벤스는 미국의 개입이 임박했음을 깨달았다. 아르벤스 정부는 국내의 반대를 엄중하게 단속하는 한편, 동유럽에서 소형무기를 구입하였다. 이러한 상황은 1954년 5월까지 지속되었다. 그 사이 아이젠하워 행정부는 나날이 더욱 직설적인 언어로 과테말라 내 미국 자산(물론 유나이티드 프루트를 의미한다)에 대한 보상을 요구하고 있었다.

개입을 위한 미주기구의 지지를 얻는 데 실패하자 미국 정부는 비밀공작을 선택하였다. CIA는 잘 알려지지 않은 변절자인 과테말라 출신 카를로스 카스티요 아르마스 대령을 수장으로 하는 반정부군의 침공을 조직하였다. 반정부군 수백 명이 온두라스와의 국경에 집결하였다. 이들은 CIA의 장비 지원과 지시를 받았다. CIA는 반정부 라디오방송국을 세우고 운영하였으며 과테말라시Guatemala City에 폭격을 가하기 위하여 2차 세계대전에서 사용된 폭격기 몇 대를 제공하였다. 이러한 공격을 받으면서, 또한 대규모 반정부군이 수도로 접근하고 있다고 확신한 아르벤스는 의지를 상실하고 저항을 포기하였다. 카스티요 아르마스 반정부군은 실제로 저항 없이 수도에 입성하였다.

신정부는 공산주의자와 급진민족주의자들을 숙청하였고, 유나이티드 프루트 토지의 수용을 원상태로 복귀시켰으며, 1955년 미국과의 상호

방위협정에 충실히 서명하였다. 미션이 완수되었다. 정도를 벗어난 중앙아메리카의 한 공화국이 저렴하고 효율적인 CIA 작전에 의해 원래 자리로 되돌려 놓아졌다.

라틴아메리카의 민족주의자들은 미국의 과테말라 개입을 강력하게 비난하였다. 그리고 오늘날까지 이 사건은 자국 이익만 생각하는 미국의 행동에 대한 상징으로 남아 있다. 그렇다 할지라도 아르벤스 정권의 운명은 향후 미국 기업들에 대한 도전을 고려하는 민족주의 지도자들에게 경고 역할을 할 것이다.

1954년 쿠데타는 과테말라 역사의 전환점이었다. (아레발로와 아르벤스로 대변되는) 정치적 중도세력이 사라졌다. 과테말라에는 오직 하나의 좌파와 하나의 우파만이 남았고, 우파가 통치하였다. 커피 농장주, 다른 지주, 외국인 투자자, 그리고 그 하수인들이 우익군사정권의 비호 아래에서 권력을 회복하였다. 통치자는 바뀌었지만, 이러한 흐름은 1990년대까지 지속되었다. 지도자가 더 많이 바뀔수록 체제는 더욱 동일하게 남았다.

정치와 정책 : 도미니카공화국

워싱턴의 아르벤스 정부 전복은 라틴아메리카에서 미국의 개입이 확대되는 것을 두려워하는 사람들에게는 불길한 징조였다. 이 사건은 지역 문제에 대한 달갑지 않은 간섭의 실례를 제공하였다. 그러나 이러한 경향은 지속되었다.

에스파뇰라 섬의 전략적 위치 때문에 19세기 초까지 유럽 열강이 아메리카 대륙에 개입하는 것을 막아 온 미국은 이 섬을 중요하게 여겼다.

이 섬의 무정부상태와 혼란은 미국이 여러 차례에 걸쳐 개입하게 만들었다. 1916년부터 1924년까지 미 해병대는 이웃국가인 아이티와 마찬가지로 도미니카공화국을 점령하였다. 게릴라를 소탕하기 위해 국가경비대가 창설되었다. 점령세력의 가장 뛰어난 추종자들 중에 라파엘 레오니다스 트루히요가 있었다. 그는 야심 많은 군인으로 실제로 아메리카 대륙에서 가장 잔혹한 독재자들 중 한 명이었다.

수출가격의 상승을 이끈 1차 세계대전 덕분에 미국의 점령 기간 동안 도미니카공화국의 경제조건은 향상되었다. 미군은 도미니카공화국의 기반시설을 강화하였고 교육시스템을 개선하였으며 공공재정을 통제하였다. 그럼에도 불구하고 혹평가들은 지역 시장 내에서 조악한 미국산 상품들의 '덤핑'과 지역민에 대한 침략자들의 일반화된 멸시를 비판하였다.

1922년 미국과 도미니카공화국의 지도자들은 임시정부 구성에 합의하였다. 2년 후 선거를 통해 오랫동안 존경을 받아 온 정치가인 오라시오 바스케스가 대통령이 되었다. 그러나 1929년 바스케스는 라틴아메리카의 수많은 지도자들이 저지른 실수를 똑같이 범하였다. 즉, 임기를 연장하기 위해 개헌을 시도하였다.

봉기가 일어났고, 트루히요는 1930년 선거에 입후보하였다. 승리를 위해 자신의 권력기반(국가경비대)을 이용하는 등 모든 수단을 동원한 끝에 그는 95퍼센트의 득표율로 대통령에 당선되었다. 그는 재빨리 정적들을 무대에서 내쫓기 시작하였다. 미래는 트루히요의 것이 되었다.

수많은 독재자와 마찬가지로 트루히요는 국가의 자원을 개인의 치부를 위해 이용하였다. 1950년대에 도미니카공화국의 연평균 성장률은 8퍼센트였다. 인상적인 수치이지만 그 혜택은 일반 국민에게 도달하지 않았다. 많은 국가 소득이 외국은행 계좌에 은닉되었다. 그 사이 농민과 노동자들은 지독한 가난 속에서 고생하였다. 역설적이게도 경제 번영은 트루히요와 그에게 아첨하는 지지자 그룹 간의 불화를 심화시켰다. 그가 자신의 이익을 추구할수록 협력자들의 불만은 커져 갔다. 가장 엄청난 탈법행위는 설탕산업의 개인적인 탈취였다. 1957년 트루히요는 국내 설탕생산의 70퍼센트 이상을 장악했다. 1961년 쿠데타와 그의 암살을 계획하고 조종한 것은 그의 적이 아니라 옛 친구와 패거리들이었다.

1962년 공정한 자유선거에서 전직 언론인이자 사회개혁가인 후안 보쉬가 승리하였다. 그는 농업개혁 프로그램의 일부로서 트루히요 소유의 토지를 몰수한 후 재분배하려 하였다. 대중의 몫을 확대하려는 그의 노력은 전통적인 지배층 사이에서 불만을 야기하였다. 이들은 보쉬의 혁신을 위험한 '공산주의적' 변화로 보았다. 1963년 군사쿠데타로 보쉬가 축출되었고, 그를 다시 대통령에 앉히기 위한 반쿠데타가 일어났다. 무장세력과, 주로 노동자와 학생들로 구성된 보쉬를 지지하는 '헌정주의자'들 간의 갈등은 내전으로 이어졌다.

갈등이 심화되자, 미국 정부는 미주기구를 통해 다른 라틴아메리카 국가들의 참여를 끌어내고자 하였고, 우익 군사정부 치하의 파라과이와 브라질로부터 긍정적인 대답을 얻을 수 있었다. 그러나 '미주평화유지군'을 창설하려던 존슨 행정부의 시도는 개입을 정당화하는 데 실패하였을 뿐만 아니라 미주기구의 신뢰도를 떨어뜨림으로써 이 국제기구의 약화를 초래하였다.

미국의 개입은 과도정부의 구성과 1966년 6월 선거로 이어졌다. 승리는 트루히요 정권에서 관직을 지낸 친미 성향의 호아킨 발라게르에게 돌아갔다. 워싱턴의 전폭적인 지지 속에서 발라게르 정부는 일련의 중요한 발전주의 프로그램에 착수하였다. 주택이 건설되고 토지가 분배되었다. 교육 역시 강화되고 개선되었다. 긴축경제 프로그램들은 국제수지상의 심각한 문제들을 감소시켰다. 이와 같은 도전들을 지원하기 위한 미국의 원조는 1964년에 이미 1억 3,200만 달러를 넘어섰다. 농업생산량이 반등하고, 외국인 투자도 이에 반응하였다. 실질적인 경제성장이 나타났다.

도미니카공화국의 군부 역시 온건한 개혁을 단행하였고, 정권에 반대하는 인사들은 외교업무 수행이라는 명목으로 해외로 보내졌다. 빈곤과 박탈감에도 불구하고 민주주의로의 이행은 계속되었다. 1970년과 1978년에는 선거가 소소한 위협을 겪기도 했다. 선거결과를 무효화시키려는 군부의 위협이 있었기 때문이다. 그러나 두 번 모두 결과는 변하지 않았다. 발라게르를 반대하는 세력이 1978년과 1982년 선거에서 승리하기도 하였으나 발라게르는 1986년, 1990년, 1994년 선거에서 연이어 승리하면서 권력을 이어갔다.

발라게르가 마침내 공직생활을 마감하였을 때, 열성적인 지지자들의 반대가 정국을 휘감았다. 1996년 선거의 승리는 능력과 카리스마를 겸비한 정치가인 레오넬 페르난데스 레이나에게 돌아갔으나, 그는 상하양원에서 여소야대의 상황에 직면해야 했고, 의회는 행정부의 정책 집행을 마비시켰다. 2000년 선거에서는 이폴리토 메히아가 승리하였다. 메히아는 도미니카공화국 최대 은행 중 하나를 파산시키는 데 앞장섰는데, 이 스캔들은 정치인들에 대한 국민의 신뢰를 떨어뜨리는 결과를 가져왔다. 2004년 5월 선거에서는 여당 내의 반대에도 불구하고 메히아가 재선에 도전하였다. 엄청난 선거자금을 사용했음에도 불구하고 결국 페르난데스 레이나에게 참패하였고, 페르난데스 레이나는 2008년 대통령에 재선되었다. 높은 경제성장에도 불구하고 도미니카공화국은 여전히 상당한 사회적, 경제적 문제에 봉착하였다.

정치와 정책 : 아이티

카리브 해의 다른 도서 국가들과 마찬가지로 아이티는 20세기 내내 미국의 영향력 아래에 놓여 있었다. 아메리카 대륙의 두번째 공화국으로서 독립국가 아이티는 수많은 도전에 직면하였고, 정치적 불안이 만연하였다. 1804년부터 1867년까지는 단지 10명의 정부 수반이 있었다. 그런데 1867년과 1915년 사이에는 16명의 대통령이 존재하였고, 이들의 평균 임기는 고작 3년에 불과하였다. 특히 1911년과 1915년 사이에는 6명의 대통령이 폭력적인 죽음을 맞이하면서 아이티는 역사상 가장 혼돈스러운 시기를 경험하였다.

1차 세계대전 중에 '달러외교'로 무장한 미국이 1915년 아이티를 점령하여 1934년까지 지배하였는데, 이는 전면적인 군사점령이었다. 미국 당국은 아이티 군대를 해산시키고 국립경찰로 이를 대신하였다. 미국의 전문가와 관료들이 아이티의 금융당국을 관리하며 미국에 대한 외채를 포함하여 아이티의 모든 외채의 신속한 지불을 보장하였다. 새로운 공공사업이 시작되었고 과거의 사업들은 복구되었다. 그러나 대다수 아이티 국민은 들끓는 적개심을 가지고 외국인들을 대하였다.

이러한 감정의 한 원인은 주권 상실에 대한 경악이었다. 점령세력으로서 미국은 행정부 전체를 관리하였는데, 특히 세관 운영권을 접수하였다. 미국의 금융 전문가들은 미군이 철수하고 7년이 지난 1941년까지 사실상 아이티에 남아 있었다. 또 다른 이유는 미국 관리들의 물라토 선호

아이티를 순진하고 어리석은 흑인 아이로 묘사한 이 인종차별적인 그림은 군사개입에 대한 미국의 태도를 잘 형상화하고 있다. 1915년 정치적, 경제적 위기를 모티브로 한 이 풍자화는 '나는 지금 무엇인가를 찾고 있어요!'라는 표제에서 알 수 있듯이 어떠한 도움도 받지 못하고 있는 아이티와 이를 책임지려는 엉클 샘의 결심을 표현하였다. (해니, 『세인트조지프 뉴스-프레스』, 1915. 세인트조지프 뉴스-프레스/가제트 제공)

였다. 미국의 관리들은 다양한 방식으로 물라토들에게 권력을 넘겨주었는데, 1930년대 스테니오 뱅상의 표면적인 대통령 당선과 재선이 그 예이다.

경찰업무를 담당하는 아이티경비대의 지원을 받은 흑인들은 1946년 또 다른 물라토 대통령을 내쫓고 뒤마르세 에스티메를 대통령에 취임시켰다. 에스티메는 물라토 관리들을 흑인으로 대체하고 도시노동자와 농업 생산자들의 권익을 위한 일련의 개혁을 단행하였다. 또한 미국에 국가 부채를 변제하고 수출입은행과 라티보닛 계곡의 개발을 위한 협약을 체결하였다. 1950년 에스티메는 집권 연장을 위해 개헌을 시도하였다. 그러나 군부에게 축출되어 망명을 떠나야 했다.

권력은 군부의 실력자이자 대중적인 인기를 지닌 폴 E. 마글루아르 대령에게 넘어갔다. 마글루아르는 대통령에 취임하면서 헌법이 보장하는 권리들을 보호하고 관개 프로젝트와 기타 공공사업을 지속하며 공교육을 장려할 것이라고 약속하였다. 외교무대에서 마글루아르는 미국과의 관계 개선을 추진하였다. 한편 한국전쟁으로 야기된 수출가격의 상승은 아이티의 경제성장에 도움을 주었다. 그러나 마글루아르 정권은 1956년 정적들의 쿠데타로 전복되었다.

몇 달 동안의 혼란 뒤에 프랑수아 뒤발리에라는 인물이 등장하였다. 뒤발리에는 1957년 9월 스스로 대통령이 되었고, 권력을 잡은 후 곧바로 국가를 자기 마음대로 주무르기 시작하였다. 군대, 경찰, 보안기관들이 오직 자신의 명령만 따르도록 만들었고, 통통마쿠트로 알려지게 될 아이티 역사상 가장 무서운 억압기구인 특수경찰을 창설하였다. 또한 순전히 테러를 통해 반대세력을 제거하였고 선거 조작을 통해 종신대통령이 되었다. "신, 뒤발리에, 국기는 하나로 불가분의 존재들이다"라는 공식표어를 지속적으로 선전하며 대중을 동원하기도 하였다.

아프리카를 영감의 원천으로 보는 운동인 흑인주의noirisme의 주창자로서 뒤발리에는 물라토들을 국가 관료조직에서 축출하였다. 그는 부두교에서 무덤을 관장하는 대지신인 바롱삼디와 자신을 결합시키며 대중에게 영향력을 행사하였다. 또 일종의 최후의 날 심판대를 창설하였는데, 그의 측근들은 국가의 은총을 받음으로써 부를 축적하였다. 리베이트 시스템을 제도화하기 위하여 뒤발리에는 국가재건운동이라는 산하조직을 만들었는데, 이 조직은 공공시설을 건설한다는 표면상의 목적으로 기업가와 고위공무원들에게서 기부금을 거두었다. 말할 필요도 없이 이 돈들은 그러한 목적에 결코 쓰이지 않았다.

1971년 사망할 때까지 뒤발리에는 유엔과 미주기구 등 대부분의 국제무대에서 미국 편에 섰다. 이러한 친미 행보는 그의 부패정권을 위한 원조나 차관의 증가를 가져오기도 하였다. 미국 정부는 냉전 시기에 싫지만 유용한, 즉 불쾌한 동맹으로서 뒤발리에를 용인하였다.

죽음이 가까워오자 뒤발리에는 국회를 독촉하여 대통령이 될 수 있는 최소연령을 40세에서 18세로 낮추고 자기 아들을 후계자이자 종신대통령으로 앉히기 위한 작업에 착수하였다. '베이비 독'[9]으로 알려진 젊은 장-클로드 뒤발리에는 이 극빈국을 물려받았다. 그는 아버지보다는 덜 잔혹하고자 하였지만, 기생적인 측근 세력과 함께 일종의 '도둑정치' kleptocracy를 펼쳤다. 정부는 치부의 도구로 전락하였다. 국민의 불만과 참혹한 분쟁 끝에 마침내 1986년 2월 베이비 독의 하야가 이뤄졌고, 그는 미 공군기를 타고 프랑스로 망명하였다.

정치 회복은 잠정적이었다. 수십 년 동안 야당은 억압받았고, 노동조합은 통제되었고, 언론은 부패하였다. 베이비 독이 아이티를 떠났을 때 자유에 대한 외침과 뒤발리에 체제의 "뿌리 뽑기"에 대한 요구가 일었다. 묘비와 동상이 쓰러졌고, 경찰은 국민의 분노를 느꼈으며, 과거의 협력자들은 아이티에서 도망치듯 떠났다. 1987년 선거는 투표자와 야당 후보들에 대한 준군사조직들의 공격으로 피로 얼룩졌다. 이어진 선거에서 저명한 사회과학자인 레슬리 마니가가 논란 속에서 당선되었다. 그러나 취임한 지 1년도 안 되어 쿠데타로 자리에서 물러났고, 야심 많은 젊은 군

---

9) 의사였던 아버지 프랑수아 뒤발리에가 '파파 독'(Papa Doc)으로 불렸던 데에서 유래한다. —옮긴이

인인 프로스페 아브릴 장군이 그 자리를 대신했다. 그는 통통마쿠트를 부활시키고 새로운 억압의 물결을 가져왔다. 많은 관측자에게 아이티는 '뒤발리에 없는 뒤발리에'로 신음하는 것으로 보였다.

진정한 변화는 1990년에 시작되었다. 항의시위와 총파업이 아브릴의 망명을 이끌어 냈다. 여성대통령 에르타 파스칼-트루요의 과도정부 아래에서 1990년 12월 공개선거가 실시되었다. 해방신학을 지지하며 광범위한 정치적, 사회적 변화를 주장한 로마가톨릭교회의 사제인 장-베르트랑 아리스티드가 총투표수의 3분의 2를 획득하며 대통령에 당선되었다. 1991년 1월 '뒤발리에 추종자'들이 '공산주의자' 아리스티드의 취임을 막기 위하여 군사쿠데타를 시도하였으나 74명의 사망자와 150명의 부상자를 남기며 실패하였다. 그러나 같은 해 말 군부 내 반대세력들에 의해 아리스티드는 자리에서 쫓겨났다. 미국과 다른 국가들은 즉시 쿠데타를 비난하였고, 미주기구는 아이티와의 통상금지를 결의하였다. 그러나 위기의 평화적인 해결을 위한 외교 협상은 수년 동안 진행되었다.

아이티 국민들이 라울 세드라스 장군을 수장으로 하는 새로운 군사정권의 억압에서 벗어나고자 하자 미국에서는 대규모 이민 사태를 염두에 둔 정책을 입안하기에 이르렀다. 미국 해안경비대는 직접 만든 뗏목을 타고 미국 해안에 도달하려는 수천 명의 아이티 국민을 바다에서 건져내 쿠바에 위치한 미국의 관타나모 해군기지 내 수용소로 이송하였다. 1992년 5월 조지 H. W. 부시 대통령은 정치적 망명 자격을 결정하기 위한 어떠한 조사도 없이 모든 아이티 난민을 아이티로 돌려보내도록 해안경비대에 명령하였다. 당시 민주당 대통령 후보이던 빌 클린턴은 부시의 정책이 "인간의 끔찍한 비극에 대한 무정한 대응"이라고 비난하였다. 그러나 대통령에 당선된 후에는 정책을 그대로 이어갔다. 1994년 초까지 미국의 흑인 공동체 지도자들은 워싱턴의 소극적 대응을 날카롭게 비판하였고, 클린턴은 태도를 바꾸어 미 당국에서 난민들을 조사하여 정치적 탄압의 피해자들에게는 망명자 자격을 부여할 것이라고 발표하였다. 이 결과 제2차 난민 쇄도가 발생하였다.

회의적인 여론에도 불구하고, 클린턴은 군사력 사용을 고려하기 시작하였다. 9월 중순 그는 세드라스 정권을 "서반구에서 가장 폭력적인 정권"이라 비난하며 소극적인 대응의 위험을 강조하였다. "세드라스가 통치하는 한 아이티 국민은 계속해서 미국에서 피난처를 찾을 것이다. …… 전체 인구의 5퍼센트에 해당하는 30만 명이 넘는 아이티 국민이 아이티 국내에서 숨어 지내고 있다. 만약 우리가 행동하지 않는다면, 이들은 우리 앞마당으로 향하는 다음번 난민 물결이 될 것이다. 우리는 계속해서 대규모 난민 이주의 위협에 직면해야 할 것이다. 이는 미국의 안보와 국경 관리에 지속적인 위협이 될 것이다."

긴장이 고조됨에 따라 클린턴은 협상을 위한 최후 노력으로 지미 카터 전 대통령을 단장으로 하는 고위사절단을 파견하였다. 마지막 순간에, 즉 미군이 침공을 위해 아이티로 출발한 상황에서, 카터 전 대통령이 세드라스 정부와 합의에 도달하였다. 클린턴은 침공명령을 철회하는 대신 주둔을 명령하였다. 거의 일주일 동안 1만 5천 명 이상의 미군이 아이티에 주둔하였다. 아리스티드가 10월 중순에 대통령직에 복귀하였고 1995년 초에 미군은 주둔 임무를 국제평화유지군에 이양하였다.

거의 군사적 점령에 가까운 강도 높은 국제사회의 감시 속에서 옛 방식으로 선거가 실시되었다. 아리스티드는 연임을 시도하지 않았고, 그의 옛 동료이자 국무총리였던 르네 프레발이 1996년 2월 대통령직에 취임하였다. 통치는 다시 한 번 기대를 벗어났다. 국제사회의 원조를 받으며 프레발은 시장친화적인 경제개혁을 시도하려 하였다. 이에 아리스티드가 갑작스럽게 반대 입장에 섰고, 자신의 포퓰리스트적 이력을 쇄신하며 라발라스Lavalas당 대표가 되었다. 파업, 시위, 폭력이 급증하였다.

정치적 교착상태는 2000년 11월 대통령선거 이후까지 지속되었다. 이 선거에서 장-베르트랑 아리스티드가 논란이 있기는 했지만 압도적인 지지로 당선되었다. 국회의원 선거의 선거부정에 대한 항의로 야권의 민주통합은 아리스티드가 이끄는 라발라스당의 승리를 인정하기를 거부하였다. 그럼에도 불구하고 아리스티드는 2001년 2월 대통령에 취임하였다. 한때 아이티의 빈민과 소외된 사람들의 영웅이었던 아리스티드는 과거에 비해 훨씬 더 지지자들로부터 멀어져 보였다. 독재적인 수단으로 자신의 뜻을 강요하는 경향을 보였다. 거리 시위가 다시 시작되었고 폭력이 여전히 정치과정에 만연하였다.

경제는 나아질 기미가 없었다. 2000년 경제성장률은 1퍼센트 하락하였다. 2001년과 2002년 사이에 경제생산량이 21퍼센트나 감소하였다. 인구의 4분의 3이 극빈상태에서 살고 있었다. 글을 읽고 쓸 수 있는 성인 인구는 절반에 못 미쳤다. 실업률은 60퍼센트에 육박하였다.

2004년 초에는 사태가 곪아 터질 지경에 이르렀다. 아리스티드는 상당한 수준의 국민적 지지를 유지했지만, 반대인사들은 그가 편협하고 부패한 독재자가 되었다고 주장하였다. 반체제 폭력단들과 '키메라'로 알려진 아리스티드 추종세력이 충돌하였다. 오랫동안 국민의 불신을 사고 있던 아이티군의 퇴역장교인 기 필리프가 이끄는 무장반군이 지방의 도시들을 통해 진격해 왔고 곧 수도인 포르토프랭스 근방까지 접근하였다. 국제사회, 특히 미국을 향한 포위된 정부의 구원 요청은 소용이 없었다. 대규모 내전이 예상되자 아리스티드는 사임하고 아이티를 떠났다. 비판자들은 아메리카 대륙에서 민주적인 선거를 통해 출범한 정부를 지원하는 데 실패한 점에 대해 미국의 조지 W. 부시 대통령과 콜린 파월 국무장관을 비난하였다.

미 해병대가 캐나다군, 프랑스군과 함께 최소한의 질서를 확립하기 위해 파병되었다. 2006년 르네 프레발이 50퍼센트 이상의 득표율로 대통령에 선출되었다. 몇 차례의 국무총리 지명 실패 끝에 프레발은 국제적으로 인정받는 교육재단을 이끌던 미셸 피에르-루이를 국무총리에 임명하였다. 위태위태한 출발 직후부터 정부는 만성적인 빈곤, 실업, 사회불안에 직면하였다. 아이티는 여전히 절망적인 상태였다.

정치와 정책 : 푸에르토리코

우리가 보았듯이, 미국 행정부는 공화당이든 민주당이든 똑같이 '국익'을 위하여 중앙아메리카와 카리브 해 국가들의 국내문제에 직접적으로 개입할 수 있는 권리를 주장하였다. 심지어 섬나라 하나는 영구적으로 미국의 통제 아래에 남아 있다.

푸에르토리코는 미국-에스파냐 전쟁의 결과로 미국의 일부가 되었다. 1898년 7월 미국 함선 메인 호가 쿠바에서 침몰한 것에 대한 보복으로 미군이 푸에르토리코에 상륙하였고, 유럽 방식의 첫번째 식민지 확장을 시작하였다. 그렇게 푸에르토리코는 쿠바 독립군과 에스파냐 주둔군 간의 전쟁에서 볼모가 되었지만, 군사적으로 점령되리라고는 예상하지 못했다.

그러나 결과는 반대였다. 에스파냐는 이미 푸에르토리코에 자율권을 부여하여 일종의 '자치'를 실시하는 데 합의하였다. 미국의 침공은 이 모든 것을 바꿔 놓았다. 푸에르토리코는 미국의 세계전략에서 핵심적인 요소가 되었다. 이것은 투자와 무역에서 푸에르토리코의 잠재력 때문만은 아니었다. 미국의 해군력 강화에 푸에르토리코가 지닌 지정학적 역할 때문이기도 하였다. 그러나 기본적인 질문이 하나 남는다. 쿠바가 독립을 얻도록 돕던 미국이 왜 푸에르토리코는 식민지로 삼은 것일까?

그 차이는 당연히 두 섬의 역사 속에서 찾을 수 있다. 쿠바에서는 에스파냐에 대항한 무장봉기가 오랫동안 있었었고, 그 때문에 점령하기가 훨씬 더 어려웠을 것이다. 반면에 푸에르토리코는 교섭을 통한 해결과정에 있었었고, 그 때문에 외부세력에 대한 저항이 덜하였을 것이다. 그렇게 푸에르토리코는 주요 열강과 쿠바 반란군 간의 복잡한 투쟁에 사로잡히게 되었다.

푸에르토리코는 에스파냐 지배의 분명한 흔적을 지니고 있었다. 식민지시대 동안 푸에르토리코는 중요한 군사 주둔지이자 상업 중심지 역할을 하였다. 이러한 역할은 1700년대에 노예무역이 정점에 달하였을 때 강화되었다. 설탕 생산이 지배적인 농업산업이 되었다. 또한 '히바로'jíbaros라 불리는 소농들도 있었다. 이들은 단호한 개인주의자들로서 주요 작물을 재배하고 다양화된 경제를 유지하는 데 일조하였다. 이 때문에 노예인구는 항상 소수에 불과하였다.

미 해병대가 도착한 이래, 푸에르토리코와 미국의 관계는 독특하게 전개되었다. 1898년 이후 푸에르토리코 주민은 분명한 법적 신분을 보유하지 못하였다. 1917년 이들에게 미국 시민권이 부여되었다. 침공 후 거의 반세기가 지난 1947년 푸에르토리코는 자치정부를 수립할 수 있었다. 1952년 미국의 '자치령'commonwealth 자격이 부여되었다. 이때부터 애매모호한 상황이 지속되게 되는데, 푸에르토리코는 다시 한 번 국가도, 식민지도, 주도 아닌 그 밖의 무엇이 된 것이다.

푸에르토리코의 발전을 위하여, 자유세계 자본주의의 장점을 보여 주기 위하여 그리고 라틴아메리카에 영감을 제공하기 위하여, 1950~60년대에 미국은 활동적인 주지사 루이스 무뇨스 마린과 협력하여 '자력 계획'Operation Bootstrap에 착수하였다. 이 계획 하에서 미국의 연방정부는 일련의 면세기간과 다른 공제들을 통하여 푸에르토리코 투자를 장려하였다. 자력 계획은 푸에르토리코의 사회적, 경제적 삶에 엄청난 변화를 가져왔다. 사탕수수 재배지와 소농장 자리에 공장이 들어섰다. 산업화가 순조롭게 진행되면서 시민들은 노동계급이 되었다. 그러나 해외투자는 노동인구의 성장을 흡수하기에 충분한 일자리를 제공하지 못하였다. 그리고 그 결과는 대량실업이었다.

이러한 상황은 미국 본토로의 이주를 가속화하였고, 전체 푸에르토리코 인구의 40퍼센트가 미국 본토에 거주하기에 이르렀다. 이 중 절반이 뉴욕시에 정착하였다. 어떠한 의미에서 이러한 경향은 섬의 푸에르토리코와 본토의 푸에르토리코라는 두 개의 푸에르토리코를 만들었다. 서로 간의 상당한 왕래와 소통이 있지만, 사회적 긴장과 문화적 차이는 이 두 공동체를 갈라놓는다. 뉴욕에 거주하는 푸에르토리코 사람들이 종종 '뉴요리칸'Nuyo-rican이라 불리는 것은 이러한 사실을 증명한다.

섬의 정치 활동은 활기차고 질서가 있었다. 정부 수반은 4년마다 선출되는 총독이다. 주된 정치 의제는 미국과의 관계였다. 이 문제에 대한 1967년 국민투표에서 60퍼센트가 자치령 지위의 지속과 향상을 찬성하였고, 38퍼센트가 주 지위 획득을 지지하는 것으로 나왔다. 완전한 독립을 선택한 사람들은 국민투표를 보이코트하였다. 그러나 이들은 목소리를 내고 활발한 활동을 보였다(실제로 1950년에 한 독립 지지단체가 해리

S. 트루먼 미 대통령 암살을 시도하였다).

신진보당PNP이 대변하는 주 지위 찬성 세력이 1968년, 1976년, 1980년 총독 선거에서 승리하였다. 루이스 페레와 카를로스 로메로 바르셀로의 지도 아래에서 이 그룹은 정식 주로서의 지위가 푸에르토리코 노동자들에게 더 많은 연방복지 프로그램의 혜택을 제공하고, 경제성장을 촉진시키고, 자치령 지위에 수반되는 '이등 시민'의 낙인을 제거할 것이라는 믿음을 지니고 있었다. 이 운동에 대한 국민의 지지는 특히 도시 지역에서 나타났다.

자치령 지위를 지지하는 정당인 대중민주당PDP은 1972년, 1984년, 1998년 선거에서 승리하였다. 이 정당의 가장 저명한 지도자인 라파엘 에르난데스 콜론은 자치주의 지위 내에서 더 높은 수준의 자치권을 요구하였다. 총독으로서 에르난데스 콜론은 적극적으로 푸에르토리코의 대외경제관계를 장려하였고 '쌍둥이 플랜트'라는 개념의 발전에 중요한 역할을 하였다. '쌍둥이 플랜트'는 생산과정을 독립된 부분들로 나누어서 초기 단계들은 카리브 해의 다른 지역들에서 진행하고 푸에르토리코에서 최종 조립을 하는 방법이다.

국민의 관심은 꾸준히 경제 문제에 집중되었다. 미국 경제의 침체 때문에 푸에르토리코는 1990년대 초반 경기하락에 직면하였다. 이러한 분위기 속에서 1992년 총독 선거의 승리는 주로서의 지위를 추진하겠다고 단언한 신진보당의 페드로 로세요 후보에게 돌아갔다. 취임 후 그가 행한 첫번째 행동은 에스파냐어에 영어와 동일하게 공식언어 지위를 부여하는 법안에 서명한 것이었다. 그리고 1993년 11월 선거공약을 지키기 위해 푸에르토리코의 지위에 대한 새로운 국민투표를 실시하였다. 자치령 지위에 대한 찬성이 48.4퍼센트로 46.2퍼센트의 찬성표를 얻은 주

지위에 대한 지지보다 우세하여 많은 관측자들을 놀라게 하였다. 독립을 찬성하는 입장은 단지 4.4퍼센트에 불과하였다. 5년 뒤인 1998년 12월 13일, 에스파냐가 푸에르토리코를 미국에 양도한 지 정확히 100년하고 하루가 되는 이날 다시 한 번 실시된 국민투표에서도 유사한 결과가 나타났다. 주 지위 찬성이 46.5퍼센트, 독립 찬성이 2.5퍼센트, '자유연합' free association 혹은 자치령 찬성이 0.4퍼센트, '항목 중 찬성 없음'이 50.2퍼센트였다. 다시 한 번 현상유지가 승리하였다.

2000년 선거에서는 자치령 지위를 지지하는 대중민주당이 다시 집권하며 실라 마리아 칼데론이 최초의 여성 총독으로 취임하였다. 산살바도르 시장 시절부터 칼데론은 도시 재개발, 정부 부정부패 척결, 미 해군의 비에케스 섬 앞바다 폭격 훈련 중지 등의 문제에 관심을 기울여 왔다. 그녀의 뒤를 이어 같은 당의 아니발 살바도르 아세베도 빌라가 선거부정 논란 속에서 총독의 자리에 올랐다. 2008년 선거에서 그는 미 공화당 당원이자 주 지위를 지지하는 신진보당 후보인 루이스 포르투뇨에게 패해 재선에 실패하였다. 포르투뇨의 당선은 당분간 푸에르토리코와 미국의 이상하고 애매모호한 관계가 지속될 것임을 보여 주는 확실한 징조였다.

[김동환 옮김]

5장 | 쿠바 : 핵심 식민지, 사회주의 국가

쿠바의 역사는 기복이 대단히 심하다. 열강이 군침을 흘렸음에도 불구하고 쿠바는 자신의 독립과 정체성을 주장하는 길을 좇았다. 인접한 미국의 힘에 영향을 받았기에(그리고 때때로 지배당했기에) 쿠바는 반미감정의 보루가 되었다. 수세대 동안 국제자본주의의 힘의 부침을 겪은 쿠바는 진정한 사회혁명을 경험했는데, 이 혁명은 세계 많은 곳에서 존경, 상찬, 공포와 혐오감을 불러일으켰다. 비판적 관측자들의 확신에 찬 예언에도 불구하고, 쿠바의 사회주의 경험은 냉전의 종언, 소련의 붕괴, 맑스주의 이념의 전반적인 신뢰상실—그리고 미 정부의 끝없는 적대감을 견디고 살아남았다. 서반구의 소국 가운데 하나이자 위험한 바다 속의 고립된 섬나라 쿠바는 전 지구적 지정학 차원에서 덩치보다 훨씬 큰 역할을 감당하게 되었다. 어떻게 그런 일이 일어날 수 있었을까?

지리가 한 가지 중요한 열쇠를 제공한다. 쿠바의 역사적 전개는 카리브 해역 속의 전략적 위치에 의해 좌지우지되었다. 콜럼버스가 첫 항해1492년에서 발견한 이 섬은 곧 에스파냐 원정대가 멕시코와 중앙아메리카 대륙을 탐사하는 데 교두보가 되었다. 에스파냐와 아메리카 식민지

〈지도 5〉 쿠바

사이를 오가는 왕립선단이 늘어나면서 쿠바의 상업적이고 정치적인 중요성도 점차 커졌다.

식민지에서 독립국가로

섬의 원주민 인구는 에스파냐가 식민화한 지 100년이 채 되지 못해 거의 사라졌다. 라틴아메리카의 다른 곳에서처럼 쿠바에서도 유럽 정복자들은 노동력 공급을 위해 블랙 아프리카로 눈을 돌렸다. 그 결과 쿠바는 다인종 사회가 되었다. 한 추산에 따르면, 20세기의 인구는 흑인 40퍼센트, 백인 30퍼센트, 혼혈인(아시아와 인도계 포함) 30퍼센트로 구성되었다.

쿠바 경제는 에스파냐 왕가의 엄격한 중상주의 정책 아래 시들했지만, 카를로스 3세1759~1788의 부르봉 개혁 때에 성장을 이룰 자극을 받게 되었다. 19세기에는 반짝 경기로 커피 붐이 있었고, 이어 담배 생산이 활성화되어 19세기 중반의 주요 작물이 되었다. 쿠바 시가puro가 지금도 계속 최상품으로 평가되듯이 담배 주산지란 지위는 현재도 유지되고 있다.

하지만 가장 중요한 부의 원천은 사탕수수였다. 18세기에 설탕에 역점을 두기 시작했는데, 1860년에 이르면 쿠바는 세계 총공급량의 거의 3분의 1에 해당하는 50만 톤을 생산했다. 설탕 붐을 뒷받침할 인력은 계속 가증스런 노예무역으로 조달되었는데, 1800~1865년 사이에 60만 명 이상의 아프리카 노예들이 쿠바에 공급되었다. 노예제는 1886년까지 지속되었다. 브라질을 제외하곤 아메리카에서 가장 오래 지속되었다.

쿠바의 경제발전은 전형적인 열대 아메리카형이다. 단일경작, 노예, 수출지향을 특징으로 하는 '플랜테이션 사회'였던 것이다.

쿠바는 에스파냐 제국의 보석 중의 보석으로 19세기 내내 식민지로 남아 있었다. 하지만 에스파냐가 '앤틸리스의 보석'을 효과적으로 통제하는 능력은 시간이 흐르면서 계속 감퇴되었다. 에스파냐는 쿠바의 초기 독립운동1868~1878을 분쇄하고자 고된 전쟁을 10년간 치렀다. 1880년대에 이르면 쿠바의 무역과 투자는 거의 대부분 미국과 이뤄진다. 쿠바에 대한 미국의 경제적 이해 때문에 섬나라를 사겠다는 수많은 제안이 등장했다. 에스파냐는 이를 줄기차게 거부했지만 몇몇 쿠바인 유력자들은 미국에 합병되는 것을 강력하게 선호했다. 어쨌든 쿠바는 미국의 세력권에 점차 가까워졌다.

소수의 쿠바 민족주의자들이 외국으로 망명하여 대對 에스파냐 봉기를 도모했다. 이 가운데 가장 유명한 사람이 달변의 혁명 시인이자 변호사였던 호세 마르티였다. 독립을 위한 반란이 1895년에 일어났다. 쿠바는 곧 3년 동안 지속될 새로운 야만적인 전쟁에 휩싸였다. 에스파냐는 게릴라 유형의 애국세력을 절멸하기 위해 집단수용소를 이용하는 등 잔혹한 방법도 마다하지 않았다.

쿠바에 대한 경제적 지분이 큰 미국은 수수방관하지 않았다. 미국 국민은 에스파냐의 잔혹함을 다룬 선정적인 황색언론의 보도에 흥분했고, 재계와 종교 지도자들은 미국이 저항세력을 승인할 것을 요구했다. 미국의 팽창주의적 요구는 한편으로는 경제적 이득을 얻을 사람들, 다른 한편으로는 쿠바를 에스파냐의 학정에서 구해야 하는 것이 미국의 의무라고 설교하는 사람들 양쪽에서 나왔다.

매킨리 대통령은 개입 압력에 저항했지만, 결국 상황에 떠밀려 갔다. 1898년 4월에 미 전함 메인호가 아바나 항에서 무슨 연유인지 폭파되었다. 그 원인이 결코 만족스럽게 설명된 적이 없는 이 폭파로 인해 반전 감정의 최후 보루가 해체되었다. 미 의회는 즉각 에스파냐에게 선전포고를 했다. 군비가 부실한 에스파냐는 굴욕적인 패배를 당했다. 에스파냐는 1898년 12월에 쿠바의 독립을 허용할 수밖에 없었다.

모호한 독립

쿠바는 미국의 군사적 점령 속에서 독립국으로서의 새로운 지위를 얻었다. 건강한 의미의 국가 정체성을 위해서는 결코 우호적인 환경이 아니었다. 미군 당국은 즉각 반군을 무장해제하여, 미국 통치에 대한 무장저항의 유일한 잠재적 뿌리를 제거해 버렸다. 미국의 점령은 '계몽적'인 개입의 교과서적 사례였다. 미국인들은 시급히 요구되는 학교, 도로, 상수도, 전신선을 건설했다. 그러나 이는 모두 이제 '문명화'된 쿠바인들을 미국의 영향권 내로 통합하기 위한 것이었다.

미 정부 지도자들은 경제적, 도덕적, 정치적 책임들이 함께 동반되어 있음을 직시했다. 그래서 쿠바인들은 헌법을 선택하도록 허용되었고, 심지어 그렇게 장려되기도 했다. 1901년의 헌법이 그 부산물이다. 그러나 미국은 신생국의 자치 능력에 의심을 품었고 워싱턴 당국은 쿠바인들의 저항에도 불구하고, '플랫 수정안'이라 부르는 조항을 하나 포함시켰다. 이에 따라 미국은 쿠바 내정에 마음대로 개입할 권한을 얻었다. 플랫 수정안은 쿠바를 미국의 보호령으로 만들었다.

이 시점에서 미국은 관타나모 만의 해군기지 설비를 "영구" 조차했다. 다른 말로 말하면, 미 정부는 쿠바의 영토 내에 항구적인 보루를 획득한 것이다. 이 기지는 미국이 주도한 '전 지구적 테러와의 전쟁'의 용의자들을 가두는 수용소로 이용된 데서 보듯이, 기지 조차협정은 100년이 지나서 전혀 예상치 못한 결과를 낳았다.

구릿빛 타이탄

19세기의 아프리카계 쿠바인 가운데 가장 유명한 사람은 안토니오 마세오인데, 그는 두 차례에 걸친 독립전쟁(1868~1878, 1895~1898)에서 군사적 천재성을 보여 주었다. 베네수엘라의 물라토로 태어난 그는 쿠바로 이민을 왔다. 그는 자유민 아프리카계 쿠바인으로 졸병으로 반군에 입문했고, 5년 만에 장군의 반열에 올랐다. 반군 속에서 군사적 지도력을 (백인 동료들의 인종주의적 질시에도 불구하고) 인정받은 뒤, 1895~1898년의 전쟁에서 대단히 성공적인 게릴라 전쟁을 이끌었다. 그가 이끈 병사들은 대부분 아프리카계 쿠바인들이었고, 마세오 자신이 공개적인 노예제 폐지론자였기 때문에 백인들은 그가 '흑인 공화국'을 건설하려고 한다는 두려움을 지니고 있었다. 당시 자발적으로 에스파냐군에 합류한 윈스턴 처칠조차 잡지에 기고한 어느 글에서 그 예측을 되풀이했다.

마세오는 1896년 에스파냐 군대의 매복에 걸려 죽었다. 그는 쿠바 역사에서 모범적 애국자이자 군인으로 기록되었다. 그는 쿠바가 아프리카계 쿠바인들에게 합당한 나라가 되리라고 믿었다. 그는 미국이 1895년 전쟁에 개입하는 것을 반대하며 이렇게 주장했다. "나는 이웃나라가 우리의 대의에 피를 뿌리는 것을 원치 않는다. 우리의 대의에는 우리가 피를 흘릴 수 있다."

쿠바의 첫 대통령인 토마스 에스트라다 팔마1902~1906는 미국의 노골적인 병합을 지지했다. 그는 독립 쿠바의 미래는 가망이 없다고 생각한 다수의 쿠바 지배층 가운데 전형적인 인물이었다. 이런 지배층이 양키의 침입을 적극 수용하려 했던 반면에, 이에 분노한 소수의 쿠바 민족주의자들도 있었다. 이들은 호세 마르티가 제시한, 양키 지배에서 자유로운 쿠바의 꿈을 생생한 불꽃처럼 간직하고 있었다.

에스트라다 팔마는 선거부정으로 두번째 임기를 얻었다. 패배한 자유주의자들이 주도한 봉기 때문에 미군은 두번째 군사적 점령1906~1909을 감행했다. 미국은 임시 대통령으로 찰스 마군을 내세웠고, 그가 새로운 선거를 감독했다. 하지만 선거부정이 재발했고 1917년에 또다시 점령이 있었다. 미국의 경제적 이해집단들은 이 모든 점령을 쿠바 경제에 대한 지배력을 심화하는 기회로 이용했다.

개관 : 경제성장과 사회변화

쿠바는 보호령 시절에 엄청난 설탕 붐을 경험했다. 진공증류란 현대적 기법의 도움으로 쿠바는 세계에서 가장 효율적인 설탕 생산자 가운데 하나로 등극했다. 생산량이 증가하자 설탕은 쿠바 경제에서 지배적인 위치를 얻었고, 결국 계급구조와 사회적 관계에 영속적인 효과를 끼치게 되었다.

〈도표 5.1〉에서 보듯이 20세기 초엽에 쿠바는 연간 수백만 톤의 사탕수수를 생산했다. 이 양은 1차 세계대전 무렵 세계 공급의 약 4분의 1에 해당하고, 대공황 시절 총생산량의 10퍼센트 정도에, 2차 세계대전 직후에는 약 20퍼센트에 해당한다. 전 시기에 걸쳐 설탕 수출은 쿠바 외환

〈도표 5.1〉 쿠바의 설탕생산량 추이(1880~1998년)

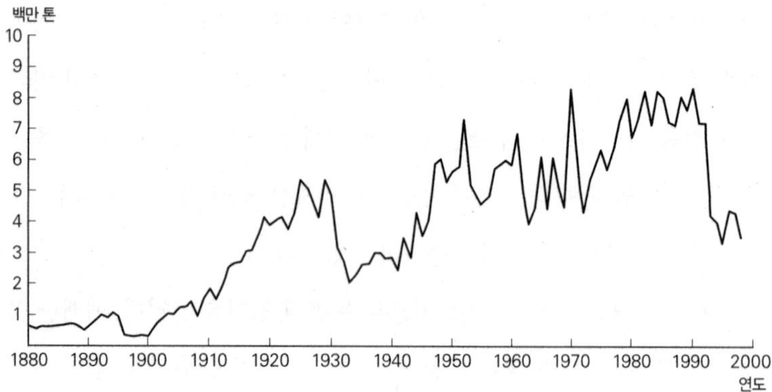

출처: Manuel Moreno Fraginals, *El ingenio: complejo económico social cubano del azúcar*(La Habana: Editorial de Ciencias Sociales, 1978), III; Arthur MacEwan, *Revolution and Economic Development in Cuba*(New York: St. Martin's Press, 1981); Oscar A. Echevarria, "Cuba and the International Sugar Market," Proceedings of the Fifth Annual Meeting of the Association for the Study of the Cuban Economy, August 10-12, 1995; G. B. Hagelberg and José Álvarez, "Historical Overview of Cuba's Cost of Sugar Production: Implications for the Future," Institute of Food and Agricultural Sciences, University of Florida(2005); James W. Wilkie, ed., *Statistical Abstract of Latin America 37*(Los Angeles: UCLA, 2001).

수입의 약 80퍼센트를 차지했다. 쿠바 경제는 단일작물에 의존하면서 대단히 취약한 입지에 처하게 되었다. 작황이 좋지 않거나 수요가 적을 때, 또는 가격이 하락했을 때 쿠바 경제는 몸살을 앓았다. 1930년대와 1950년대에 생산량이 급감했을 때 이런 위험한 상황을 잘 보여 주었다.

설탕 붐의 또 다른 특징은 소유권의 집중인데, 이는 특히 미국인 투자자들의 손에 집중되었다. 1870년대 이후 신기술이 도입되고, 특히 철도가 깔리자 제당소의 숫자는 급감했다. 1877년에 1,190개가 있었는데, 1899년에는 207개로 줄었다. 1870년대 이전에 사탕수수 대부분을 생산하던 중소규모 농장들의 주인인 독립 생산자들은 점점 늘어나는 대형 설탕기업에 농장을 팔아넘겼다. 1912년에 이르면 대형 기업들은 쿠바의 모든 토지의 10퍼센트 이상을 통제했다. 1925년에 제당소의 숫자는 184개로 격감했고, 이들이 쿠바 토지의 17.7퍼센트를 통제했다.

제당소와 토지 소유권의 집중은 설탕 붐이 전개되면서 자연적인 귀결이었다. 미국 투자자들은 보호령이란 방벽 아래 자본을 투여하여 현대적 제당소central를 건설하고 사탕수수 재배지를 대규모로 정리했다. 1906년에 미국인 소유의 제당소가 생산한 쿠바 설탕량은 15퍼센트에 불과했지만, 1928년에 이르면 이들의 비중은 75퍼센트에 달했다. 1950년에는 47퍼센트를 유지했다.

설탕 생산기술은 노동에도, 또 소유권과 경영에도 영향을 미쳤다. 사탕수수 경작은 대규모 노동력을 요구했다. 사탕수수는 주기적으로 다시 심기만 하면 되었는데, 대체로 5~25년 주기였다. 그래서 노동력에 대한 주된 수요는 수확zafra에 있었는데, 주로 마체테로 사탕수수를 힘겹게 베는 일이 대부분이었다. 쿠바에서 사탕수수 수확이 끝나면 나머지 기간은 '죽은 계절'dead season로 불렸는데, 방방곡곡에서 사람들이 실업과 저고용에 시달렸다.

하지만 노동자들은 아무 데도 갈 곳이 없었다. 대형 플랜테이션들 때문에 한 뙈기 땅도 빌리거나 살 수 없었다. 경영자들은 노동자들을 제당소 주변에 묶어 두길 원했고, 이를 위해 몇 가지 술책을 고안했다. 첫째, 그들과 노동력 문제를 공유하는 독립 생산자들을 유지하고, 이들에게 일정한 양의 사탕수수를 사들이는 방법이 있었다. 둘째, 노동자들을 채무로 묶어 두어 그들이 변제의무에서 벗어나지 못하게 했다. 셋째, 바테이batey라 불리는 도시서민부락 형성을 장려하여, 노동계급 공동체를 유지하는 방법이 있었다.

그 결과 쿠바에는 농촌 프롤레타리아가 등장했는데, 이 사회적 집단은 고전적 농민과는 확연히 달랐다. 제당소와 수확 시기의 근로자들은 농민이 아니라 노동자였다. 그들의 주된 관심사는 토지의 획득이 아니라 임금과 노동조건이었다.

게다가 농촌노동자들은 도시노동자들과도 긴밀한 접촉을 유지했다. 이들은 도시로 이주해서 일종의 빈민가에 살았다. 라틴아메리카 최대의 메트로폴리스 다수를 특징짓는 빈민가를 멕시코에서는 콜로니아 포풀라르colonia popular, 브라질에서는 파벨라favela라 불렀다. 쿠바에서도 적절한 이름이 주어졌는데, 그것은 '예가 이 폰'llega y pon[1] 으로 불렸다. 이곳 정주자들의 삶은 빈곤과 박탈감으로 처참했다. 도시 하층 거주지의 40퍼센트만이 실내 화장실이 있었고, 오직 40퍼센트만이 냉장시설이라고 할 만한 것을 소유하고 있었으며, 한 방에 많게는 10여 명이 거주하기도 했다.

쿠바 노동계급의 농촌적 요소와 도시적 요소 사이의 접촉과 소통은 역사의 흐름에 미칠 결정적 효과를 낳았다. 라틴아메리카 어디서도 보기 힘든 통합적이고 광범위한 계급의 사회운동이 탄생했기 때문이었다. 또 지적할 것은 쿠바 사회에서 교회의 역할은 미미했고, 노조도 산발적이고 위태로운 존재감만 가지고 있었다는 사실이다. 요컨대, 쿠바 노동계급의 전망과 행태는 기존의 제도적 요소들에 제약을 받거나 통제되지 않았다. 노동자들은 적당한 시기가 무르익으면 동원될 수 있는 세력이었다.

다른 한편, 미국은 쿠바 경제에 대한 통제권을 더욱 강화시켰다. 미국 자본이 주요 사탕수수 플랜테이션과 제당소의 소유권을 장악했을 뿐 아니라, 미국이 쿠바 설탕 수출의 최대 고객이기도 했다. 통상적으로 미국은 쿠바 설탕 수출의 75~80퍼센트를 구매했다. 이 모든 것을 통해 쿠바는 설탕산업의 운명에 있어서 미국의 결정에 의존적일 수밖에 없었다. 미국의 설탕 수입정책은 언제나 워싱턴 정가의 기나긴 논쟁 주제였다.

---

1) '와서 정착하라'라는 뜻.—옮긴이

1900년대 초에 증기엔진 트랙터가 사탕수수용 차량들을 제당소로 끌고 간다. (미국 의회도서관 제공)

신생국 쿠바는 1903년에 미국과 상호무역조약을 체결한 바 있다. 이에 따르면 쿠바 설탕에 대해 미국은 기존 관세율에서 20퍼센트를 감면해 준 반면, 쿠바는 미국 상품에게 20~40퍼센트의 감면을 해주었다. 조약 이후 30년이 지나면서, 미국과 쿠바 무역관계는 더욱 밀접하게 되었고, 쿠바 경제는 완전히 미국 경제권에 통합되었다.

미국의 쿠바 투자자들은 아마도 자신들에게 찾아온 행운에 미소를 지었을 것이다. 1차 세계대전이 끝나자 곳곳에서 식량 부족 사태가 빚어졌다. 쿠바를 포함한 모든 수출업자들은 거의 패닉 상태의 상품 구매 열기에 엄청나게 돈을 벌었다. 그러다가 1920년에 대폭락 장세가 도래했다. 상품가격은 갑자기 폭락했고, 설탕 가격은 전후 수준의 약 4분의 1로 떨어졌다. 이로 인한 위기는 쿠바 경제에 치명적인 효과를 낳았는데, 가장 좋은 시절에도 살기 힘들었던 농촌노동자들에게 특히 치명적이었다.

1929~1930년에 세계경제가 붕괴함에 따라 쿠바는 (다소 비자발적인) 대미 종속성 때문에 바로 고통을 겪었다. 미 의회는 국내 사탕무 생산자들의 압력으로 1930년에 스무트-홀리 관세법을 통과시켜 쿠바 설탕에 새로운 관세를 부과하였다. 이미 심각하게 위축된 쿠바의 설탕 경제는 이 스무트-홀리 관세로 더욱 비틀거렸다. 1933년에 프랭클린 루스벨트가 집권하면서 작은 서광이 비치기 시작했다. 루스벨트와 민주당 의회는 관세를 낮췄다. 1934년에 의회는 미국 설탕시장에서 국내 공급자와 해외 공급자의 쿼터 물량을 고정시켰다. 쿠바의 쿼터는 28퍼센트였고, 이 수치는 조금씩 변하긴 했지만 1960년까지 유지되었다. 이 조치로 쿠바는 미국 시장에 특권적인 접근로를 얻게 되었다. 하지만 이 입법 내용을 언제든지 바뀔 수 있는 미 의회의 의향에 쿠바를 묶어 두는 결과를 낳았다. 대미 쿼터는 미국 지배의 시대에 독립 쿠바가 갖고 있는 온갖 취약성을 상징적으로 보여 주었다.

요컨대, 설탕 의존 경제는 쿠바의 경제와 사회에 빛과 그림자를 던져 주었다. 설탕경제는 풍작 시기에는 상당한 번영을 안겨 주었다. 하지만 오랫동안 궁핍했던 농촌과 도시의 노동계급이 서로 교류하는, 폭발하기 쉬운 사회구조를 배태하기도 했다. 사회구조의 상층부를 점유한 이들은 고전적인 대농장에서 볼 수 있는 국내 지주들이 아니었다. 상층계급은 부재지주들로 아바나나 뉴욕에 사는 외국인 기업인들이나 쿠바 소유주들이었다. 중간계급은 라틴아메리카 기준으로 볼 때 어느 정도 형성되어 있었지만, 결속력과 자의식이 결핍된 무정형적인 성층에 불과했다. 사회학자 모리스 자이틀린의 지적에 따르면, 이런 요인들의 조합은 일정한 효과를 낳게 마련이다. "농촌에 대형 기업이 존재하고, 대형 제당소에 산

쿠바의 인구동태 통계(2007년)

인구(백만 명)	11.3
문해율(%, 15세 이상)	99.8
실업률(%)	1.9
1인당 GNP(달러, 구매력 기준*)	9,500
기대수명(세)	78

* 이 수치는 쿠바 경제의 '구매력' 추정치로 조정된 것이다. 조정 전 실질 1인당 GNP는 3,500달러에 가깝다.
출처: 세계은행, 국가프로필-인구통계 (국내총생산과 빈곤에 대한 데이터는 구할 수 없음)

업노동자와 농업노동자가 뒤섞이면서 농촌에도 자본주의, 민족주의, 세속주의, 반전통적 가치관과 행동규범이 깊숙이 침투하게 되었다. 이런 의미에서 쿠바는 발전을 위해 '준비된' 국가였다. 유일하게 결핍된 것은 혁명 그 자체였다."

정치와 정책 : 변화의 패턴

1920년대와 1930년대의 쿠바 정부는 공화국 역사상 가장 부패하고 잔인한 범주에 속했다. 1925년 선거에서 대통령이 된 헤라르도 마차도는 이후 관권 선거를 통해 늘 이기게끔 만들어 놓았다. 마차도의 억압 정치가 지속되자, 민족주의 야당세력이 학생들과 도시노동자들 사이에서 세를 불렸다. 이제 미국 보호령의 추한 현실이 드러났다. 세계 대공황이 들이닥쳤을 때, 쿠바의 수출지향 경제는 심각하게 추락했다. 세계 설탕가격은 하향치를 계속 갱신했고, 쿠바 경제는 더욱 위축되었다. 총소득은 곤두박질하고 전국적으로 실업이 만연했다.

경제적 고통이 정치적 갈등을 유발하였다. 마차도에 반대하는 야당 세력은 이제 학생, 노동계 지도자, 중간계급 개혁가, 불만에 찬 야당 정치인 등을 망라했다. 이들은 공히 독재자를 증오하고, 보다 정직하고 정의로운 쿠바를 꿈꾸면서 뭉쳤다. 무장 음모가 빈발하자, 마차도의 경찰과 군부는 더욱 억압적인 조치로 대응했다. 오랫동안 쿠바의 비민주적인 행태에 익숙한 미국은 수수방관했다.

프랭클린 루스벨트가 선거에서 승리하면서 이제 행동가 대통령이 백악관의 주인이 되었다. 워싱턴 당국이 마차도 정부에 대해 보다 비판적인 입장을 취하자, 쿠바인들은 자신의 손으로 문제를 해결하고자 했다. 1933년 8월에 총파업이 승리하자, 군부는 독재자를 밀어냈고, 마차도는 아바나를 떠났다. 이제 의견은 날카롭게 갈라지기 시작했다. 임시정부에서 지배적인 분파인 청년 급진파는 부사관 풀헨시오 바티스타가 이끄는 군부 사병집단과 결합되어 있었다. 이 동맹세력이 정부를 장악하자, 루스벨트의 고위급 특사였던 섬너 웰스는 경악했다. 새로운 민간 지도자는 의사이자 교수 출신인 라몬 그라우 산 마르틴이었다. 그는 오랫동안 좌파 학생운동권의 영웅으로, 좌파 학생들의 입장을 줄곧 지지했다. 곳곳에서 '소비에트'가 결성되고, 공장 점거와 농장 점거가 뒤따랐다. 새로운 정부는 사회주의 혁명을 선언했다.

워싱턴 당국은 보호령이 갑자기 좌로 선회하자 심각한 우려를 표명했다. 미 군함들이 쿠바 해안가에 포진하면서, 낡은 스타일의 개입이 임박해 보였다. 하지만 새로운 형태로 권력과 부를 추구하고자 하는 새로운 권력자가 무대에 이미 등장했다. 미국이 사인을 보내자, 바티스타는 가볍게 그라우와 급진파들을 밀어냈다. 워싱턴 당국이 만족하는 들러리 대통령이 곧 내정되었다. 쿠바 정치가 과거 모델로 되돌아가자, 급진파,

민족주의자, 개혁가들은 씁쓸한 심정으로 이를 바라보았다. 미국의 헤게모니가 확고해지자, 워싱턴 당국은 1934년에 플랫 수정안 폐기에 동의했다. 하지만 관타나모 해군기지는 전혀 영향을 받지 않았다.

향후 25년간의 쿠바 정치를 좌지우지한 사람은 풀헨시오 바티스타였다. 1934~1940년 사이에 바티스타는 허수아비 대통령을 통해 쿠바를 통치했다. 1940~1944년 사이에는 직접 통치했고, 그 이후 1944~1948년 사이에는 한때 급진파였던 그라우 산 마르틴이 대통령이 되었다. 바티스타는 다시 배후 실력자 역할로 돌아갔다. 이상주의자 그라우의 면모는 남은 것이 거의 없었다. 그라우의 후임자도 정치적 부패로 가득 찬 쿠바가 어두운 세계로 추락하는 것을 보자, 급진파와 민족주의자들의 좌절은 심해졌고 도덕적 분노는 불타올랐다. 그라우의 후임자는 또 다른 바티스타의 꼭두각시 카를로스 프리오 소코라스1948~1952였다. 다시 쿠데

마이크 앞의 죽음

에디 치바스는 1940년대와 1950년대에 가장 유명한 다혈질 방송인이었다. 수백만 쿠바인은 그의 일요일 저녁 프로그램을 빼먹지 않고 청취했다. 기성 정치판의 부패에 증오감을 보이던 중간계급에게 그의 인기는 대단했다. 야당인 정통당(Partido Ortodoxo)의 비타협적 지도자였던 치바스는 쿠바 정치의 부패와 위선에 끊임없는 비판을 가했다.

1951년 7월에 그는 카를로스 프리오 대통령의 교육부 장관을 부패 혐의로 고발했다. 하지만 장관의 역공에 증거자료를 제출할 수 없었다. 대신에 그는 공중파 방송에 나가서 열렬히 자신을 옹호하며 동료 시민들에게 외쳤다. "정통당 동지들이여, 전진합시다. 정부에서 도적떼들을 몰아냅시다." 그리고는 권총 굉음이 울렸다. 에디 치바스가 자신의 복부에 총을 쏜 것이다. 극적인 제스처로 자신의 청취자들을 충격에 빠뜨리기 위한 자해가 분명했다. 하지만 불행하게도 방아쇠를 당기기 전에 방송은 중단되었다. 치바스는 열흘 뒤에 죽었다. 정통당은 후계자 선정에 합의하지 못하고 급속하게 쇠락해 버렸다. 이제 바티스타의 장기집권을 위한 마지막 막의 무대가 마련되었다.

타로 대통령직에 오른 바티스타는 이번에는 독재 권력1952~1959을 휘둘렀다.

실제로 쿠바 사회와 정치는 1934~1959년 사이에 거의 변하지 않았다. 선거제도란 것은 늘 그랬듯이 허망하기 짝이 없었고, 되풀이되는 권력자들이(어제는 마차도, 오늘은 바티스타였다) 자신의 입맛대로 주물렀다. 순진한 야당 세력은 제거되거나 효과 없는 투쟁으로 지새웠다. 대체 1933년의 혁명적 열기는 어떻게 된 것일까? 워싱턴 당국을 그렇게 놀라게 한 연합세력은 어디로 가 버렸나? 이 세력은 모든 쿠바 민족주의 운동이 걸은 길을 걸었다. 즉 쿠바 지배층, 이들의 정치적·군사적 하수인들, 그리고 엉클 샘의 강고한 동맹에 의해 무력화되어 버린 것이다. 만약에 1959년에 쿠바가 진정한 독립을 성취할 가능성이 있냐고 쿠바인들에게 물었다면, 어느 정도의 사람이 그렇다고 대답했을까? 아마 극소수였으리라. 식자층 대부분의 확고한 생각은 이러했다. 쿠바가 바랄 수 있는 최선책이란 자질구레한 몇 가지 이권을 챙기는 것이라고. 다른 것도 희망할 수 있을까? 이제 놀라운 대답이 곧 나온다.

이런 가운데 미국의 힘과 존재감은 지배적인 영향력을 행사했다. 수천 명의 미국인이 쿠바, 주로 아바나에 살았다. 이들은 아바나 클럽, 아바나 요트 클럽, 미라마르 요트 클럽, 기타 폐쇄적인 시설들 같은 특권적 장소에서 다른 부유한 외국인들과 함께 쿠바 지배층과 어울렸다. 더 많은 미국인이 관광객으로 쿠바를 방문했다. 카지노와 마피아가 미국의 존재감의 동의어가 되었는데, 이는 바티스타가 마이어 랜스키와 산토스 트라피칸테 2세 같은 마피아들을 반겨 주었기 때문이다. 마피아들은 그 대가로 독재자와 그 심복들이랑 카지노의 이익을 나눴다. 미국 관광객들 중에서 태양과 섹스를 탐하는 이sun-and-sex tourist들에게 제공되는 매춘도

도처에 성행했다.

미국의 영화와 음악이 쿠바 영화관과 라디오 프로그램을 채웠고, 쿠바 청년들은 미국의 최신 댄스를 배우거나 존 웨인이나 마릴린 먼로의 최근 연기를 보려고 안달이었다. 쿠바 에스파냐어에 영어 단어들이 침투하기도 했다. 혼론jonrón=홈런, 도블레 플레이doble plei=더블 플레이 같은 단어들은 쿠바에서 야구(1860년대에 도입되었다)가 지닌 인기도뿐만 아니라, 보다 최근 현상인 '스팽글리시'Spanglish의 성장을 보여 주고 있다.

1950년대에 이르면, 미국식 소비자 문화가 아바나와 주변 지방 대도시에 확고히 자리를 잡았음을 알 수 있다. 쿠바 지배층은 미국 자동차를 사고, 마이애미나 뉴욕에서 흥청망청 쇼핑을 즐기고, 최신 유행상품과 내구소비재를 갖고 귀국했다. 사회 상층부는 미국 부자처럼 사는 반면, 중간소득의 쿠바인들은 그렇지 못했다. 이들은 종속경제 내에서 불안정한 사회적 지위로 인해 미국 소비재를 얻기 위해 안간힘을 다했다.

피델 카스트로와 바티스타 체제

1927년에 태어난 피델 카스트로는 성공한 에스파냐 이민자의 아들로 오랜 쿠바 전통—16세기에 에스파냐 사람들이 만든 조어인 "큰 돈을 번"hacer América 페닌술라르의 상속자—을 대표했다. 하지만 이 이민자의 아들은 집안배경이나 교육이 약속하는 안락한 삶을 즐기는 데 흥미가 없었다. 그는 지금과는 다른 아메리카를 만들길 원했다.

피델은 전형적인 엘리트 코스를 밟았다. 초등교육과 중등교육을 예수회 학교에서 마치고 법대에 진학했다. 대학에서 파란만장한 학생운동권 세계에 뛰어들었다. 이 과정에서 그는 강력한 정신의 소유자로 주도면밀하고 대담하게 행동했다. 피델은 열정적인 민족주의자로 당시 학생운동권에서 가장 잘 조직되어 있던 공산주의자들과는 거리를 두었다. 졸업 직후 피델은 라틴아메리카를 여행하며 급진적인 민족주의자들과 만났고, 타국의 정치 현실에 대해 배우기 시작했다. 1948년 보고타에서 가장 극적인 경험을 겪었는데, 보고타소bogotazo라 불리는 대규모 도시 봉기가 이틀 동안 보고타를 마비시킨 사건이었다. 보고타소는 젊은 진보적 정치인인 호르헤 엘리에세르 가이탄이 암살당하면서 시작되었다. 대중은 하나로 뭉쳐 도시를 장악했고 시 당국자들은 공포에 질려 도망쳤다. 피델도 대중적 분노의 파도에 빨려 들어갔고, 이 과정에서 어렴풋이 민중봉기의 가능성을 인지하게 되었다.

바티스타의 나라에 대한 피델 카스트로의 첫번째 공격은 라틴아메리카의 낭만적 혁명가 전통에서 나온 것이었다. 1953년 7월 26일에 쿠바 동남부의 산티아고 시에 있는 몬카다 지방 병영이 공격당했다. 수비대를 공격한 165명의 청년들을 피델이 이끌고 있었다. 정부 대응은 신속하고 가차 없었다. 경찰은 혐의자들을 학살하기 시작했다. 피델과 동생 라울도 체포, 재판을 받고 징역 15년이 선고되었다. 재판 과정에서 피델은 다소 산만하지만 깊은 감동을 주는 장문의 연설("역사가 내게 무죄를 선고하리라")을 했는데, 당시에는 주목을 받지 못했지만, 나중에 혁명의 성스러운 텍스트가 되었다.

카스트로 형제는 운이 좋았다. 감옥에서 11개월째 보내고 있을 때, 바티스타가 정치적 이미지를 개선하고 여론의 호의를 이끌 요량으로 사면을 단행했다. 피델은 즉각 멕시코로 갔고, 새로운 혁명세력을 규합하기 시작했다.

1956년에 피델은 새로운 혁명가 무리와 함께 낡은 요트 그란마 호를 타고 출항했다. 피델보다 훨씬 정치적으로 급진적인 라울도 다시 함께 승선했다. 배에는 에르네스토 ('체') 게바라도 승선했는데, 그는 27세의 아르헨티나 출신 의사였다. 그는 1954년에 과테말라에서 급진적 반미주의자 대통령인 하코보 아르벤스가 CIA의 주도로 전복당하는 것을 직접 목격한 바 있었다. 고통스런 여정이 끝난 뒤 피델과 생존 동료들은 동부 쿠바에 있는 시에라마에스트라마에스트라 산맥에 은신했다. 이 첩첩산중의 근거지에서 피델은 반군을 재정비하고 대 바티스타 전쟁을 재개했다.

피델과 그의 핵심 참모들은 바티스타를 무너뜨릴 비결은 독재자의 외부 지지세력, 특히 미국의 지지를 부식시키는 것이라는 점을 잘 알고 있었다. 피델이 접촉한 사람들은 이를 수행할 완벽한 인물을 발견했다. 『뉴욕타임스』의 베테랑 해외특파원 허버트 매튜스였다. 피델의 산속 은신처로 안내된 매튜스는 그곳에서 일련의 기사를 썼고, 그것은 미국에서 가장 저명한 신문의 1면 특종으로 실렸다. 매튜스의 긴장감 넘치는 특종기사는 피델을 이상주의적 개혁가로 그렸고, 하룻밤 사이에 반군에 국제적 지위를 부여했다. 갑자기 바티스타는 세계여론에서 수세적 입장으로 바뀌었다. 그에게는 가장 위험한 딱지, 즉 잔인하고 무능하다는 낙인이 찍혔다.

반군 부대원이 증가하면서, 피델의 청년 지지자들은 쿠바 농민층의 가혹하고 열악한 세계와 대면하게 되었다. 반군들은 농민의 운명에 강한 관심을 표명했다. 보급품 조달을 위해서, 또 당국에 밀고당하지 않도록 지방 주민의 공감을 얻는 일이 게릴라의 제1원칙이었다.

하지만 반군 부대는 여전히 주로 중간계급 출신이었다. 소수의 농민이 반군에 동참했지만, 그 숫자가 많지도 않았고 지휘관급에 오를 수도 없었다. 이것은 결코 놀랄 일이 아니었다. 역사에서 대부분의 혁명은 대항엘리트가 이끌었다. 이 말은 농민의 참여와 지지가 중요하지 않다는 것이 아니다. 하지만 피델주의는 기원이나 지도층을 보건대 중간계급 현상이었다. 피델주의가 나중에 어떤 방향으로 발전하는가는 다른 문제였다.

게릴라 전쟁은 외롭고 위험한 과업이다. 1957년이 흐르는 가운데 반군은 생존이라는 본질적인 과업을 완수했다. 그러나 적에게 심각한 타격을 주는 데는 실패했다.

1958년 초에 몇 가지 고무적인 신호가 발생했다. 2월에 쿠바 주교들이 국민통합정부를 촉구하는 사목 서한을 공표했다. 억압적인 바티스타 정부는 무기 공급을 받으려고 미국에 압력을 행사했지만, 미국은 3월에 정부 측과 반군 측 모두에게 무기 선적을 금지한다는 결정을 내렸다. 이 조치는 바티스타 정부의 정당성 인정을 부분적으로 철회하는 효과를 낳았다. 1958년 4월에 총파업이 실패하자, 피델은 보다 공격적으로 변했다. 바티스타 군은 '소탕 작전'을 시작했지만 실패로 끝났다. 8월에 군은 산악지방에서 철수했다. 군이 패주한 까닭은 군 지휘부가 무능하고, 군이 훈련도 제대로 되어 있지 않고, 반군 측의 뛰어난 정보력과 헌신 때문이었다.

8월 이후 연말까지 격렬한 게릴라 전쟁이 불붙었다. 양측이 격돌한 정규 전투는 결코 없었다. 폭탄 투척, 사보타주, 신경전으로 점철된 치고 빠지는 전쟁이었다. 바티스타의 대응은 보복 테러였다. 그는 정작 게릴라는 잡을 수 없었기 때문에, 주로 7·26운동과 연계된 혐의가 있는 학생들과 중간계급을 요원들을 풀어 괴롭혔다. 이렇게 하면서 결과적으로 바티스타는 피델의 지지층을 급속히 확대시켰다. 아이러니지만 이런 억압으로 인해 반군의 대의에 동참하는 새로운 지원병들이 증가한 것이다.

바티스타에 대한 지지는 점차 사라지기 시작했다. 독재자로서 그의 큰 미덕은 질서를 유지하는 능력이었다. 하지만 이제 이 능력이 소진되고 있었다. 바티스타와 그의 군대는 그들의 정규 첩보원망을 피할 수 있는 일종의 지하세계에는 무력했다. 고문과 처형은 대중의 분노만 증폭시킬 뿐이었다.

1958년 말, 바티스타는 명분을 잃어버린 싸움에서 끝까지 버티고 싶지 않아졌다. 권력기반도 나날이 부식되고 있다는 점도 잘 알았다. 그의 군대와 경찰은 증오와 조롱의 대상이었다. 가장 중요한 워싱턴 당국의 지지도 잃었다. 나라 전체가 그의 몰락을 확신하게 되자, 경제는 날로 침체 상태에 빠지고, 기업인과 은행가들도 불가피한 상황을 기다리고 있는 실정이었다. 바티스타는 신년 전날에 갑자기 참모들을 불러 후임 대통령을 지명한 다음, 친족들을 비행기에 한가득 태워 도미니카공화국으로 줄행랑쳤다. 이제 피델의 아바나 입성을 위한 길이 열렸다.

쿠바혁명

1959년 초의 쿠바 분위기를 한 단어로 표현하자면 '환희'일 것이다. 피델은 진정한 영웅의 지위에 등극했다. 이제 중간계급, 노동자, 농민, 외국인 투자자, 미 대사관, 그리고 여타 관측자들을 사로잡은 질문은 '대체 어떤 성격의 혁명이 될 것인가'였다.

피델은 텅 빈 권력의 공간 속에 진입했다. 내전은 바티스타만 밀어낸 것이 아니었다. 독재자와 많든 적든 거래를 한 쿠바의 정치계급과 그 성원들 모두에 대한 신뢰를 부식시켰다. 이제 힘이 실린 집단은 녹색 군 작업복 차림의 게릴라 세력이었다. 반군은 이때부터 핵심 정치제도로 남게 되었다.

피델의 가장 큰 자산은 그의 강고한 지도력 외에도 동료 쿠바인들이 지닌 변화에 대한 불타는 열망이었다. 가장 소외된 농촌 빈민들은 선거 시스템에서 전혀 고려대상이 되지 못했다. 도시와 소도시의 노동계급은 약간의 비중을 인정받았다.

가장 들썩들썩하고 중요한 사회 부문은 중간계급이었는데, 이들은 새로운 정치적 메시지를 기꺼이 수용하고자 했다. 무엇보다 중간계급 성원들은 구 정치계급과 소원했다. 둘째, 이들은 보다 더 큰 사회정의 실현에 공명하고 있었다. 셋째, 그들은 보다 더 독립적인 쿠바를 꿈꾸었다. 즉 미국으로부터 좀더 자유로운 쿠바를 바란 것이다. 하지만 쿠바의 국민적 존엄성을 내걸면 양키란 존재와 충돌할 수밖에 없었다.

1959년은 혁명 드라마의 해였다. 첫번째 정치적 대위기는 체포한 바티스타 관리들 처리 문제로 불거졌다. 이들은 최악의 정치적 탄압에 책임이 있는 자들이었다. 혁명세력은 피의자 재판을 자의적으로 진행시켰고, 처형을 정당화하기 위해 '통상적 정의'ordinary justice의 감정에 호소했다. 6개월 내에 다양한 혁명 재판부에 의해 시행된 공판에서 약 550명이 처형을 당했다. 파레돈!(벽에 밀착!)이란 구호와 함께 시행된 처형에 대해 쿠바의 온건파와 해외(특히 미국) 동조자들은 우려를 나타냈다.

1959년 4월에 피델은 뉴욕에 가서 유엔 본부를 방문하였다. 그는 미국에서 공산주의자가 아니라, 외세의 개입을 강하게 반대하는 민족주의 개혁가 이미지를 투사하고자 했다. 미국 정부와는 조심스레 일정한 거리를 유지하면서도, 미국 지배층의 여론 중심부는 능수능란하게 관리했다. 예컨대 하버드 스타디움에 승리자의 모습으로 나타났다.

쿠바로 돌아온 피델은 이제껏 보지 못한 가장 급진적인 개혁을 단행했다. 1959년 5월 17일의 농업개혁법이었다. 이 법은 1천 에이커 이상의 농장 토지를 수용하면서 대토지 소유제를 해체하였다. 보상은 쿠바 통화로 표시된 채권으로 이뤄졌다. 외국인은 이제 농지를 소유할 수 없었다. 수용된 토지는 소규모 자영농이나 협동조합에 재분배하기로 했다. 원대한 농업개혁 조치를 실행할 담당기관으로 국립농지개혁청INRA이 설립되었다. 쿠바와 해외, 특히 미국의 비판자들은 경종을 울리기 시작했다. 이것이 공산주의로 가는 첫 단계가 아닌가? 피델은 국립농지개혁청의 실무 책임자에 공산주의자를 임명하지 않았는가?

한 해 내내 정치적 양극화가 심화되었다. 피델은 혁명에 반대하는 음모를 발견했다고 선언했다. 바티스타 축출을 지지한 비공산당 계열은 점차 경각심을 갖게 되었다. 전직 상원의장은 농업개혁을 공격했고, 피델이 약속한 선거를 시행할 것을 촉구했다. 공군 사령관은 군부 내에 소위 공산당원들의 영향력을 문제 삼으면서 사임했다. 7월에 피델은 향후 드라마가 펼쳐질 무대를 연출했다. 그는 혁명에 반대하는 음모가 진행되고 있다면서 총리직을 사임했다. 이어서 주도면밀하게 준비된 대중시위가 뒤따랐고, 군중은 피델의 복귀를 외쳤다. 그는 대중의 요구를 수용하면서, 동시에 장기간 선거 유보를 선언했다.

많은 사람에게 혁명의 급진화를 확신시켜 줄 사건이 발생했다. 피델의 오랜 정치적 동지이자 오랫동안 헌신한 혁명가 우베르트 마토스 소령이 피델주의 노선과 절연하기로 마음을 먹었다. 그는 군에서 사임을 하고 공산당의 영향력 증가를 공격하는 서한을 발표했다. 피델의 대응은 신속했다. 마토스를 투옥시키고, 그를 혁명의 배신자로 비난하는 엄청난 캠페인을 실행했다. 향후 15년간 감옥에 내팽개쳐진 채 마토스는 피델주의 정권에 의해 혁명적 편향주의의 최고 상징으로 각인되었다. 많은 외국인 관측자에게는 마토스가 스탈린주의식 억압통치의 판박이 피해자였다.

1960년은 쿠바혁명의 향방에 보다 결정적인 해가 되었다. 다음과 같은 4대 주요 노선이 자리를 잡았다. ①경제 국유화, ②소련 블록과의 급격한 유착, ③권위주의 정권 고착, ④평등주의 사회경제 정책 실시.

쿠바 정부가 경제 통제권을 강화하려고 하면 미국과 충돌하는 것은 당연한 이치였다. 첫번째 주요한 충돌은 석유를 둘러싼 것이었다. 피델은 베네수엘라산 원유보다 훨씬 싼 소련산 원유를 살 수 있다는 것을 알았다. 그는 쿠바 소재의 미국 소유 정유사에 러시아산 원유를 정제해 줄 것을 요청했다. 오랜 법에 따르면 미국 정유사는 피델의 요청을 수용해야 했지만, 거부했다. 피델은 즉각 미국 정유사를 몰수했다. 이에 대한 부분적인 보복조치로 아이젠하워 대통령은 쿠바에 대한 설탕 쿼터를 중단시켰다.

쿠바 정부는 이제 미국의 여타 재산도 사실상 수용했다. 전력회사와 전화회사(민족주의자들에게 또 다른 주된 분노 대상이었다), 제당소, 니켈 광산 등이 포함되었다. 워싱턴 당국은 의약품과 식량을 제외한 모든 품목에 대해 대 쿠바 무역을 모두 동결했다. 무역 금수조치는 1962년에 더욱 강화되었고, 향후 수십 년간 그대로 남게 된다.

쿠바가 소련 블록에 기울어진 것은 대미 충돌의 원인이거나 결과라 할 수는 없다. 그것은 동일한 과정의 일부였기 때문이다. 처음에는 소련이 얼마나 깊이 쿠바에 발을 담글 용의가 있는가의 문제였다. 하지만 소련인들은 대부분의 사람이 예측한 것보다 훨씬 대담한 것으로 드러났다. 1960년 2월에 아직 대미 경제관계가 완전히 단절되지 않았을 때, 소련은 쿠바와 무역협정을 조인하고, 장비 구입에 1억 달러의 차관을 제공했고, 아울러 향후 4년간 매년 400만 톤의 설탕을 구매하기로 약속했다. 피델은 이제 대안적인 기술과 장비 구입처를 찾았고, 소련은 쿠바를 기꺼이

제3세계의 '사회주의' 동지로 통합시키고자 했다.

혁명국가 쿠바는 점진적이고 즉흥적으로 점차 모습을 드러냈다. 피델은 1940년 헌법을 옹호한다고 선언했다. 1952년 바티스타가 쿠데타를 감행했을 때 유린된 헌법이었다. 여기서 고전적인 문제가 발생한다. 만약 기존의 정부 제도들이 현상유지를 위해 작동한다면, 어떻게 해야만 근본적인 경제적·사회적 변화를 실행할 수 있는가? 피델은 이 딜레마를 권위주의적 해결책으로 풀었다. '부르주아' 사회질서의 핵심 제도들—언론, 법원, 노조, 대학, 학교—에 대해 혁명적인 통제를 주장한 것이다.

비록 낡은 법률 시스템은 여전히 온존했지만, 새로운 입법부를 선출하겠다는 시도는 결코 없었다. 7·26운동은 제도적 기반이 되기 힘들었다. 한 번도 견고하게 짜인 조직으로 성장하지 못했고, 정당과도 거리가 멀었기 때문이다. 처음부터 피델은 지근에 있으며 가장 기민하고 대중적인 조직인 혁명군에 의존했다.

1960년 늦게 정부는 혁명방위위원회CDR란 중요한 조직을 새로 창설했다. 지역 기반의 시민 조직으로 1차적으로 시민 방위를 위해 조직되었다. 끊임없는 침입 위협에 이런 조치는 불가피했다. 혁명의 적은 국내에도 있었기에 혁명방위위원회는 반혁명적 의견이나 행태를 보이는 사람들을 감시하는 임무도 지니게 되었다.

혁명은 이제 낡은 제도를 대체하는 새로운 제도를 만들기 시작했다. 피델은 모든 곳에 현존하는 듯했다. 침입자에 반대하는 동원, 국내의 사회적·경제적 문제를 해결하기 위한 동원 등에서 보듯이 동원은 어쩔 수 없는 장치였다. 이런 목표를 충족시키기 위해 거대한 민병대가 창설되었다. 1960년 말에 670만 인구에 민병대의 숫자는 50만 명에 달했다. 총사령관이 누군지 아무도 의문을 제기하지 않았다.

혁명적 이행기에 살아남은 정당은 공산당뿐이었다. 피델은 결코 공산당원이 되지 않았고, 당과의 어떠한 개인적 연계도 조심스레 피했다. 하지만 그도 반공주의는 반혁명적이라는 점을 명시했다. 또 농업개혁과 같은 프로그램을 맡길 정도로 공산당원들을 신뢰했다.

대부분의 쿠바인이 주목한 것은 정치구조가 아니라, 혁명이 어떻게 자신들의 삶을 바꿀까 하는 점이었다. 이 부분에 있어서 피델과 게릴라 동료들이 초점을 맞춘 것은 빈민, 특히 농촌 빈민이었다. 혁명가들은 부패한 자본주의 쿠바의 유산에 맹공을 가했다. 문맹, 질병, 영양실조, 다 허물어져 가는 주택이 그 대상이었다. 일 년 내내 문맹퇴치운동을 통해 문맹률은 절반으로 줄었고(그 전에도 쿠바의 문맹률은 라틴아메리카 기준으로 보면 낮은 수준이었다), 그 이후 문맹은 사실상 사라졌다. 혁명의 방향을 알게 되자 부자들은 (그리고 중간계급 다수는) 도망가기 시작했고, 그 덕분에 정부는 횡재를 하게 되었다. 망명자들이 남긴 자산인 주택, 사무실, 농장들을 국가가 이제 재분배할 수 있게 되었다.

망명자 숫자는 꾸준히 늘어났다. 그들 대부분은 게릴라 세력이 즉각적인 선거 실시에 대한 열망을 배신했다고 공격했다. 피델과 그의 도당이 쿠바를 공산당 전체주의로 몰아가고 있다고 주장했다. 망명자 대부분은 대체로 선량했다. 하지만 일부는 미국을 자극하는 것이 최선책이라고 생각했다.

미국의 정책 틀 형성

미국은 결코 쿠바혁명을 수용할 수 없었다. 미국의 정책 결정자들은 오랫동안 쿠바와 "특수관계"를 맺어 왔다고 주장했다. 특수관계란 사실상 쿠바의 운명을 통제하고 있다는 의미였다. 1823년에 존 퀸시 애덤스가 말한 유명한 말이 있다. "정치적인 법칙에도 만유인력의 법칙 같은 것이 존재한다. 폭풍이 불어서 나무에서 사과가 분리되면, 사과는 땅에 떨어질 수밖에 없다. 쿠바도 에스파냐와의 부자연스런 연계에서 물리적으로 분리된다면, 자기 스스로 지탱할 수 없기 때문에 미국에 끌려 들어올 수밖에 없다. 동일한 자연의 법칙 때문에 미국은 쿠바를 가슴에서 떼어 낼 수 없다."(하지만 인종적 편견 때문에 쿠바에 대한 노골적인 병합은 저지되었다. 미국이 쿠바의 상당한 흑인 인구를 어떻게 흡수할 수 있단 말인가?) 그러나 기본적 합의는 명확했다. 어떤 방식이든, 국가로든 보호령이든 쿠바는 온당하게 미국의 소유였다.

이런 사고 속에서 공화당과 민주당은 갑자기 등장한 피델 카스트로 정권을 맹비난했다. 이 조그만 플랜테이션 사회가 월스트리트의 투자와 워싱턴 당국의 권위에 도전한다는 것 자체가 성질을 북돋웠다. 미국의 우호적 성격, 서반구의 연대, 역사적 변화의 동력에 대한 전통적 타당성에 쿠바가 도전했다. 역동적인 냉전시대였기 때문에 무슨 조치를 취해야만 했다.

미국 정부는 반혁명 정책을 단계별로 개발했다. 피델과 그의 동조자들이 산악지대에서 싸우고 있을 때 아이젠하워 행정부는 대안을 모색하기 시작했다. '바티스타 없는 바티스타주의'의 틀 아래서 다른 친미 독재자를 찾아 현상을 유지하는 길이었다. 바티스타가 1958년 연말에 갑자기 떠나면서 이 안은 폐기되었다.

혁명이 성공한 이후 카스트로가 미국인 소유 기업들을 국유화하자, 미국은 (1954년 과테말라처럼) 혁명정부를 전복시킬 근거를 얻게 되었다. 양국의 적대적인 외교관계가 심화되자 미국의 정치 지도자들은 경악했다. 플로리다 해안에서 겨우 90마일 떨어진 곳에 있는, 한때 보호령이었던 쿠바가 좌경화되어 소련권에 편입되고 있는 것을 그들은 바라보고 있었다. 워싱턴은 서반구 내에 '공산주의 교두보'가 있다는 사실 자체를 견딜 수 없었다. 이것이 1961년 1월에 아이젠하워 행정부가 쿠바와 외교관계를 서둘러 단절하고, 아울러 카스트로 정부 전복을 위한 계획을 시급히 입안하게 만든 사고였다.

워싱턴 당국으로서 가장 명백한 전략은 쿠바 망명자들이 침공하게끔 지원을 하는 것이었다. 1895년 호세 마르티가 쿠바로 돌아간 것도 그러했듯이, 이것은 카리브-망명자 정치의 표준 전략이었다. 1960년 7월에 CIA는 아이젠하워 대통령을 설득시켜 침입세력의 훈련안을 승인받았다.

혁명쿠바에 대한 미국 정책의 '강경함'은 1960년 대통령 선거전의 쟁점이 되었다. 이 선거에서 아이젠하워 정부의 부통령이었던 리처드 닉슨은 상대적으로 무명이던 매사추세츠 상원의원 존 F. 케네디와 경합하고 있었다. 첫 TV 토론에서 케네디가 닉슨보다 쿠바에 대해 훨씬 공격적인 태도를 취했다. 닉슨은 이미 침공 계획을 알고 있었지만, 이를 공개적으로 인정할 수 없었기 때문이다.

대통령에 당선된 것은 외향적으로 강경하게 보인 후보인 케네디였고, 그가 '쿠바 문제'를 물려받게 되었다. 1961년 1월에 아이젠하워는 대쿠바 외교관계를 단절했다. 피델이 아바나에 있는 미국 대사관을 대규모로 감축할 것을 요구한 데 대한 응답이었다. 4월에 관계기관들은 케네디에게 쿠바 망명자의 침공 계획을 승인할 것을 압박했다. 케네디는 반공주의자로서 의무를 수행하고자 했지만, 다른 한편 세계여론에 미칠지도 모를 효과도 염려했다. 결국 신참 대통령은 미국이 개입한 흔적을 남기지 말라는 요청을 하고 승인을 하고 말았다. 이 결정은 아이러니와 운명적 귀결을 낳게 된다.

피그 만

소문이 무성한 가운데 침입군은 1961년 4월에 쿠바로 향했다. 작전은 처음부터 운이 좋지 않았다. 집요한 토론 끝에 케네디 대통령은 망명세력의 항공권역을 축소했고, 미 국적기 사용을 금했다. 침입자들은 낙하지점으로 남부 해안의 피그 만을 잘못 선택하여 실패하고 말았다. 쿠바 방위세력을 마비시킬 것으로 기대한 봉기는 결코 일어나지 않았다. 쿠바의 방어는 견고한 것으로 드러났다. 침입 대대는 즉각 포로 신세가 되었다. 후퇴 전술 ― 산악지방으로 철수하여 게릴라 작전을 수행하는 것 ― 을 채택할 기회도 주어지지 않았다.

피델과 혁명가들에게 피그 만은 대단한 승리는 되지 못했을 것이다. 미국은 자신의 의도가 무엇인지 마침내 보여 주었다. 미국이 쿠바의 시계를 거꾸로 돌리려 한다고 늘 그러던 피델의 말을 확인시켜 준 것이다. CIA는 정나미 떨어지는 구 바티스타 정권 인물들을 걸러 내려고 했지만, 침공군 내부에는 독재자를 도왔던 여러 사람이 포함되어 있었다. 피델과 지지자들은 이 명단을 이용하여, 미국이 신뢰를 상실한 독재자를 다시 복귀시키려고 한다는 점을 입증할 수 있었다.

미사일 위기

침공 실패는 미국-쿠바 관계에서 분수령이 되었다. 워싱턴 당국의 가장 확고한 전략이 실패하고 말았다. 미국에게 남은 선택은 무엇이었을까?

이제 쟁점은 초강대국 층위로 이동했다. 1960년에 니키타 흐루시초프는 쿠바 사회주의를 지키기 위해 소련 미사일 카드를 만지작거렸다. 그 후 소련은 위협만 할 것이 아니라 쿠바에 미사일을 배치하여 뒷받침해야 한다고 결정했다. 1962년 10월에 소련은 쿠바에 중거리 로켓 발사 기지를 건설하고 있었다. 이것은 군사력 균형에 전무후무한 도전이었다. 미국은 소련 측에 쿠바에서 미사일을 철수시킬 것을 요구하면서, 동시에 쿠바로 가는 모든 소련 군사물자 선적에 대해 해상봉쇄를 실시했다. 세계는 핵전쟁을 앞두고 줄다리기를 하는 것 같았다. 운명의 나날이 지나고 흐루시초프는 미국의 요구에 응했다. 소련은 미사일을 거둬들였다.

카리브 해에서 벌어진 강대국들의 대결은 쿠바에 결정적인 의미를 지녔다. 첫째, 어떤 단계에서도 카스트로에게 의견을 구하지 않았다. 라틴아메리카의 관점에서 보자면, 쿠바는 기본적으로 안보 문제에 있어서 소련의 위성국이 되었다. 둘째, 소련이 미사일을 철수한 이유는 워싱턴 당국이 쿠바를 침공하지 않겠다고 (비밀리에) 약속했기 때문이었다. 소련은 쿠바에서 사회주의 실험이 진행될 수 있도록 미국이 인정할 것을 강요한 것이다.

미국 정책의 강경화

쿠바 혁명정부의 생존은 미국의 적대감만 강화시킨 것이 아니었다. 워싱턴 당국이 라틴아메리카 전체를 대하는 정책도 영향을 받았다. 핵심 전제는 명확했다. 또 다른 쿠바를 막아라. 더 이상 사회주의 실험도, 소련의 괴뢰정권도, 반미 이념도 없어야 했다. 냉전이란 맥락 속에서 미국은 어떤 형태의 정치적 이탈도 허용할 수도 없었고, 하지 않으려 했다. 이런 확신 때문에 미국은 일련의 공개적, 비공개적 개입을 확고하게 실행했다. 1964년의 브라질, 1965년의 도미니카공화국, 1973년의 칠레, 1983년의 그레나다, 1980년대의 중미 개입이 그랬다. 워싱턴 당국의 시선으로 보면 쿠바는 서반구 전체에 뚜렷한 교훈이 되었다.

쿠바에 관한 한, 미국의 목표는 단순했다. 정권을 붕괴시키는 것이었다. 이 목표를 향해 미국의 정책 결정자들은 다양한 책략을 구사했다. 피델 카스트로 제거, 망명자와 반체제 인사 지원, 쿠바 경제 목조르기 등이 이에 속했다. 이런 정책들은 향후 수십 년간 계속 추진되었다.

첫번째 전략은 가장 초보적인 것으로 카스트로 암살이었다. 백악관의 지령 아래 CIA는 다양한 틀의 시도를 총괄했다. 암살 음모 가운데는 궐련 폭탄, 병균에 오염된 수영복, 갱단 식 표적 암살 등이 포함되었다(미국 마피아 보스들은 혁명의 여파로 아바나의 알짜배기 사업을 잃었다. 그들도 정치인들 못지않게 카스트로 제거에 열을 올렸다). 카스트로의 전직 경호원들에 따르면, 그동안 카스트로에 대한 638회의 암살시도에 CIA가 직접적이거나 간접적인 역할을 수행했다! 카스트로도 이렇게 말했다고 한다. "만약 암살 시도에서 살아남기가 올림픽 경기 종목이라면, 나는 아마 금메달을 땄을 것이다."

이런 암살 시도의 배후 논리는 작전의 집행만큼이나 잘못된 것이다. 지배적인 전제는 쿠바의 혁명운동이 피델의 개인적 창조물이라는 생각이다. 신뢰할 수 없고, 냉혹하며 과대망상적이기도 한 피델의 강고한 성격 때문에 쿠바는 자신의 역사적 노정에서 이탈하여 피델에게 넘어갔다는 논리이다. 그를 제거하면 모든 것이 바뀔 것이다. 그러나 이러한 논리가 놓치고 있는 것은 혁명으로 이끈 배후 요소들이다. 불평등, 좌절, 오랫동안 누적된 미국 지배에 대한 증오, 급진적 변화 프로그램에 대한 대중적 지지 등이 바로 그것이다. 이런 논리는 미국 정부가 외국 정상의 암살 시도라는 더러운 일에 관여하게 만들었다. 미 의회는 나중에 이 책략을 탈법적이라고 선언했다.

두번째 광범위한 전략은 피델의 반대자들을 포섭하는 것이었다. 1958년 연말에 바티스타가 도망간 뒤부터 미국은 쿠바 망명자와 난민을 기꺼이 환영했다. 그들은 수천 명씩 들어왔고, 대부분 마이애미 지역에 정착했다. 쿠바계 미국인들은 활기차고 성공적인 공동체를 결성했고, 이들로 인해 과거에는 조용하던 해변 휴양지가 다국어가 사용되는 '라틴아메리카의 수도'로 변신하게 되었다. 미국 정부는 모든 반체제 인사를 자유의 투사로(피그 만 작전은 반反카스트로 쿠바인들이 수행했음을 기억하라) 환영했고, 그들의 탈출은 자본주의가 공산주의보다 우월하다는 확고한 증거라고 주장했다. 워싱턴 당국은 실제로 도움을 받으려는 의도와 목적 때문에, 마이애미의 반카스트로 공동체를 망명정부로 간주했다.

쿠바 반체제 인사들에게 장기적으로 의존하다 보니 치명적인 결과가 배태되었다. 하나는 쿠바계 미국인 공동체가 카스트로 정권에 대한 미국의 정책에 과도한 영향력을 행사하게 되었다. 공동체 성원이 증가하고 경제적 번영이 뒤따르자, 망명자들은 플로리다 주에서 강력한 정치세력이 되었다. 전국재미쿠바인재단CANF으로 알려진 우익 조직의 지도자들은 카스트로 정부에 대한 적대감을 완화하려는 어떤 조치에도 격렬하게 — 그리고 효과적으로 — 반대하였다. 또 쿠바계 미국인들은 워싱턴의 선출직 정치인들의 손을 묶어 두는 데 상당히 성공적이었다.

전적으로 의도하지 않은 또 다른 결과가 있다. 미국의 정책 덕분에 카스트로는 반대세력들을 국외로 내보낼 수 있었다. 시간이 흐르자 카스트로에 대해 가장 공개적인 비판자들은 쿠바를 떠나도록 강요(또는 고무)받았다. 그 결과 가장 중량감 있는 반체제 중심이 쿠바 내부에 만들어지지 않았다. 그것은 마이애미에 있었다. 아이러니지만, 카스트로로서는 이런 과정을 통해 정치적 안전판을 얻게 되었다. 그는 반대파를 조국을 배신한 무원칙한 자들로, 충직한 쿠바인이 아니라 기회주의적인 구더기gusano들이라고 몰고 갈 수 있었다. 쿠바의 운명을 둘러싼 투쟁에서 말은 중요한 무기였다.

미-쿠바 관계는 1980년에 예기치 않은 전환점을 맞이하였다. 카스트로에 반대하는 반체제 인사들이 정치적 망명을 하려고 페루 대사관에 진입했다. 쿠바 정부는 (페루에 보복하여) 대사관 주위의 경비부대를 철수시켰다. 대사관이 무방비 상태란 소문이 삽시간에 퍼지고, 24시간 내에 10,800명의 쿠바인들이 대사관 경내로 진입했다. 카스트로 정부는 이들 모두가 떠날 수 있으며, 또 당국에 통보하는 사람들도 갈 수 있다고 공표했다. 총 망명자 숫자는 (범죄자와 사회적 낙오자들을 포함하여) 결국 125,000명이나 되었다. 그들이 마리엘이란 항구에서 쿠바계 미국인 공동체가 보내준 소형 선박을 타고 떠났기에, 이 일은 '마리엘 이송작전'으로 알려지게 되었다. 이 사건 이후 쿠바 정부는 미국으로 떠나는 불법 이민을 금지시켰다.

미국의 대 쿠바 정책의 세번째 기축은 경제적 봉쇄이다. 1960년 말에 아이젠하워 대통령은 식량과 의료품을 제외한 나머지 품목에 대해 부분적 무역금수 조치를 취한 바 있었다. 1961년의 해외원조법은 쿠바와의 "모든 무역을 완전 금수"하는 권한을 대통령에게 부여했다. 존 케네디 대통령은 카스트로가 미국 자산(특히, 유나이티드 프루트와 ITT[2]의 소유자산)을 수용하자 무역금수 조치를 취했다. 이 조치는 1962년 미사일 위기

2) International Telephone & Telegraph의 약자로 1920년 창립된 미국 기업이며 유나이티드 푸르트처럼 라틴아메리카에서 많은 이권과 결부되어 있었다.—옮긴이

가 터지기 수개월 전인 2월에 있었다.

무역금수 조치는 그 이후 번복되지 않았다. 1992년에 이는 "쿠바 국민에게 민주주의를 가져다줄" 목적으로 공표한 법률로 승격되었다. 1996년에 의회는 헬름스-버튼 법을 통과시켜, 미국 시민이 쿠바에서 사업을 하는 것도 못하게 막았다. 1999년에 빌 클린턴 대통령은 금수조치를 더욱 강화하여, 미국 소유기업의 해외지사가 쿠바와 무역을 하는 것도 금지시켰다. 금수조치가 지속되고 확장되는 것은 플로리다 주의 쿠바계 미국인 공동체의 대단히 중요한 표심이 대체로 반영된 것이었다. 그 결과가 현대사에 유례없이 길게 지속된 무역금수 조치인 것이다.

이런 정책의 배후에 있는 생각은 이렇다. 쿠바 경제의 목을 조르면, 광범위한 불만이 터져 나올 것이다. 그 결과 카스트로 정부에 대한 대중 봉기가 일어날 것이고, 결국 카스트로는 몰락할 것이다. 거의 반세기가 지난 2009년 초의 시점에서 보건대 이런 각본은 결코 실현되지 않았다. 그 이유 중 하나는, 앞에서 언급했듯이, 중량감 있는 반카스트로 세력이 쿠바에 있지 않고 마이애미에 있었기 때문이다. 망명 리더십은 리더십의 부재를 의미한다. 게다가 금수조치(에스파냐어로는 '블로케오', 즉 '봉쇄')를 빌미로 카스트로는 모든 경제적 후퇴와 침체를 미국 정부와 금수조치에 전가할 수 있었다. 쿠바 지도부가 미국 정책을 유용한 희생양으로 활용한 것이다.

정책 실험과 체제의 공고화

1961년 피그 만 침공을 격퇴한 후, 혁명가들은 새로운 쿠바가 당면한 경제적 과업에 집중했다. 핵심적인 것은 쿠바 경제가 대미 설탕 수출을 중심으로 돌아가고 있었다는 사실이다. 혁명가들은 이 굴욕적인 의존을 변화시키고 싶었다. 신경제의 최고 설계자는 에르네스토 '체' 게바라였는데, 아르헨티나 출신 의사 겸 게릴라인 그는 혁명가 가운데 가장 창조적인 이론가였다. 게바라는 4개년 계획을 세워 농업 다변화(설탕 경제의 약화)와 공업화(경공업 소비재 생산)를 도모했다. 쿠바는 이 야심찬 계획을 요란하게 출범시켰다.

1962년에 이미 결과가 시원찮았다. 이는 부분적으로 게바라와 그의 젊은 입안자들이 1959~1960년에 너무 성급한 나머지 단견의 정책을 세웠기 때문이기도 했다. 설탕 생산은 큰 폭으로 줄었다. 1961년에 쿠바는 역대 두번째로 높은 설탕 생산량인 680만 톤을 기록했다. 이 결과는 설탕 산업에 대한 쿠바 정부의 의도적인 경시를 감추었다. 1962년에 생산량은 480만 톤으로 줄고, 1963년에는 겨우 380만 톤으로 1945년 이래 최저치를 기록했다. 생산량의 격감은 수출 소득에 치명적이었다.

공업화 노력도 신통찮았다. 쿠바에는 공업화에 필요한 원자재와 전문인력이 부족했다. 1960년 이후 미국은 대 쿠바 경제 금수조치를 강화했고, 모든 미국 기업(그리고 라틴아메리카와 유럽의 미국 지사들)은 쿠바와의 무역을 포기해야만 했다. 이 때문에 쿠바는 대부분 소련과 동구권의 기계 장비에 의존해야 했다. 쿠바 경제는 소련과 체코 모델을 따랐고, 중앙계획을 담당하는 관료제가 지령을 내렸다. 이 체제는 비효율적이었고 비용도 만만찮았다. 소련 사람들조차 카리브 해에서 사회주의 유토피아를 건설하는 데 지불할 비용에 미심쩍은 표정을 보였다.

1963년 중반에 소련인들이 쿠바에 발을 디뎠다. 쿠바는 공업화 노력을 늦추고 자신들의 계획경제안을 개선시켜야만 했다. 쿠바는 자신의 비교우위 산업인 제당업을 인정해야만 했다. 체 게바라는 자신의 오류를 시인하면서 사임했다. 늘 주도권을 잡고 있던 카스트로는 이제 제당업을 치켜세웠다. 그도 그 직전까지 제당업을 경원시했다. 1963년 카스트로는 1970년(나중에 '결정적 노력의 해'라고 불렸다)에 쿠바가 설탕 생산 관련 모든 기록을 깰 것이고, 생산량은 1천만 톤에 달할 것이라고 선언했다. 여타 플랜테이션 사회처럼 쿠바는 단일경작 수출 상품에 대한 의존의 함정에 다시 빠졌다.

경제개발과 정치적 공고화 전략을 둘러싸고 논쟁이 계속되었다. 아직 정권 내에서 활동적이었던 체 게바라는 '이상주의적' 전략을 내세우며, 시장과 물질적 인센티브를 완전히 제거하는 일종의 마오쩌둥주의 접근법을 주장했다. 경제를 완전히 집단화시키고, 중앙계획국이 지시하는 체제였다. 자본주의적 과거와 급진적으로 결별하기 위해서는 '새로운 인간'이 요구된다. 새로운 인간은 도덕적 보상(훈장, 공적 표창)을 위해서 일하며 새롭고 높은 수준의 정치적 의식을 지닌 쿠바인이다. 바로 여기서 쿠바 지도자들은 공산주의 체제의 낯익은 딜레마에 빠진다. 어떻게 맑스주의 이상을 실용주의적인 경제정책과 화해시킬 것인가?

게바라를 지지하는 이상주의자들은 한 발 더 나아갔다. 국내의 사회주의 건설을 위해 대외적으로 공격적인 혁명수출이 요구된다는 것이었다. 게바라주의자들은 게릴라 전략이 라틴아메리카를 포함하여 제3세계 전체에서도 작동할 수 있다는 점을 확인하길 원했다.

논쟁에서 게바라의 주된 반대자는 카를로스 라파엘 로드리게스였다. 그는 경제학자로 오랜 공산당원이었다. 로드리게스는 실용주의 접근법을 취했다. 그는 더 신중한 중앙계획, 시장 메커니즘의 부분적인 활용, 개인기업에 자율성을 주는 전략을 선호했다. 국영기업도 수입과 지출에 책임지는 경영을 해야만 했다. 요컨대, 로드리게스와 그의 동료들은 도

1960년대 초반 피델 카스트로가 연설을 하고 있다. 정치적 상징으로 자주 사용되는 비둘기는 평화로운 사회를 대변한다. (뉴욕 쿠바연구센터)

덕적 보상론 대신에 물질적 인센티브에 의존하는, 보다 전통적인 노선을 취했다. 또한 강력한 단일정당과 '유연한' 라틴아메리카 정책을 선호했다. 이는 게바라가 혁명적 대상으로만 보는 정권들과도 관계를 잘 꾸려나갈 의향이 있다는 의미였다.

논쟁이 진행되던 와중에 쿠바는 다시 설탕경제로 돌아갔다. 경제 생산은 형편없었다. 1964년에는 경제 전반적으로 9퍼센트의 성장률을 기록했지만, 그것은 주로 1961~1963년의 하락을 보전하는 수준이었다. 1965년에 성장률은 인구성장률에도 못 미치는 1.5퍼센트로 떨어졌고, 1966년에는 다시 -3.7퍼센트를 기록했다. 기본 정책노선의 동요 때문에 역동적인 사회주의 건설이 진행되지 못했다.

이 시점에서 피델은 체 게바라의 이상주의를 수용하며 논쟁을 마무리했다. 쿠바는 이제 도덕적 인센티브를 동반한 거대한 집단화 노력을 경주했다. 집단화 노력은 피델의 권력을 강화시켰는데, 왜냐하면 이제 강화된 중앙계획 부서를 직접 챙겼기 때문이었다. 피델과 주변 측근들은 세세한 부분까지 경제를 관리했다. 분위기는 완전히 초기의 낭만적 혁명 시기를 연상케 했다. 끝없는 수사修辭, 낙관적인 꿈, 이기심 없는 '새로운 인간'에 대한 칭송이 난무했다.

국내에서 이상주의적 동원이 진행되는 가운데, 해외에 혁명을 수출하겠다는 의지도 표출되었다. 쿠바는 라틴아메리카 전역의 게릴라 운동을 모색하면서, 무기를 보내고, 훈련을 시키고, 전문인력도 파송했다. 체 게바라가 이 운동을 주도했다. 늘 영웅적인 인물이던 체는 CIA와 라틴아메리카 군부의 원수가 되었다. 체는 남미에 '여러 개의 베트남'을 확산시키고자 볼리비아의 고원altiplano을 선택했다. 불행한 선택의 결과로 1967년에 그는 미군이 훈련시킨 볼리비아 특공대의 손에 죽음을 맞았다.

1968년에 피델은 게바라 노선에서 벗어나기 시작했다. 불행했던 작전을 체가 볼리비아에서 시작했을 때에 아바나에서 충분한 지지를 얻지 못했다는 징후가 이미 드러났다. 피델은 1968년 소련의 체코슬로바키아 침공을 지지했다. 이는 소련식 정통노선으로 복귀하겠다는 뜻이었다. 피델은 이제 혁명수출론을 폄하하기 시작했다.

그러나 국내에서는 게바라주의 정책이 여전히 지속되었다. 1968년 봄에 '혁명적 공세' 운동이 있었다. 남아 있던 민간 부문도 국유화되고, 소비는 투자에 희생되었다. 쿠바인들은 모든 노력을 경주하여 1970년에 설탕 [생산] 1천만 톤 달성이란 국가적 목표에 도달해야만 했다.

마법의 해가 다가왔다. 모든 쿠바인은 사탕수수 수확에 동원되었다. 사탕수수 밭을 위한 노동력 징발 때문에 모든 것이 희생되었다. 목표치에 훨씬 못 미치자, 당국은 1969년도 잔여 수확물을 밭에 풀어 1970년 수치를 부풀리고자 했다. 하지만 소용없었다. 수확물은 겨우 850만 톤에 불과했다. 이 또한 엄청난 양이고 쿠바 역사에서 가장 많은 수확고였지만 선전한 목표치에는 훨씬 못 미쳤다. 선전도 과도했고, 약속도 남발했는데 말이다. 이는 체의 '자발주의' 철학에 치명적인 타격이 되었다. 심리적인 상처도 엄청났다. 하지만 책략가인 피델에게는 다시 한 번 정책을 바꿀 계기가 될 뿐이었다.

체제 공고화

1천만 톤 생산의 실패로 피델은 노선을 보다 쉽게 바꿀 수 있었다. 모든 사람이 '이상주의적' 모델이 실패했다고 믿었다. 1970년 7월 26일에 피델은 모든 것을 고백했다. 그날의 마라톤 연설의 제목은 "어떤 수치도 감수하라"였다. 카스트로는 대규모 수확고를 향한 돈키호테적인 돌격전에 대한 책임을 자신에게 돌렸다. 그는 사임하겠다고 했다. 하지만 군중은 '노'라고 외쳤다. 그는 경제적 실패를 혁명적 무대에서 털어 버렸다.

쿠바의 정책은 이제 실용주의적으로 전환했다. 첫째, 새로운 경영과 계획 시스템이 도입되었고, 의사결정의 기초로서 '이윤' 개념을 자주 이용하게 되었다. 둘째, 농업과 서비스 부문에서는 민간 부문이 보다 더 큰 역할을 맡게 되었다. 셋째, 임금과 소득은 이제 산출고에 연계되었고, 필요한 기술자는 높은 급여도 받게 되었다. 넷째, 서방 세계와의 경제교류도 더욱 확장되었다.

경제정책이 보다 실용주의적으로 선회함에 따라 정치제도도 조정이 있었다. 공산당은 더욱 강화되고, 노조와 여타 대중조직들이 재편을 통해 보다 큰 역할을 수행하게 되었다. 보다 '정통노선'(소련형에 더욱 가까워지는 것)으로 이동함에 따라 문화도 영향을 받았다. 교육과 대중매체에 대한 중앙집중적 통제가 강화된 것이다.

1971년 초에 피델의 개인주의 체제가 쿠바의 경제적 실패를 낳았다고 주장하는 혁명의 '오랜 동지들'에 대해 피델의 분노에 찬 공격이 시작되었다. 국제적으로 저명한 작가 에베르토 파디야가 체포되자 예술계의 분위기는 흉흉했다. 파디야는 반혁명 범죄를 고백했지만, 그것은 명백히 강압에 의한 것이었다. 그는 나중에 작가회의에서도 자아비판을 반복했는데, 이는 예술가들이 혁명 속에서 보다 높은 수준의 정치적 충성심을 표명해야만 하는 분위기를 반영했다. 경찰을 동원하여 정치적으로 순응하게끔 강요하자 과거 독재자들이 남긴 언짢은 기억이 되살아났다.

이런 정책 전환의 부분적인 결과로 쿠바 모델은 소련의 경제 모델과 정치적 의사결정 모델에 점차 유사해졌다. 이러한 전환은 몇 년간 지속되었지만, 국내 정책의 전환을 보면 쿠바 모델의 전반적인 품새에는 일관성이 있었다. 급진적인 실험의 시대는 끝났다. 쿠바는 소련에 대해 경제적으로나 군사적으로 과도하게 의존하고 있었고, 이에 따라 쿠바의 행동은 불가피한 논리에 따라 움직일 수밖에 없었다. 이제 피델은 제3세계에서 소련의 충실한 동맹자가 되었다. 쿠바혁명은 과거 어느 때보다 소련 모델에 근접하고 있었다.

쿠바의 극단적인 대 소련 경제적 종속은 과거 대미 종속과 매우 유사했다. 비록 정확한 총계는 계산하기 어렵겠지만 쿠바의 국민소득 가운데 4분의 1 정도가 소련에 의존했을 것이다. 동구권 무역 블록에 통합된 것도 과거 대미 관계와 비슷했다. 쿠바는 자본주의적 종속 브랜드를 또 다른 종속 브랜드로 바꾸는 데 그쳤던가? 하지만 소련과의 연계는 1959년 이전에 미국의 경제적 침투에 저항하던 민족주의적 반발을 불러일으킨 직접적인 재산 소유권과는 관계없었다.

이러한 새로운 종속은 어떤 결과를 낳았을까? 우리는 피델이 폴란드의 자유노조 운동을 비난한 소련의 입장에 동조했고, 아프가니스탄 개입을 지지했다는 사실을 알고 있다. 쿠바는 앙골라의 맑스주의 정부를 지지하기 위해 3만 명 이상의 군대와 사회봉사 요원들을 파송했다. 몇몇 관측자는 쿠바가 혼합형 '국가자본주의' 정권을 창출했다고 주장하기도 한다. 하지만 핵심적인 요소 하나는 전혀 바뀌지 않았다. 피델은 늘 제대로 된 민중참여를 약속했지만, 실제적인 통치는 하달식이었고, 최종적인 발언권은 언제나 자신이 행사했다. 아이러니지만, 카리브 해에 맑스주의 도그마를 적용해 보니 가장 견고한 '카우디요'가 탄생했다. 쿠바에서 심오한 사회혁명이 가능했던 것은 오로지 소련의 군사적 보호와 경제적 원조 덕분이었다. 쿠바가 워싱턴 당국보다 모스크바 당국에 대해 협상력을 많이 행사하였는지는 불분명하다. 왜냐하면 소련-쿠바 관계는 대미 관계보다 훨씬 비밀에 싸여 있기 때문이다. 때때로 소련인들의 뜻대로 움직이지 않았던 쿠바인들은 아프리카에서 남아공 군대와 맞붙어 놀랄 만한 전과를 세웠기 때문에 제3세계에서 큰 박수를 받았다.

혁명으로 쿠바에 많은 변화가 찾아왔다. 사회주의 쿠바의 가장 큰 성취는 기본적 욕구를 충족시킬 수 있게 된 것이다. 문맹자는 사라졌고, 포괄적인 학교 시스템이 자리를 잡았다. 늘 그렇듯이 교육 내용은 새로운 사회주의 가치관을 주입시키기 위해 대단히 이념적인 내용으로 채워졌다. 기본 보건의료, 특히 예방치료는 하층 부문까지 확충되었다. 의료교육은 공공보건을 지향하였다. 사회적 불평등이 가장 분명히 반영되는 식량 분배는 배급제로 제도화되었다. 그 결과 기대수명은 1960년에 63세이던 것이 2007년에 78세로 늘어났다. 유아사망률은 동 기간에 3분의 2나 줄어들었다.

인종 문제도 크게 개선되었다. 여타 지역처럼 쿠바에서도 노예제의 유산은 광범위한 인종주의 편견을 남겼다. 백인들은 사회적 위계에서 최상위층을 채웠고, 물라토는 중간을, 흑인은 바닥을 차지했다. 사회적 불의를 교정하려는 정책들 덕분에 흑인도 교육을 받고 능력에 따라 승진을 할 수 있게 되었다. 아프리카계 쿠바인은 특히 군부 내에서 고위직에 오른 자가 많았다. 이런 개선책 덕분에 쿠바의 흑인 공동체는 피델에 대한 충성도가 가장 높은 정치적 지지세력에 속했다.

여성의 역할에도 중요한 변화가 있었다. 마초주의 전통은 페미니즘 운동에 가장 큰 암초였다. 생생한 데이터를 예로 들어 보자. 1980년 중반에 공산당원과 당원 신청자 가운데 여성은 겨우 19퍼센트에 불과했다. 하지만 쿠바여성연맹FMC은 여론과 행태를 바꾸는 데 꾸준히 노력했다. 고등교육을 받고 전문직 학교를 졸업하는 여성 숫자도 크게 증가하였다(특히 의과대학의 경우 여학생이 남학생을 수적으로 압도한다). 이런 와중에 평등주의적인 가족법이 1975년에 통과되었는데, 여기에는 쿠바여성연맹의 노력이 컸다. 가족법은 모든 가사 노동의 절반을 남성이 수행할 것을 의무화했다. 쿠바 영화 「테레사의 초상」을 본 사람이라면 이를 비롯해 이런저런 여성주의 목표가 쉽게 달성될 수 있는 것은 아니라는 점을 안다. 쿠바인들의 태도에서 의미 있는 변화가 감지되고 있지만, 자녀를 가진 결혼한 여성이 전업 근로자가 되기란 참 어렵다. 한 가지 이유는 보육비용과 시설 부족 때문이다.

1959년 이전에 매우 불평등하게 분배된 주택 문제는 또 다른 기본 욕구였다. 이 부분에 있어서 혁명정부는 빠른 성과를 낳기 어려웠다. 부자들의 주거지를 수용하여 (학생과 같은) 특수 집단에 주는 것은 쉬웠다. 하지만 새로운 주거지 건축은 느렸고, 비용도 만만찮았다. 단기적으로 볼 때, 신규 주택 투자는 우선적인 과제도 아니었다.

아이러니지만 쿠바에서 가장 심각한 경제적 실패 가운데 하나는 농업이었다. 혁명 초기라면 이 문제는 이해할 만했다. 게릴라 세력은 단일 작물 수출 경제에 묶인 오랜 족쇄를 내던지고 싶었다. 1963년에 경제 분야에서 현실감을 회복했음에도 불구하고, 식량 생산은 뒤처졌다. 유엔 연구에 따르면, 1961~1976년 사이 쿠바의 농업 작황은 라틴아메리카에서 최하위를 기록한 칠레의 그것과 같았다. 1976년 이후에야 농장 생산물이 안정적인 비율로 증가했지만, 1990년대 말에 오면 다시 심각한 식량 부족 사태가 발생했다.

쿠바는 동구권 공산주의를 붕괴시킨 대중적 불만의 파고를 겪지 않고 1990년대를 맞았다. 하지만 피로감은 점차 누적되어 갔다. 1987년 5월에 쿠바 공군 부사령관이자 피그 만 전투의 영웅이 비행기를 타고 플로리다로 넘어가 버렸다. 또 군에서 가장 존경을 받던 지도자인 아르날도 오초아 산체스 장군이 세 명의 고위 장교들과 함께 재판을 받고 사형을 당했다. 오초아 산체스는 쿠바가 앙골라의 공산정권을 공고화시키고자 했을 때 남아공 군대를 물리치고 혁혁한 전공을 세운 기획가였다. 죄목은 마약운반과 횡령이었다. 피델의 최고의 신뢰를 누리던 장교들이 어떻게 그렇게 방대한 음모를 꾸몄는지, 또 시시콜콜한 것까지 챙기는 것으로 유명한 피델이 그런 음모를 몰랐는지 사람들은 의문을 표한다. 아니면 최고 권력을 두고 잠재적으로 경쟁하는 사람을 제거하는 한 방편이었을까?

혁명이 살아남기 위해서는 혁명적 과정을 제도화해야만 한다. 가장 큰 도전은 소규모의 게릴라 베테랑과 진성당원 엘리트들이 갖고 있는 리더십을 보다 확장된 열성 지지자들 중심으로 옮기는 것이다. 이를 실천하기 위해 할 수 있는 가장 명확한 수단은 공산당의 기반을 확대하는 것이다. 1975년에 이러한 과정이 시작되었다. '민중참여'란 구호 아래 지방의회 의원을 뽑는 풀뿌리 선거가 시행되었다. 하지만 1990년대 중반에도 여전히 고도로 집중되어 있고 관료화되어 있는 비효율적인 국가장치에 대한 불만의 목소리가 높았다.

현대 쿠바(1990년~현재)

1990년 이후 쿠바는 해외의 지지대가 사라지면서 고통스런 구조조정의 세월을 겪어야만 했다. 소련과 코메콘Comecon ; 소련과 동구권의 무역 네트워크의 붕괴로 쿠바의 경제적 취약성은 노골적으로 드러났다. 1992년에는 러시아가 제공하던 모든 경제, 군사 원조가 사라졌다. 1989년에서 1992년 사이에 석유 선적량은 86퍼센트나 줄었다. 동 기간 식량 수입량은 42퍼센트나 줄었다. 일찍이 동구권이 조달하던 버스와 같은 핵심 장비는 부품 부족으로 주차장에 내팽개쳐져 있었다. 1989년과 1993년 사이에 일반적인 경제활동은 적어도 29퍼센트나 위축되었다. 쿠바가 겪은 경제적 타격은 20세기 라틴아메리카 국가들이 겪은 그 어떤 것보다(대공황을 포함해서) 심했다.

소련 블록의 붕괴는 쿠바에 엄청난 시련을 강요했다. 이로 인해 모스크바의 경제원조는 갑자기 종결되었고, 더욱 중요한 코메콘과의 무역 거래도 사라졌다. 분석가들은 쿠바가 처한 상황을 '이중의 봉쇄'라 불렀다. 하나는 미국의 오랜 정책을 뜻하고, 다른 하나는 소련의 붕괴에 기인하는 것이었다. 소련의 쇠퇴로 쿠바의 정치적 주권을 지지해 준 30년 역사는 종결되었다. 마이애미의 쿠바계 미국인 공동체가 제시한 무력 '탈환'

론이 다시금 타당성 있는 안으로 떠올랐다. 워싱턴에 의해 고립당하고, 모스크바에게 버림받은 쿠바는 대단히 취약한 상태에 놓이게 되었다.

피델파 지도부는 이중의 대응책을 모색했다. 하나는 방어책으로, 쿠바혁명의 진정성을 주창하고, 국민통합의 중요성을 강조하며, 나아가 사회주의 이상에 대한 확고한 결의를 유지하였다. 사실 쿠바는 옛 소련 블록 국가 중에서 일당 공산주의 체제를 유지하고 있는 유일한 나라였다. 또 다른 방책은 완만한 정치개혁이었다. 입법부(민중권력 국회) 의원의 직접선거제가 1992년에 도입되었다. 지역 대표자들을 선출하는 절차도 이와 동시에 실시되었다. 종교적 회합에 대한 제한도 이때부터 완화되었다. 1998년 요한 바오로 2세가 아바나를 방문한 이후 로마가톨릭교회는 쿠바의 생활에 중요한 역할을 맡게 되었다. 이런저런 노력을 통해 쿠바 지도부는 체제의 정당성을 강화하기 위해 상당한 공을 들였다.

반체제 인사들을 용인하는 것은 좀더 섬세한 이슈였다. 정권은 '합법적' 야당의 존재를 조심스레 허용했다. 작가, 예술가, 운동선수 등은 국제적인 네트워크를 만들 수도 있었고, 해외여행도 가능했다. 하지만 '정권교체'(사실상 정권의 전복을 뜻한다)를 꿈꾸는 미국의 요구에 동조하는 '탈법적' 야당에 대해서는 엄격한 처벌을 가했다. 쿠바 당국이 구금하고 있는 정치범은 100명에서 1천 명 사이일 것으로 추산된다.

2006년에 피델 카스트로가 위장 합병증으로 긴급수술을 받으면서 큰 위기가 발생했다. 혁명은 '최고지도자', 즉 혁명 이래 유일한 의장이 없이도 살아남을 수 있을까? 피델은 '일시적으로' 물러나고, 권력은 부통령이자 동생인 라울에게 넘겼다. 피델은 카를로스 라헤와 펠리페 로케 같은 떠오르는 젊은 지도자들에게도 핵심적인 책무를 맡겼다. 2008년 2월에 ― 국회가 국가 의장을 선출하기로 한 시기에 ― 피델은 다시는 국

엘리안 곤살레스의 모험담

1990년대 초의 경제위기로 많은 쿠바인이 형편없는 배나 손수 만든 뗏목을 타고 플로리다 해안으로 건너갔다. 종단 중 많은 이가 해상에서 죽었고, 바로 인도주의적 위기 국면이 조장되었다. 이에 양국 정부는 합의에 도달하였다. 해상에서 나포된 이들은 쿠바로 송환되고, 미국 땅에서 잡힌 이들에게는 미국 이주가 허용되었다. 이 정책은 곧 '젖은 발, 마른 발'(wet-foot, dry-foot) 정책으로 알려졌다.

불완전하지만 운용 가능한 이 합의는, 언론에 대대적으로 알려지면서 양육권, 정치적 꼼수, 국가적 위신 문제가 된 한 사건 때문에 상당한 압력을 받게 되었다. 1999년 11월에 엘리안 곤살레스란 소년이 엄마와 엄마의 남자친구를 비롯한 여러 사람과 함께 알루미늄 보트를 타고 쿠바를 떠났다. 배는 엔진 고장으로 난파되었고, 대부분의 승객은 죽었다. 소년과 두 명의 생존자는 타이어 튜브에 몸을 의지하다가 결국 어부들에게 구조되었고, 미국 해양경비대에 인계되었다. 이 사건은 명백히 '젖은 발' 사례에 속했다.

미국 이민국(INS)은 일시적으로 소년을 친할아버지와 형제인 라사로 곤살레스에게 맡겼다. 소년의 아버지인 후안 미겔 곤살레스는 이 와중에 라사로 곤살레스와 통화를 하여 소년과 엄마가 실종 상태라고 통보하였다. 하지만 라사로는 쿠바계 미국인 공동체 지도자들의 후원을 배경으로 소년의 쿠바 송환을 거부하고 미국 거주를 주장하였다.

엄청난 언론 보도가 이어지면서 논쟁이 시작되었고, 엘리안의 아버지와 두 할머니가 미국으로 건너와서 소년의 쿠바 송환을 요구했다. 미국에 있는 친척들은 소년의 법률적 망명을 청구하면서 송환을 저지하고자 했다. 하지만 연방판사는 망명 청구를 기각했다. 마이애미-데이드 카운티 당국은 본국 송환이란 공식적인 노력에 저항했다. 엘리안 소년은 하루는 디즈니랜드에서 보냈고, 그 다음 날은 정치인들을 만났다.

사법부 판결을 집행하고자 했던 연방 법무장관 재닛 리노는 늦어도 2000년 4월 13일까지 소년이 부친에게 인도되어야 한다고 명령했다. 이에 불복한 마이애미 친척들은 소년을 가택에서 보호했고, 데모대와 경찰이 이를 에워싸고 있었다. 송환 만기일이 일주일 지난 뒤 리노 법무장관은 국경수비대의 특수기동대에 작전을 명령했다. 데모대는 저항을 했지만 곧 난장판이 되었다. 마이애미의 리틀하바나 거리 주변의 10개 블록은 곧 인산인해로 뒤엉키고, 경찰은 봉기 진압 태세로 대오를 짜고, 최루탄 가스가 자욱했다.

아버지와 재회한 엘리안 소년은 확실히 행복한 모습이었다. 하지만 이들은 미국 측 친지들에게 법률적 수단이 소진될 때까지 미국에서 기다려야만 했다. 곧 순회법정이 친지들에게 소년의 망명권을 청구할 법적 자격이 없다는 판결을 내렸다. 2000년 6월, 모험담이 알려진 이후 거의 반년이 지나서야 미국 대법원은 순회법정의 판결이 옳다고 평결을 내렸다. 이날 오후 늦게 엘리안 곤살레스와 아버지는 마침내 미국을 떠나 쿠바로 갈 수 있었다.

이 사건이 진행되는 내내, 양당의 선출직 관료들은 개인 가족사에 개입하고 있다고 비난을 받았다. 『워싱턴포스트』의 한 칼럼니스트의 글 「엘리안과 후안 미겔 곤살레스, 아들과 아버지」는 이렇게 적고 있다. "전자는 순진무구한 아이, 후자는 아이를 뺏긴 남자이다. 엘리안은 전형적인 여섯 살배기처럼 행동했고, 후안 미겔은 전형적인 아버지처럼 행동했다. 하지만 대부분 정치인들은 전형적인 바보처럼 행동했다."

가 의장직을 맡지 않을 것이라고 선언했고, 라울이 정식으로 국가 의장에 선출되었다. 라울에게는 피델의 카리스마와 대중적 호소 능력이 결여되어 있지만, 나라가 무엇을 요구하고 있는지에 대해 현실주의적이고 실용주의적인 감을 지니고 있었다. 무엇보다 중요한 것은 쿠바의 정치제도들이 이 엄청난 도전을 잘 견뎌 냈다는 점이다.

소련의 퇴장이 가져온 긍정적인 측면도 있다. 쿠바는 민주화를 이뤘거나 이행 중에 있는 아메리카 국가들과 외교관계를 이제 재개했다. 서반구의 세 나라, 즉 캐나다, 멕시코, 베네수엘라가 무역과 투자에서 특히 중요한 파트너로 부상했다(국제사회의 시선은 캐나다와 멕시코가 북미자유무역협정 회원국이란 점을 놓치지 않았다). 베네수엘라의 우고 차베스 대통령은 '21세기 사회주의'의 건설에 박차를 가하면서 쿠바의 교사와 의사 수천 명[3)]의 서비스를 제공받는 대신에 쿠바에 저가의 석유와 충분한 외화를 공급하기 시작했다. 차베스주의가 제공하는 보조금 덕분에 쿠바는 이제 대단히 높은 성장률을 시현하기 시작했다.

〈도표 5.2〉는 1990년 이후에 쿠바가 보여 준 경제적 성과 전반을 요약한 것이다. 국내총생산은 처음에는 크게 떨어졌는데, 1993년에는 -15퍼센트를 기록했다. 뒤이어 약 10년간 완만한 회복세가 뒤이었는데, 지속적으로 약 5퍼센트가량의 플러스 성장률을 기록했다. 그리고 베네수엘라의 강력한 지원에 힘입어 2005~2007년 사이에 짧은 '붐'을 만끽했는데, 2006년에는 12퍼센트를 넘는 성장률을 시현했다. 쿠바는 이런저런 방식으로 불확실성의 시대에 자신의 방식대로 유영을 즐기고 있는 셈이다.

---

3) 그 후 이 숫자는 2만 명까지 이르렀음.—옮긴이

〈도표 5.2〉 쿠바 국내총생산의 연평균 성장률(1990~2007년)

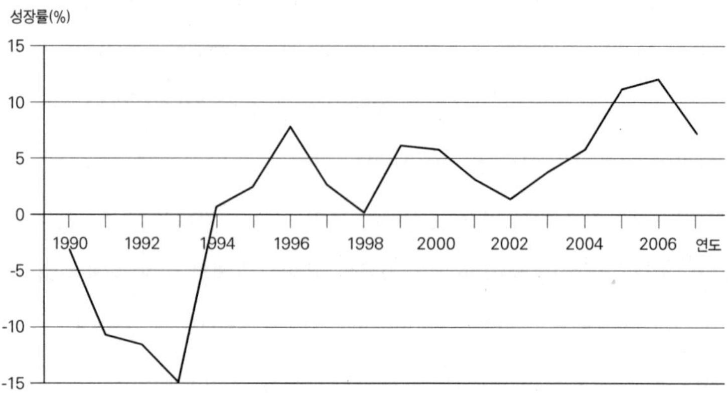

출처 : CEPALSTAT 라틴아메리카카리브해 통계(http://www.eclac.org/estadisticas/bases/).

냉전이 끝났음에도 불구하고, 미국은 여전히 쿠바 정권에 대한 완강한 적대 정책을 고수하고 있다. 소련의 위협이 사라진 연후에 워싱턴 당국이 분노를 퍼붓는 초점은 일당지배의 존속이다. 2003년 10월에 조지 W. 부시 행정부는 소위 자유쿠바지원위원회CAFC라는 예비정부를 구성하는 수순까지 나갔다. 자유쿠바지원위원회는 "자유 쿠바에 효율적인 지원을 할 수 있도록 미국 정부를 준비시키고", 또 제재를 강화하려는 목표를 지녔다. 이듬해 부시 행정부는 여행과 송금에 대한 제한을 강화하였다. 2007년에 자유쿠바지원위원회는 쿠바에서 경제적 봉쇄가 완화되려면 그 전제조건으로 "체제 변화"가 있어야 한다는 미국의 공식적 요구사항을 반복적으로 언급하였다.

미국의 무역 금수조치는 부시 행정부 아래서 확고하게 자리를 잡았지만 논란거리가 없었던 것은 아니었다. 17년째 연속으로 유엔 총회는 2008년 10월에 무역금수의 종언을 촉구하는 비구속적 결의안을 찬성 185, 반대 3, 기권 2로 채택했다(반대 국가로는 이스라엘, 태평양의 도서 국가 팔라우가 미국과 함께 했고, 미크로네시아와 마셜제도가 기권을 했다). 미국 재계도 쿠바에서 무역과 투자를 통해 혜택을 볼 수 있는, 잠재적으로 좋은 기회가 소진되어 가자 좌절감을 느꼈다. 그 기회가 결국 유럽과 여타 경쟁자들에게 넘어갔기 때문이다. 냉전의 유물로 남은 구닥다리 정책들에 시간은 기회를 주지 않았다.

모든 것이 불확실한 분위기 속에서 쿠바는 2009년 1월 1일에 혁명 50주년 기념식을 맞이했다. 포스터와 깃발과 같은 의례적인 전시를 제외하곤 분위기는 썰렁했다. 병중인 피델도 참석하지 못했다. 세 개의 허리케인이 남긴 상처 때문에 활기찬 축하행사 계획은 빛이 바랬다. 라울 카스트로는 동부의 산티아고 시에서 기념식을 주재했다. 그는 "이웃 열강의 불건전하고 원한에 가득 찬 증오에도 불구하고" 쿠바 체제는 살아남았다고 칭송했다. 새해 첫날에 활기찬 쿠바 시민들은 서로 껴안고 키스를 나누면서 술을 마셨다. 어린아이들은 거리를 질주하며 뛰어놀았다. 생각이 깊은 중년의 남자는 리더십의 변화에 기대감을 표시했다. 쿠바에서도 지도부가 교체되었지만, 미국에서도 버락 오바마 대통령이 취임하면서 지도부가 바뀌었다. 그는 "우리는 상황이 점차 나아지리라고 기대하고 믿고 있습니다"라고 말했다. 그가 옳은지 아닌지는 오직 시간만이 답해 줄 것이다.

[이성형 옮김]

6장 | 안데스 : 군부, 과두지배층, 원주민

남미의 많은 지역에서 안데스 산맥은 삶의 조건을 결정한다. 거의 해발 7,000미터에 달하는 높은 봉우리들과 내부에 깊은 계곡들을 가진 이 압도적인 산맥은 남미대륙의 남에서 북까지 7,000킬로미터 이상에 걸쳐 뻗어 있다. 눈 덮인 봉우리들은 서쪽으로는 좁은 해안지역 위에 우뚝 솟아 있고, 동쪽으로는 녹색의 밀림이나 광대한 평원을 지나 거대한 아마존지역을 향해 비스듬히 내려간다. 안데스의 험한 지형은 사람들의 거주지를 서로 분리시키는 결과를 가져왔다. 고지대인 산악지대sierra의 삶은 저지대의 그것과는 완전히 분리되어 있다. 양 지역 간의 소통은 더디고 어려웠다. 이런 기본적 현실이 자연의 위대한 산물에 안겨 있는 모든 국가에서 사회적, 경제적, 정치적 분열을 가져왔다.

이 장에서 우리는 중부 안데스[1] 지역 국가들—볼리비아, 페루, 에

1) 우리는 '중부 안데스'(Central Andes)라는 개념을 다소 느슨한 의미에서 사용한다. 전문적으로 말해서 '중부' 안데스는 칠레 북부에서, 볼리비아와 페루를 거쳐, 에콰도르 남부에 이르는 지역을 말한다. 에콰도르 북부의 산맥은 일반적으로 '북부' 안데스에 속하는 것으로 간주된다.

〈지도 6〉 중부 안데스

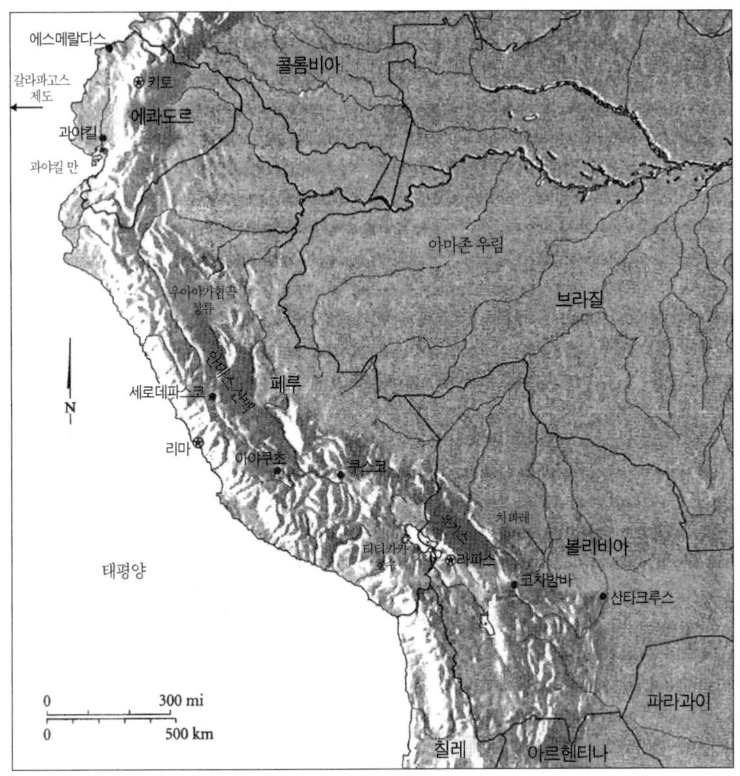

콰도르 — 에 초점을 맞추고자 한다. 식민지시대 이전에 이 지역은 고대 도시 쿠스코에 중심을 둔 잉카 제국의 지배 하에 거대한 인디오 사회가 형성되어 있었다. 심지어 고유의 종족 언어를 말하는 인디오들은 오늘날까지 각국 인구에서 중요한 비중 — 대략 볼리비아 62퍼센트, 페루 38퍼센트, 에콰도르 25퍼센트 — 을 차지하고 있다. 인디오들은 주로 고지대에서 대부분 밀접하게 연결된 전통적 공동체를 형성하면서 살았고, 지금도 그렇게 살고 있다. 따라서 잉카 시대의 사회적 관행들이 지금까지도 지속된다. 이는 현재의 원주민들의 복지와 지위에 관한 답답한 질문들을 야기한다. 인디오공동체는 근대화된 라틴아메리카에서 어떻게 생존할 것인가? 그들의 상황이 다른 지역에 비해 향상된 지역이 있는가? 그렇다면 그 차이는 무엇 때문인가?

안데스 지역의 인종적, 종족적 다양성은 복잡하지만 매력적인 사회를 만들었다. 메스티소들은 모든 곳에서 인구구성상 가장 큰 단일집단이다. 아프리카 노예의 후손들은 페루 인구의 약 5퍼센트, 에콰도르 인구의 약 10퍼센트를 차지한다. 19세기의 노동력 부족으로 수십만 명의 중국인 노동자가 페루로 건너왔다. 그 후 일본인과 레바논 이민자들은 페루 사회의 인종구성을 보다 풍요롭게 했다. 사실 레바논계 후손들이 에콰도르에서 그랬던 것처럼, 일본계 페루인들도 최근 페루 정치에서 중요한 역할을 수행했다.

식민지에서 독립국가로

페루 부왕령은 제국 에스파냐에 어마어마한 수입을 안겨 주었다. 16세기 동안 알토페루의 포토시 광산은 당시 세계에 알려진 은 산출량의 약 3분의 2를 생산했다. 처음에 고지대의 전초기지로 건설된 포토시는 당대의 런던보다 규모가 더 커졌다. 그 후 풍부한 광맥들이 현재 페루의 산악지대에서도 발견되었다. 그로 인해 귀금속 탐사에 대한 열기도 보다 뜨거워졌다. 반대로 키토 아우디엔시아 관할 하에 있던 식민지 에콰도르는 결코 광업의 중심지가 된 적이 없었다. 대신 에콰도르는 인디오 노동력에 의존해 고지대에서 직물업과 농업을 했다.

18세기에 페루 부왕령은 지속적으로 경제위기 상황에 빠졌다. 부르봉 왕가의 자유무역 정책은 에콰도르의 직물업을 유럽의 값싼 의류로 대체했다. 또한 부에노스아이레스에서 육로를 통해 상품을 들여올 수 있게 함으로써 페루가 지닌 알토페루와 칠레에서의 독점 교역권을 제거했다. 은 생산도 쇠퇴했다. 행정적 재조직은 리마의 중요성을 보다 약화시켰다. 특히 현재의 에콰도르, 콜롬비아, 파나마, 베네수엘라를 포함하는 누에바 그라나다 부왕령의 설립은 이 지역 크리오요 지배층에게 지역자치 의식을 고무시켰다.

이러한 부정적 경향들이 페루에서 독립운동의 확산을 가져오지 않은 것은 역사적 모순이다. 리마의 지식인들은 오히려 식민지적 틀 내에서 양보와, 부르봉 왕가 이전 시기의 특권과 번영을 회복할 수 있는 정책들을 요구했다. 독립운동이 에스파냐령 아메리카 나머지 지역을 휩쓸고 가는 동안 페루는 에스파냐 왕실의 충성스러운 거점으로 남아 있었다.

1808년 나폴레옹의 에스파냐 침공과 왕권 인수는 제국 전체에 큰 충격을 주었다. 왕이 부재하는 가운데 에스파냐에서는 지역 협의회들이 프랑스의 침공에 저항했다. 누에바그라나다 부왕령에서는 크리오요가 지배하는 산타페 데 보고타 시 의회가 세비야 협의회에 지지를 표명했다. 1809년 키토의 크리오요 지배층은 왕권에 도전했으며, 협의회를 구성했다. 그리고 부왕의 억압적 대응에 분노한 크리오요들은 즉각적으로 에스파냐 체제에 저항하는 계획을 꾸미기 시작했다. 1810년 초 카라카스와 일부 지역의 지배층은 식민지 통치자들을 몰아냈다. 거의 모든 지역에서 이러한 운동은 에스파냐 군주 페르난도 7세에 대해서는 충성을 맹세했다. 그러나 결국 그들은 공개적으로 독립을 주장하게 되었다.

1812년 에스파냐군은 베네수엘라에서 시몬 볼리바르의 독립군에게 결정적 패배를 안겼다. 1816년 중반 누에바그라나다에서 인구가 많은 거의 대부분의 지역이 군주 지지파의 통제 하에 들어갔다. 에스파냐의 '재정복' 동안 자행된 잔인한 억압은 완전한 독립을 얻으려는 반란자들의 결정을 강화했을 뿐이다. 영국의 무기와 군대의 지원을 받은 애국지사들은 다시 주도권을 잡았고, 볼리바르도 전장으로 복귀하였다. 1819년 보야카에서 군주 지지파를 패배시킨 이후 반란군은 누에바그라나다 대부분의 지역에서 통제권을 획득했다.

군사적 행동 과정에서 볼리바르는 베네수엘라와 콜롬비아를 하나로 통합하는 운동을 주도했다. 그리하여 1819년 콜롬비아공화국이 선포되었고, 1822년에는 에콰도르가 공화국에 합류하였다(나중에 이 국가는 현재의 콜롬비아와 구별하기 위해 '그란콜롬비아'로 불렸다). 시작부터 이 새로운 공화국은 에스파냐군의 지속적 위협을 막으면서 동시에 정치질서의 기반을 다져야 하는 두 가지 도전에 직면했다.

그러는 동안 호세 데 산 마르틴은 군대를 이끌고 아르헨티나로부터 남부 안데스를 넘어 칠레로 들어왔다. 1820년 후반에 그는 페루 해안에 도달했다. 그리고 몇 개월 후 에스파냐군은 리마에서 철수했다. 1821년 7월 28일 산 마르틴은 페루의 독립을 선언했다. 지역주민들에 의해 '보호자'protector로 불린 산 마르틴은 왕정을 설립할 계획을 세우고, 유럽에서 적절한 왕을 찾아올 대리인을 임명했다. 이러한 행동은 공화국 형태의 정부를 원하는 자유주의자들의 반대에 부딪혔다. 산 마르틴의 계획은 1822년 후반 볼리바르와의 숙명적 만남 이후 그가 무대에서 퇴장함에 따라 사라졌다. 볼리바르는 1823년 후닌 전투에서 에스파냐 제국군과 맞서 결정적 승리를 거두었다. 그리고 1824년 12월에는 안토니오 호세 데 수크레가 아야쿠초에서 최후의 일격을 가했다. 그 후 군주 지지파 군대가 항복함에 따라 남미에서 에스파냐 통치는 막을 내렸다.

대륙의 통합을 강화하기 위해 볼리바르는 그의 통치 하에 알토페루와 그란콜롬비아를 페루와 함께 묶는 연방국가 형성을 제안했다. 그 사이 알토페루의 크리오요 지도자들은 독립국가 설립을 결정했다. 그들은 국가의 명칭을 볼리바르의 이름을 따서 볼리비아로 짓고, 볼리바르에게 헌법을 구성하고 대통령으로서 통치해 줄 것을 요청했다. 해방자(볼리바르)는 종신 임기에다 부통령 임명을 통해 후계자도 지명할 수 있는 매우 강력한 행정 권력을 요구했다.

자신의 창의성에 도취된 해방자는 자신이 제안한 볼리비아 헌법이 모든 에스파냐령 아메리카를 위해 가장 이상적인 해결책이라고 생각했다. 그리고 그것을 그란콜롬비아에도 적용하고자 했다. 비판자들은 그것이 공화국의 외견을 지닌 군주제적 처방이라고 거부했다. 의견 불일치가 심화됨에 따라, 볼리바르의 중앙집권 지지자들과 그의 권위주의적 경향에 우려를 표하는 연방주의자라는 두 개의 라이벌 세력이 등장했다. 1830년 볼리바르의 건강은 급속히 악화되었고, 결국 그 해 12월 사망했다.

그 후 그란콜롬비아는 분열되었다. 성직자 세력과 교육받은 자유주의 정치인 세력의 거점인 대학 사이의 갈등, 군부와 자유주의 정치인 간의 갈등, 보고타의 중앙정부와 베네수엘라, 에콰도르 지배층 사이의 갈등, 볼리바르와 그의 경쟁자들 간의 갈등 등에 의해 찢어졌다. 결국 1831년 연방은 베네수엘라, 에콰도르, 콜롬비아로 나누어졌다. 한편 볼리비아와 페루도 각각 국가 주권을 위한 분리 요구를 계속했다. 독립 후 10년이 지나지 않아서 남미의 에스파냐 부왕령은 9개의 나라로 분열되었다.

개관 : 경제성장과 사회변화

수출주도형 성장 주기가 안데스 경제를 특징지었다. 수출의 확장과 쇠퇴의 리듬은 국가에 따라 다양하다. 그러나 기본 패턴은 한결같다. 농산품이나 천연자원의 국제교역에 따라 특정한 부문에서 성장이 이루어졌고, 이 부문의 생산과 교역을 지배하는 국가들은 부유해졌다. 국제가격의 하락(그것은 종종 다른 국가들과의 경쟁 때문에 발생한다)은 국가경제의 주기적 위기를 초래했다. 다른 산품들이 세계시장에서 수익이 난다고 판명되면 그것을 생산하는 지역은 부상했다. 개인과 가문의 부는 수출 부문의 호황과 불황에 따라 증가하기도 하고 감소하기도 했다. 이익을 공유할 수 없는 대다수 국민은 여전히 소외되고 가난하였다.

페루 : 구아노에서 여러 광물까지

자연은 독립 후 페루에 이례적인 행운을 가져다주었다. 수세기 동안 페루 연안의 한류는 어마어마한 어류를 끌어왔다. 어류는 또한 조류를 끌고 왔고, 새들은 해안 가까이 있는 섬들에 배설물을 남겨 놓았다. 건조한 대기는 퇴적물의 보존과 석회화를 도왔다. 그것이 바로 고농도 질소를 포함하고 있는 구아노이다. 잉카인들도 알고 있었던 것처럼 구아노는 최상의 비료임이 밝혀졌다.

1841년부터 1890년까지 구아노 수출이 페루 경제를 활성화했고, 번영이라는 환상을 가지게 했다. 섬들이 개인 소유의 땅이 아니라 공유지였기 때문에 국가의 정책 입안자들은 이러한 실질적 독점에서 어떻게 수익을 이끌어 낼까 하는 어려운 문제에 직면했다. 그 답은 '위탁'consignación 시스템이었다. 정부는 상인은행merchant house[2]들이나 사업 파트너들에게

2) 'merchant bank' 즉 어음인수, 주식 및 사채발행 등을 주요 업무로 하는 금융기관을 가리킨다. 당시 영국 상인은행들이 국제금융을 지배하고 있었다.—옮긴이

(거의 배타적인) 개발권을 임차하였다. 그리고 그 대가로 이익에 세금을 매기기보다 총매출의 일정량을 거두어 갔다. (거의 외국계인) 상사들은 나머지 매출을 가져갔고, 또한 비용을 변제받았다. 겉으로 그러한 전략은 자유주의 국가와 민간기업들 사이에 상호이익이 되는 동업관계를 형성하는 것처럼 보였다.

그러나 위탁 시스템은 국가를 상인은행들과 지속적 갈등관계에 놓이게 했다. 정부는 구아노를 가능한 한 비싼 가격에 팔기를 원했다. 이는 가격을 높게 유지하기 위해서 선적을 억제할 수도 있음을 의미했다. 반면 상사들은 계약기간이 정해져 있었기 때문에 주어진 기간 내 총판매량의 증가에 보다 더 관심을 기울였다. 그들의 입장에서는 높은 가격에 적은 양을 판매하기보다, 적당한 가격에 보다 많은 양의 구아노를 판매하는 것이 수익 면에서 더 유리했다. 결과적으로 정부 당국과 위탁업체들은 지속적으로 충돌했다.

1860년대 초까지 페루 정부는 세입의 80퍼센트를 구아노에서 얻었다. 동시에 정부 구아노 수익의 약 절반은 영국 채권업자들에게 빌린 대출을 상환하는 데 사용되었다. 따라서 구아노 붐은 페루의 장기적 경제 발전에 거의 자극을 주지 못했다. 역사가 프레드릭 파이크의 주장처럼 "불로소득이 클수록 경제는 덜 자립적으로 성장했다." 1880년대 말 퇴적물은 거의 고갈되었고, '구아노 시대'도 막을 내렸다.

1890년대부터 1930년대까지 페루 경제는 일련의 수출 붐(혹은 미니 붐)을 경험했다. 그중 두드러지는 것들은 다음과 같다.

- **아마존 열대림의 고무 붐**: 훌리오 C. 아라나와 같이 매우 정력적인 기업가들은 거대한 자산을 축적했다. 그리고 20세기에 접어들 무렵 이

키토스 시는 약 2만 명이 거주하는 도시로 성장했다. 그러나 그 무렵 페루도 브라질처럼 동아시아의 보다 효율적인 고무 플랜테이션에 의해 결국 시장에서 밀려났다.

- **해안 저지대의 설탕 생산**: 이것은 상당한 자본 투자를 요구하는 수익성 있는 사업이었다. 근대적 제당소를 위한 기계는 비쌌고, 제당소에 충분한 사탕수수를 공급하기 위해서는 대규모의 토지가 필요했다. 카리브 해와 대조적으로(4장 참조) 페루의 사탕수수 생산은 1년 내내 지속되었다. 따라서 영구적인 노동력이 필요했다. 아프리카계 페루인, 중국과 일본의 이민자들, 산악지대의 인디오 모두가 억압적 노동조건의 해안 플랜테이션에 와서 일했다. 설탕 생산과 수출은 1920년대에 급속히 성장했다. 하지만 그 시장도 1920년대 말에는 붕괴의 운명을 피할 수 없었다.
- 면화 생산 또한 해안지역에서 성장했다. 일부 생산자는 소농이었다. 그러나 대부분의 노동력은 야나코나헤yanaconaje라는 분익소작제sharecropping 방식으로 공급되었다. 외국인 자본가들은 이러한 비非시장적 관계에 결부되는 것을 내켜하지 않았기 때문에, 이 부문의 최대 투자자들은 페루인들이었다. 1930년까지 면화는 페루 수출의 18퍼센트 정도를 차지했다.
- 안데스 고지대의 모毛는 항상 이차 수출품이었다. 전통적 농민들은 알파카에서 최고 등급의 모를 생산했다. 양모는 대규모 대농장에서 생산되었다. 1920년대 시장 붕괴는 불황을 초래했는데, 특히 양 사육자들이 타격을 입었다.

그런 가운데 한때 페루 경제의 지배적 부문이었던 광업은 은이나 금

1900년대 초 세로데파스코의 은 제련은 대규모 기술을 특징으로 한다. (미국 의회도서관 제공)

과 같은 귀금속에서 산업금속으로 변화를 경험하였다. 구리는 특별한 중요성을 획득했다. 1901년 미국이 세로데파스코에서 광산회사를 구입하면서 대규모 투자를 시작함에 따라 구리 생산은 급격히 증가했다. 이주한 산악지대 주민serrano들이 노동력을 제공하고, 구리 산업의 소유권은 거의 완전히 외국인, 특히 미국인의 통제 아래로 들어갔다.

석유 채굴 또한 이 시기에—특히 1차 세계대전 동안—확대되었다. 해안지역은 특급 석유매장지들을 보유하였다. 이 부문에서도 미국 자본가들은 처음부터 주도적 역할을 맡았다. 1913년 스탠더드 오일의 캐나다 자회사인 IPCInternational Petroleum Company가 주요 유전의 개발권을 획득했다. 1930년경에 석유는 페루 수출의 약 30퍼센트를 차지했다.

대공황과 2차 세계대전이 국제시장의 구조를 변화시킴에 따라, 페루 경제에도 어느 정도 변화가 찾아왔다. 하지만 멕시코의 정책 결정자들과는 대조적으로(아르헨티나와 브라질의 사례는 다음에 살펴볼 것이다) 페루의 정책 결정자들은 수입대체산업화 프로그램을 지속적으로 추진하지 않았다. 1940년대 후반 기회가 다가왔을 때에도, 페루인들은 지금까지 일정하게 시도하던 전략 — 외국인 투자와 협력한 수출주도 성장 — 으로 되돌아갔다.

1960년대에는 쿠바가 혁명으로 잃어버린 미국시장 쿼터를 페루가 받음으로써 설탕 생산이 확대되었다. 면화 생산은 1940년대와 1960년대 사이에 두 배 이상 증가했다. 그러나 그 후 합성섬유와의 경쟁에 직면하면서 쇠퇴했다. 철광석이 주요 수출 광물로 부각되었음에도 불구하고 구리는 여전히 최고 수출 광물의 지위를 유지했다. 어분 수출 또한 1950년대부터 1970년대까지 짧은 호황을 경험했지만 해류의 변화로 곧 쇠퇴의 길을 걸었다.

요약하자면 페루 경제는 3단계의 긴 수출주도 성장주기를 경험했다. 수출량과 수출액을 보여 주는 〈도표 6.1〉은 전반적인 패턴을 보여 준다. 구아노 시대에 해당하는 첫번째 국면은 1830년대부터 1870년대까지 이어졌다. 동요의 시기가 지난 후 경제는 1890년대에 다시 회복되었다. 그리고 1930년대 대공황까지 지속되는 확장의 시기가 이어졌다. 2차 세계대전 종식은 국제시장을 다시 부흥시켰고, 농산물과 그 외 1차 산품의 국제가격이 다시 한 번 하락하는 1970년대 중반까지 지속되는 세번째 성장주기를 촉발하였다.

〈도표 6.1〉은 페루 경제발전의 중요한 특징을 보여 준다. 첫째, 페루는 성장의 촉진제로서 수출에 과다하게 의존했다. 둘째, 페루는 국제시장

〈도표 6.1〉 페루의 수출 : 수출량과 수출액(1830~1975년, 달러 기준)

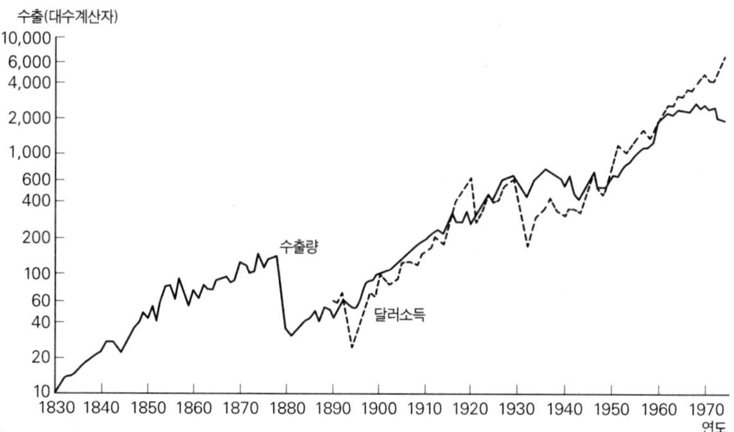

출처 : Rosemary Thorp and Geoffery Bertram, *Peru 1890-1977: Growth and Policy in an Open Economy* (New York: Columbia University Press, 1978), p. 5.

가격의 움직임, 즉 자신의 통제를 벗어나는 힘에 극단적으로 취약했다. 셋째, 20세기 페루는 주로 해안지역의 자본집약적인 '근대적' 부문과 주로 고지대의 노동집약적인 '전통적' 부문 사이의 생산적 연결을 거의 이루어 내지 못했다. 넷째, 페루는 매우 불평등한 소득분배 패턴을 만들었다. 1980년대에 국민 상위 20퍼센트가 소득의 51퍼센트를 받는 동안, 하위 20퍼센트는 단지 소득의 5퍼센트만을 받았다(수십 년이 지나도 그 양상은 여전히 비슷했다).

1970년대 후반과 1980년대 동안 페루의 가장 수익성 있는 수출작물은 불법이었던 코카 잎이었다. 코카 잎은 콜롬비아의 비밀 작업장에서 코카인 생산을 위해 사용되었다. 주로 우아야가 계곡 상류에서 경작된 코카 잎 수확량은 1990년 세계 총생산의 3분의 2에 해당하는 20만 톤에 달했다. 당시 코카 잎 생산은 전국적으로 농업노동력의 약 10퍼센트를 고용했으며, 생산의 모든 단계에 종사하는 노동자의 수는 20만 명에 달했다. 그리고 전체 경제에 미치는 효과는 약 10억 달러 정도였다. 코카 경작이 주요 활동이던 시기에도, 그것이 고지대 농민들을 백만장자로 만들지는 못했다. 코카 잎의 생산지 가격은 실제 높지 않았다. 마약거래에서 대규모 수익은 유럽과 미국과 같은 해외시장의 도소매 과정에서 발생했다. 20세기가 끝날 무렵 정부 정책과 코카나무 병이라는 두 요인이 결합하여 페루의 코카 잎 수확량이 감소했다. 물론 이러한 생산의 감소는 다른 나라들에 의해 채워진다.

볼리비아 : 은, 주석, 가스

볼리비아는 오래전부터 광업으로 유명했다. 식민지시대의 주요 생산물은 은이었다. 20세기에는 주석이 주요 수출품이 되었다. 사실 이 두 광물은 같이 나타나는 경향이 있는데, 에스파냐 제국의 지배자들은 상당량의 주석을 쓸모없는 것이라고 버렸다. 그러나 19세기 유럽과 북미에서 산업혁명이 가속화되면서 세계적으로 주석 수요가 증가했고, 1890년대에 철도가 건설되면서 수익성 있는 개발에 대한 전망이 아주 분명해졌다.

볼리비아 기업인들이 그 기회를 포착했다. 그들 중 가장 유명한 사람이 메스티소이며 평범한 배경의 광산 도제 출신인 시몬 I. 파티뇨이다. 1924년 그는 국가 주석 생산의 절반을 차지하고, 유럽의 볼리비아 주석 제련소를 지배함으로써 세계 최고 부호 중 한 사람이 되었다. 카를로스 아라마요와 마우리시오 호크쉬일드와 같은 주요 기업인들이 주로 볼리비아에 거주한 반면, 파티뇨는 삶의 대부분을 유럽에서 보냈다.

이 세 가문은 볼리비아 주석의 약 80퍼센트를 지배했다. 그들은 밀착된 그룹을 형성했다. 그들과 그들의 가신들은 빈정대는 의미에서 로스카 rosca[3)]라는 별명으로 불렸다. 주석 생산에서 나오는 세금과 수수료가 볼리비아의 주요 수입원이었기 때문에, 광산 귀족들은 정부 정책에 상당한 영향력을 행사했다. 그러나 19세기의 은광 거물들과는 달리 주석 광산 소유자들은 정치에 직접 개입하지는 않았다. 대신 압력단체 전술에 의존했는데, 이는 매우 효과적임이 드러났다.

볼리비아는 매우 급속히 세계 주석 공급의 주요한 원천이 되었다. 생산은 1900년에서 1909년 사이 연평균 거의 15,000톤 수준에서 1940년대에는 연평균 39,000톤 수준으로 상승했다. 단일년도로 최고 정점에 달한 때는 47,000톤 이상을 기록한 1929년이다. 그 무렵 볼리비아와 다른 세 개 국가가 세계 주석 생산의 80퍼센트를 차지했다. 이러한 변화의 결과 광산부문을 위한 금융과 서비스의 중심지인 라파스가 포토시를 능가했다.

그러나 주석 붐은 사회적 긴장과 빈번한 파업을 야기했다. 고지대의 인디오 농민들은 전통적인 농촌공동체를 떠나 급조된 광산촌으로 이주함으로써 노동력을 제공했다. 그들은 극도로 취약한 조건에서 일하고 살아가야 했다. 해발 900~1,200미터 고도에서 일했고, 매일같이 깊고 붕괴되기 쉬운 광산의 갱도로 내려가야 했다. 질병과 부상은 아주 흔한 일이었다. 여자들도 남자들 곁에서 똑같이 위험을 무릅쓰고 함께 일했다. 한 여성 노동자는 "우리는 광산으로 먹고 산다. 그런데 광산은 우리를 먹는다"라고 설명했다.

대공황으로 주석 가격이 1927년 톤당 917달러에서 1932년 톤당 385달러로 폭락하면서 볼리비아는 엄청난 타격을 입었다. 주요 경쟁국들과 비교할 때 볼리비아의 주석 원광이 등급이 가장 낮았고, 운송비가

3) 나사라는 뜻이지만 사물의 핵이라는 의미도 있다.—옮긴이

가장 비쌌기 때문에, 볼리비아 주석 산업은 회복되기 어려울 것이라 판단되었다. 2차 세계대전이 주석 가격의 상승을 가져왔지만, 전후의 가격 폭락은 경제를 다시 약화시켰다.

로스카들은 1930년대와 1940년대에도 살아남았지만, 그들의 막대한 재산은 1952년 (뒤에 설명할) 볼리비아혁명의 결과로 정부에 수용되었다. 주석 산업의 경영권은 대부분 조직화된 노동자들이 통제하는 국영회사인 볼리비아광업공사COMIBOL로 넘어갔다. 세계에서 두번째로 큰 주석기업인 볼리비아광업공사가 1952년 이전 수준으로 생산을 회복시키는 데 15년이 걸렸다. 그럼에도 불구하고 주석은 1968년 볼리비아 수출의 절반 이상을 차지하고 있었다. 1990년대에 볼리비아는 대부분 유럽과 미국으로의 수출을 통해 세계 네번째 주석 공급국의 지위를 다시 획득했다.

볼리비아광업공사 외에 중소기업들이 은, 아연, 안티몬, 납, 텅스텐과 같은 다른 금속들을 계속해서 찾았다. 1980년대 후반에는 일시적 '골드러시'가 수백 개의 조합과 수천 명의 개인채굴자들을 끌어모았다. 그러나 사실은 밀수가 합법적 금 수출의 80퍼센트에 달하는 것으로 평가되었다. 볼리비아의 역사적인 광업 열기는 아직 살아 있고 건실하다.

석유탐사는 이미 1916년에 시작되었다. 그리고 운영은 1938년 멕시코 석유산업의 국유화가 있기 1년 전인 1937년에 이미 볼리비아국영석유회사YPFB의 통제 하에 들어갔다. 볼리비아의 석유 생산은 1970년대 초에 정점에 이르렀다가 그 후 감소했다. 볼리비아국영석유회사는 1996년에 민영화되었다.

보다 중요한 것은 전형적으로 석유와 함께 발견되는 '부수附隨 천연가스'이다. 매장량이 상당한 것으로 판명됨에 따라 볼리비아는 1972년 아르헨티나와 파이프라인 건설을 협의했다. 그 후 1990년대에 브라질과는 상파울루까지 연결되는 총비용 22억 달러의 제2차 파이프라인 건설 협약을 맺었다. 계속되는 발견의 결과 볼리비아의 천연가스 추정 매장량은 1997년에서 2003년 사이 기하급수적으로 증가했다. 2004년 천연가스는 전체 수출의 29퍼센트를 차지했다. 이 무렵 볼리비아는 남미 두번째의 천연가스 매장국가로 알려졌다. 당시 압도적인 민영화 분위기에 따라 새롭게 발견되는 매장지의 개발은 브라질의 페트로브라스Petrobras, 에스파냐의 렙솔Repsol, 프랑스의 토탈Total과 같은 기업들이 구성한 국제컨소시엄에 양도되었다.

천연가스의 대호황은 격렬한 정치적 논쟁에 불을 붙였다. 저지대인 산타크루스 주와 인근 남부 지역에 천연가스가 매장되어 있어서 고지대와 저지대 간의 사회적, 경제적 분열이라는 가혹한 기억들이 되살아났다. 반정부 비판가들은 브라질과 아르헨티나와의 가격 협정, 외국기업들과의 임대계약, 중앙정부의 세금징수 등 광범위한 정부 정책들을 비판했다. 라파스의 정치적 지배에 대한 지역적 불만을 토로하면서, 산타크루스의 지도자들은 지역 '자치'라는 막연하게 설정된 목표를 향한 지속적 운동을 전개했다.

일반적으로 말해 볼리비아 광업의 역사는 페루의 경험과는 다른 두 가지 차이점을 보여 준다. 첫째는 주석 생산에서 특히 드러나는 것처럼 외국인 기업보다 자국 투자가에게 중요한 역할이 주어졌다는 점이다. 둘째는 국가의 경제적 역할이다. 페루가 거의 대부분 외국인 기업에 배타적으로 의존했다면, 볼리비아의 광업은 정부가 지배적인 역할을 수행했다. 볼리비아광업공사, 볼리비아국영석유회사, 그리고 다른 규제들을 통해 국가는 볼리비아에서 주요 경제행위자임을 보여 주었다. 앞으로 지켜봐야 하겠지만 이러한 역사는 결코 막을 내릴 것 같지 않다.

페루에서처럼 볼리비아에서도 코카 생산은 길고 복잡한 역사를 가지고 있다. 본래 고지대 농촌 주민들의 전통적 소비 때문에 성장한 코카 잎 생산은 1980년대 후반에 국내총생산의 6퍼센트 이상을 차지하는 산업이 되었다. 생산은 두 지역에서 이뤄졌다. 한 곳은 고르지 않은 지형의 높은 산악지대인 융가스로, 코카 잎 생산이 전체 농업생산의 35퍼센트를 차지하며 주로 지역 소비를 위한 것이었다. 다른 한 곳은 저지대인 차파레로, 코카 잎 생산이 전체 농업생산의 90퍼센트 이상에 달하며 주로 해외로 수출하였다. 1950년대 초반 이래 코칼레로cocalero로 불리는 코카 재배업자들은 합법적인 농민집단으로 인정되었다. 1980년대에 코카 재배업자들은 볼리비아의 최고위 노동조합 산하에 조직된 농민노동자동맹에 가입했다. 국제적 마약거래는 불법이었지만 코카 잎의 수확은 불법이 아니었다.

에콰도르 : 카카오에서 석유로

근래 에콰도르 경제발전 동력은 산악지대보다는 주로 해안에서 나왔다. 볼리비아와 페루와 달리 고지대의 광산은 결코 에콰도르에서 뿌리를 내리지 못했다. 대개 그러한 이유로 에콰도르는 에스파냐의 제국 설계에서 부차적인 역할을 담당했다.

독립은 이 나라에 단지 50만 명 정도의 인구를 가진 농촌경제만을 남겨 놓았다. 노동관계는 페온 노동peonaje이나 분익소작제 형태를 취했다. 경제 활동은 주로 환금작물이나 세계시장에서 값싸게 취급되는 원자재들에 집중되었다. 시장수요의 변화와 가격변동에 취약한 에콰도르 경제는 불확실성과 불안정성에서 벗어날 수 없었다. 이러한 조건은 19세기 내내 거의 변화하지 않았다.

1880년대가 시작되면서 카카오 수출이 에콰도르의 첫번째 상업적 붐을 가져왔다(당시 국제시장은 크게 확대되었는데, 그것은 미국에서 밀크 초콜릿이 어느 정도 대량 소비품목이 되었기 때문이다). 1904년경 에콰도르는 세계 카카오 총생산의 15~20퍼센트를 차지하면서 세계 최대의 카카오 생산국이 되었다. 인디오와 메스티소들은 카카오 플랜테이션에서 임금노동자로 일하기 위해 자신들이 살던 고지대를 떠났다. 해안 가까이 저지대 플랜테이션의 자연 그늘 아래에서 자라는 에콰도르의 카카오는 향기 좋은 '우수한' 열매가 매우 질이 좋은 것으로 널리 알려지게 되었다.

해안지역은 국가 경제활동의 중심지가 되었다. 과야킬은 금융, 상업, 수출입을 지배했다. 카카오 생산자들은 국제시장에 접근을 제공할 수 있는 부유한 상인들과 동맹을 맺었고, 상품을 수입하기도 했다. 비록 카카오가 에콰도르 수출의 60~70퍼센트에 달했고, 고용과 수익을 창출했지만, 국가경제 전체에 미친 영향은 매우 미약했다. 플랜테이션은 운송과 교통을 기반시설 발전을 촉진하는 대신 강에 의존했다. 게다가 지주들은 수익을 지역경제에 투자하기보다 해외에서 수입품을 구매하는 데 사용하는 것을 더 좋아했다. 라틴아메리카의 다른 1차 산품처럼 카카오 생산 또한 '고립영토경제'를 조성했다.

1915년경의 카카오 호황은 서아프리카와 브라질의 경쟁에 직면하여, 또 보다 중요하게는 '마녀의 빗자루'라 알려진 매우 무서운 식물 질병의 출현으로 흔들리기 시작했다. 1930년대에 에콰도르는 세계 수확량의 7퍼센트 정도만을 생산하고 있었다. 카카오 산업은 1950년대에 정부 지원의 재식목 노력의 결과 부분적으로 되살아났다. 그리고 1958년에는 비록 품질등급이 과거와 같은 수준은 아니었지만 에콰도르는 세계 여섯번째 수출국이 되었다. 그리고 이때의 생산은 소규모 농장주들에게로 넘어갔다. 수출은 여전히 의미 있는 수준이었지만, 과거와 같은 규모는 아니었다.

에콰도르의 두번째 주요한 수출 붐은 바나나 생산에 의해서이다. 수목 질병으로 인한 위험과 주기적인 토양 고갈로 생산자들은 지속적으로 새로운 경작지를 찾아야 했기 때문에 대규모 바나나 경작은 반유목 사업이 되었다. 이러한 조건들로 인해 많은 국가에서 생산을 확대하기 위해서 바나나 사업은 충분한 재원을 가진 대규모 회사들에 제한되었다. 유나이티드 프루트는 단연 가장 큰 기업이었다. 그리고 1934년 바로 대공황의 중심에서 유나이티드 프루트는 에콰도르 해안, 특히 과야킬 인근의 해안을 따라 회사를 설립했다. 이 열대지역의 기후, 태양, 토양은 회사의 위치선정이 충분히 타당했음을 말해 준다.

2차 세계대전 이후 바나나에 대한 세계수요의 증가는 생산의 가파른 도약을 가져왔다. 정부는 내륙의 생산업자와 해안의 항구를 연결하는 도로를 건설함으로써 도움을 주었다. 그리고 바나나 붐은 카카오보다 훨씬 더 국가발전을 촉진했다. 1960년대에 에콰도르는 전 세계 생산의 30퍼센트 정도를 공급했다. 그리고 바나나는 에콰도르 수출의 60퍼센트를 차지했다. 경제는 급속히 성장했고, 관세가 정부 세입을 증대시켰다. 외국인 투자의 초기 역할에도 불구하고, 현재의 바나나 생산은 사실상 에콰도르인들의 손에 들어갔다. 1962년 노동자들이 유나이티드 프루트의 땅에 침입하고, 일련의 파업과 불행한 일들이 일어나자 회사는 소유권을 지역 투자가들에게 이양했다(유나이티드 프루트는 4장에서 언급한 과테말라에서 겪은 경험에서 이미 약간의 교훈을 가지고 있었다). 그러나 이것이 유나이티드 프루트가 사라졌다는 것을 의미하지는 않는다. 그와는 반대로, 판매와 유통에서는 여전히 통제권을 가지고 있었다. 이러한 길을 통해 회사는 노동 불안정성 그리고/혹은 식물의 질병 위험을 피할 수 있었다. 그러나 여전히 해외 판매를 통한 수익을 챙겼다.

석유는 에콰도르의 세번째 수출 붐을 위한 기반을 제공했다. 1960년대 말 동부 아마존 지역에서 첫번째 유전의 발견은 에콰도르를 세계적인 산유국으로 바꾸어 놓았고, 정부 수입에 대규모 증가를 가져왔다. 1972년에는 오리엔테라 불리는 동부 지역에서 항구도시 에스메랄다스까지 이어지는 에콰도르 횡단 파이프라인이 완성되었다. 게다가 1970년대에는 상당량의 천연가스 매장층이 과야킬 만에서 발견되었다. 주로 석유 수출 덕분에 에콰도르의 순외화소득은 1971년 4,300만 달러에서 1974년 3억 5,000만 달러로 증가했다.

OPEC이 이끄는 국제가격의 상승에 힘입어, 석유 붐은 전례 없는 경제성장을 안겨 주었다. 실질 국내총생산이 1970년에서 1977년 사이 연평균 9퍼센트 이상씩 증가했다(1960년대는 6퍼센트대였다). 에콰도르는 남미에서 베네수엘라에 뒤이어 두번째로 큰 석유 수출국이 되었다. 2007년 원유와 정제유 생산은 국가 총수출소득의 58퍼센트를 차지했다. 한편 석유 붐은 동부 지역에 심각한 환경 피해를 입혔고, 지역 원주민들을 건강상 심각한 위험에 빠트렸다. 그리고 다른 나라에서처럼 석유 주도의 발전은 수입과 외채의 대규모 증가를 가져왔다. 멕시코가 깨달은 것처럼 (3장 참조) 석유는 마법과 같은 만병통치약은 아니었다.

사회변화

이러한 경제변화 과정들은 중부 안데스 지역 국가들의 사회구조에도 근본적인 변화를 가져왔다. 변화의 패턴은 세 국가에서 대개 유사했다. 그러나 또한 의미 있는 차이가 있다.

사회층 맨 위쪽에는 결코 동질적이지만은 않은 자본가 지배층이 있다. 이들은 영리하고 충분히 교육을 받은 세계주의적cosmopolitan 집단으로서, (리마, 라파스, 과야킬과 같은) 대도시를 활동 중심지로 삼았다. 이들은 종종 외국인 투자자들과 협력하면서, 그리고 새롭게 부자가 된 투자자들과 고위 군 장교들을 자신들의 사회적 서클에 들어오도록 허용하면서, 당면한 일들에 유연하고 실용적인 접근 태도를 취했다. 페루와 에콰도르에서 이들은 태평양 해안을 따라 거점을 두었다. 그러나 볼리비아에서는 그들의 활동 중심지가 라파스에서 산타크루스로 이동되었다.

산악지대의 과두지배층은 태도나 고립성이라는 측면에서 전반적으로 보다 전통적 입장을 취했다. 에콰도르와 페루에서 지방의 파트론patrón[4]들은 토지에 묶여 있었고, 노동을 하는 페온들과는 위계적인 사적 관계를 유지하고 있었다. 그러나 시간이 흐르면서 고지대 대농장주의 우월함은 강력한 압력을 받았다. 볼리비아에서 앞으로 설명할 1952년 혁명은 대규모 농지개혁을 야기했고, 농민들을 과두지배층의 억압에서 해방시켰다. 페루에서는 지배층의 권력의 점진적 붕괴가 1968~1975년 군부정권의 농업개혁 프로젝트로 더욱 촉진되었다. 많은 페온이 대농장을 떠나 일자리를 찾아서 사탕수수 농장이나 면화 플랜테이션, 혹은 산악지역의 광산으로 갔다. 일부 실망한 지주들은 패배를 용인하듯이 그들의 땅을 목초지로 바꿔 버렸다.

지배층 아래에 (19세기 유럽에서 출현한 응집력 있고, 자의식 있는 사회계급이라는 의미에서의) 중간계급이라고는 할 수 없을지 몰라도 중산

---

4) 봉건적 성격의 지방 유력자.—옮긴이

층이라고 할 수 있는 어느 정도 소득의 사람들이 있었다. 이러한 가구의 가장들 대부분은 도시지역에서 살고, 고등학교나 대학교 수준의 학력을 가지며, 사무직에서 일했다. 대기업들은 엔지니어, 컴퓨터 프로그래머, 기술자들을 고용했다. 야망이 있는 많은 전문직 종사자들이 군대를 포함한 국가기관에서 일자리를 찾았다. 상업뿐만 아니라 공무원이 중산층 최고의 직업이 되었다. 에콰도르에서 대부분의 중산층 시민은 과야킬과 키토에 거주했다. 볼리비아에서 중산층은 라파스, 코차밤바, 산타크루스에 거주했으며, 페루에서는 전문직을 희망하는 야망 있는 사람들이 리마로 몰려들었다.

안데스 인구의 약 80퍼센트를 차지하는 하층계급은 사회적으로 이질적인 집단으로 남아 있다. 하층계급에는 사탕수수나 바나나 플랜테이션의 농촌 프롤레타리아, 커피나 면화 농장의 농부나 고용노동자, 그리고 산악지대의 농민이나 자급자족 농민들이 포함된다. 그들은 또한 고깃배에서 임금을 받는 어부들이며, 산악지역의 광부들이고, 도시의 노조 노동자들이기도 했다. 키토와 보고타의 가사 도우미들, 페루와 볼리비아의 코카 잎 재배업자들, 리마와 라파스 근교 무단점유 거주지의 주민들 역시 하층계급에 속한다. 아이마라어와 케추아어 원어민들 중 상당수가 아직도 국민사회의 가장자리에 머물러 있다. 하층계급은 노동자와 농민 사이, 해안과 산악지대 사이, 비인디오와 인디오 사이, 이렇게 세 개의 범주에 따라 나누어진 광대한 사회계층이다. 그러나 네트워크와 가족의 고리가 종종 이러한 분리를 연결시켰고, 이주의 효과가 한때 상당히 컸던 지리적 차이를 감소시켰다.

농촌에서 도시로의 탈출은 라틴아메리카의 다른 어떤 지역보다 안데스에서 가장 늦게 진행되었다. 그러나 과거 40년 동안 그러한 과정이

중부 안데스의 인구동태 통계(2007년)

	볼리비아	페루	에콰도르
인구(백만 명)	9.5	27.9	13.3
GDP(십억 달러)	13.1	109.1	44.2
1인당 GNP(달러)	1,260	3,450	3,080
빈곤율(%, 2006년 기준)	63.9	44.5	39.9
기대수명(세)	65	71	75

출처: 세계은행, 라틴아메리카카리브해경제위원회

집중적으로 발생했다. 그 결과 페루 인구의 70퍼센트 이상이 현재 도시에 거주한다. 에콰도르 인구의 약 76퍼센트, 볼리비아 인구의 63퍼센트도 도시에 거주한다. 시골에서 도시로의 가속화된 이주는 빈민가, 범죄, 그리고 현저한 빈곤과 같은 사회 문제를 발생시켰다.

불평등과 빈곤은 지속적이고 광범위했다. 1980년대에 국민 절반 이상의 소득이 빈곤선 아래로 떨어졌다. 비록 그 비율은 약간 떨어진 정도라고 하지만, 빈곤선 아래에서 살고 있는 사람들의 절대적 수는 많이 증가했다. 사회적, 경제적 위계질서는 계속 만연해 있다. 이러한 신식민주의적 유산의 지속은 안데스 지역 전체에 대해 다루기 어려운 질문들을 던진다. 독립 이후 정치가들은 국가적 문제를 어떻게 다루었는가? 원주민들은 토지와 더 나은 삶을 획득하기 위해 어떻게 투쟁해 왔는가? 수출주도형 발전모델의 결과는 어떠한가? 정치적, 사회적 운동이 이 나라들을 어떻게 변화시켰는가?

정치와 정책 : 페루

독립 이후 페루의 정치는 모순적 장면을 연출했다. 외부인의 도움으로 에스파냐를 몰아냈기 때문에, 페루는 이웃국가들로부터 자치를 확보하는 것이 쉽지 않았다. 경제는 매우 취약했다. 전쟁이 해안과 산악지대의 토지자산을 파괴했다. 상업은 부진했다. 광업은 황폐화되었다. 국가의 지도자들은 새로운 국가를 건설하기 위한 자금이 절박하게 필요했다. 그러나 국고는 텅텅 비어 있었다. 1820년부터 정부는 (주로 영국에서) 계속 외채를 들여오기 시작했다. 그리고 이는 나중에 파멸적인 결과를 가져온다.

총인구 약 150만의 70퍼센트를 구성하는 인디오들을 위한 조건도 개선되지 않았다. 정치인들은 에스파냐를 축출했을 때 공식 폐지된 전통적 공납을 인두세소득에 관계없이 모두에게 똑같이 부과되는 세금인 원주민분담금 contribución de indígenas으로 대체했다. 19세기에 자유주의는 인디오를 공동체 단위가 아닌 개인으로 다루었기 때문에 그들은 더 이상 예전의 법적 지위를 누릴 수 없었다. 일부는 농장에서 페온으로, 또 일부는 광산에서 노동자로 살 길을 찾았다. 또 다른 이들은 메스티소인 척하고 대도시와 중소도시에서 일자리를 찾았다.

구아노 무역이 확대되던 1845년 페루는 19세기의 가장 강력한 지도자인 라몬 카스티야의 통치 하에 들어갔다. 군 장교 출신인 카스티야는 국가의 근대화를 원했다. 그는 최초로 국가 예산을 편성했고, 리마와 항구도시 카야오를 잇는 철도 건설 등의 공공사업을 벌였다. 재임 시기에 카스티야는 원주민분담금을 폐지하고, 흑인 노예들을 해방시켜 주었다. 잃어버린 노동력을 회복하기 위해 페루는 1850년대 중반부터 1870년대 중반까지 10만 명의 중국인 쿨리들과 폴리네시아인들을 계약노동자로 수입했다. 제도의 창시자로서 카스티야는 또한 군 전문화와 공교육도 장려했다.

급격히 증가한 채무는 다음 대통령들에게 해결할 수 없는 문제로 남았다. 호세 발타1868~1872 하에서 정부는 외채를 파리의 아돌포 드레퓌스 Adolfo Dreyfus 회사에 넘겨주었다. 드레퓌스사는 그 대가로 구아노의 위탁 경영을 맡았다. 그러한 거래는 경제적 이치에 맞는 것처럼 보인다. 그러나 많은 페루인에게 그것은 받아들일 수 없는 국부 상실을 의미했다. 마누엘 프라도1872~1876는 부분적으로는 이런 이유 때문에 질산염 광산을 국유화함으로써 이러한 정서에 대응했다. 비통하게도 그러한 조치는 태

태평양전쟁

1870년대에 질산염 생산이 확대되면서 칠레인 광산 소유자들은 볼리비아와 페루가 소유하고 있는 풍부한 광물을 탐내기 시작했다. 1879년 칠레 투자가들은 볼리비아가 질산염에 대해 새로 부과하는 세금 납부를 거부했다. 그에 대한 보복으로 볼리비아 대통령 일라리온 다사(1876~1879)는 볼리비아의 안토파가스타에 있는 칠레인 소유의 질산염 회사를 몰수하라고 명령했다. 칠레는 이 지역을 점령하기 위해 군대를 파견했다. 약간의 망설임 끝에 페루 정부는 1873년 볼리비아와 맺은 동맹을 존중할 것을 결정하고 전쟁에 개입했다.

그렇게 해서 페루와 볼리비아가 칠레에 대응하는 태평양전쟁(1879~1883)이 시작되었다. 칠레는 깜짝 놀랄 만한 군사적 승리를 거두었고, 리마를 점령했다. 잇따른 평화 협상의 결과로 볼리비아는 해안지역을 상실했다. 칠레는 이키케 시를 포함해서 질산염이 풍부한 페루의 타라파카 지역에 대한 완전한 지배권을 획득했다. 그리고 10년 동안 타크나와 아리카에 대한 지배권도 가지게 되었는데, 그 후 이 두 지역의 운명은 국민투표로 결정하도록 되어 있었다.

태평양전쟁은 오랫동안 세 국가 모두에 지대한 영향을 미쳤다. 칠레에게는 질산염 붐의 도래를 알렸고, 국가적 자신감을 충만하게 했다. 볼리비아는 바다로의 접근이 차단되었다. 페루에게 이는 치욕적 패배였고, 이 패배로 인해 정치인들은 신뢰를 상실하고 경제는 쇠퇴가 가속화되었다. 어떻게 생각하더라도 태평양전쟁은 볼리비아와 페루에게는 실패작이었다.

평양전쟁으로 물거품이 되었다.

이런 재앙적인 패배 속에 페루에서는 멕시코의 '과학자'들을 닮은 새로운 민간지도자 계급이 탄생되었다. 고등교육을 받고, 신실증주의를 체득하고, 자유주의 전망을 가진 이들은 새로운 정치세력을 형성했다. 보다 나은 표현이 없기 때문에 이들을 귀족적 관료로 분류해야 할 듯하다. 그들의 초기 대변인은 성급한 성격의 젊은 재무장관으로서 1869년 드레퓌스사와 문제 많은 계약을 협상했던 니콜라스 데 피에롤라였다. 피에롤라는 후에 민주당을 설립한 이후, 1895년에 대통령이 되었다. 수출 지향적 팽창을 다시 활성화시키기 위해 그는 페루의 신용도를 높이고자 했다. 그래서 세법을 엄격하게 시행하고, 무역 관세를 높였다. 이로 인해 그의 4년 임기 동안 정부의 세입은 두 배로 늘어났다. 그는 또한 개발부를 만들어 국내 기업인들을 지원하고 정부의 경제성장 참여를 용이하게 했다.

피에롤라가 퇴진한 이후 페루의 정치인들은 가모날주의gamonalismo[5]로 알려진 '보스정치' 시대로 접어든다. 권력을 위한 실질적인 경쟁은 상류계층의 엘리트들에게만 국한되었다. 선거가 치러졌지만 비밀투표는 아니었다. 그래서 지주들은 그들의 일꾼과 페온들을 투표소로 데려가 그들의 표를 감시할 수 있었다. 산악지대의 대농장주들은 국회의원으로 선출되었고, 국회에서 그들은 대통령을 관례적으로 지지했다. 그리고 그 대가로 지역에서의 견제받지 않는 권력을 약속받았다. 한편 해안지역의 지배층은 경제정책에 대한 지배를 공고히 하면서 수출 지향적 성장을 추

5) 가모날(gamonal)은 멕시코의 카시케(cacique)와 유사한 지방의 유력자들을 가리킨다.—옮긴이

구했다.

20세기가 시작되면서 도시노동자들은 1911년에 인플레이션에 대한 심각한 시위를 벌이는 등 단체행동을 통해 그들의 이해를 챙기기 시작했다. 이러한 상황에서 순진하고 변덕스러운 포퓰리스트인 기예르모 빌링구르스트가 1912년 선거에서 승리했다. 계몽적 자본주의enlightened capitalism의 옹호자인 빌링구르스트는 공공주택 공급, 8시간 노동, 단체교섭 등을 지지함으로써 노동자들과의 공감을 표시했다. 빌링구르스트가 그의 정책을 지지하는 거리 시위를 조장했을 때 지배층은 그에 반대해서 결속을 다지기 시작했다. 1914년 빌링구르스트는 결국 쿠데타로 물러났다.

권력은 온건 개혁파인 호세 파르도 하에서 다시 민간 기술관료에게 돌아갔다. 1919년 1월 부에노스아이레스, 산티아고, 상파울루에서 노동자들의 시위가 발생함에 따라 리마-카야오의 노동자들도 사흘간의 총파업을 선언했다. 대학생들의 지지를 등에 업고 그들은 식료품 가격 인하, 8시간 노동, 그리고 다른 법률들의 제정을 요구했다. 초초해진 파르도는 군대에 노동자들을 해산시킬 것을 명했고, 그로 인해 폭력사태가 벌어졌다. 그 와중에 그는 노동자들의 요구에 부분적으로 응했다.

이로 인한 혼돈의 상황에서 아우구스토 B. 레기아가 1919년 선거에서 승리했다. 절대적 지배를 갈망한 그는 취임 이전에 쿠데타를 일으키고, 의회를 장악하였으며, 파르도를 해외로 추방하고, 의회를 해산함으로써 안정적인 권력기반을 다졌다. 그로 인해 페루에서는 11년간의 통치를 의미하는 온세니오oncenio로 기억되는, 역사의 분수령이 된 레기아 독재가 시작되었다. 말 잘 듣는 제헌의회는 레기아의 권력을 정당화했고, 경제에서 국가의 강력한 역할을 규정하는 헌법을 만들어 냈다. '새로운 조국'을 건설하기 위해 레기아는 정열적인 공공 토목공사 프로그램에 착수하고, 외국인 투자를 장려했다. 그는 또한 비판자들을 침묵시키기 위해 반대파 교수들을 대학에서 해고하고, 학생들과 맞서면서 공격적으로 대응했다. 당시 학생들 중에는 빅토르 라울 아야 데 라 토레라는 이름의 젊은 지도자가 있었다.

외교관계에 있어서 레기아는 1927년 콜롬비아와 오래된 국경분쟁을 해결했다. 2년 후 1929년에 그는 칠레와도 협정에 도달했는데, 그로 인해 북부 타크나 지방은 페루, 아리카는 칠레의 지배 하에 놓이게 되었다. 페루에게 너무나 큰 재앙이었던 태평양전쟁은 결국 그렇게 외교적으로 종결되었다. 이렇게 조심스럽게 구축된 정치적 환경 내에서 레기아는 1924년과 1929년 선거에서 어렵지 않게 다시 승리할 수 있었다. 그는 천하무적인 것처럼 보였다.

정책적 대안들의 실험

라틴아메리카의 다른 지역과 마찬가지로 대공황은 군사적 개입을 촉발했다. 1930년 8월 젊은 군 장교 루이스 M. 산체스 세로가 임시 군사평의회 의장이 되었다. 별 볼 일 없는 배경을 가진 그는 불만이 가득한 상류계급 부류들과 노동자 대중 사이에서 포퓰리스트 연합을 시도했고, 과거와는 다른 색채를 행정부에 가미했다. 1931년 그는 다가오는 대선에 공식 입후보했다. 그의 주요 상대자는 지난날의 학생 선동가이자 현재는 아프라APRA: Alianza Popular Revolucionaria Americana, 아메리카민중혁명동맹의 지도자인 빅토르 라울 아야 데 라 토레였다. APRA는 이후 페루 역사에서 가장 오랫동안 지속되는 정당이 된다.

1931년 선거전은 숙명적인 한 판이었다. 산체스 세로는 농지개혁,

APRA의 선거 포스터는 당의 전망과 1931년 선거전의 강도를 말해 준다. "단지 APRA만이 페루를 구할 수 있다. …… 아야 데 라 토레에게 투표하라"라는 구호가 적여 있다. (개인 소장)

농촌발전 프로그램, 원주민 통합정책을 외쳤다. 아야 데 라 토레는 제국주의의 사악함과 정의롭지 못한 사회적 불평등을 강조하면서 맞섰다. 폭력과 상호 비방으로 얼룩진 매우 격렬한 선거전이었다. 비록 APRA는 광범위한 지지를 획득했지만, 산체스 세로가 승리자가 되었다.

사회가 분열되었다. 1932년 어느 광적인 젊은 APRA 추종자가 산체스 세로 암살을 기도했다. APRA 추종자들은 지방의 트루히요 시에서 반란을 일으켰다. 중무장한 군대가 도착했고, 당황한 그들은 도망치면서 군 장교들과 경찰들 그리고 다른 포로들을 처형했다. 이런 잔혹 행위를 알게 된 정부군도 반란을 지지한 것으로 의심되는 지역주민을 최소 수천

명 처형했다. 이 사건은 그 후 APRA와 군부 사이의 관계를 결정지었고, 많은 군 장교에게 APRA가 결코 권력을 잡아서는 안 된다는 점을 각인시켰다. 이듬해 또 다른 APRA 추종자 저격수가 산체스 세로 암살에 성공하자 이러한 인식은 더욱 강화되었다.

위기 상황에서 의회는 오스카르 R. 베나비데스를 선출해서 남은 대통령 임기를 채우도록 했다. 베나비데스가 취임하면서 페루는 국제시장과 외국인 투자에 대한 국가의 의존을 감소시킬 가능성을 보여 주는 전환국면에 접어들었다. 수출이 회복되기 시작했다. 외국인 투자가 다시 들어왔다. 국내 기업인들은 때때로 국가의 도움을 받아 일부 광산 자원에 대한 지배권을 획득했다. 석유생산이 증가했다. 산업생산 능력이 소폭이나마 증가하고 있었다. 이제 페루 경제가 새로운 위치에 올라서는 것처럼 보였다.

베나비데스는 그 기회를 잡고자 했다. 1934년 그의 행정부는 국가 주도의 석유산업 개발을 시작했다. 1933년에서 1936년 사이 교역량이 두 배로 증가했다. 그동안 국내 통화인 솔sol은 안정을 유지했다. 정부는 도로건설, 노동계급에 주택 공급, 의무적 사회보장 시스템과 같은 공공사업과 사회적 프로젝트를 적극적으로 추진했다. 베나비데스는 또한 면화 재배자와 다른 토지 소유자들에게 융자를 제공할 농업은행을 지원해서 외국계 상인은행들의 역할을 축소시켰다.

그 후 대통령직은 온건파 민간인인 마누엘 프라도와 호세 루이스 부스타만테 이 리베로에게 넘어갔다. 이 두 대통령은 모두 APRA의 지지를 업고 통치했다. 연이어서 대통령이 된 이들은 국제시장에 과도하게 의존하는 페루 경제를 점진적으로 새로운 방향으로 이끌어 갔다. 그들은 정부 지출을 증가시키고, 수입이나 외환에 통제를 가했다. 또 국가 주도의 제철 공장과 철강 공장 계획도 착수했다. 농업 다각화도 꾀했고, 해안지역의 사탕수수 귀족들에 맞서 해외시장에 수출하기 전에 국내시장을 위한 쿼터를 충족할 것을 요구했다. 부스타만테는 IPC에게 세추라 사막의 석유 탐사 양허계약을 승인했다. 해안지대의 지배층은 이 결정에 반대하는 민족주의적 외침을 이용하여 1948년 군사 쿠데타를 주도했다.

마누엘 A. 오드리아 장군은 대통령이 되자 국가의 전통적인 수출주도성장 모델을 신속하게 복구시켰다. 정통파 경제정책은 외국인 투자를 촉진하고, 정부의 간섭을 제한했다. 오드리아는 반대파가 없는 1950년 선거에서 승리함으로써 자신의 지위를 공고히 했으며, 그 후 계속해서 권력을 집중시켰다. 아르헨티나 후안 페론의 방식을 상당 부분 따라 오드리아는 노동계급의 호의를 얻으려고 과시적인 공공사업에 예산을 쏟아붓고, 개인 추종주의를 발전시켰다. 부인 마리아 델가도 데 오드리아의 도움을 받아 여성들이 그의 체제를 지지하게 만들었고, 1955년에는 여성에게도 투표권을 부여했다. 그는 반대파, 특히 APRA를 박해하고 감옥에 가두었다. 민간 과두지배층이 그의 변덕스러운 통치 행태에 대해 우려하기 시작하면서 1956년에 오드리아는 결국 자유선거 실시에 동의했다.

가장 앞서 나간 경쟁자들은 APRA의 지지를 받는 마누엘 프라도와 정치 신인인 전국민주청년전선Frente Nacional de Juventudes Democráticas 후보 페르난도 벨라운데 테리였다. 벨라운데 테리는 미국 텍사스대학에서 공부한 건축가로 교육받은 중산층들의 희망과 좌절감을 대변하고 있었다. 선거에서 승리한 이후 프라도는 정치적 자유화의 시대를 열었고, 노조의 조직화를 용인했으며, APRA뿐만 아니라 공산주의자들까지 자유롭게 활동할 수 있게 허용했다. 그는 농민의 이름으로 '지붕과 땅'techo y tierra을 위한 프로그램을 선포했다. 그러나 실제로 한 일은 거의 없었다.

1962년 다음 대통령 선거에는 정치세력의 명백한 그림이 그려졌다. 후보자에는 APRA 강령에 의거해 마침내 선거에 나선 아야 데 라 토레, 민중행동Acción Popular이라는 새로운 조직을 대표하는 벨라운데, 그리고 항상 희망에 찬 오드리아가 포함되었다. 아야 데 라 토레가 전체의 33퍼센트로 가장 많은 표를 얻었다. 그러나 군부는 APRA 후보가 대통령이 되는 것을 미리 막기 위해 그 결과를 무효화했다. 이듬해 선거는 벨라운데의 승리라는 보다 받아들일 만한 결과가 나왔다(그럼으로써 선거의 규칙이 명확히 드러났다. 즉 APRA는 선거에 나올 수는 있지만, 승리할 수는 없었던 것이다).

벨라운데는 매력적이고 카리스마 있는 정치인으로 스스로를 포장했다. 미국 대통령 존 F. 케네디의 진보를 위한 동맹Alliance for Progress의 열렬한 추종자였던 벨라운데는 아마존 통과 고속도로의 건설을 제안했고, 잉카 제국의 기억들을 되살리면서 국민에게 민족적 위대함을 다시 한 번 꿈꿀 것을 촉구했다. 보다 실천적 측면에서 그는 국가의 역할을 증대시키고, 사회복지 서비스를 확대하며, 제조업을 육성하고, 농업개혁에 착수하고자 했다. 그러나 적대적인 의회가 그의 농지개혁 법안을 약화시킨 이후, 산악지대의 분노한 농민들이 대농장들에 난입해서 그 땅들을 접수해 버렸다. 산악지대 전체에 갈등이 심화되었을 때, 쿠바식 게릴라 운동이 농촌에서 혁명의 불꽃을 당기기 위해 폭력전술을 사용하기 시작했다. 개혁주의 성향에도 불구하고(혹은 그러한 성향으로 인해) 벨라운데는 힘으로 대응했다. 난폭한 군사행동의 결과 군대는 수천 명의 고지대 농민을 살해하고 투옥했다. 그러한 억압은 농촌 주민이나 군인들에게 씻을 수 없는 아픈 기억을 남겨 놓았다.

벨라운데의 또 다른 약속 중에 하나는 IPC와의 오래 묵은 논쟁을 해결하는 것이었다. 그는 이길 수 없는 상황에 직면했다. 협상이 5년간 질질 늘어지면서 미국의 적대감이 지속되었고, 결국 IPC는 아마존의 새로운 유전에 접근이 허용되었다. 게다가 페루 정부는 원유를 IPC 시설에서 정유하기 위해 고정가격으로 그들에게 팔아야만 했다. 반대파들은 벨라운데가 국익을 팔아넘겼다고 비난했다. 비판이 커져 감에 따라, 통합과 번영의 페루라는 벨라운데의 낙관적 전망이 환상으로 판명되었다. 군부 장교들은 다시 대통령궁에 탱크를 보냈다.

군사혁명

1968년 쿠데타는 라틴아메리카에서 가장 야망적인 군사정권 중 하나에게 길을 열었다. 후안 벨라스코 알바라도 장군이 이끄는 군사평의회는 페루 사회구조에 근원적 변화를 가져오겠다는 의도를 밝혔다. 장교들은 페루에 필요한 것은 "자본주의도 공산주의도" 아닌 새로운 경제질서, 즉 압도적 불평등을 해소하고, 조화와 정의와 존엄을 위한 새로운 물질적 기반을 창조하는 시스템이라고 주장했다.

세 가지 차원에서 이 체제는 다른 군사정권들과 구별된다. 첫번째는 사회적, 정치적 자율성이다. 페루 군부는 민간 권력집단들과 결탁하기보다 단독으로 행동했다. 둘째, 체제의 리더들은 "페루 경제의 중심부에 대한 예속"이라는 문제를 종식시키기 위해 '종속'학파의 전제와 전망들을 받아들였다. 셋째, 대개 산악지대에서 반게릴라전을 수행한 경험 때문에 페루 군부는 오랜 세월 억압받았던 농민들의 처지에 대해 진정으로 동정하는 마음을 가지고 있었다.

정부 프로그램의 핵심은 농업개혁이었다. 1969년 중반 벨라스코 체제는 쿠바혁명 이후 라틴아메리카에서 가장 광범위한 농지개혁 프로그램을 발표했다. 생산성에 관계없이 모든 대토지는 수용 대상이었다. 해안의 매우 기계화된 설탕 플랜테이션들은 노동자가 운영하는 협동조합의 관할 아래로 들어갔다. 1970년대 중반 국가의 생산 가능한 토지의 4분의 3이 이런저런 종류의 협동조합들의 관리 하에 놓였다. 페루의 농업 부문을 지배한 대농장의 상당수가 사라졌다.

개혁을 강화하기 위해 벨라스코 정부는 SINAMOS Sistema Nacional en Apoyo de la Movilización Social; 전국사회동원지원시스템을 설립했다. 때때로 'sin amos' 주인 없는 라는 두 단어로 쓰이기도 하면서, SINAMOS는 농민과 노동자를 통합하는 기구로서 역할을 담당했다. 대중과 정부를 연결하고, 정부와 그를 지지하는 그룹들을 일체화시키며, 지도자와 추종자의 조화로운 관계를 조성했다. 농민을 조직하고 움직이려는 희망은 벨라스코 정부의 특징 중 하나가 되었다.

두번째 우선 관심 대상은 리마와 다른 도시 주변에 널리 퍼져 있는 불법 무허가 빈민촌이었다. 군부의 장교들은 그 정착민들을 조직했고, 이러한 빈민촌을 '푸에블로 호벤'[6]이라고 불렀다. 그리고 교회의 지원을 이끌어 냈다. 해결 방안은 충분히 단순했다. 도시이주 불법 정착민들에게 소유권을 부여하는 것이었다. 또 다른 전술은 상부조직인 SINAMOS의 우산 아래 푸에블로 호벤을 조직함으로써 안정성을 보장하는 것이었다. 그로 인해 1974년경 도시 불법 거주자들의 대다수는 위로부터의 힘에 의해 국가 후원의 푸에블로 호벤으로 재조직되었다.

위에서 아래로 방식의 이러한 조직과 운동은 벨라스코 정부의 결정

6) 푸에블로 호벤(pueblo joven)은 젊은 마을, 즉 새로 생긴 마을을 뜻한다. 그러나 이후 빈민촌을 가리키는 용어가 되었다.—옮긴이

적 특징을 보여 준다. 그것은 쿠바의 피델 카스트로가 한 것과 같은 사회주의 국가를 건설하려는 시도는 아니었다. 칠레, 브라질, 아르헨티나에서 군사정부가 했던 것처럼 이미 조직화된 노동계급 운동을 배제하고 억압하려고 한 것도 물론 아니었다. 대신 벨라스코 정부는 산업화와 자립적 발전의 기반을 구축하기 위해 소외된 도시와 농촌의 대중을 국민사회에 통합하려는 의도를 가졌다. 이런 의미에서 벨라스코 정부는 본질적으로 조합주의 국가의 모습을 보였고, 멕시코의 카르데나스 정부1934~1940를 연상시켰다.

게다가 벨라스코 정부는 외국 자본의 지배를 감소시키기 위해 공격적 수단을 취했다. 쿠데타 직후 벨라스코 정부는 IPC의 국유화와 국영 석유회사 페트로페루Petroperú의 설립을 선포했다. 그리고 얼마 되지 않아 정부는 또 다른 중요한 외국기업들인 ITT(1969), 체이스맨해튼 은행(1970), 세로 데 파스코(1974), 마르코나 광업회사(1975)를 수용했다. 마지막 두 개의 회사는 미노페루Minoperú에 의해 대체되었다. 이러한 행위는 예상대로 미국의 적대감을 불러왔다. 그러나 1974년 2월에 두 정부는 합의에 도달할 수 있었다. 페루는 모든 미해결 배상 요구의 완전한 해소를 위해 1억 5,000만 달러를 지불하고, 닉슨 행정부는 페루에 대한 국제적 신용 제공에 반대하는 행위를 하지 않을 것을 약속했다.

포퓰리스트적 입장이었음에도 불구하고, 벨라스코 정부는 국내에서 강력한 저항에 직면했다. APRA가 지배하던 설탕 노동자 조직 같은 기존 노조들은 그들의 영역을 침해하는 것에 분노했다. 농민들은 종종 위에서 아래로 방식의 제도가 그들의 요구에 제대로 응하지 못함을 알았다. 전통적인 지배층은 벨라스코 정부의 정책에 혐오감을 드러냈다. 그에 대응하여 장군들은 신문사와 텔레비전, 라디오 방송국을 접수했고, 리마의 6

개 일간지를 친정부 지배 아래에 두었다. 이러한 조치는 지식인들과 언론인들마저 언론자유의 제한을 비난하게 만들었고, 따라서 정부의 문제를 보다 복잡하게 만들었다.

경제적 상황이 또한 정부의 어려움에 추가되었다. 수출소득이 감소하고, 석유탐사는 새로운 유전을 발견하지 못했다. 그리고 설탕과 구리의 국제가격이 하락했다. 국제수지가 악화되고, 외채가 팽창하고, 인플레이션이 닥쳤다. 노동자들이 불만을 드러내기 시작했다. 이러한 문제들이 처음 나타나기 시작했을 때 벨라스코 자신이 질병으로 쓰러졌다. 1975년 8월 페루의 각 군 참모총장들은 벨라스코를 프란시스코 모랄레스 베르무데스 장군으로 대체했다. IMF의 압력을 받으면서 베르무데스 정부는 도시노동자 계급의 실질 임금을 40퍼센트까지 하락시키는 지나치게 가혹한 긴축 프로그램을 실시했다. 게다가 베르무데스는 1978년 제헌의회를 소집하고, 1980년 총선을 실시할 계획을 밝혔다. 군 장교들은 이제 떠날 준비를 하고 있었다.

돌이켜 보면 벨라스코 정부는 어떤 사회적 계급이나 그룹으로부터도 확고한 지지를 얻지 못했고, 그리하여 권력 행사를 위한 제도적 기반 창출에 실패했다. 페루 사회의 수많은 영역에 손을 뻗침으로써 결국 군사정부는 거의 모두와 소원하게 되었다. 어떤 그룹도 간섭과 통제로부터 편안함을 느끼지 않았다. 어떤 사회계층도 무조건적 지지를 보내지는 않았다. 아이러니하게도 페루의 혁명적 군사정부에 그렇게 많은 행동의 자유—즉 자율권—가 주어짐으로써 그것이 결국 그들을 소멸로 몰아갔다.

민선정부들의 분투

1980년 총선에서는 두 개의 선두 정당이 맞섰다. 하나는 아르만도 비야누에바가 이끄는 APRA이고(아야 데 라 토레는 이미 사망했다), 또 하나는 여전히 페르난도 벨라운데 하에 있는 민중행동이었다. 힘든 선거전을 치른 끝에 벨라운데가 42퍼센트의 득표율로 당당히 다수표를 획득했다. 원대한 개혁을 추구한 예전 경험으로 인해 순화된 벨라운데와 같은 정치인들은 이제 국가의 역할을 축소하고, 민간기업을 강화하고, 외국인 투자를 촉진하는 등 중도적 정책을 채택했다. 그의 경제팀은 국제금융계와 밀접히 연결되어 있었고, 그의 친시장경제 노선은 외채 재협상을 가능하게 했으며, 외국인 자본을 끌어들일 수 있게 했다. 이례적으로 낙관주의가 페루 전역에 확산되었다.

그때 극복할 수 없는 문제가 떠올랐다. 가장 심각한 문제는 거의 외채 지불유예에 이른 1982년 멕시코의 외채위기로 촉발되었다. 이 충격은 1981~1983년에 걸친 세계적인 경기후퇴로 크게 확대되었다. 1982년 약간의 성장을 이룩한 이후 페루 경제는 1983년에 12퍼센트나 축소되었다. 이것은 결정적 타격이었다.

경제적 불안정과 사회적 불의가 혁명적 활동에 비옥한 환경을 제공했다. 1980년경에 '빛나는 길'이란 의미의 센데로루미노소Sendero Luminoso로 알려진 운동이 아야쿠초의 가난한 고지대에서 출현했다. 사상적 교육과 물리적 협박을 함께 사용하는 이 게릴라들은 공권력을 유린하고 평등주의적 유토피아를 설립하려는 그들의 저항에 반대하는 마을 지도자들을 암살하면서 무대로 뛰어들었다. 센데로루미노소의 폭력이 증가하면서 벨라운데는 군사적 공격을 허용했다. 그러나 그러한 군사적 공격은 그 자체가 또 새로운 억압을 남김으로써, 센데로루미노소가 자신들의 영향력을 확산시키는 데 오히려 도움을 주었다. 1984년경에는 MRTA Movimiento Revolucionario Túpac Amaru; 투팍아마루혁명운동가 주목받을 만한 활동을 시작했다. 보다 고전적인 혁명운동의 틀 속에서 MRTA는 쿠바 혁명을 찬양했으며, 주목을 받고 재원을 축적하기 위해서 폭력보다는 납치와 몸값 요구와 같은 수단을 활용했다. 게릴라 활동이 격화되면서 페루는 거의 내전 상황에 빠져들었다.

이러한 문제에도 불구하고, 벨라운데는 임기를 가까스로 마칠 수 있었다. 그리고 1985년 페루의 유권자들은 그의 계승자로 APRA의 36세 정치 신인 알란 가르시아를 선택했다. 그의 당이 의회를 통제하고 있었기 때문에 가르시아는 경제 전선에서 신속하게 움직일 수 있었다. 그는 실질임금을 인상하고, 세금을 삭감하고, 이자율을 낮추고, 가격을 동결했으며, 페루 화폐 솔을 평가절하했다. 이 조치들의 순효과는 수요의 증가였다. 이를 통해 가르시아의 팀은 페루의 잠자는 산업 생산능력을 활성화시킬 수 있을 것으로 희망했다. 정부는 오랫동안 소외되었던 고지대의 농업 발전을 위한 투자 프로그램을 발표했다. 그리고 페루 외채에 대한 지불유예를 선언하면서 국제사회에 도전했다. 이것은 거대한 도박이었다.

페루는 외채를 갚지 않았다. 가르시아의 '비정통파' 경제정책은 단기적으로 경제 붐을 가져왔다. 그러나 곧 붕괴로 이어졌다. 급속히 증가한 무역적자는 외환보유고를 단기간에 고갈시켰다. 외채 지불유예에 직면해서 국제자본 유입과 투자가 철회되었다. 폭력적 파업이 경제활동의 많은 영역을 마비시켰다. 1988년의 경제 '쇼크' 프로그램은 재앙이었음이 드러났다. 대량 실업이 수백만 페루인을 비합법, '비공식' 경제로 몰아갔다. 물가가 치솟는 동안 국내총생산은 3년 만에 30퍼센트 이상이나 떨어졌다. 국가는 붕괴 직전에서 흔들리고 있었다.

1990년 선거가 다가왔을 때 국제적으로 칭송받는 소설가 마리오 바르가스 요사가 새로운 구세주로서 페루를 침체에서 구원할 준비가 되어 있는 것처럼 보였다. 그러나 몇 번의 말실수와 계산착오로 바르가스 요사는 점차 우세를 잃어 가기 시작했고, 결국 일본 이주민 부모를 둔 무명의 농업경제학자 알베르토 후지모리에게 패하고 말았다. 본질적으로 기존 권력구조에 반대한 후보인 후지모리는 정당보다는 선거지원을 위한 특수목적의 조직인 캄비오 90Cambio 90; 변화 90을 활용했다. 그는 자신을 국민의 사람으로 그려 내면서 국민들을 경제적 곤경에서 반드시 구해 내겠다고 약속했다.

그러나 얼마 지나지 않아 후지모리는 이러한 약속을 위반했다. 포퓰리스트적 프로그램 대신에 후지모리의 경제 관료들은 급진적인 구조조정 프로그램을 시작했다. 관세를 인하하고, 외국인 투자를 환영했으며, 노조의 역할을 약화시켰다. 이러한 처방은 높은 인플레이션을 억제했고, 페루는 외채에 대한 이자 지불을 재개했다. 집안내력으로 후지모리가 특별한 관계를 지닌 일본의 정신적, 물질적 지지를 받으면서, 페루는 (지속적이라고 할 수 없다 해도 적어도) 강력한 경제성장의 길을 다시 시작했다.

후지모리의 제한적 민주주의

반대파에 시달리면서, 또 공세를 유지해 나가기 위해 후지모리는 1992년 4월 갑자기 의회를 폐쇄했다. 그리고 사법부를 완전히 재편할 것을 발표했다. 친위쿠데타를 통해 자신의 정부를 붕괴시켜 버린 것이다. 이는 군부의 확고한 지지가 있었기에 가능했다. 이리하여 페루는 1990년대에 권위주의로 복귀한 남미의 첫번째 국가가 되었다.

이러한 놀라운 전개의 뒤에는 페루의 전통적 제도의 점진적 약화라는 배경이 있다. 후자는 전자의 원인이자 결과이기도 하다. 정당들(특히 APRA)은 명백한 무능력과 일상적 부패로 신뢰를 잃었다. 노조는 영향력이 지극히 제한적이었다. 대학들은 힘과 활기를 상실했다. 이러한 권력 공백 상황에서 후지모리는 군부와 정보기관을 업고 자신의 권력 기반을 다졌다. 그는 또한 언론을 탄압했으며, 국가 소유의 언론들은 노골적으로 친정부 노선을 걸었고, 공적 위협은 많은 언론인을 자기검열로 몰아갔다.

친위쿠데타 이후 몇 가지 두드러진 업적이 있었다. 정부군은 MRTA의 최고 지도자를 체포했다. 몇 달 후 센데로루미노소의 창설자이자 최고지도자인 아비마엘 구스만을 체포, 투옥시켰고, 마치 쇼를 하듯 언론에 노출시켰다. 더 많은 센데로루미노소 고위지도자들이 체포되고, 이 운동은 결국 해체되기 시작했다. 많은 페루인들은 후지모리의 단호한 리더십에 박수를 보냈다. 그리고 후지모리는 이러한 인기를 업고 1995년 선거에서 64퍼센트의 득표로 승리했다.

1990년대가 끝나가면서 후지모리는 또 한 번의 집권을 위한 토대를 다지기 시작했다. 1998년 대법원은, 1993년에 새로 개정된 헌법 하에서는 이번이 재선에 해당하기 때문에, 후지모리는 합법적으로 한 번 더 대선에 나갈 수 있다고 판결했다.[7] 그렇지만 오랫동안 싸울 채비를 해온 반대파들은 새로운 활기를 보여 주기 시작했다. 페루의 경제적 성과가 노동자나 중하층 계급에게 미치지 못한다는 점, 그리고 후지모리의 위압적 권력 남용 같은 이유로 후지모리에 대한 불만이 증가했다. 그럼에도 후지모리는 계속해서 지지를 확대했다. 특히 오랫동안 소외된 농민과 중산

---

7) 개정헌법은 재선을 허용하고 있다. 그러나 개정 헌법 이전의 임기까지 포함한다면 이번 대선은 후지모리에게 삼선이 된다는 해석도 있었다.—옮긴이

층 여성의 지지를 얻었다. 선거가 가까워지면서 후지모리의 승리가 예상되었다.

그때 갑자기 알레한드로 톨레도 후보가 등장했다. 미국에서 교육받은 경제학자인 그의 갑작스런 등장은 1990년 후지모리 자신의 혜성 같은 등장을 상기시켰다. 톨레도는 2000년 4월 선거에서 40퍼센트 이상을 득표하면서 후지모리의 과반수 득표를 저지하고[8] 2차 투표를 성사시켰다. 그러고 나서 톨레도는 대단한 징후가 있었던 것도 아닌데 선거부정이 발생하리라고 주장하면서 이에 저항의 표시로 선거에서 물러나 버렸다. 후지모리는 확고하게 대통령직을 맡을 준비를 하고 있었다. 그러나 그때 엄청난 정치적 폭탄이 하나 터졌다. 비디오테이프 하나가 대중에게 공개되었는데, 거기에는 후지모리의 최고 조언자이자 정보 책임자인 블라디미로 몬테시노스가 반대파 의원을 후지모리 연합에 끌어들이기 위해 뇌물을 제공하는 내용이 담겨 있었다. 대중의 항의가 빗발쳤고, 몬테시노스와 후지모리는 더 이상 희망이 없어 보였다. 2000년 11월 말 후지모리는 동아시아를 방문하던 중 대통령직을 사임하고 일본에 망명을 요청했다. 그의 주의 깊게 통제된 민주주의는 예기치 않은 종말을 고했다.

최근 상황(2000년~현재)

2001년 선거관리 정부가 자유롭고 공정한 선거를 실시했다. 2차 결선 투표에서 전 대통령 알란 가르시아와 맞선 알레한드로 톨레도는 54퍼센트를 득표함으로써 명백한 승리자가 되었다. 선거민주주의가 돌아왔다. 그러나 통치는 쉽지 않았다. 하나의 이유는 불안정한 지지자를 가진 수많

8) 후지모리의 득표율은 49.9퍼센트였다.—옮긴이

은 정당으로 특징되는 페루 정당시스템의 선천적 취약성이다. 톨레도 자신의 정당인 페루포시블레Perú Posible; '가능한 페루'는 지속적인 내부 논쟁으로 분열되어 있었고, 의회에서 단지 40퍼센트의 의석을 차지하고 있었다. 따라서 법안 통과를 위해 톨레도는 갈피를 잡을 수 없는 반대파들과 사안에 따라 매번 특별 동맹을 형성해야만 했다.

경제는 또 다른 문제를 불러왔다. 다른 정치인들과 마찬가지로 톨레도는 고용, 성장, 빈곤층을 위한 사회안전망과 같은 선거공약을 실천하는 것이 불가능함을 알았다. 그는 자유시장경제 외에 다른 어떤 대안도 생각하지 않았다. 2002년에 톨레도는 두 개 전기회사의 민영화를 추진했다. 이는 사흘에 걸친 폭력적 저항을 야기했다. 그러자 정부는 한 발 물러나서 결정을 뒤집었다. 이는 톨레도 정부가 정치적으로 얼마나 취약한지를 보여 주는 치명적 신호였다. 항의에 대한 무조건 항복은 톨레도 정부의 전형적인 특징이 되었다.

게다가 개인적인 문제도 있었다. 톨레도는 외도로 낳은 딸이 있음을 오랫동안 부정한 끝에 결국 인정했다. 그러나 그 사건이 너무 자주 거론되었기 때문에 이제 문제는 진실 여부가 아니라, 이를 덮으려고 한 시도 그 자체에 있었다. 일레인 카프라는 이름의 벨기에 태생 인류학자인 톨레도의 부인은 사회적 불의의 지속에 대한 거리낌 없는 언급으로 많은 페루인, 특히 지배층을 분노하게 했다. 충분히 예견할 수 있었던 것처럼 그녀는 페루의 '힐러리 클린턴'이라는 찬사와 비난을 동시에 받았다.

2006년 선거에서는 좌파 성향의 민족주의자이자 2000년 10월 후지모리에 반대해 군사적 반란을 주도했다 실패한 군 대령 출신의 오얀타 우말라——의회는 후지모리의 파멸 이후 그를 사면했다——와 결코 지치지 않는 알란 가르시아가 맞붙었다. 1차 선거에서 우말라는 31퍼센트를 득표해 24퍼센트를 득표한 가르시아를 앞섰다. 결선 투표에 앞서 베네수엘라 대통령 우고 차베스가 우말라 지지를 선언했는데, 그것이 외국인, 특히 차베스주의의 개입으로 비춰짐에 따라(8장 참조) 엄청난 반발을 몰고 왔다. 한편 가르시아는 정말 아이러니하게도 자신만이 국제 경제기구들과 성공적으로 협상할 수 있는 능력을 가지고 있다고 주장했다. 비록 출구조사는 가르시아가 "두 악당 중 차점자"라고 예상했지만, 결국 그는 53퍼센트를 득표함으로써 대통령에 당선되었다. 환호받을 만한 선택은 아니었다.

정치와 정책 : 볼리비아

비록 일부 급진적 크리오요와 메스티소들이 1809년에 독립을 외치기는 했지만, 알토페루의 지배층 사회는 반군과의 동맹을 주저했다. 고지대 공략을 반복적으로 시도하면서, 반군은 지역 인디오들에게 강제노동을 중단하고, 세금을 폐지하며, 토지를 재분배하리라고 약속하면서 그 대가로 지원을 요구했다. 그러한 제안은 에스파냐로부터의 독립이 이미 정립된 경제적, 사회적 위계질서를 뒤집어엎을 것이라는 크리오요들의 두려움을 더욱 강화했다. 그래서 16년 동안 내전이 이 지역을 뒤덮었다.

페루와 마찬가지로 새 공화국의 경제는 아수라장이었다. 수천 개의 광산이 방치되었다. 소유주들은 생산을 재개할 자본이 부족했고, 인디오 강제노동mita의 폐지는 노동력 부족을 가져왔다. 뿐만 아니라 농업 생산도 정체했다. 인디오공동체들은 오랜 전통을 유지하면서, 공동체 토지에 거주하고, 오로지 지역시장만을 위해 생산했다. 적어도 80퍼센트의 거주민들이 케추아어와 아이마라어를 주된 언어로 삼고 있었다. 한때 에스파냐 제국의 가장 풍요로운 지역 중 하나였던 볼리비아는 심각한 경제적 문제로 고통받게 되었다.

초대 대통령 안토니오 호세 데 수크레1825~1828는 자유주의 국가를 건설하고 번영을 회복시키고자 했다. 은 생산에서 나오는 세입이 감소한 반면, 상비군을 유지하기 위해 정부 지출의 거의 반을 지불해야 하는 상황에서, 그의 행정부는 막 폐지된 원주민 공납을 인두세로 대체하지 않을 수 없었다. 1835년과 1865년 사이 이러한 원주민분담금은 국가지출의 약 40퍼센트 정도에 해당하는 세입을 제공해 주었다. 수크레는 또한 교회 재산을 압수하면서 그들을 약화시켰다. 그의 후계자인 안드레스 데 산타 크루스1829~1839는 페루와의 동맹을 통해 볼리비아의 목표 중 하나를 획득하고자 했다. 잠재적으로 강력한 동맹에 위협을 느낀 칠레는 막 생겨나려는 이 동맹에 대해 전쟁을 선언했다. 비록 산타 크루스가 초기에 몇 번의 승리를 거두었지만, 칠레군은 볼리비아와 페루를 확실하게 굴복시켰다. 결국 산타 크루스는 망명의 길을 떠나야 했다.

그 다음 30년간은 계속해서 정치적 불안정이 이어졌다. 마누엘 이시도로 벨수1848~1855는 전임자들과는 대조적으로 하층계급인 도시 메스티소(특히 수공예업자)들과 농민들에게 직접 다가간 최초의 대통령이었다. 그는 수입의류에 대한 관세를 올림으로써 가내공업의 발전을 촉진했다. 또 외국인 도매상들을 폐업시키고, 오직 볼리비아인만이 국내교역에 종사할 수 있다고 선언했다. 국가세입을 증대시키기 위해 그는 친초나 chinchona ; 열병 치료제, 특히 말라리아에 효과가 있는 키니네의 원료로 사용되었다 나무껍질 수출의 국가독점을 실시했다. 또한 자발적으로 대통령직에서 물러났는데, 이는 수크레 이후 최초로 있는 일이었다.

또 눈에 띄는 대통령으로는 마리아노 멜가레호1864~1871가 있다. 그는 1866년 국가에 모든 인디오공동체 소유의 토지를 몰수할 수 있는 권한을 부여하는 법 제정을 지휘했다. 개인소유의 땅을 경작하는 사람들은 60일 내에 땅의 소유권을 등기하고, 그를 위해 25~100페소를 지불해야 했다. 만약 그렇게 하지 않으면, 국가는 그들의 땅을 경매에 부칠 수 있었다. 사실 많은 인디오가 등기에 필요한 현금이 없었다. 돈을 지불할 수 있는 인디오들도 사기를 당해 땅을 잃었다. 이러한 수상스러운 법의 수혜자는 대농장을 확장한 부유한 대지주들, 더 많은 토지를 구입하게 된 중규모 토지 소유자들, 충분한 자본력이 있는 상인들, 그리고 토지를 소득의 원천이자 소규모 광산 투자를 위한 담보로 활용하고자 하는 도시의 투자가들이었다. 이러한 법에 대응하여 일련의 원주민 봉기가 일어났다. 비록 멜가레호는 이들을 잔혹하게 탄압했지만, 결국 몰수한 토지의 일부를 돌려주어야만 했다.

외교에 있어서도 멜가레호는 미심쩍은 국제 조약들을 맺었다. 반대파들은 그러한 협약이 볼리비아 국가보다는 단지 대통령 자신의 금전적 이득을 위한 것이라고 비난했다. 1866년에 멜가레호는 아타카마 사막에서 질산염이 풍부한 메히요네스 지역에 대한 칠레의 토지 사용 요구를 인정하는 조약에 서명했다. 1868년에는 아마존 지역에서 64,000제곱미터에 해당하는 땅을 브라질에 양도했다. 멜가레호는 볼리비아 경제에 해가 되는 칠레, 페루와의 자유무역협정도 맺었고, 태평양 해안에서 구아노 채굴권도 포기했다. 그는 결국 1870년 크리오요 반대파 지도자들과 고원지대 인디오들의 동맹에 의해 볼리비아에서 쫓겨났다.

이미 언급한 것처럼 태평양전쟁은 볼리비아에 완전히 재앙에 가까운 결과를 가져왔다. 한편 이 전쟁은 독립 이후 정치를 지배하던 군사 카우디요들의 퇴장을 야기했다. 보수당을 통해 조직된 광업 과두지배층이 그 공간을 채웠다. 그들은 자유무역 정책을 지속했으며, 교통을 향상시켰고, 투자가들이나 정착민들에게 국가 소유 토지를 판매함으로써 동부 저지대의 국경지역을 발전시켰다. 정부의 보조금과 국제 금융자본이 태평양의 칠레 영토인 안토파가스타 항구(전에는 볼리비아 소유였다)까지 광물을 수송할 철도건설에 필요한 자본을 제공했다. 은 생산의 호전과 새로운 도로의 건설이 국내시장을 확대했다. 게다가 볼리비아는 국제적인 고무 붐을 이용하여 아마존의 아크레 지역으로부터 고무 수출을 촉진시켰다.

인디오들의 토지는 곤혹스러운 이슈로 남아 있었다. 보수주의자들은 인디오공동체 토지는 개인 소유의 땅으로 분할되어야 한다는 진부한 주장을 계속했다. 그리고 정부는 10년 전에 멜가레호가 시작한 전략을 지속했다. 많은 인디오들이 경작하던 땅을 팔아야 했다. 그를 통해 대농장은 농지를 늘렸고, 토지를 잃은 인디오들을 고용함으로써 생산도 증대시켰다. 인디오들은 그러한 조치에 반대해 또다시 봉기했다. 1899년 사라테 윌카의 주도에 따라, 그리고 자유당의 지지를 얻어 고지대 원주민 공동체들은 보수당이 이끄는 군대를 물리쳤다. 그때 윌카는 동맹자들에게도 등을 돌리고, 자유당 군인들을 대량 학살했다. 그리고 그는 이 싸움을 모든 백인에 대한 인종 전쟁이라고 선언했다. 이러한 전개에 놀란 자유당과 보수당원들은 긴급히 힘을 합쳤고, 결국 반군들을 굴복시켰다.

국제적인 은 가격의 붕괴가 보수당을 약화시키면서 수크레에서 라파스로 국가의 수도를 옮기려는 자유당의 요구는 양당 간 갈등을 심화시켰다. 1900년에 자유당이 은 과두지배층에게 국가의 지배권을 빼앗아 왔다. 동시에 주석이 볼리비아의 주된 수출품으로 떠올랐다. 일부 은광 귀족들은 새로운 수출광물로 빠르게 전환했지만, 나머지는 자신들의 부와 지위가 쇠퇴하는 것을 지켜봐야 했다. 시몬 I. 파티뇨의 가부장적 지배 하에서 서로 밀접하게 연결된 새로운 광산 과두지배층 로스카가 권력을 장악하는 데에는 그다지 오랜 시간이 걸리지 않았다.

광업의 중요성에도 불구하고, 인디오 다수는 여전히 농업에 종사했다. 토지강탈을 중단하겠다는 자유당의 약속이 토지가 비인디오들에게 넘어가는 것을 막을 수는 없었다. 1920년경 인디오들은 고지대 토지의 단지 3분의 1만을 소유하고 있었다. 반면 대농장주들이 나머지 3분의 2를 지배했다. 토지에 대한 접근의 상실로, 인디오들의 좌절감은 1940년대와 1950년대 새로운 봉기의 불씨가 되었다.

점차 독재화되어 간 자유당 정치인들의 통치방식은 그들 내부의 분열과 반대파인 공화연합Unión Republicana의 결성을 야기했다. 공화연합은 1920년부터 1934년까지 권력을 장악했다. 공화연합의 통치는 지금까지 있었던 볼리비아의 양당 독점체제를 끝내고, 다당제 시스템의 문을 열었다. 비록 인디오공동체 토지의 매매가 공화연합 통치 아래서 멈추었지만, 정부는 20세기 인디오 반란 중 가장 규모가 큰 것 중 하나인 1927년의 차얀타 봉기와 같은 원주민들의 소요를 계속해서 폭력으로 진압해야만 했다. 대농장 소유주들에게 저항한 차얀타 봉기는 남부 볼리비아에서 시작되어, 약 만 명의 반란군이 결집되어 9개 주로 빠르게 확산되었다. 역사가 에릭 D. 랭어는 "비록 그 반란은 진압되었지만, 이는 인디오공동체 토지에서 대농장의 확산을 효과적으로 차단시켰고, 정부가 부패한 지역 관리들을 교체하게 만들었다"고 적고 있다.

볼리비아에서도 대공황은 정치에 결정적인 충격을 가했다. 볼리비아의 경우 경제위기는 정부를 비싼 대가를 치르게 될 전쟁으로 몰고 갔다.

차코전쟁(1932~1935년)

1920년대에 들어 볼리비아 동부 저지대 차코 지역에서 볼리비아와 파라과이 군대 간의 국경분쟁이 발생했다. 1928년 안데스 산맥 기슭에서 석유가 발견되면서 탐사가 더 이루어진다면 동쪽 저지대에서 더 많은 석유가 발견될 수 있을 것이라는 가능성을 증대시켰다. 1932년 볼리비아 대통령 다니엘 살라망카1931~1934는 이 지역에 있는 파라과이 주둔지를 점령할 것을 군에 명령했다. 이로 인해 양국 간 전쟁이 발발했다.

반대파들은 이 갈등이 국가의 경제위기 상황에서 국민의 관심을 다른 곳으로 돌리기 위한 노력이라고 냉소적으로 말했다. 고지대에서 온 볼리비아 군대는 장비도 허술했고, 저지대의 열대기후에 쉽게 적응하지도 못했다. 군대의 재래식 전투전략은, 수는 적지만 훨씬 능수능란한 파라과이 군의 게릴라 전술에는 비효율적임이 드러났다. 전쟁에서 양쪽 수천 명의 군인이 주로 말라리아 같은 질병으로 사망했다. 이 전쟁에서 볼리비아는 6만 5,000명의 젊은이들을 잃었다. 전체 인구가 단지 2백만 명에 불과한 볼리비아에서 그것은 너무 큰 희생이었다. 평화조약에서 볼리비아는 차코보레알 지역을(이 지역에서는 결국 석유가 발견되지 않았다) 잃었으나, 실제 풍부한 석유와 천연가스를 보유하고 있는 지역은 계속 소유할 수 있었다.

차코전쟁은 장기적으로 영향을 끼쳤다. 첫째, 고지대 인디오들을 볼리비아 군에 강제로 징집함으로써 전통적 공동체들의 국민사회 통합을 촉진했다. 원주민 군인들은 더 이상 동떨어진 마을에 고립되어 있지 않게 됨에 따라 새로운 전망을 가지게 되었다. 그리고 이는 새로운 갈등의 씨앗이기도 했다. 둘째, 군사적 패배는 전통적 정당들에 대한 신뢰를 붕괴시켰고, 광범위한 변화의 요구를 촉발했다.

젊은 장군들은 권력을 장악하고, 소위 '군부 사회주의자'라고 불리게 될 정도로 포퓰리스트적인 개혁을 실행함으로써 이러한 요구에 응답했다. 다비드 토로1936~1938는 노동부를 설립하고, 볼리비아 석유생산을 지배하던 볼리비아 스탠더드 오일을 국유화했다. 1938년 헌법은 경제 부문에서 정부에게 보다 많은 역할을 부여했다. 그럼에도 불구하고 헌법은 소수의 히스패닉화된 중상류층에게만 정치 참여를 허용하는 문자해독 요건을 그대로 유지했다. 결과적으로 5만 명 이하의 사람들만이 전국적 선거에 참여할 수 있는 권한을 부여받았다.

그럼에도 불구하고 좌파와 노동세력이 정치의 장으로 들어왔고, 세 개의 정당을 창당했다. 혁명좌파당, 트로츠키혁명노동자당, 1940년에 정치의 장에 들어온 MNRMovimiento Nacionalista Revolucionario ; 민족혁명운동당이었다. 그중 MNR은 온건한 중간계급 민족주의 세력에 지지를 호소했다. 이 세 정당의 강령은 모두 주석광산의 국유화를 내세웠다. 트로츠키주의자인 후안 레친의 지도에 따라 주석 광산 광부들은 볼리비아주석노동자연맹을 형성했다. 1945년에는 케추아어와 아이마라어를 말하는 1,000명 이상의 인디오 지도자들이 라파스에서 처음 개최된 전국인디오대회에 모였다. 역사가 허버트 클라인이 적고 있듯이, 볼리비아는 "급진적 이념이나 노조 조직화 면에서 라틴아메리카에서 가장 움직임이 적은 사회에서 가장 진전된 사회로 변화하고 있었다."

1940년대 말에 농민 소요가 농촌 전역에서 분출되었다. 광부들의 조합인 혁명노동자당과 MNR은 이러한 투쟁을 지원했고, 그들과 보다 광범위한 정치적 동맹을 맺기 시작했다. 2차 세계대전 이후 주석 가격의 하락으로 광산업자들은 노동자의 임금을 삭감했다. 이는 노동자들의 투쟁을 격화시켰다. 1947년 카타비 광산에서 군의 파업 노동자 대학살은 중앙정부를 향한 이들의 적대감을 보다 심화시켰다. 인플레이션과 경기 침체가 대중의 불만을 증가시켰다. 1949년 에르난 실레스 수아소의 지도하에 있던 MNR은 군부에 반대하는 민간인 무장반란을 조직하고, 거기에 광부와 중산층 지지자들을 통합했다. 비록 반란은 실패로 돌아갔지만, MNR은 이듬해 라파스에서 공장노동자들의 무장 노동파업을 주도했다. 정부는 포병대와 공군에게 노동자들의 봉기를 짓밟아 버릴 것을 명령했다.

그때 MNR은 선거를 통한 권력 쟁취로 전략을 수정했다. 1951년 대선에서 MNR의 지도자인 빅토르 파스 에스텐소로가 실레스 수아소와 후보직을 놓고 경쟁해서 승리하고, 대선에서는 53퍼센트를 득표했다. 군부는 냉전적 반공주의 수사를 사용하면서 MNR이 대통령을 맡는 것을 거부하고, 선거를 무효화했다. MNR은 국가병기고에서 무기를 약취하고, 이를 대중에게 나누어 주면서 다시 봉기를 일으켰다. 급진화된 노동자와 농민 그리고 중간계급은 군을 물리쳤고, MNR이 권력을 장악했다. 1910년 멕시코혁명 이후 라틴아메리카 최초의 성공적 대규모 민중봉기인 볼리비아혁명은 그렇게 시작되었다.

1952년 혁명

새로운 대통령 파스 에스텐소로는 국립대학에서 경제학 학위를 받고 졸업한 인물이었다. 그는 파라과이와의 차코전쟁에 자원했으며, 그 후 '사회주의적 군부'를 지지하는 젊은 투르크스Turks 그룹에 가입했다. 권력을 장악한 이후 그는 MNR을 공산당에서 중간계급까지 포괄하는 광범위한 연합으로 만들었다. 그는 주석 광부들에게 3개의 장관직을 부여했고, 주석광산 국유화, 총체적 임금상승, 경제 최하층 계층을 위한 정부 보조와 같은 선거공약들을 실현했다.

1952년의 볼리비아혁명은 멕시코혁명처럼 국가에 엄청난 변화를 가져왔다. 새로운 정부는 선거참여를 위한 문자해독 필요조건을 완전히 폐지함으로써, 수백만 명의 원주민에게 선거권을 부여했다. 그로 인해 투표할 수 있는 유권자의 수가 다섯 배로 늘어났다. (소유자에게 보상을 하고) 광산을 국유화했고, 이를 국가 소유의 광산거대기업볼리비아광업공사으로 만듦으로써 정부는 해외 제련소들에 대한 효과적 지배를 획득했고, 근본적으로 주석 가격을 좌우할 수 있게 되었다. 광부동맹은 또한 절대적 힘을 가진 볼리비아노동자연맹을 만들었고, 이를 통해 임금상승, 노동조건 향상, 총체적 정책 등을 추진했다.

게다가 파스 에스텐소로는 전통적 지배층에게 우호적인 군인들을 추방하고, 군대 규모를 축소했다. 따라서 광부 민병대가 국가의 가장 중요한 무장세력이 되었다. 고지대 농촌에서 농민들은 중·대규모 토지들을 무력으로 빼앗고, 볼리비아노동자연맹의 지도 아래 농민노조를 만들기 시작했다. MNR이 이런 과정에 개입했고, 포괄적인 농업개혁을 단행했다. 토지를 획득한 이후에도 농민들은 MNR을 위해 계속해서 충성스러운 정치적 기반이 되었지만, 보다 보수적으로 변했고, 정치에도 덜 개입하려는 경향이 있었다.

고지대에서 농지개혁이 진행되는 동안 동부 저지대의 대규모 토지들은 원래대로 남아 있었다. 미국의 지원과 자본이 상업적 농업을 지원하기 위해 이 지역에 쏟아져 들어왔다. 고지대에서는 볼리비아혁명의 물줄기를 바꿀 수 없었기 때문에 워싱턴의 정책 입안자들은 이 나라의 가장 역동적인 경제지역에서 영향력 구축을 시도했다. 이 지역의 붐이 고지대 농민들을 끌어왔고, 산타크루스 시는 대토지 소유주들의 권력 중심지가 되었다.

실레스 수아소가 1956년 선거에서 83퍼센트의 득표율을 획득하면서 파스 에스텐소로를 계승했다. 전 대통령의 아들인 실레스 수아소는 MNR의 보다 온건한 세력들을 대변했다. 그의 행정부 동안 MNR은 정책 실행에 있어 개인적 노선에 따라 다양한 분파로 나누어졌다. 인플레이션이 고조되면서 실레스 수아소는 미국 정부와 IMF의 후원 하에 긴축 프로그램을 통해 경제를 안정시키고자 했다. 냉전으로 양극화가 한창일 때 그는 외교노선을 재조정해서 미국을 지지했다. 동시에 우익 파시스트 정당인 팔랑헤사회당Falange Socialista Boliviana은 지배층 불만세력들과 중산층을 규합해서 MNR 정부를 무너뜨리려고 했으나 실패했다.

볼리비아혁명의 급진적 개혁을 막을 수 없었기 때문에 아이젠하워와 케네디 정부는 영향력을 발휘하기 위한 대안적 수단으로 볼리비아에 대한 경제적, 군사적 지원을 활용했다. 미국 정부는 또한 볼리비아 군 장교들을 미국에서 훈련시키고, 볼리비아에서는 반게릴라 훈련을 지원함으로써 군부에서의 지지도 공고히 했다. (아르벤스의 개혁이 미국의 경제적 이익에 직접적으로 도전이 되었던 과테말라와는 대조적으로 MNR의 국유화나 재분배 프로그램은 볼리비아인들의 자산에만 배타적으로 집중되었다. 이로 인해 미국의 개입을 위한 동기가 감소되었다.)

파스 에스텐소로가 1960년 부통령 후안 레친과 함께 다시 대통령이 되었을 때, 주석 가격은 침체 상태에 빠져 있었다. 따라서 정부는 경제적 문제들을 해결하기 위해 가용할 자원이 거의 없었다. 레친은 개혁의 속도가 느린 것을 참지 못한 데다가, 노동자 민병대를 무장해제하고 군부를 강화하려는 정부의 움직임을 거부해서, 파스 에스텐소로의 재선을 허용하는 개헌에 반대하며 부통령을 사퇴했고, 그로 인해 MNR은 분열되었다. 실레스 수아소는 파스 에스텐소로의 재선을 위한 술책에 반대하여 결국 MNR과 결별했다. 당 좌익의 지지를 상실함에 따라, 파스 에스텐소로는 볼리비아 공군의 카리스마 넘치는 지휘관이자 오랜 기간 MNR의 지지자였던 레네 바리엔토스 장군을 1964년 선거에서 러닝메이트로 선택함으로써 자신의 대중적 지지도를 올리고자 했다.

시간이 흐르면서 군부는 군의 명예와 권력의 붕괴에 대해 분노하게 되었다. 선거 석 달 후 부통령 바리엔토스와 육군 사령관 알프레도 오반도는 파스 에스텐소로를 몰아내고, 자신들을 공동대통령으로 선언했다. 냉전에서 또 다른 동맹을 찾고 있던 워싱턴은 즉각 이 새 정부를 지원했다. 그 후 12년 동안 군부가 볼리비아 정치를 지배했다.

군부통치와 민중저항

케추아어 원어민인 바리엔토스는 정치적 운이 자신에게 돌아오는 것을 보았다. 1966년 임시 대통령을 사임하고, 농촌 인디오, 농민, 중간계급 사이에서 보수적 포퓰리즘을 전개하면서 정식으로 대통령 선거에 나섰다. 대통령으로서 그는 친시장 반공주의를 내세웠으며, 파업을 막으면서 노동자의 대량학살을 야기하기도 했다. 또한 미국에서 훈련받은 볼리비아 특공대원들의 반게릴라전을 지휘했다. 그러면서 1967년에는, 안데스 산맥 기슭에 게릴라 기지를 설립하려고 시도한 아르헨티나 출신 쿠바 혁명가 에르네스토 '체' 게바라를 추적, 처형하는 데 성공했다.

1969년 헬리콥터 충돌사고로 인한 바리엔토스의 갑작스러운 죽음은 1971년 후안 호세 토레스가 권력을 잡기까지 군부 내에 분쟁을 야기했다. 급진적 민족주의자인 토레스는 좌파로 기울었고, 인민의회를 소집했으며, 소련과 새로운 주석 제련소를 건설하는 계약을 체결했다. 냉전의 논리가 작동하여 토레스 정부는 몇 달 못 가서 전복되었다.

볼리비아의 새로운 지도자는 산타크루스 출신으로서 군부 독재자 중 역사상 가장 오랜 기간 권력을 장악한 우고 반세르1971~1978 장군이었다. 경제적으로 우호적인 상황 하에서, 반세르는 MNR의 보수파와 반半파시스트인 팔랑헤사회당과 함께 우파적 정책을 실시했다. 주석 가격은 치솟았고, 상대적으로 매장량이 얼마 되지 않는 석유도 1974년 OPEC에 의한 석유위기 이후 꽤 많은 외화소득을 가져다주었다. 게다가 볼리비아의 급진적 농지개혁의 장기적 효과와 기반시설 개선으로 시장이 확대되었고, 농업생산도 증가했다. 산타크루스 지역의 사탕수수와 면화 수출은 상업적 농업을 강화했다. 또한 반세르는 특히 탄화수소 부문에서 브라질, 아르헨티나와 경제적 관계를 보다 밀접히 했다. 동시에 그는 좌파 정당들을 불법화하고, 볼리비아노동자연맹의 활동을 일시적으로 중단시키고, 대학 문을 닫는 등 철권통치를 했다.

1977년 지미 카터가 미국 대통령이 되면서 반세르 정부는 민주화 이행 압력을 받았다. 그러나 자신이 지명한 계승자가 실레스 수아소에게 패배할 것으로 보이자 반세르는 선거결과를 무효화시켜 버렸다. 반세르의 완고함에 분노한 군부 장교들은 그를 대통령에서 끌어내렸다.

다음 2년간 파스 에스텐소로와 실레스 수아소가 대통령직을 놓고 경쟁하는 동안 민간정부와 군사정권이 번갈아 권력을 잡았다. 급진적인 MIR Movimiento de la Izquierda Revolucionaria ; 혁명좌파운동와 우고 반세르가 이끄는 우파인 ADN Acción Democrática Nacionalista ; 민주민족행동당을 포함하는 새로운 정치세력들이 출현했다. 이런 정치적 혼돈의 상황에서 루이스 가르시아 메사 장군이 권력을 장악했다1980~1981. 국제 언론이 그의 정부의 주요 인물들이 코카인 거래에 연루되어 있음을 폭로했을 때 메사는 갑자기 신뢰를 상실했다. 치솟는 물가와 그의 통치에 반대하는 광범위한 대중투쟁으로 메사의 치세는 1981년 그의 축출로 막을 내렸다. 다음 해 볼리비아는 자유롭고 공정한 선거로 되돌아갔다.

최근 상황(1980년대~현재)

다시 한 번 나이 많은 정치인 세대들이 대통령직을 놓고 싸웠다. 실레스 수아소가 1979년 선거에서 사실상 승리한 것으로 광범위하게 인식되고 있었기 때문에 의회는 1982년 그를 대통령으로 선출했다. 그는 재앙 수준의 경제위기에 직면했다. 세계 주석시장의 바닥은 보이지 않았고, 1985년 인플레이션은 세계 역사상 네번째로 높은 수준인 연간 60,000퍼센트에 도달했다. 자신의 통치 무능력에 좌절해서 실레스 수아소는 조기에 하야하고, 선거가 다시 소집되었다.

예상대로 파스 에스텐소로가 승리자가 되었다. 그러나 경제의 주요 부문을 국가가 통제하는 데 호의적이었던 프로그램들은 이제 사라졌다. 파스 에스텐소로는 MNR의 민족주의적 급진 프로그램들을 모두 내팽개쳤다. 파스 에스텐소로는 전 독재자 우고 반세르와 동맹을 맺고, 신자유주의적인 새로운 경제계획을 제안했다. 정통파 통화정책에 따라 그는 정부 지출을 감소시키고, 공공부문의 가격을 자유화하고, 세입을 증가시켰다. 인플레이션이 두 자릿수로 하락하자, 국영 광업의 틀을 해체하고, 국가를 무제한적 자유무역에 개방했다. 경제적 위기에 타격을 받은 광부들은 저항했지만 거의 소용이 없었다. 일자리를 잃은 많은 광부들이 다른 지역으로 옮겨 가, 결국 소규모 코카 재배업자가 되었다.

다음 대통령도 파스 에스텐소로의 신자유주의 정책을 따랐다. MIR의 하이메 파스 사모라1989~1993는 우파인 우고 반세르와 기이한 동맹을 맺었고, 나아가 노동운동의 힘을 분쇄했다. 그의 계승자 곤살로 산체스 데 로사다1993~1997는 투팍카타리혁명해방운동Movimiento de la Liberación Revolucionaria Tupac Katari의 지도자인 빅토르 우고 카르데나스와 같이 선거전에 나섰다. 비록 산체스 데 로사다는 정통파 경제정책을 지속했지만, 원주민운동에 대한 그의 관심은 그들의 보다 많은 정치적 참가요구에 힘을 실어 주었다. 산체스 데 로사다의 개혁 중에는 민간자본과 국영기업의 합작투자를 가능하게 하는 자본화 프로그램이 있었다. 동시에 그는 볼리비아가 다문화 국가pluricultural state임을 선언하고, (원주민공동체를 강화하면서) 기초자치단체 정치municipal governance를 탈중앙집권화했으며, 원주민 언어를 학교에서 가르칠 것을 허용했다. 보도에 따르면 마약 거래에 대한 미국의 압력에 대한 응답으로, 산체스 데 로사다는 생산을 3분의 1까지 감소하는 자발적 코카 근절 프로그램을 시작했다. 새롭게 태어난 '민주주의자' 우고 반세르는 1997년 권력을 다시 장악했다. 그리고 자유시장경제와 민영화정책을 지속했다. 그는 존엄성 계획Plan Dignidad으로 알려진 미국 후원의 100퍼센트 코카 근절 프로그램을 받아들였다. 그로 인해 수백만 달러가 반마약 노력의 일환으로 볼리비아에 쏟아부어졌다. 반세르는 또한 국가 소유 자원의 민간부문 매각을 촉진했다. 코차밤바의 수도 공급 시스템을 벡텔사에게 민영화한 계약은 이 회사가 수도 요금을 세 배로 올리면서 대중의 저항에 직면했다. 심각한 대중봉기에 직면하여 정부는 계약을 무효화했다. 반세르가 건강상의 이유로 직무를 조기에 사임하면서 부통령이 그를 계승했다.

2002년에 산체스 데 로사다가 다당제 경쟁에서 최소 수준의 다득표로 다시 대통령이 되었다. 그의 주요한 상대는 MASMovimiento al Socialismo; 사회주의운동당 후보로 나선 코카 재배업자 조합의 지도자 에보 모랄레스였다('MAS'는 '더 많이'라는 의미를 지닌 에스파냐어 'más'와 발음이 같다).

모랄레스가 강력한 2위가 된 것은 볼리비아 정치를 지켜보는 사람들을 놀라게 했다. 그러나 이는 앞으로 벌어질 보다 더 큰 사건의 전주곡에 불과했다.

산체스 데 로사다는 급격한 쇠퇴와 엄청 늘어난 재정적자에 처한 경제를 물려받았다. 2003년 초에 급진적 반대파들이 그의 정책에 도전하기 위해 국민사령부Estado Mayor del Pueblo를 결성했다. 코카 재배업자 조합의 에보 모랄레스가 이를 주도했다. 이제 새롭게 떠오른 원주민과 민중적 사회운동의 지도자 모랄레스와 국민사령부는 정부의 정책에 반대하는 일련의 항의를 시작했다. 그들의 요구는 오래전부터 지속된 지역 단위의 불만들에서 코카 근절 정책 반대까지 광범위한 것이었다. 시위자들은 도로를 막았고, 전국의 도시와 마을들이 마비 상태에 이르렀다. 2003년 10월 산체스 데 로사다는 라파스로 가는 연료 트럭들을 위한 길을 열기 위해 경비대를 파견했다. 군인들은 시위대에 발포했고, 비무장 시민 다수가 사망했다. 대통령은 사임하고 미국행 민간 비행기를 타야 했다.

볼리비아를 위한 새로운 길?

2005년에 선거가 실시되었다. 다시 한 번 에보 모랄레스가 입후보했고, 이번에는 54퍼센트의 득표율로 당당히 권력을 장악했다. 선거 참가율은 역대 가장 높은 유권자 전체의 85퍼센트였다. 고지대인 오루로 주 오리노카 출신인 아이마라 인디오 모랄레스는 자신의 대가족과 함께 코차밤바 계곡으로 이주해서 과일이나 코카 잎을 재배하는 소농으로 살고자 했다. 그는 코카 재배업자 조합에 들어갔고, 정부의 코카 근절 정책에 거침없는 반대자가 됨으로써 전국적인 지도자로 부상했다.

그의 승리는 1952년 혁명의 이상으로, 즉 농지개혁 그리고 산업과

에보 모랄레스가 한 모임에서 칠레 인디오의 전통 의상을 입고 있다. 민주적으로 선출된 대통령 모랄레스는 라틴아메리카 전체 원주민운동의 대표적 인물이 되었다.

자원의 국유화로 환원하는 분위기를 조성했다. 모랄레스는 지역과 국가 통치에 있어 인디오들의 진정한 참여를 포함해 그들의 활동영역을 확대했다. 이러한 변화의 신호로 모랄레스는 공식적 행사에 앞서 아이마라 제식을 따르는 특별한 취임식을 계획했다. 그는 자신을 완전한 원주민 피를 가진 최초의 대통령이라고 소개했다. 볼리비아에서 수세기 동안 지속된 사회적 계급구조를 뒤집기 위해 모든 노력을 아끼지 않을 것을 약속했다. 수세기에 걸친 억압 이후 이러한 행동은 새롭게 형성된 인디오 권력이 정점에 이른 사건이자 과시였다.

권력을 잡은 후 얼마 되지 않아 모랄레스는 볼리비아 탄화수소 자산을 인수했고, 볼리비아 천연가스의 3분의 1을 수입하는 브라질 국영석유회사 페트로브라스와 볼리비아에 보다 유리한 계약조건을 협상했다. 그는 또한 외교정책에서도 혁명의 아이콘인 피델 카스트로와 선동가 우고 차베스와 직접 제휴하면서 결정적 전환을 주도했다. 석유가 풍부한 베네

왜 볼리비아는 되는데 페루는 안 되는가?

볼리비아에서 원주민들의 성공은 페루의 친인디오운동의 상대적 침묵과 현저한 대조를 보여 준다. 물론 볼리비아의 원주민 인구 비율은 전체의 60퍼센트 이상으로 페루의 40퍼센트 미만과는 뚜렷이 대비된다. 하지만 그것만이 유일한 이유는 아니다. 차코전쟁에서 1952년 혁명을 거치면서 볼리비아 역사의 주요한 사건들은 이 나라 인디오들의 동원을 가능하게 했고, 그들의 의식을 고양시켰다.

그러나 차이는 여기서 멈추지 않는다. 정치학자인 도나 리 반 코트는 페루의 내부 요인이 이런 차이를 설명할 수 있는 중요한 요소라고 말한다.

> (페루의) 뒤처짐은 원주민이 다수인 고지대에 맑스주의와 마오쩌둥주의 이념의 지배, 그곳에서 원주민 종족성에 붙어 다니는 부정적 함의, 1970년대 농지개혁의 부분적 성공, 전통적으로 고지대와 저지대 인디오들을 분리해서 다루어 연합 활동을 어렵게 만드는 법적 시스템, 1980년대와 1990년대 초 경쟁자인 하위주체(subaltern) 그룹들의 지도자들을 살해한 센데로루미노소의 정책, 반대파의 정치적 활동을 모두 테러리스트로 규정한 알베르토 후지모리 정부의 정책, 그리고 1980년대와 1990년대 전통적으로 원주민 지역이었던 곳에서 인디오들을 사라지게 한 도시로의 대대적 이주와 같은 요인 때문이다. 이웃국가들에서는 원주민 토지의 수호와 회복이 원주민 동원의 핵심이었던 것에 비해, 페루에서는 많은 원주민이 도시로 이주했기 때문에 이들을 강력히 조직할 요인이 사라져 버렸다.

출처: Donna Lee Van Cott, "Turning Crisis into Opportunity: Achievements of Excluded Groups in the Andes," in Paul W. Drake and Eric Hershberg, eds., *State and Society in Conflict: Comparative Perspectives on Andean Crises* (Pittsburgh: University of Pittsburgh Press, 2006), p. 162.

수엘라의 경제적 지원을 기꺼이 받아들이면서, 모랄레스는 라틴아메리카 전역에서 '분홍빛 물결'pink tide; 13장 참조로 알려진 좌파 정치운동의 주요한 멤버가 되었다. 그리고 열정적 민족주의자로서 미국과는 거리를 두었다. 워싱턴의 조지 W. 부시 행정부는 이러한 전개에 대해 불쾌감을 가졌다. 그러나 이를 막을 조치를 취할 수 없었다. 혹은 그럴 의향이 없었다.

모랄레스 행정부는 또한 새로운 헌법 제정을 주도했다. 90퍼센트의 참여율을 보인 2009년 초의 국민투표에서 투표자의 61퍼센트는 새로운 헌법을 지지했다. 이 헌법은 볼리비아를 통합적, 다민족적plurinacional, 세속적 국가로 규정했다. 그리고 천연자원을 볼리비아 국민의 배타적 소유물로, 따라서 국가에 의해 운영되어야 할 자산으로 선언했다. 분리 실시된 국민투표에서 81퍼센트는 민간토지 소유를 약 50제곱킬로미터로 제한하는, 그럼으로써 대규모 토지소유의 추가적 재분배를 다시 시작하는 안을 지지했다.

모랄레스 정부는, 지역자치와 분리위협을 슬로건으로 내세우는 산타크루스의 기업형 농업세력들의 반대에 직면했다. 2007년 모랄레스의 해임 시도는 투표자의 61퍼센트가 그가 대통령직을 유지하는 것에 지지표를 던지자 실패로 돌아갔다. 고지대 인디오들에 대한 근본적 편견이 모랄레스에 반대하는 운동에 잠재해 있었다. 유엔 원주민 인권 특별 조사위원인 로돌포 스타벤하겐은 2007년 산타크루스 방문 이후 이 지역의 정치적 환경이 "근대 민주주의 국가보다는 식민지 사회에 보다 더 부합되는 인종주의의 표출"을 야기했다고 말했다.

여러 선거에서 모랄레스의 승리는 그에 대한 광범위한 대중 특히 원주민들의 지지를 보여 준다. 그들은 또한 국가의 사회경제적 재구조화를 추진하기 위해 나아가고 있는 대중운동의 의지를 반영한다. 새로운 헌법은 대통령의 재선을 허용했다. 특별한 정치적 혼란이 없기 때문에 모랄레스는 2014년까지 권력에 남아 있을 수 있을 것이다. 새로운 헌법의 비준을 축하하는 동안 모랄레스는 "그들은 대통령궁에서 나를 끌어내릴 수 있다. 나를 죽일 수도 있다. 그러나 그것은 새롭게 통합된 볼리비아의 재건을 위해 내가 나의 임무를 완수하게 되는 사건이 될 것이다"라고 선언했다.

정치와 정책 : 에콰도르

에콰도르는 지난 2세기 동안 계속해서 정치적 불안을 경험했다. 1830년에서 현재까지 단지 12명의 대통령만이 헌법에 정해진 임기를 마쳤다. 독립 이후 헌법은 21회나 개정되었다. 20세기에만 군부가 13번에 걸쳐 권력을 장악했다. 정치 제도는 아직 공고화되지 않았고, 민주정부도 언제 붕괴될지 모른다.

카우디요, 보수주의자, 자유주의자

독립을 달성한 이후 에콰도르는 콜롬비아, 베네수엘라와 함께 볼리바르의 그란콜롬비아 구상에 들어갔다. 볼리바르는 독립전쟁에서 베네수엘라 사령관이었던 후안 호세 플로레스를 에콰도르 총독으로 임명했다. 플로레스는 비록 서민 출신이었지만, 자신을 받아들이게 하기 위해 재빨리 키토 지역의 크리오요 지배층과 결혼했다.

1830년 에콰도르가 그란콜롬비아에서 분리되었을 때 플로레스는 새로운 공화국의 대통령이 되었다. 의회의 반대자인 비센테 로카푸에르테가 그에 반대해서 들고 일어났을 때, 플로레스는 반대파들을 투옥했고, 그 후 하나의 협약을 맺었다. 그것은 플로레스가 임기를 채우고 나면, 로카푸에르테가 대통령직을 물려받는다는 것이었다. 그러나 그 후에도 플로레스는 군부의 수장으로서 무대 뒤에서 통치했다. 로카푸에르테의 임기가 끝났을 때 플로레스는 다시 대통령직에 돌아왔다. 그리고 그에게 또 다른 8년의 임기를 부여하는 새로운 헌법을 인준하게 했다. 19세기 라틴아메리카 다른 나라와 마찬가지로 초기의 이런 사건들은 카우디요 정치의 한 패턴이다. 그러나 에콰도르에서 그 패턴은 하나의 전통이 되어 버렸다.

그동안 자유주의자들과 보수주의자들은 국가를 지배하기 위해 서로 경쟁했다. 자유당은 과야킬의 비즈니스 계급들의 지지를 끌어내고자 하는 경향이 있었다. 반면 보수주의자들은 키토의 지주들에게 의지했다. 양 세력은 그들의 정치적 의지를 관철시키기 위해 군사적 힘을 사용했다. 자유주의자 호세 마리아 우르비나 장군은 1851년 쿠데타를 통해 권력을 장악했다. 우르비나는 아직도 남아 있는 노예들을 해방하는 법령에 재빨리 서명했다. 통제된 선거를 통해 대통령으로 비준받은 후 그는 1856년까지 권력에 머물렀다. 그의 계승자인 프란시스코 로블레스 장군 또한 자유주의자였다. 그는 인디오들의 공납 의무를 폐지했다. 이러한 처방들은 하층계급들이 자유주의자들에게 호감을 가지게 했다. 그러나 자유주의자들은 곧 '끔직한 해'로 알려진 1859년에, 경쟁관계에 있던 카우디요들 사이에서 벌어진 일련의 지역 간 전쟁을 벌이다 결국 정부 지배력을 상실해 버렸다.

보수파 지도자인 가브리엘 가르시아 모레노는 지역 반란들을 진압하고 질서를 회복하기 위해 군부와 힘을 합쳤고, 1860년에 권력을 장악했다. 독실한 가톨릭 신자인 가르시아 모레노는 다음 15년 동안 대통령으로서 혹은 권력의 중개자로서 철권통치를 실시했다. 그는 1861년 로마 가톨릭을 국가의 공식종교로 만드는 새로운 헌법 제정을 주도했고, 1869년에는 시민권과 가톨릭 신앙을 연결하는 또 하나의 조항을 만들었다. 비록 가르시아 모레노는 에콰도르 역사에서 논쟁적 인물로 남아 있지만, 그를 비난하는 사람들도 그가 초등교육을 확대하고, 기술교육기관들을 설립하고, 예수회 전임강사들의 도움으로 대학을 개선하는 등 교육 시스템을 발전시킨 업적은 인정한다. 가르시아 모레노는 또한 고지대와 해안

지대 간 도로를 건설하고, 키토와 과야킬을 연결하는 철도 건설에 착수하는 등 국가 기반시설도 다졌다.

카카오, 번영, 혼란

자유주의자와 보수주의자들이 대통령 자리를 놓고 싸우는 동안 카카오 수출 붐이 상인들과 해안지대 지주들에게 점점 더 큰 경제적 번영을 가져다주었다. 정치적 권력이 부족한 출세 지상주의자arribista 과두지배층은 1895년에, 오랫동안 자유주의 지도자였던 엘로이 알파로의 군사쿠데타를 경제적으로 지원했다. 그 이후 30년 동안은 해안지대 지배층이 국가를 지배했다.

권력을 장악한 이후 자유주의자들은 두 개의 주요한 개혁을 단행했다. 첫째, 그들은 가톨릭교회를 국가에서 분리시켰고, 이혼을 합법화했으며, 세속결혼을 허용했다. 이는 교회가 제공하던 서비스인 교육과 사회복지 프로그램을 이제는 국가가 운영한다는 것을 의미한다. 둘째, 자유주의자들은 공공사업, 교육, 정부가 운영하는 복지서비스는 수입관세로 끌어들인 세입에 의존했다. 그러나 관세수입으로는 이런 활동적 국가의 급격히 증대하는 예산을 충족할 수 없게 되면서, 비용이 많이 드는 프로그램들은 은행 대출에 의존하게 되었다. 정부는 점점 더 빚의 수렁에 깊이 빠져들고 있음을 알게 되었다.

1920년대에 에콰도르는 식물의 병과 경쟁의 증가로 카카오 무역의 시장 점유율을 상당 부분 상실했다. 세입의 감소로 정치적 모델을 계속 유지하는 것이 점점 더 어렵게 되었다. 자유주의자 정치가들은 신뢰를 상실했다. 다시 한 번 군부가 중앙무대에 등장했다. 일단의 젊은 장교들이 무혈 쿠데타를 통해 권력을 장악했다.

1925년의 쿠데타는 군부의 역할에 의미 있는 변화를 가져왔다. 이때까지 군부의 통치는 개인적 야망과 연결되어 있었다. 1830년에서 1916년까지 에콰도르의 가장 중요한 지도자들은 대부분 군인들이었다. 정부 제도가 취약하고 지역 간 차이가 극심한 나라에서 군대는 권력 장악을 위한 특권적 수단이었다. 그러나 에콰도르 군은 강력한 제도적 정체성을 가지고 있지 않았다. 하지만 20세기 초 군 내부의 개혁이 상류계급보다 주로 중산층 출신의 보다 전문화된 장교집단을 육성했다. 주로 고지대 출신의 이들 새로운 군인들은 자유주의자들을 해안지역 금융업의 이익을 위해 나라를 저당 잡힌 사람들로 보았다.

1925년 정권을 장악한 청년장교동맹Liga de Militares Jóvenes은 그들의 행동이 단순히 개인의 이익을 위해서가 아니라 국가의 이름을 걸고 이루어졌음을 강조했다. 그럼에도 불구하고 과거의 통치 행태는 여전히 지속되었다. 재빨리 독재적 권력을 장악하고 국가 재정 시스템의 개혁을 착수한 이시드로 아요라에게 곧 권력이 넘어갔다. 아요라는 국가의 재정과 금융 시스템을 개선하기 위한 길을 찾기 위해 프린스턴대학의 에드윈 W. 케머러가 이끄는 외국인 경제 자문위원들을 임명했다. 아요라는 중앙은행을 설립하고, 예산·조세·관세 제도를 손질했다. 이러한 개혁은 중앙정부에 의미 있는 규모의 새로운 세입을 가져다주었고, 과야킬 지배층의 재정에서의 역할을 감소시켰다.

게다가 군부는 라틴아메리카에서 최초로 여성에게 투표권을 부여하고, 노동계급을 위한 진보적 법안을 포함하는 1929년 신헌법을 통과시켰다. 신헌법은 또한 입법부에 보다 많은 권력을 부여했다. 대통령의 독단적인 통치를 막기 위해 고안된 이 마지막 장치는 국가가 대공황에 직면했을 때 행정부의 통치력을 약화시키는 결과를 가져왔다.

세계적인 경제위기로 카카오와 다른 수출품의 국제수요가 급격히 감소하면서 에콰도르 경제는 황폐화되었다. 아요라의 지도력에 환멸을 느낀 군부는 그를 권력에서 몰아냈다. 적대적인 정치세력과 정당들이 정부를 지배하기 위해 서로 싸웠다. 그때 군부와 민간인 저명인사들을 묶는 하나의 세력이 행정부의 권력을 장악했다. 자유주의자 후보 후안 데 디오스 마르티네스가 1932년 대통령 선거에서 승리한 것이다. 그러나 파벌적 반대가 그의 예비 정부를 마비시켰다. 자신은 개인적으로 대통령이 되고자 하는 야망이 없다고 주장하는 카리스마 있는 하원의장 호세 마리아 벨라스코 이바라가 마르티네스에 대한 도전을 이끌었다. 대중운동이 임기가 1년도 지나지 않은 마르티네스를 사임시켰다. 벨라스코 이바라는 대통령 선거에 나서라는 많은 사람의 권유를 받아들였다. 11개월 후 그가 의회 폐쇄를 시도하고, 반대파들을 투옥하고, 독재적 권력을 장악하려고 하자, 군부가 그를 대통령직에서 제거해 버렸다. 이는 그 후 35년 동안 다섯 번에 걸쳐 대통령이 되는 벨라스코 이바라의 첫번째 권력 경험이었다.

1941년 에콰도르와 페루는 아마존 강 유역의 영토분쟁 때문에 전쟁에 돌입했다. 그 전쟁은 에콰도르에 파괴적 결과를 가져왔다. 평화조약은 페루의 영토요구를 인정해 주었다. 그로 인해 에콰도르는 아마존 강에 대한 접근, 결국 대서양으로의 출구를 빼앗겨 버렸다. 패배는 민족주의의 분출을 자극했고, 그 힘은 벨라스코 이바라가 이끄는 민주동맹Alianza Democrática에 모아졌다. 대통령은 과야킬에서 반란이 있은 이후 사임했고, 벨라스코 이바라가 전쟁 패배에 책임이 있는 "부패한 자유주의 과두지배층"을 제재할 것이라는 포퓰리즘적 약속을 하면서 다시 권력을 잡았다.

비록 벨라스코 이바라는 하층계급을 위한 사회적 정의를 약속했으나, 실제 그는 아무것도 하지 않았다. 인플레이션이 고조되고 외환보유고가 감소하면서 그는 대중의 지지를 상실했다. 다시 한 번 군부가 개입했고, 그를 대통령직에서 몰아냈다. 파벌적 투쟁이 일 년간 지속된 이후 미국에서 교육받은 갈로 플라사 라소가 보수주의 반대파를 누르고, 독립적 자유주의자들과 사회주의자들의 연합을 승리로 이끌었다.

바나나와 독재자들

1950년대에 바나나가 이후 12년간 정치적 안정과 권력의 민주적 이행을 지속시킬 만큼 충분한 경제적 안정을 제공할 새로운 수출품이 되었다. 전통적 정당들은 더 이상 유권자들을 끌어들일 힘이 없었다. 새로운 정당들이 형성되어 중간계급과 하층계급의 지지를 구했다.

1952년에서 1956년 사이 벨라스코 이바라 대통령 집권기는 이런 새로운 정치 전략의 한 예를 보여 준다. 길이나 다리에서 학교와 전기설비까지 대대적인 공공사업 프로젝트는 그에게 광범위한 대중의 지지를 가져다주었다. 실제로 벨라스코 이바라는 1960년 선거에서 그의 전체 정치 역정 중 가장 큰 득표율을 얻으면서 네번째로 대통령에 당선되었다. 그러나 벨라스코 이바라에게는 불행하게도 바나나 수출 수익이 일시적으로 감소했다. 자본유출과 경제위기에 직면해 벨라스코 이바라는 느리고도 서투르게 대응했다. 그는 곧 인기를 잃었다. 전국노동자연맹이 주도하는 총파업이 임금보호와 그의 정부의 종식을 요구했다. 비록 군부가 노동자들의 파업을 성공적으로 억압했지만, 곧 그들은 다시 개입했고, 벨라스코 이바라를 몰아냈다.

새 대통령은 벨라스코 이바라 정부의 부통령이었던 카를로스 훌리오 아로세메나 몬로이였다. 이 시기에는 쿠바혁명과 냉전의 정치가 국내 정치 양상을 결정지었다. 그러나 아로세메나 몬로이는 독립적 외교정책을 원했고, 멕시코 대통령처럼 쿠바와의 외교관계 단절에 반대했다. 보수주의 세력들이 그의 제거를 추진하였고, 1963년 군부에 의해 퇴임했다.

1925년처럼 군부는 대통령궁에 장기간 머물렀다. 예전보다 더 독립적이고 전문화된 군사위원회는 '진보를 위한 동맹'을 통한 미국 정부의 지원을 받아 일련의 구조개혁을 시작했다. 그들은 세입을 증대시키고 예산적자를 통제하기 위해 세제를 개편했다. 온건한 농지개혁을 단행했고, 원주민 농민들을 토지에 분익소작인으로 예속시켜 온 와시풍고huasipungo 노동 시스템을 폐지했다. 경제가 여전히 정체되어 있었기 때문에 위원회는 수입관세를 올림으로써 세입을 증대시켰다. 키토와 과야킬 상공회의소는 총파업을 통해 이러한 조치에 반대했다. 경제 지배층은 군부가 그들의 상업적 이해관계에 해를 끼치는 것을 두고 보고만 있지는 않으리라는 신호를 보낸 것이다. 다음 해 새로운 시도는 똑같은 저항을 불러왔다.

군부는 1965년 매우 갑작스럽게 대통령궁을 떠났다. 심지어 보다 온건한 개혁조차 할 수 없는 무능함에 절망하고 군부의 대중적 이미지 하락에 두려움을 느낀 장교들은 권력을 간단히 포기해 버렸다. 그 과정에서 군부나 경제 지배층 그 어느 쪽도 정치개혁을 위해서건 혹은 군인들을 몰아내기 위해서건 그 어떤 계획에도 대중의 지지를 끌어낼 수 없었다. 시민들은 방관했다. 그 후 20개월 동안은 임시정부가 통치했다.

1968년 선거에서 다시 한 번 벨라스코 이바라가 권력을 잡았다. 예전처럼 그는 세입부족에 직면했기 때문에 선거 유세에서 약속한 공공 프로그램들을 실현할 재정이 부족했다. 호전적인 의회와 직면하면서 벨라스코 이바라는 군부의 지지를 얻어 "완전한 파멸에서 국가를 구하기 위한" 독재적 권력을 행사했다. 대학을 폐쇄하고, 반대파들을 추방하고, 더 큰 재정적 효율성을 확보하기 위해 정부의 기능을 재조정했다.

비록 광범위하게 '포퓰리스트'로 간주되지만, 벨라스코 이바라는 공허한 약속이나 대중동원에 훨씬 덜 의존했다. 그는 아르헨티나의 페론과 브라질의 바르가스와 달리 노동계급 내부에 어떤 지지기반도 형성하지 않았다. 또한 페루의 아야 데 라 토레처럼 민족주의적이고 반제국주의적인 담론을 통해 자신의 운동을 공고화하려고도 하지 않았다. 반복되는 정치적 태풍을 맞으면서 벨라스코 이바라는 구체적 결과의 달성보다는 오래된 그의 정치적 명성에 보다 더 의존했다.

군부는 더 이상 벨라스코 이바라를 신뢰할 수 없었다. 특히 새로 발견된 석유로 인해 정부의 부실 경영이 또다시 발생할 수 있는 가능성이 있었기 때문에 군부는 1972년 그를 다시 대통령직에서 몰아냈다. 이것이 그의 마지막 대통령 임기였다. 그러나 이번 군부의 개입은 단순하지 않았다. 그들은 대통령을 바꾼 후 일단 대통령궁에서 철수했으나, 그 후 7년 동안 권력에 머물렀다.

이 시기의 결정적 특징은 에콰도르 아마존 지역의 석유매장 발견에서 비롯되었다. 1972년 군부가 권력을 장악했을 때 군사정부를 이끌던 기예르모 로드리게스 라라 장군은 국가가 뜻밖의 횡재로 얻은 새로운 세입으로 보다 많은 이익을 얻기 위해서 정부의 기능을 합리화할 것을 제안했다. 그는 민족주의 수사를 구사했고, 어느 정도는 페루의 후안 벨라스코 알바라도 군사정부의 통치 형태를 따라가고자 했다. 로드리게스 라라는 석유산업을 운영하기 위한 독립적인 새 정부기구를 설립했고, 결함이 있는 기업들을 국유화했으며, 국가 소유의 금융기구를 만들었다.

천연자원부의 새 장관이자 열정적 민족주의자이기도 한 해군 장교

석유의 저주?

석유는 현재 에콰도르 수출의 50퍼센트 이상을 차지한다. 이는 국가 예산의 3분의 1 정도를 충당한다. 그러나 일부 관측가들은 아마존의 풍부한 석유매장을 저주라고 생각한다. 무엇이 그들을 그러한 결론으로 이끄는가?

1964년에 미국 기반의 텍사코(Texaco) 석유회사는 에콰도르 아마존 북서부 지역에서 석유탐사를 시작했다. 그 지역을 측정하고 시추를 한 후, 128킬로미터에 달하는 밀림 지역을 선택하여 정부와 협정을 맺었다. 텍사코는 1967년 그곳에서 석유를 발견했다. 텍사코는 안데스를 통과하는 파이프라인을 건설하고, 1972년에는 대규모 생산을 시작했다. 석유채굴은 회사에는 엄청난 수익을, 정부에는 꽤 많은 세입을 가져다주었다.

그러나 폐기물을 어떻게 처리할 것인가? 하는 문제가 발생했다. 채굴 과정에서 발생하는 부산물인 독성이 강한 물질은 높은 발암물질과 중금속을 지닌 유독성 물과 진흙을 포함하고 있었다. 회사의 해결책은 거대한 진흙웅덩이에 이를 버리는 것이었다. 환경주의자들은 20년 동안 적어도 120억 갤런에 해당하는 폐기물이 지하수로 흘러들어갔다고 주장했다. 그들은 또한 텍사코가 독성 폐기물을 미국 법에 저촉되게 다루었다고 주장했다. 텍사코는 그들이 에콰도르에서 철수한 1990년대 초에 정화활동을 했다고 응수했다. 그리고 그들의 활동과 그 지역에서 보고된 건강상의 문제 사이의 어떤 관련성도 부정했다.

1992년 텍사코가 에콰도르를 떠날 때 국영석유회사인 페트로에콰도르(Petroecuador)에 채굴권을 양도했다. 다음 해 에콰도르와 미국의 변호사들이 뉴욕 법원에 3만 명의 아마존 주민 피해자들을 대리하여 텍사코에 대한 집단대표소송을 신청했다. 변호사들은 물이 새는 덮개 없는 웅덩이 때문에 지하수가 오염되었으며, 그로 인해 그 지역에 살고 있는 사람들의 암, 피부병, 그 외 다른 질병 발병률이 다른 지역에 비해 훨씬 높다고 고발했다. 2001년에 미국 판사는 이 사건은 에콰도르에서 다루어져야 한다고 판결했다. 바로 그 해 셰브런(Chevron)사가 텍사코를 인수했다. 미국에서 두번째로 큰 석유회사가 수십억 달러 법률 소송의 새로운 피고가 되었다.

석유로 인한 세입으로 얻는 이익이 거주민과 환경에 대한 잠재적 손실을 능가할 만큼 가치가 있는가? 이 소송에 관여하고 있는 비정부기구인 국제희망(Esperanza International, Inc.)의 데이비드 포리츠는 이 사례를 분수령으로 보고 있다. 그는 이렇게 말한다. "만약 아마존의 에콰도르 사람들에게 정의가 주어진다면, 그것은 세계 다른 지역에서 자원개발의 부정적 영향에 반대해서 싸우고 있는 사람들에게 좋은 선례가 될 것이다."

구스타보 하린 암푸디아는 외국 석유회사와 계약 재협상을 추진했다. 에콰도르는 OPEC에 가입했고, 키토에서 OPEC 회의를 주최했다. 하린은 OPEC 회장이 되고 나서는 에콰도르가 텍사코-걸프 컨소시엄에서 51퍼센트의 소유권을 가져야 한다고 주장했다. 하린의 외국인 석유회사들에 대한 강경노선은 미국 정부의 부정적 반응을 불러왔다. 미국 정부는 하린이 사임하지 않으면 군사원조를 중단하겠다고 위협했다. 에콰도르 정부는 곧 그를 사임시켰다.

1975년 군부의 일부 세력과 민간인 지도자들이 로드리게스 라라를 권력에서 몰아내는 쿠데타를 지원했다. 비록 이 시도는 실패로 돌아갔지만, 로드리게스 라라는 다음 해 결국 사임했다. 군 사령관들의 삼두정치가 에콰도르를 민주적 통치를 향해 서서히 몰아갔다.

최근 상황(1979년~현재)

한 학자가 지적하듯이 1979년 이후 세대의 에콰도르 정치인들은 "유권자들의 확대, 이슈 중심의 캠페인, 근대적 정당의 발전을 통한 정치 시스템의 근대화를 추진했다." 석유 수입을 기반시설, 교육, 농촌발전에 투자하기 위해 하이메 롤도스 아길레라1979~1981 대통령과 그의 계승자인 오스발도 우르타도1981~1984가 제안한 개혁 처방들은 그럼에도 불구하고 의회의 적대적 파벌들에 의해 저지되었다. 유가 하락에 이은 경제적 쇠퇴는 경제적, 사회적 개혁을 위해 석유수입을 이용하는 것을 점점 더 어렵게 만들었다.

1980년대와 1990년대 중반까지 대통령들은 좌파와 우파 사이에서 좌우로 심하게 흔들렸다. 그로 인해 마치 정치시스템이 고장 난 것처럼 보였다. 레바논 이민자의 후손이자 과야킬 정치 파벌의 일원인 압달라 부카람이 1996년에 정권을 잡았다. 6개월 후 의회는 '정신적 무력'mental incapacity이라는 이례적 사유를 들어 그를 해임했다. 임시 대통령, 부통령, 다시 임시 대통령이 곧장 그의 뒤를 이었다. 레바논계로 아랍계 기독교도인 하밀 마후아드는 1998년에 대통령이 되었으나, 시위대가 그를 사임케 했다. 마후아드를 몰아내고 잠시 권력을 잡았던 군사위원회의 일원인 루시오 구티에레스가 사회적 지출의 증가를 약속하며 2002년 선거에서 승리했다. 그러나 권력을 잡자 그는 약속을 뒤집고 IMF로부터 새로운 차관을 얻기 위한 긴축정책을 실시했다. 좌파와 우파의 반대세력들이 연합하여 그를 부패 혐의로 탄핵했다. 그 후 발생한 거리시위로 의회는 그의 대통령직을 정지시켰다.

원주민운동이 이 과정에서 중요한 역할을 수행하기 시작했다. (1952년 볼리비아혁명처럼) 획기적인 역사적 변화를 이끈 사건이 없었기 때문에 에콰도르의 인디오공동체들은 해안, 산악, 아마존 지역에 흩어져 분열되어 있었다. 오래전부터 공산당, 가톨릭교회, 복음주의 개신교 등과 같이 매우 다양한(그리고 서로 상반되는) 그룹들에 의한 인디오들의 조직화 시도가 있었다. 그러나 종족 기반의 조직들이 CONAIEConfederación de Nacionalidades Indígenas del Ecuador ; 에콰도르원주민민족연맹로 뭉친 것은 겨우 1986년의 일이다. CONAIE는 1990년에서 1994년 사이에 인디오들의 권리 회복을 위해 많은 노력을 기울였다. 1990년대 말에 CONAIE는 에콰도르 원주민의 80퍼센트 이상을 대변하고 있었다. 그리고 1997년에 압달라 부카람을 대통령직에서 몰아내는 민중시위를 주도했다. 그러나 CONAIE를 비롯한 일반적인 친인디오운동은 루시오 구티에레스 정부에 참여한 이후 응집력과 힘을 상실하고 극단적으로 분열되었다. 그로 인해 CONAIE는 2005년 구티에레스를 몰아내려는 시민봉기에서 작은 역할을 수행했을 뿐이다.

2006년 미국에서 교육받은 젊은 경제학자이자 전 재무장관인 라파엘 코레아가 대통령 결선투표에서 승리했다. 그는 대통령이라는 회전문을 멈추게 할 것처럼 보였다. 기독교 좌파이자 '21세기 사회주의'를 주장하는 코레아는 미국의 제국주의적 시도와 부시 행정부의 국제관계에서의 역할을 비난하면서 에콰도르가 미국과 진행 중이던 자유무역 협상을 중단했다. 볼리비아의 에보 모랄레스와 함께 그는 라틴아메리카 좌파 성향의 '분홍빛 물결'의 중요한 그리고 매우 확실한 멤버가 되었다.

그의 대부분의 선임자와 마찬가지로 코레아도 대통령의 강력한 개인권력을 추구했다. 2008년에 제정된 신헌법은 대통령의 재임을 허용했고, 행정부의 권력을 증대시켰다. 2009년 초 선거에서 코레아는 결정적 승리를 획득했다. 코레아는 에콰도르의 국가부채는 비도덕적인 것, 뇌물로 발생한 것이라고 비난하면서 채무 이행을 거부했다. 그리고 석유수입을 빈곤 경감을 위해 사용하겠다고 약속했다. 국제유가가 중간 정도 수준에서 머무름에 따라 에콰도르의 열정적 대통령이 그 근엄한 약속들을 실현할 수 있을지 불명확해졌다.

[김기현 옮김]

7장 | 콜롬비아 : 시민성과 폭력

콜롬비아는 역설의 땅이다. 국명은 대담한 항해사 크리스토퍼 콜럼버스에서 비롯되었으나 정작 콜럼버스는 현재 콜롬비아에 해당하는 땅에 단 한 번도 발을 들인 적이 없다. 또 19세기 초 콜롬비아의 지도자들은 에스파냐령 아메리카의 통일을 꿈꾸었지만, 정작 콜롬비아는 찢기고 갈라지는 아픔을 겪었다. 그 후 정치 지배층은 공존convivencia이라는 시민성의 기풍ethic of civility을 일궈 냈지만, 정작 국가는 극한의 폭력의 시대에 휘말렸다.

또한 콜롬비아는 라틴아메리카에서 가장 오래된 민주주의 전통을 지녔다고 널리 평가받지만, 정작 게릴라운동이 가장 길게 지속되는 곳이기도 하다. 그리고 오랫동안 세계열강, 특히 미국의 주목을 받지 못했으나, 갑자기 미주관계 의제에서 최우선 국가로 떠올랐다.

식민지에서 독립국가로

다른 중부 안데스 국가들처럼 지리적 요인은 콜롬비아의 발전을 결정짓

〈지도 7〉 콜롬비아

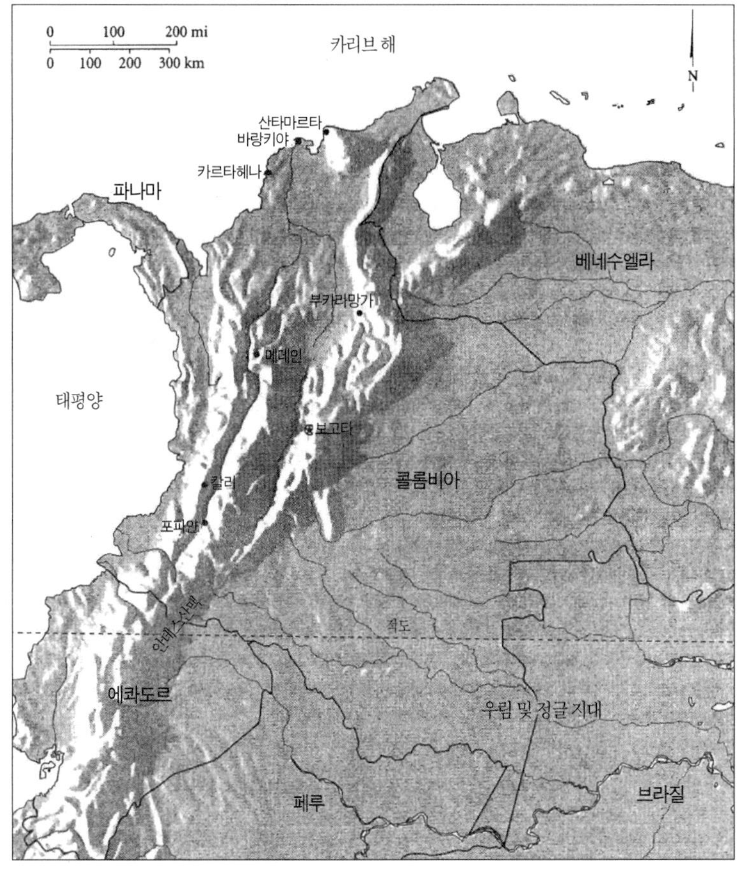

는 데 중요한 역할을 했다. 콜롬비아 남부로는 적도선이 지난다. 열대지방이 그렇듯 기온은 고도에 따라 다르나 비교적 일정하고, 비가 많이 내린다. 콜롬비아 안데스는 페루처럼 하나의 산맥으로 되어 있지 않고 에콰도르와 접한 국경 이북에서 산맥이 셋으로 갈라져 북-북동쪽으로 거의 서로 평행으로 뻗어 있다. 이렇게 굴곡이 심한 지형 탓에 육로 교통은 대단히 어려웠다. 이런 지리적 요인은 식민지시대부터 지금까지 콜롬비아를 동부, 서부, 카리브 해안 세 주요 지역으로 분할했다. 에스파냐 통치기에 누에바그라나다 부왕령의 수도가 (지금은 보고타로 부르는) 산타페데보고타에 있었던 덕분에 동부 지역은 정치권력의 중심이 되었다. 금 채굴은 서부에 경제력을 주었고 중부계곡의 포파얀이나 안티오키아 지방의 메데인 같은 도시의 성장을 촉진했다. 카리브 해안의 주요 도시였던 카르타헤나는 합법적인 대외무역뿐 아니라 번창하던 밀무역의 중심지가 되었다.

페루와는 또 대조적으로 정복 이전 시기의 콜롬비아 원주민은 응집력 있는 중앙집권 제국을 이루지 못했다. 그 대신 치브차, 카리브, 아라와크 어족이 두각을 나타냈다. 카리브 해안에서 가장 인상적인 문명은 치브차어를 사용하는 타이로나인으로 신전, 도로, 계단, 다리, 관개, 배수 시설 등을 돌로 건설했다. 금 매장지역인 안티오키아 지역 주변에서는 같은 문화적 기반을 가진 원주민 백만여 명이 상이한 방언을 사용하는 수많은 부족으로 갈라져 서로 지속적으로 전쟁을 벌였다. 더 남쪽 고지대에 거주하던 치브차어 사용 집단은 대개 유순한 농민이었으나, 잉카 제국의 대리인들을 비롯한 외부의 지배에는 완강히 저항했다. 동부 고지대는—보통 치브차인으로 더 알려져 있는—무이스카인이 장악하고 있었다. 이들은 80만에서 120만 명에 달했으나 거대 도시는 건설하지 않았다. 에스파냐인들이 도래할 무렵 타이로나인과 무이스카인은 매우 위계적으로 조직되고 광범위한 영토를 지배하는 사회체제를 갖추고 있었다.

유럽의 콜롬비아 정복은 점진적으로 불균등하게 이루어졌다. 동부 산맥은 카리브 해안에서 남쪽으로 내려오던 에스파냐인들이 정복했다. 콜롬비아 서부는 페루와 에콰도르에서 북진하고 카르타헤나에서 남진하던 정복자들의 손아귀에 들어갔다. 부분적으로는 이런 이유 때문에 식민지시대 콜롬비아 서부의 많은 부분에 보고타 부왕령의 실효적 관할권이 미치지 않았다. 중부 산맥 주위의 여러 원주민 집단은 승리자를 자처하는 에스파냐인들에게 치열하게 저항했다. 카리브 해안의 타이로나인들도 격렬하게 싸웠다. 그러나 저지대 해안지대에서는 유럽인의 도래와 이들이 가지고 온 질병, 특히 말라리아와 황열병이 전 인구에 재앙을 가져왔다.

이러한 지리적, 역사적 차이로 인해 이 세 지역은 인종적, 문화적으로 서로 다른 특징을 갖게 되었다. 카리브 해안과 서부의 금 매장지역에서는 원주민 인구가 급감해 아프리카 노예 노동력이 대거 투입되었다. 반면 동부 고지대는 원주민이 상당수 생존해서 아프리카 노예가 거의 유입되지 않았다. 동부 지역의 사회적 관계는 격식을 따지고 위계적이었다. 카리브 해안과 서부 지역 일부에서는 지배계급과 아프리카계 콜롬비아 노동자들 간의 관계가 더 스스럼없고 형식에 덜 구애받았다.

필연적이었겠지만 결국 대다수 콜롬비아인은 메스티소, 물라토 혹은 이들 사이의 혼혈인이 되었다. 1912년 인구조사에 따르면 3분의 1이 조금 넘는(34.4퍼센트) 국민이 '백인'으로 분류되었다. 10퍼센트는 흑인, 6.3퍼센트만이 원주민, 그리고 거의 절반인 49.2퍼센트는 '혼혈'로 등록되었다. 혼혈은 콜롬비아는 물론 라틴아메리카 전역에서 사회 형성에 중심적 역할을 했다.

독립과 그 여파

누에바그라나다는 에스파냐에서 해방되기 위해 라틴아메리카 전역에서 일어난 투쟁에서 중심이 되었다. 라틴아메리카 지배층은 1808년 이베리아 반도를 침략하며 집권한 나폴레옹을 완강히 거부했다. 이들 크리오요들은 처음에는 에스파냐의 왕정복고를 지지했으나 이후 독립을 주장했다. 그리고 장기화된 군사작전의 수요를 충당하고 자신들의 대의를 실현하기 위해 대중을 동원했다. 크리오요 지배층이 흔히 천민populacho이라며 경멸하던 하층민들이 독립운동에 가담하자 반에스파냐 투쟁이 사회계급 차원의 문제로 확대되었다. 여성은 두드러진 역할을 했다. 1810년 보고타 봉기에서 부왕 부인이 여죄수 감옥으로 끌려갈 때, 한 목격자는 "상스러운 여인들"이 감옥으로 가는 길에 늘어섰다가 저지선을 뚫고 달려들어 부왕 부인의 옷을 찢고 욕지거리를 퍼부었다고 기록했다. 경악한 그 목격자에 따르면 "여인들의 쌍욕에 저절로 귀를 막을 정도였다." 크리오요는 대중에 대한 통제력을 상실할까 두려워 곧 그런 난폭한 행동들을 제어하려 나섰다.

크리오요 지배층은 권력 최상부에 건재했지만 독립전쟁은 누에바그라나다에 현저한 사회적 변화를 가져왔다. 군사적 공적은 신분상승을 촉진했고, 많은 아프리카계 콜롬비아 노예가 애국적 대의에 봉사한 대가로 자유를 얻었다. 천민은 정치적 자산이자 잠재적 위협임이 드러났다. 여성은 미약하나마 공적인 영역에서 표현의 수단을 확보했다. 교회는 권력을 일부 상실했지만 높은 도덕적 권위를 유지했다.

정치 영역에서는 시몬 볼리바르의 '그란콜롬비아' 복합국가 건설 노력으로 1821년 중앙집권적 정부와 진보적 사회정책을 결합한 헌법이 제정되었다. 이 헌법은 종교재판의 종식을 선언하고, 언론의 자유를 보장했으며, 흑인과 원주민을 국민으로 통합시키고자 했다. '자유출생법'law of free birth은 노예의 자녀는 자유인임을 규정했고, 이 법의 다른 조항에서는 인디오를 '원주민'으로 불러야 하며 이들에게도 공무담임권을 부여해야 한다고 적고 있다.

6장에서 설명했듯이 그란콜롬비아는 첫 단추부터 잘못 끼워져 있었다. 구성국인 베네수엘라, 에콰도르, 콜롬비아는 각자의 길을 갔다. 역사학자 프랭크 새퍼드와 마르코 팔라시오스가 언급했듯이, "그란콜롬비아의 붕괴는 필연적이었다." 그 후 무슨 일이 일어났을까?

정당들의 창당

콜롬비아는 1830년대에 주권을 지닌 자유주의 공화국으로서 다시 길을 잡아 나갔다. 새로운 제헌의회가 화해의 필요성을 천명하고 프란시스코 데 파울라 산탄데르를 대통령에 앉혔다. 독립을 달성한 다른 에스파냐령 아메리카 정부와 비교하면 콜롬비아는 확실한 이점이 있었다. 독립군이 동원 해제되고 베네수엘라 군이 철수한 덕분에 군부가 멕시코, 페루, 베네수엘라의 군부보다 정치적 영향력이 작았다는 점이다.

볼리바르의 단명한 그란콜롬비아는 매우 주목할 만한 결과를 남겼다. 자유당과 보수당이라는 정당의 출현으로, 두 정당이 1830년대부터 현재까지 콜롬비아 정치를 지배했다. 이 정당들의 형성을 결정한 요인은 무엇이었을까?

이 두 정당은, 적어도 부분적으로는, 연방주의를 추구하는 산탄데르 추종세력과 중앙집권을 추구하는 볼리바르 추종세력 간의 갈등의 산물이다. 두 세력은 이른바 '통령들의 전쟁'Guerra de los Supremos를 치르면서 의견 대립이 더욱 심화되었다. 극렬한 대립은 많은 온건주의자들을 볼리바르 추종세력과 성직자들의 품에 안기게 해서 각료파los ministeriales라는 친정부 세력을 형성했다. 이 친정부 세력은 1848년 보수당을 창당했다. 연방주의자들이었던 산탄데르 추종세력은 자유당을 결성했다.

자유당과 보수당은 교회 문제로 가장 첨예하게 대립했다. 자유당은 교회의 권력이 지나치게 크고 그 영향력이 경제생산성 향상과 대중 계몽을 저해한다고 보았다. 이와 반대로 보수당은 교회를 사회질서와 통합의 필수 기반으로 보았고, 급진 자유주의자들의 반종교적 아나키즘을 자신들의 종교, 조화, 도덕 수호의지와 대비시켰다. 또 다른 대립은 중앙정부와 지방정부의 관계에서 발생했지만 교회 문제만큼 의견 대립이 뚜렷하지는 않았다. 자유주의자들 중 다수가 연방주의를 옹호했지만 일부는 중앙정부의 통제가 약화되는 것을 우려했다. 그리고 대부분의 보수주의자들은 중앙집권주의를 지지했으나 일부는(특히 안티오키아에서는) 연방주의를 자유주의적 방종에서 도피할 수 있는 은신처로 여기기도 했다.

이렇게 정당 간 갈등은 콜롬비아 정치의 형국을 규정했다. 이 정치국면은 평화롭지 않았고, 예측가능하지도 않았다. 자유당과 보수당의 갈등은 잦은 폭력사태와 주기적인 내전을 초래했고 이에 따른 군 장교들의 대통령 추대 등으로 귀결되었다. 콜롬비아 정치는 타협이나 제휴보다는 자유당과 보수당이 시계추처럼 번갈아 집권하는 현상을 초래했다. 그리고 정당 내부의 균열과 모순, 양쪽을 오가는 유권자의 성향 때문에 만성적인 불안정이 초래되었다.

각료파는 1840년대 거의 내내 집권했으나, 1849년 일라리오 로페스 장군이 대통령에 선출되면서 정권을 자유당에 내주었다. 로페스 정부는 '급진' 자유주의자들의 압력으로 노예제를 전면적으로 폐지하고, (교회 강경파의 선봉으로 여기던) 예수회를 추방하고, (사제가 세속법정이 아닌 교회법정에서 재판을 받을 권리를 보장한) 교회의 자치특권 폐지를 선언했다.

1852년 호세 마리아 오반도가 대통령에 선출되자 자유당 의원들은 정교분리, 세속결혼과 이혼의 법제화, 사형 폐지, 상비군 대폭 감축, 대통령이 임명하던 주지사의 직선제를 골자로 하는 고도로 세속화된 신헌법을 국회에서 채택했다. 오반도는 이를 개탄했다. 대통령이 교회와 주지사들을 통제하지 못해 통치가 불가능해질 것이라고 믿었기 때문이다. 결국 오반도는 1854년 정권이 전복되는 것을 묵인할 수밖에 없었다. 뒤이어 발발한 내전은 보수당-자유당 지배층 연합과, 군부-민중계급 연합 간의 치열한 계급적 적대 양상을 띠었다. 1854년 12월 보수당-자유당 지배연합은 결정적인 승리를 거두었다.

이후 보수주의자들은 1856년 선거에서 승리해 마리아노 오스피나 로드리게스가 대통령이 되고 국회 양원에서 과반수를 차지했다. 그러나 자유당의 두 기본 정책노선은 살아남았다. 하나는 군의 지속적인 감축이고 다른 하나는 중앙정부에서 지방정부로 권력을 재분배하는 것이었다. 1858년 제정한 신헌법은 국호를 그라나다연방으로 바꿀 정도로 연방주의 성격이 강했다.

또 다른 파괴적인 내전1859~1863이 끝나고 1860~1870년대에는 자유주의자들이 집권했다. 이 시기에 가장 두드러진 인물은 토마스 시프리아노 데 모스케라이다. 그는 원래 중앙집권주의를 지지하다 이 시기에 연방주의자로 탈바꿈한 변화무쌍하고 냉혹한 기회주의자였다. 모스케라는 내전 승리에 힘입어 문민 통제를 확립하고, 예수회를 다시 추방하고, 비사용 교회재산의 국가 귀속을 선언하는 등 교회에 파상 공격을 퍼부었다. 자유주의자들은 보수당을 지지해 온 교회에 대한 모스케라의 반감에 공감했지만, 그의 조치들은 정도가 지나쳤다고 보았다.

모스케라의 과격성을 두려워한 자유주의자들은 1863년 개헌으로 대통령 임기를 2년으로 제한하고 중임을 금지했다. 대통령직의 가치를 떨어뜨려 내전의 유인을 줄이려 한 것이었다. 그러나 이 개헌으로 중앙 정부가 너무 약해져 효과적인 통치나 경제정책 수립이 어려워졌다. 또한 전국적인 전쟁은 막을 수 있었지만 대신 주 단위에서 분쟁과 폭력사태가 빈번히 발생했다. 이 개헌의 결과는 종종 '조직화된 무정부 상태'organized anarchy로 묘사되었다.

라파엘 누녜스와 부흥 정치

자유주의자들이 몰락한 원인은 아이러니하게도 그들이 너무 탁월했기 때문이었다. 1879년 대선에서 온건 자유주의자들은 외교관이자 지식인인 라파엘 누녜스를 지지했다. 그는 콜롬비아가 "근본적인 부흥 또는 파국"의 분기점에 이르렀다고 경고해 주목을 끈 인물이었다. 누녜스는 1880~1882년간 2년 임기를 마치고 1884년에는 보수주의자들의 열렬한 지지로 재임해 1894년 사망할 때까지 집권했다.

누녜스는 이 10년간 국가부흥 정책을 실행에 옮겼다. 그는 콜롬비아에 필요한 것은 "과학적 평화"라고 보았다(이는 멕시코를 비롯한 다른 국가의 동시대인들에게 반향을 일으킨 개념이다). 그에게 콜롬비아의 과학적 평화란 가톨릭을 사회 결속의 핵심요소로 규정하는 중앙집권적 헌법 제정을 의미했다. 누녜스의 비판은 배척과 폭력이 팽배한 정치문화에 초점을 맞추고 있었다. 누녜스는 당시 라틴아메리카에서 유행한 실증주의 철학의 전제들을 받아들여 대중적 신앙이 사회통합의 수단이 될 수 있다고 결론짓고, 과거 자유주의자들이 견지한 반교권주의를 단호히 거부했다.

이러한 관점은 1991년까지도 효력이 지속된 1886년의 또 다른 헌법 제정으로 이어졌다. 신헌법은 "모든 권위의 최고원천인 신의 이름으로" 가톨릭의 역할을 강조했고, 종교적 관용도 동시에 요구했다. 이 헌법은 권력을 집중시키고 대통령의 권한을 강화했다. 대통령 임기는 6년으로 늘어나고(뒤에 4년으로 수정되었다), 행정부 수반에 여러 가지 특별 권한을 부여했다. 이 체제의 핵심은 교회와 국가의 제휴로, 1887년의 정교협약과 1892년의 추가 협약으로 공식화되었다. 이에 따라 교회가 공립학교 교과서를 통제할 권리를 보장받았다. 이 시기의 선거는 실질적 의미가 없었으나 집권당 내부의 갈등을 의례화시킴으로써 공적 생활의 주기를 알려 주었다.

1890년대 후반 들어 콜롬비아의 상업은 침체를 겪었다. 보수당의 권력 독점에 대한 불만이 증가하면서 일부 자유주의자들이 1899년 10월 반란을 일으켰다. 이에 맞서 중앙정부는 주지사들에게 강제공채와 수용을 명령할 수 있는 권한을 부여했다. 이 조치는 부유한 자유주의자들과 반란의 "주도자, 공범, 지지자, 동조자"들이 점거한 지역에 적용되었다. 천일전쟁으로 명명된 이 분쟁은 3년을 끌었다. 승리는 결국 보수주의자들이 차지했지만 천문학적인 대가를 치러야 했다.

파나마 상실

천일전쟁을 치르느라 기력과 자원을 소진한 콜롬비아 정부는 파나마 상실이라는 중대하고 충격적인 사건을 맞았다.

파나마는 에스파냐 정복 이래 페루와 누에바그라나다 부왕령에 속했고, 독립 후에는 콜롬비아 영토가 되었다. 지리적 위치—밀림에 막혀 콜롬비아의 다른 지역에서 육로로 접근할 수 없어 바다를 건너야 했다—때문에 파나마는 콜롬비아 연방에서 늘 특수한 지위를 누렸다(국회가 파나마를 '주권을 지닌 연방주'sovereign federal state로 선언한 적도 있다).

또한 대서양과 태평양을 이을 수 있는 잠재력 덕분에 세계열강의 지대한 관심을 받았다.

경제대국으로 떠오른 미국은 파나마에 대한 권리를 갈수록 강하게 요구했다. 1846~1848년의 마야리노-비들랙 조약으로 미국은 파나마의 중립과 통행의 자유를 보장하는 듯했다. 1849년의 캘리포니아 골드러시는 미국의 이해관계를 키워 곧 파나마철도 건설을 지원하게 되었다. 미국인들이 대거 파나마를 통과하게 되면서 주민과 갈등이 불거져 폭동이 일어났고, 1856년 미국인 15명이 사망했다. 미국은 배상금 40만 달러, 기차의 기점과 종점에 자치행정구역 신설, 철도 양쪽 10마일에 대한 주권 양도, 두 개 섬을 미 해군이 사용할 권리를 요구했다.

이처럼 터무니없는 요구는 콜롬비아인들의 격렬한 반발을 불러일으켰다. 많은 국민이 영웅적 저항을 촉구했다. 불가항력이라 보고 체념한 이들도 있었다. 자유주의자들이 가장 당혹스러웠을 것이다. 그들은 오랫동안 미국을 정치 모델로 따랐다. 그런데 이제 그 미국이 부당한 최후통첩을 보내며 제국적 오만함을 드러낸 것이다. 보수당 출신의 외교장관은 양키들이 파나마를 점령하도록 유인하고 배상금을 받아내자고 제안했다. 얼마 후 대통령이 될 마리아노 오스피나는 잠깐이나마 영국과 프랑스가 콜롬비아 편을 들어 개입하리라는 기대를 품었다. 그러나 그 희망이 사라지자 오스피나는 파나마뿐 아니라 누에바그라나다 전체의 미국 합병을 검토했다.

양국 간 갈등은 소액의 배상금을 지불하며 종결되었지만, 이후 콜롬비아인들은 미국에 대해 의혹을 거두지 못했다. 그들은 미국이 1840, 50년대에 멕시코 영토를 침탈하고 니카라과 반군을 지원하는 것을 보았다. 호세 마리아 바르가스 빌라는 "제멋대로 행동하며 우리를 능멸하는 난폭한 미국"이라고 콜롬비아 국민의 정서를 표출했다. 흥미롭게도, 라파엘 누녜스의 부흥론은 보수적 민족주의 물결에 반자유주의와 반미주의를 불어넣었다. 콜롬비아의 보수적 민족주의는 또한 로마 교황청 회칙인 「레룸노바룸」Rerum Novarum, 1891[1)]의 영향을 받아 반자본주의적 색채가 추가되었다.

1879년 콜롬비아 정부는 페르디낭 드 레셉스와 운하건설 계약을 맺었다. 그는 프랑스 기술자이자 기업가로, 이미 수에즈운하를 건설해 명성을 얻은 인물이었다. 드 레셉스는 1882년 공사에 착수했으나 숱한 지연을 겪었다. 마침 천일전쟁이 파나마 지협에 영향을 미친 1900년에 3차 계약연장이 이루어졌다.

그러는 사이 시어도어 루스벨트가 집권한 미국 정부가 운하 건설을 결정했다. 미국은 뉴프렌치사의 권리를 인수하고 1903년 콜롬비아와 조약을 맺었다. 그러나 콜롬비아 상원은 이 조약이 주권을 침해한다는 이유로 비준을 거부했다. 이후 다양한 이해관계의 음모 끝에 미 해군의 삼엄한 경계 속에서 파나마 독립이 선언되었다. 1903년 11월 미국은 신생 파나마공화국을 승인했다. 루스벨트는 "나는 파나마를 얻었다!"라고 의기양양하게 선언했다고 한다.

그 후 협상은 콜롬비아에 대한 미국의 배상에 초점이 맞춰졌다. 1914년 양국이 체결한 조약은 배상금 2,500만 달러를 5회 분할로 지급하고, 미국의 "진심 어린 유감"을 담은 성명을 발표한다는 내용을 담았다. 그러

---

1) 교황 레오 13세가 발표한 회칙으로 사회문제, 특히 기존 자본주의 질서 내에서 노동자의 단결권과 적정임금을 받을 권리를 천명하며 국가적 입법을 권장한 개혁적 내용을 담고 있다. —옮긴이

나 미국 정치인들은 이 조약이 "협박"이라고 비난했고 상원은 비준을 보류했다. 몇 년 후 조약을 수정해 "유감"이라는 문구를 삭제했다. 5년에 걸쳐 지불하기로 한 2,500만 달러의 첫해 분 500만 달러는 1922년에야 지급되었다.

개관 : 경제성장과 사회변화

콜롬비아 경제는 19세기 거의 전 기간에 거쳐 뚜렷한 저발전을 겪었다. 그 원인 중 하나는 장기 계획과 투자를 가로막은 정치적 불안정이었다. 콜롬비아 3대 지역인 카리브 해안, 동부, 서부 간 교역에 큰 걸림돌이었던 험준한 지형도 주요 원인이었다. 육로운송은 위험할 뿐 아니라 터무니없는 비용이 들었다(1850년경 영국 리버풀에서 화물을 선적해 대서양을 건너, 증기선으로 마그달레나 강을 거슬러 올라가 내륙의 온다 항에 운송하는 것이나, 보고타에서 노새에 실어 100마일도 채 안 되는 그곳으로 산을 타고 내려가는 것이나 비용은 별 차이 없었다). 지리적 요인으로 인구가 분산되어 소비시장의 규모는 보잘것없었다.

식민지시대나 그 이후에도 유일하게 안정적이고 확실한 수출품이었던 금은 20세기 초반까지 중요한 지위를 점했다. 1850년대에서 1880년대까지 콜롬비아는 상당량의 담배와 기나나무 껍질[2]을 수출했다. 카리브 해안의 산타마르타 지역에서는 바나나도 중요한 상품이 되었는데, 미국에 기반을 둔 유나이티드 프루트는 이곳에 대규모 농장을 소유했을 뿐만 아니라 선적과 수출까지 지배했다.

---

2) 말라리아 등 열병 치료에 쓰이는 키니네의 원료.—옮긴이

그러나 콜롬비아 경제개발의 토대를 세운 가장 지속적인 발전은 커피 재배와 수출이었다. 1880년대 후반 들어 커피는 콜롬비아 최대 수출품이 되었다. 커피는 1906년에 콜롬비아 수출소득의 37퍼센트를 넘게 차지했고, 1920년대에는 70퍼센트, 1950년대에는 80퍼센트에 달했다. 콜롬비아는 커피 수출로 세계시장에 완전히 통합되었다. 의심할 나위 없이 커피는 왕이었다.

1930년대에 커피는 대체로 중소규모 재배자들이 생산했다. 다른 나라—특히 브라질, 엘살바도르, 과테말라—에서는 대규모 농장 위주로 커피산업이 번창했다. 그러나 커피나무 재배는 집약적인 육체노동을 요하기 때문에 커피 생산에서 규모의 경제가 실현되기 어려웠고, 소농도 경쟁력을 지닐 수 있었다. 콜롬비아에서 소규모 커피 재배자들이 다수 살아남은 것은 이후 정치적 민주주의의 공고화 기반이 된 중간계급 형성에 기여했다고 볼 수 있다.

커피 생산은 또한 운송망 발전도 촉진했다. 고지대에서 강으로(그리고 해안과 해외로) 커피를 운송할 필요가 생겼기 때문이다. 아르헨티나와는 달리(9장 참조) 콜롬비아에서는 19세기 말 철도 건설이 지지부진했다. 커피 재배가 늘면서 철도도 확충되었으나 1930년까지 2대 도시인 보고타와 메데인 사이도 철도로 직접 연결되지 못했다. 이후 정부는 철도 대신 고속도로 건설에 중점을 두기 시작했다(1930, 40년대에 고속도로와 철도는 전체 화물을 약 3분의 1씩 수송했다. 1990년대에는 고속도로가 80퍼센트를 수송한 반면, 철도는 3퍼센트에 그쳤다). 콜롬비아의 불리한 지형 때문에 항공 운송도 전국 운송망에서 중추적 역할을 맡게 되었다. 과장을 조금 보태 콜롬비아는 노새에서 바로 비행기로 도약했다고들 한다.

다른 지역보다 월등히 큰 해외시장이었던 미국은 1920년대와 1940

년대에 콜롬비아 커피 수출의 90퍼센트 이상을 소비했다. 이런 관계에도 불구하고 콜롬비아 지배층은 여전히 유럽의 사회와 문화를 선망했다. 북쪽의 거인에 대한 의혹이 여전히 사회에 만연했던 것이다.

1920년대 콜롬비아의 커피 수익 급증은 고속성장과, 뉴욕의 은행들이 대규모 대출을 제공할 정도로 신용도가 상승한 현상을 일컫는 '백만 달러의 춤'the dance of the millions[3]을 야기했다. 경제호황에 대한 이러한 낙관주의와 금융거품 형성에 일조한 요인으로는 바나나와 석유—둘 다 미국이 지배하는 고립영토에서 생산되었다—수출의 꾸준한 증가와, 파나마 배상금 2,500만 달러를 꼽을 수 있다. 늘어가던 채무는 대부분 중앙정부가 아니라 시나 지방정부가 진 것이었다.

이때 대공황이 덮쳤다. 그런데 대공황의 사회경제적, 정치적 파장은 라틴아메리카의 다른 나라에 비해 작았다. 콜롬비아의 경제회복은 브라질의 '가치 증식' 정책(11장 참조), 즉 브라질이 1931~1940년간 커피 7,800만 자루(전 세계 커피의 2년치 생산량에 해당한다!)를 폐기처분해 세계 커피 공급량을 줄인 결정에 큰 도움을 받았다. 금의 국제수요 증가, 외환관리, 콜롬비아 페소화 평가절하도 회복에 일조했다. 게다가 수출이 콜롬비아 국민총생산의 4분의 1을 밑돌았기 때문에 수출가격 하락의 충격은 비교적 제한적이었다.

국제 커피가격의 변동은 소비자의 기호보다는 공급량 변화에 좌우되는 경향을 보였다(20세기에 들어 커피는 사치재가 아니라 필수품, 즉 소득이 줄어도 소비해야 하는 재화가 되었다. 따라서 수요는 안정적으로 유지되었다). 브라질에서 주기적으로, 그러나 불규칙하게 발생한 냉해는 생

3) 갑자기 돈이 쏟아져 들어오는 현상을 빗댄 표현.—옮긴이

산량 급감을 초래해 가격을 상승시켰고, 콜롬비아를 비롯한 다른 국가의 커피 재배자를 고무시켜 묘목을 더 많이 심게 만들었다. 이 나무들이 수확 가능하게 성장한 4~5년 뒤에는 결국 과잉생산이 발생해 커피 시세가 다시 하락했다. 더구나 커피는 라틴아메리카뿐 아니라 세계 여러 지역에서 경작이 가능해 경쟁에 노출되어 있었다. 콜롬비아 커피가 전 세계 생산량에서 차지하는 비중은 한 번도 20퍼센트에 달한 적이 없다. 따라서 다른 국가의 커피 재배 상황의 변화에 취약할 수밖에 없었다. 커피 수출입국들은 이러한 불확실성에 대비해 가격을 안정시키는 방편으로 1969년 국제커피협정을 체결했다.

콜롬비아의 커피 생산은 1940년대부터 1970년대 중반까지 상대적인 퇴조기를 겪었고, 이후 대규모 생산자들이 생산성과 이윤을 향상시키면서 다시 팽창 기조로 돌아섰다. 1989년 국제커피협정이 철회되자 가격 변동에 더 많이 노출되었지만, 향후 10년간은 위험을 관리할 만할 것으로 보였다. 1990년대에는 다른 개도국들의 커피 수출이 증가했다. 아프리카 남부, 그리고 의외의 지역이었으나 2002년에 세계 제2위 생산국에 올라선 베트남이 여기에 포함된다.

커피의 중요성은 콜롬비아 경제가 다변화되면서 감소했다. 〈도표 7.1〉에서 보듯이, 1950년대에는 커피가 총수출의 80퍼센트를 넘게 차지하다가 1990년대 대부분 기간에 20퍼센트 내외로 하락했고, 1990년대 말에는 10퍼센트를 밑돌았다. 1950년대 전반 커피는 콜롬비아 국내총생산의 10퍼센트를 넘었으나, 1990년대에는 2퍼센트밖에 차지하지 못했다.

커피의 상대적 쇠퇴는 꽃이꽃, (또다시) 바나나, 신발, 담배, 가공식품 같은 비전통 수출품의 성장으로 일부 보전되었다. 1980년대 중반의 석유

〈도표 7.1〉 콜롬비아 수출 중 커피의 비중(1945~2000년)

출처 : 콜롬비아 국가기획청 및 중앙은행

생산 급증도 수출 증대에 공헌하였다.

그러나 1980년대 전부터 이미 최대 수출품은 마약류, 특히 코카인이었다. 한 연구에 따르면 마약 밀매는 1980~1995년 사이 콜롬비아에 360억 달러의 수익을 안겨 주었다. 이는 콜롬비아 국내총생산의 5.3퍼센트를 상회하는 액수로, 커피(4.5퍼센트)와 석유(1.9퍼센트)의 비중을 무색하게 만든다. 마약 밀매의 총규모는 1980년대부터 1990년대까지 꾸준히 증가했다.

마약은 콜롬비아 사회와 경제, 그리고 대미 관계에 심대한 영향을 끼쳤다. 무엇보다도, 규제를 받지 않는 달러의 유입은 경제정책 수립에 막대한 불확실성을 야기했다. 또한 콜롬비아 페소의 화폐가치를 유지시켰다(1990년대 초반 암시장의 달러-페소 환율은 대체로 공식 환율보다 낮았다!). 달러의 대규모 유입은 수입을 촉진해 국내산업을 위협했다. 게다가 석유와 마약 수익 급증은 생산 잠재력이 있는 다른 분야에 대한 적극적 투자를 저해하는 '네덜란드 병'을 초래했다는 정황도 있다.

콜롬비아 경제의 변화는 사회도 바꾸어 놓았다. 1850년 겨우 200만 명이던 인구는 1900년 400만 명으로 늘었고, 2000년에는 4,200만 명 이상으로 팽창했다. 인구의 이동과 분산도 인구 증가만큼 중요한 영향을 미쳤다. 콜롬비아에서는 인구가 한 곳에 집중되는 현상이 한 번도 일어나지 않았다. 19세기 중반 콜롬비아 국민 대부분은 대도시가 아니라 고지대의 중소 규모 마을에 거주했다. 이후 인구가 서늘한 고지대에서 더 따뜻한 산자락과 계곡이나 카리브 해안 저지대 지역으로 꾸준히 이동하기 시작했다. 어떤 역사학자들은 이를 1850년에서 1950년 사이 100년 동안 일어난 가장 중요한 사회현상으로 본다.

뒤이어 도시화가 진행되었지만 이는 아르헨티나나 칠레보다는 늦게 시작된 것이었다. 1930년대 후반 도시인구는 전체 인구 중 30퍼센트 미만이었으나 20세기 말에는 70퍼센트가량으로 늘어났다. 도시화는 1950년대에 가장 급속하게 이루어졌으나 여러 지역에서 다양하게 진행되어 한 곳에 집중되는 현상은 일어나지 않았다. 이는 부에노스아이레스와 산티아고 중심으로 도시화가 진행된 아르헨티나와 칠레와는 극명하게 대비된다. 콜롬비아에는 보고타, 메데인, 칼리, 바랑키야 같은 4대 지역중심 도시가 존재한다.

다른 라틴아메리카 국가처럼 콜롬비아에도 어느 정도 두터운 중간계급이 형성되었는데, 이들은 남미원뿔지대 국가들보다 확연히 덜 도시적이다. 커피 생산의 역사에서 보았듯이 콜롬비아 중간계급은 상당수가 농촌인구이다. 게다가 중간계급 도시인구도 (종종 서로 경쟁하는) 여러 지역에 걸쳐 많은 도시에 퍼져 있기 때문에 특별한 응집력을 지니고 있지 않다.

경제적 변화는 노동계급의 부상도 초래했다. 초기 노동계급은 제조업보다는 유전과 바나나 농장 같은 외국인이 지배하는 고립영토나 철도와 강 유역 개발과 같은 운송 부문에 밀집해 있었다. 20세기에 접어들어 이 부문의 노동자 다수가 이념적으로 뚜렷하게 급진주의, 민족주의, 반제국주의적이었고, 때로는 사회주의적 색채를 띠게 되었다. 도시에서는 정당(대개 자유당이었지만 때로는 보수당), 교회, 공산주의 좌파 중 하나가 노조를 설립하거나, 장악하거나, 끌어들였다. 좌파(자유주의자, 사회주의자 혹은 공산주의자)는 1930년대 후반 콜롬비아노동자연맹 결성을 통해 노조 운동을 상당 부분 지배하였다. 그러나 노조 가입은 더디었다. 1940년대에 노동자 400만 명 중 9만 명(2.25퍼센트)만 노조에 가입되어 있었다. 1960년대 중반 노조 가입자는 노동인구의 약 13.4퍼센트에 해당하는 70만 명으로 치솟았으나, 최근 들어 가입률이 감소했다. 현재 노조 가입률은 라틴아메리카에서 가장 낮은 수준이다.

콜롬비아의 인구동태 통계(2007년)

인구(백만 명)	46.1
GDP(십억 달러)	172.0
1인당 GNP(달러)	3,250
빈곤율(%, 2006년 기준)	46.8
기대수명(세)	73

출처: 세계은행, 라틴아메리카카리브해경제위원회

콜롬비아의 수출 주도 전략은 결국 진정으로 번영한 사회를 만드는 데 실패했다. 물론 20세기 콜롬비아 경제성장률은 라틴아메리카 평균보다 조금 높았다. 1950년 콜롬비아의 1인당 국내총생산은 라틴아메리카에서 10위였고, 1995년에는 8위였다. 그러나 2002년 콜롬비아의 1인당 국민소득은 1,830달러로 아르헨티나, 칠레, 멕시코에 크게 못 미쳤다. 국제기준으로 현재 콜롬비아는 '중-하위' 소득국가이다. 진전이 있었다고는 할 수 있지만 아직 갈 길이 멀어 보인다.

불평등과 빈곤은 광범위하게 지속되었다. 1970~1980년대에는 거의 60퍼센트의 국민이 빈곤선 이하의 소득을 얻었다. 1990년대에 빈곤율은 55퍼센트로 다소 떨어졌으나 빈곤인구는 더 늘어났다. 더구나 1940년대 후반 인구의 1퍼센트 미만이 국민소득의 3분의 1을 차지했다. 이러한 명백한 불평등은 다른 나라와 마찬가지로 필연적으로 정치에 영향을 미쳤다. 특히 토지분배의 불평등은 농민의 자발적인 직접 행동을 이끌어 냈다.

정치와 정책 : 변화의 패턴

천일전쟁과 파나마 상실이라는 재앙은 콜롬비아가 중대한 전환을 하는 계기가 되었다. 적어도 얼마 동안 정치 지배층은 공존의 의식, 즉 의회 토론이라는 신사적인 규칙에 따라 행동했다. 경쟁의 수단으로 내전을 일으키는 행위는 불법화되었다. 새로운 정치 행위자—가령 노조—가 등장했고, 사회적·정치적 권리가 확대되었다. 그리고 커피 수출에 힘입어 콜롬비아는 마침내 세계시장에 설 자리를 찾았다.

천일전쟁의 승리에 힘입은 보수주의자들은 군부, 선거, 국가기관을 장악했다. 라파엘 레예스 장군은 1904년 대통령이 되어 철권통치를 펼쳤다. 그는 국회가 협조하지 않을 경우 해산하고 의원들을 투옥하거나 국외로 추방했고, 계엄령을 선포하고 독재 권력을 휘둘렀다. 그렇지만 그는 국가재정을 개혁하고, 세계시장에서 콜롬비아의 신용도를 회복시키고, 철도와 도로 건설을 가속화하고, 커피 생산을 촉진하기도 했다. 그의 통치는 전임자인 라파엘 누녜스뿐만 아니라 멕시코의 포르피리오 디아스와 유사한 면이 있다. 그런데 레예스가 콜롬비아의 파나마 공식 승인의 대가로 미국에서 배상금 250만 달러를 받는 조약을 체결하려 하자 반대 목소리가 높아졌다. 대중이 보기에 이러한 행위는 콜롬비아의 주권을 헐값에 팔아넘기는 것이었다! 대중의 분노에 직면한 레예스는 1909년 대통령직을 사임했다.

비록 보수주의자들은 정권을 부지할 수 있었지만 사회는 빠르게 변화하고 있었다. 노동운동은 10년간의 '영웅적 노동조합주의'로 이어져 1920년대 후반 절정을 이루었다. 사회주의혁명당(공산당의 전신)이 이끈 한 노조가 1928년 시에나가에서 파업을 선언해 25,000명의 노동자, 특히 미국 유나이티드 프루트의 플랜테이션 노동자들이 바나나 수확을 중단하자 긴장은 최고조에 달했다. 미국인 경영자는 미겔 아바디아 멘데스 대통령에게 다급한 전갈을 보내 이를 "대단히 심각하고 위험한 상황"이라고 설명했다. 아바디아 멘데스는 '공공질서' 유지를 구실 삼아 군대를 파견했다. 이에 따른 충돌은 '바나나 플랜테이션 학살' 사태를 야기했다. 이는 콜롬비아인들의 집단기억의 중심 사건을 이룬다. 의도적으로 과장되기는 했지만, 소설가 가브리엘 가르시아 마르케스의 『백년의 고독』에서도 이 사건이 다루어졌다(그러나 이 비극에도 불구하고 유나이티드 프루트는 콜롬비아에서 철수하지 않았다. 1940년대에 시가토카 병이 번져 바나나 플랜테이션이 초토화되었을 때 비로소 철수했다).

1885년에서 1930년에 이르는 시기를 종종 '보수주의 헤게모니' 시대라 한다. 그러나 실상은 그보다 복잡했다. 가톨릭교회가 강력한 정치적 역할을 수행했고, 1886년 헌법에 따라 정권의 한 축으로 여겨졌다. 특히 보수당 집권기에는 그러했다. 그러나 교회는 전국적으로 균등하게 활동하지는 않았다. 인종의 견지에서 보면 교회는 흑인과 물라토보다는 메스티소에 주력했다. 보수적인 안티오키아 지역은 교회와 특히 긴밀한 관계를 맺고 있었다. 그러나 사회변화가 이 전통에 심각한 위협이 되기 시작했다. 교회가 운영한 학교의 한 총장은 1925년 지배층 젊은이들의 "영적 방황, 오락거리에 대한 갈망, 영화산업이 빚어낸 경박함, …… 사회 파괴적인 언론으로 인해 규율이 모자란 학생들 사이에서 꾸준히 퍼져 가고 있는 반항심"을 개탄했다. 사회 전반에 세속화가 확산되고 있었던 것이다.

대공황이 발발하면서 보수당 지배는 약화되었고 집권당 내부 균열이 발생해 온건 자유주의자인 엔리케 올라야 에레라가 대통령에 당선될 수 있었다. 이는 15년간의 '자유주의 공화국' 시대를 열었다. 이 기간 동안 중앙정부의 역할과 권력이 크게 강화되었다. 한편 부정적인 측면에서는 정책결정 과정이 정치화되었고 이로 인해 정파 간 경쟁이 심화되었다.

올라야는 임기 중반 들어 미래지향적 농업개혁을 제안했다. 대통령 소속 대책반은 사회주의적 색채가 가미된 프랑스 법과, 멕시코혁명과 에스파냐 공화국의 농업 원칙에 기반을 둔 개혁안을 제시했다. 이 개혁안은 '모든 경작되지 않은 토지'의 국가 소유를 전제하고, 이에 따라 직접 경작하는 개인만 공공 토지를 가질 수 있음을 선언했다. 그러나 국회가 승인한 최종안은 대토지 소유주들의 지위 보존을 농민에 대한 토지 배분

보다 우선하는 보수적인 내용을 담고 있었다. 1936년의 농업법은 사실상 1920년대 이래 이미 사용되던 방법으로 분쟁을 해결했다. 즉 농업 개척자colono들이 포위한 대토지와 사안별로 공공토지 판결을 받아 낸 대토지를 정부나 민간이 분할하는 것이었다. 실제로 질 좋은 토지는 거의 재분배되지 않았다. 결과적으로 토지 소유권과 농업정착colonization을 둘러싼 분쟁은 향후 반세기 동안 지속되었다.

올라야에 이어 취임한 카리스마 넘치는 알폰소 로페스 푸마레호는 1934~1938년의 임기 동안 '혁명의 행진'revolución en marcha 개시를 천명했다. 로페스는 노조 활동의 열렬한 지지자였고 노사분규의 최종 중재자를 자처했다. 그는 메데인 등의 도시에서 기업가들이 가부장적으로 노조를 통제하는 것에 정면으로 맞서 커피 수확 노동자들의 노조 결성과 파업을 적극 격려했다. 1936년 로페스는 선거권을 모든 성인 남성까지 확대해 콜롬비아의 대중 기반 정치를 한걸음 앞당겼다.

자유당 내에서 온건주의자인 차기 대통령 에두아르도 산토스1938~42는 경제정책 수립에 주력했다. 그는 산업 발전 촉진(즉, 다른 라틴아메리카 국가들도 따른 처방인 수입대체산업화 전략)을 위해 산업진흥연구원Instituto de Fomento Industrial을 설립했다. 산토스 정권은 이와 더불어 메데인에 제강소1942년, 보고타 근교에 고무공장1942년, 바랑키야에 조선소1943년, 보야카에 제철소 건설을 지원했다. 또한 저가 주택, 그리고 상하수도를 비롯한 기반시설 건설도 지원했다. 이러한 사업들은 국가의 권위를 강화하고 그 범위를 확장하는 데 기여했다.

1940년대부터 1970년대까지 콜롬비아는 보호주의와 자유무역을 결합한 실용적 경제정책을 도입했다. 수출 의존적 산업(콜롬비아의 주요 시장은 이 산업에 달려 있었다!)은 자유무역이 이득이었지만 국제 커피시장이 퇴조해 수입대체산업화에 대한 지지가 늘었다. 한편 미국은 콜롬비아를 1961년 출범한 '진보를 위한 동맹'의 주요 경제원조 대상국으로 선정했다. 초기 콜롬비아는 진보를 위한 동맹의 '본보기'로 뽑혀 빠른 진척을 보였으나 미국과의 협력관계는 곧 식었다. 부패, 실정, 정당 간 대립이 콜롬비아의 노력을 헛되게 했고, 미국이 세계 다른 지역—특히 베트남 전쟁—에 신경을 쏟게 되면서 진보를 위한 동맹은 사실상 방치되었다. 1980년대 들어 콜롬비아는 자유무역 교리를 받아들이게 된다. 여러 학자가 자유무역이 정당화된 배경으로 외채위기, 이에 따른 시장의 세계화, 석유수출로 소득이 늘어서 생긴 기대, 마약 밀매 등을 지목했다.

가이탄, 반발, 폭력시대

보수주의 헤게모니에서 자유주의 공화국으로 이행한 기간 그리고 1930년대와 1940년대 초기에도 정치는 비교적 평화로웠다. 선거는 자유롭고 공정하게 실시되고, 지배층은 서로 존중하고, 사회는 진보했다. 그러나 이 평온한 막간극은 오래가지 못했다.

첫번째 난국은 내부, 즉 호르헤 엘리에세르 가이탄이라는 인물이 등장하며 발생했다. 가이탄은 사회의 낙오된 계층의 지지를 얻은 개성 강한 자유주의자였다. 주로 도시에 집중되던 그의 행보는 산업 종사자들의 확연한 지지를 얻지는 못했으나 아르헨티나, 브라질, 칠레 등 다른 라틴아메리카 국가의 포퓰리즘 운동과 유사했다. 아웃사이더였던 그는 콜롬비아의 '과두지배층'을 매섭게 공격하고 서민의 권리 증진을 옹호했다. 가이탄은 가난한 형사 피고인들을 무료로 변호하는 등 공인으로서의 이미지를 신중히 관리했고 (반세기 전에 라파엘 누녜스가 한 것처럼) '도덕의 회복'을 촉구했다. 가이탄은 콜롬비아를 '정치의 국가'political country와 '국

대중 동원과 민중에게 권력 부여하기

수사(修辭)는 특히 라틴아메리카에서 시대를 불문하고 정치권력의 원천이었다. 호르헤 엘리에세르 가이탄은 정교하게 고안한 구호들을 주도면밀하게 구사해 지지자들에게 호소력을 발휘했다. 역사학자 허버트 브라운은 그의 구호들이 다음과 같이 다중적 의미를 갖는다고 분석했다.

가이탄의 구호 중 "민중(pueblo)은 지도자 위에 있다"는 사회질서의 전복을 겨냥하고 있어서 그의 구호들 중 가장 중요한 의미를 지닌다. 지도자들에게 이 구호는 그들이 가장 두려워하는 폭민정치(폭도들에 의한 지배)의 위협이었고, 가이탄의 지지자들에게는 민주주의였다. ……

또 다른 절묘한 구호인 "나는 한 개인이 아니라 민중이다"는 가이탄이 구분하고 전복시킨 두 세계를 재결합하는 의미를 담는다. 가이탄은 자신이 지도자인 '국민의 국가'의 신질서를 대표했다. 이 구호는 공적인 삶과 사적인 삶을 구분하던 전통을 반박하는 것이었다. 가이탄은 자신이 공존주의자들이 하지 않은 일을 했기 때문에 완전히 공적인 존재라고 주장했다. 공존주의자들이 자신들을 민중에게서 분리한 반면 가이탄은 민중 속으로 들어갔다는 것이다. 가이탄의 지지자들에게 이 구호는 공존주의자들에 맞설 수 있는 뛰어난 역량을 가진 자신들의 지도자가 민중이라는 고향으로 돌아왔음을 뜻했다.

또 다른 주요 구호였던 "나라의 도덕과 민주주의 회복을 위해"는 공존주의자들이 저버린 사회질서 회복의 이상을 간단명료하게 포착했다. 이는 백인 지배층에게 인종적 고립감을 느끼게 만들었을 것이다. 이들은 자신들이 주도하지 않은 어떠한 복구나 과거로의 복귀도 에스파냐 정복 이전의 원주민적 기원으로 회귀하는 것으로 여기고 있었기 때문이다.

'돌격'(a la carga)이라는 짧은 구호 역시 의미심장한 의미를 지닌다. 'carga'에는 운반해야 할 무거운 짐이라는 뜻도 있다. 가이탄은 연설 끝에 이 구호를 외치며 민중의 행동을 촉구할 때마다 일상생활에서 노동이 갖는 이미지를 이끌어 낸 것이다. 가이탄은 거의 언제나 이 구호들을 반복하며 연설을 마쳤다. 사람들이 가이탄의 이 의식에 익숙해진 뒤에는 가이탄이 "민중이여!"라고 외치면 사람들은 이렇게 답했다. "돌격", "민중이여!", "민중이여!" "나라의 도덕과 민주주의 회복을 위해!" "민중이여!" "승리를 위해!" "민중이여!" "과두지배층에 맞서자!"

출처 : Herbert Braun, *The Assassination of Gaitán : Public Life and Urban Violence in Colombia* (Madison : University of Wisconsin Press, 1985), pp. 102~3.

민의 국가'national country로 구분했다. 그에 따르면 '국민의 국가'는 과두지배층이 '정치의 국가'에서 배제한 모든 사람—노동자뿐 아니라 산업 종사자, 농업 종사자, 중산층—을 포함하는 국가였다.

가이탄은 마리아노 오스피나 페레스 대통령 임기 때1946~1950 여당이었던 보수당뿐만 아니라 자유당 지도부에게도 위협이 되었다. 그는 지배층 출신도 아니었고, 과두지배층이 표방한 시민성의 기풍을 영구집권을 위한 수작이라고 비난했다. 뛰어난 웅변가였던 그는 체제나 당 지도부, 정당이 아닌 자신을 확고히 지지하는 집단을 보유했다. 기존 지배층이 보기에 가이탄은 벼락출세한 정치인이었고 위험하고 예측 불가능한 존재였다.

1948년 4월 9일 가이탄은 보고타 도심에서 괴한이 쏜 총에 맞아 숨졌다. 그의 암살은 보고타 시 전역에서 보고타 봉기라는 대규모 폭동을 촉발했다. 이 봉기는 초기에는 전통적인 정치 지배층을 경악시켜 힘을 결집시켰다. 그러나 가이탄이 순교자로 숭배되자, 지배층은 정당 간 적대 관계를 심화시켜 그의 유산을 파괴하는 길을 선택했다. 이것은 콜롬비아 정치의 전환점이었다. 가이탄의 암살은 향후 수십 년간 중도적 개혁안의 출현을 봉쇄했다. 공존의 시대는 막을 내렸다.

가이탄의 죽음으로 정치 폭력은 무섭게 늘어나 폭력시대La Violencia라는 시기로 이어졌다. 폭력시대는 1946년부터 1964년까지 계속되었고, 1948~1953년에 정점에 달했다. 이 기간에 20만 명이라는 믿기지 않는 수의 사망자가 발생했다. 폭력시대의 근본적인 원인은 가이탄의 암살과 냉전이라는 시대적 배경이 부채질한 증오심 가득한 정당 간 대립이었다. 또 부분적으로는 이념과 관계없는 적대적 가문들 간의 오랜 복수극에서 비롯되었다. 1950년대 중반부터 1960년대 중반까지는 정치권력보다 경

보고타 봉기 당시 분노한 사람들은 전통적 권위의 상징들을 공격하며 격렬히 저항했다.

제적 이익을 노린(커피 수확기에 재배 노동자들을 협박해 지주를 굴복시키는 등) '마피아'식 폭력이 자행되었다. 폭력시대는 커피 벨트를 비롯해 특정 지역에 집중되었으나 국민사회 전반에 상처를 남겼다.

자유주의자들은 보수주의자들의 권력 남용에 항의해 1949년 대선에 불참했다. 오스피나 대통령은 이를 구실로 국회를 폐쇄하고 여당 골수 지지자들을 고등법원에 배치하고 계엄을 선포했다. 보수당 폭도들은 경찰의 엄호를 받으며 신망이 두텁던 양대 자유주의 신문 『엘 티엠포』와 『엘 에스펙타도르』의 사옥을 약탈하고 불태웠다. 수세에 몰린 자유주의자들은 게릴라 부대를 결성했다. 폭력과 이를 막기 위한 폭력이 맞물렸다. 그리하여 1950년 한 해에만 약 5만 명이 살해당했다.

자유주의자들이 선거에 불참한 가운데 1950년 보수당 후보 라우레아노 고메스가 대통령에 취임했다. 고메스는 자신이 포르투갈의 살라자르와 에스파냐의 프랑코 총통의 추종자임을 공공연히 밝히며 국가 주도 산업화, 노조 통제(와 탄압), (자유주의자들이 선거에 불참하면서 의도치 않게 기여한) 선거 무력화를 통해 초보수적 질서를 확립하고자 했다. 또한 고메스는 경제발전에 강한 의지를 갖고 전력, 운송, 통신 등 국가 기반시설을 확충했다.

그러나 그는 군부와 충돌했다. 그가 1953년 군 총사령관 구스타보 로하스 피니야 장군을 경질하려 들자 로하스는 쿠데타로 맞섰다. 로하스는 첫번째 조치로 대부분 자유주의자였던 게릴라를 사면해 폭력시대의 첫 단계를 종식시켰다(앞서 설명했듯이 두번째 단계는 1964년까지 이어진다). 로하스는 아르헨티나의 후안 페론을 따라 자신만의 지지 기반인 국민행동운동Movimiento de Acción Nacional과 제3세력Tercera Fuerza이라는 독자 정당도 창당했다. 이러한 행보는 자유당과 보수당을 위협했다. 그는 또 페론과 유사하게 여성의 지위 향상을 도모했다. 경찰 직위를 여성에게 개방하고, 콜롬비아 역사상 최초로 여성 주지사와 장관을 임명했으며, 여성의 선거권과 제반 정치적 권리를 확대했다. 또한 산업노동자들의 지지를 얻기 위한 정책을 시행했다.

경제위기가 닥치자 전통적 지배층은 로하스에게 등을 돌렸다. 1956년 선거에서 자유당과 보수당은 로하스를 권좌에서 몰아내기 위해 연합했다. 교회, 총파업에 돌입한 기업가, 상인, 은행가들이 강력한 반대세력을 형성했다. 좌절한 로하스는 1957년 입헌정부로의 평화적 이행을 감독할 군사평의회를 위해 사임했다.

이 사건들은 20세기 콜롬비아 정치의 두 가지 특징을 보여 준다. 하나는 군부의 개입 정도가 비교적 약했다는 것이다. 로하스 피니야 독재정권은 분명 권위주의 정권이었으나 비교적 온건하고 기간이 짧았으며, 이념적으로 보수주의보다 포퓰리즘에 가까웠다. 남미원뿔지대 국가들과 달리 콜롬비아는 '관료적 권위주의' 정권이 들어서거나 국가전복 세력에 대해 이른바 '더러운 전쟁'을 벌이지 않았다. 이후에도 콜롬비아 군부는 정치 절차에 상당한 영향력을 행사하는 독립적인 기관으로 남았다. 그러나 선거로 결정된 문민정부를 전복하지는 않았다.

또 다른 특징은 1950년대 후반 선거민주주의로 이행하는 과정이 평온했다는 점이다. 정치적 암살이나 가두 유혈사태, 외국과의 전쟁도 일어나지 않았다. 민주주의로 돌아온 본질적 원인은 전통적 지배층 사이의 우호적인 협상의 결과였다. 이 과정은 대단히 순조로웠다. 돌이켜 보면, 지나치게 순조로웠다고도 할 수 있다.

국민전선

1956~1957년의 반로하스 연합의 산물로, 자유당과 보수당 간 정식 협약이 체결되면서 국민전선Frente Nacional이 탄생했다. 이 협약은 양당이 번갈아 가며 대통령을 맡고, 전국의 입법·행정·사법부의 모든 직위를 양당이 균등 배분하여 임명하도록 규정했다. 이로써 선거 정치에서 불확실성을 사실상 제거하는 자동 메커니즘이 만들어졌다. 이 협약은 1957년 말 국민투표에서 투표자 95퍼센트에 가까운 찬성으로 통과되었고 1974년까지 지속하기로 결정되었다. 1968년 양당은 '정지'整地, desmonte라고 불리는 보충협약을 체결해 1974년 국민전선의 만료 후에도 중앙정부 내각을 양당이 '공평하게' 배분하기로 합의했다.

국민전선의 첫째 목표는 당시의 정치자산 배분상태를 동결해 여전히 진행 중이던 폭력시대를 종식하는 것이었다. 둘째는 입헌민주주의와 시민성의 기풍, 즉 공존을 복원하는 것이었다. 마지막 목표는 당연히 양당 정치인들의 권력을 보장하는 것이었다. 정치인들은 로하스 피니야 독재를 겪으며 아무리 작은 권력이라도 없는 것보다는 있는 것이 낫다는 사실을 깨달았다.

공직이 보장된 국민전선 기간 동안 경쟁은 정당 간보다 당 내부에서 더 치열하게 일어났다. 이로 인해 정치적 토론은 껍데기만 남았고 파벌 간 싸움이 과도하게 일어났다. 그리고 협약에 따라 당연히, 국민전선은 전통 정당을 지지하지 않는 사람들이 자신을 정치적으로 대표할 수 있는 길을 봉쇄했다. 따라서 국민전선은 자유당과 보수당 간 당쟁을 종식시켰지만 나머지 모든 세력을 배제했고, 나아가 새로운 형태의 반체제 폭력을 자초했다.

또한 국민전선은 미래지향적 사회정책도 만들어 내지 못했다. 농업개혁은 가장 시급한 과제 중 하나였다. 자유당 알베르토 예라스 카마르고 대통령 집권기1958~1962에 채택한 농업개혁 법안은 보수당 기예르모 레온 발렌시아 대통령 집권기1962~1966에 파기되었다. 그러나 뒤이어 집권한 자유당 출신 대통령 카를로스 예라스 레스트레포1966~1970는 농민의 집단행동을 지원하고 개혁 법안을 되살렸다. 이후 다시 보수당이 집권한 1972년에 정부는 토지 분배를 중단했고, 양당 지도부는 개혁을 전면 백지화하기로 합의했다. 그 대신 자유당은 토지에 소득세를 부과하는 안(이는 토지 매도를 활성화할 것으로 예측되었다)을 제안했으나 1970년대 후반 들어 보수당이 발효를 막았다. 이렇게 정당 간 대립이 계속되면서 나라 전반에 불만이 쌓여 갔다.

이러한 상황에서 국민전선이 배제한 정치 주체들을 대표하는 무장혁명운동이 발생한 것은 예상된 결과였다. 첫번째로 일어난 운동은 '의회 크레틴병'에 걸린 공산당과, 전통 지배층 및 국민전선을 싸잡아 비판한 대학생들이 1962년 결성한 ELN Ejército de Liberación Nacional, 민족해방군이었다. ELN은 처음에는 도시에서 주로 활동하다 1960년대 말 지방까지 범위를 넓혔으나 1973년 지방에서 결정적인 군사적 패배를 당했다. 그러나 농민의 빈곤이 심화되면서 재결성했고 1980년대 들어 미국 기업이 소유한 송유관을 조직적으로 반복 공격하기 시작했다.

FARC Fuerzas Armadas Revolucionarias de Colombia, 콜롬비아무장혁명군은 1966년에 출범했다. FARC은 1920년대에 공산주의자들이 주도한 농민운동이 기원이었고 ELN과는 달리 농업 문제 해결을 주요 목표로 삼았다. FARC의 걸출한 지도자이던 마누엘 마룰란다는 이러한 전투에서 경험을 쌓아 '백발백중' Tirofijo이라는 별명을 얻었다. FARC은 정부군의 공격에 맞서 게릴라 유격대를 만들었다. 1980년대 들어 FARC은 공산당과 결별하고 독자적인 군사적, 정치적 교의를 갖춘 독립 혁명조직이 되었다. 그리고 마약 밀매상과 전략적 동맹을 맺고 1990년대에 들어 국내에서 가장 강력한 게릴라 운동으로 부상했다.

한편 1960년대에 정계에 복귀한 구스타보 로하스 피니야 장군은 ANAPO Acción Nacional Popular, 민중국민행동라는 야당을 창당했다. ANAPO는 1962년 선거에서 4퍼센트에도 못 미치는 표를 얻었으나 곧 잠재적인 정치 세력으로 부상했고, 자유당과 보수당의 권력 독점이 기본 전제인 국민전선을 위협했다. 로하스는 '콜롬비아식 가톨릭 기초공동체 사회주의'를 표방하며 도시 대중의 지지를 호소했다. 그의 성향은 외국인 투자 제한을 지지하는 민족주의적 모습과 낙태 금지를 지지하는 보수주의적 성향을 띠었다. 로하스는 1940년대에 노동계급과 도시빈민 동원에 능했던 호르헤 가이탄과 닮은 점이 있었다.

ANAPO의 부상으로 국민전선은 1970년 대선에서 지지를 잃었다. 많은 사람이 로하스 피니야의 당선을 점쳤다. 그러나 정부는 선거일 밤에 결과 발표를 취소하고 다음 날 국민전선의 공식 후보인 보수당의 미사엘 파스트라나의 당선을 공표했다. ANAPO는 공식 집계로는 35퍼센트를 득표했다. 다른 면에서는 훌륭한 대통령이었던 카를로스 예라스 레스트레포 대통령은 선거 결과를 확정하고 즉시 주요 도시에 통행금지를 선포했다. 출범할 때는 민주주의의 승리로 떠받들어졌던 국민전선은 이렇게 명예롭지 못한 끝을 맞았다.

논란을 일으킨 1970년 대선은 '4월 19일 운동'(선거 일자를 따서 'M-19'로 불렸다)이라는 또 다른 게릴라 운동을 낳았다. M-19는 ANAPO의 급진파가 아르헨티나의 몬토네로스Montoneros와 우루과이의 투파마로스Tupamaros 게릴라 운동의 (일시적) 성공에 힘입어 결성되었고, 도시를 기반으로 활동했다. M-19는 대단히 극적인 작전들을 펼쳤다. 한번은 상징성이 강한 시몬 볼리바르의 검을 훔치는 기념비적인 작전을 감행해 정부군의 체면을 구겼다. 1980년에는 ANAPO 지지자들이 도미니카공화국 대사관을 점거해 외교관 등을 인질로 붙잡았다. 1985년 11월에는 대법원을 점령해 군의 전면 공세에 맞붙었다. 격렬한 전투 끝에 대법관 12명, 게릴라 점거세력 41명 전원, 그리고 변호사와 무고한 시민 다수가 목숨을 잃었다(정부군 탱크가 게릴라들을 깔아뭉개기 위해 돌파한 대법원 정문에는 "콜롬비아인이여, 무기는 독립을 주었다. 법은 자유를 줄 것이다"라는 글귀가 있었다. 이 고상한 수사는 가혹한 현실 앞에 무색해졌다). 그 뒤로 M-19는 부정적인 여론에 직면했고 문민정치에 참여하기 위해 결국 무장투쟁을 그만두게 된다.

1974년 선거(자유당과 보수당에게 대통령직이 보장되지 않은 최초의 선거였다)에서 자유당은 보수당을 압도했다. (알폰소 로페스 푸마레호의 아들인) 알폰소 로페스 미첼센이 사리사욕을 챙기기로 악명 높은 자유당 정치인 훌리오 세사르 투르바이와 연합을 맺고 당선되었다. 이 연합에 많은 시민이 환멸을 느꼈다. 자유당은 상하 양원에서 보수당의 두 배에 가까운 의석을 차지했다. 그러나 권력을 독점한 정부는 정책 과정을 개선하려는 노력을 거의 하지 않았고, 많은 사람을 정치에서 소외시켰다. 자유당 부패정치인의 대표격인 투르바이가 1978년 대선에 자유당 후보로 출마해 당선되자 사람들의 환멸은 더욱 커졌다.

콜롬비아는 보수당 벨리사리오 베탕쿠르의 임기 중에1982~1986 외채 위기를 맞았다. 아르헨티나, 특히 멕시코와는 달리 콜롬비아는 공공부채를 낮게 유지했으나 제조업체들이 진 민간 부채로 인해 산업이 심각한 위기에 빠졌다. IMF는 부채 상환을 위해 여느 때와 다름없이 주류경제학에 따른 정책을 처방했다. 즉, IMF는 공공지출을 대폭 줄이라고 요구했는데, 이를 위해서는 공공기관 임금을 동결하고, 빈곤층 교육과 빈민을 위한 주택 건설 예산을 삭감하고, 페소화를 평가절하해야 했다. 페소화 평가절하는 외국과의 경쟁에서 국내 제조업체를 보호하는 효과가 있었다.

다음 정권을 이어받은 자유당 비르힐리오 바르코1986~1990는 자유당과 보수당의 내각 공동 구성을 어기고 정지협약을 파기했다. 또한 국내 산업에 대한 보호관세를 철폐하기 시작했다(완전한 철폐는 1990년대 전반에 이루어졌다). 게릴라와 마약 카르텔은 더욱 강해졌고 정치 폭력은 극심해졌다. 1989년 8월에는 자유당 대선후보 루이스 카를로스 갈란이 마약 카르텔에게 암살당해 사회가 충격에 빠졌다. 바르코 대통령은 이러한 문제를 해결하기 위해 중대 결정을 내렸다. 제헌의회 구성에 길을 열어 줄 국민투표를 실시하기로 한 것이다.

최근 상황(1990년~현재)

자유당의 세사르 가비리아 대통령1990~1994은 민의에 따라 1990년 12월 제헌의회 국회의원 선거를 감독했다. 이 과정의 특징은 게릴라 운동에 대해 사면을 부여한 것으로, 이로써 M-19운동이 의회에서 중요한 세력이 되었다. 제헌의회는 1991년 중반까지 회기를 열어 신헌법을 승인했다. 신헌법은 핵심적인 정부기관을 강화하고, 시민의 권리를 보호하고 시민의 정치 참여를 위한 통로를 열고, 행정부와 사법부의 관계를 규제하는 내용을 담고 있었다. 국민들은 신헌법이 평화와 국가통합의 기적을 낳기를 애타게 기대했다. 정치학자 페르난도 세페다 우요아는 "1991년 신헌법은 민주적 통치governance를 실현할 잠재력을 갖고 있다"고 논란의 여지가 있는 평가를 내렸다.

신헌법은 장점도 있지만 문제점도 노정했다. 예컨대 행정고등법원 대다수의 직위 임명권을 입법부와 행정부에 부여해 이미 취약했던 사법부를 더욱 정치화했다. 또한 국가 예산을 절반 가까이 주정부와 지방정부 부처에 책정해 중앙정부의 재정위기를 초래했다. 복수의 정당 형성을 지원하는 규정은 정치세력이 분열되는 결과를 낳았다. 그리고 부통령직 신설과 대통령 결선투표 규정은 자유당의 우위뿐 아니라 오래 유지되었던 콜롬비아의 정당체제도 약화시켰다.

신헌법의 긍정적 효과 중 하나는 여성참정권이 확대된 점이다. 2002년 하원 의석 12퍼센트와 상원 의석 13퍼센트를 여성이 점유했는데, 이는 미국과 거의 같은 수준이다. 내각에도 5분의 1 가까이 여성이 임명되었다(국방장관에도 여성이 임명되었다). 다른 라틴아메리카 국가와 달리 콜롬비아에는 정당의 선거후보자 명부에 여성을 일정 비율 등록하게 하는 여성 쿼터법이 없다. 그 대신 공공기관 고위 정책결정 직위의 30퍼센트를 여성에 할당하는 독특한 규정을 만들었다.

신헌법 제정에도 불구하고 1990년대 내내 분열이 가시화되었다. 불법 조직은 공권력을 갈수록 심각하게 위협했다. 이러한 위협 세력 중 하나인 마약 밀매 조직은 주로 미국에 코카인을 수출해 떼돈을 벌었다. 가장 폭력적인 조직은 1993년 후반 총격전 끝에 사살당한 냉혈한 파블로 에스코바르가 이끈 메데인 카르텔이었다. 미국 정부는 에스코바르를 체포하기 위해 기술을 지원하고 군 저격부대를 파견하는 등 깊이 관여했다. 그러면서 줄곧 마약 밀매 번창의 원인은 미국 내 소비가 아니라 남아메리카의 마약 생산에 있다고 주장했다.

에스코바르가 죽은 뒤에는 칼리 시의 카르텔이 주목을 끌었다. 이 조직은 폭력성이 덜했으나 더 교활하고 적의 제거보다 돈벌이에 더 치중했다. 수뇌부가 체포되어 조직이 해체된 뒤에는 소규모 카르텔 수십 개로 분산되어 적발과 추적을 피해 마약 밀매를 계속했다. 그리하여 콜롬비아는 자명한 사실을 깨달았다. 외국, 특히 미국시장에서 높은 수요가 있는 한 공급은 멈추지 않으리라는 것이다.

마약 카르텔들의 흥망성쇠가 계속되는 한편 콜롬비아는 남아메리카 유일의 코카 재배국으로 변신했다. 전통적으로 콜롬비아 마약 밀매상은 볼리비아와 페루에서 코카 잎(또는 코카 반죽)을 들여와 국내에서 비밀리에 코카인 분말을 제조했다. 콜롬비아 마약상은 이를 통해 세계 코카인 공급을 사실상 독점할 수 있었고, 코카인을 해외 시장(주로 미국과 유럽)에 선적해 막대한 이윤을 챙길 수 있었다. 그러나 1990년대에 들어 (정부의 탄압 등 여러 이유로) 볼리비아와 페루의 코카 생산이 급감하자 콜롬비아 농민이 사업을 이어받았다. 〈도표 7.2〉와 같이 콜롬비아는 1990년대

〈도표 7.2〉 콜롬비아 및 여타 국가의 코카 잎 생산량(1990~2000년)

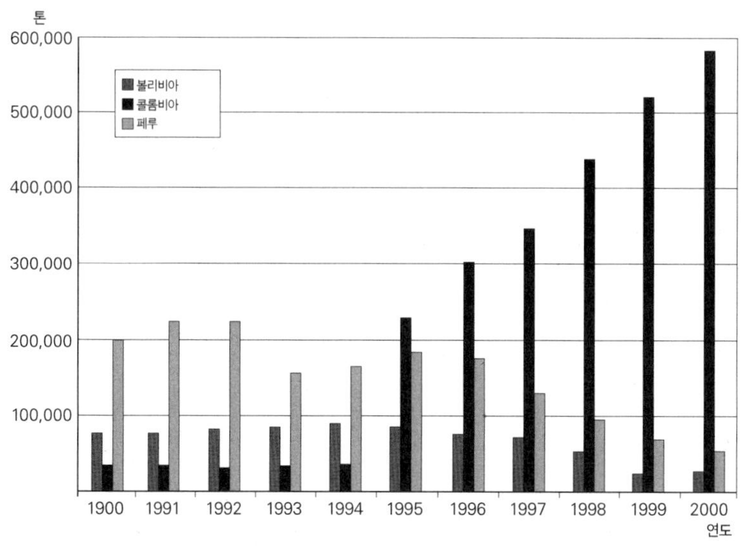

설명 : 콜롬비아의 코카 및 코카인 생산 추정량은 1995년부터 두각을 나타내 1999년에 이르면 대폭 상승한다.
출처 : U.S. Office of National Drug Control Strategy, *National Drug Control Strategy*(Washington, D.C. : The White House, 2003), Data Supplement, Table 46.

중반에 최대 코카 생산국이 되었고, 생산을 계속 늘려 2000년에는 거의 60만 톤을 생산한 것으로 추정된다. 2003년 콜롬비아는 미국 코카인 소비량의 4분의 3에 달하는 양을 생산한 것으로 추정된다.

마약 카르텔은 갖은 방법으로 공권력을 실추시켰다. 그중 첫째는 폭력과 협박이다. 특히 에스코바르가 이끈 메데인 카르텔은 1980년대 후반부터 1990년대 초반까지 정부와 실질적인 전쟁을 벌였다. 이들은 마약 밀매상을 미국에 인도해 법정에 세우게 한 정부 결정에 특히 저항해서 자신들의 의지를 보여 주기 위해 법관, 검사, 경찰, 정치인 등을 여럿 암살했다. 심지어 경찰 정보원들이 탑승했다고 추정되던 아비앙카 항공사의 비행기를 폭파시키기까지 했다. 1990년 대선에서는 대통령 후보 여섯 명

중 네 명이 총에 맞아 죽었다. 둘째, 정부의 권위를 실추시키기 위해 이들은 광범위하고도 효과적으로 뇌물을 살포했다. 셋째, 자신들을 로빈 후드와 같은 의적으로 포장해 대중의 지지를 얻었다. 이들은 축구팀을 후원하고, 운동장을 짓고, 자선사업을 지원하는 등의 활동을 펼쳤다. 넷째, 체포망을 유유히 빠져나갔다. 허약한 사법제도와 경찰의 부패는 갈수록 명백해졌다. 일례로 파블로 에스코바르는 당국과 긴 협상 끝에야 구금되었다. 그러나 그는 직접 디자인한 호화 감옥에서 평소처럼 사업을 계속하다 탈옥했다. 마약 밀매상에 맞선 정부는 무력해 보였다.

또 다른 위협은 1980~1990년대에 세력을 키운 게릴라 집단이다. FARC은 마약 밀매상과 전술적 동맹을 맺어 경제력을 키웠고 코카와 대마, 양귀비를 직접 재배하기 시작했다. 정부 추정치에 의하면 FARC은 1986년 3,600명에서 1995년 7,000명, 2000년 15,000명까지(또는 20,000명까지) 불어났다. 같은 기간에 ELN은 1980년 중반 불과 800명에서 2000년 5,000명으로 늘었다. 혁명운동이 자취를 감춘 다른 라틴아메리카 국가와는 달리 콜롬비아는 무장봉기 단체의 도전에 계속 직면했다.

마약 카르텔과 게릴라 집단의 관계는 변화무쌍하고 불안정했다. 이들의 동맹은 전술적이었고 도구적이었으며 빈번히 착취를 동반했다. 게릴라는 마약 '수익세'를 받는 대가로 밀매상과 코카를 재배하는 농촌 주민에게 군사적 보호를 제공했다. FARC은 1990년대 후반에도 코카 재배에 적극 개입한 것으로 보인다. 이렇게 게릴라와 마약 밀매상은 공동의 이해가 있었다. 그러나 동시에 두 집단 간 분쟁과 갈등도 지속되었다. M-19와 여타 게릴라 집단은 카르텔 구성원의 친족을 납치해 몸값을 요구했다. 격분한 카르텔은 "납치범에게 죽음을"이라는 악랄한 작전을 전개했다. 벼락부자가 된 마약 밀매상들은 벌어들인 수익으로 지방의 토지를 매입하기도 하며 애초에 농민 반군의 타도 대상이었던 지주 과두지배층이 되었다. 게릴라와 마약 밀매상은 동맹을 맺고 협력한 만큼이나 서로 싸우기도 했다.

이러한 상황은 직간접적으로 또 다른 위협세력의 등장을 초래했다. 자위대를 자처하는 무장 '준군사' 조직이다. 조직의 지도자 카를로스 카스타뇨는 정부가 시민을 보호할 수 없다면 스스로 지켜야 한다고 주장했다. 준군사 조직은 민병대를 자임하며 경제적, 정치적, 개인적인 이유 등 다양한 동기를 갖고 폭력적인 공격을 자행했다. 이들은 이념적으로는 희미하게 우익에 가까웠으며 부유한 지주, 재력가, 때로는 기회주의적 마약 밀매상에게도 서비스를 제공했다. 이들의 수는 2000년 기준 4,500~5,000명으로 추정된다. 준군사 조직은 정규군과 긴밀한 관계를 맺고 있고 군인과 경찰, 심지어 전직 게릴라도 포함되어 있다는 증거가 있다.

마약 카르텔과 게릴라, 준군사 조직의 삼각 갈등관계는 사회를 폭력의 도가니로 몰아넣었다. 1950년대부터 1970년대 말까지 인구 10만 명당 살인발생률은 평균 30명에 달했다. 이는 라틴아메리카에서 가장 높은 수치지만 폭력 수준이 높은 다른 국가(브라질, 멕시코, 니카라과, 파나마 등)와 유사한 수준이다. 그러나 살인발생률은 계속 상승해 1990년에는 86명, 1995년에는 95명까지 치솟았다.

습격과 납치, 암살은 1990년대 후반 내내 꾸준히 증가했다. 폭력이 폭력시대의 땅에 재림했다. 메데인 시가 콜롬비아의 살인의 수도로 등극하면서 마약 밀매는 뚜렷이 주요 도발요인이 되었다.

콜롬비아 정부는 이러한 다수의 도전세력에 맞서 싸웠지만 거의 성공을 거두지 못했다. 자유당 세사르 가비리아 대통령이 1991년 개헌과

M-19의 무장해제(그러나 FARC과 ELN은 정부의 사면 제의를 거절했다)를 주도하자 실낱같은 희망이 보이기 시작했다. 가비리아는 '평화적 혁명'(대중적으로는 전복을 뜻하는 '엘 레볼콘'el revolcón으로 알려진)이라고 명명한 정책을 탁월한 지도력을 발휘해 추진했다. 가비리아는 평화 증진 외에 통상부를 신설하고 관세 인하, 외국인 투자 촉진 등 경제개방을 가속화했다. 그는 임기 말에 미주기구 사무총장에 선출되어 퇴임 후에도 역량을 발휘했다.

1994년 대선 결선투표에서 자유당의 에르네스토 삼페르는 보수당 안드레스 파스트라나를 2퍼센트 차이(50.3퍼센트 대 48.2퍼센트)로 가까스로 이겨 집권을 이루었다. 삼페르는 취임하자마자 칼리 마약 카르텔에게 6백만 달러가 넘는 선거자금을 받았다는 스캔들에 휘말렸다. 여론의 압박에 삼페르는 자신의 선거 운동원이 돈을 받았다고 시인했으나 자신은 몰랐다고 주장했다. 상원은 '세기의 재판'으로 회자된 이 초유의 현직 대통령 탄핵 심의를 진행했다. 1996년 6월 의회는 111명 찬성, 43명 반대로 조사 중단을 결정했다(이로써 삼페르에게 암묵적인 무죄 선고를 내렸다). 이러한 은폐 조치에 대해 의혹을 품은 사람들은 여당이 상원을 장악하고 있고 스무 명가량의 상원의원들도 부패 혐의를 받고 있다고 지적했다. 결과적으로 삼페르 정권은 힘을 잃었고 정권에 대한 국민의 지지율은 역대 최저 수준으로 떨어졌다.

이 사건으로 미국은 콜롬비아의 마약 소탕 전쟁에 '낙제' 판정을 내렸다. 미국은 삼페르가 체포한 마약조직 두목들을 미국에 인도하기를 거부한 것에 특히 불만을 표시했다. 클린턴 정부는 상원의 지지를 받아 1996년 7월 삼페르의 미국 입국 비자를 철회하기에 이른다.

자유당이 신뢰를 잃자 보수당이 드디어 1998년 대선에서 승리했다. 안드레스 파스트라나는 M-19와 관련이 있는 주지사를 부통령 후보로 지명하고 2차 결선투표에서 자유당 후보를 49퍼센트 대 46퍼센트로 눌렀다. 그러나 자유당은 의원 선거에서 선전해 파스트라나 정부는 상하 양원 모두 과반수를 확보하지 못했다. 이로써 콜롬비아는 여소야대 국면에 직면했다.

파스트라나는 평화와 화해를 위해 참신한 접근법을 택했다. 그는 비무장지대를 지정해 콜롬비아 남서 지역에서 군대를 철수하고 FARC과 협상에 착수했다. 협상은 몇 년을 끌다 2001~2002년에 결렬되었다. 2001년 9월 FARC은 전직 문화부장관이며 대중에게도 잘 알려진, 검찰총장의 부인을 살해하고 협상 재개를 봉쇄했다. 파스트라나가 비무장지대 재점령을 지시하고 게릴라가 도시와 지방에서 활동을 강화하자 전면적인 적대 관계가 재개되었다.

미국은 이와 같은 전개에 경각심을 느끼고 마침내 파스트라나 정부에 '콜롬비아 계획'Plan Colombia 원조 명목으로 13억 달러를 제공하기로 합의했다. 본래 이는 평화 촉진, 경제개발 재활성화, 마약 밀매 근절, 민주주의 제도 강화 등 다목적 계획이었다(총소요 예산은 75억 달러로 추정되었다). 그러나 클린턴 정부는 지역 개발이나 대체작물 개발 등을 제쳐 두고 거의 모든 원조예산을 군사장비에만 책정하고 용도를 마약 퇴치로 한정했다. 이 용도에 반란단체 진압은 해당되지 않았다. 콜롬비아 계획을 비판한 사람들은 미국이 베트남전과 같은 '수렁'에 빠질 위험이 있다고 경고했다. 또한 인권 침해를 우려하고, 마약 퇴치와 게릴라 진압의 구별 가능성에 대한 회의를 표명했다.

2001년 9월 11일 미국에서 테러 공격이 발생하자 분위기는 급변했다. 이후 미국 정책결정자들은 군사력의 사용과 그 위험에 대해 부담을 덜 느끼게 되었다. 테러리스트는 어디에 있든 위험요소였다. FARC 및 ELN과 회담이 결렬된 후 파스트라나 대통령은 이들을 '테러리스트'라고 비난했다. 미국과 콜롬비아는 서로 다르지만 상호 연관된 이유로 강경한 입장을 취했다.

이러한 상황에서 알바로 우리베가 2002년 당선되었다. 자유당 비주류였던 그는 게릴라 운동을 단호하게 무력 진압하겠다고 공언했다(과거 그의 부친이 FARC 게릴라에게 암살당했다). 메데인 시장과 안티오키아 주지사를 지낸 우리베는 53퍼센트의 표를 얻었다. 자유당 또한 상하원 모두 과반수 의석을 확보했다. 우리베의 강경대응 방침은 대통령 취임일 행사장 주위에서 게릴라 공격이 발생해 90일간 국가비상사태를 선포하면서 돌발적으로 시행되었다. 우리베가 당면한 주요 과제는 두 가지였다. 하나는 고착 상태인 국내 분쟁을 해결하는 것이었고, 다른 하나는 시민의 자유를 수호하고 군경이 유린한 인권 상황을 개선하고 빈곤과 실업(당시 실업률은 15퍼센트를 넘어섰다)이 늘어나는 상황에서 국가재정을 공고화하는 것이었다.

부시 정부는 우리베를 강력히 지원했다. 미국은 자국의 대 테러전쟁을 콜롬비아까지 확장하려는 유혹을 이겨 내고—여러 곳에서 간곡한 탄원이 날아들었지만—군사 원조를 계속했다. 2002년 미국 상원은 마약퇴치 지원예산을 반란단체 진압에도 쓸 수 있도록 승인해 과거 클린턴 정부가 설정한 제약을 철폐했다. 미국의 원조는 2003년 약 5억 7,300만 달러에 달했다. 이 중 1억 달러가량은 1980년대 중반 설치 이래 천 번이 넘게 게릴라 공격을 받은 옥시덴탈 페트롤리엄사의 송유관 방어에 쓰였다.

여론조사 결과가 사실이라면 우리베는 2003년 중반 기준 64퍼센트

잉그리드 베탕쿠르 피랍 사건

잉그리드 베탕쿠르의 피랍은 FARC과 정부 간 대립을 가장 극명하게 보여 주는 사건이었다.

베탕쿠르는 매력적인 외모의 프랑스와 콜롬비아 국적 보유자였으며 녹색산소당의 대표로 대선에 출마했다. 그녀는 남자들에게 비아그라를 나눠 주고 콜롬비아에 활기를 불어넣어야 한다고 주장하는 등 독특한 유세를 펼쳤다. 그녀는 FARC이 유력 인사를 인질로 잡는 전략을 일관되게 비판하며 이를 중단할 것을 요구했다. 그녀는 "더 이상 납치는 안 된다"고 여러 번 말했다.

베탕쿠르는 2002년 2월 23일 게릴라 지도자들을 만나러 가던 길에 FARC의 검문소와 맞닥뜨리면서 인질로 붙잡혔다. 한 납치범에 의하면 납치는 사전에 계획된 것이 아니었다. 대선 투표용지에는 그녀의 이름이 여전히 올라 있어서 표들을 받았다. 그녀의 국제적 명성 덕에 유럽연합을 비롯한 전 세계 NGO들의 석방요구 시위가 줄을 이었다.

불안과 고통 속에서 몇 해가 지나갔다. 새로 출범한 우리베 정부는 FARC의 인질과 게릴라 포로 맞교환에 호의적이지 않았다('전 지구적 대테러 전쟁'에 착수한 부시 정부는 이 강경책을 지지했다). 베탕쿠르의 가족은 무력 구출작전이 너무 위험하다고 반대했다. 프랑스와 베네수엘라 정부는 인도적인 맞교환을 중개하겠다고 제의했다. 베탕쿠르의 건강이 악화되고 있다는 소문이 돌았다.

납치된 지 6년 반 만인 2008년 7월 2일 정부 보안군이 베탕쿠르와 다른 인질 14명(미국인 3명과 콜롬비아인 11명)을 구출하는 데 성공했다. (체스의 체크메이트를 줄인 '체크'의 에스파냐어 표현을 빌려) '하케 작전'이라 명명한 이 작전은 대담하고도 꼼꼼히 계획된 것이었다.

납치에서 풀려난 베탕쿠르는 전 세계의 환호를 받았다. 그녀는 베네딕토 16세 교황을 알현하고 프랑스 무공훈장과 아스투리아스 왕자상을 수상했다. 칠레의 미첼 바첼레트 대통령은 그녀를 노벨상 후보로 추천하겠다는 뜻을 밝혔다.

2008년 7월 프랑스에서 열린 집회에서 베탕쿠르는 FARC 지도부에 다음과 같이 감동적인 호소를 했다. "이 콜롬비아를 보고 …… 이제 유혈사태를 끝내야 할 때임을 깨달으십시오. 이제 무기 대신 장미를 들고 관용과 존중을 품어야 합니다. 우리는 형제자매답게 이 세상에서, 콜롬비아에서 함께 살 수 있는 길을 찾아야 합니다."

의 지지율을 누리며 높은 인기를 구가했다. 그러나 그도 전임자들처럼 대통령 권력의 한계를 실감했다. 의회의 지지는 내내 약했다. 야당은 지방선거에서 보고타, 칼리, 메데인과 같은 중요한 거점을 차지했다. 투표자들은 복잡한 개헌안에 반대했다. 그러나 우리베는 결국 대통령 재선 개헌을 이끌어 냈다. 2006년 5월 선거에서 그는 62퍼센트를 득표하며 압승했다. 동시에 의원 선거에서 친우리베파가 다수당을 형성해 자유당-보수당의 전통적 정당 지배의 몰락을 예고했다. 변화의 조짐이 보이기 시작했다.

이렇게 콜롬비아는 반체제 세력의 심각한 위협에 대처하면서도 선거 민주주의와 자본주의 경제를 유지해야 하는 딜레마에 늘 직면해 왔다. 이 딜레마는 일각에서 '통치성governability의 위기'라고 지적한 문제로 인해 해결이 더욱 어려워졌다. 정치는 미래로의 이끌림과 과거의 끌어당김 사이의 해묵은 긴장을 드러냈다. 이와 동시에 새로운 세대의 정치인들이 수면 위로 부상했다. 이들은 국가 전체보다는 지방에 관심을 갖고, 실용주의자나 애국자보다는 기회주의자에 가까웠다. 온건한 리더십에 익숙해 있던 사회에서 통치가 변덕스럽고 평탄하지 않게 되었다.

콜롬비아를 '실패한 국가'로 분류하는 것은 너무 박한 평가일 수 있다. 그러나 대단히 약화된 국가임에는 틀림없다. 역사학자 존 코츠워스의 말처럼 콜롬비아는 "무지의 바다에 둘러싸인 취약한 현대적 도시의 군도"로 남아 있다. 콜롬비아의 사회 윤리와 정부 역량 강화를 향한 여정의 결과는 콜롬비아뿐만 아니라 서반구 전체에도 중대한 영향을 미칠 것이다.

[이준희 옮김]

8장 | 베네수엘라 : 번영의 위험들

베네수엘라는 경이의 땅이다. 유럽 탐험가들은 신화 속의 엘도라도 대신 드넓은 호수에 기둥을 박고 지은 토착민들의 천막들을 발견하고 이 지역을 '작은 베네치아'로 명명했고, 그 이름이 지금의 국명이 되었다. 미래를 내다본 지도력과 이념적 열정에도 불구하고, 에스파냐와 치른 독립 전쟁은 식민질서를 거의 바꾸지 못했다. 20세기 들어 베네수엘라는 오랫동안 의존한 전통 농업에서 벗어나 일확천금을 안겨 준 석유개발에 착수해 환골탈태하게 된다. 이웃나라들이 군부의 무자비한 탄압에 굴복할 때 베네수엘라는 당당히 정치적 민주주의를 고수했다. 그러나 최근에는 오히려 베네수엘라가 포퓰리즘적 권위주의로 기울고, 다른 라틴아메리카 나라들이 자유롭고 공정한 선거를 시행하고 있다. 분명히 베네수엘라는 여타 라틴아메리카 국가들과는 무엇인가 달라 보인다. 베네수엘라는 다른 라틴아메리카 국가들과 출발점이 다르고 전체 지역의 추세에서 벗어나 지배적 패턴과 경향을 따르지 않는 '예외'적인 나라처럼 보인다. 이러한 시각은 과연 맞는 것인가?

베네수엘라의 이야기는 지리에서 시작된다. 남미의 북단에 있는 이

〈지도 8〉 베네수엘라

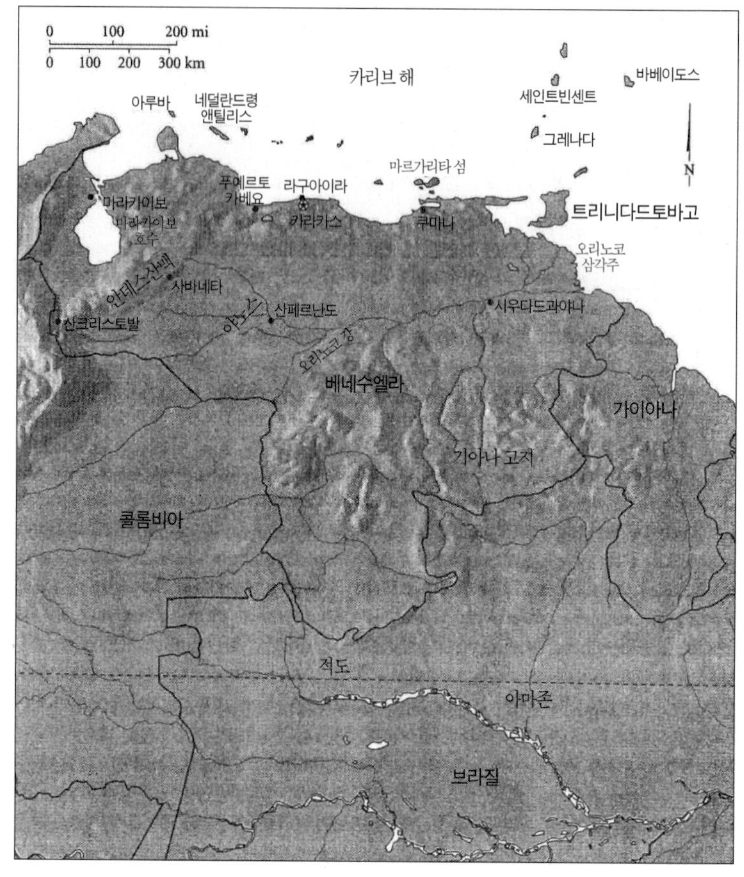

나라는 산과 계곡, 해안, 강, 사막, 밀림과 같은 매우 다양한 지형으로 이루어졌다. 콜롬비아와 맞닿은 서부 국경에서 안데스 산맥이 동서로 갈라져 거대한 마라카이보 호수 유역을 형성한다. 중부 지역에서는 더 낮은 산맥이 카리브 해안과 평행하게 달린다. 정착민들은 해적을 피하고 항구로 쓸 수 있는 이 아열대 지역에 수도 카라카스를 세웠고 라구아이라를 항구로 이용했다. 베네수엘라 동부 해안은 장대한 오리노코 삼각주로 연결된다. 해안 쪽으로 250여 마일에 걸쳐 펼쳐진 이 비가 많이 내리는 저지대 습지는 정착 생활에 적합하지는 않지만 내륙으로 진입하기 좋은 통로였다. 안데스 산맥 동쪽과 오리노코 남부로는 '야노스'llanos라고 하는 광활한 평원이 가이아나의 고지대까지 펼쳐져 있다. 야노스 남쪽에는 상당한 면적의 아마존 밀림이 펼쳐져 있다. 브라질과 국경을 접하는 지역이다.

식민지에서 독립국가로

콜럼버스는 1498년 세번째 항해에서 인도라고 믿고 베네수엘라의 카리브 해안에 상륙했다. 베네수엘라는 정복할 만큼 매력적인 곳이 아니었다. 신화 속 왕국이나 황금산 위에 세운 풍요로운 문명은 없었다. 초기 탐험가들은 각기 다른 언어를 쓰는 많은 수의 원주민 집단을 만났다. 정복자들이 주요 도시들을 공략했던 멕시코나 페루 경우와 달리 베네수엘라 정복은 점진적으로, 일정하지 않게 이루어졌다. 탐험은 적었고 저항은 거셌으며 토착민공동체는 흩어져 있었고 다양했다.

이곳에는 큰 부를 쌓을 만한 일이 없었다. 마르가리타 섬 주위에 진주조개 서식지가 있어 잠시 호황을 누렸을 뿐이다. 식민지 베네수엘라의 진정한 부는 가축과 농업, 특히 카카오에서 창출되었다. 원주민 인구가 감소하면서 노예로 부리기 위한 인디오 사냥이 에스파냐인과 인디오 관계의 골격을 형성했다. 천연두가 창궐해 토착민 인구가 크게 감소한 뒤에는 아프리카에서 노예가 추가적으로 수입되었다.

16세기부터 18세기 초까지 베네수엘라는 에스파냐 제국의 아메리카 대륙 전초지로 개발되었다. 주요 역할은 더 크고 중요한 식민지인 누에바에스파냐(멕시코)에 식량을 공급하고 카리브 지역에서 제국을 방어하는 것을 지원하는 일이었다. 1567년 창건 이래 유능한 현지 지배층이 통치한 카라카스는 이 무렵에 정치, 경제의 중심이 되었다. 1725년 고등교육기관인 카라카스 레알 이 폰티피카 대학Real y Pontifica Universidad de Caracas[1]이 설립되었다. 에스파냐 국왕의 관심이 상대적으로 적었던 덕분에 선교회가 활발히 활동했다. 프란체스코회, 카푸친회, 도미니쿠스회, 예수회, 아우구스티누스회가 모두 식민지 사회 형성에 핵심적 행위자로 활동했다.

아메리카 대륙의 다른 지역처럼 제국의 행정을 개선하고 중앙집권화하려는 에스파냐 왕실의 시도가 오히려 독립의 기초를 닦았다. 18세기 후반 부르봉 왕가의 개혁은 베네수엘라 지역에서는 이미 지배적이던 카라카스의 위상을 더욱 강화하고 일체감을 태동시켰다. 개혁으로 설립된 주요 기관은 식민지 전역에 걸친 지방행정관제1776년, 단일화된 사령관령1777년, 아우디엔시아1786년, 상인과 농민 간의 콘술라도Consulado, 1793년,[2] 대주교좌1804년 등으로, 모두 카라카스 시에 거점을 두고 있었다. 베네수엘라의 중요성이 커질수록 분리, 독립의 가능성도 높아졌다.

독립의 주역은 당연히 카라카스의 신흥 지배층이었다. 카라카스 시의회는 나폴레옹의 침공 소식을 접하자 페르난도 7세 지지를 선언하고 추가로 노예무역도 철폐했다. 1811년 독립 선언에 이어 불운했던 '바보 공화국'patria boba이 출범했으나 에스파냐 군의 공격으로 곧바로 축출되었다. 1813년 참전한 시몬 볼리바르는 일시적으로 카라카스를 장악했으

---

1) 지금은 베네수엘라 센트랄대학(Universidad Central de Venezuela)이라 불린다.—옮긴이
2) 일종의 상인 길드.—옮긴이

나 패색이 짙어지자 망명길에 올랐다(이때 볼리바르는 자신의 정치철학을 설명한 기념비적인 「자메이카 서한」을 썼다). 그러나 볼리바르는 굴하지 않고 1816년 귀국 후 활동을 재개해 군사작전을 성공시키고, 노예해방 선언문을 배포하고, 1819년 당시 명사회에서 대통령으로 선출되었다. 그리고 같은 해 안데스 산맥을 횡단한 후 신생공화국 그란콜롬비아(에콰도르, 베네수엘라, 콜롬비아로 구성) 대통령에 취임했다.

1820년대 10년 동안 대륙 전역에서 독립의 분위기가 무르익었다. 1824년 볼리바르와 안토니오 호세 데 수크레는 몇 번의 결정적인 군사적 승리 끝에 페루의 독립을 쟁취했다. 한편 야노스 출신의 투박한 전사 호세 안토니오 파에스는 볼리바르의 고압적인 리더십에 불만을 품고 분리주의 운동을 전개했다. 5년간 저항을 계속한 끝에 베네수엘라는 그란콜롬비아에서 공식적으로 분리되어 독립국이 되었다. 베네수엘라의 해방은 이렇게 볼리바르가 가장 애지중지한 꿈을 앗아 가면서 이루어졌다.

치열했던 독립전쟁으로 베네수엘라는 물리적, 경제적으로 심각한 손상을 입었다. 봉기를 일으킨 지배층은 막강한 에스파냐 군대와 싸우기 위해 가진 것을 모두 동원해야 했다. 그들은 흑인의 지지를 얻으려고 노예제 종식을 선언했다. 또 물라토 등 혼혈인pardo의 도움을 받기 위해 공식적으로 존재하던 인종 분류에 반대했다. 그러나 이러한 조치는 소극적이었고 중대한 사회 변화를 촉진하지는 못했다. 역사학자 존 롬바르디는 다음과 같이 평가했다.

> 만약 독립운동으로 에스파냐령 아메리카에서 심대한 변화가 발생하게 된다면, 그 변화는 제도가 뒤늦게 생겨나 비교적 취약했고, 지역 귀족의 힘과 재력이 부왕령 수도들에 비해 약했고, 혼혈 사회의 인종 간 갈등이

매우 심했고, 십 년간 치른 내전이 초래한 무질서와 파괴가 급진적 변화에 좋은 기회를 제공한 볼리바르의 땅에서 일어났어야만 했다. 그렇지만 공화국이 된 베네수엘라는 식민지시대의 많은 관례와 구조를 고스란히 보존했다. 이는 신중하게 창출되고 300년에 걸쳐 현지의 조건에 맞춰 조정된 에스파냐령 아메리카의 사회경제체제의 저력을 잘 보여준다.

베네수엘라의 신식민주의적 사회구조는 향후 100년 동안 유지되었다. 중대한 변화는 1920년대에 들어서야 발생했다.

커피와 카우디요

베네수엘라는 독립 직후부터 카우디요의 정치적 지배를 겪었다. 지도자의 출세와 전투의 전리품을 위해 헌신하는 개인들로 조직된 군대의 우두머리가 카우디요였다. 출세의 필수요소는 군사력과 수도 장악이었다.

당시 중요한 문제는 베네수엘라와 신흥시장으로 떠오른 유럽 및 미국과 관계를 어떻게 설정할 것인가였다. 어느 지역이 담당해야 할 것인가? 어느 집단이 가장 이익을 볼 것인가? 안데스의 커피 재배자인가, 중부 산악의 카카오 재배자인가 아니면 야노스의 목장주인가? 카라카스는 자연스럽게 지방과 해외 시장을 잇는 핵심적 연결고리가 되었다.

이러한 상황 속에서, 야노스의 거친 목장주이고 교육도 거의 받지 못한 호세 안토니오 파에스가 1830년부터 1848년까지 베네수엘라 정치를 지배했다. 그의 주요 업적으로는 카카오 기반의 식민지적 경제에서 커피를 생산하는 국제경제로의 이행을 촉진한 것을 들 수 있다. 유럽의 상인은행들이 지역 재배자들에게 넉넉히 대출을 해준 대가로 파에스 정부는 재산 보호와 계약의 불가침을 핵심 조건으로 하는 자유무역 발전모델을 도입했다. 이 모델은 1830년대에 효과적으로 추진되었다.

1840년대에 커피가격이 하락하자 잠재된 갈등이 표면화되었다. 대금업자들은 계약의 불가침을 원용하며 채무 상환을 요구하였으나, 재배자들은 수익이 감소해 채무를 이행할 수 없었다.

당시 자유주의자와 보수주의자 사이의 갈등은 이념보다는 이익에서 비롯되었다. 19세기 베네수엘라 교회는 식민지시대 멕시코나 페루와 달리 권력을 획득하지 못해 국가와 교회의 관계는 주요 갈등이 아니었다. 더 큰 의견 대립은 중앙정부와 지방정부 간의 권력 배분을 두고 일어났지만 이조차 카우디요들의 개인 간 경쟁으로 종종 흐려졌다.

경제적 이익은 정치적 동맹의 형성도 결정했다. 파에스가 이끈 보수주의자들은 대금업자들과 외국 대리인들과 연합했고, 안토니오 레오카디오 구스만이 이끈 자유주의자들은 빚에 쪼들리는 재배자들을 대변했다. 몇 년간 대립과 혼란이 계속되다 호세 타데오 모나가스와 호세 그레고리오 모나가스 형제가 자유당 지배를 확립하고 부채 감면과 계약 파기를 남발했다. 이들은 노예제를 철폐하고 전통적인 에스파냐 법을 따라 지하자원의 국가 소유를 천명한 광업법을 통과시켰다. 국가 발전의 상징으로 카라카스에서 라구아이라 항까지 전신이 설치되었다. 그러나 자유당 당국자들이 농업 지배층을 대금업자에게 구제하기 위해 허둥대자 경제는 계속 흔들렸다. 쉬운 대출과 불확실한 수익은 불안정한 혼합물을 만들어 냈다.

지역과 경제집단 간 갈등이 심화되자 1858년 전면적인 시민 투쟁이 발발했다. 70세가 된 파에스가 귀환해 1861년부터 1863년까지 독재를 펼쳤다. 보수주의자들은 당시 자신들을 연방주의자로 부르는 분파와의 싸움에서 졌다. 이 연방주의자들의 지도자는 1864년에 부통령이 된 안토니오 구스만 블랑코로, 자유당 대변인을 역임한 안토니오 레오카디오 구스만의 아들이었다. 카우디요의 전통을 충실히 따라 구스만 블랑코는 대통령에 대항하는 봉기를 일으켜 1870년 집권했다.

구스만 블랑코는 베네수엘라의 과거와 현대 두 세계에 속하는 특이한 인물이었다. '걸출한 아메리카인'el americano ilustre이라고 알려진 것을 좋아한 그는 서로 관련된 세 과제에 착수했다. 공공질서 확립, 대외 통상의 부흥, 정부 효율성 제고였다. 그는 개혁가의 면모를 보여 자유·의무 선거를 도입하고, 신학교와 수도원을 폐지하고, 종교 연구의 임무를 국립대학에 부여하고, 민간 결혼 제도를 도입하는 등 교회의 전통적 권력 독점에 공개적으로 도전했다. 그는 경제개발만큼 개인의 재산 축적에도 몰두해 외채를 자신의 주머니와 국고에 끌어모았다. 1870년대와 1880년대에 재임한 그는 세번째 연임이 결정되자 환호했다. 그러나 탄압에 맞서는 민중의 저항이 거세졌다. 구스만 블랑코는 1887년 8월 유럽 여행 중 민중의 저항을 깨닫고 1888년 대통령직을 사임했다.

함포 외교

이후 몇 년은 베네수엘라의 국제정치무대 진입기였다. 베네수엘라의 첫 등장은 상서롭지 못했다. 이 시기에 발생한 두 주요 사건은 '강대국은 하고 싶은 것을 하고, 약소국은 해야 할 것을 한다'는 국제정치의 유서 깊은 격언을 상기시킨다.

첫번째 사건은 1890년대 중반에 발생한 국경 분쟁으로, 영국이 1814년 조약으로 네덜란드에게 획득한 영국령 기아나와 베네수엘라 사이에서 벌어졌다. 1835년 영국은 기존 영토를 3만 평방마일 확장한 서부 국경을 주장했다. 베네수엘라는 에스파냐에서 독립할 때 확정한 국경을 고수했다. 금광이 발견되자 영국은 3만 3천 평방마일이 확장된 국경을 새로 주장했다. 그러나 가장 핵심적인 쟁점은 토지나 광물이 아니라 오리노코 삼각주의 지배권이었다.

베네수엘라는 진지하게 먼로 선언을 원용하며 그로버 클리블랜드 미국 대통령에게 도움을 요청했다. 미국은 이 분쟁에 두 가지 이해관계가 걸려 있었다. 하나는 오리노코 지역에 대한 접근권을 확보하는 것이었고, 다른 하나는 서반구에서 영국의 영향력을 차단하는 것이었다. 1895년 미 의회는 영국의 주장에 반대를 표명했고, 리처드 올니 국무장관은 아래와 같이 평소와 달리 직설적인 메시지를 영국에 보냈다.

> 오늘날 미국은 이 대륙의 실질적인 주권국이며, 미국의 결정은 대륙의 모든 사람이 준수해야 할 법이다. 왜 그러한가? 오로지 우의나 선의 때문만은 아니다. 또 미국이 문명국다운 고매한 성품을 지녔고 처사를 지혜롭고 정의와 형평에 맞게 하기 때문만도 아니다. 이런 것들에 더해, 미국이 무한한 자원과 고립된 위치 덕분에 사태에 적절히 대처할 수 있고 다른 어떤 열강, 또는 다른 모든 열강과 대결해도 약하지 않기 때문이다.

영국 외무장관은 먼로 선언을 비웃으면서도 중재 제안을 수용했다. 경계획정 위원회는 처음에 미국인 두 명, 영국인 두 명, 러시아인 한 명의 법관으로 구성되었고, 베네수엘라가 격렬히 항의한 끝에 자국 대표 한 명을 추가할 수 있었다. 4년 후 위원회는 1835년 기준 국경선을 확정하는 결정을 내렸다.

미국에게 이 결과는 아메리카 대륙에서 헤게모니를 행사하기 위한 장기 전략의 중요한 진척이었다. 영국에게는 전술적 후퇴였고 서반구에서 미국의 지배를 인정한다는 것을 의미했다. 베네수엘라에게는 가혹하지만 받아들일 수밖에 없는 현실이었다. 그리고 올니의 험악한 메시지는 라틴아메리카에게는 미국의 오만과 우월감이 명백히 담긴 선언이었다.

두번째 사건은 1899년부터 1908년까지 철권통치를 한 시프리아노 카스트로 장군의 독재 기간에 일어났다. 그의 임기 중 가장 기억될 이 사건은 채무 불이행이 초래할 수 있는 위험을 잘 드러낸다.

경기침체와 끊이지 않는 지방 봉기, 자신의 개인적인 사치로 인한 재정적자에 직면해 카스트로는 1902년 유럽 채권자들에게 외채 지불유예를 선언한다. 격분한 영국, 독일, 이탈리아는 군함을 보내 베네수엘라 해안을 봉쇄했고 항구를 포격하려 했다. 아르헨티나의 저명한 외교관 루이스 마리아 드라고는 미국에 채무 이행을 위한 무력 사용에 반대할 것을 촉구했다. 루스벨트 대통령은 난색을 표했으나 협상을 개시해 1903년 워싱턴 의정서를 체결했고, 이에 따라 베네수엘라는 유럽에 진 채무 상환을 위해 관세 수익의 30퍼센트를 할당하게 되었다.

상황을 일 년간 관찰한 후에 루스벨트는 아메리카 지역에 대한 미국 정책의 토대가 된 성명을 발표한다.

> 우리는 올바르게 행동하는 국가에는 진정한 우의로 대할 것이다. 사회, 정치적인 문제를 합리적 효율성에 따라 품위 있게 처리하고, 채무를 이행한다면 미국의 개입을 두려워할 것이 없다. 만성적으로 부정을 저지르거나 무능해 사회의 유대가 끊어지면 다른 지역과 마찬가지로 아메리카 대륙도 문명국의 개입을 받아야 한다. 미국은 서반구에서 이러한 명

백한 부정이나 무능이 일어난다면 먼로 선언에 따라 국제 경찰력을 행사할 수밖에 없다.

먼로 선언에 대한 '루스벨트 추론'Roosevelt Corollary이라 알려진 이 성명은 두 가지 목표를 갖고 있었다. 하나는 필요할 때면 언제든지 "국제 경찰력"을 행사하겠다는 미국의 의지를 라틴아메리카에 천명한 것이었다. 다른 하나는 유럽이 미국의 배타적 영향권인 아메리카 대륙에 군함을 보내지 말라는 경고였다. 베네수엘라는 또다시 강대국 정치라는 체스판에서 졸에 불과함을 깨달았다.

카스트로는 이렇게 굴욕을 당하고 나서 외국 투자자들의 환심 사기에 나섰다. 그는 고수익의 아스팔트 광산을 활용하기 위해 1905년 새로운 광업법을 제정해 정부가 민간기업에 길게는 50년까지 채굴권을 줄 수 있게 했다(이러한 채굴권은 19세기 페루 정부가 구아노 개발을 위해 부여한 권리와 본질적으로 동일했다). 1906년에 카스트로는 아스팔트 채굴권을 의회의 승인 없이 대통령의 결재만으로 부여할 수 있도록 순종적인 의

1928년 세대

라틴아메리카 전역에서 일어난 학생들의 저항은 정치에서 중요한 역할을 했다. 저항의 뚜렷한 조짐은 1928년 '학생의 주(週)'에 베네수엘라 센트랄대학에서 호비토 비얄바와 다른 학생 두 명이 고메스의 독재 반대를 외치다 체포되면서 시작되었다. 학생들이 동조하며 몰려들고 더 많은 이들이 구금되었다. 이 사태는 대규모 민중 시위를 촉발했고 경찰은 폭력 진압으로 맞섰다. 시위자 중 몇 명이 살해당했고, 많은 사람이 구금되었고, 또 일부는 망명했다.

해외로 도피한 젊은이들 중 로물로 베탕쿠르, 라파엘 칼데라, 라울 레오니는 훗날 대통령이 되었다. 이 사건은 1928년 세대에게는 물론 국가 전체적으로도 형성의 경험이었다.

원들을 설득해 합의를 얻어 냈다. 이로써 카스트로는 거액을 벌 수 있는 기반을 만들었다. 결국 그는 극심한 부패와 실정 때문에 1908년 권좌에서 쫓겨났다. 후안 비센테 고메스가 대통령직을 승계해 1935년까지 집권했다.

고메스는 무자비하고도 효과적인 통치를 했다. 그가 정치적 문제를 해결한 방법은 문제가 된 사람이 누구이든 경고, 감금, 고문, 추방, 암살 등을 통해 제거하는 것이었다. 군부는 주요 문제의 해결을 도맡으면서 고메스의 근위대로 변했다. 비밀경찰은 반체제 인사들을 색출해 체포했다. 아이러니하게도 베네수엘라에서 가장 강력한 카우디요였던 고메스는 카우디요 시대의 종식을 가져왔다.

개관 : 경제성장과 사회변화

석유의 중요성은 전 세계적으로 부각되었다. 석유는 산업 발전과 군사력 증강에 불가결한 요소였다. 1차 세계대전의 암운이 드리운 고메스 재임 기간에 베네수엘라의 석유시대가 열렸다. 모든 것이 그 전과 달라졌다.

고메스 정권은 시프리아노 카스트로 집권기에 제정한 광업법에 따라 민간 투자자들에게 채굴권을 부여했다. 이 제도상 정부는 정해진 기간 동안 지정된 영역에서 탐사와 채굴 허가를 내주는 대가로 매년 일정하게 '지대'와 유사한 사용료를 받았다. 석유 채굴권 판매로 얻은 높은 수익에 대해 베네수엘라는 비용을 지불하거나 의무를 이행할 필요가 없었다. "석유로 돈을 긁어모으기 위해서 정부는 상대적으로 값어치가 없는 농지나 마라카이보 호수의 주인 없는 바닥에 드릴을 박을 권리를 부여하는 공문 몇 장만 써주면 되었다"라고 한 분석가는 기록했다. 석유 수익은

〈도표 8.1〉 베네수엘라의 석유 생산량(1918~2007년)

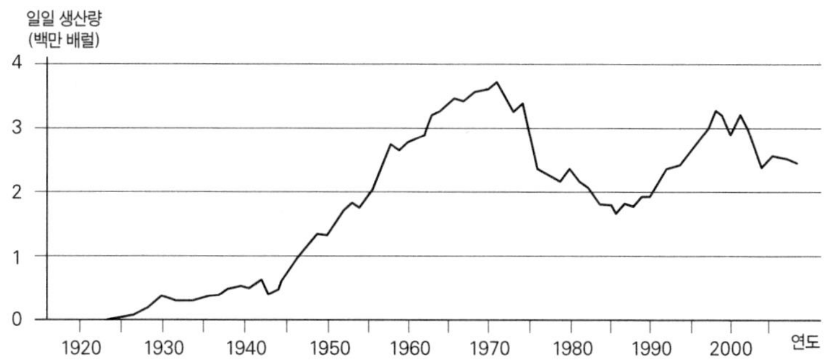

출처 : US Department of Energy, Energy Information Administration, *Annual Energy Review 2007* (http://www.eia.gov/emeu/aer/). Jorge Salazar Camilo, *Oil in the Economic Development of Venezuela* (New York: Praeger, 1976). Edwin Lieuwen, *Petroleum in Venezuela: A History* (New York: Russell & Russell, 1967).

하늘에서 떨어지는 것이나 마찬가지였다.

1914년 로열 더치/셸의 자회사인 캐리비언 페트롤리엄이 상업적 생산을 개시하며 채굴권 부여가 줄을 이었다. 석유의 경제적 중요성이 갈수록 부각되자 추가로 제정된 법은, 채굴권자는 유전을 '탐사'할 권리만 있지 완전한 소유권은 없다는 것을 명확히 규정했다. 즉, 채굴권 부여는 유전을 판매한 것이 아니라는 의미였다. 로얄 더치/셸, 걸프, 판아메리칸(얼마 뒤 인디아나 스탠더드 오일에 매각되었다) 등의 기업들이 유리한 입지를 확보했다.

몇 년 뒤에 고메스는 채굴권 부여에 대한 새로운 법을 제정하기 위해 외국 석유기업 대표들을 초청했다. 그 결과 1922년 제정된 신법은 채굴 가능한 토지 면적과 개발 기간을 늘렸다(기업들이 원하던 바였다). 이 법은 몇 가지 사소한 조정만을 거쳐 20년 이상 효력이 지속되었다.

석유 생산량은 급격히 증가했다. 1926년 석유는 수출액 기준으로 커피를 제치고 베네수엘라의 최대 수출품이 되었다. 1929년 베네수엘라의 석유 수출량은 세계 최대에 달했고 생산량은 미국 다음으로 많았다. 〈도표 8.1〉과 같이 베네수엘라의 석유 생산은 1930년대에도 — 전 세계적인 대공황 시대에 — 계속 증가했고 1940년대부터 1970년대 초반까지 가파르게 늘어났다(그 이후부터는 가격상승 전략의 일환으로 일부러 생산을 줄였다). 석유로 떼돈을 버는 시대가 열렸고, 이는 베네수엘라를 완전히 변화시켰다.

이러한 발전 결과로 '석유국가'petro-state, 즉 석유 생산에 전적으로 의존하는 — 또한 석유 생산에 좌우되는 — 정치체제가 탄생했다. 채굴권을 주기 시작할 무렵의 베네수엘라는 매우 취약한 국가였다. 그 당시에는 공무원 제도나 중앙은행, 독립적인 사법부조차 없었다. 카우디요주의는 개인통치의 전통과 대통령 권력의 비대화, 약탈적 정치를 만들어냈다.

고메스 집권기에 베네수엘라는 투박하지만 빈틈없이 채굴권 협상을 추진했다. 외국 석유기업들은 국제시장에서 지배력을 강화하고, 생산 지역을 다변화하고, 비협조적인 산유국(특히 1910년대 사회혁명이 일어난 멕시코와 러시아)을 제재할 수 있었다. 고메스는 장기집권하고 개인의 부를 축적할 수 있었다. 그의 통치가 얼마나 견고했는지는 1935년 그가 자연사할 때까지 재직했다는 사실에서 드러난다.

진화하는 이 체제의 핵심적 법적 장치였던 1922년 석유법은 몇 가지 중요한 결과를 낳았다. 첫째, 오직 정부만이 외국기업과 협상할 권한을 지녔던 까닭에 권력이 민간에서 국가로 넘어왔다. 둘째, 채굴권 부여의 최종 결정자였던 대통령의 권한을 (그 전에도 강했으나) 더욱 강화했다. 셋째, 석유법은 지도자들이 수익 극대화를 위해 어떤 수단도 마다하지 않게 만들었고 또 그 수익을 아무 데나 원하는 대로 쓰도록 부추겼다

(이 수익은 대부분 낭비성 공공사업에 투입되었다). 석유 채굴권은 현직 대통령의 입지를 더욱 강화했다.

석유 생산은 관료와 정치권력의 중심인 카라카스에서 멀리 떨어진 마라카이보 호수 주변의 고온다습한 지역에서 이루어졌다. 외국기업은 중앙 정부에 고정된 지대(그리고 뇌물)를 내고 이윤을 가능한 최대의 범위까지 확장했다. 외국기업은 직접 기계설비를 들여왔고 자신들의 기술자와 지질학자들을 데려왔다. 물론 현지 노동자도 고용했지만 작업장은 고립된 곳에 있어 생필품을 터무니없는 값에 강매했다. 중앙아메리카에서 바나나 농장처럼 석유 기업의 채굴권은 경제적 영지를 형성했다.

석유로 인한 일확천금은 부정적 영향도 초래했다. 가장 중요한 영향은 농업, 그리고 한때 막강했던 지주계급의 몰락이다. 대공황기에 커피와 카카오 수출이 침체되면서 비석유 부문 지배층은 사라졌다. 그리고 석유 수익이 늘어 베네수엘라의 화폐인 볼리바르화의 가치를 상승시켜 수입을 촉진하고 (수출품을 외국 화폐로 측정할 때 비싸졌으므로) 수출을 감소시켰다. 한 세대 만에 라틴아메리카 농업대국이었던 베네수엘라는 식량 자급이 불가능해져 수입에 의존하게 되었다.

일자리에 대한 기대와 농업 경시로 페온들과 농촌 주민이 공공사업이나 유전에 몰리면서 국내 이주 현상이 심화되었다. 베네수엘라에서 도시화는 다른 라틴아메리카 국가보다 늦게 발생했으나 매우 빠르게 진행되었다. 1950년에는 전 국민의 30퍼센트 이상이 인구 2만 명 이상의 거주지에 살았다. 이 비율은 1975년에는 거의 64퍼센트까지 상승했다(그리고 이때 46퍼센트는 인구 10만 명 이상의 도시에 거주했다). 한편 언제나 대도시였던 카라카스는 인구 200만 명 이상의 도시로 성장했다.

계급구조는 독특한 방향으로 진화했다. 석유의 부상은 산업화를 지연시켰다. 모든 상품을 수입할 수 있어 국내 제조업을 육성할 필요가 적었기 때문이다. 따라서 베네수엘라에서 산업노동계급은 이렇다 할 권력을 갖지 못했다. 그 대신 석유 산업과 긴밀한 관계를 맺은 상업과 전문직 부문이 새로운 지배층으로 부상했다. 테리 린 칼에 따르면 1920년부터 1935년까지 베네수엘라에서는 "석유 부문 성장의 수혜자이면서도 석유 산업과 잠재적인 적대관계에 있는" 도시중간계급, 그리고 그보다 덜 두터운 노동계급의 역설적인 등장이 있었다. 즉 이 두 집단은 석유 수익으로 인한 제반 발전의 수혜자였지만 석유와 연관된 지배층이 특권적 지위를 향유하는 것에 결국 불만을 느끼게 되었다는 것이다. 국가가 경제에 개입해 부정과 불평등을 시정하라고 요구한 사람들은 바로 이 성장하는 중산층이었다.

더 강력하고 자율적인 국가에 대한 요구는 2차 세계대전 동안 높아졌다. 이에 따라 정부는 1943년 석유 정책을 급진적으로 바꾸어 정부 수입기반을 기존의 채굴권 임대에서 기업 수익에 대한 소득세로 전환했다. 원칙은 기업이 수익을 올릴수록 국가의 수입도 늘어난다는 명쾌한 것이었다. 이 조치는 정부가 다국적 기업에 내민 첫 도전장이었다(자국의 이익을 지키기 위해 베네수엘라는 이후 다른 석유 수출국들—사우디아라비아, 쿠웨이트, 이라크—이 이와 같은 정책을 도입하도록 부추겼다. 공동 전선을 펴는 것이 모두에게 이익이 될 것이라고 예측했기 때문이다).

국제적 요인들, 즉 2차 세계대전 이후 그동안 억눌렸던 수요의 증가, (세계 주요 산유국이던) 이란의 정치적 위기, 수에즈운하의 일시적 폐쇄(이로 인해 중동이 유럽에 공급하던 석유가 끊겼다)로 1940, 50년대에 석유는 계속 고수익을 창출했다. 베네수엘라는 이러한 상황을 어부지리 삼아 높은 수익을 올렸다. 국고 증대로 특히 카라카스를 비롯한 도시 지역이 수혜를 입었고, 그 결과 대규모 공공사업이 시행되었다.

같은 기간 국가의 강력한 개입은 더 많은 지지를 얻었다. 이를 주도하는 생각은 석유 수익이 비석유 부문 발전을 촉진해야 한다는 것이었다. 널리 퍼진 구호였던 "석유 씨를 뿌린다"sembrar el petróleo는 이 개념을 한마디로 압축했다. 석유라는 무궁무진하고 (저비용인) 자원에 힘입어 국가의 역할은 기하급수적으로 확장되었다. 그러나 국가는 외국기업을 다루는 데는 능숙해졌지만 사회에 진정으로 효과적인 영향력을 미치지 못했다. 관할권과 권위의 간극은, 한 관측자의 표현을 빌리면 "속 빈 권력"을 초래했다.

1960년대와 70년대의 베네수엘라는 다른 라틴아메리카 국가들과 전혀 다르게 보였다. 아메리카에서 가장 부유했고, 주요 수출품은 커피나 설탕, 바나나가 아니라 석유였다. 또한 막강한 다국적 기업을 상대로 유리하게 협상을 이끌었다. 미래는 희망찼고 과거와는 결별한 것처럼 보였다. 베네수엘라 석유 재벌 후안 파블로 페레스 알폰소는 "우리는 당연히 다르다. 우리는 브라질보다 사우디아라비아에 가깝다. 우리는 사우디베

베네수엘라의 인구동태 통계(2007년)

인구(백만 명)	27.5
GDP(십억 달러)	228.07
1인당 GNP(달러)	7,320
인터넷 사용인구(100명 당)	20.8
빈곤율(%)	28.5
기대수명(세)	74

출처: 세계은행, 라틴아메리카카리브해경제위원회

네수엘라이다"라고 솔직하게 말했다. 석유는 베네수엘라 역사의 흐름을 바꿨을 뿐 아니라 국가 정체성에도 영향을 미쳤다.

정치와 정책 : 변화의 패턴

고메스 정권에서 군부와 정당이라는 두 주요 정치 세력이 등장했다. 이 둘의 복잡한 상호작용이 이후 수십 년 동안 정치 상황을 좌우했다. 군부와 정당은 갈등과 협력, 장기적 휴전 등 다양한 관계를 맺었으나 늘 변화와 재협상을 겪었다.

고메스 사후 권력은 군 장교들에게 넘어갔다. 처음에는 엘레아사르 로페스 콘트레라스1936~1941, 그 다음에는 이사이아스 메디나 앙가리타 장군1941~1945이 통치했다. 규율이 몸에 밴 이들은 법질서 유지에 힘을 쏟았다. 그리고 애국심에 불타 석유 수출국의 우위를 최대한 활용했다. 외국기업의 석유 개발 조건을 채굴권에서 소득세로 바꾼 것도 메디나 앙가리타 정권이었다.

이와 동시에 반대 세력도 결집하고 있었다. 로물로 베탕쿠르가 주도한 '1928년 세대'는 망명에서 돌아와, 초기 단계이던 노조의 지지를 얻어 국가민주당을 창당했다. 국가민주당은 로페스 콘트레라스 정권에서 잠시 불법화되었다가 1941년 민주행동당AD; Acción Democrática으로 개명하고 재등장했다. 정부는 1943년 자신들의 정당을 만들어 응수했다. 1945년 개헌이 이루어져 대통령 간선제는 유지되었으나 하원의원이 직선제로 바뀌었고 오랫동안 금지되었던 공산주의자들의 정치활동이 합법화되었다. 이러한 개헌은 생색내기에 불과했지만 관용은 변화를 이끌어 내고 있었다.

그러나 야권은 조급해졌고 1945년 소장파 장교들이 민주행동당의 지도부와 합심해 메디나 앙가리타 정권을 축출했다. 베탕쿠르가 주도한 정부위원회는 메디나 앙가리타와 로페스 콘트레라스를 국외추방하고, 기본권 보장을 일시중지했으며, 노동부를 창설하고, 국가와 석유기업이 이익을 반씩 나누도록 소득세를 재조정했다. 들뜬 분위기 속에서 두 개의 새로운 정당이 출범했다. 하나는 COPEI로 불리던 독립선거정치조직위원회Comité de Organización Política Electoral Independiente로 중도우파 성향의 기독교민주주의 조직이다. 다른 하나는 민주공화연합URD; Unión Republicana Democrática으로 1928년 세대 출신인 호비토 비얄바가 독자적 정치조직 형성을 위해 만든 정당이었다.

1947년 대선에서 저명한 지식인 로물로 가예고스가 민주행동당의 후보로 출마해 당선되었다. 가예고스의 임기는 유토피아 계획과 이념적 경직성, 정치적 순진함으로 점철되었다. 군 장교들은 민주행동당의 집권을 도왔지만 이후 주요 정책 결정과정에서 배제되어 불만을 품었다. 결국 그들은 정부가 COPEI 측 인사를 기용하고 베탕쿠르를 국외추방할 것을 요구했다(베탕쿠르가 민주행동당에서 우위를 점하고 있었고, 그가 베네수엘라로 하여금 콜롬비아의 가이탄과 보고타 봉기를 지지하도록 조종했다는 소문이 돌았기 때문이다). 가예고스가 말을 듣지 않자 군부는 1948년에 그를 축출했다. 트리에니오trienio로 명명된 1945년부터 1948년까지 3년간의 정당 통치기는 이렇게 굴욕적으로 끝이 났다.

군부는 맹렬한 무력 탄압에 나섰다. 학생 및 노동자들과의 충돌은 석유산업노조의 해산, 국립대 휴교, 공산당 불법화로 이어졌다. 군부정권은 1952년 선거를 무효화하고 ― 야당의 승리를 막기 위해서였다 ― 자신들의 일원인 마르코스 페레스 히메네스를 임시 대통령으로 앉혔다.

그 후 대단히 악랄한 독재가 자행되었다. 페레스 히메네스는 '새로운 국가 이상'을 천명하며 대규모 공공사업을 벌이고, 광범위한 정치 탄압을 일삼았으며, 미국과 냉전 연대를 강화하는 등의 조치를 통해 권력을 공고화하려 했다. 1954년 아이젠하워 행정부는 그의 충정에 보답해 카라카스에서 거창하게 행사를 열고 미국 공로훈장을 수여했다. 페레스 히메네스는 반공을 구실로 반대 세력을 투옥하고 민주행동당을 소멸시키려 했다. 그러나 1958년 대선에서 부정선거를 저질러 재집권을 꾀하자 군부가 선을 그었다. 공군이 민중 봉기를 이끌고 그를 국외로 추방한 것이다. 이후 무슨 일이 일어났을까?

푼토피호 민주주의

반대 세력 지도자들은 3년의 정당 통치기인 트리에니오에서 깨달은 바가 있었다. 그들은 페레스 히메네스를 축출한 쿠데타 전후에 회합을 가지고 향후 정치에 적용할 명시적인 규칙에 합의했다. 기본 원칙은 포함의 원칙으로, 석유 수익은 모든 주요 경제집단에 분배되어야 한다는 것이었다. 즉, 모든 주요 세력은 서로 핵심적인 이익을 위협하지 않겠다고 보장함으로써 서로 위해를 가할 수 있는 능력을 포기했다. 유화 정책이 시대적 추세가 되었다.

군부에 대해서도 구체적인 합의가 있었다. 군부가 정치적 중립을 지키는 대가로 급여와 장비를 대폭 개선하고 과거 행위에 대해 사면을 부여하며, 국가에 헌신한 공로를 대중적으로 인정하겠다고 제안했다. 소장파 군 장교들은 군의 전문성 강화와 독재에 연루되었다는 낙인을 지우기 위해 이를 수용했다.

푼토피호 협약Pacto de Punto Fijo을 통해 당 지도부는 선거 절차를 준수하겠다고, 더 중요하게는 투표 결과에 따라 권력을 나누겠다고 합의했다. '장기적 정치 휴전'의 정신이 내각과 공직, 그리고 정부 계약의 배분을 결정했다. 이러한 관직 배분 제도는 모든 협약 당사자들의 정치적 생존을 보장했다. 이 협약 당사자에서 베네수엘라 공산당이 배제되었다는 점은 주목할 만하다.

경제 영역에서는 '정부의 최소 정책' 원칙에 따라 정부는 경제 개입을 자제했다. 경제에 대한 국가의 역할은 증대되었지만 대규모 국유화나 수용을 자제하고 민간기업 활동을 존중했다. 결과적으로 베네수엘라의 자본가들은 이윤을 추구할 권리를 위해 통치를 할 권리를 반납한 셈이었다.

푼토피호 협약은 이러한 개혁 조치도 도입했지만(또는 이러한 조치들 때문에) 미국 냉전정책의 명분에 대한 지지도 포함했다. 이는 많은 논란을 불러일으켰다. 많은 희생을 치르면서까지 페레스 히메네스 정권 퇴진에 앞장섰던 좌파 그룹들은 독재를 지원한 아이젠하워 정부가 달가울 리 없었다. 닉슨 부통령이 쿠데타 발발 직후인 1958년 5월 카라카스를 방문했을 때 분노한 사람들은 길을 막고 그가 탄 리무진을 전복시키려 했다. 무사히 귀국한 뒤에야 닉슨은 이를 "공산주의자들이 계획하고 주도하고 조종한" 선동이라고 비난했다. 한 상원의원도 이 시위가 "러시아의 100퍼센트 침투"를 나타낸다고 거들었고, 또 다른 의원도 "범세계적으로 확산되는 공산주의"를 보여 준다고 단언했다. 그 말이 맞다 치더라도 당시 베네수엘라에는 반미감정이 팽배했다.

1958년 후반부터 민주정치의 시대가 열렸다. 민주행동당의 신임 대통령 베탕쿠르는 푼토피호 협약에 따라 점진적 개혁을 실행에 옮겼다. 후안 파블로 페레스 알폰소 광물탄화수소부 장관은 외국기업과 협상을 유리하게 하기 위해 국영기업을 설립했다. 베탕쿠르 정부는 OPEC의 형성에도 필수적인 역할을 했다. 페레스 알폰소는 이전부터 산유국 간 협력의 필요성을 주장했다. 1960년 일어난 두 사건은 이를 실행에 옮길 기회를 만들었다. 주요 석유기업들이 일방적으로 유가를 내렸고 아이젠하워 행정부는 베네수엘라 수입 석유에 강제 할당제를 도입한 것이다(이 할당제는 표면적으로는 전쟁 발발 시에 멕시코와 캐나다 석유에 대한 육로 접근권을 확보하기 위함으로 보였으나 실제로는 미국 국내 생산자를 보호하기 위한 조치였다). 이에 맞서 페레스 알폰소는 바그다드에서 긴급회의를 열었다. 5개 산유국—이란, 이라크, 쿠웨이트, 사우디아라비아, 베네수엘라—은 생산자 카르텔인 OPEC을 창설해 상호 이익을 증진시키기로 합의했다. 창설 초기에는 OPEC이 국제석유시장에 영향을 줄 수 있을지, 있다면 어떻게 가능할지 불분명했으나 1970년대에는 막대한 영향력을 행사했다. OPEC의 창설 과정은 베네수엘라가 국제적으로 적극적인 역할을 수행할 채비가 되었다는 것과, 석유시장 공동개입을 통해 베네수엘라와 중동 국가들이 돈독한 관계를 형성했다는 것을 보여 준다.

국내에서는 1960년 토지의 유상몰수를 규정한 정부의 농업개혁법이 통과되었다. 지주들은 줄어든 영향력을 통감하면서도 정부의 관대한 제안을 흔쾌히 받아들였다. 농업개혁법은 지주와 농민 모두에게 이익이 되었다.

그러나 평화는 쉽게 깨졌다. 베네수엘라 공산당과 민주행동당 급진파는 베탕쿠르의 온건주의를 거부하고 게릴라 운동에 동참했다. 1963년에는 이들이 은닉한 무기고가 발각되어 이들과 쿠바 카스트로 정부의 관계가 드러나게 되었다. 베네수엘라는 즉시 쿠바와 국교를 단절하고 혁명분자들을 색출했다. 이로써 민주행동당은 자신의 노선을 반공좌파로 규정했다.

중도좌파 개혁가의 입지를 굳힌 베탕쿠르는 아메리카의 지역문제 해결에서 탁월한 능력을 발했다. 그는 혁명좌파와 권위주의 우파 모두에 반대하는 유일무이한 입장을 견지해 국제적으로 많은 신뢰를 얻었다. 피델 카스트로가 그랬듯이 베탕쿠르도 1962년 암살 시도에서 살아남았는데, 이는 베탕쿠르의 라틴아메리카 반독재 입장을 적대시한 도미니카공화국의 라파엘 트루히요가 주도한 것이었다. 베탕쿠르는 1962년 10월 쿠바 미사일 위기가 일어났을 때 미국의 존 F. 케네디 대통령이 조언을 구할 정도로 절친한 관계를 맺었다. 베탕쿠르는 모든 면에서 케네디의 '진보를 위한 동맹'의 고매한 이상을 상징하는 인물이었다. 두꺼운 테의 안경을 쓰고 파이프담배를 문 모습으로 각인된 그는 '베네수엘라 민주주의의 아버지'로 추앙받았다.

이후 선거에서 라울 레오니(민주행동당)와 라파엘 칼데라(COPEI)가 승리해 두 정당이 공직 지배권을 계속 독점했다. 그러나 좌파의 저항은 위협이 될 수준은 아니었지만 계속되었고, 대중의 불만이 쌓이고 있음이 드러났다. 1971년 사회주의운동MAS; Movimiento al Socialismo이라는 조직이 결성되었고, 2년 뒤 칼데라 행정부는 11년간 금지되었던 혁명좌파운동MIR; Movimiento de la Izquierda Revolucionaria을 합법화했다. 이들을 제도화된 정치의 장으로 끌어들이기 위해서였다.

1974년 중도좌파 성향의 화려한 정치인이었던 카를로스 안드레스 페레스(민주행동당)가 49퍼센트의 표를 얻어 취임했다. 이름의 앞 철자를 따서 CAP으로 알려진 그는 키신저와 닉슨의 냉전전략과 거리를 두었다. 그리고 쿠바와 국교를 복원하고 칠레와 니카라과의 반공 독재에 단호히 반대했다. 아메리카 전체의 지도자로 부상한 그는 카터 행정부의

악마의 배설물

베네수엘라가 석유로 얻은 횡재를 가장 명쾌하게 분석한 이는 바로 후안 파블로 페레스 알폰소(1903~1979)로, 장관을 두 번 역임하고 50 대 50 공식(정부와 기업 간 석유 수익 배분율)을 고안했으며 OPEC 창설을 주도한 인물이다. 그는 1970년대 남긴 글을 통해 과도한 석유개발, 무절제한 정부지출, 비석유 부문 개발 경시와, 무엇보다도 번영이라는 신기루의 허황됨을 다음과 같이 경고했다. "앞으로 10년 내지 20년 뒤면 우리는 석유 때문에 망할 것이다. …… 석유는 악마의 배설물이다."

파나마운하 협상을 지원했고 라틴아메리카 경제 및 과학 분야 협력을 위한 위원회를 멕시코 대통령과 공동 창설했다(그의 진보주의자로서의 위상은 퇴임 후 사회주의인터내셔널 부의장에 선출되며 더욱 공고해졌다).

OPEC이 국제유가를 올리려고 생산량을 줄이자 베네수엘라는 갑자기 100억 달러의 수익을 올렸다. 1975년 카를로스 안드레스 페레스는 석유기업 소득세를 63.5퍼센트에서 70퍼센트까지 올렸다. 그리고 석유산업을 법으로 국유화하고 국영 석유기업 베네수엘라석유공사PdVSA를 설립해 석유 생산에 직접 뛰어들었다. 베네수엘라는 무엇이든 할 수 있을 것 같았다. 카를로스 안드레스 페레스가 여러 차례 "우리가 세계를 바꿀 것이다!"라고 외쳤듯이 베네수엘라는 엘도라도를 얻은 것처럼 보였다. 아니, 적어도 그 당시에는 그렇게 보였다.

이후 십 년간은 상대적으로 평온했다. 푼토피호 협약이 효력을 지속했고 석유로 계속 고수익을 얻었으며 경제는 호황이었다. 루이스 에레라 캄핀스(COPEI)와 하이메 루신치(민주행동당) 대통령은 비록 부패 혐의가 늘어 가고 있었지만 온건하고 경쟁력 있는 정부를 이끌었다. 1983년 갑작스러운 볼리바르화 평가절하로 민주행동당-COPEI 연합정부의 신뢰도가 떨어졌지만 체제는 살아남았다. 미국과는 로널드 레이건의 대 중미 대외정책(4장 참조)에서 의견이 대립했지만 안정된 관계를 유지했다. 1980년대 후반 베네수엘라는 다른 라틴아메리카 국가가 추종할 만한 정치 모델이 되었다. 베네수엘라는 안정되고 번영하는 양당제(일부 분석가들은 2와 1/2당 체제로 보기도 한다) 민주주의 국가였다. 무엇을 더 바랄 수 있었겠는가?

그러나 카를로스 안드레스 페레스가 1989년 재선에 성공하면서 균열이 생기기 시작했다. 그는 갑자기 노선을 선회해 국영기업 민영화, 무역 자유화, 경제규제 철폐 등 신자유주의 경제개혁을 도입했고, 휘발유 가격과 버스를 비롯한 대중교통의 운임이 치솟았다. 분노한 카라카스 시민들은 거리에서 동시다발적으로 시위를 벌였고 수세에 처한 카를로스 안드레스 페레스는 질서 회복을 위해 군대를 투입했다. 탱크들이 주요 도로를 누비고 다녔고 여기저기서 무력 충돌이 발생했으며 약탈이 확산되었다. 정부는 이후 287명의 사망자가 발생했다고 확인했지만 독립적인 관측자들은 2,000명 가까이 사망했을 것으로 추정한다. 어느 쪽이 맞든 카라카소caracazo라 부르는 이 카라카스 봉기는 절망과 환멸을 초래한 비극이었다.

몇 년 뒤에 상상을 초월하는 사건이 발생했다. 일부 군대가 무력으로 정권을 찬탈하려 한 것이다. 1992년 2월 우고 차베스란 이름의 젊은 대령이 지휘하는 공수부대가 쿠데타를 일으켰으나 실패했다. 시위가 그 해 내내 이어졌고 11월 또 다른 쿠데타 시도가 일어났다.

카를로스 안드레스 페레스는 임기를 다 채울 수는 있었지만 좋은 평가는 받지 못했다. 1993년 그는 1,700만 달러가 넘는 공금을 횡령한 혐의로 기소되었다.

〈도표 8.2〉 베네수엘라 주요 정당의 부상과 쇠퇴(1958~1998년)

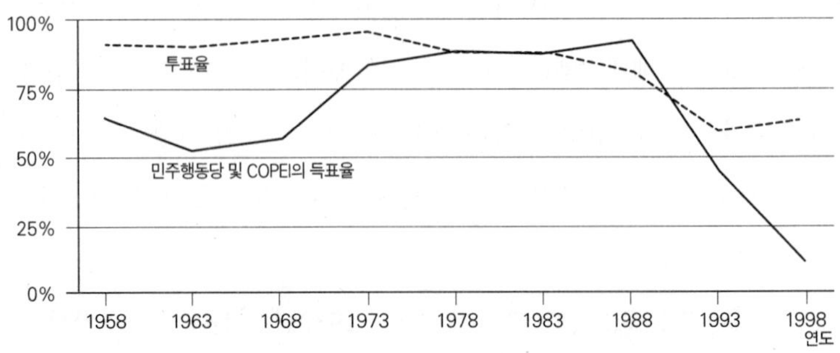

출처: Jennifer McCoy and David J. Meyers (eds.), *The Unravelling of Representative Democracy in Venezuela* (Baltimore: Johns Hopkins University Press, 2006).

푼토피호 체제는 기력이 다하고 있었다. 중산층 시민들은 루신치와 카를로스 안드레스 페레스를 비롯한 정치 지도자들의 부정축재에 분노했다. 노조는 석유수익의 정당한 몫을 받지 못하고 있다는 사실을 알아차렸다. 그리고 근래에 도시로 이주한 실업자와 저임금 노동자들은 사회복지 사업과 경제활동 기회를 요구하기 시작했다.

푼토피호 체제 소멸의 원인과 결과로 시민들은 전통 정당에 등을 돌렸고 선거 자체를 기피하게 되었다. 카를로스 안드레스 페레스가 신자유주의 경제정책을 도입한 이래 민주행동당과 COPEI는 실질적인 차이가 없었다. 의미 있는 선택지가 없다면 투표가 무슨 소용이겠는가? 〈도표 8.2〉에서 보듯이 투표율은 1973년 96퍼센트(대단히 높은 수준이었다)로 정점을 찍고, 1978년과 1983년 88퍼센트, 1988년에는 82퍼센트, 1990년대에는 60퍼센트로 떨어졌다. 동시에 민주행동당과 COPEI의 대선 득표율은 1978년에서 1988년 사이에 90퍼센트 수준에서 1993년 45퍼센트, 1998년 11퍼센트로 곤두박질쳤다.

설상가상으로 라파엘 카레라—1967년부터 1974년까지 COPEI 대표였다—가 1993년 대선에 무소속으로 출마해 당선되었다! 그의 승리로 푼토피호 체제의 두 개의 근본적인 약점이 우연히 드러났다. 하나는 푼토피호 체제의 '창립 세대'는 젊고 신선한 신인이 설 자리를 내주지 않는다는 점이었다. 또 다른 하나는 전통 정당의 존재 의미가 없다는 것이었다.

사회적 조건도 악화되고 있었다. 만성적인 인플레이션의 결과 평균 임금의 구매력은 1970년대 후반의 3분의 1 수준으로 하락했다. 1990년대 들어 빈곤율은 두 배로 뛰어 1990년대 말에는 60퍼센트에 근접했다. 빈민들이 생계를 잇기 위해 거리로 나와 날품을 파는 등 '비공식 부문'이 도시에서 불규칙적으로 확산되었다. 그러나 베네수엘라가 세계 최고 수준의 경제 불평등을 기록해 온 데서 알 수 있듯이 지배층은 세상과 격리되어 전과 같은 생활수준을 유지했다. 이러한 상황은 극단적인 조치들을 부르고 있었다.

최근 상황(1998년~현재)

양당 체제의 붕괴는 베네수엘라 정치에 커다란 권력 공백을 초래했다. 1992년 실패한 쿠데타의 주역인 우고 차베스는 이 공백을 메우며 등장했다.

2년간 복역 끝에 사면된 차베스는 구세주적 사명감을 피력하며 국민적 영웅으로 떠올랐다. 그는 자신만만하고 직설적이며 관행에 얽매이지 않는 현실주의자로, 푼토피호 협약에서 배제된 집단—특히 중간계급과 도시빈민—의 확고한 지지를 얻었다.

그는 누구인가?

우고 차베스는 명확히 분류할 수 없는 인물이다. 차베스의 지지자는 그를 애국자, 수호자, 구세주, 혁명가로 평가하고 반대자들은 독재자, 기회주의자, 포퓰리스트, 그리고 아이러니하게도 혁명가로 깎아내린다. 이 사람은 누구인가? 무엇이 그의 관념을 형성하였는가?

차베스는 1954년 태어나 야노스 지대인 바리나스의 사바네타 빈민촌에서 성장했다. 젊을 때 꿈은 프로야구 선수였다. 유년기 한 친구의 부친에게 기초적인 맑스주의와 베네수엘라 역사를 배웠다.

그는 17세에 카라카스에서 멀리 떨어진 사관학교에 입학했다. 생도 시절에는 당시 집권했던 파나마의 오마르 토리호스와 페루의 후안 벨라스코 알바라도 좌파 군사정권에 관심이 많았다. 나중에 그는 "나는 토리호스를 보고 토리호스주의자가 되었다. 벨라스코를 보며 나는 벨라스코주의자가 되었다. 그리고 (칠레의) 피노체트를 보았을 때 나는 반(反)피노체트주의자가 되었다"고 회고했다.

사관학교를 졸업한 뒤 그는 반체제 성향의 군인들과 국내 좌파 유명인사들과 인맥을 쌓았다. 그는 상명하복하는 군인과 정부 전복을 꾀하는 모의자의 이중생활을 하기 시작했다. 그는 정치 지배층을 겉치레만 신경 쓰는 부패한 무리들이라고 경멸했다. 가난하게 자란 그는 경제 과두지배층에도 깊이 분노했다. 그의 민족주의, 반미주의 성향은 더욱 깊어졌다(심지어 야구조차도 미국의 수입품이라고 거부했다). 그리고 그는 야망을 품었다. 친구들에게 "2000년이 되기 전에 나는 장군이 될 것이고, 이 나라에서 중대한 일을 일으킬 것이다"라고 장담했다.

1983년 평가절하로 경기침체가 시작된 '검은 금요일'을 맞아 분개한 차베스는 동료 장교들과 다음과 같이 볼리바르의 글을 인용해 엄숙히 선서했다. "강자들이 우리와 우리 민중을 억압하기 위해 채운 사슬이 끊어지는 것을 내 눈으로 보기 전에는 내 영혼은 안식을 구하지 않고 내 팔은 쉬지 않겠노라." 이들은 '볼리바르혁명군'이라는 조직을 만들고 기회를 기다렸다. 1992년 카를로스 안드레스 페레스의 집권 2기에 이들은 기회가 왔다고 생각했지만 쿠데타는 실패했다.

차베스와 동료들이 선거를 통해 권력을 쟁취하기로 결정한 것은 1990년대 중반이 되어서였다. 1998년 취임식에서 차베스는 과거 쿠데타를 함께 모의한 동료를 알아보고 끌어안으며 속삭였다. "우리가 해냈네, 형제여. 그 오랜 시간 끝에 드디어 혁명을 시작할 수 있게 되었어."

출처 : Cristina Marcano and Alberto Barrera Tyszka (eds.), *Hugo Chávez* (New York: Random House, 2007).

1998년 선거를 준비하며 차베스는 '제5공화국운동'Movimiento Quinta República이라는 새로운 정당을 창당했다. 에스파냐어 명칭의 앞 철자를 따서 MVR라고 부른다(V는 로마숫자 5로 읽는다). 선거 유세에서 차베스는 자신을 오늘날의 볼리바르라고 소개하며 돌풍을 일으켰다. 그는 민주행동당과 COPEI를 비롯한 전통 정당들이 시대에 뒤떨어졌고 현실을 모른다고 주장했다. 또한 경제와 재계 지배층을 '부패한 과두지배층'이라고 비난했다. 그는 석유부국인 베네수엘라에 빈곤이 팽배한 유일한 원인은 넘쳐나는 부패라고 주장했다. 지금이 급진적 변화가 필요한 때이고 자신이 그 변화를 일으킬 수 있다고 설파했다. 차베스의 주장에 귀 기울인 대중은 그에게 56.2퍼센트라는 높은 득표율을 선사했다.

차베스의 승리는 상호 연관된 두 요인에 기인했다. 하나는 경쟁세력의 무능과 낙후성이다. 차베스의 선거 책임자는 "우리는 상대적으로 조직력이 떨어졌기 때문에 우리가 선거유세를 잘해서라기보다는 상대의 정치적 실수가 승리에 더 결정적이었다. …… 우리가 이길 수 있었던 이유는 차베스주의가 이룬 것 때문이 아니라 상대가 이루지 못한 것 때문이다"라고 인정했다. 존경받는 언론 『엘 나시오날』은 다른 주요 요인으로 "대다수 국민이 기존의 정치적 리더십을 외면한 원인은 막대한 좌절감이었다. 자명한 것은 국민은 전통적 지배계급이 부과하려 한 것을 거부하고 다른 대안을 선택했다는 것이다"라고 분석했다. 변화의 시기가 온 것이다.

차베스 집권 1기의 결과는 복합적인 결과를 낳았다. 한편으로는 권력의 공고화가 이루어졌다. 신헌법 제정을 위한 제헌국회 의원 선거가 시행되었고, 제헌의회가 소집되자 친정부 성향의 의원들은 다수결로 대법원과 국회를 해산하고 국회를 장악했다. 이들은 대통령 재임 허용, (이미 강했던) 행정부의 권력 강화, 그리고 단원제 국회(이로써 대통령 권력에 대한 입법부의 견제와 균형을 약화시켰다)를 규정한 신헌법을 통과시켰다. 차베스와 추종자들은 혁명적 변환을 위해 오래된 정치제도—정당, 의회, 법원—를 허물었다. 1999년 이후 정부는 야권보다 유리한 입지에 서게 되었다. 이를 증명하듯 차베스는 2000년 대선에서 59.8퍼센트의 득표로 당선되었다.

다른 한편으로 차베스는 심각한 경제난에 직면했다. 유가 하락과 더불어 석유 수익도 낮은 수준에 머물렀고, 차베스의 과격한 발언에 경계심을 품은 국내외 기업인들은 신규 투자를 기피했다. 차베스 임기 첫 해인 1999년 국내총생산은 5퍼센트 넘게 감소했다.

해결책은 자명했다. 경제적 불평등을 시정하기 위해서는 석유산업을 장악해야 했다. 이를 위해서는 '제국 안의 제국'이 된 국영기업 베네수엘라석유공사의 지배권을 손에 넣어야 했다. 베네수엘라석유공사의 경영진은 해외에서 탁월한 경영능력을 인정받았으나 차베스주의자들에게는 전 지구적인(그리고 외국의) 자본가 엘리트로 보였고, 석유산업노동자들은 귀족노조를 결성해 고임금과 특혜를 누렸다. 2002년 초 차베스는 베네수엘라석유공사 사장을 해고했고 이사회를 장악하려 했다. 이에 맞서 노동자들은 파업에 돌입했다. 이들 중 대부분은 해고당했다.

2002년 4월 대립은 정점에 달했다. 차베스 반대 시위와 지지 시위가 거듭되고, 야당 지도부는 차베스의 사임을 요구했다. 차베스는 민간 텔레비전 방송국 다섯 곳을 폐쇄하고 시위자들을 '전복 세력', '반역자'라고 비난했다. 그 와중에 대통령궁 주변에서 폭력 사태가 발생해 최소 14명이 총에 맞아 숨졌다. 군 지도부는 폭도들이 비무장 시위자들에게 발포하도록 지시한 혐의로 차베스를 체포했다. 차기 대통령에 내정된 페드로 카르모나는 1999년 헌법의 무효와 의회 해산 등 극단적인 포고령을 발표했고 차베스 추종자들은 수십만 명의 지지자들을 결집해 영웅의 귀환을 요구했다. 차베스는 48시간 만에 석방되어 대통령에 복귀했다.

석유를 둘러싼 투쟁은 계속되었다. 2002년 후반 실업률은 20퍼센트, 인플레이션은 30퍼센트에 육박했고 총파업에 경제가 휘청거렸다. 차베스는 베네수엘라석유공사의 파업을 이유로 17,000명이 넘는 직원을 해고하고, 이사회 교체와 조직 재편을 단행했다. 이 승리는 당시에는 상처뿐인 영광처럼 보였다. 대통령은 정치적 싸움에서 승리했지만 경제 총생산은 그 해에 13퍼센트나 감소했다.

엉클 샘과의 갈등

클린턴 정부 때 미국 관료들은 차베스에 대해 우려를 표하면서도 상황을 관망했다. 주 베네수엘라 미국 대사는 "차베스의 말보다는 행동을 주시하라"고 조언했다. 그러나 부시 정부는 강경 노선을 택했다. 헨리 J. 하이드(일리노이 주 하원의원)는 차베스와 그와 연대한 아메리카 대륙의 좌파 지도자들을 "아메리카의 악의 축"이라고 불렀다. 차베스는 9·11 이후 미국의 아프가니스탄 군사작전을 "무고한 사람들을 대량학살했다. 테러는 테러로 없앨 수 없다"라고 비난했고, 이는 부시 정부의 격분을 샀다.

2002년 쿠데타로 베네수엘라와 미국의 관계는 돌이킬 수 없게 악화되었다. 차베스는 부시 정부가 쿠데타를 지원하고 사주했다고 확신했다. 미국 관료들이 쿠데타 모의 세력과 연락하고 있었고, 그들이 쿠데타를 반겼다는 것에는 의심의 여지가 없다. 그들이 쿠데타 계획을 승인했을 가능성도 있다. 애리 플라이셔 백악관 대변인은 쿠데타는 차베스가 자초한 일이며, 쿠데타가 아니라 "정부 안에서의 변화"라고 발언했다.

이때부터 차베스는 부시 정부와 불구대천의 원수가 되었다. 그는 일찌감치 카스트로의 쿠바와 동맹을 맺었다. 또 미국이 기획한 미주자유무역지대FTAA에 대항을 주도해 ALBAAlternativa Bolivariana para las Américas, 미주대륙을 위한 볼리바르 대안를 제안했다. 그는 라틴아메리카에 밀려든 좌파 확산 경향인 '분홍빛 물결'(13장 참조)의 리더를 자임하며 볼리비아의 에보 모랄레스 대통령을 비롯한 좌파 대통령들을 전폭 지지하겠다고 선언했다. 또 세계은행의 대안으로 개발도상국들을 위한 남미은행Banco del Sur을 설립하고 남미공동시장MERCOSUR과도 관계를 강화했다. 유엔 총회 연설에서는 부시를 "악마"로 지칭하며 독설을 퍼부었다.

이러한 외교적 대립은 명백히 실용적인 맥락을 가지고 있었다. 근본적인 사실은 베네수엘라와 미국이 석유에 대한 상호의존을 통해 불가분의 관계를 맺어 왔다는 것이다. 베네수엘라는 석유 수출량의 4분의 3을 미국에 수출했고, 미국은 석유 수입의 12퍼센트를 베네수엘라에 의존했다. 종종 베네수엘라는 미국에 석유 수출을 중단하겠다고—또 미국은 베네수엘라로부터의 석유 수입을 중단하겠다고—으름장을 놓았지만 말뿐이었다. 정치적 적대관계는 경제적 필요성에 제약당했다.

그러나 양국 간 갈등은 양국관계와 아메리카 지역의 영역을 훨씬 넘어섰다. 몇몇 과격한 조치를 제외하고 차베스 정권의 외교정책은 서로 연관된 세 가지 목표를 추구했다. 미국의 헤게모니에 도전하고, 워싱턴 컨센서스의 경제 처방에 대한 신뢰를 떨어뜨리고, '남'the South으로 지칭되는 개도국을 결속시키는 것이었다. 나이가 든 피델 카스트로의 인정으로 차베스는 다시 활성화된 '비동맹국' 운동의 리더가 되었다. 차베스는 에너지광업부 장관(과거 공산주의 반란 세력의 일원이었다!)의 보좌로 OPEC을 소생시켰다. 또 미국의 아프가니스탄, 이라크, 중동 정책을 맹

비난했다. 아랍권과의 오래된 협력 관계를 강화하기 위해 적극적인 외교를 펼치고, 러시아와 중국과도 연대를 추구했다. 그리고 이러한 행보의 필수요소인 것처럼 민심을 잃은 부시를 끊임없이 조롱했다.

참여민주주의의 한계

차베스는 석유산업을 장악한 뒤에 국내 정치에 대한 지배권 강화에 나섰다. 그는 '21세기 사회주의'를 건설하겠다는 의지를 갈수록 적극적으로(그러나 구체성은 없이) 선언했다. 그는 자신의 정치를 새로운 형태의 민주주의 — '참여민주주의' — 로 규정했으나 실제 행동은 갈수록 권위주의 색채를 띠었다. 브라질 룰라 대통령 등 동조자들의 선의 어린 조언에도 불구하고 차베스는 충성스러운 야당이 필요하다고 여기지 않았다. 차베스는 대통령 권력을 휘두르며 정부 비판 세력을 줄기차게 경멸했고, 차베스 추종자들도 이들을 비방하고 괴롭혔다.

이러한 형국의 주목할 만한 특징은 반대세력이 내내 허약했다는 것이다. 정부의 위협은 이들이 약화된 원인에 부분적으로만 기여했다. 반차베스 세력은 지도자가 없었고, 조직화되지 못하고 분열되어 있었다. 다양한 배경 — 재계 엘리트, 언론, 교회, 일부 지식인 — 으로 구성된 반대세력은 공동의 의제가 없었다. 민주행동당과 COPEI의 붕괴로 이들을 대표할 합법적 정당은 사라졌다. 이들 중 다수가 2002년 쿠데타에 가담했다는 오명을 얻었다. 결과적으로 이들은 차베스 반대 입장만 견지했지 새로운 대안을 제시하지 못했다. 이들이 자멸한 계기는 2005년 12월 총선에 불참 결정을 내린 것이다. 이 선거에서 차베스의 당은 만장일치에 가까운 지지를 얻었다. 반대 세력은 의도치 않게 정치에서 사라졌다.

차베스 통치 기간 베네수엘라 정치는 양극화, 개인통치, 중앙집권화

2006년 고향 사바네타에서 차베스가 대선 유세를 펼치며 지지자들에게 주먹을 들어올리는 특유의 자세를 취하고 있다.

경향을 보였다. 군부를 제외한 국가기관 — 특히 입법부와 사법부 — 은 눈에 띄게 약화되었다. 차베스는 2006년 선거에서 63퍼센트의 득표로 연임되는 등 여전히 높은 지지를 받았다. 선거 승리를 주도한 사회적 기반은 이때부터 명확하게 구분되었다. 당시 사회적 기반은 차베스를 전폭 지지한 하층계급, 특히 대도시 주변 빈민촌의 실업자들과, 권위주의화를 경계해 일부 반대한(그러나 점차 감소한) 중간계급, 그리고 차베스를 거의 전면적으로 반대한 상층계급으로 구분되었다. 차베스는 당선 이후 다수결의 횡포를 부추겼다.

차베스가 집요하게 장기집권을 시도한 것은 주목할 만하다. 다른 라틴아메리카 국가의 헌법처럼 — 차베스 자신이 관리하고 주도한 — 1999년 신헌법도 대통령의 임기를 1회 연임으로 제한했다. 이에 만족하지 못한 차베스는 2007년 연임 제한 폐지를 묻는 국민투표를 실시했다.

투표는 51퍼센트 반대, 49퍼센트 찬성으로 가까스로 부결되었다. 차베스는 국제사회의 압력으로(그리고 군부도 압력을 행사했다는 말도 있다) 결과를 수용했다. 그러나 1년 만에 연임 제한 폐지(이번에는 대통령뿐 아니라 모든 선출직이 대상이었다) 국민투표를 다시 제안해 54퍼센트의 찬성으로 통과시켰다. 그리고 현재까지 그의 장기집권을 막을 장애물은 없어 보인다.

10년 집권

국내 정세와 국제시장의 변화에 힘입어 차베스는 '21세기 사회주의'의 꿈을 효과적으로 추진할 수 있었다. 이를 견인한 주요 요인으로 1990년대 후반 배럴당 10달러에서 2005년 59달러, 2008년 중반 147달러까지 치솟은 유가의 지속적인 상승을 들 수 있다. 베네수엘라의 석유 수출액은 1998년 100억 달러 남짓에서 2007년 500억 달러를 돌파해 5배 가까이 늘어났다.

그 수익이 모두 현명하게 쓰이지는 않았다. 이 중 거액이 차베스주의 외교정책과 무기 구매, 낭비성 사업, 그리고 소문에 의하면 정부 내 측근들에게 흘러들어갔다. 노골적인 부정부패가 회자되었다. 정치학자 프란시스코 로드리게스는 2006년 다음과 같이 분석했다. "차베스가 석유 수익을 빈민과 나누고 있다는 증거는 거의 발견되지 않는다. 대부분의 통계에 의하면 가장 소외된 계층을 위한 예산은 늘지 않았고 그들의 삶도 별로 개선되지 않았다."

이러한 주장을 반박한 전문가들도 있다. 이들은 차베스 정부가 '미시온'misión이라 이름 붙인 보건과 교육에 중점을 둔 빈민을 위한 사회정책에 상당한 예산을 투입했다고 지적했다. 워싱턴 기반의 한 연구소가 베네수엘라 정부 공식 통계를 바탕으로 한 분석에 의하면 차베스 집권기에 다음과 같이 뚜렷이 긍정적인 결과가 나타났다.

- 1인당 실질(물가 변동을 감안한) 사회보장 지출은 1998년과 2006년 사이에 세 배 이상 증가했다.
- 빈곤율은 1999년 59.4퍼센트에서 2006년 30.2퍼센트로 하락했다. 절대빈곤율은 같은 기간 21.7퍼센트에서 9.9퍼센트로 하락했다.
- 소득 불평등이 감소했다(그러나 이 주장은 지수 측정상의 복잡한 문제를 안고 있다).
- 영아 사망률이 1998년과 2006년 사이 3분의 1 이상 하락했다.
- 보건과 교육(특히 고등교육 진학) 분야에서 상당한 진척을 이루었다.
- 최근 10년간 사회보장 수급자가 두 배 이상 늘어났다.

정부가 베네수엘라석유공사를 장악한 2003년 1/4분기 이후 경제는 연평균 13.5퍼센트씩 성장했다. 이 중 많은 부분이 비석유 민간 부문에서 이루어졌다.

자료가 맞다면 이는 고무적인 성과라고 할 수 있다. 그러나 어떤 분석도 인과관계의 근본적인 문제에서 벗어날 수 없다. 이러한 발전이 과연 유가 상승이나 여타 요인이 아닌 정부 정책에서 비롯된 것인가?

돌아보면 차베스는 ①석유 수익 증대, ②대중에 대한 카리스마 넘치는 호소, ③반대세력의 약한 조직력, ④미국 헤게모니에 대한 저항과 부시에 대한 범세계적 반감을 이용하는 능력 등 여러 원천에서 정치적 힘을 얻었다. 이러한 요인들로 그는 1998년부터 2008년까지 권력을 유지할 수 있었다.

그러나 상황은 변할 수도 있다. 2008년과 2009년 사이에 세계경기 침체로 유가가 배럴당 147달러에서 37달러까지 떨어졌다. 이에 따라 2009년 침체가 예상되는 베네수엘라 경제가 차베스주의 외교정책의 발목을 잡을 것으로 보인다. 한편 미국에서는 정당 지지구조 재편의 결과 2008년 버락 오바마가 당선되었다. 차베스는 누그러진 어조로 오바마와 "상호 존중과 동등한 입장"에서 기꺼이 만나겠다고 발표했다. 일대일 회담의 성사 가능성에 세간의 이목이 집중되었다.

차베스는 역사에 남을 인물이 되었다. 그는 자신의 열망을 시몬 볼리바르와 비견하며 이 해방자의 현대적 계승자를 자처했다. 그러나 그의 행적은 과거 베네수엘라의 지도자였던 안토니오 구스만 블랑코, 후안 비센테 고메스, 그리고 누구보다도 시프리아노 카스트로를 더 닮았다. 이러한 측면에서 그는 21세기의 탈을 쓴 19세기식 카우디요라고 할 수 있다. 차베스의 부상으로 베네수엘라는 자국의 미래뿐 아니라 과거와도 마주보게 되었다.

[이준희 옮김]

9장 | 아르헨티나: 발전과 정체

아르헨티나는 라틴아메리카에서 가장 부유한 국가로 20세기를 시작했다. 생활수준이 유럽과 비슷했다. 유럽에서 온 대규모 이민 물결과 소고기와 밀 수출이 경제성장의 탄탄한 기반을 이루었다. 2차 세계대전 이후에는 후안 도밍고 페론이 국가의 정치 지도를 다시 그렸고, 1970년대에는 잔인한 군사독재가 강력한 탄압정책을 실시해 국제여론에 충격을 주었다. 민주주의를 회복한 뒤에도 경제는 여전히 불확실했고 정치는 갈등으로 점철되었다. 경제 위기와 정치 불안이 뒤섞인 파국적인 역사를 지나 21세기를 시작할 무렵에도 전 지구적인 차원에서 볼 때 아르헨티나의 생활수준은 급격히 하락했다. 무엇이 문제일까? 교육수준이 높고 천연자원이 풍부한 사회가 왜 이렇게 되었을까?

식민지에서 독립국가로

오늘날의 아르헨티나는 원래 에스파냐령 아메리카 식민제국의 후미진 곳에 불과했다. 리오데라플라타 지역에서는 멕시코나 페루에서와 달리

〈지도 9〉 아르헨티나

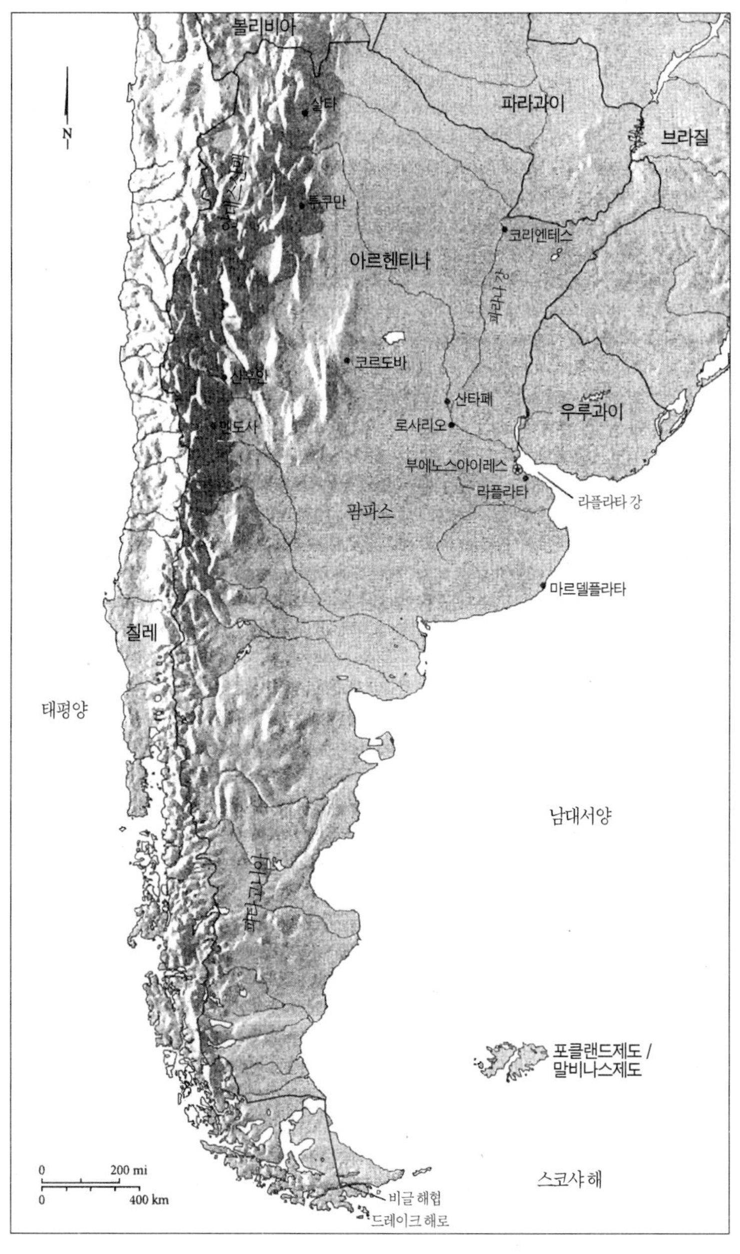
볼리비아
N
살타
파라과이
브라질
투쿠만
코리엔테스
아르헨티나
코르도바
산후안
산타페
우루과이
로사리오
멘도사
부에노스아이레스
라플라타
라플라타 강
팜파스
마르델플라타
칠레
태평양
남대서양
포클랜드제도 /
말비나스제도
0
200 mi
0
400 km
스코샤 해
비글 해협
드레이크 해로

인디오들이 한 곳에 정착해 살지 않았다. 그들은 수도 적었고 떠돌이로 살았다. 그래서 에스파냐인들에게는 노동력이 부족했다. 이 지역의 가장 큰 자원을 든다면 그것은 세계에서 가장 비옥한 토지였다. 대규모 항구의 입지조건을 갖춘 부에노스아이레스의 지리적 위치도 중요한 자산이었다. 그렇지만 식민지시대에는 아직 역동적인 경제가 출현하지 않았다.

아르헨티나는 식민지시대 거의 내내 페루 부왕령에 속해 있었다. 그래서 경제 발전은 면화와 쌀, 밀, 가죽제품을 북쪽으로 운송하는 일과 밀접한 연관이 있었다. 이에 비해 부에노스아이레스 연안 지역의 경제 활동은 소극적이었다. 가장 큰 산업은 밀수였다. 부에노스아이레스가 부각되기 시작한 것은 1776년에 새로운 부왕령의 중심지가 되고 나서였다. 부에노스아이레스가 유럽 수입품을 들여오는 항구가 되면서 권력의 중심이 북서부에서 남부 연안으로 이동하기 시작했다.

독립전쟁이 라플라타 부왕령을 뒤흔들었다. 하지만 멕시코(그리고 우루과이)가 입은 재산 피해 같은 것은 없었다. 라플라타 부왕령의 지방 지배층은 반反에스파냐 감정으로 똘똘 뭉쳤고, 산 마르틴 장군이 에스파냐 왕실에 충성하는 군대를 물리치면서 불후의 군사적 무용담 같은 것이 생겨났다. 지주 귀족들은 1820년대에 독립을 달성하면서 자신들의 영토에 만족해했다. 무엇보다 중요한 변화는 부에노스아이레스와 북서 내륙 지방의 사이가 점점 멀어져 갔다는 것이다.

패권 다툼

독립 이후 수십 년 동안 지역 파벌들은 새 나라의 발전방향을 놓고 다퉜다. 주로 부에노스아이레스 주와 시 출신들로 구성된 '중앙집권주의자'들은 항구도시 부에노스아이레스를 국유화하고 싶어 했다. 부에노스아이레스의 자치권을 빼앗아 이를 주 사이의 무역장벽을 낮추는 발판으로 삼음으로써 나라 전체를 국제무역에 개방하고자 했다.

두번째 파벌은 내륙 출신들로 구성된 '연방주의자'들이었다. 이들도 부에노스아이레스 시를 국유화해야 한다는 데 뜻을 같이했다. 이는 부에노스아이레스의 관세수입을 모든 주가 나누어 가지기를 바랐기 때문이다. 그러면서도 주의 자치권, 특히 주 사이의 관세 징수권을 지키고 싶어 했다. 그렇게 하여 지역 산업을 보호하고자 했다.

세번째 파벌도 역시 '연방주의자'들이라고 불렀다. 그러나 두번째 파벌과는 매우 다른 연방주의자들이었다. 이들은 부에노스아이레스 주 출신들로서 국유화를 하게 되면 자신들이 누리고 있던 부에노스아이레스 시의 관세수입 독점권을 잃게 되기 때문에 부에노스아이레스 시의 국유화에 반대했다. 그들은 또한 자유무역을 원했다. 세번째 파벌은 사실상 현상유지를 바란 것이다.

이 세 파벌이 벌인 다툼은 1830년대와 1840년대 내내 이어졌다. 결국 이 다툼을 끝낸 사람은 라틴아메리카의 유명한 독재자 가운데 한 사람인 후안 마누엘 데 로사스였다. 그는 정치적 야심을 지닌 부에노스아이레스 주 출신의 소 목장주estanciero였다. 로사스의 야심은 너무 커서 1829년에 부에노스아이레스 주지사 자리에 올랐지만 그것으로 성에 차지 않았다. 그는 온 아르헨티나를 다스리고 싶어 했다. 이를 위해 목장주들을 비호하는 정책을 펴면서 지주 귀족의 세력을 강화했다. 로사스는 열정이 넘치는 부에노스아이레스 출신 연방주의자로서 정적 카우디요들을 물리치기로 결심했다. 그는 사실상 연방주의 원칙에 따라 나라를 세우면서 부에노스아이레스 주의 권력이 온 나라에 미치게 했다. 그와 동시에 마소르카Mazorca라는 이름의 강제집행부대를 갖춘 강력한 국가기구를 만들었다. 이를 통해 자신을 대적하는 모든 이들을 탄압했는데, 심지어는 정부가 공식 지정한 붉은 옷을 입지 않았다고 처벌하기도 했다.

로사스는 국내정책에서 멋지게 맞아 떨어진 독재 전략을 대외정책에다 써 보려 했다. 하지만 운 나쁘게도 그의 이러한 노력은 아르헨티나의 후스토 호세 데 우르키사 장군은 물론 브라질과 우루과이 사이에 강력한 반대동맹을 맺게 하였다. 우르키사 장군은 1852년에 군대를 이끌고 로사스를 실각시킨 다음 그를 곧장 망명길에 오르게 만들었다. 로사스가 이렇듯 수치스럽게 권력을 잃기는 했지만 서로 흩어져 있던 여러 주를 하나로 단결된 아르헨티나로 만드는 데는 성공했다. 아르헨티나 민족주의자들은 로사스가 패배한 그날부터 그를 아르헨티나가 완전한 독립 국가를 갖추지 못하게 한 외국세력에 맞서 나라를 일으킨 애국자의 본보기로 삼았다. 이런 점에서 로사스는 독립 초기에 강압적인 독재를 실시한 칠레의 디에고 포르탈레스나 멕시코의 아구스틴 데 이투르비데를 닮았다.

로사스 시대에 도밍고 사르미엔토나 에스테반 에체베리아 같은 수많은 아르헨티나 지식인이 정권의 탄압을 피해 달아났다. 사르미엔토는 로사스를 "부에노스아이레스 문화에 가우초의 칼날을 들이대고 수 세기에 걸친 (문명과 법과 자유의) 업적을 무너뜨린" 자로 그렸다. 이들 지식인들은 아르헨티나를 장악하고 나라를 자유주의적 대의제 정부로 만드는 꿈을 꿨다. 그리고 로사스 정권이 무너지자 그 기회를 잡게 되었다.

내륙 출신 연방주의자인 우르키사가 곧 권력을 잡았다. 우르키사는 먼저 제헌의회를 소집했다. 제헌의회는 1853년에 헌법을 발표하였는데 미국 헌법을 많이 참조한 것이었다. 아르헨티나는 선거인단이 대통령을 뽑는 연방제 국가가 될 것이었다. 연방의회는 직접선거로 선출하는 하원과 지방의회가 선출하는 상원의 양원으로 구성되었다.

하지만 부에노스아이레스 시의 지위를 둘러싼 논쟁은 아직 끝나지 않았다. 부에노스아이레스 주는 새 헌법에서 부에노스아이레스 시를 국유화한 것에 반발하여 새 연방에 참여하기를 거부했다. 1859년에 발발한 단기간의 내전에 패배하기는 했지만 부에노스아이레스 주는 2년 뒤에 바르톨로메 미트레의 지도하에 반란을 일으키고 연방을 장악하는 데 성공했다.

그 후 20년 동안 자유주의자들이 계속 권력을 잡았다. 1862년에는 미트레가 대통령이 되어 아르헨티나 통합에 새로운 활력을 불어넣었다. 그의 뒤를 이어 도밍고 사르미엔토가 대통령이 되었다. 사르미엔토는 카우디요 같은 가우초들을 비난한 문학작품들 가운데 가장 유명한 『파쿤도: 문명과 야만』*Facundo: Civilización y Barbarie*, 1845의 저자였다. 그는 미국식 공교육을 열렬히 추앙했고 아르헨티나가 미국 방식을 따라갈 것을 촉구했다. 바로 이때 작은 나라 파라과이가 엄청난 중요성을 지닌 파라나강 유역 사용권을 독차지하려 하면서 길고 긴 파라과이 전쟁1865~1870이 일어났다. 이 전쟁에서 파라과이는 아르헨티나와 브라질, 우루과이를 5년 동안이나 막아 냈다.

세번째 자유주의 대통령은 니콜라스 아베야네다였다. 그의 재임 기간1874~1880에 아르헨티나는 '인디오 전쟁'이라는 최후의 대규모 정복전쟁을 벌였다. 부에노스아이레스 남서쪽 주들이 인디오들의 습격에 시달려 온 지 오래되었는데 이제 훌리오 로카 장군이 이끄는 군대가 이 원주민 무리들을 무릎 꿇리거나 전멸시켰다. 이른바 '사막의 정복'이었다.

자유주의자들은 이제 아르헨티나를 세계경제에 통합시킬 기반을 닦기에 충분할 만큼 오랫동안 권력을 누렸다. 새로운 리더십의 상징도 이

보다 더 좋을 수는 없었다. 남아메리카 공화국의 유럽화를 이끌어 내기 위해 인디오와 싸운 이들이기 때문이다.

아르헨티나의 정치 지배층은 자신들의 사명을 추호도 의심하지 않았다. 아르헨티나의 정치인들과 지식인들은 브라질과 멕시코의 정치인들과 마찬가지로 자신들이 경제적 자유주의와 정치적 자유주의의 진정한 원칙을 적용하고 있다고 생각했다. 그들은 허버트 스펜서의 사이비 과학을 인용하면서, 만일 귀족 계급이 아르헨티나를 지배한다면 그것은 자연선택의 결과라고 주장했다. 아르헨티나 지배층은 가우초와 인디오를 무사히 진압하고서 자신들이 부자가 되고, 자유주의적 논리에 따라 자신들의 나라도 부자가 될 날을 학수고대했다.

개관 : 경제성장과 사회변화

아르헨티나는 1880년에서 1914년 사이 놀라운 경제성장을 이룩했다. 성장의 기초는 북대서양 공업계에 공급하는 농산품이었다. 육류와 곡물 생산에서 아르헨티나가 비교우위를 누렸기 때문이다. 두 가지 기술 발전 덕분에 부에노스아이레스에서 수천 마일 떨어진 런던과 안트베르펜까지 식료품을 배로 실어 나를 수 있게 되었다. 하나는 증기선의 발명이었다. 증기선은 돛단배보다 더 빠르고 더 일정한 속도로 항해했다. 또 하나는 육류 냉동법의 발명이었다. 이로써 유럽시장에 내다 팔 상품의 신선도를 유지할 수 있게 되었다.

아르헨티나의 팜파스는 세계에서 가장 기름진 땅 가운데 하나였다. 그러나 아르헨티나는 자본과 노동력이 모자랐다. 아르헨티나 농산물의 주요 고객인 영국이 철도와 항만, 창고, 공공시설에 대한 투자의 형태로 필요한 자본을 제공했다. 영국 회사들은 또한 해운업과 보험업, 은행업을 맡았다. 아르헨티나의 정치 지배층이 나라 발전에 꼭 필요하다고 본 것이 바로 이러한 자본의 유입이었다.

아르헨티나 경제에 부족한 또 다른 요소는 바로 노동력이었다. 이 문제에 대한 해답 또한 영국에서 온 것은 아니지만 유럽에서 왔다. 아르헨티나가 절실히 필요로 한 노동력은 남유럽, 특히 이탈리아에서 흘러들어 왔다. 1857년에서 1930년 사이 아르헨티나는 순 이민자(외국에서 온 사람의 수에서 외국으로 나간 사람의 수를 뺀 숫자) 350만 명을 받아들였다. 이는 전체 인구 증가의 약 60퍼센트가 이민으로 말미암은 것일 수 있다는 얘기다. 이들 이민자의 46퍼센트가량이 이탈리아인이었고 32퍼센트가 에스파냐인이었다. 이민이 인구 변화에 미친 영향이 서반구 국가들 가운데 아르헨티나에서 가장 컸다. 방대한 이민 물결로 아르헨티나의 인구가 1869년에 170만 명에서 1914년 들어 790만 명으로 늘어났다. 전체 인구의 30퍼센트가량이 외국 태생이었다(같은 시기 유럽 출신 이민자들의 또 다른 안식처였던 미국에서는 오직 인구의 13퍼센트만이 외국 태생이었다). 그 결과 아르헨티나는 유별나게 유럽적인 모습을 띠게 되었고, 아르헨티나인들 사이에 민족 정체성을 둘러싼 갈등이 생겨났다.

이 이민노동력은 교과서적인 노동력 유동성 사례를 제공해 주었다. 이탈리아와 아르헨티나 팜파스 사이에 노동자들의 왕래가 상당한 규모로 진행되었다(이러한 왕래 때문에 그들에게는 철새 떼 혹은 제비 떼라는 별명이 붙었다). 아르헨티나 내부에도 활발한 이동이 일어났고, 외국인들 상당수는 부에노스아이레스에 매력을 느꼈다.

1880년과 1914년 사이의 빠른 경제성장이 사회에 커다란 영향을 미쳤다. 초기에는 지주 지배층이 사회의 상층을 차지하고 있었고 가우초와

임금노동자들이 사회의 하층을 구성하고 있었다. 경기가 좋아지면서 새로운 경제 분야들이 등장했다. 이탈리아인과 에스파냐인이 처음에는 농장으로 가서 정주지 개척자, 소작농, 농업노동자가 되었다. 이어서 도시지역의 수송(특히 철도)과 가공, 서비스 산업(은행업, 행정) 분야에서 다른 직업들이 생겨났다.

아르헨티나 경제는 이처럼 육류와 곡물을 수출하고 제조업 제품을 수입하면서 갈수록 번성했다. 1860년대와 1914년 사이 아르헨티나의 국내총생산은 적어도 연평균 5퍼센트씩 늘었다(1900년 이전의 자료는 개략적이다). 이는 제일 높은 지속적인 경제성장률이다.

그러나 아르헨티나는 이러한 성장의 대가를 치렀다. 식료품 수출 의존도가 높았기 때문에 세계적인 농축산물 가격변동에 아르헨티나 경제 전체가 영향을 받았다. 가격 하락이 전반적인 경제 침체를 불러올 수도 있었다. 〈도표 9.1〉이 보여 주듯이 1880년에서 1960년에 이르는 기간 내내 아르헨티나 수출품은 농축산물이 주류였고 제조업 제품은 극소수였다. 변덕스러운 시장 수요 때문에 아르헨티나 수출품의 가격이 시기에 따라 극히 불안정했다. 1차 세계대전 때는 올라갔다가 1920년대 초에는 내려갔고, 그 뒤 1930년대에 대공황이 밀려오면서 올라갔다 내려갔다를 반복했다. 2차 세계대전 이후에는 짧게 치솟았다가 1950년대 초에는 급격히 떨어졌다. 그 이후 1960년대까지 짧은 기간이나마 비교적 안정된 상태를 유지했다. 아르헨티나 경제는 이처럼 라틴아메리카의 다른 수출국들의 그것과 마찬가지로 나라 밖에서, 곧 산업화된 세계체제의 중심부에서 만들어진 경향과 결정에 의존하게 되었다.

경제적 종속 현상은 주기적으로 금본위제를 채택해 온 아르헨티나 금융체제에도 나타났다. 단기적인 무역 변동이 아르헨티나의 금 보유량

〈도표 9.1〉 아르헨티나의 부문별 수출(1880~1960년)

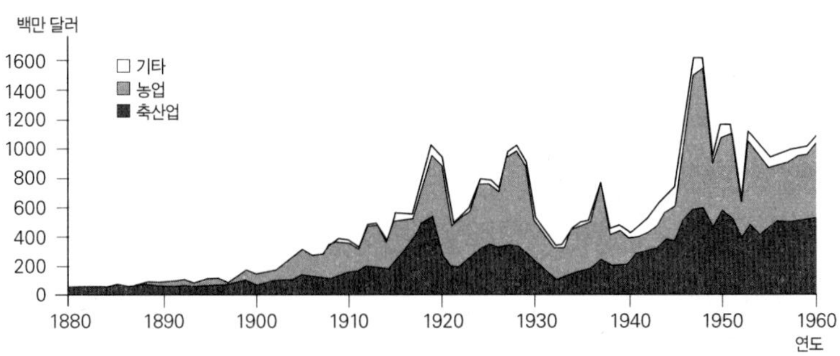

출처 : Orlando J. Ferreres, *Dos siglos de economía argentina: historia argentina en cifras, 1810-2004* (Buenos Aires: Fundación Norte y Sur, 2005), pp. 594~595.

에 급격한 변화를 가져오고 국내의 통화 공급을 늘리거나 줄였기 때문에 아르헨티나 경제가 국제통화의 흐름에 좌우되게 되었다.

세계경제와 연결된 또 다른 연결 고리 하나가 더 많은 장기적인 문제를 야기했다. 그것은 아르헨티나 경제에서 외국 자본과 외국 사업가들이 차지하는 높은 비중이었다. 1900년에서 1929년까지 아르헨티나 전체 고정투자의 35퍼센트가 외국인 투자였다. 영국이 으뜸이었고 프랑스와 독일이 그 뒤를 이었다. 이렇게 높은 외국의 경제 관여도는 뒷날 경제 민족주의자들의 주요 표적이 되었다.

아르헨티나의 성장 유형은 또한 국내에 불평등, 특히 지역 간 불평등을 만들어 냈다. 팜파스와 부에노스아이레스는 축복을 받아 번성한 반면, 내륙 지방은 정체되었다. 내륙 지방에서 오직 멘도사와 투쿠만, 코르도바만이 이러한 운명을 벗어났는데 이는 포도주와 설탕 생산 덕분이었다. 내륙 지방은 부에노스아이레스의 손아귀에 들어가지 않으려고 19세기 내내 싸웠지만 지고 말았다. 그 대가는 빈곤이었다.

물론 번성한 지역 내부에도 불평등이 존재했다. 부유한 목장주들은 우아한 별장을 짓고 산 반면, 외국 태생의 소작농과 추방당한 토착민 노동자들은 근근이 생계를 이어 갔다. 부에노스아이레스의 경우 근사하게 차려입은 귀족들이 유럽풍 클럽을 드나들 때 노동자들은 치솟는 물가로부터 가족을 지키느라 안간힘을 썼다. 아르헨티나의 경제호황은 요즘 자본주의 국가들의 그것과 마찬가지로 신분 상승을 매우 쉽게 해주었다. 하지만 이 또한 엄청난 소득 차이를 불러일으켜 사회적·정치적 갈등을 낳았다. 19세기 말과 20세기 초에 진행된 아르헨티나의 영토 확장은 아르헨티나에 농민층이 발달하지 않는 전혀 뜻밖의 사회적 결과를 낳았다. 1870년대에 진행된 사막의 정복으로 인디오가 사실상 전멸하고, 그 땅은 소떼를 기르거나 곡식을 재배하기에 알맞은 대단위 규모로 분배되었다. 미국이 대평원에서 펼친 정책과 달리 아르헨티나는 그 땅을 가족농이나 개인 자작농들에게 나눠 주지 않은 것이다. 소를 방목하는 데는 노동력이 많이 들지 않았다. 가축 떼를 가둬 두는 데에는 철조망이면 충분했기 때문이다. 토지를 임대한 외국인 정주자들이 대개 밀을 재배하기는 했지만 그들이 영향력 있는 사회집단을 이룬 것은 아니다. 그 결과 아르헨티나에는 멕시코, 칠레, 브라질 북부의 농민층과 같은 전형적인 농민층이 없었다.

이는 아르헨티나에서는 토지개혁이 멕시코와 같은 나라들에서 그랬던 것만큼 상징적이고 중요한 쟁점이 결코 될 수 없음을 뜻했다. 땅을 골고루 나눠 주었기 때문이 아니라 토지에 대한 역사적 소유권을 주장할 만큼 오래 산 농민들이 없었기 때문이다.

농민층이 없었다는 것은 더욱이 다른 사회집단과 동맹을 맺을 세력 기반이 없었음을 뜻했다. 오랜 세월에 걸쳐 그 유효성이 증명되고 다른 나라들에서 흔히 나타난 농민과의 동맹을 지주들은 기대할 수 없었고,

생활여건 차이가 1880년대 이후 아르헨티나 경제가 팽창하면서 생겨난 사회적 불평등을 보여 준다. 위 사진은 부에노스아이레스 귀족의 호화저택, 아래는 1910년경 부에노스아이레스 항만 구역에 위치한 노동자들의 판잣집이다. (부에노스아이레스 국가문서보관소 제공)

아르헨티나의 인구동태 통계(2007년)

인구(백만 명)	39.5
GDP(십억 달러)	262.3
1인당 GNP(달러)	6,050
빈곤율(%, 2006년 기준)	21.0
기대수명(세)	75

출처: 세계은행, 라틴아메리카카리브해경제위원회

도시노동자들은 사회체제 전반과 싸우는 광범위한 투쟁에 농민층을 끌어들일 수 없었다.

그러나 대도시에서는 임금노동자들이 조직을 통해 세력을 규합할 수 있었다. 20세기 초에 부에노스아이레스 주민 가운데 60퍼센트가량이 육체노동자였다. 게다가 노동계급의 5분의 3은 이탈리아나 에스파냐 시민권을 지닌 이민자였다.

최초의 아르헨티나 노동자 조직화 시도는 유럽의 영향을 받았다. 유럽에서 망명한 아나키스트와 사회주의자들이 1870년대와 1880년대에 조직화 작업을 활발히 전개하기 시작했으며 1895년에는 사회당을 창당했다. 이 사회당은 유럽식 모델을 따라 선거를 통해 점진적인 변화를 도모하는 의회 정당이었다. 1900년 당시 사람들은 사회당이 아르헨티나 노동계급의 정치적인 주요 대변자 역할을 해줄 것이라 기대했을 것이다. 그러나 사회당은 이민 노동자들의 마음을 사로잡는 데 실패했다.

도시 노동계급은 다른 메시지에 이끌렸다. 그 메시지는 아나키스트들에게 나왔다. 그들의 아르헨티나지역노동자연맹FORA은 직접행동에 호소하여 노동자들의 상상력을 사로잡았다. 정부는 지역노동자연맹의

대중문화의 리듬

아르헨티나의 국민 춤인 탱고의 기원은 부에노스아이레스의 건달들인 콤파드리토(compadrito)들이 아프리카계 아르헨티나인들의 캉동블레(candomblé) 춤의 특징을 빌려 와 팜파스에서 흘러나온 민속음악 밀롱가(milonga)에 결합시킨 19세기 말까지 거슬러 올라간다. 이 노동자들과 그 파트너들이 부에노스아이레스의 후미진 곳에 있는 빈민굴 사창가와 무도회장에서 아마추어 음악가들이 연주하는 음악에 맞춰 탱고가 될 춤을 만들어 냈다. 아마추어 음악가들은 춤추는 사람들의 몸짓에 맞춰 플루트, 기타, 하프, 바이올린, 클라리넷으로 즉흥 연주를 했다.

탱고는 세기 전환기에 전문 음악가와 춤꾼이 나타나면서 좀더 세련된 모습을 띠게 되었다. 이탈리아인 이민자들이 아코디언과 만돌린으로도 탱고를 연주했다. 음악가들이 피아노용 탱고를 작곡하여 출판하기 시작하면서 느슨한 즉흥곡 시대가 막을 내렸다. 또한 좀더 훌륭한 무도장과 클럽에 진출하고 최초의 진정한 '스타'들이 등장하면서(무용수와 음악가, 악단 지휘자는 오늘날까지도 유명하다) 탱고는 더 많은 청중을 얻게 되었다.

하지만 아르헨티나의 지배층은 탱고가 부에노스아이레스의 지저분한 빈민가에서 나온 것이라며 이를 깔봤다. 부드러운 형식의 탱고가 런던과 파리를 휩쓸면서 유럽이 탱고에 열광하게 된 1913~1914년에 이르러서야 비로소 탱고가 아르헨티나에서 존중을 받았다. 부에노스아이레스의 무도회장으로 진출하면서 좀더 과감한 면은 사라지고 음악이 느려졌다.

탱고가 이제 아르헨티나에서 황금시대를 맞이했다. 지배층 남성들이 카페와 카바레에서 돈을 주고 하층민 여성들과 춤을 추었다. 붐비는 나이트클럽에서 대규모 청중을 상대로 연주하면서 음악가들은 갈수록 전문가가 되어 갔고, 도시의 극장에서는 무성영화가 상영되었다. 가수들이 점차 탱고의 중심 역할을 하게 되었으며 세계적으로 명성을 얻은 카를로스 가르델이 가장 두드러졌다.

탱고의 황금시대는 1950년대 초에 끝났다. 아르헨티나 라디오 방송을 타기 시작한 새로운 세대의 민속 음악가들과 경쟁하면서 공연장이 문을 닫고 악단의 규모는 작아졌다. 그러나 탱고는 아르헨티나에서 살아남았다. 1980년대와 1990년대에는 미국과 유럽에서 또 한 번 인기를 누렸다. 이는 탱고가 재즈에 뒤이어 아메리카가 세계음악에 이바지한 두번째 음악임을 시사한다.

후원을 받은 부분파업이나 총파업에 신경을 곤두세웠고, 노동문제는 모두 외국인 선동자의 작품이라고 생각했다. 따라서 1902년에 의회는 거주법Ley de Residencia을 통과시켜 국가안보를 위협하거나 공공질서를 어지럽히는 행동(예를 들어 파업 참가)을 하는 모든 외국인을 국외로 추방할 수 있게 만들었다.

아나키즘 운동은 아르헨티나 독립 선언 100주년이 되는 1910년에 그 절정에 이르렀다. 그 해에 아르헨티나의 번영을 찬미하는 성대한 공식축전이 열릴 예정이었다. 자유주의 지배층에게 전투적으로 맞서던 아나키스트 지도자들이 유럽 중심의 발전 모델이라는 광대극에 맞서 시위를 벌이고자 했다. 시위자들이 거리와 광장을 가득 메웠다. 그러나 그들은 대규모 경찰 병력의 진압에 흩어지고 말았다. 시위자들에 맞선 반발이 의회로 번져 의회는 노동운동가들의 체포와 탄압을 더욱 쉽게 한 사회방위법Ley de Defensa Social을 통과시켰다.

이는 아르헨티나 아나키즘의 종말을 뜻했다. 그러나 도시 시위의 종말을 의미하지는 않았다. 부에노스아이레스의 파업 활동이 1918년과 1919년 사이 또다시 최고조에 이르렀고, 그 이후에도 이따금씩 기복을 나타내곤 했다. 노조에 가입한 노동자들이 20세기 초 아르헨티나 사회의 핵심 세력으로 떠올랐다.

정치와 정책 : 변화의 패턴

자유주의 정치인들은 '1880년 세대'(그들이 이 해에 등장했기 때문에 붙여진 이름)로 알려졌다. 그들은 아르헨티나의 부를 생산하는 지주계급 출신이거나 그에 매우 가까운 사람들이었다. 그들은 필요할 경우 투표부정을 저지르면서 군대와 선거를 통제했다. 또한 매우 효율적인 정치 기구를 운영했다. 가장 중요한 국가적 중대 사안은 대통령과 소수의 권력 브로커들이 비공식 '합의'acuerdo로 결정했다. 이 점에서 아르헨티나의 자유주의자들은 영미 자유주의의 핵심 요소 한 가지를 무시했다. 그것은 입법부의 중심 역할인데 당시 아르헨티나에서는 입법부를 하찮게 여겼다.

얼핏 보기에는 이러한 정치체제가 1880년 이후 늘어난 농산품 수출의 이해관계에 매우 큰 도움을 준 것처럼 보인다. 그러나 권력을 잡고 있던 귀족계급이 아무런 도전도 받지 않은 것은 아니다. 부가 확산되면서 세 집단의 정치 불만이 더욱 커져 갔다. 신흥 지주층, 농산물 수출 호황에서 이득을 보지 못한 구 귀족 가문들, 돈은 많이 벌었지만 정치권력에서는 배제된 중간계급이 그들이었다.

이들 세 집단이 20세기 아르헨티나 정치에서 큰 역할을 하게 될 급진당Partido Radical을 만들었다. 아르헨티나가 짧지만 심각한 경제위기에 빠져든 1890년에 이들은 무장봉기를 일으키려 했다. '합의'로 봉기를 끝냈지만, 타협을 거부한 일부 지도자들은 2년 후에 급진시민연합Unión Cívica Radical을 창당하였다. 그들은 집권 정치인들이 걸핏하면 선거부정을 저지르는 바람에 선거에서 성과를 거둘 수 없게 되자 두 차례나 더 무장봉기를 시도하였다. 이 시도들은 모두 실패했다. 그럼에도 불구하고 레안드로 알렘에 뒤이어 이폴리토 이리고옌이 이끌던 급진주의자들은 여전히 고집스레 정치권력을 추구했다. 급진주의자들도 경제 면에서는 농산품 수출 경제를 추구했다. 그들은 단지 아르헨티나 사회의 정치적 향방을 결정하는 데 참여하기를 바란 것이다.

모든 과두지배층이 급진주의자들을 권력에서 배제하려는 정부 방침을 지지한 것은 아니다. 과두지배층 중 좀더 트인 개화파는 중간계급이 아니라 노동운동가와 노동계급을 실질적인 위협 세력으로 보았다. 로케 사엔스 페냐 대통령이 1911년에 중간계급을 끌어들이려는 선거법 개정을 제기했고 이 개화파가 승리를 거두었다. 1912년에 통과된 새로운 선거법은 남성보통선거, 비밀투표, 의무투표를 규정했다. 조직이 잘 된 급진주의자들은 이러한 새로운 선거규정을 활용하여 1916년에 오랫동안 지도자로 모셔 온 이폴리토 이리고옌을 대통령에 당선시켰다. 이제 새로운 시대가 열렸을까?

이리고옌 정부에 대한 초기 시험은 노동자들에 대한 정부의 대응 문제였다. 급진주의자들은 애초부터 노동계급에 진지한 관심을 두기는 했는데, 이는 부분적으로는 선거에서 보수주의자들을 이기려는 속셈에서였다. 노사갈등이 불거지자 이리고옌 정부는 명백하게 친노동자 입장을 취했다. 노동운동가들은 이를 일종의 진보로 여겼지만 그것은 정부의 사안별 조처에 달린 문제였다.

그러나 1918~1919년에 위기가 밀어닥쳤다. 서구 전체가 파업의 물결에 시달릴 때였다. 그 위기는 구체적인 불만사항과 전반적인 적대감이 합쳐진 결과였다. 아르헨티나에서는 노동자들이 임금의 구매력이 떨어진 데 분노했다. 유럽 수요의 자극을 받아 식료품 가격은 솟구쳤지만, 임금인상은 더뎠던 것이다. 1918년 말에는 급진시민연합 지도자들이 일련의 파업을 선포했고, 1919년 초에는 노조 지도자들이 총파업(노동조합주의자들이 부르주아 국가를 타도하는 수단)의 때가 무르익었다는 결론을 내렸다.

이러한 판단은 비극을 낳았다. 이리고옌 정부는 강경 대응을 결정했다. 새로 등장한 극우세력의 민간준군사운동단체인 아르헨티나애국연맹Liga Patriótica Argentina이 민중의 도전을 두려워한 중간계급과 상층계급의 심리를 효과적으로 이용하여 반反노동자 히스테리를 부추겼다. 연맹 회원들이 거리로 나서 노동자들을 공격했다. 격렬한 계급전쟁이었다. 시위자 수백 명이 총에 맞았다. 노동운동 지도자들이 또다시 탄압을 받게 되었다. 이번에는 급진주의자들의 탄압이었다. 이 일로 노동조합주의자들과 마지막 남은 아나키스트 지도부가 엄청난 타격을 입었다.

그러나 노조가 사라지지는 않았다. 아르헨티나 노동자들 사이에 또 다른 두 부류의 이념이 유입되기 시작했다. 사회주의와 공산주의가 바로 그것이었다. 사회주의자들은 정치행동에 무게를 두고 아르헨티나 자본주의의 변화를 위해 사회당에 희망을 걸었다. 반면 공산주의자들은 투표함보다 노동조합 운동을 강조했다. 그 결과 머지않아 노동조합의 주요 직책을 차지하는 약간의 성과를 올렸다.

1920년대에는 노동운동가들이 그다지 많은 성공을 거두지 못했다. 파업 활동이 줄어들자 정부는 노동 관련 주요 문제에 별다른 관심을 기울이지 않았다. 노조는 1930년까지 아르헨티나 무대에서 상대적으로 의기소침해졌다.

정치 스펙트럼의 반대쪽에는 보수주의자들이 있었다. 그들은 급진주의자들을 끌어들이기를 바랐는데 그 바람이 곧 실망으로 바뀌었다. 사엔스 페냐의 선거법 개정이 '합의'의 전통을 무너뜨리고 정치체제에 근본적인 변화를 가져왔다.

첫째로, 유권자들이 꾸준히 늘어나고 선거 경쟁이 매우 치열해졌다. 이제 18세가 넘는 아르헨티나의 모든 남성에게 투표권이 주어져 1912년에는 그 수가 백만 명가량이나 되었다. 당선자가 60퍼센트 이상 표를 얻는 경우가 드물었다. 남성보통선거는 아르헨티나를 멕시코나 브라질 같은 라틴아메리카의 다른 주요 국가들과 구분해 주었다. 이 국가들은 높은 문맹률과 패쇄적인 정치조직 때문에 유권자들의 규모가 훨씬 작았다.

투표참여가 확대되면서 일어난 또 다른 변화는 정당의 중요성이 커졌다는 점이다. 1880년 세대 때는 거의 존재하지 않았던 정당들이 1912년 이후에는 조직적으로 권력을 추구하는 주요 매개체가 되었고 새로운 정치 지배층을 낳았다. 정치로 출세하는 중간계급 직업정치인들이 바로 그들이었다.

사엔스 페냐의 선거법 개정이 당시 라틴아메리카에서는 혁신적인 것이었지만 정치 제도의 한계는 여전했다. 여성을 배제했을 뿐만 아니라 외국 시민이라는 이유로 적어도 성인 남성 인구의 절반을 제외시켰다. 아르헨티나에 귀화하지 않은 이민자들이 노동계급에 더 많았기 때문에 사엔스 페냐의 개혁은 중간계급에게 매우 유리하게 작용했다.

이러한 변화의 결과 보수주의자들이 실제로 권력에서 멀어지게 되었다. 대중적 기반을 구축하고 정교한 전술을 동원한 급진주의자들은 선거에서 계속 우위를 누렸다. 1922년에는 마르셀로 데 알베아르가 대통령이 되었고, 1928년에는 이리고옌이 대통령에 다시 뽑혔으며, 급진주의자들이 의회의 상하 양원을 지배했다. 갈수록 자치가 신장되는 가운데 직업정치인들이 영향력을 행세하고 정치권력이 축적되면서 정치 제도가 사회경제 체제를 위협하게 되었다. 아르헨티나의 제한된 민주주의 실험이 보수주의자들과 그 동맹자들에게는 위험하고 불쾌한 것이 되어 갔다.

1929년의 세계 경제공황이 아르헨티나를 강타했다. 하지만 다른 나라들에게만큼 빠르거나 강하게 밀어닥친 것은 아니었다. 육류의 수출 가격과 그 가치는 1931년까지 변하지 않았다. 밀 시장이 큰 피해를 입었지만 그것은 주로 가뭄 때문이었다. 게다가 농부들이 정치에 별다른 영향력을 미치지 못했는데 그 이유 가운데 일부는 그들 가운데 귀화하지 않은 이민자가 매우 많았기 때문이다. 1930년에 실질임금이 잠시 줄고 실업이 널리 퍼지긴 했지만 노동자들의 동요는 그렇게 대수롭지 않았다. 대공황이 정치적 긴장을 악화시킨 것은 틀림없지만 그렇다고 해서 정치를 와해시킬 정도는 아니었을 것이다.

군부가 시곗바늘을 거꾸로 돌리다

1930년 9월 6일에 군 장교들과 민간인 귀족들이 연합하여 이리고옌 정부가 불법이라며 대통령을 쫓아냈다. 그리고 임시정부를 세웠다. 이 군인들은 왜 별 탈 없이 움직이고 있는 것처럼 보이는 헌정질서에 개입하게 되었는가?

1852년에 권력을 잡은 자유주의자들은 아르헨티나의 발전을 위해 직업군인이 필수불가결하다고 생각했다. 그들은 잘 훈련된 군대가 지방의 카우디요들을 무찌르고 경제성장에 필요한 질서를 세워 주기를 바랐다. 군대를 강화하고자 한 아르헨티나인들은 유럽에서 그 모델을 찾았다. 1899년 로카 장군과 그 동료들은 독일 사절단의 방문을 주선해서 참모장교들에게 근대적인 군사 기술을 가르쳤다. 이렇게 맺은 독일과의 협력관계가 40년간이나 이어졌다.

군대가 전문화되면서 장교단의 승진 전망에 변화가 생겼다. 1910년에 진급 조건이 바뀐 것이다. 이제 정치적 연줄보다 신기술에 대한 숙련도와 연공서열이 더 중요한 조건이 되었다. 그와 동시에 진급 결정권도 바뀌었다. 대통령에게서 최고위급 장군을 의장으로 하는 사단장들의 군사위원회로 넘어갔다. 이런 변화로 군대는 보다 높은 제도적 자율성을 발전시킬 수 있었다.

군대가 공적을 중시하게 되면서 출세를 원하는 중간계급 자녀들에게 직업군인의 길이 열리기도 했다. 이민자, 특히 이탈리아계 이민자 자녀들이 곧 이 혜택을 보게 된 것은 그리 놀랄 일이 아니다. 서열 체계에서 성공을 거둔 신임 장교들은 군대 자체에 강한 충성심을 느꼈다. 이러한 충성심의 이면에는 외부인들, 특히 정치인들에 대한 뿌리 깊은 불신이 존재했다. 1930년 무렵 대부분의 장교들은 정치판의 규칙을 바꾸는 것이 정치적 난장판에서 빠져나오는 유일한 길이라는 데 의견일치를 보았다.

그러나 그들의 의견일치는 여기까지였다. 그 밖의 모든 사안에 대해서는 계파마다 의견이 달랐다. 아구스틴 P. 후스토 장군이 이끄는 계파는 사엔스 페냐의 개혁시기 이전의 과두제로 돌아가기를 바랐다. 이 장교들은 정계에서 이리고옌과 급진당을 몰아내기만 하면 귀족이 권력을 잡게 되고 계급투쟁의 망령이 사라지리라고 생각했다.

호세 F. 우리부루가 이끄는 계파는 이와 달리 준파시즘적 조합국가 설립이라는 보다 광범위한 해결책을 제시했다. 이들은 아르헨티나에서 민주주의를 수립하려는 시도 자체가 문제라고 생각했다. 이는 유럽에서, 특히 이탈리아와 에스파냐, 포르투갈에서 맹위를 떨치고 있는 반민주주의 교의를 반영한 것이었다. 그들은 선출된 국회의원들이 목장주, 노동자, 상인, 기업가 등의 기능적(또는 조합적) 이해관계를 대변하는 '기능적 민주주의'functional democracy를 꿈꾸었다. 이는 산업별 구조를 통해 정치 제도와 경제 체제를 재통합해서 정계가 다시금 경제적 이해관계를 반영하게 하자는 이론이었다. 이는 또한 계급 중심의 정치를 확실하게 끝낼 방안이기도 했다.

1930년에 우리부루가 임시정부를 이끌기는 했지만 결국에는 후스토 파가 승리를 거두었다. 후스토는 1932년에 대통령이 되어 콩코르단시아Concordancia라는 친정부적인 정당연합을 만들었고 이름난 정치인들 대신 군인들을 일부 요직에 앉혔다. 후스토는 분명 대공황의 사회경제적 파장에 대응할 광범위한 국민의 정부를 수립하고자 했다.

하지만 이는 불가능한 일이었다. 그 이유 가운데 하나는 도시노동자 계급의 증가였다. 이들이 계속 정부에 압력을 가했다. 또 다른 이유는 직업 정치인들(정당의 이해관계에 충실한)이 구식 원리에 따라 움직이기를

1930년 군부쿠데타는 그 역사적 중요성에도 불구하고 상대적으로 고상한 사건이었다. 항복을 알리는 대통령궁의 백기(화살표)가 펄럭이는 가운데 5월 광장에 구경꾼들이 모여 있다. (개인 소장)

거부했기 때문이다. 이는 1937년에 후스토의 뒤를 이은 급진시민연합 당수 로베르토 오르티스가 선거부정을 막음으로써 급진주의자들이 의회를 장악할 수 있게 되면서 뚜렷이 드러났다.

오르티스는 건강 문제로 1940년에 자리에서 물러날 수밖에 없었다. 그 뒤를 이은 라몬 카스티요는 궁지에 몰린 과두지배층이 선거에서 흔히 쓰는 부정투표 수법에 의지했다. 이 사기극은 집권한 민선정부의 불법성을 두드러져 보이게 할 뿐이었다.

군 장교들은 갈수록 조바심을 냈다. 1940년대 초 유럽에서 2차 세계대전이 확산되고 1940년 이후 독일, 이탈리아, 일본으로 이루어진 추축국 진영이 승리할 것처럼 보이자 아르헨티나의 고위급 장교들은 아르헨티나에도 한결같고 흔들리지 않는 지도력이 필요하다고 생각했다. 그런

데 민간 정치인들이 문제였다. 군 장교들은 이들이 사소한 이해관계를 따라 나라를 위험에 빠뜨리고 있다고 생각했다.

아르헨티나의 정치는 라틴아메리카에서 독특한 길을 걷고 있었다. 그 까닭은 여러 가지였다. 나치 독일과 오랫동안 관계를 맺은 뒤 1942년에 미국과 운명을 같이하기로 한 브라질 정부와 달리, 아르헨티나 정부는 '중립'을 지키고 싶어 했다. 이는 미국이 주도하는 군사적 노력에 참여하지는 않으면서도 포위당한 영국이 필요로 하는 식료품은 계속 팔겠다는 뜻이었다.

아르헨티나 지배층이 대강이나마 중립을 지키기로 합의한 데는 민간 정치인들에 대한 군인들의 조바심도 작용했다. 반체제 장교들이 몇 차례 권력 장악을 시도했다. 권력 장악에 승리한 집단을 연합장교단GOU이라 불렀는데 그들은 1943년에 이룬 자신들의 권력 장악을 대중의 요구에 부응한 것이라며 정당화했다.

사실 야심 많은 장교들은 정치체제 전반을 뜯어고치고 싶어 했다. 그들은 자신들이 걸핏하면 비웃어 온 의회를 해산함으로써 그 작업을 시작했다. 임시 대통령 아르투로 라우손 장군이 이끌던 상승가도의 군부는 "이제 정당은 없고 다만 아르헨티나인이 있을 뿐이다"라고 당당하게 선언했다. 군부가 아르헨티나에서 정치와 정치인을 없애는 작업에 나섰다. 그들은 1944년에 정당 폐지 선언을 하고 일부 '협력파' 급진주의자들을 제외한 모든 직업정치인을 내각에서 배제했다.

군부가 이렇듯 정치체제를 장악해 나가는 동안 또 다른 변화가 일어나고 있었다. 노동자들 사이에 계급의식이 자라고 있었다. 1940년대 무렵 도시노동자 계급은 90퍼센트가량이 글을 읽을 줄 알았고, 상당수는 시골에서 온 지 얼마 되지 않은 유동적인 사람들이었다. 수출 호황을 누린 시기1880~1914와 달리 이제는 거의 모든 도시노동자가 유럽 이민자가 아닌 아르헨티나인이었다.

정치 드라마가 진행되면서 군인과 노동자가 주연인 것으로 드러났다. 군부는 그 자체의 제도적 기반을 지니고 있었지만 점증하는 대규모 도시노동자 계급은 효과적인 정치적 대변 장치가 없었다. 왜 그랬을까? 그 이유 가운데 일부는 성인 남성의 과반수를 참정권에서 배제한 1912년의 선거제도에 급진주의자들과 사회주의자들이 길들여진 데 있었다. 그래서 급진시민연합의 일부를 제외한 주요 정당들은 실제로 노동계급의 기반을 다지지 못했다.

이때 후안 페론이 등장했다. 페론은 중산층 출신으로 육군 대령까지 진급했다. 야심차고 사교성이 풍부하며 50세가량이 된 페론이 1943년에 라몬 카스티요를 대통령직에서 몰아낸 연합장교단 운동의 주역을 맡았다. 그는 한직인 노동부 장관이 되었지만 그 자리를 권력의 요새로 탈바꿈시켰다. 페론은 당근과 채찍을 사용해 산업노동자들의 지지를 얻어 냈다. 부분적이기는 하지만 이러한 영향력 덕분에 나중에는 전쟁부 장관과 부통령이 되었다. 페론의 인기가 올라가는 것을 두려워한 맞수 장교들이 그를 투옥하자 1945년 10월 17일에 지지자들이 그를 석방하라는 대규모 시위를 벌였다. 수탈당한 자들의 영웅 페론은 곧바로 1946년의 대통령 선거에 출마했다.

미국 정부가 페론이 파시즘 동조자라고 비난함으로써 뜻하지 않게 그의 선거운동에 탄약을 제공했다. 입이 거친 미국 대사 스프륄 브레이든이 공개적으로 이런 비난을 되풀이했고 이른바 『아르헨티나 보고서』라는 책자를 통해 그 근거를 제시했다. 민족주의자들은 외교 관례를 넘어서는 이런 개입을 물고 늘어지면서 시민들이 이제는 "브레이든이냐 페론이냐" 사이에서 분명한 선택을 해야 한다고 주장했다. 이런 양자택일 앞에 선 유권자들은 54퍼센트라는 확실한 과반수로 페론을 선택했다.

하지만 이는 변화하는 국제정세의 힘을 보여 준 것이기도 했다. 2차 세계대전 이후 미국의 힘이 신장되고 유럽이 쇠퇴하게 되면서 아르헨티나는 미국의 힘과 우월함을 극복해야 하는 처지에 놓였다. 새로운 세계 질서가 시작되었고 그것이 아르헨티나에 온갖 방식으로 영향을 미치게 되었다.

페론주의와 페론

페론은 대통령에 취임하자마자 연합장교단의 조합주의 원칙을 실행하기 시작했다. 아르헨티나는 이제 기능에 따라 기업가, 농부, 노동자 집단으로 나뉘게 되고, 이 집단들 사이에 갈등이 생길 경우 정부가 마지막으로 중재하는 역할을 맡게 되었다. 페론은 5개년 경제계획을 공포하고 무역진흥기구IAPI를 신설해 주요 농작물의 수출을 독점하게 했다. 아르헨티나에서 20세기 라틴아메리카 역사상 가장 국가 주도적인 경제정책이 시작된 것이다.

페론은 우리부루 장군이 꿈꾼 1930년대의 조합주의 이상을 펼치고 있었지만 한 가지 면에서 결정적으로 달랐다. 페론은 노동자들을 가장 중요한 정치적 동맹세력으로 삼고 기업가와 군대의 지원도 받았다. 그는 지원을 통해 대중의 지지를 이끌어 내고 자신의 이념을 홍보했다. 정의주의justicialismo로 알려진 그의 이념에는 사회정의와 공공복지가 약속되어 있었다.

대통령 선거 유세를 펼치면서 페론은 민족주의와 포퓰리즘에 호소했다. 그는 1946년에 "아르헨티나는 소는 살찌고 노동자페온, peón는 영양실조에 걸린 나라"라고 말했다. 페론은 노동자들에게 지금까지 제대로 받지 못한 보상을 제공하는 아르헨티나식 해법을 약속했다. 그는 1943년부터 갈고닦아 온 전략을 폈다. 파업을 부추긴 다음에 정부가 노동자들에게 유리한 쪽으로 해결해 주는 전략이었다. 시간당 실질임금이 1947년에는 25퍼센트 뛰어오르고, 1948년에는 24퍼센트 뛰어올랐다. 국민소득 가운데 노동자 소득이 차지하는 비중이 1946년과 1950년 사이 25퍼센트로 늘어났다. 이로 인해 손해를 본 사람들은 자본가들, 특히 지주들이었다. 정부가 무역을 독점하면서 그들의 생산물을 대부분 낮은 가격에 팔았기 때문이다.

처음에는 이 배짱 좋은 전략이 잘 듣는 것처럼 보였다. 1946년에는 국내총생산이 8.6퍼센트 늘어났고, 1947년에는 12.6퍼센트라는 놀라운 비율로 증가했다. 심지어 1948년에 기록한 5.1퍼센트의 낮은 성장률도 세계 기준에서 보면 상당한 것이었다. 이러한 성장은 부분적으로 아르헨티나의 수출호황 덕분에 가능했다. 1946년부터 1948년까지 아르헨티나는 대외무역에서 상당한 흑자를 본 것이다.

페론은 또한 아르헨티나 경제에 미치는 외국의 영향력을 줄이겠다는 약속을 지켰다. 아르헨티나는 1948년에 영국 소유의 철도를 국유화했다. 그리고 미국 ITT 계열의 주요 전화회사와 프랑스 소유의 항만시설도 국유화했다. 이를 위해 아르헨티나 정부는 뒷날 민족주의자들이 지나치게 많이 줬다고 주장할 정도의 대가를 소유주들에게 지불했다. 1947년 7월에 페론은 아르헨티나의 모든 외채를 갚고 '경제적 독립선언'을 발표했다.

에바 페론 또한 독자적으로 정치 세력을 형성했다. 과거 영부인 자리를 독차지한 사교계 귀부인señoras gordas들은 내륙 소도시에서 라디오 성우를 지낸 '에비타'를 무시했다. 이에 에비타는 대중적인 기반을 확보할 목적으로 1948년에 자신의 재단을 만들었다. 현금과 보조금을 직접 나누어 주면서 에비타는 광적인 지지자들을 빠르게 늘려 나갔다. 에비타의 카리스마가 페론의 카리스마를 보완하였다. 두 사람은 정치적 반대 의견을 억압할 정치 조직을 만들어 냈다.

1948년까지는 페론주의자들의 항해가 순조로워 보였다. 사회 정의가 신속하게 성취되고 경제는 활기가 넘쳤다. 야당은 주눅이 들고 면목을 잃었으며 거리는 언제나 지지자들로 가득 찼다. 페론이 약속한 '새로운 아르헨티나'가 실현되었다.

그러나 1949년에 전쟁 이후 처음으로 무역 적자가 발생하면서 이 성공이 오래가지 못했다. 물가가 전년도의 두 배에 달하는 31퍼센트나 치솟은 것도 심각한 문제였다. 엎친 데 덮친 격으로 심한 가뭄 때문에 수출 상품 생산도 줄었다. 아르헨티나의 수출품 가격은 떨어지고 수입품, 특히 제조업 제품 가격은 올라가고 있었다. 게다가 페론주의 정책이 문제를 더욱 심각하게 만들었다. 해외무역을 위한 무역진흥기구가 도시의 식료품 가격을 인하하려고 농산물 가격을 현실에 맞지 않게 낮춰 잡았다. 하지만 그 여파가 생산 의욕을 떨어뜨리고, 그에 따라 수출에 타격을 주는 것으로 나타났다.

페론은 1949년의 이러한 경제위기에 재무부 장관을 새로 임명하는 것으로 대응했다. 신임 재무부 장관은 신용 긴축과 정부 지출 삭감, 임금과 물가의 엄격한 상한선 설정 등의 정통적인 안정화 정책을 시행하였다. 페론은 경제를 안정시킨 다음 자신의 야심찬 사회정책을 가능한 한 신속하게 다시 펴 나가겠다고 생각했다.

페론은 재선을 금한 1853년 헌법을 고쳐 1951년에 690만 표 가운데

67퍼센트를 얻어 재선에 성공했다. 그는 특히 1947년에 참정권을 지니게 된 여성들의 압도적인 지지를 받았다. 페론당[1]을 창당하기도 했다. 페론 정부는 1951년에 주요 반정부 신문 『라 프렌사』를 몰수하는 등 걸핏하면 권위주의적인 조처를 취했다.

그러나 페론은 다른 정치 전선에서 패배했다. 1951년 재선 당시 페론은 에비타를 부통령 후보로 삼고자 했다. 그녀의 정치적 영향력이 엄청나게 커져 있었다. 많은 노동자가 에비타를 페론주의의 심장으로 여기게 된 데서 이를 확인할 수 있다. 그녀는 출처를 알 수 없는 막대한 정부 자금의 지원을 받아 이러한 이미지를 확산하는 데 뛰어난 솜씨를 발휘했다. 하지만 군부는 여자가 대통령직을 이어받아 군 통수권자가 될 수도 있다는 사실을 받아들이려 하지 않았다.

군부가 에비타의 후보 지명을 거부한 것은 앞으로 다가올 훨씬 더 큰 충격의 전조였다. 에비타는 병에 걸려 자신이 암으로 죽어 가고 있다는 사실을 더 이상 감출 수 없게 되었다. 갈수록 야위어 가면서도 억세게 병마와 싸웠고 힘든 일정을 챙겨 나갔다. 결국 1952년 7월에 사망했다. 이로써 페론은 자기 자신만큼이나 중요한 정치적 동반자를 잃었다.

에비타는 살아 있을 때보다 죽어서 더 위대한 존재가 되었다. 정부는 이틀 동안 모든 업무를 중단했고 노동총연맹은 조합원들에게 한 달간의 애도를 지시했다. 분출되는 슬픔은 믿기 어려울 정도였다. 곧바로 자유의 여신상보다 46미터쯤 더 높은 능을 건설하기로 했다. 33세에 사망한 에비타가 페론주의자들을 결속하는 강력한 신화가 되었다.

다행스럽게도 재무부 장관 알프레도 고메스 모랄레스가 추진한 엄

---

1) 당 이름은 정의당(Partido Justicialista)이지만 종종 '페론당'으로 불린다.—옮긴이

1952년 6월 남편의 대통령 재임 취임을 축하하는 자동차 퍼레이드를 벌이면서 에비타 페론이 군중에게 손을 흔들어 보이고 있다. 병들어 수척하지만 호소력이 있어 보인다. 그녀는 다음 달에 사망했다. (Corbis/Bettman/UPI)

격한 긴축 정책의 결과가 1952년에 나타나기 시작했다. 페론과 그의 고문들은 이제 제2차 5개년 계획을 수립했다. 이것은 1940년대 후반의 정책보다 포퓰리즘적이고 민족주의적인 성격이 훨씬 약했다. 외국 자본에 직접 호소한 결과 1954년에 미국 정유회사 캘리포니아 스탠더드 오일과 계약을 체결했다. 식료품 저가 정책의 1차 희생양이던 농업 부문에 새로운 장려금을 제공하기도 했다. 노동자들에게는 긴급 금융투자를 명목으로 2년간의 임금 동결을 주문했다.

페론은 경제성장을 재현하기 위해서는 민족주의 정책과 재분배 정책의 일부를 뒤집어야 한다고 생각했다. 경제가 팽창하는 동안에는 한 부문의 편을 드는 것이 쉬웠지만 경제가 침체되어 있을 때는 중산층이나 상류층이 직접 희생을 치러야만 노동자들이 득을 볼 수 있었다. 계급투쟁 때문에, 조심스레 쌓아올린 페론의 포퓰리즘 연합이 산산조각 날 판이었다.

아마도 이 때문에 페론당의 정치 전략이 더욱 과격해졌을지도 모른다. 1949년 이후 페론은 측근들을 진급시켜 군대를 통제하고자 했다. 사관생도들에게 페론주의를 가르치고 하급 장교들에게 근사한 제복을 입히려는 계획도 세웠다. 페론은 군 내부에 반대파가 있다는 사실을 알고 있었다. 그들이 1951년에 쿠데타를 시도했다. 페론은 그들을 가볍게 진압하기는 했지만 불만의 씨앗은 여전히 남아 있었다.

에비타가 1952년에 죽은 뒤 페론은 그의 관심을 군대에서 지지자들이 이끌고 있는 노동조합으로 돌렸다. 정통파 경제정책을 펼수록 정의주의를 신봉하는 노동계급의 목소리가 점점 커져 갔다. 1953년에는 페론주의를 추종하는 거리의 군중이 아르헨티나 귀족 계급의 보루인 자키 클럽(경마 클럽)을 약탈했다.

1954년에 페론주의자들 중 과격파는 또 다른 전통질서의 기둥에 도전했다. 바로 교회였다. 이혼을 합법화하고 모든 교구학교를 정부가 관리했다. 1955년에는 페론주의자들이 대규모 반교회 시위들을 전개했다. 페론을 따르는 군중이 부에노스아이레스에서 유명한 일부 대성당에 불을 질렀다. 이에 교황청은 페론을 포함한 아르헨티나 내각 모두를 파문하는 것으로 앙갚음했다. 페론은 아르헨티나의 독립을 위협하는 '음모자'들에 맞서 대중을 동원하겠다고 다짐했다.

사실 페론 정부는 통제가 불가능한 상태였다. 상당수 장교들은 페론이 나라를 망가뜨리고 있다고 확신했다. 교회와 볼썽사나운 싸움을 벌인 결과 군부 내에서는 반페론파가 득세하게 되었다. 1955년 9월 군부의 음모자들이 페론에게 마지막 통첩을 보냈다. 대통령직에서 물러나든지 아니면 내전을 각오하라는 것이었다. 페론이 할 말 못할 말 가리지 않았지만 피를 부를 배짱이 있는 사람은 아니었다. 결국 파라과이 군함에 몸을 맡기고 파라나 강을 건너 망명길에 올랐다.

군부의 책무

페론이 실제로 패배한 것은 아니었다. 지지자들을 동원하려고 하지도 않은 채 압박에 못 이겨 떠난 것이었다. 그가 떠난 뒤 갑작스레 자리가 비기는 했지만 페론이나 페론주의가 끝난 것은 아니었다.

온건파 장군 에두아르도 로나르디가 대통령이 되었다. 그는 보복 정책을 피하고 싶어 했다. 보복 정책이 페론주의자들을 단결하게 만들 것이라는 생각에서였다. 하지만 군부 내 강경파는 로나르디의 화해 정책을 참을 수 없었다. 그들은 11월에 로나르디를 끌어내리고 페드로 아람부루 장군을 임시대통령에 앉혔다. 이로써 반페론주의 과격파가 페론주의를 척결할 기회를 잡았다. 그들은 페론당을 불법화하고 페론주의 선전을 전면 금지했다.

군부 내 강경파와 아람부루의 정치 전략가들은 페론 이후 시대를 열 새로운 정치체제를 만들어 낼 수 있다고 생각했다. 페론 정권에 재산을 빼앗긴 사람들이 재산을 돌려받았다. 아람부루 정권은 페론주의 지도자들, 특히 노조 지도자들을 강력히 탄압했다. 1956년 6월에는 페론주의자들이 반격을 가했다. 군부 내 친페론파가 여러 주에서 반란을 일으켰다. 정부는 이에 무력으로 대응했다. 그 후속 조치로 반란군 지도자 40여 명을 처형했다. 권위주의적인 페론 정권도 이렇게 많은 사람을 공식 처형한 적은 한 번도 없었다. 마지막으로 모든 정당에게 이제는 민주주의에 충실하라고 요구했다. 이런 '요구 조건'을 내걸어야 했다는 것은 아르헨티나 민주주의가 그만큼 허약하다는 극적인 증거였다.

페론을 축출한 뒤 첫 선거를 실시하면서 아르헨티나 정계는 혼란에 빠졌다. 반페론주의 민간 정치인들이 심각한 분열을 보였기 때문이다. 가장 큰 정당은 여전히 이리고옌과 그 참모들이 이끄는 유서 깊은 급진시민연합이었다. 그런데 급진시민연합은 1956년의 전당대회에서 분당이 되었다. 1951년 대통령 선거에 출마한 적이 있는 원로 정치인 리카르도 발빈이 주도하는 '국민의 급진시민연합'UCRP ; UCR del Pueblo과 경제학 교수 아르투로 프론디시가 이끄는 '비타협 급진시민연합'UCRI ; Unión Cívica Radical Intransigente이 그것이었다.[2] 발빈파는 페론주의를 철저히 거부했고 프론디시파는 페론주의자들과 타협할 여지를 두었다. 이는 군부 내 여론 분열과도 유사했다.

제헌의회 선거는 매우 불확실한 가운데 치러졌다. 선거 결과 두 급진주의 정당은 거의 같은 수의 의석을 차지했다. 의회가 1853년 헌법을 되살리기는 했지만 분열이 심각해 결국 해산되고 말았다. 군부는 1958년 2월에 새로운 선거를 실시했다. 프론디시는 발빈파의 표를 얻을 수 없게 되자 페론주의자들과 거래를 했다. 그들에게 페론당을 합법화시켜 주겠다고 약속했다. 공격적인 민족주의 운동을 펼친 덕분에 프론디시가 대통령직에 오르고 국회의 다수 의석을 차지했다. 이제 산적한 정치경제적 문제들을 해결할 중도파 정부가 들어선 것처럼 보였다. 그러나 프론디시의 머리 위에는 커다란 먹구름이 떠 있었다. 그것은 바로 페론주의자들에게 진 빚이었다.

---

2) 국민의 급진시민연합은 1972년 다시 급진시민연합으로 이름을 바꿔 오늘에 이르고 있고, 비타협 급진시민연합은 1972년 비타협당(Partido Intransigente)으로 이름을 바꿨다.—옮긴이

발전주의 개혁의 실패

프론디시는 칠레의 에두아르도 프레이나 브라질의 주셀리누 쿠비체크 같이 당시 라틴아메리카에서 성공을 거두고 있던 민주적 개혁가들 부류의 사람처럼 보였다. 프론디시는 이들과 마찬가지로 큰 도박을 걸기로 했다.

경제 분야에서는 프론디시가 공업화를 가속화하는 동시에 농업 생산량을 늘려 수출 소득을 올린다는 야심찬 계획을 세웠다. 국가의 경제 개입을 줄이고 해외에서 신규 산업에 투자할 자본을 들여올 계획이었다. 하지만 프론디시는 곧 심각한 국제수지 위기에 직면했다. 신규 투자를 유치하기 위해서 외국 채권자들에게 잘 보일 필요가 있었던 프론디시는 그들이 내린 극약 처방을 받아들이기로 했다. 그것은 큰 폭의 평가절하, 엄격한 신용 규제, 공공부문 지출 삭감, 엄격한 임금 규제, 공공서비스 보조금 감축, 잉여 공무원 해고였다.

이러한 정책은 불가피하게도 노동계급의 소득을 대폭 하락시키는 결과를 낳았다. 1959년에 목장주들의 구매력이 97퍼센트 증가한 데 비해 산업노동자들의 그것은 29퍼센트가량 하락했다. 목장주들이 고물가의 이득을 보기는 했지만 그에 걸맞게 소고기 수출을 늘리지는 못했다. 1959년 4월과 5월, 9월에 총파업이 일어났고, 11월에는 광범위한 철도 파업이 전개되었다. 궁지에 몰린 프론디시는 노동자들에게 유리한 타협안을 받아들이지 않을 수 없었다. 안정화 정책은 또한 기업가들, 특히 중소기업가들에게 공격을 받았다. 그들은 평가절하에 따른 엄청난 수입 가격 상승과 신용 규제를 비난했다.

그 결과 프론디시의 정치적 운명이 기울어 갔다. 실질임금을 삭감하고 외국투자를 받아들인(미국 석유회사와 비밀리에 접촉한 것을 포함해)

정통 안정화 정책을 노동계와 좌파는 결코 용납할 수 없었다. 그의 IMF식 경제정책을 군부가 지지(실제로는 압력을 행사)하기는 했지만 페론당에게 합법적인 지위를 되찾아 준, 페론주의자들에 대한 유화적 조처에 대해 장교단은 불만이 많았다. 이는 1962년 3월 선거에서 극에 달했다. 선거 결과는 정부의 참패였다. 페론당이 다른 모든 정당을 제치고 35퍼센트의 표를 얻었다. 프론디시의 급진당이 28퍼센트를 얻고 발빈의 급진당이 22퍼센트를 얻었으며 소수 정당들이 나머지를 차지했다.

군부는 곧 대통령에게 압력을 행사해 일부 지방에서 거둔 페론당의 선거 승리를 무효화하게 했다. 이때 프론디시파가 발빈파에게 연립정부를 구성하자고 제의했다. 급진주의자들의 양대 정당이 유권자 절반의 지지를 받았기 때문에 이것이 확실한 대안인 것처럼 보였다. 하지만 발빈파가 프론디시파의 제안을 거절했다. 중간계급의 정당인 양대 급진당이 라틴아메리카에서 중간계급이 가장 두터운 아르헨티나를 다스릴 능력이 없다는 사실이 또다시 확인되었다.

그러나 프론디시는 사임을 거부했다. 1962년 3월 29일 군부가 탱크를 거리로 몰고 나와 프론디시를 끌어내렸다. 법적 계승자인 상원 의장 호세 마리아 기도가 그를 대신해 대통령직을 수행했다.

기도는 1년 반 동안 대통령 직무를 대신했다. 실권은 군부가 지니고 있었다. 그러나 군부는 군 내부의 거듭된 반란을 유발한 민간 정치인들의 처리 문제를 놓고 여전히 분열되어 있었다. 특히 페론주의 대중을 정치체제 안에 "다시 통합하는" 일이 타당한 것인지를 둘러싸고 견해가 나뉘었다. 상황을 복잡하게 만든 것은 망명한 페론이었다. 아르헨티나에 있는 부하들에게 그가 계속 지시를 내리고 있었다.

군부는 결국 1962년의 선거결과를 전면 백지화하고 1963년 7월에 새로운 선거를 실시하기로 결정했다. 이번에는 발빈의 급진당이 총 투표수의 27퍼센트를 얻어 승리를 거두었다. 평범한 지방 의사 출신인 아르투로 일리야가 새 대통령이 되었다. 그의 통치는 급진주의자들이 페론 이후 아르헨티나를 다스린 두번째 시도였다. 일리야는 프론디시와 달리 페론주의자들에게 아무런 제의도 하지 않았다. 그래도 군부 내 강경파는 페론주의나 좌파에 혹시나 유화적 손짓을 보내지 않을까 계속 감시하였다.

운 좋게도 일리야가 처한 경제사정은 비교적 좋았다. 일리야 정부는 매우 조심스런 행보를 보였다. 하지만 정책 입안자들이 임금을 대폭 인상하고 물가를 통제하는 팽창 정책을 펴고 있다는 사실이 곧 드러났다. 이러한 조치로 아르헨티나 경제는 전쟁 이후 밟아 온 '성장과 정체'의 경제 패턴(경제의 팽창과 수축이 번갈아 나타나는)에서 성장 국면에 들어섰다. 1962년과 1963년에 국민총생산이 다소 감소했지만 1964년에는 10.4퍼센트 증가하고 1965년에는 9.1퍼센트 증가했다.

농업 분야에서는 소의 마릿수가 급격히 줄어들어도 사육을 하지 않는, '소고기 주기'의 하강 국면에 놓였다. 그 결과 소고기 공급이 부족해 수출 물량이 감소하고, 도시 소비자들(소고기를 언제나 게걸스럽게 먹어대는)은 짜증을 냈다. 목장주들은 정부가 시장 수요에 내맡겨야 할 소고기 가격을 억제하고 있다고 분통을 터뜨렸다. 1945년 이후 집권한 다른 모든 대통령과 마찬가지로 일리야는 농업 부문을 국익에 활용하는 것이 사실상 불가능한 일임을 깨달았다.

페론주의 노조들은 일리야가 대통령이 될 때부터 그를 반대했다. 그가 임기 초에 높은 임금을 보장해 주었지만 1963년 선거에서 자신들을 배제했다는 이유 때문이었다. 페론주의자들이 주도하는 노동총연맹은 파업과 사업장 점거를 골자로 하는 투쟁 계획을 세웠다. 이제는 합법적인 정당이 된 페론당이 1965년 3월 선거에서 30.3퍼센트의 표를 얻어 28.9퍼센트를 득표한 일리아의 급진당을 앞질렀다.

에스파냐에 망명 중이던 페론은 이런 선거결과에 용기를 얻어 자신의 세번째 아내 이사벨을 아르헨티나에 보냈다. 반목을 일삼는 페론주의 집단들과 직접 협상을 하게 하기 위해서였다. 군부 내 강경파는 페론의 복귀 가능성에 더욱더 신경을 곤두세웠다. 경제사정도 불안해졌다. 물가가 다시 치솟았으며 정부는 재정적자 문제에 두 손을 들었다. 1966년 6월 군부가 다시 개입했다. 일리아는 로사다 궁(대통령궁)에서 비참하게 쫓겨났다. 페론주의 대중을 달래지도 억누르지도 못하던 급진주의 정부를 장교들이 또다시 무너뜨린 것이다.

관료적 권위주의 해결책

1966년 군사쿠데타는 1943년 이후 일어난 쿠데타 가운데서 과거와 가장 크게 단절했다. 적어도 초기 단계에서는 탄압이 가장 심했다. 새 대통령이 된 후안 카를로스 옹가니아 장군은 '아르헨티나 혁명'이 일어났음을 선포하고 관료적 권위주의 국가라는 새로운 체제를 수립하고자 했다. 그 목표는 증상이 아니라 아르헨티나 문제의 근원을 해결하는 것이었다. 다시 말해 사회를 완전히 바꾸는 것이었다. 옹가니아 정부는 다루기 힘든 의회를 해산하고 대학에서 반대파를 쫓아냈으며 사회생활의 기풍을 관리('고양'이라고 불렀다)하기 시작했다. 군부 지도자들이 고위공직에서 정치인들을 몰아내고 관료 및 외국인 투자자들과 손을 잡았다. 외국인 투자자들의 자본으로 경제 성장을 도모할 계획이었다.

경제부 장관 아달베르트 크리에헤르 바세나가 광범위한 계획을 발표했다. 그 핵심 내용은 1967년부터 2년 동안 임금을 동결한다는 것이었다. 정부가 이를 강제할 수 있었던 것은 권위주의적 수단을 동원한 데다 물가상승 억제에 어느 정도 성공을 거두었기 때문이다.

새로운 군사정부는 유리한 요소가 한 가지 더 있다고 생각했다. 노조 내의 주요 계파가 정부의 지원을 바란 것이다. 그 지도자는 노동총연맹 간부 아우구스토 반도르였다. 이를 통해 노동계가 분열되면 정부가 그 덕을 보게 될 것이었다. 이 전략이 1967년과 1968년에 일부 성공을 거두었다. 하지만 1969년에는 지방도시 코르도바에서 일어난 노동자들의 격렬한 반란에 휩싸였다. 코르도바에서 반정부 시위와 조업 중단이 잇달았다. 거리 시위 도중에 군이 발포해서 시위자와 구경꾼 수십 명이 죽었다. 시위의 외침이 온 나라에 울려 퍼졌다. 임금 동결에 반대하는 일부 군인을 포함한 정부의 경제정책에 반대하는 상당수 사람들은 이 기회를 이용해 크리에헤르 바세나를 몰아내려고 로비를 벌였다. 크리에헤르 바세나는 결국 1969년 6월에 자리에서 물러났다. 옹가니아 정부가 1년을 더 버티기는 했지만 신뢰는 바닥에 떨어졌다.

옹가니아 정권을 무너뜨린 것은 노동계의 저항만이 아니었다. 정치 폭력 또한 엄청나게 증가했다. 군사정부가 고문과 처형을 비밀리에 자행했고 혁명좌파가 납치와 암살을 일삼았다. 노동 탄압이 전개되자 좌파가 폭력으로 대응했다. 1970년에 좌파 테러리스트들이 1956년에 페론주의 음모자들을 처형하라고 명령을 내린 전 대통령 아람부루를 납치했다. 아람부루는 나중에 죽은 채로 발견되었다.

옹가니아 정부의 정치는 어느 모로 보나 실패했다. 전후에 역사상 가장 성공적인 경제안정화 정책을 추진했지만, 나라의 미래를 설계할 광범한 정치 연합을 구성하지는 못했다. 그 결과 선택의 여지가 거의 없었다.

또 다른 장군 로베르토 레빙스톤이 대통령이 되었다. 그는 거의 알려지지 않은 정보장교 출신이었다. 물가상승의 위협에 직면한 그는 온건한 팽창 정책을 폈다. 하지만 소고기 주기가 하강하면서 공급이 달리고 물가가 치솟았다. 군대에서 명성을 얻지 못한 레빙스톤은 사면초가였다. 또 다른 쿠데타 세력이 그를 쫓아내고, 8개월 전 옹가니아 축출을 구상한 알레한드로 라누세 장군을 그 자리에 앉혔다.

라누세는 경제 문제를 해결할 생각이 없었다. 예산적자 증대와 인플레이션 문제를 그대로 두기로 했다. 그가 실제로 노린 것은 새로운 정치적 합의였다. 그는 페론당을 다시 합법화한 데 이어 페론의 복귀를 허용하는 더욱 큰 도박에 나섰다. 1973년 3월에 선거를 소집했다. 1972년 말에 페론이 아르헨티나에 일시 귀국해 자신의 대통령 후보 대역인 엑토르 캄포라 박사를 위한 로비를 벌였다. 그런 가운데 폭력이 끊이지 않았다. 게릴라들은 더욱 대담해져서 감옥과 병영은 물론 군 고위장교들을 직접 공격했다.

선거 결과 캄포라는 발빈이 얻은 22퍼센트보다 훨씬 많은 49퍼센트의 표를 얻었다. 대통령은 물론 그와 뜻을 같이하는 장교들은 페론을 좌파에 대한 유일한 희망으로 바라보기 시작했다. 1973년 5월 캄포라가 대통령에 취임하자 적잖은 수의 장교들은 그가 곧 좌파의 위협에 대한 해결책을 제시할 것이라고 기대했다.

다시 권력을 잡은 페론주의자들

캄포라는 페론이 돌아와 새로운 선거에 입후보할 때까지 자신은 대역에 불과하다는 사실을 추호도 의심하지 않게 했다. 그러면서도 캄포라 정부는 새롭고도 과감한 경제정책을 폈다. 그 목표는 먼저 물가를 잡은 다음 페론 시대에 그것이 국민소득에서 차지한 비중 수준으로 노동자들의 임금을 끌어올리는 것이었다. 이를 위해서는 물론 이익집단들 간의 특별한 협력이 필요했다. 캄포라 정부가 '사회협약'안에 대한 합의를 이끌어 내는 데 성공을 거두었다. 그리고 노동단체와 기업단체가 이 협약을 공식 승인했다. 농업 생산자들(일부 광적인 반페론주의 목축업자들을 제외한)과도 비슷한 협정을 맺어 1980년까지 농업 생산량을 2배로 늘리겠다는 약속에 대한 보답으로 가격과 세금, 대출에 혜택을 주기로 했다. 새로운 페론주의 정권은 놀랍게도 거의 모든 이익집단을 아우르는 연합을 만들어 냈다. 이 연합을 어떻게 만들어 낼 수 있었을까? 부분적으로는 아르헨티나인들이 지친 데다 그들 사이에 현실주의가 자리를 잡았기 때문에 가능했다. 실제로 오랜 반페론주의자들 중 일부는 새로운 페론 정부를 국가의 문제들을 무자비한 폭력 없이 해결할 수 있을 마지막 기회일지도 모른다고 보았다.

하지만 성공을 거둘 가능성이 높지는 않았다. 새로운 페론주의 정부를 거부한 게릴라 세력이 취약한 정치적 균형을 무너뜨리고자 납치와 암살을 일삼으면서 정치 폭력은 꾸준히 늘어 갔다. 문제는 또 있었다. 새로운 사회적 합의를 이룩할 중심인물의 나이와 건강이었다. 한때는 카리스마가 넘치던 페론이 이제 77세가 되었고 건강도 쇠약해져 갔다.

다음 대통령 선거는 1973년 9월로 예정되어 있었다. 페론은 1951년에 실패한 정략을 펴는 데 성공했다. 그의 아내 이사벨을 부통령에 지명되게 한 것이다. 그들은 62퍼센트의 지지를 얻으며 선거를 휩쓸었다. 페론은 망명 당시 논평을 통해 그가 자주 격려를 해주던 혁명좌파에게 등을 돌리기 시작했다. 라누세가 바란 대로 페론은 군부와 경찰을 지원해 혁명좌파에 반격을 가했다.

1974년에는 경제 분야에서도 문제가 생겼다. 아르헨티나의 석유 수입량이 16퍼센트에 불과하기는 했지만 OPEC이 유가를 올리는 바람에 국제수지가 악화된 것이다. 게다가 노동총연맹 소속이 아닌 일부 조합들이 사회협약을 어기고 새로운 임금 협정을 체결했다. 그러자 노동총연맹 소속 노조들 일부가 곧 그 뒤를 따랐다. 노조 지도자들의 압력이 거세지자 페론은 노동총연맹 소속 노조 전체에 연말 보너스를 많이 주기로 합의했다. 그 결과 그의 인플레이션 억제 정책이 흔들리게 되었다.

노동자들에게 건 페론의 마법이 다시 통했을지 여부는 알 수 없게 되었다. 1974년 7월에 페론이 사망하고 이사벨이 대통령이 되었다. 페론이 이사벨을 만난 것은 1955년에 대통령직에서 쫓겨나 한가로운 여행을 할 때였다. 그때 이사벨은 파나마의 나이트클럽 무용수였다. 그녀의 우유부단함과 자신감 결여에서 알 수 있다시피 이사벨은 에비타가 아니었다. 페론당원들이 옥신각신하는 사이 이사벨이 대통령 자리에 올랐다. 그리고 인수받은 대통령 업무에 겁을 먹은 한 여자를 둘러싸고 곧 권력 쟁탈전이 벌어졌다.

실세는 사회복지부 장관 호세 로페스 레가였다. 그는 극우 페론주의자로 잘 알려진, 야심이 많은 특이한 인물이었다. 1974년 10월에는 이사벨을 설득해 온건한 장관들을 숙청하게 했고, 이어서 좌파(좌파 페론주의자들을 포함하는)를 탄압하게 했다. 이는 1975년에 노조가 임금을 100퍼센트 이상 인상하는 방안을 놓고 새로운 협상을 시작해 오자 정책의 기본 방침이 되었다. 큰 폭의 임금인상 협정을 철회하는 반 임금인상 운동을 벌인 이사벨은 여러 차례 대규모 파업을 겪고 난 뒤에 이를 원상 복귀시켰다. 이에 실망한 로페스 레가가 사임을 했으며 원내 페론당이 갈라지면서 이사벨은 의회에서도 다수의 지지를 잃게 되었다.

게릴라들이 경찰과 군대에 도발적인 공격을 계속 가하고 극적인 암살을 자행하기도 했다. 우익도 그에 못지않은 폭력으로 대응했다. 1975년에 물가가 335퍼센트 치솟으면서 화폐 가치는 날마다, 아니 거의 매 시간 떨어졌다. 대중, 특히 도시 중간계급은 좌파의 테러든지 우파의 테러든지 간에 테러에 대한 두려움에 사로잡혔다. 대통령도 겁에 질린 채 명령을 내리지 못했다. 선출된 정부가 또다시 로사다 궁에서 사라졌다.

1976년 3월 아르헨티나에서 가장 예견 가능했던 쿠데타를 통해 군부가 이사벨 페론을 가택 연금시켰다. 그녀의 임기가 끝나기 1년 전이었다. 군부는 왜 그렇게 오래 기다렸을까? 그것은 아마도 나라 사정이 어수선하고 경제가 혼란스러워 군부가 개입을 해야 한다는 데 대해 그 누구도 이의를 제기하지 않을 때까지 공식적인 통치의 책임을 떠맡고 싶지 않았기 때문이었을 것이다.

돌아온 군부

마침내 이사벨에게 반기를 들고 일어났을 때 군부는 아르헨티나에 오래도록 지속될 관료적 권위주의를 수립할 생각이었다. 호르헤 라파엘 비델라 장군이 주도하는 가운데 군사정권은 반대파를 상대로 '더러운 전쟁', 혹은 반대로 '거룩한 전쟁'으로 알려진 잔인한 군사작전을 펼쳤다. 정부는 '반체제 인사'를 닥치는 대로 체포하기 시작했다. 이때 실종자들이 생겨났다. 그야말로 '사라져 버린' 이들의 수는 1만 명 혹은 2만 명에 달했다. 실종자들은 중무장한 사람들에게 잡혀갔다. 이들은 군사정권의 승인을 받고 출동한 '비번'의 보안기관 기관원들이었다. 연행된 이들의 행방은 그 후 결코 알 수 없었다.

'실종자'들 가운데 얼마나 많은 사람이 무고한 자였고 얼마나 많은 사람이 게릴라 활동을 적극 지지했는지 결코 알 수 없을 것이다. 아르헨티나인 수천 명이 이러저러한 방식으로 게릴라 활동에 연루되어 있던 것은 분명했다. 게릴라들은 은행을 털거나 인질의 몸값을 요구해 1억 5천만 달러에 달하는 군자금을 모았으며 준군사적 공격 활동에 매우 뛰어난 솜씨를 보였다.

장군들은 아무런 법적 제약이 없는 총공세를 펴기로 했다. '실종자'들은 나라를 공포에 떨게 하기 위해 의도적으로 짠 전술의 희생양이었다. 결국 장군들이 승리를 거두었지만 그 대가는 엄청났다. 한때는 위풍당당했던 아르헨티나가 이제는 칠레나 남아공과 더불어 국제적으로 천민국가가 되었으며, 생각을 분명히 표현하고 따지기 좋아하는 아르헨티나인들은 입에 재갈이 물리고 협박을 당하는 수치를 겪게 되었다.

게릴라들은 무엇을 바랐을까? 사소한 강조점의 차이는 있겠지만 그들은 폭력으로 정부를 무너뜨리고 맑스-레닌주의 노선을 따라 혁명적 사회주의 정권을 세우려고 했다. 중산층 출신이 압도적이고 정계에서 멀리 소외된 게릴라들은 얄궂게도 라틴아메리카에서 가장 '현대적'인 사회경제적 구조에 맹공격을 가했다. 일단 싸움을 시작한 게릴라에게는 물러설 곳이 없었다. 그것은 목숨을 건 싸움이었다.

전쟁을 통해 무장을 잘 갖춘 완강한 정부가 지배계층의 내분을 막고 게릴라 활동을 무찌를 수 있다는 사실이 확인되었다. 반게릴라 작전이 성공을 거둔 핵심 요인은 암묵적인(때로는 분명한) 중간계급의 지원이었다. 아르헨티나의 중간계급은 그 규모가 라틴아메리카에서 제일 컸다. 따라서 정치 드라마에서 주연배우 역할을 했다. 그들은 이사벨 페론 정권의 부패에 대경실색했으며 적어도 초기에는 대부분 1976년 쿠데타를 지지했다.

정권탈취의 목표는 모든 쿠데타를 끝내는 것이었다. 비델라와 그 동

광장의 어머니들

1976년에 권력을 잡은 아르헨티나 군사위원회는 고문과 탄압에 대한 소름 끼치는 기록을 남겼다. 반대의 징후가 조금이라도 있으면 '실종'될 수 있었다. 장군들에게 도전을 한 시위자들은 오직 나이 든 어머니들의 작은 모임뿐이었다. 그들은 매주 목요일마다 만나 사라진 자식들의 이름과 사진을 앞세우고 부에노스아이레스 중심가에 있는 5월 광장을 행진했다. 어머니들은 처음에는 망설였지만, 군인과 경찰이 위협과 협박을 가하며 괴롭힐 때도 용감하게 시위를 이어 갔다. 어떤 기적 때문인지는 모르지만 이 여성들은 시위를 계속하도록 허락을 받았다. 대개는 사소한 의심 증세에도 잔혹한 탄압을 가하던 군경이 이제는 자신들이 수호한다고 주장하는 가치의 가장 큰 상징인 어머니들을 공격하기가 두려웠던 것일까?

어머니들의 요구는 간단했다. 사랑하는 이들에게 일어난 사건의 자초지종을 듣고 싶었다. 그들은 어떤 환상도 품지 않았다. 대부분은 자녀들이 처형당했다는 사실을 알고 있었다. 그들은 그 죽음을 확인하고 자식들을 묻어 주고 싶었다. 어머니들이 그런 기회를 얻는 일은 드물었다. 하지만 몇 년 동안 행진은 계속되었다. 이는 정신 나간 군부의 만행이 부른 끔찍한 피해를 떠올리게 하는 우울한 시위였다.

료들은 그들의 목표가 단순히 페론 시절의 혼란을 정리하는 데 있는 것이 아니라 아르헨티나 사회의 재구조화에 있다고 주장했다. 군사위원회는 테러리즘을 뿌리 뽑고 정치무대에서 일부 유력인사를 제거하겠다고 약속했다. 그리고 공공 부문을 줄이고 노사정 관계를 다시 짜기로 했다. 또한 아르헨티나가 "서구 기독교 세계"로 남으리라고 단언하고, 이 세계가 제시하는 고귀한 원칙에 따라 대중에게 "윤리와 정직과 효율"을 "재교육"하겠다고 약속했다.

이러한 이상을 위해 군부는 그 어느 때보다도 더욱 깊숙이 아르헨티나 사회를 파고들었다. 노동총연맹을 없앴을 뿐만 아니라 체육단체나 자선단체 같은 다른 단체들도 인수했다.

장군들은 1978년에 하늘이 내려준 선전 기회를 갖게 되었다. 아르헨티나가 월드컵축구대회를 유치해 우승을 거둔 것이다. 대중은 열광적으로 환호했고 장군들은 기쁨을 감추지 못했다. 적어도 몇 주 동안 아르헨티나인들은 조국에 긍지를 느낄 수 있었다. 하지만 이러한 기쁨과 즐거움은 곧 사라지고 비참한 현실에 부딪혔다.

가장 큰 걱정거리 가운데 하나가 경제였다. '신자유주의' 관점을 대변하는 경제부 장관 호세 마르티네스 데 오스가 곧 안정화 정책을 추진했다. 노동자들의 실질임금이 하락하고 기업가들의 대출이 더욱 까다로워졌다. 마르티네스 데 오스는 또한 상당수의 국영기업을 민영화하고 공업제품에 대한 관세를 대폭 낮추었다.

이 정책으로 1980년 인플레이션을 88퍼센트로 억제하고 4년 동안 1976~1979 무역 흑자를 달성했다. 하지만 1981년 들어 상황이 나빠졌다. 인플레이션이 또 100퍼센트를 넘어섰고, 공장 가동률이 절반에 지나지 않았으며, 실질소득은 1970년 때보다 더 낮았다.

이러한 경제 문제에 직면한 군부는 뛰어난 단결력을 보여 주었다. 이번 정권은 제도적 정권이지 지도자 한 사람이 이끄는 정권이 아니었다. 비델라는 1981년 3월에 로베르토 비올라 장군에게 대통령직을 인계했다. 비올라는 스트레스가 많은 대통령직을 감당할 끈기가 없어 1982년 초에 그 자리를 육군총사령관 레오폴도 갈티에리 장군에게 넘겼다.

갈티에리는 그 해 3월 포클랜드 제도에 정부의 운명을 걸기로 했다. 영국이 통제하고 있던 이 제도에 대해 아르헨티나인들은 오래전부터 영유권을 주장했다. 아르헨티나인들은 이 제도를 말비나스 제도라고 불렀다. 군부는 영국이 이 황량한 섬에 신경을 쓰지 않을 것이라고 보았다. 영국에서 8천 마일이나 떨어진 데다 인구 1,800명에 양 60만 마리가 전부였다. 1982년 4월 아르헨티나 대군이 말비나스 제도를 공격했고 군사력이 열세인 영국 왕실수비대를 순식간에 제압했다.

영국이 이 침공을 비난하면서 대규모 기동부대를 파병했다. 5월 말에 수천 명에 달하는 영국군이 포클랜드/말비나스 제도의 해안 교두보에 상륙했다. 미주기구의 투표에서 세 나라를 제외한 라틴아메리카 국가들 모두가 영국을 침략자로 규탄하면서 아르헨티나에 지지표를 던졌다.

갈티에리 정부가 왜 이 제도를 공격했을까? 물론 아르헨티나 경제가 또다시 파산 상태에 있었다. 4월 2일 공격을 감행하기 불과 며칠 전에는 1976년 군부가 집권한 이래 가장 규모가 큰 반정부 시위가 있었다. 갈티에리와 그의 동료장교들은 틀림없이, 포클랜드/말비나스 제도에서 신속한 승리를 거두어 추락하는 정부의 인기를 끌어올릴 수 있으리라고 보았을 것이다. 나아가 갈티에리는 아르헨티나 군부와 우호 관계를 맺어 온 레이건 행정부의 암묵적인 지지를 받을 수 있을 것이라고 확신했다.

짧게 보면 미국에 대한 판단은 틀렸지만 아르헨티나 국민의 반응에 관한 갈티에리의 생각은 옳았다. 이 공격으로 아르헨티나 사람들의 애국심에 불이 붙었다. 승전보 외에는 아무것도 알리지 않은 정부 통제의 언론 보도 탓도 있었다. 하지만 아르헨티나 대중은 곧 달갑지 않은 현실에 직면했다. 훈련과 경험 면에서 우수한 영국군이 섬 중심지인 포트스탠리에 매복한 7,500명의 아르헨티나 군대를 포위했다. 아르헨티나군 사령관은 정부의 뜻을 살피고 이따금씩 저항을 하다가 항복을 했다. 부대의 사기나 상황, 포진이 시원찮은 처지에서 취할 수 있는 유일한 합리적 선택이었다. 하지만 갑작스런 항복은 아르헨티나 정부에 치명타였다. 예전보다 약해져서 멀리 떨어진 섬을 지킬 수 없을 것으로 생각했던 영국이 수적으로 우세한 아르헨티나 군대를 패배시킨 것이다. 아르헨티나 측에서는 오직 공군만이 제대로 싸울 기술과 용기를 갖추고 있었던 것으로 판명되었다.

최근 상황(1983년~현재)

갈티에리가 이끄는 군사위원회가 군사정부로서 치명적인 오류를 저질렀다. 군사작전을 감행해 실패한 것이다. 애국의 열정이 로사다 궁 주변에서 험악한 시위로 바뀌었다. 갈티에리는 동료 장교들의 매서운 비난을 받았다. 군부의 단결이 무너지기 시작하자 갈티에리는 잘 알려지지 않은 퇴역 장군 레이날도 비뇨네에게 대통령직을 물려주고 사임했다. 1982년 7월에 정권을 인수한 비뇨네는 포클랜드/말비나스 제도에 대한 아르헨티나의 영유권을 다시 주장했다. 그는 1983년에 선거를 치르고 1984년에는 문민정부로 돌아가겠다고 약속했다.

1982년에 아르헨티나 경제는 더욱 나빠졌다. 인플레이션이 200퍼센트로 치솟았고 노동자들의 실질소득이 25퍼센트 하락했으며 국채를 갚을 수 없게 되었다.

1983년 대통령 선거에서는 놀랍게도 급진시민연합의 지도자 라울 알폰신이 52퍼센트의 표를 얻었다. 급진시민연합은 하원에서도 다수당이 되었다. 알폰신은 군사정권 시절에 인권을 지키려고 용감하게 싸운 인물이었다. 게다가 알폰신의 정당이 비페론주의 집단 가운데서 정부 조직 능력을 갖춘 유일한 집단이었다.

새 정권은 힘겨운 문제들을 풀어 나가야 했다. 첫째는 1만 명 이상을 살해하거나 '실종'시킨 군인과 경찰을 기소하는 문제였다. 대중이 가해자들을 혐오하고 있었는데 이런 분위기가 알폰신이 표를 얻는 데 유리하게 작용했었다. 아르헨티나는 국내 문제로 자국 군대를 기소하는 최초의 나라가 될 것이었다.

둘째는 경제문제였다. 1983년 인플레이션이 400퍼센트에 달한 데다 막대한 외채 이자를 지불할 능력도 없었다. 알폰신 정부는 또한 군부의 탄압에도 살아남은 대규모 노조들은 물론 계급이나 계층들 사이에 끊임없이 벌어지는 임금인상 투쟁 문제에 직면했다.

셋째는 안정된 정치적 기반을 다지는 문제였다. 1945년 이래 소수당이었던 급진당이 알폰신이 얻은 다수당의 자리를 지켜 나갈 수 있을까? 그렇지 않다면 안정된 연립정권은 가능할까?

알폰신은 이러한 모든 도전에 용감하게 맞섰다. 고문을 가한 자들을 기소하는 일은 승산이 없는 게임이나 다름없었다. 대통령이 임명한 위원회가 아르헨티나인 8,906명의 사망이나 실종을 확인했다. 정부가 살인에서 강간에 이르는 여러 죄목으로 군부 최고지휘관 9명을 기소했다. 5명은 징역형의 유죄 판결을 받았고, 무죄로 풀려난 4명 가운데 3명은 나중에 군사재판에서 징역형을 선고받았다. 하지만 얼마나 더 기소해야 했을까? 1987년에 계속되는 기소에 반대하는 폭동을 일으킨 군부는 장군계급 아래의 모든 장교를 사면하도록 의회에 압력을 가했다. 심지어 진행 중이던 기소들마저 교착상태에 빠지자 인권운동가들이 수백 건에 이르는 기소 중단을 비난하고 나섰다. 알폰신 지지자들은 라틴아메리카 그 어디에도 군사정권 하에 저지른 범죄로 자국 장교들을 기소한 나라는 없었다는 반응을 보였다.

500억 달러나 되는 엄청난 외채 상환도 알폰신 정부가 떠안은 시급한 경제문제였다. 알폰신은 또다시 외채를 끌어와야 했고 그 대가로 IMF가 주문한 긴축정책을 받아들여야 했다. 인플레이션은 1984년에 627퍼센트로 치솟고 1985년에는 700퍼센트에 이르렀다. 막다른 길에 몰린 알폰신 정부는 임금과 물가를 동결하는 정책을 발표했다. 그 결과 인플레이션이 100퍼센트 이하로 떨어졌다. 하지만 불경기가 찾아오고 실질임금도 크게 하락했다. 알폰신 정부는 미봉책을 통해 국채 채무불이행 사태를 겨우 모면했다.

이때 임금과 물가의 동결이 흐트러지기 시작했다. 1989년 초에는 한 달에 30퍼센트 이상 오르던 물가가 그 해 중반에는 한 달에 100퍼센트 이상이나 올랐다. 1988년에는 3퍼센트 감소한 국내총생산이 1989년에는 6퍼센트나 하락했다(1980년대 아르헨티나의 1인당 국민소득은 대체로 25퍼센트가량 하락했다).

이 기회를 타고 페론주의자들이 등장했다. 1989년 5월 대통령 선거에서 페론당 후보인 라리오하 주지사 카를로스 사울 메넴이 47퍼센트(그리고 선거인단 과반수의 지지)를 득표하여 급진시민연합 후보 에두아르도 앙헬로스를 손쉽게 따돌렸다. 이것이 아르헨티나 정치의 분수령을 이루었다. 지난 70년에 걸쳐 야당이 처음으로 대통령 선거에서 승리했다. 아르헨티나가 이러한 길을 걸어간다면 실제로 참된 민주주의를 이룩하게 될 것이라고 일부 분석가들은 내다봤다.

이는 쉽지 않은 일이었다. 경제위기가 더 악화되었다. 대륙의 곡창지대로 유명한 아르헨티나가 식량 폭동이 일어나는 수치를 겪었다. 망연자실한 알폰신 대통령이 계엄 상태를 선포한 데 이어 임기보다 6개월 앞서 사임하겠다는 뜻을 밝혔다.

아르헨티나의 만성적인 재정위기는 변화하는 세계정세에 적응하지 못한 데서 비롯되었다. 1946년부터 1955년까지 페론은 내부 지향의 민족주의 경제정책을 폈다. 이 실험이 도시노동자들의 임금은 확실히 올려주었지만 자립적인 성장을 이룩하는 데는 실패했다. 불행하게도 1955년 이후 몇 해 동안 앞뒤가 맞지 않는 정책들이 이어졌다. 반페론주의에 집착한 자유주의자들도, 시장과 해외무역을 적대시한 민족주의자들도 몇 년 이상 지속될 정책을 수립하지 못했다. 곧 야당이 집권하여 정책을 또 바꾸게 될 것이라는 회의 속에서 아르헨티나 경제는 엎치락뒤치락 반전을 거듭했다.

카를로스 메넴이 대통령에 선출되면서 이 패턴이 끝난 것처럼 보였다. 메넴의 앞길은 상당히 밝아 보였다. 메넴은 페론주의자로서 민족주의자들의 지지를 계속 받을 수 있었고 미국 주도의 신자유주의적 구조조정 정책도 받아들이고 있었다. 메넴은 무척 바빴다. 물가가 매월 150퍼센트씩 치솟고 있었다. 지불해야 할 국채가 40억 달러나 밀려 있었다. 메넴이 기용한 신임 경제부 장관은 엄격한 긴축정책을 폈다. 그는 1990년 1월에 이자가 붙는 은행예금을 10년 기한 채권으로 바꾸어 대중을 놀라게 했다. 이는 사실상 중간계급의 저축을 몰수하는 것과 다름없었다. 이러한 냉혹한 정책을 펼친 결과 불경기가 찾아왔고, 극심한 물가상승도 끝이 났다.

메넴과 장관들은 페론주의의 소중한 원칙들을 어겨 가며 국영기업을 민간 투자자들에게 넘기는 '민영화' 정책에 착수했다. 정부는 1990년에 국영통신사 엔텔과 국영항공사 아르헨티나항공을 경매로 처분했다. 메넴은 여기서 멈추지 않고 전기와 석탄과 천연가스와 지하철과 해운까지 민영화하겠다고 발표했다. 신자유주의 경제 교의가 승승장구하는 것처럼 보였다.

1991년에 메넴은 신임 경제부 장관에 엄격한 시장주의 개혁 신봉자인 도밍고 카발로를 임명했다. 카발로는 민영화 정책을 확대하고 '태환법'에 정책의 비중을 두었다. 이 태환법을 통해 수입에 맞게 공공지출을 줄이고 무엇보다도 아르헨티나 페소와 미국 달러를 1 대 1로 맞바꾸는 환율을 도입했다. 이 환율이 아르헨티나 경제에 믿음을 주는 '닻'이 되어 극심한 인플레이션에 대한 아르헨티나인의 두려움을 가라앉히는 작용을 했다. 그 결과 1989년에 4,900퍼센트이던 인플레이션이 1994년에는 4퍼센트로 감소했다.

하지만 부정적인 요소도 있었다. 페소 가치의 과대평가가 그 가운데 하나였다. 그 결과 1994년에 무역적자가 60억 달러에 이르렀다. 또 다른 요소는 중간계급의 빈곤화였다. 연구에 따르면 1990년대 초에 중간계급의 절반이 몰락하여 하층민이 되었다. 한편 공식 실업은 1991년에 6.5퍼센트에서 1994년에 12.2퍼센트로 증가했다. 이는 IMF와 세계은행이 주문한 '경화' 정책이 낳은 전형적인 결과였다.

메넴이 주도한 이러한 정책들이 노동운동 내부에 분열과 불화를 일으킨 것은 놀라운 일이 아니다. 페론주의 정부는 노조가 주도하는 파업을 진압하고 노동자들의 시위에 직면했다. 상당수는 이를 모순이라고 생각했고 일부는 가슴 아픈 일로 보았다. 메넴이 전 군사정권 지도자들을 사면해 준 것도 이와 비슷했다. 더러운 전쟁에서 자행된 인권유린을 상대로 기소하거나 처벌하는 일은 더 이상 계속되지 않을 것이었다.

1994년 메넴 정부는 아르헨티나 헌법 개정에 대한 의회의 동의를 얻어 냈다. 새 헌법은 대통령 임기를 6년에서 4년으로 줄이고, 재선을 허용하며, 대통령의 비상통치권을 약화시키고, 의회의 다수결로 해임할 수 있는 관방장관직을 신설했다. 찬성파는 이러한 개헌으로 정부의 책임이 강화될 것이라고 보았다. 반면에 상당수의 급진주의자들을 포함한 반대파는 개헌을 영구집권하려는 메넴의 술책이라고 생각했다.

메넴은 곧 1995년 5월 대통령 선거에 출마한다고 선언했다. 고위관료의 부정부패에 관한 소문이 끊이지 않고 그의 권위주의적 통치 방식에 대한 불만이 광범위했음에도 불구하고 메넴은 49.8퍼센트의 표를 얻어 재선에 성공했다. 한때 잘나갔던 급진시민연합은 분열되고 사기가 저하된 데다 후보마저 별 볼 일 없어서 17.1퍼센트를 얻는 데 그쳤다.

국제무대에서는 아르헨티나가 아르헨티나와 브라질, 우루과이, 파라과이로 이루어진 4자 협력체, 곧 남미공동시장을 꾸준하게 발전시켜 나갔다. 1991년에 설립된 남미공동시장의 목표는 자유무역지대를 만들어 그것을 유럽연합과 같은 완전한 '공동시장'으로 발전시키는 것이었다. 회원국들 사이에 이따금씩 갈등이 벌어지기는 했지만, 남미공동시장 역내의 교역량과 투자 규모가 1990년대 내내 빠르게 증가했다. 이러한 가시적 성과로 남아메리카를 선도하는 국가는 아르헨티나라는 아르헨티나인들의 주장이 더욱 힘을 얻게 되었다. 물론 브라질은 자신들이 선도한다고 주장할 테지만 말이다.

메넴이 신자유주의 모델에 심혈을 기울인 결과 아르헨티나는 1990년대 말까지 전례 없는 경제성장과 안정을 구가했다. 물가가 안정되고(1996년과 1997년에 인플레이션이 1퍼센트 이하였다), 거의 모든 공기업과 공공시설로 민영화가 확대되었다. 1990년대 중반 들어 국내총생산이 연평균 5퍼센트 증가했다. 경제의 '달러화'가 진행되어 거의 모든 거래에서 달러를 일반적인 교환 수단으로 사용하기에 이르렀다(1999년에는 페소화를 전면 폐지하자는 이야기가 등장했다). 10년간 진행된 자유화는 어두운 면도 지니고 있었다. 실업과 더불어 높은 생계비가 하층민들의 어깨를 짓누르고 있었고 부정부패가 모든 계층의 삶에 영향을 미쳤다.

아르헨티나인들은 부정부패에 넌더리를 내면서도 1989년부터 메넴과 페론당을 중심으로 움직여 온 기존의 정치질서를 뒤흔드는 데는 조심스러워했다. 그러나 1997년에 국회의원 선거를 앞두고 노동·정의·교육을 위한 동맹Alianza por el Trabajo, la Justicia y la Educación이라는 이름으로 야당들이 단일화를 이룩했다. 동맹 후보자들은 예민한 유권자들을 의식해 실업과 부정부패 문제를 들먹이며 페론당 후보자들을 비난하면서도 신자유주의 모델을 지지한다고 선언했다.

선거 결과는 놀라웠다. 야당 후보들이 46퍼센트의 표를 얻어 하원 의석의 절반 이상을 차지했다. 아직 페론당이 상원 의석의 절대 다수를 확보하고 있었지만 야당 연합이 페론당의 지배에 위협적인 세력으로 부상하였다.

의원이 된 동맹 의원들은 약속한 대로 메넴 정부의 부정부패를 질타하면서도 경제정책은 지지했다. 선거 연합을 자립적인 야당과 국권 쟁취를 위한 경쟁세력으로 전환하는 작업도 시작하였다. 3선을 꿈꿔 온 메넴은 선거 결과가 좋지 않게 나오자 실망했다. 1999년 중반에 동맹의 대통령 후보자 페르난도 데 라 루아는 메넴의 정치적 숙적인 부에노스아이레스 주지사 에두아르도 두알데가 이끄는 페론당 일파와 싸웠다. 선거에서 승리한 사람은 다름 아닌 데 라 루아였다.

새 대통령은 전임자들이 실시한 경제정책의 대가를 치러야 했다. 번영의 시대가 곧 끝났다. 경제의 '닻'이 되기를 바란 고정환율제를 단순한 말잔치로 유지할 수는 없었다. 페소화의 가치가 하락하기 시작했다. 중앙은행이 1페소를 무조건 1달러로 바꿔 주기로 했기 때문에 은행의 달러 준비금이 줄줄이 새어 나가게 생겼다. 메넴을 등에 업은 카발로가 페소화의 평가절하를 완강하게 거부했지만, 그것은 단기간의 임시방편에 불과했다. 결국에는 국내외 자본의 대량 이탈이 벌어졌다. 금융시장이 공황 상태에 빠졌다. 아르헨티나는 갑자기 외채 채무불이행이라는 막다른 골목에 다다랐다. 이전에는 IMF가 아르헨티나에 긴급구제를 해주었다. 하지만 이번에는 아니었다. 팜파스의 땅 아르헨티나가 1945년 이래 라틴아

10년의 밀월

아르헨티나는 1990년대 10년 동안 미국과 매우 우호적인 관계를 가졌다. 이것이 역사적으로 아르헨티나를 북아메리카의 대국과 문화적으로는 동반자요 정치적으로는 경쟁자라고 생각하게 만든 주된 계기였다. 이런 변화가 어떻게 일어났으며 왜 일어났을까?

이러한 변화는 1989년 말 페론주의자인 카를로스 메넴의 당선과 더불어 시작됐다. 탈냉전 세계정세를 전망한 메넴 정부는 미국과 긴밀한 관계를 유지하는 것이 아르헨티나의 국익에 제일 큰 도움이 될 것이라는 결론을 내렸다.

아르헨티나는 1990년 중반에 자유무역과 통화안정을 중심으로 워싱턴 컨센서스가 제시한 신자유주의 원칙을 수용한다고 선언했다. 메넴 정부의 세련된 외무부장관 기도 디 텔라가 그 해 12월에 미국과 "육체적 관계"를 맺으려고 한다는 농담 섞인 논평을 했다.

그 뒤 외교정책에 놀라운 반전이 일어났다. 아르헨티나는 비동맹국운동에서 재빨리 탈퇴하고, 1991년 미국 주도의 걸프전에 적극 참여했으며(이에 대해 조지 H. W. 부시 대통령이 메넴에게 깊은 감사의 편지를 보냈다), 이란과의 핵 협력을 끝내고, 1994년 전후 전개된 아이티작전에 전면 참여했으며, 평화유지와 인도주의적인 목적을 위해 유엔의 '하얀 헬멧'을 배치하자고 제안하고, 중앙아메리카, 코소보, 보스니아를 비롯한 머나먼 지역들에 평화유지군을 파병했다(평화유지군 파병에는 국내적인 목적도 있었다. 군을 국가에서, 또 정치적 일탈을 저지를 가능성에서 격리시킴으로써 누더기가 된 아르헨티나 군의 대중적 이미지를 쇄신할 기회를 제공했다).

1998년 초에는 빌 클린턴 대통령이 평화유지군 활동을 비롯한 이러한 노력에 대한 보답으로 아르헨티나에 '주요 비나토동맹국' 지위를 부여했다. 매우 이상하게 보이는 이 지위는 나토 회원국이 아니면서도 미군과 긴밀한 전략 관계를 유지하고 있는 나라들을 위해 1989년에 미국 의회가 만들어 낸 것이다. 처음 이 지위를 부여받은 나라는 호주, 이집트, 이스라엘, 일본, 한국이었다.

이 지위가 아르헨티나에게 준 주된 이익은 상징적인 것이었다. 특권 클럽의 회원 자격을 주었고 국가에 정통성을 부여해 주었다. 또한 라틴아메리카에서 으뜸 국가(특히 남아메리카에서 그리고 더욱 구체적으로는 주요 경쟁국인 브라질과 비교해서)라는 지위를 암시해 주었다.

메넴이 대통령에서 퇴임한 이후에는 정상상태로 복귀했다. 후계자인 페르난도 데 라 루아는 브라질을 포함한 남미공동시장 당사국들과의 동맹을 다시 강조하기 시작했다. 그리고 최근의 아르헨티나는 우고 차베스나 라틴아메리카 전역에서 등장하는 중도좌파의 '분홍빛 물결'과 보조를 같이하고 있다. 여느 밀월과 마찬가지로 워싱턴 정부와의 관계가 영원히 지속되지는 않았다.

메리카에서 외채 채무불이행으로 완전히 무너져 버린 첫번째 나라가 되었다.

국내 상황은 끔찍했다. 경제가 1930년대 이래 가장 크게 위축되었다. 은행 예금의 24퍼센트가 국외로 빠져나가면서 2001년에 국내총생산이 12퍼센트나 감소했다. 깜짝 놀랄 정도로 소득이 감소하고 실업률이 20퍼센트로 치솟았으며 예금이 사라져 버렸다(달러 계좌가 동결되었다). 주요 도시마다 폭동과 약탈이 잇달았고 공공질서가 무너져 내렸다. 무역이 침체되고 외환 공급이 더욱 줄어들었다. 저금리 시대를 맞이해 외채가 1,410억 달러로 치솟았다. 이는 수출 소득에 대비해 볼 때 세계 주요 국가들 가운데 가장 많은 외채였다. 남미공동시장 역내에서 발생한 아르헨티나 무역량 감소는 브라질이 1999년에 자국 통화를 평가절하하면서 이익을 보았기 때문에 더욱 견디기 어려웠다. 라틴아메리카에서 한때 제일 부국이던 아르헨티나가 이제는 정치적 붕괴와 경제적 파산의 본보기가 되었다.

아르헨티나는 혼자였다. 처음에는 카발로의 보수주의 정책에 호의를 보인 IMF가 아르헨티나의 재정적자가 마구 불어나자 마음을 돌리기 시작했다. 새로 권력을 잡은 워싱턴의 조지 W. 부시 행정부는 IMF보다 더욱 쌀쌀맞았다. 아르헨티나를 재난을 자초한 이류 국가로 간주했다. 아르헨티나는 내부로부터 재건을 시작해야 했다.

아르헨티나 재건의 열쇠는 정치적 지도력에 있다. 심각한 정치적 혼란기를 뒤이은 2003년 대통령 선거가 결정적이었다. 승자는 페론당의 이류 당원인 전 주지사 네스토르 키르츠네르였다. 그의 이력은 대단치 않았지만 군부의 인권유린을 비난하고 군 장교들에 대한 사면법을 폐지한 데다가 페론당의 당 기구에서 독립하겠다고 주장해 취임하자마자 대중의 지지를 받았다. 하지만 그가 맡은 주된 임무는 아마도 국제금융계에 다시 진출하는 것이었을 것이다.

키르츠네르는 대통령으로서 외채 1,780억 달러를 대부분 사채할인 발행차금으로 분개하고 IMF에 채무를 청산하고(상당수에 달하는 미국과 유럽의 아르헨티나 채권 보유자들에게는 그렇게 하지 않았다) 민영화된 기업을 다시 국유화했다. 그는 사회 문제에 관심을 기울였으며 라틴아메리카의 다른 나라들과 정치·경제적 관계를 더욱 돈독히 하는데, 이를테면 남미공동시장 강화에 더 많은 정력과 재원을 쏟아부었다. 그는 의회의 중간평가에서 변함없는 지지를 받았지만 재선을 위해 입후보하지 않았다. 그 대신 상원의원인 아내 크리스티나 페르난데스 데 키르츠네르를 지원했다. 2007년 10월 농업 수출의 붐을 타고 경제성장률이 높아지면서 크리스티나 페르난데스가 선거에서 압도적인 승리를 거두었다. 이렇게 해서 크리스티나 페르난데스는 대통령직에 직접 선출된 아르헨티나 최초의 여성이 되었다. 대통령직을 수행한 여성으로는 두번째다.

대통령이 된 크리스티나 페르난데스는 페론주의 운동이 내건 일부 호전적인 민족주의 수사들을 동원하면서 경제를 다스리는 데 국가가 더 큰 역할을 해야 한다고 주장했다. 그리고 개인 연금기금을 정부의 사회보장제도에 돌려쓰자고 제안했다. 2008년에는 콩을 포함한 농산물에 대한 수출관세 인상을 시도했다. 이 계획은 농촌의 대규모 반발에 부딪혔다. 세계적인 불황 속에서 경제문제를 해결하지 못하자 그녀에 대한 대중의 지지가 급격히 하락했다.

네스토르 키르츠네르와 크리스티나 페르난데스가 대통령이 된 것은 정부의 개입을 강조하고 가난한 자와 노동자의 비참한 상태에 관심을 기울이는 페론주의적 민족주의가 지닌 대중적 호소력이 여전히 살아 있음을 보여 준다. 하지만 경제 사정은 매우 취약했다. 아르헨티나는 농산물 수출에 대한 의존과 활기찬 성장 동력을 개발할 필요성 사이에서 균형을 찾고자 노력하고 있다. 현재로서는 과거의 번영을 회복하는 것이 여전히 달성하기 어려운 약속으로 남아 있다.

[황보영조 옮김]

10장 | 칠레 : 억압과 민주주의

칠레는 세계무대에 매우 늦게 등장했다. 여러 세기 동안 선의의 무시를 받아 왔다. 식민지로서 에스파냐 왕실의 관심을 거의 받지 못했다. 작고 멀리 떨어진 데다 귀금속도 별로 없는 바람 잘 날 없는 전초기지(말 그대로 '변방사회')였다. 공업용 광물이 발견되면서 세계경제 속에 편입되기는 했지만 독립을 했다고 해서 큰 변화가 생기지는 않았다. 칠레가 모순적인 정치이념, 곧 포퓰리즘, 개혁주의, 사회주의, 권위주의 이념의 실험장으로 유명해진 것은 20세기 중반 들어서였다. 칠레는 그 이후 민주주의를 복원하고 괄목할 만한 경제 성장을 이룩하면서 1990년대 신자유주의의 통념을 제일 잘 보여 준 전형적인 나라가 되었다. 칠레가 겪은 투쟁과 시련과 성취는 특별한 의미를 지녔다. 이는 칠레 자체를 위해서뿐만 아니라 다른 곳에서 전개될 사건의 시험 사례로서도 중요했다. 칠레는 라틴아메리카 내부에서 모범과 경고 사례는 물론 공공정책의 실험실이 되었고 규모가 작기는 하지만 대륙의 대표 국가라는 명성을 얻었다.

〈지도 10〉 칠레

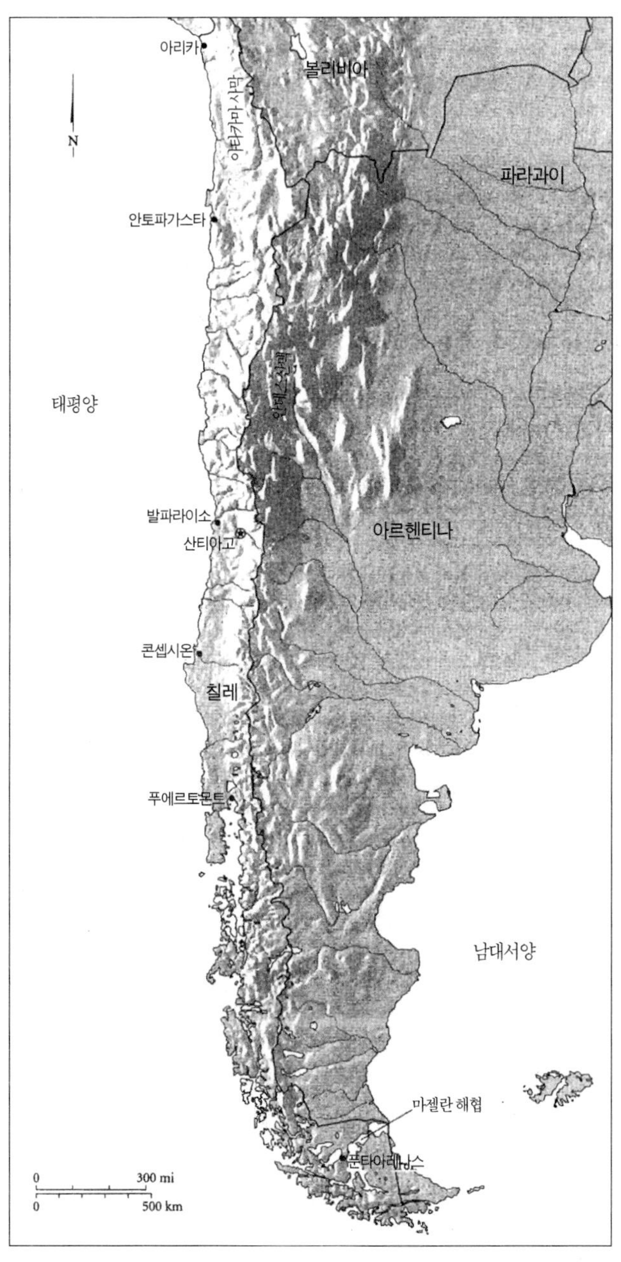
아리카
볼리비아
아타카마 사막
N
파라과이
안토파가스타
안데스 산맥
태평양
아르헨티나
발파라이소
산티아고
콘셉시온
칠레
푸에르토몬트
남대서양
마젤란 해협
푼타아레나스
0
300 mi
0
500 km

식민지에서 독립국가로

우리가 오늘날 칠레라고 부르는 나라는 에스파냐 제국 내에서 접근이 가장 불편한 지역이었다. 불모의 사막(북쪽)과 안데스 산맥, 혼 곶 주변의 위험한 바다(남쪽)로 둘러싸여 있었다. 시간이 지나면서 중부계곡이 농업생산 가치를 인정받았다. 에스파냐인들은 그곳에서 강인한 원주민들을 만났다. 그러나 원주민들 가운데 상당수가 유럽인들에 묻어 온 질병에 걸려 목숨을 잃었다. 자신들의 조상이 원주민들과 피를 섞었다는 사실을 인정하는 '유럽인'들은 거의 없었지만 식민지 시대를 거치며 메스티소라는 꽤나 동질적인 집단이 출현했다.

나폴레옹이 에스파냐를 침략하자 칠레 식민지인들도 다른 식민지인들과 마찬가지로 에스파냐 국왕에게 강한 충성심을 보였다. 프랑스가 1808년 정복 이후 에스파냐를 계속 지배하자 칠레인들이 독립을 추진하는 것처럼 보였다. 하지만 군주 지지파 군대가 칠레의 주도권을 되찾고, 1814년 말에는 그 지배권을 장악했다. 이 군주 지지파의 '재정복'에 대항하기 위해 베르나르도 오히긴스가 멘도사에서 혁명군을 이끌고 왔다. 칠레가 1818년에 에스파냐에서 독립한 것은 이 혁명군 덕분이었다. 새 공화국의 최고 통치자가 된 오히긴스는 결단력 있는 독재형 지도자로 판가름 났다. 하지만 약속했던 제헌의회를 부정하게 구성한 데 불만을 품은 귀족들 때문에 1823년에 사임할 수밖에 없었다.

그 이후 자유주의자들과 보수주의자들이 권력 다툼을 벌이면서 몇 년간 정치가 어수선했다. 1830년에는 보수주의자들이 승리를 거두고 30년 동안 이어질 '보수주의 공화국' 시대가 열렸다. 보수주의 공화국의 핵심 인물은 디에고 포르탈레스였다. 그는 대통령이 되지는 못했지만 정권의 실세였다. 1833년에는 제헌의회가 헌법을 제정했다. 이 헌법에 따라 강력한 중앙정부를 수립하고 지주들이 경제력을 장악했다. 정부가 선거 기구를 장악하고 지주들이 그에게 권력 행사(필요할 경우 탄압을 할 수도 있는)를 기꺼이 내맡겼기 때문에 포르탈레스는 마음대로 통치했다.

포르탈레스가 실패한 요인은 페루와 벌인 전쟁1836~1839에 있었다. 이 전쟁을 틈타 일부 군인들이 군사반란을 일으키고 독재자를 암살했다. 칠레가 페루 군대를 물리치면서 마누엘 불네스 장군이 칠레의 전쟁영웅으로 떠올랐다. 1841년부터 10년 동안 대통령직을 수행한 마누엘 불네스는 활발하고 창의력 넘치는 시대를 이끌었다.

1850년대도 새 나라의 기틀을 굳건히 한 기간이었다. 교회의 지위 문제가 정치의 핵심 쟁점이었다. 지주 지배층 가운데 한 분파는 교회의 교육과 재정을 국가가 더욱 철저하게 통제하기를 바랐다. 하지만 반대파는 교회의 특권을 옹호했다. 반교권주의적 성향의 자유당이 1850년대 말에 그 입장을 완화하자 그에 반대하는 일부 자유당원들이 급진당을 창설했다. 이 급진당이 칠레 정치에 오래도록 영향을 미치게 된다.

개관 : 경제성장과 사회변화

19세기는 다른 여러 라틴아메리카 나라에게 그랬던 것처럼 칠레에게도 경제와 사회에 폭넓은 변화가 일어난 시기였다. 식민지시대에는 에스파냐령 아메리카 경제에서 칠레가 차지한 역할이 상대적으로 작았다. 세력이 큰 소수의 지주들이 기름진 중부계곡의 땅을 독차지하고 있었다. 그들은 이 방대한 토지에서 농산물, 특히 과일과 곡식을 생산했다. 산티아고나 발파라이소 같은 도시에 그 일부를 팔기는 했지만 대부분은 리마를 비롯한 페루의 도시로 수출했다. 칠레는 이렇게 남아메리카 서해안을 오가는 해상무역으로 에스파냐 제국의 중심지들과 관계를 맺고 있었다.

독립전쟁이 이러한 연안무역의 맥을 끊어 놓자 칠레 농업은 곧 상대적인 경기 침체에 빠졌다. 페루의 보호무역 정책이 상황을 더 악화시켰다. 1840년대에는 캘리포니아 골드러시로 농산물 수출이 잠시 호황을 맞이했다. 하지만 그 이후 주춤하더니 수출이 또다시 감소했다. 캘리포니아 시장을 잃은 데는 미국의 대륙횡단철도 공사가 끝난 탓도 있었다. 그래도 영국에 대한 수출은 계속되었다. 그러나 유럽을 상대하는 데는 아르헨티나가 훨씬 나았다. 거리도 가까운 데다 기름진 팜파스가 있었기 때문이다. 물론 칠레도 계속 농산물을 생산하고 시장에 내다 팔았지만 이것이 경제성장을 주도하는 힘이 되지는 못했다.

칠레의 주요 수출 분야는 (비료와 폭발물에 사용되는) 질산염을 비롯한 광업이었다. 이는 페루를 상대로 싸운 태평양전쟁(6장 참조) 결과 북부 지역을 차지하게 되면서 생긴 변화였다. 외국인(특히 영국인) 투자자들이 잽싸게 몰려들어 1884년에는 질산염 광산의 3분의 2를 유럽인들이 소유하게 된다. 하지만 칠레의 투자자들도 이 분야에 계속 영향을 미쳐 1920년에는 질산염 판매 소득의 절반 이상을 그들이 차지했다. 하지만 결국 질산염 시장이 쇠퇴했다. 1차 세계대전 때에 늘어난 수출이 1920년대 초에는 줄어들고, 잠시 회복세를 보이다가 1930년대에 마지막으로 크게 폭락했다. 그 후 인조 질산염이 질산염의 뒤를 이었다.

19세기 칠레에 광업(은, 구리, 질산염)이 성장하면서 사회구조에 중대한 변화가 생겼다. 우선 새로운 지배층이 생겨났다. 이들은 북쪽 지방의 광산 소유자들과 중소 도시의 상인들로 구성되었다. 그러나 이들이 전통적인 지주층과 실제로 경쟁하지는 않았다. 라틴아메리카 대부분의

칠레 경제에서 광업이 제일 역동적인 분야였지만 농업도 여전히 중요한 역할을 하고 있었다. 1900년 이후 무렵 발파라이소 항구에서 수출용 콩 자루를 싣고 있다. (미국 의회도서관 제공)

나라에서도 그렇기는 하지만 칠레에서는 더욱 지주 지배층이 제조업 및 광업 지배층과 별개로 나뉘어 있지 않았다. 오히려 가족 간 유대에 따른 일종의 융합이 이루어졌다. 그래서 지주들이 다른 분야의 고위층에 직접 진출하지 않더라도 그 분야에 친척을 두고 있는 경우가 많았다. 형제와 사촌, 처남 매부가 중요한 연줄 역할을 했으며 이러한 연줄이 도시와 농촌 사이의 갈등을 줄여주곤 했다.

또한 노동계급이 출현했다. 이들은 북부의 질산염 광산지대에서 칠레 최초의 노동조합을 결성했다. 하지만 19세기 말에서 20세기 초에 칠레 경제가 발전하는 데는 외국인 노동자들이 많이 필요하지 않았다. 이 점이 칠레 노동계급의 대표적인 특징에 해당한다. 그러니까 칠레 노동계급은 토박이들이었다. 1895년에 네 명 가운데 한 명이 외국 태생이었던 아르헨티나와는 매우 대조적이다. 칠레에서는 외국 태생이 3퍼센트도 되지 않았다. 칠레 노동자들은 처음부터 정치무대에 직접 진출할 수 있었다.

1900년이 된 지 얼마 되지 않아 구리 제련 기술에 혁명이 일어났다. 새로운 제련 기술이 발명된 것이다. 이 발명이 칠레에 큰 변화를 가져다주었다. 자본을 필요로 하는 투자처에 외국인들이 자본을 투자했다. 브레이든 카퍼 사가 1904년에 산티아고 근처의 엘 테니엔테 광산을 개발하기 시작했다. 구겐하임 가가 곧 영국의 이자를 떠맡았다. 1920년에는 세 회사가 구리 산업을 쥐락펴락했다. 그들은 'ABC'로 알려졌는데 이는 안데스 카퍼, 브레이든 카퍼, 칠레 추키카마타 탐사회사의 머리글자를 딴 것이다. 첫번째와 세번째 회사는 아나콘다 소속 계열사였고, 두번째 회사는 케니코트의 자회사였다.

이렇게 칠레 구리 산업은 몇 안 되는 사람, 즉 미국인들의 수중에 들어갔다. 이들은 다른 부문의 칠레 경제에 별로 도움이 되지 않을 고립영토를 만들었다. 외국 자본과 기술에 많이 의존하다 보니 칠레 노동자들에게 일자리가 많이 생기지도 않았다. 장비와 부품을 수입하는 바람에 칠레 제조업계가 수주할 작업도 그렇게 많지 않았다. 게다가 막대한 이윤의 대부분이 칠레에 투자되지 않고 미국에 있는 모회사로 송금되었다. 그에 따라 불만이 늘어났다.

세계시장에서 구리 가격이 매우 불안정했던 것도 탈이었다. 실제로 구리 가격이 한 해에 500퍼센트나 1000퍼센트 변동할 수도 있었다. 이 때문에 외화 소득을 예측하기가 매우 어려웠다. 아무리 잘 짠 계획도 예측 불가능한 세계 구리시장의 변화 앞에서는 속수무책이었다.

더욱이 구리가 칠레 경제를 주도했다(〈도표 10.1〉을 보라). 1956년

〈도표 10.1〉 칠레의 구리 생산(대기업들, 1912~1987년)

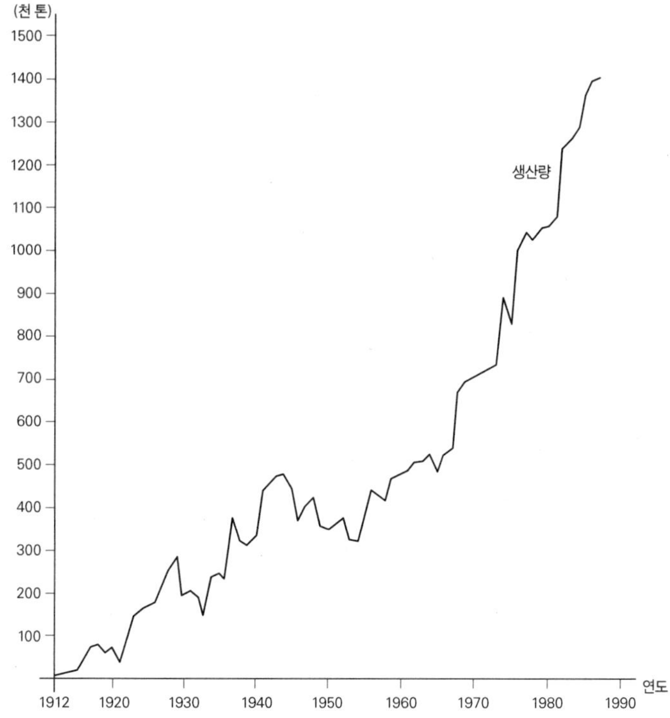

출처 : Markos Mamalakis and Clark W. Reynolds, *Essays on the Chilean Economy*(Homewood, Ill.: Richard D. Irwin, 1965), pp. 371~372; Ricardo Ffrench-Davis, "La importancia del cobre en la economía chilena," in Ffrench-Davis and Ernesto Tironi, eds., *El cobre en el desarrollo nacional*(Santiago: Universidad Católica de Chile, 1974), Cuadros 2, 7; Manual Lasaga, *The Copper Industry in the Chilean Economy: An Econometric Analysis*(Lexington, Mass.: D. C. Heath, 1981), p. 10; International Monetary Fund, *International Financial Statistics*, various years.

에 구리가 수출의 절반을 차지했고 구리회사 과세 수입이 정부 예산 전체의 5분의 1에 달했다. 그래서 구리가 돌아야 칠레 경제가 돈다고 말하곤 했다.

요컨대 이러한 발전이 사회구조를 복잡하게 만들었다. 농촌 지역에는 전통적인 지주 지배층과 노동의 의무를 지고 농장에 묶여 있는 농민, 대규모 상업적 농장에 임노동을 제공하는 이동이 자유로운 소수의 노동

칠레의 인구동태 통계(2007년)

인구(백만 명)	16.6
GDP (십억 달러)	163.9
1인당 GNP (달러)	8,350
빈곤율(%, 2006년 기준)	13.7
기대수명(세)	78

출처: 세계은행, 라틴아메리카카리브해경제위원회

자들이 있었다. 광업 지배층과 공업 지배층도 있었는데 이들 가운데 상당수는 지주 귀족과 친족관계였다. 또한 중산층도 있었고 그 수가 점차 늘어나는 칠레 태생의 도시 노동자들도 있었다. 외국인 투자자들의 존재는 독립 때부터 두드러졌지만, 20세기에는 미국 구리회사들이 단연 두각을 나타냈다.

칠레는 적어도 다른 라틴아메리카 나라들을 괴롭힌 한 가지 문제와는 맞닥뜨리지 않았다. 급격한 인구증가는 없었던 것이다. 사실 칠레는 서반구에서 인구 증가율이 줄곧 가장 낮은 나라였다. 1900년에서 1910년 사이에는 1.2퍼센트였고, 1970년에서 1980년 사이에는 2.1퍼센트에 불과했다(라틴아메리카 전체의 인구 증가율은 2.8퍼센트였다).

이런 상황을 초래한 원인 아니면 이런 상황의 결과로 칠레 여성은 상당수 다른 나라에서보다 더 많은 기회를 누렸다. 여성이 비교적 쉽게 일자리를 구했다. 예를 들어 1970년에 취업 여성의 16퍼센트가량이 전문직이나 기술직에서 일하고 있었다(14.7퍼센트의 미국보다 높았다). 남성과 여성을 대하는 사회적 관습도 상당히 개방적이고 평등주의적이었다.

정치와 정책 : 변화의 패턴

칠레가 19세기에 국제경제에 진출하기 시작하면서 정치적 위기가 발생했다. 1859년에 내전을 치르면서 지배층은 이제 조용히 기틀을 다질 때라는 생각을 하게 되었다. 그들은 10년간 대통령직을 수행하게 될 호세 호아킨 페레스를 통해 이를 달성했다.

당시 가장 중요한 정치 문제는 교회의 지위와 헌법 두 가지였다. 교회의 지위와 관련해서 자유주의자들은 종교의 평등을 부르짖었고, 보수주의자들은 가톨릭교회의 특권적 지위를 보호하고자 했다. 자유주의자들이 점차 양보를 받아내면서 가톨릭교도가 아닌 사람들도 자기들만의 교회당을 갖고 학교를 소유할 권리를 얻게 되었다. 이는 지배층이 되는 문을 다소 개방한 것이다. 이로써 다양한 부류의 사람들이 지배층이 될 수 있게 되었다.

지배층은 헌법을 만들 때 독재를 피하면서 효율적으로 통치하는 방안을 놓고 씨름했다. 1871년에는 대통령이 연임하지 못하도록 헌법을 수정했다. 1874년에는 각료들이 의회에 더 많은 책임을 지게 만들면서 입법부의 권력을 강화했다. 이렇듯 교회와 대통령의 권력이 줄어들어서 1861년에서 1891년에 이르는 기간을 '자유주의 공화국' 시대라고 부르게 되었다.

1870년대 중반에는 심각한 경제위기가 닥쳐왔다. 이때 칠레에서 가장 유명한 대외전쟁인 '태평양전쟁'1879~1883이 일어나기도 했다. 이 전쟁은 페루와 볼리비아를 상대로 싸운 전쟁이었다. 표면적으로는 페루가 다스리는 사막 지역에서의 칠레인 투자자들의 대우가 문제였다. 기나긴 싸움 끝에 칠레군이 압도적인 승리를 거뒀다. 칠레는 승전국으로서 볼리비아와 페루의 땅이던 광물 자원이 풍부한 해안 지대를 손에 넣었다. 그 결과 두 가지 중요한 변화가 생겨났다. 칠레인들은 자신감이 높아졌고, 페루와 볼리비아 사람들은 깊은 불만을 품게 되었다. 또한 질산염 산업이 크게 번성했다.

1880년대에는 교회와 국가 문제를 둘러싸고 많은 일이 벌어졌다. 자유주의 개혁자들이 다시금 승리를 거두었다. 결혼과 출생, 사망을 국가가 관리하게 되었고 일상생활에 대한 교회의 역할이 갈수록 줄어들었다. 이 시기에 의회는 소득 수준에 따른 투표 제도를 없애고 투표권을 확대해 25세 이상의 글을 읽을 줄 아는 모든 남자들에게 투표권을 주었다.

1880년대 후반에는 19세기 말에 가장 큰 논란을 불러일으킨 지도자인 호세 발마세다1886~1891가 대통령 자리에 올랐다. 칠레 목축업자들이 아르헨티나 소고기에 관세를 물리자고 제안하면서 식량 정책을 둘러싼 갈등이 불거졌다. 아르헨티나 소고기에 관세를 물린다는 것은 칠레인들에게 고기의 양은 줄어들고 가격은 올라간다는 것을 뜻했다. 목축업자들은 신흥 중간계급이 이끄는 민주당Partido Democrático, 1887년에 창당의 반격을 받았다. 민주당은 산티아고에 거주하는 장인과 소상인, 숙련 노동자들을 동원해 관세 반대운동을 벌였다. 야당이 승리를 거두었다. 발마세다는 발의자들을 설득해 법안을 철회하게 했다.

민주당이 초기에 거둔 이 승리는 중요한 흐름이 시작됐음을 암시했다. 경제 문제를 두고 도시 중산층과 하층에 직접 호소를 한 것이다. 유권자를 확대하려는 민주당은 노동자들에게 도움이 될 법안을 지지했다. 또한 무상 의무교육과 민주적 절차에 따른 정부 선출 등 고전적인 자유주의적 요구를 제기했다. 이렇듯 민주당이 대중의 요구를 대변했는데 이는 칠레가 이미 근대 정치의 길에 들어섰음을 보여 준 것이다.

발마세다 대통령 임기의 운명을 결정지은 것은 내전이었다. 칠레인들은 오늘날까지도 전쟁의 원인과 그 의미를 놓고 격렬한 논란을 벌이고 있다. 발마세다 대통령은 경제 개입을 늘리려고 했다. 철도와 도로를 신설하고 도시 기반시설(상하수도)을 건설하기 위해서는 북쪽에 위치한 타라파카 주의 질산염 산업에서 세금을 더 많이 거둬야 했다. 이에 외국인 투자자들이 완강히 반대했고 의회 내에서도 심한 반대가 이어졌다. 사실 발마세다가 보여 준 배짱의 이면에는 대통령의 권위 대 의회의 권위라는 뿌리 깊은 헌정 투쟁이 도사리고 있었다. 의회는 법적으로 우위권을 확립하려고 싸웠고, 발마세다는 자신의 뜻을 관철시키겠다는 생각에 변함이 없었다. 그 결과 정치가 불안정해졌다.

1890년에 의회가 예산안을 짜지 못했다. 그러자 발마세다는 전년도 예산안을 그대로 쓰겠다고 선포했다. 발마세다는 후계자 선택이라는 민감한 사안에 서둘러 뛰어들었다. 후계자를 마음대로 지명하고자 한 것이다. 의회는 그런 방식의 지명을 무효화하는 법을 만들었고 발마세다는 그 법에 서명하기를 거부했다.

이제 야당은 무력으로 문제를 해결할 준비가 되어 있었다. 북부의 광산 지역이 반란군의 요새였다. 그곳 광산주들이 자신들의 경제적 이해관계를 위협하는 발마세다를 퇴진시키겠다고 약속한 세력을 기꺼이 도와준 것이다. 그 결과 칠레 역사상 가장 큰 혈전이 벌어졌고 발마세다 군이 패배했다. 아르헨티나 대사관으로 피신한 발마세다는 대통령 임기가 끝난 다음 날 그곳에서 스스로 목숨을 끊었다. 그로부터 한 달도 채 되지 않아 호르헤 몬트가 새 대통령에 선출되었다. 전쟁의 발단이 된 핵심 문제인 외국인 투자자의 지위 문제가 해결되었다. 국유화는 물 건너갔다. 하지만 승리를 거둔 의회는 계속해서 유럽인 투자자들을 압박했다. 민족주의 감정이 지배층을 파고들었다.

발마세다가 의회 반란군의 손에 무너지면서 칠레의 헌정 구조가 바뀌었다. 강한 대통령제를 대신해 의회 지배체제가 수립되었다. 그러나 이 체제에서는 내각의 수명이 길 수 없었다. 정당 체제가 분열되면서 이러한 불안정성은 더욱 악화되었다. 1900년까지 주요 정당이 5개로 늘어났다.

정치권력은 주로 농업적 이해관계를 대변하는 과두지배층이 쥐고 있었다. 이따금씩 상인 같은 도시 집단들이 그들에게 도전하였다. 노동자들은 아직 정당을 결성하지는 않았지만 이미 영향력을 드러내고 있었다. 그들을 화나게 만든 문제는 물가상승이었다. 노동자들은 1905년에 여러 차례 시위를 일으키면서 과두지배층의 무장 세력과 정면 대치했다. 1907년 북부의 이키케 시에서 일어난 광부들의 파업에서도 이와 유사한 폭력과 유혈 사태가 터졌다. 1910년 이후 노동자들의 호전성이 더욱 강화되었다. 대표적인 조직운동가들은 아나코생디칼리스트들이었다. 이들은 작은 회사들을 조직하는 데 뛰어난 솜씨를 발휘한 지칠 줄 모르는 활동가들이었다. 아나코생디칼리슴 노조는 산티아고를 중심으로 임금과 근로조건을 개선하는 데 중요한 성과를 거뒀다.

하지만 이런 조합들이 정치 체제를 위협하지는 않았다. 고용주들이 근로조건이나 상여금과 관련한 사회복지 혜택을 제공해 노동자들의 호전성을 상당히 완화할 수 있었다. 의회가 한 것이 바로 이런 일이었다. 1916년에는 재해보상법을 제정하고 1917년에는 고용주책임법을 제정했으며 1919년에는 철도노동자들을 위한 퇴직 제도를 마련했다.

한동안 파업활동이 둔화되고 협상력도 떨어진 노동조합이 1917년에 다시 살아나기 시작했다. 1차 세계대전으로 질산염의 수요가 엄청나게 늘어나면서 경제가 살아났고 그에 따라 노동자들의 힘도 세졌다. 노동자 세력이 계속 커지자 의회는 1918년에 거주법을 통과시켰다. 이는 적극적인 노동운동가들인 외국인들을 국외로 추방하기 위한 것이다. 하지만 칠레에는 유럽 이주민의 수가 적어서 추방 전략이 별 의미가 없었다.

1919년은 노조 지도자들이 전시 인플레이션이 낳은 고물가에 항의하기 위해 대규모 집회를 소집하면서 노동자 동원이 최고조에 달했다. 8월에는 무려 10만 명이 대통령궁 앞을 행진하는 대규모 시위가 열렸다. 하지만 다음 달 산티아고에서 전개된 총파업은 실패로 돌아갔고 노동자들의 사기도 꺾였다. 그 이후 파업 횟수가 줄어들었다.

1917년부터 노동운동이 급증하기 시작했지만 파업 가담자들에게 보인 정부의 태도는 놀랍게도 미온적이었다. 12월에는 행정 명령을 통해 정부가 교착상태에 빠진 노사 갈등의 중재자 역할을 떠맡았다. 아나키스트와 생디칼리스트 지도자들이 이를 거부했지만 이 행정 명령은 1918년과 1919년에 자주 시행되었고 대개는 노동자들에게 도움을 주었다. 이런 패턴이 1920년까지 이어졌다. 이렇게 된 데는 정부가 1920년 6월로 예정된 대통령 선거에 신경을 쓴 탓도 있었다.

칠레는 아르헨티나와 마찬가지로 중산층에 정치 참여의 문을 열어주었다. 이는 브라질에서는 진전이 매우 더딘 일이었다. 아직 그 수가 얼마 되지는 않았지만 노동계급 유권자들이 부르주아지 정치인들, 특히 산티아고 정치인들의 관심을 끌기 시작했다. 당시 칠레에서처럼 표가 여러 정당들 사이에 분산되어 있을 때는 노동자들의 지지가 중요한 변수로 작용할 수 있었다. 이 점을 제일 명확하게 파악한 정치인이 아르투로 알레산드리였다. 알레산드리는 대통령 선거운동을 펼치면서 노동자들을 포함한 도시 유권자들에게 열렬히 호소했다. 그는 '계몽된' 중산층의 견해를 대변했다. 그는 노조를 합법화하자고 제안하면서도 그것을 정부가 짠 복잡한 법률 장치 안에 가두었다.

알레산드리는 1920년 선거에서 아슬아슬하게 승리했다. 이임을 앞둔 후안 루이스 산푸엔테스 대통령은 민주 선거를 치르고 나서 잔여 임기 동안 노동자들의 도전에 마음 놓고 대응할 수 있었다. 노동자들은 우익 중간계급과 상층계급 가문 출신으로 구성된 준군사적 성격의 거리 활동가들에게 시달렸다. 아나코생디칼리슴 지도자들과 다른 지도자들이 망명길에 오르지도 않고 지하로 숨지도 않고 있다가 죄다 붙잡혀 감옥에 갇혔다. 고용주들이 1917년에서 1920년 사이에 단행한 여러 양보 조치들을 무효화하면서 공장을 폐쇄조치하는 바람에 지도자를 잃은 노동자들의 사기가 더욱 저하되었다.

알레산드리가 대통령이 되면 이러한 노동자 탄압 정책에 변화가 생길 것이라고 생각하는 사람도 있었다. 1921년 상반기 동안 알레산드리 정부가 상당수의 파업에 개입해 노동자 편을 들었다. 하지만 갈등은 커지고 알레산드리는 사방에서 공격을 받았다. 우파는 노동자들에게 너무 관대하다고 보았고, 좌파는 공격적인 고용주들의 전술에 눈을 감고 있다고 비판했다. 알레산드리는 1921년 7월에 결국 고용주들 편에 서기로 하고 조직적인 노동자 탄압을 재개했다.

노조가 정치적·경제적 상황에 맞서 힘겨운 투쟁을 벌이고 있을 때 알레산드리 대통령은 1921년에 노동법과 사회복지법을 다루는 일괄 법안을 의회에 제출했다. 노조에게 법적 지위를 부여하지 않은 당시 상황을 그대로 두고 싶어 한 보수당원들은 이 안건에 주저하는 반응을 보였다. 일부 보수당원들은 자유당원들이 도시 노동자들의 지지를 얻게 되지 않을까 두려워하기도 했다. 자유당 대통령과 보수주의 의회 간의 교착상태는 1924년까지 이어졌다. 마침내 군부가 개입했다.

불안정에서 인민전선으로

1924년 9월 초에 군사위원회가 정부의 일부를 장악하고, 3일 뒤에는 입법 요구를 담은 선언문을 발표했다. 의회는 이 모든 요구를 순순히 들어주었다. 그 가운데 가장 중요한 것은 노동조합을 정부의 빈틈없는 감독하에 둔 정교한 노동법이었다.

이러한 사회적 진전은 노동자들이 직접 참여한 정치 활동의 산물이 아니었다. 그보다는 노동자 단체들의 노동자 동원을 차단하려는 정부의 예방 조처에서 비롯된 것이었다. 이처럼 진보적인 것으로 보이는 조처가 칠레에서는 노동자 동원을 매우 두려워한 정부 내 핵심 집단, 곧 군대 장교단의 압력에서 나왔다.

한편 알레산드리는 군부와 투쟁을 벌이면서 점점 설 자리를 잃어 가다가 대통령직을 그만두고 이탈리아로 여행을 떠났다. 그리고 1925년 초에 두번째 군사쿠데타가 일어난 뒤 돌아오라는 요청을 받았다. 얄궂게도 권력을 장악한 장교들이 자신들의 정당성을 확보하기 위해 알레산드리는 물론 도시노동자들의 지원이 필요하다고 생각한 것이다. 파업에 자주 개입한 새 군사정부는 대개 노동자 편을 들었다. 노조가 권력을 장악할 때가 가까운 것처럼 보였다. 지배층 내에 두려움이 번져 나갔다. 그들의 권력이 눈에 띄게 약화되었다.

하지만 혁명이 임박하지는 않았다. 1925년 3월에 망명지에서 돌아온 알레산드리가 정부군을 투입해 질산염 광산 노동자들을 짓밟았다. 그 직후 궁지에 몰린 알레산드리가 사임했다. 혼란이 계속되었다.

혼란의 와중에 카를로스 이바녜스 대령이 실력자로 떠올랐다. 1927년 5월 의회의 공식 절차를 거쳐 대통령으로 선출된 그는 독재체제를 확고히 했다. 그의 독재가 1931년까지 지속되었다. 나름대로 자신들의 민주주의를 자랑스럽게 생각하는 칠레인들이 이에 충격을 받았다. 이 장군 대통령은 적대자들, 특히 노동운동 지도자들을 감옥에 가두고 시민적 자유를 중단시켰다.

이바녜스는 경제와 관련한 정부의 역할을 크게 확대했다. 그리고 철도와 도로, 발전소 건설에 박차를 가했다. 당연한 얘기지만 이바녜스는 또한 군사비 지출을 늘렸다. 예산의 상당 부분은 외국에서 충당했다. 차관과 광업에 투자된 미국의 자금이 그것이었다. 이는 1920년대에 세계경제가 팽창했기 때문에 가능한 일이었다.

1929년 월스트리트의 주가가 곤두박질치면서 이 시대도 갑작스레 끝이 났다. 칠레도 다른 곳과 마찬가지였다. 광물 수출이 재난에 가까울 정도로 줄어들었고, 외국인 투자가 고갈되었다. 질산염을 해외에 판매할 카르텔을 결성하고자 안간힘을 쏟았지만 실패로 돌아갔다. 반정부 시위가 늘어났다. 이제 노동자들은 물론 전문직 종사자들을 포함한 폭넓은 사회 계층이 반독재 운동에 참여했다. 마침내 이바녜스가 물러났다. 1931년 7월에 사임한 이바녜스는 대공황 시절에 나라를 다스리는 불운을 겪은 남아메리카 행정 수반들 가운데 한 사람이 되었다.

이듬해에도 칠레 정부는 불안정했다. 과도정부 가운데는 마르마두케 그로베 대령이 제일 유명한 인물로 떠오른 13일간의 '사회주의 공화국'도 있었다. 마침내 실시된 대통령 선거에서 낯익은 아르투로 알레산드리가 승리를 거두었다.

한때 불같았던 알레산드리도 이제는 변화보다 질서에 더 많은 관심을 기울였다. 1936년에 파업의 물결이 이어지자 알레산드리는 강경한 조처를 취했다. 계엄령을 선포하고 의회를 해산하고 노동운동 지도자들을 추방했다.

알레산드리 정부는 경제정책 면에서 꽤 성공을 거뒀다. 극단적인 정통파 재무부 장관 구스타보 로스가 공공부문의 지출을 현격하게 줄이고 이바녜스가 만든 정부의 주요기관 일부를 해체했다. 칠레 수출품, 특히 광물자원에 대한 세계 수요가 회복되면서 무역수지가 놀라우리만치 좋아졌다. 공식적인 수치에 따르면 1932년에 26만 2천 명이던 실업자 수가 1937년에는 1만 6천 명 이하로 감소했다. 하지만 임금인상이 물가인상을 따라잡지 못해서 인플레이션 문제는 해결되지 않았다.

칠레는 1939년 대통령 선거를 두려움으로 맞이했다. 1935년에 소련 주도의 코민테른이 지배하는 국제공산주의운동이 파시즘에 맞서기 위한 선거연합 전략을 주문하고 공산당들에게 중도좌파 정당들과 동맹을 체결하라고 권장했다. 칠레에서는 1936년에 공산당원들과 급진당원들이 힘을 모아 '인민전선'Frente Popular을 결성했다. 1938년에는 급진당, 사회당, 공산당, 민주당의 다양한 정당들이 인민전선에 참여했고 새로 창설된 칠레노동자연맹도 이에 가세했다. 좌파 성향의 마르마두케 그로베가 출마를 포기하고 부유한 급진당원 페드로 아기레 세르다가 후보로 지명되었다. 아기레 세르다는 토지 문제에 대해 개혁주의 사상을 지닌 것으로 유명했다.

집권 여당의 정치 동맹은 알레산드리의 재무장관 구스타보 로스를 지명했다. 구스타보 로스는 융통성 없는 과거 지향적인 이미지를 지니고 있었다. 치열한 선거전 끝에 아기레 세르다가 근소한 표차로 승리를 거두었다. 전체 24만 1천 표 가운데 겨우 4,000표를 앞섰다.

근소한 표차에도 불구하고, 아니 어쩌면 근소한 표차 때문에 이 선거가 향후 몇 년간의 정국을 결정지었다. 중도 유권자들이 좌파를 선택함으로써 균형을 기울게 했다. 하지만 그들은 동시에 온건한 개혁가를 지지했다. 결과가 애매한 것처럼 보였다. 그 결과 들어선 정부는 어떤 정책을 펼쳐 나갈 것인가?

인민전선 정부는 곧 이질적인 정당들의 선거연합에 뒤따르는 긴장감에 휩싸였다. 급진당원들이 연합을 주도했지만 이념 면에서는 그들이 제일 온건했다. 그들의 관심은 사회복지가 아니라 경제성장에 있었다. 사회주의자들 상당수가 당 규율을 거부하고 탈당한 전 공산당원들이어서 그들과 공산주의자들은 서로를 자연스레 적으로 생각했다. 공산주의자들과 사회주의자들은 농촌 노동자 동원 문제를 놓고 서로 경쟁했고 이것이 영향력 있는 지주들을 놀라게 했다.

하지만 인민전선의 정책은 위협이 되지 않았다. 경제정책의 초점은 정부 역할의 확대에 있었다. 1939년에는 새로운 국영기업인 진흥공사 CORFO를 설립했다. 전략적인 투자로 공공 부문과 민간 부문의 경제를 발전시키는 것이 그 목표였다. 더욱이 의회는 정부 권력을 효과적으로 견제할 수 있는 우파가 장악하고 있었다.

인민전선은 1941년에 아기레 세르다 대통령이 건강 문제로 사임하면서 명목상의 지도부마저 상실했다. 후임 대통령은 또 다른 급진당원 후안 안토니오 리오스1942~1946였다. 리오스는 2차 세계대전 중에 칠레의 중립을 지키려고 애를 썼다. 미국으로부터 연합국에 참전하라는 압력을 받았지만 칠레 남부에 정착한 독일 이민자들의 반발이 두려웠다. 리오스는 또한 일본이 무방비 상태의 긴 해안을 공격할까 봐 우려했다. 칠레는 결국 1943년 1월에 이르러서야 추축국과의 관계를 끊었다.

다음 대통령 가브리엘 곤살레스 비델라1946~1952 역시 급진당원이었다. 그는 공산당의 지지를 받아들였다. 하지만 이러한 좌파로의 선회가 오래가지는 않았다. 1946년 총파업 요구에 경찰이 강경 대응을 하자 폭동이 일어났다. 총체적인 사회갈등이 들이닥칠 것 같았다. 이에 정부가 계엄령을 선포하고 시민의 자유를 정지시켰다. 파업은 1947년까지 계속되었다.

곤살레스는 공산주의자들을 내각에서 해임했다. 파업은 우파에게 공격의 빌미를 제공해 주었다. 1947년 지방 선거에서 18퍼센트(1941년 의회 선거에서 얻은 12퍼센트보다 더 많은)를 얻은 공산당 지지표의 증가에 우파는 놀라움을 금치 못했다. 이제 칠레 정부는 좌파 반대운동을 전개하기로 했고 이 일을 위해 외국의 지원을 많이 받았다. 미국 정부는 냉전 초기에 라틴아메리카에서 공산당을 비롯한 좌파를 고립시키는 작전을 대대적으로 펼치고 있었다. 미국 대사관은 칠레의 보수주의자들을 열심히 지원했다. 이에 좌파는 곤살레스 정부와 미국을 상대로 반격에 나섰다. 사태는 1948년에 극에 달했다. 좌파가 수적으로 열세인 의회가 공산당을 불법화하고 공산당원의 공직 진출을 금지했다. 그리고 마녀사냥이 뒤따랐다. 중도파 급진당원들은 우파와 더불어 정치 게임에서 '합법적'인 수단을 동원해 제일 위험한 정적을 제거할 채비가 되어 있음을 다시 한 번 보여 주었다. 좌파에게 인민전선은 좋은 교훈이 되었고, 곤살레스 비델라에게 분노의 화살을 돌렸다.

정당정치 시대

결국 인민전선이 무너지면서 정당 조직에 바탕을 둔 치열한 정치 경쟁의 시기가 시작되었다. 이 시기 칠레 정치 체제는 몇 가지 뚜렷한 특징을 보여 주었다.

첫째, 선거 경쟁이 매우 치열했다. 정당 수가 많아서 한 정당이 총 투표수 가운데 4분의 1 이상의 표를 얻는 일이 드물었다. 두번째 특징은 이러한 사실과 관련이 있어서 정당들은 과반수 득표를 위해 선거연합을 결성해야 했다. 하지만 선거연합들은 허약했고, 정치 지도자들은 끊임없이 새로운 협상을 추구하고 관계 개선을 시도했다. 그 바닥에는 갈수록 심해지는 이념의 양극화 경향이 깔려 있었다.

셋째로, 정치체제가 매우 민주적이었다. 아르헨티나에서는 노조와 정당의 관계가 불편했다. 이와 달리 칠레에서는 노동운동이 여러 정당, 특히 좌파 정당들과 매우 밀접한 관계를 맺고 있었다. 그래서 별도의 정치 세력을 만들지 않았다. 등록된 유권자 비율로 따져 볼 때 투표 참여율이 높은 편(미국의 투표 참여율이 50~60퍼센트인 데 반해 80퍼센트에 달했다)이었고, 1960년 초에는 등록자 수도 급증했다. 그리고 거의 모든 칠레인이 선거 결과를 법적 구속력이 있는 것으로 받아들였다.

1952년 대통령 선거는 과거 인물을 다시 불러들였다. 카를로스 이바녜스 장군이었다. 이제 70대 중반이 된 전 독재자는 자신이 칠레의 제반 문제를 해결할 유일한 답이라고 주장했다. 이 카우디요는 자신을 진정한 민족주의자로 내세웠다. 하지만 실제로는, 또다시 좌파 때문에 골머리를 앓던 중도파와 우파에게 호소했다. 사회주의자들과 공산주의자들이 또다시 선거연합을 결성했다. 하지만 공산주의자들은 법으로 금지되어 활동에 지장이 많았다. 선거 결과는 칠레가 앞으로 수십 년간 나아가야 할 길을 보여 주었다. 표가 심하게 나뉘어 특정 후보나 정당이 절대다수를 차지하지 못하게 되었다. 이번에는 47퍼센트로 다수표를 얻은 이바녜스가 대통령 자리에 올랐다.

이바녜스는 모든 정치 현안을 해결하기 위해서 특정 정당에 당적을 두지 않겠다고 주장했다. 물론 그 약속을 지키지 못했다. 그가 부딪힌 가장 큰 경제 문제는 인플레이션이었다. 인플레이션이 라틴아메리카 대부분의 나라들보다 더 빨리 그리고 더 세게 칠레를 강타했다. 국제수지 적자의 폭이 커서 이바녜스는 나라 밖에서 도움을 찾아야 했다. 당연히 IMF의 원조를 구했다. 칠레인들에게는 불행하게도 이는 단순히 외채를 빌리는 문제가 아니었다. 이는 사실 채무국의 경제정책이 IMF의 감독을 받는다는 것을 의미했다. 그 결과 칠레인들 대부분(그리고 라틴아메리카인들 대부분)이 IMF를 미국 정치경제 권력의 연장이라고 생각하게 되었다.

이바녜스는 인플레이션으로 흔히 생겨나는 정책 딜레마에 빠졌다. 이바녜스 정부는 외환이 고갈되어 뭔가 조처를 취해야 했다. 하지만 외채를 제공하는 이들은 주요 정책 결정에 대해 거부권을 행사하게 해줄 경우에만 자금을 제공해 주었다. 이바녜스는 IMF의 조건을 수락할 경우 좌파가 자신에게 분노할 것을 알고 있었다. 그는 도박을 하기로 했다.

이바녜스 정부는 곧 그 대가를 치렀다. 첫번째 조처는 재정긴축이었다. 공공사업과 대중교통 기관이 첫 대상이었다. 이들 부문은 물가가 급등할 때도 여전히 매우 낮은 요금을 매겼다. 이는 대중 시위를 유발하게 될까 봐 경영자들이 비용 상승을 소비자들에게 떠넘기는 데 주저했기 때문이다. 버스 요금 인상이 격렬한 반발을 불러일으킨 적이 있었다. 산티아고에서 시작된 폭동이 다른 도시로 번져 나갔다. 칠레는 노동자와 좌파 정당들의 힘이 세서 인플레이션 대책을 펴기가 어려운 나라였다. 결국 이바녜스는 정치적 기반이 별로 없는 데다가 특별한 방안마저도 없는 피곤에 지친 늙은 장군에 불과했다.

1958년 선거에서 새로 선출된 대통령은 낯익은 이름이었다. 바로 아르투로의 아들 호르헤 알레산드리였다. 호르헤 알레산드리는 무소속 후보라고 자처했지만 보수당과 자유당의 공천을 받은 우파 대표로 출마했다. 그의 적수는 살바도르 아옌데와 에두아르도 프레이였다. 아옌데는 사회주의-공산주의 동맹인 인민행동전선Frente de Acción Popular을 대표하는 정치 경력이 오랜 의사였고 프레이는 전국 무대에 명함을 내민 지 얼마 되지 않은 기독교민주당을 대표하는 야심 많은 젊은 이상주의자였다. 알레산드리가 다수표(31.6퍼센트)를 차지했고 아옌데와 프레이가 각각 28.9퍼센트와 20.7퍼센트를 얻었으며 나머지 18.8퍼센트는 급진당 후보와 독불장군 신부[1]에게 돌아갔다. 특정 후보가 절대다수를 차지하지 못한 경우를 다룬 헌법 규정에 따라 의회에서 투표가 실시되었고, 의회는 다수표를 얻은 알레산드리를 기꺼이 선출했다. 어쨌든 칠레 유권자들은 또다시 심각한 분열 양상을 보여 주었다.

신임 대통령은 보수적인 정치경제관을 대변했다. 그는 정통적인 통화정책과 외국투자 개방을 비롯한 자유기업 경제를 신봉했다. 알레산드리 정부는 치솟는 인플레이션에 정통적인 IMF식 안정화 정책으로 맞서 싸웠다. 이를 위해 예산 삭감과 화폐 가치의 평가절하(고정 환율로)와 신규 외국투자 유치를 시도했다.

알레산드리가 시도한 안정화 노력은 구리 정책을 둘러싼 격렬한 싸움으로 빛이 바랬다. 알레산드리 정부는 미국 구리회사들을 설득해 투자를 늘리게 하려 했다. 구리 제련을 칠레에서 더 많이 하게 하려는 생각에서였다. 그렇게 되면 칠레에 돌아오는 경제적 이익도 늘어나고 완제품도 더욱 높일 수 있을 것이었다. 하지만 칠레 민족주의자들은 크게 화를 냈다. 그들은 단순히 미국 구리회사들의 투자를 늘리는 정도를 넘어 그 회

1) 안토니오 사모라노 에레라를 가리킨다. 성직자 출신으로 1957년 인민행동전선 하원의원을 지냈지만, 아옌데의 표를 깎아 먹는 선거유세를 펼쳐서 우파에게 매수당했다는 의혹이 있었다.—옮긴이

사들을 몰수하고 싶어 했다. 결국 정부의 정책이 관철되었다. 하지만 구리회사들이 투자를 늘리지는 않았다. 더욱이 칠레가 소유한 유일한 주요 자산을 국제 무역에 더 잘 활용하지도 못했다.

알레산드리는 고르지 못한 더딘 경제성장 때문에 생긴, 늘어나는 사회문제를 정통 경제정책으로 해결할 수 있으리라고 생각했다. 대규모 공공사업들에 착수했는데 그 재원은 주로 외국에서 끌어들인 것이었다. 주요 공급원은 친공산주의 혁명을 염려해 '진보를 위한 동맹'으로 알려진 대규모 경제원조 계획을 서둘러 세운 미국이었다. 알레산드리는 심지어 정계에서 금기로 여긴 지 오랜 농업 문제까지도 다루었다. 좌파는 모두 1962년에 통과된 법이 우스꽝스러우리만치 부적절한 법이라고 생각했지만, 이 법은 사실 공격적 몰수 정책을 펼 기반을 제공해 주었다.

당연한 일이지만 알레산드리의 정책 가운데 그 어느 것도 당면한 심각한 사회경제 문제들을 해결하는 데 큰 도움이 되지 못했다. 농촌 빈민들이 점차 산티아고를 비롯한 도시로 이주하기 시작했다. 그들은 도시에서 주택 문제와 식량 문제, 교육 문제에 시달렸다. 게다가 일자리도 거의 없었다. 이들 '주변인'들은 개발도상국에서 진행된 자본주의적 도시화의 서글픈 뒷모습이었다.

알레산드리는 아마도 평온한 나라를 다스리고 싶었을 것이다. 하지만 여러 사건으로 그 꿈이 곧 깨졌다. 1960년대 초에 칠레 정치무대에 커다란 변화가 일어나기 시작했다. 우선 유권자 수가 크게 늘어났다. 1938년에 겨우 50만 명을 넘어선 유권자가 1963년에는 250만 명에 이르렀다. 25년 사이에 5배가 된 것이다. 둘째로, 정치세력들이 재편되었다. 이제 다음 네 집단이 주요 정치세력으로 떠올랐다. ①보수당과 자유당을 아우르는 우파. ②오래전부터 기회주의에 도가 튼 중도파 급진당원들.

③주로 공산주의자와 사회주의자들로 구성된 맑스주의 좌파. ④중도 세력으로 이제 지지기반을 다지기 시작한 개혁적 성향의 기독교민주당원들. 1963년 지방 선거에서 이들 네 집단은 그럭저럭 비슷한 득표율을 기록했다. 가장 많은 표를 얻은 집단은 기독교민주당이었다. 그들은 우파와 좌파 양쪽에서 표를 얻었다.

1964년 대통령 선거는 칠레는 물론 라틴아메리카에도 중요한 선거로 여겨졌다. 좌파는 다시 한 번 살바도르 아옌데를 후보로 내세웠다. 정통 보수주의 정부가 실패한 지 얼마 안 되었기 때문에 인민행동전선이 제기한 신랄한 자본주의 비판은 그 어느 때보다도 더 설득력이 있어 보였다. 좌파 세력의 신장에 신경을 쓴 자유주의자들과 보수주의자들은 곧 그들이 살 유일한 길은 기독교민주당과의 동맹에 있다는 결론을 내렸다. 우파 정당들이 기독교민주당 후보 에두아르도 프레이를 밀어주기로 하면서 기독교민주당은 엄청나게 큰 힘을 받았다. 우파 정당들이 그렇게 한 것은 1958년에 일어날 뻔한 것처럼 인민행동전선이 다수표로 이길지 모른다는 두려움 때문이었다. 우파는 기독교민주당의 개혁 이념에 의혹을 품고 있었으면서도 그런 결정을 내렸다. 보수주의자들 상당수는 기독교민주당의 개혁 이념이 좌파의 주장과 위험할 정도로 흡사하다고 여겼다.

기독교민주당은 프레이가 "자유 속의 혁명"을 성취해 낼 것이라고 유권자들을 설득하는 데 선거운동의 초점을 맞추었다. 하지만 기독교민주당이 약속한 것은 혁명이 아니라 개혁이었다. 개혁의 목표는 미개간지 수용을 비롯한 농업개혁과 공공주택의 확대, 공동소유권 획득을 통한 미국 구리회사의 관리 강화와 같은 조처로 자본주의 경제의 효율을 높이는 것이었다.

프레이와 기독교민주당은 서슴지 않고 인민행동전선을 소련의 앞잡

이로 몰았다. 기막힌 내용의 선거만화와 라디오 홍보 노래는 칠레에 '제2의 쿠바'가 들어설지도 모른다는 두려움을 파고들었다. 미국 정부는 물론 서유럽 기독교민주당들도 개혁주의와 맑스주의의 대결에 큰 관심을 보였다. 미국 CIA가 나중에 인정한 바 있듯이, CIA는 프레이 진영 선거비용의 절반 이상을 기부했다.

이 지원은 지나친 것일 수 있다. 프레이는 56퍼센트의 표를 얻어 기대보다 훨씬 손쉽게 승리를 거두었다. 아옌데는 1958년 때보다 훨씬 더 많은 39퍼센트의 표를 얻었다. 물론 이번 선거에서는 두 사람이 경합을 벌였다는 차이점이 있다. 승리는 프레이에게 돌아갔다. 하지만 자유 속의 혁명이 시작된 것은 칠레 유권자들이 갑작스럽게 마음을 바꿔서라기보다는 우파 후보자가 없었기 때문이다.

프레이 정부는 높은 기대감 속에 출범했다. 경제정책을 제일 우선시했다. 가장 뜨거운 논쟁거리는 구리였다. 프레이 정부의 정책 입안자들은 이 문제에서도 다른 문제에서처럼 중도의 길을 추구했다. 그들은 유상으로 실시하는 전면 국유화는 막대한 양의 달러를 지불해야 하기 때문에 비용이 너무 비싸게 든다고 생각했다. 그렇다고 해서 이전 방식대로 미국 구리회사들의 투자를 장려할 수도 없는 노릇이었다. 이는 국가 관리를 강화하는 방향에서 한 걸음 물러나는 것이기 때문이다. 그들은 중간 노선을 택했다. 그것은 칠레 정부가 구리회사의 공동소유권을 사들이고, 구리회사가 그 자금을 시설, 특히 가공시설 확장에 재투자하게 하는 방식이었다. 목표는 1970년까지 구리 생산을 두 배로 늘리는 것이었다. 프레이가 세운 '칠레화' 정책이 성공을 거두게 되면 국가의 통제 정도는 물론 수출소득도 늘어나게 될 것이었다.

좌파는 이 계획이 배신행위라며 거세게 공격했다. 프레이는 기독교민주당 의원들의 지원을 받아 2대 구리회사인 아나콘다 및 케니코트와 계약을 체결했다. 하지만 그 후 5년 동안 구리 생산은 10퍼센트밖에 늘지 않았다. 수출소득이 배로 늘었지만 이는 생산이 늘어서가 아니라 구리의 국제시장 가격이 올라서였다. 게다가 새로운 계약의 세부 조항 때문에 이 수익의 상당 부분이 구리회사들에게 돌아갔다. 프레이가 헛된 승리를 거둔 셈이다.

농업 부문 또한 핵심 정책 분야였다. 라틴아메리카에서 가장 낡은 농업구조 하에서, 소외된 농민이 오랫동안 고통을 겪었다. 기독교민주당은 1967년에 농지개혁법을 밀어붙였다. 이 법 또한 타협의 산물이었다. 세부 조항에 따르면 1970년까지 농민 10만 명에게 토지를 분배하기로 되어 있었다. 그러나 이 계획은 바라던 것보다 더디게 시행되었다. 프레이의 임기 말까지 새로 농지를 소유하게 된 농민은 28,000명에 지나지 않았다. 이는 기독교민주당이 불러일으킨 높은 기대에 비해 별 의미 없는 수치였다.

미국은 계속해서 프레이 정부의 운명에 큰 관심을 보였다. 프레이 정부는 진보를 위한 동맹이 지원해야 할 개혁주의 정부의 요건을 모두 갖추고 있었다. 미국은 물론 미주개발은행과 세계은행 같은 다자 기구들도 칠레에 거액의 자금을 융자해 주었다.

정치 분야에서는 기독교민주당이 새로운 방식의 대중 참여에 관한 약속을 지키려고 했다. 그들은 좌파의 해결책이 가져올 비대한 국가의 역할을 거부하고 새로운 종류의 풀뿌리 정치활동을 주문했다. 이것은 실제로 공동체주의와 자조self-help와 협동조합을 혼합한 것이었다. 이는 무엇보다도 공산주의는 물론 사회주의의 노조와 당 조직을 통해 대중을 조직하는 데 이점을 지니고 있던 좌파의 활동을 저지하기 위한 것이었다.

그 결과 사회 전역에 걸쳐 선거에서 승리하려는 난투가 벌어졌다. 노조에서는 물론이고 학생회와 협동조합, 변호사협회, 기타 모든 전문가 집단에서도 그랬다. 정치가 칠레 사회에 더욱더 깊숙이 파고들었다.

자유 속의 혁명을 위한 시간이 끝나고 있었다. 과거의 기준으로 볼 때 개혁주의자들이 얻은 것은 상당했다. 하지만 그 정도로는 모자랐다. 헌법상 대통령의 연임이 금지되어 있었기 때문에 기독교민주당은 새 후보를 찾아 나서야 했다. 프레이가 막강한 인물이기는 했지만 당 내에 그를 헐뜯는 자가 없었던 것은 아니다. 사실 진보적인 기독교민주당원들은 급진적 변화 쪽으로 방향을 선회한 상태였다.

어떤 점에서는 1970년 대통령 선거가 1964년 대통령 선거와 비슷했다. 하지만 이번에는 우파가 자체 후보를 내기로 결정했다. 그는 20세기 칠레 정치에서 마법의 이름이던 호르헤 알레산드리였다. 이에 기독교민주당은 라도미로 토믹을 후보로 지명했다. 토믹은 좌파적 성향을 지니고 있었는데 그 때문에 우파와 선거연합을 이룰 가능성은 사라졌다. 이제 인민연합Unidad Popular이라는 이름으로 모인 사회주의자와 공산주의자들은 또다시 아옌데를 후보로 선출했다. 인민연합은 제국주의와 국내 과두 지배층에 나라를 팔아넘겼다며 프레이 정권 하에서 기독교민주당이 한 일들을 가차 없이 공격했다. 알레산드리는 구식의 보수주의적 처방을 제시했다. 토믹은 아옌데의 그것과 매우 흡사한 주장을 했다. 그는 구리회사의 전면 국유화를 비롯한 급진적인 변화를 지지했다.

개표 결과 아옌데가 다수표를 차지했다. 하지만 과반수는 아니었다. 아옌데가 36.3퍼센트를 얻었다. 알레산드리는 34.9퍼센트를 얻었고, 토믹은 겨우 27.8퍼센트를 얻었다. 좌파는 기뻐 날뛰었지만, 좀더 냉철한 지도자들은 아옌데의 임기가 순탄하지 않으리라고 내다봤다.

백악관이 반발하다

미국 정부는 칠레의 선거 결과에 극심한 불쾌감을 나타냈다. 리처드 닉슨 대통령은 그 소식을 개인적인 모욕으로 받아들이며 화를 냈다. 그리고 주먹으로 손을 내리치며 "저놈의 S.O.B, 저놈의 S.O.B"라고 잇따라 비난했다. 그러고 나서 확실하게 "저놈의 개새끼 아옌데"를 두고 한 말이라고 덧붙였다. 한편 국가안보 담당 보좌관 헨리 키신저는 칠레의 선거 결과가 미국의 국익에 엄청난 위협이 된다고 파악하고 "국민의 무책임감 때문에 공산화되고 있는 나라를 그냥 지켜봐야만 할지 모르겠다"며 협박성 선언을 했다. 어떤 조치가 필요하다는 얘기였다.

미국이 왜 이렇게 강한 반발을 보였을까? 첫째로, 지정학적인 우려 때문이었다. 당시 한창 진행 중이던 냉전의 맥락에서는 칠레(혹은 다른 제3세계) 사회주의의 승리는 국제공산주의의 승리를 의미했다. 이는 바람직하지 않은 것이었다. 뿐만 아니라 미국의 '뒷마당'에서 일어난 것이기 때문에 서반구에서는 용납할 수 없는 일이었다. 이는 미국의 초강대국 이미지에 먹칠을 하고 국제무대에서 미국의 입지를 약화시키는 셈이 될 것이다.

둘째로, 파급효과 때문이었다. 냉전 시기 미국 정책의 기본 특징 가운데 하나는 '도미노 이론'이었다. 한 나라가 공산화되면 이웃나라들도 공산화된다는 내용이었다. 따라서 현상을 유지하는 것이 중요했다. 키신저는 칠레에 사회주의 정부가 들어서면서 아르헨티나와 페루, 볼리비아에 공산주의 정권이 들어설 개연성이 매우 높아졌다고 생각했다.

셋째로, 다소 미묘한 이유 때문이었다. 칠레의 사건들을 보며 자유롭고 공정한 선거를 통해 사회주의 정부가 수립될 것이라는 실현 불가능한 전망이 미국에 갑작스레 들이닥치지 않을까 우려하게 되었다. 이는 사회주의 이념을 잔인한 독재와 결부시키는 냉전 사고의 기본 이념과 모순되는 것이었다. 사회주의(또는 공산주의)는 오직 혁명적 폭력으로(쿠바에서처럼) 권력을 쟁취하고 오직 억압적 독재로(소련에서처럼) 권력을 유지한다는 것이 미국 정계에 널리 받아들여지던 통념이었다. 그런데 칠레가 이런 통념에 반론을 제기한 것이다. '칠레의 길'로 알려지게 되는 민주적 선택을 통해 칠레 시민들이 사회주의를 천명한 세력을 지지했다. 이는 맑스주의 운동에 민주 세력이라는 정당성을 부여해 주고 좌파 정치와 반미 정치의 길을 전 세계로 확장시켜 주는 사례가 될 것이었다.

마지막으로, 아옌데의 사회주의적 성향이 미국의 경제적 이해를 위협하기 때문이었다. 랠스턴 퓨리나와 포드, ITT 같은 미국의 대표적 기업들이 칠레에 대규모 투자를 했다. 회사 중역들은 물론 국유화나 정부 수용 계획에 반대했다. 만일 이를 추진할 경우 정당한 보상을 요구할 계획이었다.

칠레는 한 마디로 위험스런 나라였다. 닉슨과 키신저는 곧 아옌데의 집권 저지 대책을 마련하기 위한 이른바 40인위원회를 구성했다. 한 가지 방안은 에두아르도 프레이를 대통령으로 추대하는 것이었다. 칠레 의회가 아옌데를 거부하고 차점자인 알레산드리를 지지하게 되면 알레산드리가 새로운 선거를 소집하게 되고 프레이가 당선할 길이 열린다는 것이 구체적인 내용이었다. 하지만 칠레 의회는 오랜 전통에 따라 보통선거의 결과를 승인하고 아옌데를 대통령으로 선출했다.[2)]

두번째 방안은 아옌데 취임을 전후로 군사쿠데타를 일으키게 하는

2) 당시 칠레 대선은 과반수 득표자가 없을 경우, 의회에서 2차 투표를 통해 최종 당선자를 결정하는 방식이었다.—옮긴이

것이었다. 하지만 나라의 민주적 전통을 수호하고자 하는 고위급 장교들이 주요 장애물이었다. 미국이 승인한, (헌법을 강력히 지지하는) 육군총사령관 납치 음모는 총사령관이 납치범과 싸우다 살해되면서 실패로 돌아갔다. 하지만 미국 CIA는 군사적 선택을 강요했다. CIA는 전문을 통해 "쿠데타로 아옌데를 타도하는 것은 변함없는 확고한 정책이다. 우리는 이를 위해 가용한 모든 수단을 동원해 최대 압력을 가할 것이다"라고 밝혔다.

아옌데가 대통령에 오르자 닉슨 행정부는 칠레 경제에 '보이지 않는 봉쇄' 조치를 취했다. 이 조치는 ITT와 포드 같은 미국의 주요 기업을 국유화하기 이전에 시행되었다. 그러다가 아옌데 정부가 적절한 보상에 관한 합의 도출을 거부하자(혹은 도출할 수 없게 되자) 봉쇄의 법적 토대를 더욱 강화했다. 미국 정부는 모든 종류의 경제원조 중단, 국제금융(세계은행과 미주개발은행의) 제한, 민간투자 금지, 세계 구리시장 교란 등의 조치를 취했다. 닉슨의 기억에 남을 만한 말에 따르면 그 의도는 칠레 경제가 "절규"하게 만드는 것이었다.

닉슨-키신저 팀은 주로 CIA의 활동을 통해 칠레 정치에 직접적인 영향을 행사하고자 했다. 지방 선거와 의회 선거 당시 미국 정부는 대표적인 보수 계열 신문인 『엘 메르쿠리오』 같은 반아옌데 언론과 야당들에게 상당한 지원을 제공했다. CIA는 또한 파업과 폐업, 아옌데 정권을 교란하는 여러 시위에 자금을 지원했다(CIA는 2000년에 이르러서야 이런 활동을 공식 확인했다. "아옌데 정권에 반대하는 칠레 정당과 언론, 민간단체"에 650만 달러를 지급했다고 최종적으로 인정했다). 이밖에도 물론 군사쿠데타 도발을 끊임없이 시도했다.

민주주의를 통한 사회주의로?

3년에 걸친 아옌데의 대통령 재임기간은 그 의미를 두고 여전히 거친 논란이 벌어지고 있기는 하지만 칠레와 라틴아메리카 역사에 깊은 발자취를 남겼다. 비록 선거에서 박빙의 승리를 거두기는 했지만 아옌데와 그 참모들은 법적인 테두리 내에서 급진적인 변화를 추구하기로 했다. 그런 방식의 변화가 가능했을까? 고상한 방식으로 사회주의를 도입할 수 있었을까?

아옌데의 초기 경제정책은 1946년 페론이나 1959년 카스트로의 경제정책과 비슷했다. 물가를 동결하고 임금을 인상하는 것이었다. 그러자 곧 소비가 크게 늘고, 단기간이기는 하지만 상당한 규모로 소득 재분배가 이루어졌다. 상품 재고가 곧 동이 나고, 생산자들은 물가 규제의 눈치를 보면서 생산을 미루었다. 이런 상황에서 아옌데는 정치적 지지기반을 넓히려고 포퓰리즘 전략을 추구했다.

아옌데의 또 다른 경제정책들은 선거 공약을 따른 것이었다. 제일 우선시한 것은 구리회사의 전면 국유화였다. 무엇보다 중요하게도 의원들이 만장일치로 국유화를 지지했다. 이는 그만큼 민족주의 정서가 자라고 프레이 정부의 칠레화 정책이 실패한 것으로 인식하고 있었다는 사실을 보여 준 것이다. 그 뒤 칠레 정부는 자신들이 구리회사에 아무런 보상을 해줄 의무가 없다고 주장했다. 구리회사들이 이전에 불법으로 고수익을 올렸다고 아옌데가 비난했기 때문이다. 미국 정부 내 강경파는 이런 공격적 태도 속에서 칠레가 서반구에서 사유재산과의 전쟁을 선포했다는 '증거'를 확보했다.

인민연합 정부는 또한 다른 경제 부문들로 국가의 관리를 확대했다. 민간은행의 60퍼센트를 포함해 석탄과 철강을 국유화했다. '사회주의로의 이행'이 진행되면서 더욱더 많은 회사와 사업이 국유화되었다. 간부 사무실을 점거하고 정부의 발표가 있을 때까지 그곳을 떠나지 않는 노동자들 때문에 국유화가 단행되는 경우가 많았다. ITT나 포드 같은 유명 회사를 비롯한 외국기업들이 주요 대상이었다.

농업 분야에서는 아옌데 정부가 신속한 움직임을 보였다. 정부가 신규 소토지소유자에게 필요한 지원(여신, 보급품, 장비)을 제공하는 것보다 더 빠른 속도로 토지를 수용했다. 게다가 대개 좌파 급진주의자들에 의해 조직된 농민들이 선수를 치는 경우도 늘어났다. 그들이 자체적으로 땅을 점거한 것이다. 이에 지주들은 무장경비대를 고용하고 법적 소송을 제기하거나 그냥 도망치기도 했다. 해묵은 토지 문제에 급진적인 해결책이 동원되고 있었다.

경제 전반에 대해서는 아옌데 정부가 초기에 도박을 걸었다. 의회 내에서 다수파의 반대에 직면한 아옌데의 정치 전략가들은 의회 대신에 인민의회Asamblea del Pueblo를 창설할 헌법 개정에 착수하기로 했다. 이를 위한 지지를 얻기 위해 1970년에서 1971년 사이에 포퓰리즘 정책(물가 동결과 임금 인상)을 실시했다. 포퓰리즘 정책은 인플레이션의 위험을 안고 있었다. 의회가 정부 정책의 상당 부분을 저지하는 데 성공했기 때문에 법적 효력을 얻기 위한 도박은 더욱 어려워졌다.

의회가 1972년에 헌법 개정을 거부한 것은 그리 놀라운 일이 아니다. 아옌데와 그의 참모들은 이제 잠시 멈추고 정치적 실리를 굳히기로 했다. 그들은 야당이 주도하는 의회를 피해 헌법개정안을 국민투표에 부치기로 했다. 하지만 국민투표를 하기에 알맞은 때가 오지 않았다. 그런 기회를 잡을 수가 없었다. 아옌데 정부는 1972년 내내 칠레 경제를 강타한 엄청난 혼란으로 골머리를 앓고 있었다. 첫째로, 강제로 물가를 통제하는 바람에 경제 왜곡 현상이 나타났다. 둘째로, 생산자와 지주와 상인들이 인민연합의 실험이 실패하기를 바라거나 손쉬운 수익을 올리기 위해, 아니면 이 둘 다를 바라면서 대대적인 사보타주나 교묘한 일탈행위를 했다. 마지막으로, 경험이 없는 정부가 비효율적이게도 엄청난 부문의 경제를 떠맡아 경영하려고 했다. 대개 전문 자질보다는 정치적 고려로 임명된 미숙한 신임 관리들이 엄격한 통제 사회의 관리들조차 힘들어하는 일들을 통달하기란 어려운 일이었다.

칠레 경제는 도살장 속으로 빠져들고 있었다. 금융당국은 엄청난 예산 적자를 메우려고 돈을 마구 찍어 내고 있었다. 그것이 인플레이션으로 이어졌다. 환율이 지나치게 고평가되어 수입을 부추기고 있었고, 세계시장의 구리 가격이 낮아서 수출소득이 하락했다. 외국 신용과 투자는 사실상 사라졌다. 칠레 국민총생산이 1972년에는 0.8퍼센트 하락하고 1973년에는 5퍼센트가량 하락했다. 닉슨 행정부가 가한 '보이지 않는 봉쇄' 압력도 여기에 가세했다.

하지만 사회주의 경제로의 이행이 어떻게 순조로울 수 있겠는가? 쿠바에서도 초기에는 혼란이 발생했다(5장 참조). 칠레는 그보다 더 큰 장애물에 부딪혔다. 아옌데에게는 피델이 쿠바에서 누린 것과 같은 권력이 없었다. 칠레는 여전히 다원적 민주주의 국가였다. 야당이 의회를 장악하고 있었고, 경제는 여전히 외국의 협박에 시달릴 여지가 있었다.

어려움은 그뿐만이 아니었다. 야당이 비타협적인 태도를 보였다. 아옌데 정부가 단 한 번도 과반수의 표를 얻은 적이 없다는 점을 기억해야 할 것이다. 아옌데가 1970년 대통령에 당선되었을 때 얻은 표(36.3퍼센트)는 그가 1964년 선거에서 패배할 때 얻은 표(38.9퍼센트)보다 더 적었다. 1971년 4월 지방 선거에서는 인민연합이 가장 높은 49.7퍼센트를 받았다. 그 이후 노조와 학생회, 전문직 협회들 등의 모든 정치무대에서 몇 달간 격렬한 싸움이 벌어졌다.

인민연합 자체도 내분을 겪으며 약해졌다. 혁명좌파운동MIR이 이끄는 극좌파는 좀더 과격한 행동을 요구했다. 그들은 더욱 신속한 국유화와 야당에 대한 강력한 경찰 행동, 포고령에 의한 통치를 바랐다. 공산주의자들을 비롯한 인민연합 내 온건파는 섣불리 움직이다가 군부와 중산층을 주무르는 우파의 손에 놀아나게 될 것이라며 주의를 촉구했다.

1972년 중반에 칠레 정치는 달아오를 대로 달아올라 있었다. 친아옌데 세력은 물론 반아옌데 세력도 연일 대규모 거리 집회를 열었다. 8월에는 정부의 경제정책에 항의해 가게 주인들이 일일 판매거부 운동을 벌였다. 10월에는 시위가 전국으로 확산되기 시작했다. 이는 광범위한 부문의 칠레 대중이 거리에서 반정부 운동에 참여하고 있음을 보여 주었다. 그들은 싸워 보지도 않고 무릎을 꿇지는 않겠다는 태세였다.

정부를 지지하는 사람들도 많았다. 인민연합은 질서정연한 가두행진 참가자 수십만 명을 동원할 수 있었다. 이들 가운데는 이미 높은 실질임금과 신선한 우유 보조금, 일터나 지역사회 관리 참여 등의 중요한 변화를 경험하기 시작한 칠레인들이 많았다. 그들은 또한 구리회사 국유화와 외국기업들에 대한 강경 노선, 1971년 칠레를 방문한 피델 카스트로 환영행사 같은 새로운 민족주의 운동에도 참여했다.

1973년 3월에 또 다른 정치적 평가가 진행되었다. 이번에는 의회 구성이 문제였다. 야당은 아옌데를 탄핵할 수 있도록 의석의 3분의 2를 얻고자 했다. 투표 결과 정부가 뜻밖의 좋은 결과를 얻었다. 인민연합이 43퍼센트를 차지한 것이다. 반면에 상원의 야당 의석이 32석에서 30석(전체 50석 가운데)으로 줄고 하원의 야당 의석이 93석에서 87석(전체 150석

가운데)으로 줄었다. 인민연합 지도자들은 이제까지 재임 중에 치러진 국회의원 선거에서 지지율을 끌어올린 대통령은 없었다며 1970년에 비해 좌파 지지표가 늘어난 데 대해 환호했다. 야당은 자신들이 얻은 56퍼센트의 표가 1964년에 프레이가 거둔 압도적 승리와 맞먹는 것이라고 했다.

이러한 선거 결과는 사실 어떤 정치적 입장에라도 끌어다 쓸 수 있는 것이었다. 하지만 한 가지는 분명했다. 야당이 자신들이 바란 대승을 거두지 못했다. 아옌데가 과반수를 얻지는 못했지만 노동자들과 점점 불어나는 농업노동자들의 탄탄한 지지를 확보했다.

선출된 맑스주의 정부를 무너뜨리려는 음모는 늘 끊이지 않았다. 이미 우익 단체 조국과 자유Patria y Libertad가 정부 관료와 주요 경제시설을 대상으로 테러 활동을 벌이고 있었다. 그러나 1973년 들어 더욱더 많은 중간계급 사람들이 위기에 대한 민주적 대안이 없다는 생각에 빠져들고 있었다.

4월에는 구리 노동자들이 파업을 시작했다. 이것이 야당에게 아옌데를 상대로 범계층적 저항을 동원할 빌미를 제공해 주었다. 7월에는 트럭 소유주들이 파업을 벌였고, 이것이 변호사, 의사, 건축사들의 협회 같은 중간계급 단체들의 파업에 불을 댕겼다. 이에 친아옌데 노조들도 대규모 맞불 시위를 벌였다. 칠레는 격렬한 정치 투쟁에 휘말려 들었다. 테러 공격도 빈번해졌다. 다음 대통령을 선출할 1976년까지 칠레에 평화가 유지되리라고 생각하는 사람은 거의 없었다.

아옌데도 이 사실을 알고 있었다. 극단적인 조치를 취해야 한다는 극좌파의 충고를 외면한 지 오래였다. 그는 또한 민주주의 체제를 보전하기 위한 협상 능력과 의지를 지니고 있는 정치 세력이 기독교민주당뿐이라는 사실도 알고 있었다. 아옌데는 프레이와 그의 동료 지도자들과 협상을 벌였다. 하지만 장고에 장고를 거듭한 그들이 결국 협상을 거부했다. 무너져 가는 정부에 대해 공동의 책임을 지고 싶지 않아서였다. 또한 인민연합의 평판이 더 떨어지면 얻을 것이 더 많아지리라고 예측한 탓도 있다. 심지어 군사쿠데타가 일어나면 자신들의 권력을 회복시켜 주리라고 기대했을지도 모른다.

아옌데는 군부의 내각 참여를 늘려야 한다는 결론을 내렸다. 그렇게 하면 일시적으로는 안정을 유지할 수 있을지 모르지만 군부가 음모를 꾸밀 길과 군대를 정치화한다고 야당이 비난할 길을 터줄 수도 있다. 이런 위험을 깨달은 아옌데가 8월에 군사령관들을 정리하려고 했다. 하지만 때는 이미 늦었다.

9월 초 들어 인민연합 정부를 무너뜨리려는 군부의 음모가 본격화되었다. 이미 엄청난 물가상승과 자본도피의 직격탄을 맞은 경제는 파업과 맞불 시위로 더욱 둔화되었다. 육군총사령관이자 국방부 장관인 카를로스 프라츠 장군이 칠레의 헌정 민주주의를 지지하고 나섰다. 그러나 아옌데와 인민연합에게는 불행하게도 프라츠의 군부 내 권위가 크게 추락하고 있었다. 8월 말에 열린 장군회의 투표에서 패배한 프라츠는 군부와 내각의 보직을 동시에 사임했다. 그 뒤를 이어 육군총사령관이 된 사람이 아우구스토 피노체트 장군이었다.

군부는 이제 더 이상 시간을 허비하지 않았다. 1973년 9월 11일 빈틈없이 계획된 쿠데타가 시작되었다. 그날 이른 아침에 비정치적 경찰의 전통을 가장 잘 지켜 왔다고 생각되는 경비대[3]가 혹시 있을지 모를 공격에 대비해 대통령궁을 지키고 있었다. 불길하게도, 자신들의 지휘관이 진

3) 칠레 경비대(carabineros)는 군 성격의 경찰임.—옮긴이

1973년 9월 11일 쿠데타 당시 칠레 군부의 로켓 공격을 받아 산티아고 중앙에 위치한 대통령궁이 불타오르고 있다. (Corbis/Bettman/UPI)

행 중인 쿠데타에 합류했다는 연락을 받고 경비대 대원들이 대통령궁을 떠나 버렸다. 아옌데는 아침 6시에 곧장 산티아고 심장부의 랜드마크인 대통령궁 모네다로 가기로 결정했다.[4)]

그 뒤 모네다 궁에서는 아침 내내 방어 준비를 하느라 동분서주했다. 아옌데는 안전한 망명 제의를 받았다. 하지만 아옌데는 맞서 싸우기로 했다. 정오가 되기 직전에 공군의 호커 헌터 전투기들이 모네다 궁에 로켓탄을 쏘았다. 육군 부대가 궁을 급습할 채비를 하자 아옌데는 스스로 목숨을 끊었다.

쿠데타 반대 세력이 흩어졌다. 하지만 탄압은 신속하고 무자비했다.

---

4) 칠레 대통령은 자택에 거주하면서 대통령궁에 출퇴근함.—옮긴이

우리는 사망자가 얼마나 되는지 결코 알 수 없을 것이다. 적어도 2,000명이 죽었다. 이 쿠데타는 20세기 남아메리카 역사에서 가장 폭력적인 군사쿠데타였다. 그토록 많은 좌파가 되돌릴 수 없을 것이라고 생각한 '사회주의로의 이행'이 끼익하고 멈춰 섰다.

아옌데의 몰락은 대체로 사회계급 사이의, 또한 정당 사이의 상호작용에서 비롯되었다. 좌파는 주로 도시노동자 계급의 지지를 받았다. 그리고 가족의 유대와 실질적인 이해로 뭉친 상층계급의 저항에 직면했다. 하나로 뭉친 지배층은 중산층 집단의 충성을, 무엇보다도 트럭 소유주나 가게 주인 같은 전투적인 하층 중간계급 활동가들의 충성을 확보할 수

직조(織造) 시위

정치적 저항이나 심지어 인권 호소도 할 수 없었던 가장 암울했던 피노체트 독재 시절에, 자살하고픈 심정이라는 점을 제외하면 칠레의 지극히 보통 여성들이 혁신적인 방법으로 독재에 도전하고 인권 유린을 비난했다. 칠레 여성들은 아르헨티나의 5월 광장 어머니들처럼 어머니, 아내, 누나, 할머니, 가톨릭적인 가정 수호자라는 기존의 성 역할을 따라 행동하면서 다른 이들은 상상할 수 없을 정도로 안전하게 시위를 조직할 수 있었다.

이 여성들은 흥미롭게도 칠레의 전통 태피스트리인 아르피예라(arpillera)를 짜면서 자신들의 슬픔을 표현하고 인권을 호소할 수 있었다. 이 여성들은 개인적 메시지와 정치적 메시지가 들어 있는, 잃어버린 자식이나 더 좋았던 시절, 나아가 인권 침해와 반정권 시위 장면들을 수놓았다. 가톨릭교회는 작업장을 설치해 주고 재료를 공급해 주며 태피스트리를 판매하는 등 아르피예라를 제작하고 유통하는 일을 도왔다.

아르피예라는 칠레 여성들이 상실을 표현하고 인권 침해를 시위한 수단이었다. 하지만 이것은 태피스트리가 제공한 여러 기능 가운데 하나에 불과했다. 슬픔을 가시적으로 드러내는 직조 작업은 실종된 가족들의 운명을 생각하며 마음 아파하는 여성들을 치료해 주는 역할도 했다. 또한 피노체트의 신자유주의 정책으로 삶이 갈수록 힘들어지던 매우 궁핍한 시절에 가난한 하층민과 중산층이 아르피예라를 팔아서 소득을 올릴 수 있었다. 하지만 무엇보다 중요한 역할은 총과 칼을 들고 '탈정치화'를 강요하던 사회에서 시위의 길을 열어 준 데 있었다.

있었다. 노동자들을 그 기반으로 삼은 아옌데 운동은 다른 사회 계층들과 지속적인 연합을 결성하는 데 실패했다. 선거에서 과반수를 얻지 못하고 결국에는 취약성을 보이게 된 이유가 바로 여기에 있다.

그렇다고 해서 미국의 반대 효과를 무시하자는 얘기는 아니다. 미국은 아옌데 정권 '교란'(전복) 작업을 꾸준히 전개했다. 하지만 미국의 개입이 아옌데 정부를 무너뜨린 결정타는 아니었다. 아옌데 정부는 자체 내에 산더미처럼 많은 문제를 안고 있었다. 그런데도 미국은 또다시 주저하지 않고 반혁명 세력 편에 섰다.

피노체트 정권

군사 정부는 곧바로 권위주의 체제를 구축하기 시작했다. 군사위원회는 '국가 재건'을 목표로 내걸고 정치 체제를 박살내기(단순히 개혁이 아니라) 시작했다. 의회를 해산하고 헌법을 정지하며 정당들을 불법화하거나 활동 정지시켰다. 이제 더 이상 정치적으로 논쟁할 일이 없게 되었다. 군사위원회는 더 나아가 계엄령을 선포하고 오후 9시 통행금지를 시행하며 엄격한 언론 통제를 실시했다.

군부는 국가와 사회의 오랜 관계를 재편하고자 했다. 가장 중요한 핵심은 육군 대장 아우구스토 피노체트가 주도하는 군부의 통일이었다. 또한 정부가 정당이나 노조 같은 중간 기구를 해체하고(혹은 적어도 탄압하고) 직접 통치를 실시할 수 있도록 시민사회를 교란하는 일도 중요했다. 전통적인 의미의 정치활동은 이제 사라졌다. 피노체트 장군은 1974년 1월에 군부가 자그마치 5년은 집권할 것이라고 밝혔다.

피노체트는 교활한 정치 공작을 통해 최고 권좌에 올랐다. 그가 단독으로 권력을 행사하면서 제도 중심의 군사정권이 개인 중심의 정권으로 변질되었다. 칠레 국민은 1978년 국민투표를 통해서 "칠레의 존엄성을 수호하자"는 피노체트에게 광범위한 지지를 보냈다. 1980년 국민투표를 통해서는 피노체트의 대통령직을 1990년까지 보장하는 헌법을 승인했다.

한편 민간인 기술관료 집단이 경제정책에 일대 변화를 도입했다. 이 경제학자들은 시장 경쟁의 공정성과 효율성을 신봉했다. 그들은 성장을 저해한 요인이 정부의 경제 개입에 있다고 생각했다. 그들은 수요와 공급의 법칙을 다시 작동시키려고 정부의 역할을 줄이고 인플레이션을 낮추는 작업에 착수했다. 피노체트는 한때 "칠레를 프롤레타리아의 나라가 아니라 기업가의 나라로 만드는 것"이 궁극적인 목표라고 말한 적이 있었다.

정부가 세운 이러한 정책이 인플레이션에 확실한 영향을 미쳤다. 쿠데타 당시 연간 500퍼센트가량 치솟던 인플레이션이 1976년에는 180퍼센트로 떨어지고, 1978년에는 30~35퍼센트로 낮아졌으며, 1982년에는 10퍼센트로 내려앉았다. 1983년에서 1987년 사이에는 20퍼센트와 31퍼센트 사이를 오르락내리락했다. 이는 아르헨티나나 브라질 혹은 멕시코가 거둔 것보다 훨씬 좋은 성과였다. 군사위원회가 떳떳하게 성공을 얘기할 수 있었던 이유가 여기에 있다. 1976년부터 1981년까지 평균 7퍼센트 이상의 성장을 이룬 데 대해서도 이와 비슷한 주장을 할 수 있었다. 하지만 이는 실질임금과 사회복지를 희생해서 얻은 결과였다.

시카고 대학에서 배운 기술관료들이 설정한 목표는 보호관세와 정부 보조금과 공공 부문의 규모를 대폭 줄여 칠레를 세계경제에 개방하는 것이었다. 1973년 말 칠레에는 공기업이 500개가량 있었다. 군사위원회는 그 절반 정도를 원주인에게 돌려주고 나머지 가운데 상당수도 경매에 붙였다. 이렇다 할 경쟁이 없어 칠레의 기업집단들은 물론 ITT 같은 다국적 기업들이 이를 낮은 가격에 사들이는 혜택을 보았다.

경제정책 담당자들은 또한 수출입 할당량과 관세가 비효율적인 기업들을 보호해 준다면서 수입 장벽을 낮췄다. 그 결과 상당수 기업이 다국적 기업들에 밀려 도산했다. 1973년에 쿠데타를 강력히 지원한 칠레 기업계가 심각한 피해를 입었다. 얄궂게도 칠레는 민간은행이나 기업의 지원이 아니라 다른 정부들이나 국제기관들의 지원을 받는 자유시장경제를 만들려고 시도했다.

멕시코가 사실상 외채 채무를 이행하지 않으면서 시작된 1982년 금융위기에 칠레는 다른 라틴아메리카 나라들보다 더 큰 충격을 받았다. 실업(정부의 일자리 만들기 프로그램에 참여한 사람들을 포함하여)이 늘어나 1983년 중반 무렵 노동자 세 명 중 한 명이 실업 상태에 처하면서 국내총생산이 14퍼센트나 하락했다. 피노체트는 새로운 부류의 보수파 기술관료들을 등용했다. 이들은 더욱더 급진적인 구조조정에 착수했다. 투자를 장려하고 수출을 크게 늘리고 실업률을 대폭 떨어뜨렸다. 하지만 임금은 고질적으로 낮았고 사회복지를 민영화하는 바람에 빈민들 상당수는 생활에 필수적인 것을 제공받지 못하게 됐다.

정치 분야에서는 피노체트 정권이 결코 주저하지 않고 억압을 휘둘렀다. 노동자 소요나 대중 시위의 낌새가 보이면 특히 그러했다. 인권 침해가 끊임없이 되풀이되고 비판자들이 이를 고발하면서 피노체트 정권의 잔인성이 널리 알려지게 되었다. 1975년 9월에 아옌데 시절 주미 대사를 지낸 오를란도 레텔리에르가 자동차 폭탄으로 사망했다. 그는 당시 미국 정부가 피노체트 정권을 지원하지 못하도록 로비를 펼치고 있었다. 암살자들이 칠레 정보부와 선이 닿아 있었음이 틀림없지만 카터 행정부의 칠레 군부 내 용의자들의 신병인도 요구를 칠레 정부는 코웃음을 치며 거부했다. 피노체트 정권은 로널드 레이건이 미국 대통령에 당선되었다는 소식에 큰 안도감을 느꼈다. 레이건 행정부는 피노체트 정부와 더 가까운 관계를 맺고자 했다.

1985년 무렵 레이건 행정부가 느닷없이 피노체트와 거리를 두기 시작했다. 이 무렵 노년의 비민주적인 독재자는 미국에 정치적 부담이 되었다. 레이건 대통령이 '악의 제국' 소련에서 자행되는 인권 유린을 강력히 비난할 당시에 특히 그러했다. 더욱이 미국의 정책 입안자들은 피노체트의 억압 통치가 급진적인 저항 세력(오래전 쿠바에서 일어난 것처럼 무장 폭력을 통해 집권할 게릴라 운동)의 성장을 부추기지나 않을까 두려워하기 시작했다. 그 이유야 어찌됐든 간에 레이건 행정부는 피노체트와 맺은 초기 밀월관계에서 돌아서고 있었다.

1988년에 피노체트는 극적인 모험을 시도했지만 실패하고 말았다. 경제가 회복되고 있다고 확신하면서 국제사회의 자유화 압력을 잠재워야겠다고 생각한 그는 국민투표를 소집해 자신의 독재에 대한 중간평가를 실시했다. 이에 야당은 14개 정당연합인 콘세르타시온Concertación 으로 뭉쳤고, '반대' 표를 위해 (잠시 미국 언론 상담전문가들의 지원을 받아) 고도의 텔레비전 캠페인을 펼쳤다. 그 결과 55퍼센트 대 43퍼센트의 결정적인 승리를 거두었다. 이제 주사위는 던져졌다. 민선정부로 돌아갈 때가 되었다.

긴장이 흐른 뒤 피노체트는 자신이 헌법상 1998년까지 육군총사령관직을 보장받을 수 있다는 사실을 알고서 투표 결과를 받아들였다. 이어서 1989년 대통령 선거가 치러졌다. 오랫동안 기독교민주당을 이끌어온 (아옌데의 완고한 정적인) 파트리시오 아일윈이 선거에서 승리했다. 17

개 중도 정당과 중도좌파 정당 연합이 그를 지지했다. 극좌파는 단 한 석도 얻지 못했고, 한때 세력이 강성했던 공산당은 개혁파와 맑스-레닌주의 강경파 사이의 격렬한 싸움에 휘말려들었다.

최근 상황(1990년~현재)

아일윈은 1990년에 집권해 민주주의 제도를 되살리고, 군부가 저지른 인권 유린을 조사하고, 빈민계층의 생활여건을 개선하는 데 온힘을 기울였다. 기술관료가 주축인 아일윈 내각은 또한 상대적인 물가안정과 구리 가격 상승에 힘입은 수출 호황, 기록적인 외국인 투자, 인상적인 외채 감소, 매우 비효율적인 상당수 공공 부문의 민영화 단행 같은 경제 면에서 라틴아메리카가 이룩한 주요 성공 사례(적어도 전통적인 기준으로 보면)의 핵심들을 유지하는 데 심혈을 기울였다.

칠레가 민주주의를 회복하기는 했지만 엄청난 장애물들이 가로놓여 있었다. 뉘우칠 줄 모르는 피노체트(가족 관련 금융 스캔들로 그 명성에 금이 가긴 했지만)를 필두로 호시탐탐 기회를 노리는 군부와 친군부적 성향의 사법부, 우파가 지배하는 상원, 이따금씩 발생하는 좌우 세력의 테러 활동, 군민 갈등을 촉발시킬 가능성이 상존하는 인권유린 처리를 둘러싼 복잡한 문제가 그것이었다.

집권연합(콘세르타시온)은 1993년 대통령 선거에서도 단합했다. 기독교민주당이 또다시 대통령을 배출했다. 새 대통령은 1964년에서 1970년 사이 대통령을 지낸 프레이의 아들 에두아르도 프레이였다. 그는 58퍼센트의 표를 획득했다. 카리스마가 없던 프레이가 지닌 큰 자산은 자신의 이름이었다. 그는 '공평한 성장'을 공약으로 내걸었다. 한때 세력이 강성했던 공산당은 여전히 철저히 외면당했지만 사회당은 콘세르타시온에 충성을 다했다. 무엇보다 의미심장한 것은 칠레 사회가 민주적인 경기 규칙을 전반적으로 수용했다는 점이다.

칠레가 이룩한 가장 주목할 만한 업적은 물가상승을 수반하지 않는 급속한 성장이었다. 콘세르타시온이 집권한 처음 8년1990~1998 동안 칠레는 연평균 6.7퍼센트의 경제성장을 달성했다. 이는 라틴아메리카에서는 물론이고 세계에서도 가장 높은 수치였다. 외채가 대폭 줄어들고 새로운 외국 자본 유치도 순조롭게 진행되었다. 민영화는 사실상 최대 규모로 진행되었다. 특히 인상적인 것은 높은 저축률과 투자율이었다. 이것이 생산성을 계속 유지할 견고한 토대를 제공해 주었다.

하지만 성장의 열매를 나누는 분배는 별로 인상적이지 못했다. 일부 통계에서는 1990년대에 빈민들의 수가 줄어든 것으로 나타나지만 절대 빈곤 수치는 여전히 높았고 소득 불평등이 갈수록 커져 칠레가 역내에서 가장 불평등한 사회로 바뀌었다.

칠레는 국제적 차원에서는 1990년대 초에 북미자유무역협정에 가입하기를 바랐다. 그러나 클린턴 행정부가 미국 의회로부터 칠레의 북미자유무역협정 가입을 신속히 처리할 협상권을 얻어 낼 수 없게 되자 콘세르타시온 정부는 그 대신 남미공동시장의 준회원이 되는 길을 선택했다.

1998년 3월에 피노체트 장군이 마침내 25년간 몸담은 육군총사령관직을 물러났다. 하지만 그렇다고 공직 생활에서 물러난 것은 아니었다. 그는 종신 상원의원이 되어 소수의 비선출직 상원의원 집단에 참여해 강경 우파의 정부 입법 거부권 행사에 힘을 실어 주었다.

피노체트가 상원의원 자리에 오르자 좌파가 들고 일어났다. 하지만 좌파의 시위는 곧 나라 밖에서 일어난 사건에 가려 버렸다. 1998년 10월

6일 런던을 방문 중이던 전 독재자가 에스파냐 치안판사의 요청에 의해 영국 경찰에 체포되었다. 에스파냐 치안판사는, 17년에 걸친 재임 기간에 에스파냐 시민들의 인권을 유린한 피노체트를 기소할 생각이었다. 칠레의 인권 단체들과 좌파 세력, 일부 집권 콘세르타시온 의원들은 피노체트가 체포되었다는 소식에 환호를 한 반면, 군부와 우파는 이를 '국제사회주의 운동'의 소행이라고 비난했다.

피노체트가 에스파냐로 송환될 경우 칠레의 정국이 불안정해질 수도 있어서 프레이 대통령은 피노체트가 상원의원 신분이어서 외교적 면책특권을 누리고 있고 진행되고 있는 모든 절차가 칠레의 주권을 침해하고 있다고 주장했다. 이에 영국 정부는 피노체트를 칠레로 돌려보내기로 했다. 길고 복잡한 재판을 피노체트가 정신적으로 견뎌 내지 못할 것이라는 판단에서였다.

우연의 일치든 아니든 간에 피노체트가 산티아고에 도착한 지 며칠 뒤에 2000년 1월 대통령 선거 결선 투표에서 우파 후보 호아킨 라빈을 가까스로 물리친 콘세르타시온 후보 리카르도 라고스가 대통령에 취임했다. 사회주의자 라고스의 승리는 화해의 시대를 알리는 것처럼 보였다. 하지만 그 이면에는 사회가 분열되어 군민 관계의 긴장은 물론 피노체트 시대가 남긴 정치적·경제적 유산을 둘러싼 갈등이 지속되고 있었다.

그 후에 진행된 사건들은 피노체트의 유산을 제거하려는 꾸준한 노력의 산물이었다. 대통령 임기를 6년에서 4년으로 줄이고 상원의 비선출직 의석을 없애며 입법부의 기능을 강화하고 군부의 정치적 중요성을 약화시키는 2005년에 단행한 일련의 헌법 개혁 조치들은 행정부의 중요성을 줄이고 민주적 제도를 강화하기 위한 노력이었다. 2005~2006년 선거에서는 집권 연합의 후보인 미첼 바첼레트가 승리를 거두었다. 그녀는 피노체트 정권의 고문을 받고 사망한 헌정수호파 장군의 딸이자 사회주의자였다. 콘세르타시온은 2차 선거에서 우파 후보가 47퍼센트의 표를 얻은 우파의 심각한 도전에 직면하게 됐다.

이 무렵 칠레의 정치 환경은 대립에서 협상과 실용주의와 합의를 중시하는 방향으로 바뀌고 있었다. 주요 정당들은 모두 자유주의 경제정책을 계속 수행하자는 데 합의했다. 우파의 핵심 세력이 피노체트와 차별성을 두는 데 전념하는 사이 좌파가 칠레 정계를 주도했다. 물론 논란이 없었던 것은 아니다. 바첼레트는 학생 시위와 정책 실패, 부패 등으로 자신의 인기가 하락하고 있다고 보았다. 하지만 이것은 체제의 성격을 둘러싼 논란이 아니라 일반적인 정치 논쟁이었다. 2009년 현재 칠레 민주주의의 전망은 매우 밝아 보인다.

[황보영조 옮김]

11장 | 브라질 : 잠에서 깨어나는 거인

오랫동안 브라질 국민은 물론 외국인들도 브라질을 '미래의 땅'[1]으로 여겼다. 851만㎢에 이르는 브라질 면적은 남미 대륙의 거의 절반을 차지한다. 그 광활한 영토는, 반복적으로 가뭄에 시달리는 반半건조성 기후의 북동부에서 풍요로운 숲과 비옥한 고원의 중부와 남부에 이르기까지 드넓게 펼쳐져 있다. 또한 철광석이나 여러 산업용 광물 등 천연자원이 풍부하게 매장되어 있으며, 최근에는 영해 내에서 거대한 해저 유전이 발견되기도 했다. 인구는 2억 명에 육박한다. 비록 오랜 세월 농산물 수출에 크게 의존해 왔지만, 최근 복합적인 발전(산업화, 근대화, 정치 안정)을 이루면서 브라질은 남미지역을 대표하는 세계적인 강국으로 변모했다. 아마도 이런 기대감 때문이겠지만, 시민들은 대체로 삶에 대해 낙관적이고 열정적인 전망을 지닌다. 그들은 즐겨 말한다. "신은 브라질인"이라고.

---

1) 브라질을 '미래의 땅'이라 부른 대표적 지식인은 슈테판 츠바이크였다. 풍요로운 자원과 정신성을 지닌 브라질의 잠재력을 나타낸 이 표현은, 이후 '발전 없이 계속 미래에만 머물고 있는 나라'라는 비웃음의 문구로 이용되기도 했다.—옮긴이

〈지도 11〉 브라질

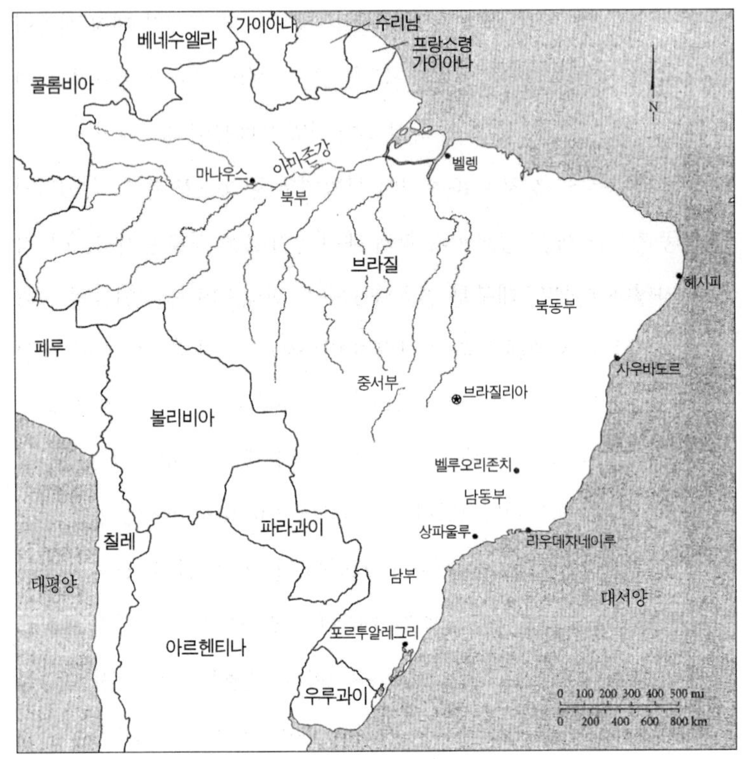

식민지에서 독립국가로

1822년, 브라질은 비교적 비폭력적인 과정을 거치며 포르투갈에서 독립했다. 브라질로서는 순조로운 출발임에 틀림없다. 대규모 충돌을 겪지 않아 물리적, 경제적 파괴를 최소화할 수 있었다. 특히 이는 라플라타 강 유역이나 베네수엘라, 멕시코 중부지방에서 일어난 참상과 비교하면 더욱 분명해진다. 또한 브라질은 전쟁 후 대규모 군사조직을 해체할 때 발생하는 문제들로 고뇌할 필요도 없었다. 그리고 무엇보다 중요한 사실은,

포르투갈 왕국에서 브라질로 전환되면서도 정치체제의 일관성이 유지되어, 오랜 전통에서 나오는 권위까지 이어받았다는 점이다. 물론 권력투쟁도 존재했다. 하지만 다른 라틴아메리카 국가들이 독립 초기에 겪어야 했던 그런 수준의 불안정은 피할 수 있었다.

브라질 경제는 주로 농업에 의존했으며, 그 가운데 가장 큰 비중을 차지하는 경제작물은 사탕수수였다. 1822년 독립할 무렵, 브라질에는 약 4백만 명의 인구가 거주하였다. 그중 절반 이상이 흑인 노예로서 아프리카 태생이거나 그 피를 이어받은 후손들이었다. 사회 체제는 기본적으로 두 개의 계층으로 이루어졌다. 지주 귀족과 그에 딸린 농민들은 농업 생산을 관리한 반면, 아프리카계 노예나 그 후손들은 땅을 일구었다. 지우베르투 프레이리는 그의 고전적 저서 『주인과 노예』*The Masters and the Slaves*에서 이러한 이분법적 구조를 적절하고 공감이 가도록 묘사하였다. 그 외에도, 약간의 상인들과 법조인, 그리고 다른 전문직 종사자들이 있었다. 이들은 주로 리우데자네이루를 비롯한 도시들에 거주했다. 그러나 사회는 기본적으로 농촌지역의 세도가들에 의해 지배되었다.

동 페드루 1세(1822~1831년)

19세기 브라질에서는 많은 사회적 현안이 국왕의 운명과 밀접하게 연관되어 있었다. 단적인 예로 브라질 독립의 공고화를 들 수 있다. 이 현안은 중앙집권 대 지방분권, 행정부 대 입법부의 갈등 등 여러 쟁점을 수반했다. 독립 직후 브라질은 곧바로 이러한 문제들에 부딪혔는데, 지배계층과 황제, 양쪽 모두 자신들의 입장에서 헌법을 제정하려 했기 때문이다.

브라질 귀족들이 포르투갈과 관계 단절을 강행한 1822년, 동 페드루 1세가 신생 독립국 브라질의 첫 황제에 올랐다. 그 전해에 페드루의 선왕

동 주앙 6세는 포르투갈 왕위를 되찾기 위해 브라질을 떠났다.[2] 하지만 포르투갈 왕실은 예로부터 브라질에 각별한 애착을 지닌 터라, 동 주앙 6세는 아들 페드루에게 그곳에 남도록 권한다. 이는 포르투갈에서 분리된 군주국이 탄생할 수 있다는 의미이기도 했다. 동 페드루 1세는 제헌의회를 소집했고, 새로운 헌법에 따라 1823년 선거를 실시했다. 그 결과 다양한 정치적 분파가 나타났다. 그중에서 가장 중요한 두 계파는 '브라질파'와 '친포르투갈파'였다. 후자에는 브라질 독립을 반대하고 포르투갈에 다시 종속되길 원하는 인물들이 포진해 있었다. 이들의 지도부는 주로 포르투갈 태생이며, 대부분 군 간부, 행정관료, 상인들로 구성되었다. 브라질파는 상파울루 지주 출신인 조제 보니파시우 안드라다 이 시우바가 주도하였다. 그는 브라질 자유주의의 핵심인물이자, 동 페드루 정부의 수상이기도 했다.

조제 보니파시우 내각은 의회에서 다수의 지지를 받지만 출범 3개월 만에 좌초되고 만다. 정부의 반反포르투갈 조치들에 대해 친포르투갈파의 거센 항의가 이어졌고, 그때마다 황제가 이를 계속 옹호했기 때문이다. 그러자 브라질파의 과격세력이 권력 분산을 요구하며 황제를 비판하고 나섰다. 뜨거운 논쟁들이 지속되는 가운데 거리 곳곳에서 충돌이 일어났다. 1824년 11월, 격렬한 쟁론 속에서 황제가 취한 조치란 단순히 의회를 해산시킨 것뿐이었다. 얼마 후 그는 일방적으로 브라질 헌법을 공포한다. 헌법에는 안토니우 카를루스 안드라다 이 시우바(조제 보니파시

---

2) 당시 포르투갈에는 자유주의 혁명(1820)이 일어나, 혁명주의자들이 임시평의회를 수립하였다. 이들은 국왕의 환국을 요청하는 한편, 국왕의 이름으로 통치를 시작했다. 왕위 상실을 두려워한 동 주앙 6세는 결국 귀환을 결정했다.—옮긴이

포르투갈로부터 브라질이 독립을 선언한 날을 기념하여 제작된 석판화. 19세기 중반에 제작된 「이피랑가의 외침」(*O Grito de Ipiranga*)이라는 이 작품은 1822년 9월 7일 페드루 왕자의 '이피랑가의 외침'을 우의적으로 묘사한 것이다. (Miguel Maria Lisboa, Barao de Japura. *Romances históricos, por um brasileiro*, 2nd ed., Brussels: n. p. 1886.)

우의 동생)가 준비한 밑그림들이 대부분 반영되었다. 하지만 막강한 권한이 부여된 '조정권'Poder Moderador[3]은 황제 자신에게 속하도록 규정하였다. 그중에서 가장 중요한 핵심은 의회를 해산하고 장관들을 임면任免할 수 있는 권한이었다. 선거권은 최저소득이 일정 수준 이상인 시민에게만 부여하였는데, 그 기준 액수가 높게 설정되었다. 따라서 제국 정부는 일

3) 조정권 제도는 프랑스 작가이자 정치가인 벵자맹 콩스탕(Benjamin Constant)의 구상에서 비롯되었다. 브라질에서도 널리 읽힌 그의 저서에는 행정권과 황제의 권한을 분리하여 행정권은 장관들의 권한으로 돌리고, 국왕은 중립권 또는 조정권을 행사해야 한다는 개념이 담겨 있다. 즉, 국왕은 정치나 일상 행정에는 개입하지 않으며, 심각하고 전면적인 대립이 발생한 경우에 한해 '국가의 의지와 이익'을 판단하여 조정하는 역할을 맡는 것이다. 그러나 브라질에서는 조정권이 행정권과 명확하게 구분되지 않아, 황제에게 더 많은 권한이 집중되는 결과를 낳았다.—옮긴이

반 대중의 참여가 엄격히 제한된, 고도로 중앙집권화된 정부가 되었다. 아이러니하게도, 이렇게 일방적으로 선포된 헌법에 1789년 프랑스 인권 선언문의 구절들이 포함되어 있었다.

이상과 같은 헌법의 역사는 신생 브라질의 본질적인 특징을 잘 보여준다. ①군주는 선출된 의회를 해산하고 자신의 의지가 반영된 헌법을 강요하여, 외견상 전제주의적 주도권을 계속 유지하는 듯 보였다. ②하지만, 설령 권력분립 차원에서 황제에게 유리한 점이 있었다 해도, 헌법은 전제적이기보다는 오히려 자유주의적인 면모를 더 지녔으며, 프랑스보다는 영국의 근대 의회제도에 더 가까웠다. ③인권의 확립은, 동 페드루와 그의 충직한 보좌관들이 그들의 본심에 따라 제한을 둔 면이 있지만, 그 후 브라질 역사에서 하나의 지향점이 되었고, 자유주의자들과 개혁주의자들에게는 지속적으로 개선시켜 나아가야 할 이상理想이 되었다. 신생국의 정치구조 확립을 위한 투쟁은 이렇게 모호한 채로 끝이 났다. 황제는 자유주의적 헌법을 강제로 선포함으로써 미래에 등장할 정부들 앞에 한계선을 설정하고 말았다.

리우에서 일어난 여러 움직임이 절대주의적 양상을 띠자 북동부에서 우려의 목소리가 들리기 시작했다. 이 지역은 노예해방, 연방주의, 공화주의 등 자유주의 사상을 가장 적극적으로 받아들인 곳이었다. 돌이켜보면 독립 전인 1817년에도 페르남부쿠의 공화주의 혁명 주동자들이 리우 중심의 정치질서에 완강히 저항한 사건이 있었다.[4] 1824년 동 페드루

---

4) 이때 혁명가들은 헤시피를 점령하고 '기본법'(lei orgânica)에 바탕을 둔 임시정부를 수립하였다. 기본법에는 공화국의 수립과 권리의 평등, 종교의 관용 등이 천명되었다. 그러나 반란이 오지로 확대되자 포르투갈 군은 즉각 공격을 개시하여 이들을 진압하였다. 2개월 이상 지속된 이 혁명은 북동부에 깊은 상흔을 남겼다.—옮긴이

가 헌법을 일방적으로 선포했을 때, 이곳에서 다시 한 번 반란이 발생했다. 이 사건은 제정시대 내내 브라질 정치의 심장부에서 신생국의 근본 문제들을 계속 부각시키는 효과를 가져왔다.

페르남부쿠인들은 또다시 독립을 선언했다. 다른 북동부 지방들의 지지를 얻자, 주모자들은 자체적인 제헌의회를 소집했다. 그러나 이 움직임은 노예문제에서 분열을 일으켰다. 지도자 중 한 사람이 노예무역의 중지를 요구하여 다른 동료들에게 충격을 던져 주었다. 반란을 조직한 대부분의 주동자들은 하층민들의 동원력을 두려워했는데, 그럴 만한 충분한 이유가 있었다. 소외된 자유민들(대부분 유색인종)의 불만이 반포르투갈, 반중앙집권적 소요를 일종의 사회혁명으로 발전시킬 수도 있다는 위협적인 징후들이 보였기 때문이다.

외부로부터 군사적 압력이 커질수록 페르남부쿠 반란자들의 내부 분열도 심해졌다. 황제는 영국, 프랑스의 함선과 용병을 고용했고, 이들은 반란자들에게 잔혹한 정치적 교훈을 안겼다. 반란 주동자들 대부분이 처형됐다. 브라질에서는 사회적 저항의 허용범위가 제한되어 있었다. 영국의 지원 덕에 지배권을 회복한 리우는 그 대가를 치러야 했다. 1810년 이래 브라질 경제에서 특권적 지위를 공고히 다진 영국은 이제 브라질 독립 과정에서 스스로 보증인을 자처하고 나섰다.

영국은 리우 정부가 세계 주요 국가들로부터 외교적 승인을 받아 신생국의 기반을 다질 수 있도록 도움을 주었다. 영국의 이러한 역할은 포르투갈과 브라질 두 나라 사이를 중재하여 1825년 양국협정을 이끌어내면서 마무리되었다. 이 협정에는 포르투갈 왕 동 주앙 6세가 브라질을 분리된 독립 왕국으로 인정하며, 영국은 브라질로 보내는 수출품에 계속 관세 특혜를 받게 된다는 점 등이 명시되어 있다. 또 다른 중요한 조항으로는 독립전쟁으로 발생한 손실에 대하여 브라질이 포르투갈에 200만 파운드를 지불한다는 내용도 있다(특히, 브라질이 보상하기로 한 200만 파운드는 포르투갈이 영국에 상환해야 할 채무와 정확하게 일치했는데, 교섭자들은 이 조항을 비밀에 부쳤다).

이듬해 1826년, 영국은 브라질과 협정을 맺고 1830년까지 노예무역을 중단하겠다는 확약을 받아냈다. 영국이 이 협약에 집착한 이유는, 노예제를 바탕으로 한 브라질 설탕이 노예제가 폐지된 영국령 서인도제도의 생산품보다 싼 가격으로 세계시장에 공급되는 것을 우려했기 때문이다. 또한 영국의 노예제 폐지론자들이 영국 정부에 가하는 압력도 상당한 영향을 미쳤다. 신생 브라질 정부는 열정도 진심도 없었지만, 영국이 요구한 조항을 수락했다. 1827년에 체결된 무역협정에서는 더 많은 것을 양보해야 했다. 영국을 상대로 한 수출에서 브라질은 영국 식민지들보다 불리한 조건에 놓이게 되었다. 브라질 지도층 대부분은 이러한 양보가 지나치다고 믿었다. 그리고 이는 오직 포르투갈에 대한 영국의 호의가 계속 유지되길 바라는 동 페드루의 희망에서 비롯된 것이라고 해석했다. 당시 포르투갈은 영국의 경제지원이 지속되길 간절히 원하던 상황이었다. 따라서 만약 200만 파운드의 지불이 공개되었다면, 황제에 대한 비판은 더욱 거세졌을 것이다.

포르투갈을 염려한 동 페드루의 충정은 결국 브라질 내에서는 그의 파멸로 이어졌다. 그의 새 헌법은 정부 내의 권력 투쟁을 종식시키지 못했다. 1826년 황제는 온건파에서 과격파에 이르기까지 모두에게 공격을 받는 신세가 되었다. '온건주의자'들은 입법부에 더 많은 권한이 주어져야 하며 영국과의 협정들을 개정해야 한다고 주장했다. 반면 '극단주의자'들은 지방의 자치를 요구했다. 황제를 비판하는 자들은 당시 확대일로에 있던 언론을 장악하며 독설 섞인 집중포화를 날렸다.

그 무렵 동 페드루는 외교정책에서도 심각한 좌절을 맛보아야 했다. 1821년 오늘날 우루과이에 해당하는 지역이 포르투갈령 아메리카에 병합되어 '시스플라치나 지방'이 되었다. 그러나 1825년, 세력을 장악한 지역 게릴라들이 라플라타연방(현재의 아르헨티나)에 합류한다고 선포하였다. 그 결과 브라질과 라플라타연방 사이에 전쟁이 발발하였고, 이 전쟁은 독립국 우루과이를 탄생시킨 1828년 조약과 함께 끝을 맺었다. 다시 한 번 조약의 중재에 나선 영국은 아르헨티나와 브라질 사이에 완충국이 형성되길 원했다. 라플라타 강에 대한 브라질의 야심은 이 조약과 함께 후퇴했고, 곧 포르투갈 왕위계승을 둘러싼 논쟁에 밀려 중요성을 상실했다.

1826년 동 주앙 6세가 죽자, 그의 법적 후계자인 동 페드루는 자신의 딸에게 해당되는 포르투갈 왕위계승권을 보호하는 데 심혈을 기울이게 된다. 그 결과, 갈수록 공격성을 더하는 반反절대주의 정치세력을 상대하는 데 운신의 폭이 좁아질 수밖에 없었다. 동 페드루의 반대 세력은 절대주의 내각을 선호하는 왕에게 반발하여 거리의 군중을 동원하기 시작했다. 그는 더 이상 자신의 지위를 지킬 수 없음을 깨달았다. 1831년 4월 7일 동 페드루 1세는 왕위에서 물러났다. 그리고 채 10년도 되지 않은 과거에 자신이 독립을 쟁취하도록 도와준 나라에서 떠나야 했다.

동 페드루의 양위는 반反포르투갈 세력의 승리이자 궁지에 몰린 절대주의자들의 패배를 의미했다. 또한 황제의 양위는 권력의 공백을 야기했다. 후에 동 페드루 2세가 될 왕자가 아직 다섯 살에 불과했기 때문이다. 동 페드루 1세는 브라간자 왕가가 브라질 왕위의 계승권을 계속 유지할 수 있도록 왕자를 브라질에 남겨 놓고 떠났다. 그렇다면 누가 그를 대신하여 통치를 할 것인가? 과거의 식민지였던, 광활하면서도 인구가 희박한 이 땅은 계속 통일성을 유지할 수 있을 것인가? 아니면 이 포르투갈어권 아메리카는 에스파냐어권 아메리카의 전철을 밟아 오늘날 그들의 모습처럼 여러 나라로 파편화될 것인가?

동 페드루 1세 양위 후 9년 동안 섭정에 의한 통치가 이어졌다. 1834년에는 헌법의 일부가 개정되어 지방에 더 많은 권한이 주어졌다. 이는 어느 의미에서 분리주의적 정서에 대처하기 위한 것이기도 했다. 가장 폭력적인 분리주의 운동은 아마존 유역의 파라 지방에서 일어났다.[5] 한편, 아르헨티나와의 국경지대에서 발생하여 가장 위험한 반란으로 받아들여진 것은 히우그란지두술의 '파하푸스 전쟁'Guerra dos Farrapos이었다.[6]

---

5) 파라에서 일어난 반란은 '카바나젬' 반란이라 불리기도 한다. 반란 직후 파라 지방은 독립을 선언하고, 흑인, 혼혈인, 원주민 주축의 병력이 벨렝을 점령한다. 최후에는 정부군에 패배하여 반란이 종결되나, 양측의 총 사망자는 당시 파라 지방 전체인구의 20퍼센트인 3만여 명에 달할 것으로 추산된다.—옮긴이

6) '파하푸스'란 누더기 옷을 걸친 사람들을 의미하며, 적대진영에서 붙인 별명이었다. '파하푸스' 전쟁이 일어난 히우그란지두술은 지리적 위치, 경제 구조, 사회적 유대 등으로 인해 라플라타 강 지역, 특히 우루과이와 긴밀한 연관성을 지녔다. '가우슈'(Gaúcho)라 불린 히우그란지두술 주민들은 자신들이 브라질 경제에 공헌해 왔지만 중과세로 인해 오히려 착취당하고 있다고 여겼으며, 그로 인해 오랫동안 중앙정부에 불만을 품어 왔다. 파하푸스의 반란은 히우그란지두술에 부임한 지 얼마 안 되는 일부 군 장교들의 지원을 받았고, 브라질에 망명 중인 20명 이상의 이탈리아 혁명가(유명한 주세페 가리발디도 포함)도 가세했다. 반란군 지배하에 들어간 지역은 1838년 '피라치니 공화국'의 수립을 선포하기도 했다. 반란군에 대해 중앙정부가 취한 자세는 전투와 타협의 혼합이었다. 정부는 여러 반란 지도자들과 개별적인 합의를 이끌어 낸 후, 마침내 1845년 반란군 지도자 카나바후와 평화협정을 체결하였다. 이 전쟁은 브라질의 대외정책에도 영향을 미쳤다. 브라질은 국경지대에서 발생한 반란에 대처하기 위해 수년 동안 강경한 정책을 피하고 부에노스아이레스 정부와 우호관계를 유지해야 했다.—옮긴이

동 페드루 2세(1840~1889년)

1840년 동 페드루 2세의 즉위는 분열되었던 지배층이 단합하는 계기가 되었다. 또한 분리주의적 저항이나 사회혁명을 지향한 추세도 사그라졌다. 황제는 1824년 헌법에 따라 광범위한 권한(조정권)을 지녔다. 젊은 황제와 정치인들은 이제 비교적 조화로운 의회정치의 시대를 맞게 되었다.

19세기 중반 이후 20년간은 제국의 황금기였다. 비록 내각의 구성은 하원의 신임을 필요로 했지만, 황제와 그의 내각은 행정권을 행사할 수 있었다. 그렇다고 입법부의 실제적인 권한이 보기만큼 막강했던 것은 아니다. 황제가 자신의 의지대로 의회를 해산하고 새로운 선거를 소집할 수 있었기 때문이다. 하지만, 1860년대 말까지 동 페드루 2세는 권력을 신중히 행사했고, 그의 체제도 원만하게 움직이는 듯 보였다.

1850년경에는 성격이 다른 두 개의 정당이 등장한다. 이들은 보수당과 자유당으로 모두 1820년대 브라질파에 기원을 두고 있었다. 하지만, 오래전부터 역사학자들은 그 명칭에 큰 의미를 부여해서는 안 된다고 경고해 왔다. 1853년 두 정당은 일종의 '화해내각'conciliation cabinet을 구성하여 1868년까지 정권을 잡았다(1858~1862년 기간 제외).

제국의 외교정책을 판단하는 가장 중요한 시금석은 라플라타 강 유역이었다. 이 지역은 파라과이, 우루과이, 아르헨티나, 브라질 사이에서 오랫동안 치열한 경쟁이 펼쳐진 곳이었다. 브라질 정부는 아르헨티나의 권위주의 통치자 후안 마누엘 데 로사스의 의도와 세력에 촉각을 세우고 있었다. 그가 라플라타 강을 이용하는 모든 운송의 통제권을 주장하고 나섰기 때문이다. 남부지방의 경제를 라플라타 강 유역 체계에 크게 의존하던 브라질로서는 상당한 위협이 아닐 수 없었다.

그와 동시에, 브라질은 우루과이 내부의 위험한 정치투쟁에도 휩쓸리고 있었다. 오래전부터 우루과이에 금융과 상업의 기반을 마련해 왔기 때문이다. 브라질은 우루과이 국내 전쟁에서 우세를 보인 '콜로라도' Colorado 측에 군대를 파병하였다. 그리고 다시 로사스 문제로 시선을 돌렸다. 프랑스와 영국이 뒤에서 브라질을 부추긴 면도 있었다. 아르헨티나 경제에 침투하려던 두 나라는 로사스가 정해 놓은 까다로운 조건에 심기가 불편한 상태였다. 이렇게 해서 반反아르헨티나 동맹이 형성되었다. 1852년 아르헨티나 반란군—이들은 머지않아 권력을 잡게 될 자유주의 세력의 대표가 된다—의 지원을 받은 외국군은 로사스 군을 격파하고, 그를 영국으로 영구히 추방시켰다.

그러나 우루과이에서는 브라질의 지원에도 불구하고 콜로라도 당이 지배권을 상실했다. 승리한 블랑코 당은 더 이상 로사스의 지원을 기대할 수 없게 되자, 파라과이의 독재자 프란시스코 솔라노 로페스에게로 발길을 돌렸다. 이제 자유주의자들이 장악한 아르헨티나는 브라질과 제휴하여 우루과이의 콜로라도 당을 지원하고 나섰다. 솔라노 로페스는 블랑코 당과 연합하여 세력을 확대한 뒤 브라질 히우그란지두술 지방을 점령하고자 했다. 1865년, 마침내 그는 아르헨티나와 브라질을 공격하였고, 이에 대항하여 두 나라는 우루과이 콜로라도 정부와 군사동맹을 맺었다.

이렇게 발발한 전쟁은 5년을 끌었다. 잘 훈련된 파라과이 군은 엄격한 규율과 놀라운 용맹심을 자랑했다. 그에 맞서 브라질은 공격의 예봉을 잘 견뎌 냈다. 전쟁 초기에는 치욕적인 패배를 겪기도 했지만, 군을 크게 확충한 후 승리를 거두었다.

파라과이 전쟁은 몇 가지 중요한 결과를 낳았다. ①라플라타 유역 수로 체계의 접근이 보장되었다. ②두 강대국, 즉 아르헨티나와 브라질의 관계가 더욱 돈독해졌다. ③브라질은 우루과이 내에서의 입지를 확고히 했다. ④파라과이는 완전히 폐허가 되었고, 인구의 절반을 잃은 것으로 추정된다.

전쟁은 또한 브라질 국내 정치에도 깊은 영향을 미쳤다. 전쟁 수행을 위해 군대가 더욱 확대되었고, 군 간부들은 곧 브라질 정치의 중요한 행위자로 부상한다. 전쟁의 여파는 그뿐만이 아니었다. 황제의 권한 행사도 전례 없는 단계로 들어섰다. 페드루 2세는 파라과이의 무조건적인 항복을 요구했지만, 의회에서 다수를 차지한 자유주의자들은 1868년 무렵부터 협상을 원하기 시작했다. 황제는 자유주의 내각을 해산하고, 새로운 선거를 소집했다. 분노한 일부 과격 자유주의자들은 별도의 분파를 결성하는데, 이들은 1870년 공화당으로 발전한다. 한편, 전쟁은 노예제의 해결에도 새로운 실마리를 제공했다. 브라질 군에 충원된 노예들은 전투에서 뛰어난 활약을 보였으며, 그 보상으로 자유를 얻게 되었다. 그들의 전투능력이 입증되었기 때문에, 그 이후 도주 노예의 추적에 투입된 백인 장교들은 임무수행을 주저할 수밖에 없었다.

제국의 종말

제국의 마지막 20년은 두 제도의 정당성에 대한 논쟁으로 특징지어진다. 바로 노예제와 군주제였다. 이 두 제도는 파라과이 전쟁 이후 그 타당성이 면밀히 검토되었다.

노예무역은 1850년에 사실상 종료되었지만, 노예제 자체는 그 후에도 20년 동안 사라지지 않았다. 남동부 지역에서 빠르게 성장하는 커피 대농장들은 여전히 인력을 필요로 하였고, 농장주들은 확실한 공급처를 선호했다. 즉, 경제적으로 쇠퇴한 북동부에서 노예를 들여오는 것이었다.

노예제의 실상

브라질에 관한 많은 역사서들은 브라질 인종 관계가 본질적으로 우호적이라고 강조해 왔다. 그러나 아프리카인들을 브라질로 데려온 제도의 특성을 기억할 필요가 있다. 19세기 말, 브라질인과 결혼한 한 프랑스인 여성이 플랜테이션 방문 소감을 다음과 같이 묘사했다.

> 이곳에서 노예들의 흉측한 모습을 통해 노예제의 비참함을 느낄 수 있다. 흑인 여성들은 누더기로 몸을 가리고 있었다. 반쯤 헐벗은 노예들은 단지 손수건과 무명 치마로 몸을 가렸는데, 가슴 위쪽에 걸친 손수건은 등 뒤로 묶여 있었지만 목 부분은 거의 가리지 못했으며, 찢어진 치마 사이로는 앙상한 몸이 드러났다. 술에 취한 듯 황갈색으로 보인 몇몇 흑인 남자가 우리 쪽으로 다가와 베란다 대리석 바닥에 무릎을 꿇고 앉았다. 대부분은 어깨에 채찍에 맞은 흉터가 남아 있었다. 일부 노예들은 상피병(象皮病), 나병 등 심각한 질병에 시달렸다. 이들은 모두 더럽고, 역겹고, 보기 흉했다. 두려움 또는 증오. 이것이 그들의 얼굴에서 읽을 수 있는 전부였다. 미소는 결코 찾아볼 수 없었다.

출처: Adèle Toussaint-Samson, *A Parisian in Brazil* (Boston: James H. Earle, 1891), translated by Emma Toussaint, Edited and introduced by June E. Hahner (Wilmington, Del.: Scholarly Resources 2001), pp. 57~58.

하지만 북동부의 모든 노예들을 남부로 이동시킨다 해도 1880년대 말 커피 경제가 요구하는 인력을 충족시킬 수는 없었을 것이다.

커피 농장주들의 입장에서 유일한 해결책은 이민을 늘리는 일이었다. 1886년, 상파울루 지방은 유럽 이민자들을 끌어들이기 위한 노력을 본격적으로 시작했다. 하지만 파울리스타(상파울루인)들은 자신들이 원하는 값싼 노동력을 대규모로 끌어오는 것이 불가능한 일임을 깨달았다. 그 이유는 무엇인가? 어느 의미에서는 노예제의 존속 때문이기도 했다. 브라질의 퇴행적 이미지가 유럽에서 변화하지 않는다면 결코 이민자는 모이지 않을 것이다. 결국 이러한 현실적인 이유에서 일부 지도층 인사들이 노예제 폐지론자로 변했다. 노예제 폐지는 기정사실이 되었다.

브라질은 아메리카 대륙에서는 찾아볼 수 없는 매우 독특한 방식으로 노예제를 폐지했다. 브라질의 노예제는 전국적인 제도였으므로 미국에서 발생한 것과 같은 지역 간 분쟁은 피할 수 있었다. 게다가 브라질의 노예들은 '숙련직'을 포함하여 사실상 모든 분야의 직종에서 일해 왔다. 상당수의 유색 자유민이 이미 경제적으로 자립한 것도 매우 중요한 환경이었다. 새롭게 자유를 얻은 유색인들에게 좋은 본보기가 되었기 때문이다. 또한 브라질은 극단적 인종주의, 즉 모든 유색인을 변화 불가능한 열등한 인종으로 무시하는 시각에서 벗어난 상태였다. 거대한 혼혈 인구의 존재는 어느 정도 사회적 유동성이 가능했음을 보여 준다. 1889년 무렵 소설가 마샤두 지 아시스, 공학자이자 노예폐지론자인 안드레 헤보사스 등 몇몇 인물은 이미 국가의 주요 위치에 올라 있었다.

브라질에서 노예제 폐지는 세 종류의 법을 통해 17년에 걸쳐 단계적으로 진행되었다. 1871년에 만들어진 첫번째 법은 그 시점 이후 노예 어머니에게서 태어난 모든 아이에게 자유를 부여하였다. 하지만 주인들에게도 선택권을 주어, 그 아이들이 21세가 되기 전까지는 노동력 사용 권리를 유지할 수 있게 했다.[7)]

노예제 폐지론자들이 정치적 논쟁의 중심으로 노예제를 다시 한 번 끌어들인 것은 1880년대가 되어서였다. 폐지론자들의 선두에는 도시의 전문직 종사자, 특히 변호사들이 있었다. 그중에서 특히 두각을 나타낸 사람은 흠잡을 데 없는 출신배경을 지닌 페르남부쿠 의원 조아킹 나부

---

7) 이른바 '태내자유법'이라 불린 이 법률에 따르면, 법이 시행된 후 노예 여성에게서 태어난 아이는 자유인이 되며, 노예모의 소유주 밑에서 8세까지 남을 수 있었다. 그 이후에는 노예 소유주가 국가로부터 아이에 대한 배상금을 받고 자유를 주거나, 아니면 21세까지 아이의 노동력을 사용할 수 있었다.—옮긴이

쿠였다. 나부쿠와 같은 웅변가들이 이끄는 노예제 폐지주의는 제국에서 처음으로 전국 규모의 정치운동으로 성장했다. 그들은 선전활동을 위한 재원을 마련하고 현지 노예들의 자유를 사들이기 위해 거액의 자금을 모았다.

이러한 움직임은 의회에도 영향을 미쳐 1885년 노예제 폐지와 관련된 두번째 법안이 통과되었다. 이 법은 60세 이상의 모든 노예가 배상금 지불 없이 자유를 획득할 수 있도록 허가하는 내용을 담고 있다. 그러나 이 법에 냉소적인 반응도 있었다. 그 나이까지 생존한 노예가 있다면, 오히려 주인들이 그들을 보호해야 할 책임에서 벗어날 수 있어 더 기뻐하리라는 것이다. 이 법안은 노예제 폐지론자들의 격정을 가라앉히기에는 역부족이었다.[8] 그들 중 일부는 노예들에게, 주인에 맞서 반란을 일으키거나 도주하라고 선동하기 시작했다. 1887년 무렵이 되면 노예제는 눈에 띄게 와해된다. 도주 노예의 추적과 체포에 동원된 군도 자신의 일에 불만을 나타냈다. 1887년 마침내 군 간부들은 이러한 임무의 수행을 공식적으로 거부하고 나섰다.

노예주들은 1888년까지 자유 노동력으로 대체하기 위한 시간을 충분히 가졌다고 할 수 있다. 그 해 5월, 최종 단계인 '황금법'Lei Áurea이 통과되어, 남은 모든 노예도 배상 없이 자유를 얻게 됐다. 이 법안은 상하 양원에서 압도적인 득표율로 통과됐다. 정치 지배층은 민감한 사회경제적 이슈를 다루는 동안에도 합의를 도출하고 유지하기 위해 애를 썼다. 이

---

8) 1885년 법은 '60세 해방법' 또는 법안을 주도한 두 명의 의원 이름을 따서 '사라이바-코테지피 법'이라고 불렸다. 이 법의 근본 취지는 급진적인 노예제 폐지 운동을 지연시키기 위해 발의된 것이지만, 현실은 그 의도대로 전개되지 않았다.—옮긴이

렇게 점진적인 개혁을 성공시킴으로써 브라질 지배층은 자신들의 절충적 자아상을 지속시켜 갈 수 있었다. 더 놀라운 사실은 이러한 절충적 이미지를 많은 비지배층도 나누어 가졌다는 점이다.

제국 말기에 발생한 또 다른 극적인 사건은 공화주의의 확산이었다. 19세기 초에 등장한 공화주의는 주로 지방의 자치 요구와 관련이 있었다. 1871년에 설립된 공화당은 강력한 지역주의 성향을 지녔으며, 상파울루에서 특히 더 두드러진 모습을 보였다. 공화당 탄생은 1868년의 혼란한 정국 속에서 이루어졌다. 당시 동 페드루 2세는 의회에서 다수를 차지한 자유주의자들에 대항하여 보수주의 내각을 수립하였다. 그러자 자유주의 의원들이 크게 반발하였고, 일부 분노한 자유주의자들이 떨어져 나와 분파를 형성하였다. 이들이 바로 1870년에 공화당을 수립한 주역들이었다.

처음에 공화주의자들은 제국에 별다른 해가 될 것 같지 않았다. 1889년까지 공화주의의 지지자들은 고르게 분포되어 있지 못했다. 가장 강력한 추종자들은 주로 상파울루, 히우그란지두술, 미나스제라이스에 포진해 있었고, 북동부에는 가장 약한 추종자들이 존재했다. 공화주의자들의 희망은 직선제로 선출된 대통령이 통솔하고, 양원제 입법부가 다스리며, 연방주의에 따라 구성되는 공화국의 수립이었다. 사실상 그들은 영국식 입헌군주제를 미국식 연방공화제로 대체하기를 원한 것이다.

1880년대를 거치면서 공화주의는 주로 대학 교육을 받은 젊은 세대들에 파고들기 시작했다. 이들은 대부분 지주, 상인, 전문직 계층의 2세들이었다. 종종 그들은 공화주의와 노예제 폐지론을 결합시키기도 했다. 이 두 사상은 모두 합리성, 과학, 논리를 신봉하는 브라질 실증주의자들의 교육에 의해 더욱 강력해졌다. 헌신적인 실증주의자들은 고등교육 기관,

특히 군사학교에 진출하여 지식인들에게 영향을 미쳤다. 이렇듯 1880년대는 군주제와 노예제의 지지기반을 잠식하는 운동들이 집중되는 시기였다.

그러나 제국의 운명을 확정지은 것은 고매한 토론이 아니었다. 그것은 바로 군이었다. 1880년대 말, 군 간부들과 문민정치인들 사이에 해묵은 알력이 다시 확대되었고, 군 간부들은 빈번하게 자신들의 권한을 넘어 정치적 소견을 공개적으로 표출하였다. 브라질 정치인들은 군의 근대화에 적은 예산을 책정했지만, 파라과이 전쟁으로 말미암아 브라질 군은 정치인들이 바라는 이상으로 비대해져 있었다. 게다가 병력에 비해 장교의 비율도 지나치게 높았다. 결국 이는 중·하급 장교들의 진급 지연과 그에 따른 불만을 야기했다. 이들은 특히 비슷한 세대의 문민정치인들에게 커다란 영향을 미친 노예제 폐지론과 공화주의 사상도 적극 수용하였다.

1889년 제국의 마지막 몸부림이 일었다. 황제는 보수 내각으로 통치를 계속하려 했지만, 보수 세력은 의회에서 소수에 지나지 않았다. 그 해 6월, 황제는 내각을 구성하기 위해 오루 프레투 자작을 발탁하였다. 내각을 이끌게 된 그는 야심찬 개혁 프로그램을 추진한다. 하지만 상황을 되돌리기에는 너무 늦었다. 11월에는 군사적 모의가 진행되었다. 데오도루 다 폰세카 총사령관이 이끄는 반란자들은 황제의 퇴위를 요구했다. 동 페드루 2세와 그의 가족은 조용히 포르투갈로 망명을 떠났다. 그리고 다음 날인 1889년 11월 16일, 공화국이 선포되었다.

제국은 무너졌지만 큰 격변은 일어나지 않았다. 노예제 폐지는 농산물 수출의 파멸로 이어진다고 두려워하던 지주계급은 곧바로 제정신을 되찾았다. 군주나 노예가 없는 세계에서도 그들의 경제적 지배(그리고 그에 따른 정치적 지배)는 유지될 수 있다는 사실을 깨달은 것이다. 노예제의 폐지도 제국의 몰락도 그 자체로는 브라질의 구조적 변환을 이끌어 내지 못했다.

개관 : 경제성장과 사회변화

19세기 중반, 브라질의 경제는 근본적인 전환기를 맞게 된다. 그러나 이것은 법적, 제도적 변화로 인한 것은 아니었다. 20세기에 들어서서도 한동안 지속된 이 변환은 브라질 사회와 사회계급 간의 관계에도 깊은 영향을 미쳤다.

라틴아메리카 대부분의 국가가 그러하듯 브라질도 몇 가지 1차 산품을 북대서양 경제에 수출해왔다. 그러나 브라질이 그들과 대비되는 것은, 각기 다른 시점에 다른 제품을 수출하는 일련의 종속 과정을 겪었다는 점이다. 갑작스런 호황과 불황이 반복되는 구조에서 지속적인 성장을 기대하기는 어려웠다. 다양한 제품이 서로 다른 지역에서 생산되기 때문에, 그러한 주기들은 국지적인 번영과 쇠퇴를 초래했을 뿐이다.

설탕은 독립 이후에도 18세기 때와 마찬가지로 가장 수익성이 높은 수출품이었다. 설탕은 대부분 북동부의 거대한 농장에서 노예 노동력에 의해 생산되었으며, 1821~1830년 기간에 브라질 수출의 30퍼센트를 차지했다. 그 후 기나긴 쇠퇴기가 시작되어 1900년에는 전체 수출액의 5퍼센트에 지나지 않게 되었다.

19세기 초반 시작된 고무 생산은 특히 아마존 지역에서 꾸준하게 성장하였다. 1853년 무렵에는 벨렝 항에서 수출되는 천연고무가 2,500톤을 넘어섰다. 고무의 가황처리 방식이 개발되면서 고온에서 들러붙거나 저온에서 쉽게 부서지는 문제가 해결되었고, 그 결과 산업계의 고무 수

19세기 말, 해외목적지로 보내지는 커피 자루들이 노새 행렬에 실려
상파울루 커피 대농장을 출발하고 있다. (미국 의회도서관 제공)

요가 폭증했다. 1900~1913년에는 엄청난 붐이 일어, 고무가 국가 총수출의 4분의 1을 차지하기도 했다. 그때 영국이 동인도에 더 효율적인 고무 대농장을 설치하면서 국제 가격이 폭락했다.[9] 고무 붐은 돌연 영원한 종말을 맞게 되었다.

독립 이후 경제 변화에 가장 지속적인 자극을 불어넣은 것은 커피였다. 커피 생산은 19세기 초 카리브 지역에서 발전하기 시작했지만, 그 후 뛰어난 자연조건을 지닌 브라질에도 뿌리를 내리게 되었다. 브라질의 수출 규모는 1890년대까지 매우 안정적인 상태를 유지한 뒤 극적인 상승기로 들어선다. 1901년 브라질은 약 1,500만 자루(자루당 60킬로그램)의 커

9) 아시아(동인도)의 천연고무는 높은 품질과 낮은 비용이 장점인 데다 광대한 농장에서 대규모 재배까지 가능하였다. 반면 아마존 지역의 오지에서 이루어지는 천연고무의 채취는 갈수록 비용이 증가하였다. 아마존 지역에서도 고무 플랜테이션을 설치하려는 시도가 있었으나, 병충해의 피해 등으로 실패하였다.— 옮긴이

피를 수출하여 전 세계 공급량의 거의 4분의 3을 생산했다. 20세기 초에는 커피가 브라질 외화의 절반가량을 벌어들였다.

이렇게 해서 커피는 브라질인들의 삶에 중요한 특징으로 자리 잡게 되었다. 커피가격이 상승하면 브라질의 앞날도 밝아 보였다. 그러나 가격이 하락하면 국가의 전망도 함께 가라앉았다. 또한, 브라질 내에서 커피 소비는 사회생활의 필수요소가 되었다. 사람들은 대개 설탕을 듬뿍 넣은 뜨거운 커피를 여러 잔 마셔 가며 모임을 갖거나 토론을 벌였다.

커피 생산은 브라질 중남부, 특히 상파울루 주에서 번성하였다.[10] 커피 재배는 양질의 토양, 풍부한 투자, 대규모 인력 등의 조건이 갖추어져야 한다. 커피 관목은 6년이 지나야 완전한 생산이 가능하므로 꾸준한 관리가 필요하다. 수확한 커피 열매는 먼저 세척해서 껍질을 벗겨내야 한다. 속에 들어 있는 커피콩은 건조시킨 후 거르고 분류하여 자루에 담아 보관한다. 이러한 일련의 과정은 일손을 필요로 한다.

브라질도 아르헨티나처럼 유럽으로 눈을 돌렸다. 처음에는 상파울루 주에서, 그 후에는 중앙정부까지 나서서 유럽 이민자들을 유치하기 위해 공을 들였다. 특히 19세기 마지막 25년 동안 대규모 이민이 적극 추진되었다. 가장 많은 수를 차지한 것은 이탈리아인으로 전체 이민자 수의 3분의 1에 이르렀다. 뒤를 이어 포르투갈에서 그보다 약간 적은 수가 들어왔다. 하지만 이민 인구의 수는 아르헨티나 수준에는 미치지 못했다. 1877년부터 1903년까지 190여만 명, 연평균 71,000명이 브라질로 들어왔다. 1904~1930년 기간에는 연평균 79,000명에 해당하는 약 210만 명

10) 상파울루 주의 광활한 내륙 고원지대는 커피재배에 가장 적합한 기후와 토양을 지녔다. 특히 '테하 호샤'(terra roxa)라 불리는 이곳의 붉은 토양은 생산성이 뛰어났다.— 옮긴이

이 브라질에 입국했다.

브라질 중부와 북동부에는 많은 인력이 남아돌고 있었다. 노동자는 증가하는데 일자리는 참담할 정도로 줄어든 결과였다. 그러나 이민정책 주창자들은 유럽인들을 선호하였다. 아마도 이들이 더 좋은 노동자이자 믿을 만한 미래의 시민이라 여긴 것 같다. 노예 출신 노동자들은 훨씬 생산성이 떨어질 것이라는 인종주의적 인식도 여전했다. 따라서 브라질 정부는 이민 유치를 위해 수백만 유럽인들에게 항해 비용을 지원하면서도, 경제적 여건이 안 되어 남부로 이동하지 못하는 미나스제라이스, 리우데자네이루, 북동부 지방의 수백만 브라질인들에게는 관심을 보이지 않았다. 이주해 온 유럽인과 일본인들이 중요한 역할을 한 것은 사실이다. 하지만 경제적으로 빈사상태에 빠진 지역의 브라질인들에게 동일한 일자리가 주어졌다면 그들도 역시 일을 잘 수행했을 것이다.

기술을 얻기는 더욱 어려웠다. 역동적인 북대서양 산업지대의 바깥에 위치한 다른 국민들처럼 브라질인들도 기술을 얻기 위해서는 외국기업들의 직접 투자를 받아들여야 했다. 일례로, 전신電信체계는 영미권 기업들을 통해 들여왔지만 이들은 자신들의 자체 장비를 설치하여 운영하였다. 이러한 현상은 철도, 전기, 선박 등에서도 나타났다. 이들 분야는 대부분 농업수출 경제를 지속적으로 성장시키는 데 불가결한 기반시설이었다. 이는 대단히 두드러진 투자였고, 후에 민족주의자들의 공격 표적이 되었다.

자본 또한 해외에서 구해야 했다. 대부분 주정부나 중앙정부 차원에서 차관 형태로 끌어왔다. 예를 들면, 1907년 상파울루, 미나스제라이스, 리우데자네이루 주들은 해외 채권자들로부터 자금을 공급받는 일종의 커피 마케팅 협정을 체결했다. 주정부들의 계획은 커피에 부과된 수출관세로 채무를 갚는다는 방안이었다. 이러한 협약들로 인해 브라질은 채무 변제뿐만 아니라, 외국인 직접투자자의 이익(결국에는 자본) 감소에 대한 보상까지 떠맡아야 했다. 여기서 가장 중요한 문제는 이러한 거래들이 이루어진 '조건'이다. 확보 가능한 자료들에 따르면, 외국인 소유 철도의 수익률이 영국에서 비슷한 규모의 투자를 할 경우 얻을 수 있는 수익률을 초과하지 않았다.

1889년에서 1930년 사이에 브라질 경제의 중심은 남부에서 남서부로 이동했다. 이동의 주원인은 커피의 '행진'이었다. 농장주들은 생산성이 떨어진 토지를 재사용하는 대신 새로운 땅을 개척하는 편이 비용이 덜 든다는 사실을 깨달았다. 그 결과 버려진 대농장들이 리우데자네이루와 미나스제라이스에서 시작되어 상파울루와 광대한 그 배후지까지 늘어서게 되었다.

커피 의존은 광범위한 위기들을 초래하였다. 그중 하나가 초과생산이었다. 6년 앞의 수요를 예측하는 것은 어려운 일이었으며, 따라서 묘목 심는 시기를 계획하기도 쉽지 않았다. 1906년을 예로 들면, 브라질은 2,000만 자루의 커피를 생산하였지만, 세계시장의 수용능력은 1,200만 내지 1,300만 자루에 불과했다. '초과생산량을 어떻게 할 것인가'라는 정치적 문제가 곧바로 등장했다.

커피의 또 다른 불확실성은 대외경쟁의 증가에서 비롯되었다. 브라질의 세계시장 점유율은 1900년 75퍼센트에서 1930년 67퍼센트로 감소하였고, 1970년에는 32퍼센트, 1978년에는 18퍼센트까지 떨어졌다. 커피 공급에서 거의 독점적 지위를 누리던 브라질은 시간이 지나면서 점차 그 위상을 잃게 되었다.

브라질의 취약성을 초래한 세번째 원인은 부침이 심한 세계시장 가격이었다. 이러한 가격변동은 경쟁의 결과이기도 하지만 수요의 변화가 반영된 것이기도 하다. 대공황이 엄습한 1929년에서 1931년 사이에 커피 가격은 파운드당 22.5센트에서 8센트로 폭락했다. 빈번한 가격변동에 따라 브라질의 외화수입도 큰 폭으로 흔들렸으며, 주로 수출관세에 의존하던 정부의 국고 세입도 크게 요동쳤다.

〈도표 11.1〉에는 1860~1985년 기간의 커피 수출량이 표시되어 있어, 브라질 커피 부문의 성장과 불확실성을 동시에 볼 수 있다. 장기적으로 생산량과 무역량이 확실하게 증가했음을 알 수 있다. 단기적으로는 등락이 있었음도 확인할 수 있는데, 이는 주로 세계 수요의 불확실성이 반영되었기 때문이다.

마지막 위험 요인으로는 적은 구매자 수를 들 수 있다. 19세기 말에서 20세기 초까지 브라질은 전체 수출량의 5분의 3 내지 4분의 3을 미국, 영국, 독일 단 3개 국가에 판매하였다. 그중에서도 독보적인 최대의 구매자는 미국이었다. 1929년 대공황 이후 브라질이 깨달은 것은 2~3개 수입국에만 의존할 경우 외부의 경제에 속박되어 예측 불가능한 상황을 맞을 수 있다는 사실이었다.

저명한 정치인들이나 경제학자들은 이러한 취약성이 브라질의 '농업적 소명'agrarian vocation이 낳은 불가피한 결과라고 판단했다. 그들의 주장에 따르면, 완제품이 필요할 경우 브라질은 수출이나 외국의 직접투자, 차관 등으로 증가된 자본을 사용하여 해외에서 구입하는 길밖에 없었다. 또한 그들은, 브라질이 아무리 산업화를 시도한다 하더라도 질 낮은 제품만을 생산하게 될 것이며, 결과적으로 해외 구매자나 투자자들과의 관계를 악화시킬 뿐이라고 주장했다. 심지어 1890년대의 한 각료는 다음과 같이 말하기도 했다. 브라질은 미국을 모방할 수조차 없는데, "왜냐하면

〈도표 11.1〉 브라질의 커피 수출량(1860~1985년)

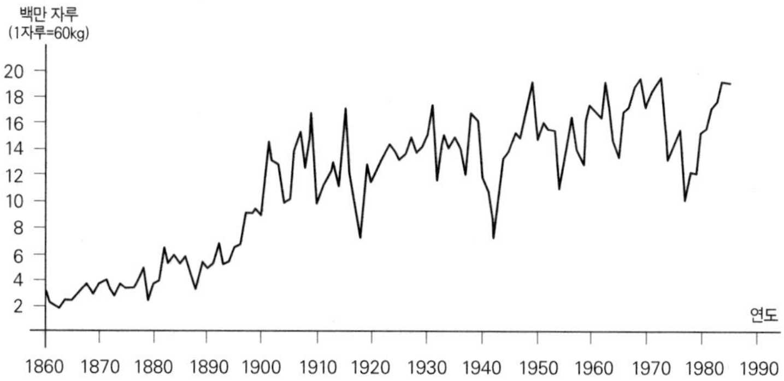

출처 : Werner Baer, *Industrialization and Economic Development in Brazil* (Homewood, Ill.: Richard D. Irwin, 1965), pp. 266~7; James E. Wilkie, Enrique C. Ochoa, and David E. Lorey, eds., *Statistical Abstract of Latin America, 28* (Los Angeles: UCLA Latin American Center, 1990), Table 2426.

우리들은 인종적으로 그들과 같은 우수한 능력을 지니고 있지 못하기 때문이다." 브라질은 신이 그들에게 부여한 것만 가지고 살아야 했다. 그것은 다름 아닌 몇몇 농업 수출품에서 누리는 상대적인 이점이었다.

그러나 제국 후반부터 소수의 지식인들과 기업가들이 이러한 주장에 반론을 제기하기 시작했다. 그들은 브라질도 국내 산업을 활성화시켜야 한다고 강조했다. 이러한 비판들은 관세나 환율과 같은 핵심 정책 분야에는 거의 영향을 주지 못했다. 하지만 1930년 이후 중요하게 자리 잡는 '민족주의적' 비판의식을 형성하는 데 성공하였다.

정부가 공식적으로 산업화를 장려한 것은 1890년 이후의 일이다. 관세를 조정하여 외국과의 경쟁으로부터 자국의 제조업을 조금씩 보호하기 시작했다. 또한 생산에 필요한 자본재에 대해서는 수입관세를 인하하였다. 헤시피, 상파울루, 포르투알레그리, 바이아 등지에 공학기술학교도 세워졌다. 1907년 무렵에는 브라질 전역에 3,000개가량의 산업시설이 설립되었다. 대부분 소규모인 이들 시설에서 생산된 제품은 주로 섬유와 식품이었다. 1920년이 되면 기업 수는 13,000여 개로 증가한다.

브라질의 산업분야는 1930년대와 1940년대에 대규모 팽창기를 맞이하였다. 대공황과 2차 세계대전의 영향으로 국외에서 들여오는 제품의 공급이 줄어들었기 때문이다(이는 라틴아메리카 다른 지역에서도 나타난 현상이다). 커피 생산의 경우와 마찬가지로, 산업 성장의 중심은 상파울루 주였다. 1940년 무렵 이 주에서는 브라질 인구의 15퍼센트가 국내 제품의 50퍼센트를 생산해 낸다.

이후에도 산업의 급격한 성장은 계속되었다. 또한 브라질은 철강, 자동차 생산과 같은 중공업에도 힘을 기울였다. 1947년에서 1961년까지의 생산량을 비교해 보면 제조업은 연평균 9.6퍼센트의 성장을 기록한 반면, 농업부문은 4.6퍼센트에 머물렀다. 1960년에는 산업 생산이 국내총생산의 25퍼센트를 넘어섰고, 1975년에는 30퍼센트에 육박하게 되었다. 이러한 경제 다각화로 브라질은 대외의존도를 감소시킬 수 있었고, 언젠가는 초강대국들과 어깨를 나란히 할 날이 올 것이라는 주장에도 신뢰감이 쌓이기 시작했다.

경제적인 변환은 도시화와 같은 광범위한 변화도 가져왔다. 1920년에는 도시에 거주하는 주민수가 전체 인구의 25퍼센트에 불과하였으나, 2000년이 되면 그 비율은 80퍼센트를 넘어선다. 그러나 이러한 경향에는 두 가지 특수한 측면이 존재한다. 첫째, 브라질의 도시화 추세는 여타 라틴아메리카 국가들에 비해 '늦게' 그리고 '느리게' 진행된 점이 있다. 둘째, 브라질은 (부에노스아이레스나 몬테비데오와 같은) 단일 지배도시가 없다는 점이다. 상파울루와 리우데자네이루 양대 도시 모두, 수백만의 인구와 도시생활의 편의성·복잡성이 공존하는 거대도시megalopolis가

되었다. 하지만 이들 도시의 주민수를 합쳐도 전체 인구 1억 9천 2백만의 10퍼센트에 지나지 않는다. 도시화가 진행되어 왔지만, 도시들은 여전히 거대하고 인구가 많은 농촌지역과 공존하고 있다.

결과적으로 브라질에는 복잡한 사회체계가 형성되었다. 지주계급이 포함된 상층계급은 흔히 몇 개의 그룹으로 나뉘게 된다. 19세기에는 북동부의 설탕 부호들에 맞서 치고 올라온 파울리스타 커피 농장주들이 있었다. 20세기에는 산업 지배층도 등장하여 지위와 부를 놓고 경쟁을 펼치게 되는데, 이들은 때때로 국가의 힘을 빌리기도 한다.

하층민들도 역시 다양하게 구성되었다. 거대한 규모의 농민이 계속 존재했다. 또한 커피농장 등지에서 임금노동에 종사하는 농촌 노동자들도 있다. 내륙에는 브라질 국민사회와 거의 접촉이 없는 원주민 및 기타 그룹들이 존재하고 있다.

도시에서는 상당한 수(1970년에는 최소한 400만, 1980년에는 약 600만 명)의 조직화된 노동계급이 등장하였다. 노동자들과 고용주 간의 투쟁, 노동자들에 대한 국가의 지속적인 공작행위 등은 20세기 후반 브라

브라질의 인구동태 통계(2007년)

인구(백만 명)	191.6
GDP(십억 달러)	1,314.2
1인당 GNP(달러)	5,910
빈곤율(%, 2006년 기준)	33.3
기대수명(세)	72

출처: 세계은행, 라틴아메리카카리브해경제위원회

질 사회생활에서 핵심주제의 하나가 되었다. 한편, 만성적인 실업상태에 놓인 도시거주민들도 계속 두터운 층을 형성하고 있다.

상층계급과 하층계급 사이에 중간계층이 서서히 나타나기 시작했다. 일부 도시에서는 이제 거주인구의 30퍼센트에 달할 정도로 성장했지만, 전국적인 수준에서 살펴보면 그 비율은 현저히 떨어진다(대략 10~15퍼센트). 이 중산층은 상업이나 전문직에서 중요한 역할을 수행하고 있다. 특히 이들은 하나의 주요 기관과 밀접한 관계를 맺어 왔는데, 그것은 바로 군부였다.

브라질에서 사회적 지위는 단지 직업이나 부에 따라 결정되는 것은 아니다. 인종의 문제도 포함되어 있다. 아프리카에서 건너온 대규모 노예노동력은 브라질 사회에 또 다른 차원의 인종적 범주를 가져왔고, 이는 기존의 관습과 사고방식에 영향을 미쳤다.

브라질에서는 인종과 사회적 지위 사이에 견고한 상관관계가 존재한다. 상위계층의 대부분은 백인이고, 대다수 흑인은 하위계층에 머물러 있다. 그리고 일부 혼혈층이 그 중간의 지위를 차지했다. 해군 간부나 외교단과 같은 특정 기관은 오랫동안 백인 몫으로 남아 있었다. 그러나 브라질에서 인종은 순전히 신체적 특징만으로 정의되는 것은 아니다. 오히려 인종은 사회적 개념이며, 해석의 여지가 충분하다. 일반적으로 '흑인'은 완전한 흑인을 의미한다(반면 미국에서는 부분적으로 흑인혈통을 이어받아도 흑인으로 정의된다). 따라서 브라질에서는 혼혈 출신일지라도 상위 계층으로 이동할 수 있는 기회가 부분적으로 주어진다.

그렇다고 브라질이 인종의 천국을 이루었다는 의미는 아니다. 편견과 편향은 계속 존재한다. 지난 20세기 동안, 브라질 지배층은 브라질에서 검은 피를 정화시킨다는 명백한 인종주의적 의도로 백화branqueamento

에 대한 신념을 지니고 있었다. 지위와 인종 간의 총체적인 상관관계는, 설사 브라질 부유층이 이를 부정한다 해도, 계속 존재하고 있다. 브라질 인구통계학자와 사회학자들은 통계연구를 통해 인종별로 현저한 소득 격차가 나타남을 보여 주었다. 결론적으로 인종은 브라질 사회경제 체계에서 하나의 독립된 중요 변수인 것이다. 그러나 이동성이 존재하고, 피부색의 장벽을 넘는 혼인도 종종 일어난다. 또한 사고방식도 북미 역사에서 나타난 것보다 더 열려 있다. 그럼에도 인종적 차별이 적지 않게 존재하여, 21세기 초 연방정부와 일부 주 정부가 적극적 차별철폐 정책affirmative action program을 채택해야 했다.

브라질에서 인종차별은 사회 계층을 뛰어넘는 항구적인 연대 형성에 하나의 장애물이 되어 왔다. 여기에 또 다른 장애물이 있다면 그것은 브라질의 국토면적이다. 먼 거리(그리고 부실한 통신체제) 때문에, 이를테면 상파울루의 도시노동자와 북동부의 무토지자들 사이의 동맹 같은 것은 오랫동안 생각조차 할 수 없는 일이었다. 그러한 분열 때문에 쿠바처럼 인구밀도가 높고 통합된 국가들에서는 불가능하였을 정치적 해법들이 브라질에서 시도될 수 있었다.

정치와 정책 : 변화의 패턴

비록 제국은 군에 의해 전복되었지만, 새 공화국을 구현해 간 것은 문민 정치인들이었다. 선거를 통해 제헌의회가 구성되고 1891년 새 헌법이 제정되었다. 사실상 이 헌법은 미국 헌법의 모방이었다. 브라질은 20개 주로 이루어진 연방국가가 되었고, 직접 선거로 선출된 대통령에게는 분리의 위험, 외세의 침략, 다른 주들 간의 갈등이 발생할 경우 주에 개입할 수 있는 권한이 부여되었다. 투표권은 글을 읽을 수 있는 성인 남성 시민에게만 주어졌다. 그 결과 1930년 이전에는 대통령 선거에서 투표자는 전체 인구의 3.5퍼센트에도 미치지 못했으며, 1930년에는 고작 5.7퍼센트에 머물렀다.

제1공화국(1889~1930년)

데오도루 다 폰세카와 또 다른 군 장성인 플로리아누 페이쇼투가 각각 대통령, 부통령으로 선출된 후, 의회는 곧 데오도루와 갈등을 빚게 된다. 데오도루의 재정 정책과 신생 주정부들에 대한 그의 간섭이 원인이었다. 병고에 시달리기도 했던 데오도루가 1891년 11월 대통령직을 사임하자, 권력은 '철의 원수元帥'라 불린 플로리아누 페이쇼투에게 넘어갔다. 플로리아누는 곧 잇따른 반란에 직면했다. 히우그란지두술의 경우, 현지 분파들 간의 심각한 갈등이 내전으로 이어졌다. 리우데자네이루에서는 군주제 지지 장교들이 주도한 해군 반란이 일어났다. 새로운 공화국 정부는 검열과 계엄령, 처형 등의 조치를 통해 이 두 반란을 진압했다. 1894년 상파울루 출신 프루덴치 지 모라이스가 첫 문민 대통령에 선출되면서, 새 정권은 안정을 찾기 시작했다. 하지만 이 안정은 각 주에 확고히 자리 잡은 과두체제의 정통성을 인정한다는 의미이기도 했다.

그 과두지배층이란 과연 누구인가? 각각의 주에서는 단단하게 조직된 정당 조직들이 등장하기 시작했다. 1889년 이전에 강력한 공화당이 존재하던 상파울루와 미나스제라이스 주에서는 '역사적 공화주의자'historic Republicans들이 주 정부를 장악하였다. 반면, 1889년 이전에는 공화주의자가 극히 적었던 바이아 주나 북동부 지역에서도 신생 공화주의자들이 빠르게 신뢰를 얻어 권력을 잡아 갔다. 결과적으로 국가적 차원에서는 '주지사의 정치'[11], 지역적 차원에서는 '코로네우coronel의 정치'coronelismo라는 권력구조가 형성되었다.[12] 코로네우들은 지방의 권력자들로서 어떠한 선거에서도 블록투표를 주도할 수 있는 인물들이었다. 그러한 대가로 그들은 주에 대한 통제권을 확보하거나 자신들의 영향권에 국가의 지원금을 끌어들일 수 있었다. 각 주에서 활동하던 정치 리더들은 국가 차원의 정치로 나아가기 위해 코로네우들과 거래를 맺기도 했다.

그들에게 가장 큰 목표는 대통령직이었다. 예상할 수 있는 일이지만, 이 과정에서 각 주가 미치는 영향력에는 큰 차이가 있었다. 상파울루와 미나스제라이스의 영향력이 가장 컸고, 히우그란지두술은 이 강력한 두 주 사이에 불협화음이 일어날 때 국면을 전환할 수 있는 힘을 지녔다. 바이아, 리우데자네이루, 페르남부쿠 등은 한 등급 낮은 주였으며, 종종 반체제적 대통령 후보들의 권력기반이 되기도 하였다.

헌법에 지방분권화가 보장됨으로써, 여러 주는 스스로의 발전을 위해 실질적인 자치권을 가질 수 있게 되었다. 1890~1920년 기간에 상파울루 주는 인구가 세 배 이상 증가했고, 중앙정부보다 더 큰 규모의 차관 계약을 체결했으며, 브라질 국내 생산의 30~40퍼센트를 차지하였다. 주州 간 교역에 자체 세금을 부과할 수 있게 되면서, 놀랄 만한 자급률을

11) '주지사의 정치'란 하원의 내부 규정을 임의로 조정하여 각 지방의 지배 그룹이 그 주를 대표하는 의원직을 확실하게 차지하도록 하고, 이와 동시에 하원은 행정권에 더욱 종속되도록 만드는 것이었다. '주지사의 정치'가 지닌 목적은 주(州) 차원의 파벌 정쟁을 종식시키면서, 행정권을 강화하는 데 있었다.—옮긴이

12) 흔히 브라질 제1공화국을 '코로네우 공화국'(república dos coronéis)이라 부르는데, 이 표현은 과거 국가경비대의 대령(coronel)에서 유래한다. 대체로 이들은 지방에 권력기반을 둔 지주들이었다. '코로네우 체제'(coronelismo)는 일반적으로 널리 사용되는 사회정치적 관계인 '후견제'(clientelismo)의 한 변형으로, 농촌이나 도시에 뿌리를 둔 체제라 할 수 있다.—옮긴이

달성하게 되었다. 느슨한 연방제 구조 덕택에 상파울루는 폭발적인 경제 발전을 이루었고(상파울루 우월주의자들은 상파울루가 "20개의 빈 화물차를 끌어가는 기관차"라고 말했다), 그 후 20세기 중반 브라질을 세계적인 반열에 끌어올리는 추진체가 되었다.

비교적 원활하게 운영되던 정당체제는 1차 세계대전 직후 여러 문제에 직면한다. 1890년대 공화주의자들이 수립한 정치제도는 기존 방식으로는 오래 존속하기 힘들었다. 제일 처음 직면한 중대 위기는 1910년 선거를 준비하는 과정에서 불거졌다. '공식적'[13)]인 대통령 후보는 미나스제라이스 주지사 주앙 피녜이루였지만, 1908년 갑자기 사망하고 만다. 1909년에는 현직 대통령 아퐁수 페나마저 임기를 18개월 남겨 놓고 세상을 떠나 혼란이 가중되었다. 공화국 초대 대통령의 아들[14)]인 에르메스 다 폰세카 장군이 '공식적'인 대통령 후보로 결정되면서 치열한 경쟁이 펼쳐졌다. 선거는 그의 승리로 끝맺지만, 대통령선거 사상 처음으로 의미 있는 야당의 움직임이 등장했다. 이들은 바이아의 자유주의 운동가 후이 바르보자를 지지했다.

에르메스 다 폰세카의 통치 시기1910~1914 동안, 규모가 작은 주들 가운데에는 정치 지도자들끼리 격렬한 투쟁을 펼친 곳이 많았다. 대체로 집권세력과 그 반대파의 충돌이었다. 이러한 싸움으로 인해 '주지사의 정치'가 다시 원만하게 작동하기는 어렵게 되었다. 특히 에르메스 대

---

13) 여기서 '공식적'이라는 표현을 쓴 이유는 대통령이 자신의 후계자를 선정하거나 여러 주의 공화당들이 연합하여 단일 후보를 내세우는 경우가 많아 거의 당선이 유력했기 때문이다.—옮긴이

14) 에르메스 다 폰세카는 공화국 초대 대통령 데오도루 다 폰세카의 조카이다. 여기서 아들이라 한 것은 아마도 필자의 착오인 듯하다.—옮긴이

통령이 반대파 지원을 위해 때때로 연방군을 파견한 것도 중대한 원인이 되었다. 형식적으로는 적어도 1930년 10월까지 그 체제가 계속 작동했다고 볼 수 있다. '공식적'인 대통령 후보들이 예외 없이 선출되었고, 연방의회도 국가 기구들의 통제 하에 놓여 있었기 때문이다.

구舊공화국의 정치문화는 이미 사방에서 공격을 받는 표적이 되었다. 비판자들 중에서 공화국과 함께 태어난 새로운 지배층 세대가 두각을 나타냈다. 이들은 대부분 변호사 교육을 받았으며, 정치인들의 공화국 운영 방식이 부패해 있다고 강력히 비판했다. 또한 이러한 문제의 원인을 공화국 건립자들에게서 찾았다. 브라질이 아직 준비되어 있지 않은 상황에서 건립자들이 강제로 자유주의를 적용했다고 비난했다. 브라질이 어느 상태에 있는지 ― 경제적, 사회적, 정치적, 지성적으로 ― 신중하게 분석한 다음에야 비로소 어떤 개혁이 필요한지 알 수 있다는 것이다. 한마디로 요약하면, 브라질의 문제는 브라질인에 의한 진단과 브라질인에 의한 해결책을 필요로 한다는 주장이다. 그들은 스스로를 "브라질인처럼 생각하는 브라질인, 즉 아메리카인이면서, 라틴인이고 열대인인 브라질인"이라고 평했다. 이 그룹의 리더 중에는 사회학자이자 변호사인 올리베이라 비안나, 문학비평가이자 수필가인 아우세우 아모로주 리마, 수필가이자 정치인인 지우베르투 아마두 등이 있었다. 이들의 사상적 지도자는 구세대의 열정적인 공화주의자 아우베르투 토헤스였다.

지식인들의 비판과 더불어, 젊은 군 장교들 사이에도 반항적인 분위기가 형성되었다. 1922년과 1924년에 테넨치tenente; 중위들이 이끈 일련의 병영 반란이 일어났다. 특히 상파울루와 포르투알레그리에서 시작된 1924년의 반란이 가장 심각했다. 그러나 반란 장교들은 곧 도시를 떠나 내륙지방으로 피신하였고, 약 2년 반 동안 25,000킬로미터를 행군하며 게릴라전을 지속하였다. 이들은 '프레스치스 부대'라고도 불렸는데, 이 명칭은 반란 장교의 중심인물이며, 후에 30여 년 동안 브라질공산당을 이끌게 되는 루이스 카를루스 프레스치스의 이름에서 따온 것이다.

반란자들의 공식적인 선언문은 공정선거의 필요성이나 사회적 요구에 대한 대처를 강조하는 등 모호한 점이 있었다. 하지만 이들이 지닌 직접적인 불만은 시대착오적인 훈련, 구식 무기, 낮은 진급 가능성 등 직업적인 문제들에 집중되었다. 이러한 불만은 제국시대 말기를 연상시킨다. 당시 군 장교들은 직업적, 이념적 이유에서 왕실에 저항한 쿠데타를 지지하였다.

1920년대에 강력한 정치적 흐름을 만든 또 다른 축은 1926년 상파울루에서 창당된 민주당이었다. 커피 남작 안토니우 프라두로 대표되는 당 지도자들은 구공화국이 기만적으로 운영되었다는 데에 의견의 일치를 보았다. 민주당의 지지표는 대부분 도시의 전문직 종사자들에게서 나왔다. 이들은 자신들이 던진 표가 연방정부의 정치조직이 동원한 농촌 투표자들에 의해 무력화되는 것에 혐오감을 느끼고 있었다. 이들은 19세기에 유럽 중간계급이 거둔 성과를 갈구하고 있었다. 그것은 바로 선거제도를 통한 정치권력의 획득이었다. 따라서 이러한 '자유주의적 입헌주의'의 흐름이 고속 경제성장과 도시화의 중심지인 상파울루에서 강하게 나타난 것은 우연이 아니다. 결국 이는 국가의 '후진적' 지역이 지나치게 큰 영향력을 발휘하는 현실에 대해 '근대적' 브라질이 토해 내는 목소리였다.

19세기 말의 경제성장으로 일부 대도시에 노동계급이 형성되었다. 노동자들의 첫 조직은 '상호공제조합'의 형태를 띠었다. 이 조직들은 1900년대 초반 훨씬 투쟁적인 아나키스트 또는 아나코생디칼리스트 조직원들에 의해 대체되었다. 1910년 이후, 아나키스트와 아나코생디칼리스트 조합은 다수의 총파업을 포함하여 다양한 파업운동을 전개했다. 결국 이들에게 강력한 탄압이 몰아쳤다. 에스파냐 또는 이탈리아 태생의 지도자들은 강제 추방된 반면, 브라질인 지도자들은 투옥되고, 구타당하고, 곤욕을 겪었다. 1921년이 되면 도시의 노조활동은 혼돈 속으로 빠져든다.

그 후, 오랫동안 지속된 채찍에 마지못해 던져주는 당근처럼 사회복지법이 제정되었다. 그러나 노조화 관련 권리나 복지 규정들을 살펴보면 브라질 노동자들은 같은 시기의 칠레 노동자에 비해 상당히 뒤처져 있었음을 알 수 있다. 그러한 환경을 만든 원인 중 하나는 브라질에 상존했던 노동력 과잉 현상이었다. 노동자의 수가 너무 많아 오히려 조직화에 어려움이 있었던 것이다.

그 결과, 아니키스트와 아나코생디칼리스트의 지도력이 쇠퇴하였고, 많은 경우 공산주의자들이 그들을 대체하였다. 그리고 1922년에는 브라질공산당이 설립되었다. 공산주의자들의 존재는 권위주의 지도자들(이들이 민간인이든 군인이든)에게 새로운 표적이 되었다. 1930년 무렵의 도시노동자는, 비록 경제적으로는 그 중요성이 계속 증가하고 있었지만, 정치적으로는 보호자가 없는 고아와도 같았다. 반면, 고용자들에게는 오랫동안 노동자를 다룰 때 사용했던 강압적인 방식을 바꿔야 할 하등의 이유가 없었다.

제툴리우 바르가스와 신국가

1929년에 발생한 세계 경제 대공황은 아메리카 대륙의 다른 국가들과 마찬가지로 브라질에도 심각한 타격을 입혔다. 커피수출업자들은 외환

가득액foreign exchange earnings이 크게 감소하는 고충을 겪어야 했다. 이러한 위기에도 불구하고, 와싱톤 루이스 대통령은 태환정책을 고수하려 했다. 이것은 사실상 브라질 화폐 밀레이스mil reis의 태환성이 보장되어 금이나 영국 파운드로 교환할 수 있다는 의미였다. 금과 파운드의 보유고는 빠르게 소진되었고, 정부는 밀레이스의 태환성을 중단시켜야 할 상황에 직면했다. 브라질의 국제수지는 심각한 위기에 다다랐으며, 커피 재배농은 판매하지 못한 커피 재고에 골머리를 앓았다.

브라질 경제에서 커피가 차지하는 비중이 대단히 컸기 때문에, 정부가 발 벗고 지원에 나설 것이라는 기대감이 컸다. 그러나 정부는 태환정책을 유지하면서 해외 채권자들을 만족시키려 하였다. 그러한 원칙은 외국 은행가와 경제전문가들이 역설한 것이었다. 결국 브라질 정부는 중대한 위기의 순간에 브라질 사회로부터 아무런 호응도 얻을 수 없는 경제정책을 고수한 셈이 되었다.

대중에게 고통을 안긴 경제 상황과 더불어, 와싱톤 루이스 대통령의 행동 자체도 그의 몰락에 쐐기를 박았다. 임기가 끝나갈 무렵 그는 상파울루 출신 정치인을 1930년 대선의 '공식적' 후보로 내세우면서 '주지사의 정치'를 무시하려 하였다.[15] 와싱톤 루이스 자신이 상파울루인이었기 때문에, 그의 결정은 다른 주의 정치 지도자들로부터 분노 어린 비판을 받았다. 대망을 품은 그들은 차기 권력은 자신들의 차례라고 기대하고 있었다. 브라질 최남단 히우그란지두술 주 출신 제툴리우 바르가스는

15) 와싱톤 루이스의 행동은 이전까지 상파울루 주와 미나스제라이스 주에서 교대로 대통령 후보를 추천하기로 한 약속을 파기한 것이었다. 대통령의 행동에 실망한 미나스제라이스 주는 히우그란지두술 주와 협정을 맺고 제툴리우 바르가스를 대통령 후보로 내세웠다.—옮긴이

'공식적' 후보에 맞서 선거운동을 전개했지만 패배하고 만다. 불만을 품은 정치인들과 그 동맹자들이 부정선거 의혹을 제기하며 비판을 확산시켰다. 사람들의 흥분이 고조되자 여러 주의 무장병력이 연합하여 수도로 진군하였다. 리우데자네이루로 접근하는 연합군에 비해 수적으로 열세였던 연방군은 무력충돌을 감행하는 대신 현직 대통령(이때까지 여전히 와싱톤 루이스였다)을 퇴임시키기로 의견을 모았다. 그 후 그들은 권력을 바르가스에게 넘겼다. 그는 반란의 공모자들과 긴밀한 관계에 있었지만 성공이 완전하게 보장되기 전까지는 체제 전복 시도에 매우 신중한(간교하다고 말할 사람도 있겠지만) 모습을 보였다.

1930년 10월의 쿠데타는 '혁명'이라고는 할 수 없었다. 군의 최고지휘관들은 그저 한 대통령을 끌어내리고 다른 대통령을 자리에 앉혔을 뿐이다. 내각은 혁명군의 힘을 빌려 그들이 필요하다고 생각하는 당면한 조치를 하나씩 취해 나갔다. 비록 1910~1920년의 멕시코혁명과는 비교할 수 없지만 1930년은 브라질 근현대사에서 하나의 분수령이 되었다.

1930년 11월 제툴리우 바르가스가 대통령궁의 새 주인이 되었을 때만 해도, 그가 그렇게 중요한 지도자가 되리라고 예측한 사람은 거의 없었다. 그가 그곳에 있게 된 것은 단지 브라질 정치 지배층 간의 갈등이 무력 충돌로 발전했기 때문이다. 군대가 개입하긴 했지만 충돌은 결코 극단으로 치닫지 않았다. 최고 지휘관들이 와싱톤 루이스를 실각시킨 뒤, 군 일각에서 스스로 권력을 차지하려는 움직임이 있었다. 하지만 불과 집권 나흘 만에 세 명의 지휘관은 권력을 바르가스에게 이양했다. 입법부가 아직 구성되지 않았기 때문에, 포고령에 따라 통치를 시작했다. 한편, 브라질의 정치적 역학관계에 중대한 변화가 일어났다.

첫째, 바르가스는 미나스제라이스를 제외한 모든 주에서 주지사 교체를 단행했다. 후임자들, 달리 말하면 '중개자'interventor들은 대통령에게 직접 보고했다. 그러한 중앙정부의 직접 행동주의는 종종 주 집행부의 통제력을 뒤흔들어 반대파들에게 유리한 상황을 만들었다. 이들 반대파의 대부분은 1930년 선거에서 바르가스를 지지한 바 있다. 에르메스 다 폰세카의 재임 시절처럼, 각 주 내부의 정치적 대립관계는 리우데자네이루의 결정에 따라 결말이 났다.

두번째 중요한 변화는 상파울루의 정치세력을 재편했다는 점이다. 바르가스의 중개자(주앙 아우베르투)는 예민해진 파울리스타들을 다루는 데 서툴렀고 요령도 부족했다. 주에 대한 높은 충성심과 주앙 아우베르투에 대한 분노가 바르가스에 맞서 상파울루를 하나로 뭉치게 만들었다. 상파울루 지도자들은 바르가스에게 제헌의회를 소집하여 새로운 헌법을 제정하겠다던 약속을 실행에 옮기라고 촉구했다. 1932년 파울리스타들의 실망은 결국 무장 반란으로 분출되었다. 입헌주의 혁명Constitutionalist Revolution에서 주 의용군이 연방군을 상대로 벌인 전투는 교착상태로 4개월간 지속되었다. 마침내 연방군이 상파울루 시를 포위하자, 고립된 파울리스타들은 투항할 수밖에 없었다. 파울리스타들은 정부 분권화 명분을 약화시키고 리우데자네이루의 중앙집권주의자들의 입지를 더욱 강화시킨 셈이 되었다.

세번째로 의미 있는 정치적 변화는 테넨치 운동의 해체였다. 이 젊은 군 장교들은 사실 한 번도 응집력 있는 조직을 가져 본 적이 없었다. 그들 중 일부는 1930년 바르가스가 권력을 잡는 데 동참하였다. 또 다른 장교들은 '10월 3일 클럽'을 결성해 급진적인 사회변혁을 시도하였다. 그러나 고립된 그들의 운동에는 취약점이 많았다. 얼마 지나지 않아 경찰이 이 클럽의 거점들을 급습했고, 조직은 와해되었다.

한편, 바르가스는 정치적 동맹 및 협력자 네트워크를 강화하고 나섰다. 그의 성공은 1933~1934년 제헌의회 회기 중에 더욱 분명해졌다. 신헌법에서는 주의 자치권이 제한되었으며, 이제 더 이상 주 차원에서는 주 사이의 교역품에 세금을 부과할 수 없었다. 의회는 여전히 양원제가 유지되었고, 의원들은 대통령과 마찬가지로 직접 선거로 선출되었다(초대 대통령은 예외). 또한 처음으로 민족주의적 정책들이 일부 나타나기 시작하여, 외국인의 토지 소유와 전문 직종 참여에 제한을 두었다. 헌법의 변화는 이렇듯 신중한 선에 머물렀는데, 이는 1930년 혁명이 지배층 간의 내분에서 발전한 것이라는 점을 확인시켜 준다. 제헌의회의 가장 중요한 행위는 신헌법 하에서 임기 4년의 초대 대통령으로 바르가스를 선출한 것이다.

1934년 브라질은 정치사에서 가장 선동적인 시기 중 하나로 들어섰다. 전국을 기반으로 한, 고도로 이념적인 두 종류의 운동에 관심이 모아졌다. 두 운동 모두 대중 동원에 힘을 쏟았다. 그중 하나는 통합주의Integralism였다. 이는 유럽의 파시스트 정당들과 매우 유사한 우익운동이었다. 통합주의자들은 1932년 말 플리니우 사우가두를 중심으로 창당한 이후 1935년까지 빠르게 당원 수를 늘려 갔다. 그들의 신조는 기독교, 국가주의, 전통주의에 기초하였다. 제복을 입은 당원들, 대단히 규율 있는 거리 시위, 화려한 녹색 셔츠, 공격적인 웅변술 등등 그들의 운영방식은 준군사조직과 같았다. 그들은 기본적으로 중산층이었고, 군 장교들, 특히 해군 쪽의 지지를 이끌어 냈다. 더욱이, 대중에게는 알려지지 않았지만, 이탈리아 대사관에게 일정 부분 재정적인 지원을 받기도 했다.

스펙트럼의 반대쪽 끝에는 인민전선 운동이 위치하고 있었다. 바로 1935년에 출범한 ALNAliança Libertadora Nacional, 민족해방동맹이었다. 표면적

브라질 여성의 참정권 획득

20세기 초 브라질은 다른 라틴아메리카 국가들처럼 여성의 투표권을 인정하지 않았다. 소수의 여성이 그러한 차별에 항의하였으나, 국정을 운영하는 남성 정치인들은 이들을 경멸하듯 무시하였다. 여성 참정권 운동을 승리로 이끈 사람은 베르타 루츠였다. 그녀는 1894년 상파울루에서 태어났다. 아버지는 스위스계 브라질인이고 어머니는 영국인이었지만, 베르타 자신은 완전한 브라질 사람이었다.

그녀가 1920년에 처음으로 설립한 여권운동 조직은 2년 후 브라질여성진보연맹(Federação Brasileira pelo Progresso Feminino)으로 발전한다. 1930년 발생한 혁명은 정치적 기득권층을 뒤흔들었다. 그리고 루츠가 이끄는 여성 참정권 운동은 1932년 새롭게 제정되는 민법 입안자들의 마음을 움직여 여성들에게 투표권이 부여되었다. 그 후, 루츠는 의원으로 활동하며 여성의 법적 지위와 사회적 권리를 보호하는 법률 제정을 위해 끊임없이 노력했다. 브라질과 해외 여성의 권리를 위하여 열성적인 활동을 전개한 것 이외에도, 루츠는 식물학과 파충류학의 권위자로서 자신의 역할을 수행했다. 그녀는 20세기 브라질의 탁월한 여성권리 수호자로 기억될 것이다.

으로는 사회주의자, 공산주의자, 다양한 급진주의자들의 연합체였으나, 실제로는 브라질공산당이 운영했다. 브라질공산당은 모스크바에서 기획된 라틴아메리카 전략을 수행하고 있었다. 브라질 내에서 전략의 첫 단계는 종래의 방식에 따른 동원 및 집결이었다. 구체적으로는 집회, 지방 당사 설치, 자금조달 등의 활동을 통해 광범위한 좌파 연합을 구축하여 바르가스 신정부, 통합주의자, 자유주의적 입헌주의자들과 맞서는 것이었다.

1935년 중반, 브라질 정치는 극도의 과열 양상을 띠게 된다. 통합주의자들과 ALN 사이에 길거리 폭력과 테러가 증가하고, 서로 잡아먹을 듯한 싸움이 이어졌다. 브라질 주요 도시는 나치-공산주의 대결이 일어난 1932~1933년의 베를린을 닮아 가기 시작했다. 그러나 ALN은 통합주의자들에 비해 외부의 공격에 매우 취약하였다. 1935년 7월, 정부는 군대를 동원하여 ALN의 근거지를 습격하고 지도자들을 투옥시키는 등 강경한 자세로 나왔다.

이제 공산주의자들은 전략의 두번째 단계로 나아갔다. 그것은 혁명적 봉기였다. 당원들과 군 내부의 동조 장교들이 병영 반란을 일으켜 혁명의 도화선에 불을 붙이기로 되어 있었다. 반란은 1935년 11월 북동부 지역의 주도州都 나타우에서 시작되었고, 며칠 지나지 않아 헤시피와 리우데자네이루까지 확산되었다. 그러나 반란자들에게 이것은 재앙이 되었다. 비록 나타우의 반란군은 며칠 동안 도시를 점령할 수 있었지만, 기습의 효과가 떨어진 헤시피와 리우데자네이루의 반란군은 주둔군에 의해 봉쇄되어 곧바로 항복하였다.

바르가스와 군부는 헌법에 보장된 기본권을 폐지할 수 있는 절호의 기회를 잡았다. 그에 따른 조치들을 의회는 신속하게 승인했다. 연방정부는 체포, 고문, 즉결재판 등을 통해 좌파 전체를 강력히 탄압했다. 통합주의자들은 고무되었다. 가장 큰 적수가 제거되자 그들은 권력을 차지할 준비에 들어갔다. 바르가스로서도 유일하게 전국적인 응집력을 지닌 우파 운동에 의지하는 것보다 더 합리적인 선택은 없지 않겠는가.

그러나 2년 뒤 그들의 환상은 깨지고 말았다. 플리니우 사우가두와 그의 동료들은 적어도 1938년 대선에서는 권력을 장악할 수 있으리라 기대하고 있었다. 그러나 바르가스의 생각은 달랐다. 1937년 11월 10일 아침, 의회가 해산되고 의사당이 군인들에게 점거되었다. 그 직후 바르가스는 군사적 개입을 목격한 브라질 국민에게 라디오 방송을 통해 또 다른 헌법을 읽어 내려갔다. 이렇게 브라질은 신국가Estado Novo 시대를 맞이하였다. 새로운 체제는 살라자르의 포르투갈과 무솔리니의 이탈리아를 혼합한 법률적 혼성체legal hybrid라 할 수 있었다. 민주화의 모든 희망은 사라졌다. 결국 브라질은 고유한 특성을 지닌 권위주의에 무릎을 꿇고 만 것이다.

1937년 브라질이 갑자기 독재로 기운 것은 분명 그 시대와 부합하는 점도 있다. 그러나 브라질의 신국가와 유럽의 파시즘 사이에, 피상적인 유사성 이외에 무언가 더 깊은 연관성은 존재하였는가? 이를테면, 히틀러의 독일이나 무솔리니의 이탈리아에서 나타난 전형적인 대중동원이 브라질에서는 어디에서 나타났는가? 통합주의자들이 과연 그러한 역할을 수행할 수 있었는가? 많은 사람들은 (통합주의자들 안팎에서) 분명 그렇다고 생각했다.

1937년에 통합주의자들이 고심한 부분은 정부에 참여할 것인가 말 것인가의 문제가 아니라, 어떠한 조건으로 들어갈 것인가의 문제였다. 그들의 지도자인 사우가두는 바르가스가 임시 제안으로 내놓은 각료직을 거절했다. 사우가두는, 조금 더 버틴다면 그 이상의 조건을 얻을 수 있으리라 판단했다. 사실, 바르가스와 군은 각자 자신들에게 이익이 되는 쪽으로 행동하고 있었다.

1938년 초 녹색셔츠의 통합주의자들은 더 큰 좌절감을 맛보게 된다. 쿠데타 직후 정부는 모든 종류의 준군사조직을 금지했다. 통합주의자들이 그 표적이었음은 분명해 보였다. 그들 중 일부는 스스로 사태를 해결하려 했다. 같은 해 2월 이들은 대통령궁을 향해 무장공격을 추진했다. 이른 새벽 궁의 출입구들에서 총격전이 벌어진 후 대치상태가 이어졌다. 전투는 동틀 무렵 종료되었고, 군 병력은 통합주의자 잔류군을 체포했다. 정부의 강력한 탄압이 뒤따르자, 사우가두는 피신하여 망명을 떠났고 통합주의 운동은 사실상 소멸되었다.

바르가스는 이제 더 이상 조직적 반대세력이 나타나지 않는 정치계를 조망할 수 있게 되었다. 그는 쿠데타를 통해 다시 한 번 대통령직에 올랐다. 임기는 대통령선거가 예정된 1943년까지였다. 그러나 그 약속을 진지하게 믿은 사람은 거의 없었다. 이미 바르가스는 1938년에 치러져야 할 선거를 간단히 취소했기 때문이다. 이 회의론은 충분한 증거로 뒷받침되었다. 1943년에 이르자 바르가스는 전시 비상체제(세계대전) 하에서는 선거를 실시할 수 없다고 발표했다. 그는 1945년 10월까지 대통령직에 머물렀다.

1937년에서 1945년까지 계속된 바르가스의 권위주의적 통치는 어떤 의미를 지니고 있을까? 첫째, 바르가스와 그의 정치 및 기술관료 보좌진들은 전쟁으로 치닫는 자본주의 세계체제 속에서 브라질의 이익을 극대화할 수 있도록 국가운영에 자유로운 재량권을 갖게 되었다. 그 성패는 브라질의 국제적 역할과 관련된 두 가지 핵심 질문에 달려 있었다. 브라질은 군을 현대화시키는 데 어느 국가에게 가장 큰 도움을 받을 수 있을까? 그리고 대외교역에서는 누가 가장 유리한 조건을 제공해 줄 수 있을까?

1937년 쿠데타 이전에는 나치 독일이 이 두 문제에 대해 매력적인 조건을 제안한 바 있다. 이러한 협상에서는 전략과 이념 모두 중요한 요소였다. 브라질 군부 내에서 가장 강력한 세력을 지닌 친독일파는 친미파와 대립각을 세우고 있었다. 친미파는 브라질이 이미 1차 세계대전에서 연합군 쪽을 선택했고, 계속 미국과 함께 갈 때 가장 많은 것을 얻을 것이라고 주장했다. 따라서 브라질 지배층 대다수는 나치 독일과 가까워지는 것은 위험하고 근시안적인 일이라고 보았다.

한편, 미국의 군과 국무부는 브라질을 미국 주도의 서반구 세력권 안으로 끌어들이려는 노력을 거의 하지 않고 있었다. 결국 독일이 브라질에게 군비를 제공하는 데 실패한 뒤에야, 미국은 부단히 정성을 쏟아 자신들의 뜻을 이룰 수 있었다. 그 후 브라질은 연합군 군수 물자의 중추적인 보급처가 되었다. 석영, 천연고무 등 필수 원자재는 물론이고, '대서양 전투'에서 핵심이 되는 해군 및 공군 기지도 제공했다. 심지어 1944년에는 이탈리아 전선으로 전투사단을 파병하여 미 제5군단과 함께 싸우기도 했다.

바르가스는 기민하게 미국과 협상에 들어갔다. 원자재와 기지를 제공하는 대가로 브라질은 북부와 북동부의 대서양 연안을 따라 해·공군 군사시설 네트워크를 구축할 수 있었다. 또한 미국은 리우데자네이루 인근 보우타헤돈다에 브라질 최초의 대규모 제강공장을 설립할 수 있도록 자금 지원을 약속했다. 이것은 미 정부가 전 세계 '개발도상국' 가운데 공적자금을 투입하여 산업화를 지원한 최초의 사례가 되었다.

신국가에서는 중앙집권화된 정부 기구들이 설치되었다. 바르가스와 그의 보좌진들은 이 기구들을 통해 경제발전과 유기적인 변화를 추구할 수 있었다. 연방정부는 코코아, 커피, 설탕, 차 등의 판매 카르텔을 조직하거나 강화하고, 국영자동차공장과 같은 새로운 국영기업을 설립하는 등, 경제 분야에서 매우 적극적인 역할을 담당하였다. 또한 바르가스는 연방 관료제를 정비하여, 후원-수혜관계에 지배된 구조를 성과지향 체계로 변화시켰다. 끝으로, 가장 중요한 조치의 하나로서 1943년 새로운 노동법을 제정했다. 이를 토대로 1990년대까지 유지되는 새로운 노사관계의 원칙을 확립했다. 한 공장에는 하나의 노조만 허용되었고, 노동부는 재정과 선거를 감독하는 등 철저히 조합들을 통제하였다. 사실상 노동조합은 정부에 예속된 상태였으나, '협조적인' 조합 지도자들은 개인적인 이익을 챙길 수 있었다. 이러한 준準조합주의적 노동조합 구조와 유사하게 고용자들 사이에도 준조합주의적 구조가 형성되었다. 이러한 조치들을 통해 연방 행정부는 경제를 관리할 수 있는 메커니즘을 확보하게 되었다. 그러나 1940년대 초반의 브라질은 아직 근대화, 산업화, 도시화된 사회가 아니었다. 소수의 핵심 도시들을 제외한 브라질 대부분의 지역은 조합주의적 구조를 접해 볼 기회가 없었다. 그들은 단지 광활하고 고립된 농촌의 벌판에 지나지 않았다.

신국가에는 그늘진 면도 있었다. 보안대는 거의 자유 재량권을 갖고 있었다. 고문은 상투적인 일이었으며, '반체제' 혐의자는 물론 외국인 중 개상(특히 독일인 사업가)들까지 그 대상이 되었다. 검열은 모든 언론매체에 적용되었고, 뉴스의 '공식' 내용은 정부의 언론기구, 즉 보도선전국 Departamento de Imprensa e Propaganda에서 제공했다. 독일이나 이탈리아와 유사한 점이 많았으나, 브라질인들은 그러한 극단까지는 가지 않았다.

1930~1945년 기간의 브라질 경제사를 요약하기란 쉽지 않다. 전쟁 중 여러 원자재의 대미 수출이 급증하여 경제에 기여한 바가 크지만, 가장 중요한 외화 소득원은 여전히 커피였다. 산업 성장의 주 무대는 상파울루였고, 그보다 작은 규모이긴 하나 리우데자네이루도 한 축을 담당했다. 세계대전으로 유럽과의 교역이 중단되자, 대부분의 수출은 미국을 상대로 이루어졌다.

바르가스는 1943년에 대선을 실시하겠다고 공약한 바 있었고, 그 자신은 선거에 출마할 자격이 없었다.[16] 전쟁이 계속되는 가운데 바르가스

---

16) 당시의 선거법에 따르면 정부 당국자가 공직에 입후보하기 위해서는 선거 1년 전에 현직에서 물러나야 했다. 모든 후보가 동등한 조건에서 선거를 치르도록 하려는 취지였다. 바르가스는 약속된 선거가 다가왔을 때 계속 대통령직에 머물러 있었으므로 입후보할 자격이 없었다.—옮긴이

는 민주적인 여론의 물결이 형성되고 있음을 깨달았다. 1943년 이후 그는 사태가 커지기 전에 새로운 포퓰리즘적 자세를 취하기 시작했다. 정부는 이제 도시노동자 계층에게 관심을 집중하였다. 이를 위해 저녁에 하는 국영 라디오 방송 「브라질의 시간」a Hora do Brasil 등 언론매체가 적극 동원되었다. 또한 노동당 설립을 위한 조치들도 강구되었다. 바르가스는 새로운 선거 이미지를 만들기 위해 노력했다. 이는 신국가 출범 초기에는 등한시할 수 있던 부분이었다.

1945년 상황은 빠르게 전개되었다. 바르가스는 한 가지 사실이 크게 부각되지 않길 바랐다. 유럽에서 파시즘이 패배한 것과는 대조적으로 브라질 국내에서는 권위주의 통치가 지속되는 현실이었다. 1945년 5월, 추축국에 대한 승리가 확실시되자 바르가스 정부는 강력한 반독점법을 발표한다. 브라질 경제에서 차지하는 외국기업들의 역할을 제한하겠다는 취지였다. 이는 1943년에 시작된 포퓰리즘적 정책의 일환이었다. 미국 정부는 제거되어야 할 라틴아메리카 대통령 목록에 바르가스를 추가했다. 브라질 내에도 미국과 같은 시각을 지닌 사람들이 상당수 있었다. 자유주의적 입헌주의자들은 외국자본의 브라질 유입을 환영했다. 그렇게 되면 1937년 거의 잡았다 놓친 권력을 다시 획득하는 데 매우 유리할 것이라고 판단한 것이다.

바르가스의 좌편향을 보여 주는 또 다른 징후들도 있었다. 1945년 초 그는 좌파 정치범들을 사면하기로 결정했다. 그들 가운데 중요한 인물로는 1938년 투옥된 브라질공산당 지도자 루이스 카를루스 프레스치스가 있었다. 브라질 좌파에서 가장 조직화가 잘된 브라질공산당에게 경찰 탄압의 완화는 큰 기회로 다가왔다.

시간이 지날수록 양극화는 가속되었다. 반反바르가스 세력에는 자

삼바와 카니발

삼바보다 더 브라질다운 것은 없을 것이다. 중독성 강한 리듬의 춤과 아프로-브라질 기원의 음악이 한데 어우러진 것이 바로 삼바이다. 또한 삼바는 카니발 기간 동안 리우데자네이루를 무대로 화려하게 펼쳐지는 퍼레이드와 동의어가 되었다. 이 퍼레이드는 아프리카계 브라질인의 삼바 '학교'들에서 준비된다.

오늘날 삼바는 브라질 대중문화를 대표하는 국민적 양식이 되었지만, 항상 그랬던 것은 아니다. 19세기 말에는 경찰들이 아프리카계 브라질 문화의 이러한 표출을 조직적으로 탄압했다. 그러나 20세기 초, 가난한 흑인들과 물라토 주민들이 리우데자네이루에서 삼바 음악으로 인기를 얻자 상황은 크게 달라졌다. 1935년 제툴리우 바르가스 정부는 삼바학교를 브라질 특유의 관광 명소로 만들기 위해 재정 지원을 시작했다.

이 정책은 성공을 거두었고, 이제 리우 카니발 퍼레이드는 특별히 건설된 '삼바드로모'에서 매년 9만 명의 관중이 모인 가운데 그 열기를 폭발시킨다. 각 삼바학교는 대개 브라질 역사를 나타내는 면밀하게 구성된 주제에 따라 내용을 준비한다. 행진 참여자들에게 호화로운 의상을 입혔다는 이유로 비판을 받은 한 디자이너는 이렇게 응수했다. "가난한 사람들은 화려함을 좋아한다. 지성인이라는 사람들이 오히려 궁상맞은 것을 좋아한다."

유주의적 입헌주의자, 다수의 군 간부, 그리고 거의 모든 주의 정치지도자들이 가담했다. 그 반대편에는 포퓰리스트, 일부 노동조합의 지도자들, 사회주의자 및 공산주의자를 포함한 좌파 사상가들이 포진했다. 대립은 1945년 10월 최고조에 이르렀다. 군부는 바르가스에게 최후통첩을 보냈다. 사퇴할 것인가, 아니면 끌려 내려올 것인가. 바르가스가 거부하자 군은 그가 실각했다고 선포했다. 그제야 바르가스는 통첩에 응하여 급히 자리에서 물러났다. 그리고 히우그란지두술에 있는 그의 목장으로 자진해서 몸을 피했다.

제2공화국(1946~1964년)

1945년에는 세 개의 주요 정당이 출현했다. 바로 전국민주연합União

Democrática Nacional, 민주사회당Partido Social Democrático, 브라질노동당Partido Trabalhista Brasileiro이었다. 전국민주연합은 자유주의적 입헌주의자들이 주도하는 반反바르가스 세력들의 연합체였다. 민주사회당의 구성은 더욱 이질적이었다. 다수의 정치지도자와 관료, 그리고 저명한 기업가들 일부가 참여했다. 세 정당 중 가장 작은 브라질노동당은 1945년 바르가스가 만들었다. 아직 바르가스가 다가오는 선거에 대책을 강구하던 시점이었다. 브라질노동당은 도시노동자를 향해 정책적 접근을 시도하였으며, 아마도 영국 노동당을 모델로 삼은 듯하였다. 이 세 정당은 1964년까지 브라질의 중심 정당으로 활약했다. 종종 이 셋은 비이념적, 개인주의적, 기회주의적인 정당으로 규정되었다.

1945년 12월 제헌의회 구성을 위한 선거가 실시되었다. 이 선거는 바르가스가 실각하기 전 이미 공고된 상태였으며, 브라질 역사상 가장 자유로운 선거의 하나라고 할 수 있었다. 대통령 선출을 겸한 이 선거에서는 55퍼센트의 득표율을 기록한 에우리쿠 두트라 장군이 신임대통령에 당선되었다. 신국가 시절 바르가스의 측근이었던 그는, 2차 세계대전 당시 연합군 측으로 참전한 브라질 파견군의 지휘관이기도 했다. 그에 대항한 후보자는 자유주의적 입헌주의자인 공군사령관 에두아르두 고메스였다. 그는 35퍼센트의 표를 얻었다. 공산당 후보는 10퍼센트를 득표하여 좌파 진영을 크게 고무시켰다. 두트라 대통령과 그의 보좌진은 좌파의 성장과 도시노동자 사이의 관련성을 주의 깊게 관찰하기 시작했다.

1946년 제헌의회에서는 1934년 헌법과 유사한 새로운 헌법을 제정하였다. 지방 분권적인 요소와 개인의 자유에 대한 높은 수준의 보장이 회복되었다. 제헌의회 수립을 위한 선거에서는 몇 가지 색다른 점이 눈에 띄었다. 국민투표에서는 기존 정당들이 여전히 강세임을 보여 주었다.

이는 그다지 놀라운 일은 아니었다. 브라질은 아직 농촌사회가 대부분이었으며, 선거조작은 그런 시골지역이 훨씬 용이했기 때문이다. 그럼에도 공산당의 득표율이 높았다는 것은 도시를 무대로 새로운 세력이 활약하고 있음을 암시하는 것이었다.

전쟁 직후, 브라질은 경제발전을 위해 어떻게 자금을 조달할지 고심을 거듭했다. 전시 중에는 재화를 최대한 집결시키는 것이 목표였다. 평화시의 경제발전에도 같은 방식을 적용할 수도 있었을 것이다. 그러나 두트라 정부1946~1951는 경제발전 계획을 세우는 대신, 다시 커피수출에 의존하였다. 또한 바르가스가 산업화 장려를 위해 취한 조치들을 대부분 중단했다. 이러한 정책들로 인해, 브라질은 다시 한 번 세계 커피 수요의 변화에 극도로 민감할 수밖에 없는 처지에 놓이게 되었다.

정치적인 면에서 두트라 정권은 곧바로 좌파를 억누르기로 결정한다. 1946년에 합법화된 공산당은 상파울루와 리우데자네이루에서 놀라운 저력을 보여 주었다. 노동조합은 법적으로는 조합주의적 구조를 지니고 있었지만, 사실상 자율성을 확보하고 있었다. 고용주나 보수적 정치인들의 우려도 바로 이런 점이었다. 일 년 뒤 칠레가 그러했듯, 브라질 의회는 1947년 초 공산당 합법화에 대한 철회안을 가결시킨다. 경찰은 그들의 근거지를 급습하여 간행물들을 압수했다. 노동부 장관은 수백 개의 노동조합에 개입하여 간부들을 체포하거나 해임시키고, 그 자리에 정부의 앞잡이들을 임명하였다. 1945~1947년은 1930~1935년의 재판再版이었다. 즉, 정치적 개방, 그 후 좌파 행동주의의 폭발, 정부의 탄압에 따른 극단적 상황이 반복된 것이다. 그 후 좌파는 불법화되었고, 공산당 후보들은 선거출마를 위해 신분을 위장해야 했다.

바르가스는 1945년 10월의 사퇴를 정치인생의 종말로 받아들이지 않았다. 불과 두 달 후에 그는 두 개 주에서 상원의원에 당선되었고,[17] 그 중에서 히우그란지두술의 의원직을 선택했다. 두트라의 집권 시기 동안, 바르가스는 전국적으로 자신을 노출시키고 정치적 연고를 유지하기 위해 꾸준히 노력하였다. 곧 그의 우인들과 정치적 협력자들이 대통령 출마를 강력히 권고했다. 바르가스를 길게 설득할 필요는 없었다.

1950년 대선 선거운동에서 바르가스는 민주사회당과 브라질노동당의 대다수 지지를 확보했다. 그의 경쟁상대는 전국민주연합 후보로 출마한 전직 테넨치, 주아레스 타보라였다. 바르가스는 기민한 선거전을 펼치면서, 두트라 정부가 경제발전은 도외시한 채 부유층만 신경 쓰고 있다고 공격했다. 그러면서도 그는 미나스제라이스 등의 지주계급에게도 호소력을 지닐 수 있도록 온건한 자세를 보였다. 최고득표율(48.7퍼센트)로 당선된 바르가스는 세번째 대통령 임기를 시작했다. 그가 보통선거를 통해 집권한 유일한 사례였다.

대중의 표를 얻어 권력에 복귀한 바르가스는 반대세력들, 특히 자유주의적 입헌주의자들이 1945년에 거둔 승리를 뒤엎었다. 그들의 분노가 폭발했다. 심지어 그들 중 일부는 전 독재자의 재등장을 막기 위해 군에 지원을 요청하기도 했다. 하지만 모두 소용없는 일이었다.

바르가스는 경제를 정책의 최우선 순위에 두었다. 그리고 서둘러 젊은 기술관료들—공학자, 경제학자, 도시계획 설계자 등—을 불러 모았다. 이들은 해외의 공공, 민간 양 부문에서 자본과 기술을 최대한 유입하기 위해 다방면에 걸친 전략을 수립했다. 전망은 낙관적으로 보였다.

---

17) 당시 선거법에 따르면 의원직 후보는 여러 주에 동시 출마가 가능하며, 중복 당선될 경우 그 중 한 주를 선택할 수 있었다.—옮긴이

1949년 미국과 브라질 정부는 브라질 경제에 관한 합동 연구를 시작했다. 1953년에 나온 위원회의 보고서는 경제의 고속성장을 가로막은 대표적인 장애물로 불충분한 에너지와 열악한 운송체계를 강조했다. 미국 정부는 공적자금을 전용轉用하여 이 분야에 투자할 뜻을 내비쳤다. 브라질 정부는 추후 예상되는 투자 사업들을 전담할 연방 기구를 새롭게 설치했다.

바르가스의 경제 전략에도 민족주의적인 측면이 있었다. 외국인 소유의 기업들로 인해 수익이 감소하는 것은 민족주의자들의 공격 목표가 되었다. 1952년 바르가스는 외국기업들을 비난하면서 새로운 법적 규제들로 으름장을 놓았다.

민족주의자들의 또 다른 목표물은 석유였다. 1930년대 말 이래 브라질은 석유 국유화 정책에 노력을 기울였다. 아르헨티나와 멕시코는 이미 석유의 국가 독점을 선택했다. 라틴아메리카 곳곳에서 국제 석유기업들은 강하게 의심받고 있었다. 브라질의 선택도 다르지 않았다. 1951년 바르가스는 석유의 탐사와 생산을 독점할 공사公私 혼합 형태의 기업 ── 페트로브라스라 불리게 될 ── 을 제안했다.

이 제안은 1945년 이후 가장 뜨거운 정치적 논쟁을 유발했다. 민족주의는 강력한 힘을 지니고 있었으며, 특히 군 간부들 사이에서 더욱 그러하였다. 거친 논쟁이 벌어졌다. 국가 독점의 지지자들은 자유기업 체제 지지자들에게 애국심이 결여되어 있다고 비판했다. 그 역방향의 공격도 있었다. 1953년, 의회는 바르가스가 제안한 것보다 훨씬 강력한 독점체제를 만들었다. 이러한 논쟁으로 인해 여론도 양분되어 첨예하게 대립하였다. 이에 따라 정치적 술수가 개입될 여지가 줄어들었다.

바르가스는 1950년 선거에서 온건한 정견을 토대로 당선되었다. 당의 의원들은 그가 계속 그 노선을 유지해 주길 바랐다. 그러나 정부는 경제적인 어려움으로 인해 힘든 결정을 내릴 수밖에 없는 상황에 직면했다. 첫째, 브라질의 인플레이션이 1951년 11퍼센트에서 1952년 20퍼센트로 급등했다. 둘째, 무역수지가 적자로 돌아섰다. 셋째, 1952년 미 대통령에 선출된 드와이트 아이젠하워가 브라질이 기대한 기반시설 투자 약속을 불투명하게 만들었다.

이렇게 후퇴된 환경이 좌우 양 진영의 바르가스 적들에게 공격의 빌미를 제공했다. 좌파는 바르가스가 제국주의자들에게 나라를 팔아넘긴다고 힐난했다. 반면 우파는 바르가스가 브라질이 의지해야 할 해외 무역파트너와 투자자들을 멀리하고 있다고 비판했다. 정치적인 의식을 지닌 브라질인들은 대부분 이 양 극단 사이의 어딘가에 속해 있었다. 경제적, 정치적 압박감으로 온건한 입장을 취하기 어려워진 바르가스와 그의 정부는 위기 상황에 직면하게 되었다.

1953년 바르가스는 경제위기에 맞서기 위해 개각을 단행했다. 인플레이션과 국제수지 적자가 문제의 원인이었다. 브라질은 과대평가된 환율을 고수해 왔는데, 이것이 국내 인플레이션과 맞물려 수입품은 더욱 싸게, 수출품은 더욱 비싸게 만들었다. 경제안정화 정책이 시급한 상태였다. 단기적으로 이 정책은 실질임금의 하락과 신용거래 및 정부지출의 엄격한 통제를 의미했다. 따라서 대중적이지 못한 정책일 수밖에 없었다.

이러한 과제를 이끌어 가기 위해 바르가스는 그의 오랜 정치적 부관인 오스바우두 아라냐를 재무장관으로 발탁했다. 아라냐는 고전적인 안정화 정책을 추진하여, 1953년에는 외견상 성공한 듯 보였다. 그러나 1954년이 가까워지자, 임금정책에 대한 격렬한 논쟁이 발생했다. 신국가시기 노동부에서 정한 최저임금은 수년째 인상되지 않고 있었다. 아라냐의 목표는 인플레이션 억제정책이 실패하지 않도록 최저임금의 과도한 상승을 막는 것이었다. 이를 위해 아라냐는 노동부장관 주앙 굴라르와 합의점을 모색해야 했다. 브라질노동당의 소장파 정치인 굴라르는 노동당 내의 좌파이면서 투쟁적인 노동지도자였다.

1954년에 아라냐는 긴축경제로 나아가고 있었고, 굴라르는 포퓰리즘적인 재분배 노선을 지향하고 있었다. 바르가스는 이 문제에 대해 결정을 내려야 했다. 2월로 들어서자 그는 굴라르를 해임하여 외견상 아라냐의 긴축정책을 채택한 듯 보였다. 그러자 좌파가 바로 바르가스를 공격하고 나섰다. 석유정책을 둘러싼 싸움에서 승리하며 세력을 키운 그들은, 바르가스가 자신의 안정화 정책을 위해 제국주의자들에게 영합하고 있다고 공격했다. 1954년 5월 1일, 바르가스는 최저임금을 100퍼센트 인상한다고 발표하여 분위기를 쇄신했다. 이 인상안은 심지어 굴라르가 제시한 것보다도 훨씬 높은 수준이었다.

이러한 싸움은 이제 더 광범위한 정치적 갈등 속으로 흡수되었다. 바르가스의 냉혹한 정적들은 그를 공격할 수 있을 만한 문제를 찾아냈다. 그것은 부패였다. 반바르가스 선전가들은 정쟁으로 지친 대통령을 더욱 궁지로 몰아넣었다. 바르가스가 모르는 사이에 대통령궁 경호실장은 카를루스 라세르다 암살 계획을 수립했다. 라세르다는 바르가스에 대한 공격을 주도한 선정주의적 저널리스트였다. 그러나 라세르다를 향해 발사된 총알은 그를 보호하던 공군 장교를 쓰러뜨렸다. 그는 스스로 자원해서 라세르다의 경호원으로 활동한 인물이었다. 이 장교의 죽음은 군을 정치적 갈등 속으로 끌어들였다. 군의 자체조사 결과 대통령궁이 지목되었고, 군 고위 간부들은 바르가스의 사임을 요구했다. 고립무원의 상태임을 깨달은 바르가스는 8월 24일 자신의 심장에 총을 겨누었다. 그는 매우 선동적인 유서를 남겼다. 자신의 죽음은 국내외의 사악한 세력들 탓이며, 자신은 대단히 애국적인 입장을 지니고 있었다고 선언했다. 바르가스는 충격적인 죽음을 통해 자신을 괴롭힌 사람들에게 복수할 수 있었다. 라세르다는 브라질에서 몸을 피해야 했으며, 반바르가스 파벌, 특히 전국민주연합과 군부는 수세적 위치에 놓이게 되었다.

그 후 일련의 과도정부들이 브라질을 통치했다. 그리고 1955년 정식 임기의 대통령으로 당선된 주셀리누 쿠비체크가 1956년에 취임하였다. 민주사회당 소속의 패기 넘치는 정치인 쿠비체크는 능숙한 사회운동가라는 명성을 지녔고, 미나스제라이스 주지사를 역임한 바 있었다. 대선에서 비록 36퍼센트의 득표로 당선되었지만, 그는 신속하게 지지층을 넓혀 나갔다.

군부의 정치개입이 빈번히 발생한다는 점을 의식한 그는 무기를 대량 구매하는 것으로 군부를 달랬다. 또한 의회 내에서 효과적인 민주사회당-브라질노동당 연합을 실현시켰다. 경제 발전을 위한 '타깃 프로그램'Target Program[18]과 내륙지역에 새로운 수도 브라질리아를 건설한다는 야심찬 구상이 합쳐져 열광적인 분위기를 형성하였고, 1950년대 중반 이후 극심했던 정치적 갈등을 누그러뜨렸다. 쿠비체크가 거둔 정치적 성공은 개인적 수완에 의한 것이 크다. 그는 '50년의 진보를 5년에'라는 모토를 내걸었으며, 경제적 도약은 깊은 인상을 남겼다.

그러나 쿠비체크의 정치 전략들이 영원히 지속될 수는 없었다. 의회 내의 민주사회당-브라질노동당 연합은 분열되기 시작했고, 군 간부들

---

18) 포어로는 '프로그라마 지 메타스'(Programa de Metas)라 불렸다. 메타(meta)는 '목표'라는 의미이다.—옮긴이

사이의 알력도 점차 커지고 있었다. 경제는 또다시 인플레이션과 국제수지 적자에 허덕이게 되었다. 쿠비체크는 1958~1959년에 신속히 경제안정화 정책을 시도하였다. 그러나 IMF가 긴축조치를 요구하자 그 정책을 단념하였다. 자신의 경제적 '목표'들을 달성하는 데 걸림돌이 된다고 판단했기 때문이다. 그는 자신의 경제 프로그램을 강행하였고, 결과적으로 후임에게 엄청난 문제들을 남기고 말았다. 그의 퇴임 시기인 1961년 1월, 대외채무 문제를 해결하는 것이 급선무라는 점은 더욱 분명해졌다.

이 과제를 물려받은 대통령은 자니우 콰드루스였다. 그는 브라질에서 가장 유능한 정치인 중 하나였지만, 또한 가장 치명적인 결함을 지닌 정치인이기도 했다. 상파울루 시장, 상파울루 주지사를 성공적으로 수행하며 정계에 선풍을 일으킨 그는 1960년 대선에서 전국민주연합의 지원을 받아 대승을 거두었다.[19] 그는 선거운동에서 부패에 맞서 싸운다는 의미로 빗자루를 상징물로 내걸었다. 그러한 연설은 자유주의적 입헌주의자들을 들뜨게 했다. 마침내 권력이 그들에게 가까이 다가왔음을 확신한 것이다.

콰드루스는 힘겨운 경제안정화 정책을 끌어안은 채 임기를 시작했다. 약 7개월간 특이한 방식으로 통치를 이어 가던 그는 1961년 8월 갑자기 사의를 표명한다. 무엇 때문에 그러한 결정을 내렸는지는 아직도 완전히 밝혀지지 않았다. 아마도 콰드루스는 의회에서 사임이 거부되고 그에게 더 많은 권력이 주어지길 기대한 것으로 보인다. 하지만 오산이

---

19) 당시 콰드루스는 한 군소정당의 후보로 출마했으나, 후보를 내기 어려웠던 전국민주연합이 그의 지지를 선언하고 나섰다. 콰드루스는 선거에서는 승리했으나 출발부터 정치적 기반이 약했다고 할 수 있다.—옮긴이

었다. 의회는 신속하게 사의를 받아들였다. 콰드루스라는, 현대 브라질에서 가장 카리스마 넘친 포퓰리스트 정치인은 이렇게 은퇴의 길로 사라졌다(그는 1985년 상파울루 시장에 당선되어 공직에 돌아와 1988년까지 재직했다).

콰드루스 스스로 기획한 이 종말은 반바르가스 세력은 물론 그에게 큰 기대를 건 많은 브라질인을 당황스럽게 만들었다. 그의 도덕적인 공약들과 상파울루에서 거둔 성공이 새로운 연방 정부에서도 잘 구현되리라 믿었기 때문이다. 전국민주연합의 입장에서 더욱 큰 문제는 권력이 이제 부통령에게 넘어간다는 점이었다. 대선 당시 선출된 부통령은 바로 포퓰리즘의 전형이자 보수적인 군의 증오 대상인 전 노동부장관 주앙 굴라르였던 것이다.[20)]

군부에서는 굴라르의 대통령직 승계에 동의하지 않는 분위기가 형성되었다. 그러나 군 간부들 가운데 '법치주의자'들이 헌법 준수를 주장하고 나섰다. 의회는 타협안을 통해 문제를 해결하였다. 즉, 의원내각제로 전환하여 굴라르가 대통령에 취임해도 내각은 의회에서 책임을 지는 체제를 만든 것이다. 그렇지만 이는 오로지 굴라르의 권력을 축소하기 위해 고안된 작동 불가능한 합성물이었다. 1961년 9월 새로운 대통령이 자신의 축소된 권한을 받아들여 취임하였다. 굴라르는 곧바로 의회가 도입한 체제를 폐지하기 위해 손을 쓰기 시작했다. 그리고 그 활동은, 1963년 1월 국민투표를 통해 온전한 대통령제가 다시 부활하는 성과를 가져왔다. 하지만 그때는 이미 대통령 임기1961~1966년가 많이 지나 굴라르에게는 귀한 시간이 얼마 남지 않았다.

---

20) 당시 대통령 선거에서는 부통령을 별도의 투표용지로 선출하였다.—옮긴이

굴라르의 대통령직 임기는 시작부터 불운의 연속이었다. 게다가 경험이 부족한 새 대통령은 우유부단하였다. 1963년에는 인플레이션과 국제수지 적자가 증가하여 관리가 더욱 어려워졌다. 굴라르는 자신의 경제안정화 팀을 구성하여 탁월한 지식인이자 정치인인 산 치아구 단타스와 저명한 경제학자 세우수 푸르타두에게 지휘를 맡겼다. 단타스는 정식으로 미국 정부 및 IMF와 협상을 벌인 뒤 세부계획을 수립했다. IMF는 통상적인 조치들을 요구했다. 즉 재정적자 축소, 엄격한 임금관리, 고통스런 수준의 신용 축소 등이었다. 이것은 1953~1954, 1955~1956, 1958~1959, 1961년의 안정화 정책에서 사용된 조치들과 똑같은 처방들이었다.

경제안정화 정책은 굴라르에게 특별한 문제를 안겨 주었다. 엄격한 임금관리 정책은 항상 실질임금의 하락을 의미하며, 이는 굴라르가 가장 큰 관심을 기울인 사회그룹에게 타격을 입히게 될 것이었다. 뿐만 아니라, 해외 채권기관의 냉혹한 조건을 충족시켜 준다면 그의 또 다른 지지기반인 민족주의자들에게 공격을 받게 될 것은 분명했다. 더욱이 경제안정화 정책을 성공시킨다 해도, 그의 임기는 브라질이 다시 한 번 고속성장을 이루기 전에 끝나고 말 것이다. 이러한 어두운 전망에도 불구하고 굴라르는 단타스-푸르타두 계획안을 지지했다. 그러나 그는 이 정책을 지속할 수 없었다. 몇 달 지나지 않아 단타스는 조용히 사퇴했고, 푸르타두는 그보다 일찍 브라질리아를 떠났다. 그 후로는 안정화를 위한 어떠한 조치도 진지하게 논의할 수 없게 되었다.

경제안정화가 굴라르의 유일한 걱정거리는 아니었다. 1961년 이래 브라질 정치는 좌우 모두 과열양상을 띠고 있었다. 늘 그래왔듯 군이 결정요인이었다. 1961년에 굴라르의 대통령 승계를 반대한 장교들 중 일부는 여전히 공격 태세를 유지하고 있었다. 그런데 이들이 또다시 굴라르 타도를 위해 음모를 꾸미기 시작했다. 그 음모에 가담한 구성원들과 그들의 아이디어는 1954년의 반바르가스 군사 집단에서 비롯되었다고 할 수 있다. 정치적 대결자들의 목소리가 과격해질수록, 모반자들의 세력도 꾸준하게 증가했다.

정치 스펙트럼에서 좌파에는 사람들이 넘쳐났다. 자신감의 상승은 급진적 민족주의자들의 마음을 사로잡았다. 그들 가운데에는 가톨릭 문맹퇴치 교사, 노조 강성 당원, 트로츠키주의 학생조직원, 예술계의 이상주의자 등이 포함되어 있었다. 이들은 모두 민중문화를 통해서 혁명적 메시지를 확산시켰다. 1964년 초에는 한때나마 급진좌파가 정부의 승인을 받아, 재정과 물자의 지원을 받는 일까지 있었다.

보수주의자들은 민족주의자들이 두 영역 안으로 침투한 것에 격분했다. 그 하나는 군이었다. 그 당시까지 입대한 사병들에게는 투표권이 주어지지 않았다. 그런 가운데 급진주의자들이 사병들의 노조화를 추진하고 나섰다. 군 간부들은 분개했다. 그들은 단체교섭이라는 것에 대해서는 전혀 이해할 생각이 없었다. 심지어 정치적으로 중도적 간부들조차 이를 위협으로 받아들일 정도였다.

새롭게 인력 동원이 가능해진 또 다른 영역은 농촌이었다. 1963년에는 농촌에서도 조합 결성이 합법화되었다. 좌파의 여러 그룹을 포함하여 서로 경쟁관계에 있는 세력들은 지방 노조들의 지지를 얻기 위해 힘을 기울였다. 하지만 농촌지역은 브라질 좌파가 세력을 확대하기에는 전망이 불투명한 곳이었다. 그곳에는 항상 과도한 노동력이 존재했으며, 지주들은 전통적으로 가혹한 지배를 서슴지 않았다. 이러한 농촌에서 노동조합 결성 움직임이 전개되고, 몇몇 토지 습격 사건이 발생하자 지주들은 단호한 조치를 취하며 맞섰다. 특히 그들은 친親지주계층 정치인들에게 압력을 가했다. 농촌지역 선거구에서는 인구에 비해 지나치게 많은 의원이 선출되기 때문에, 이들은 연방의회에서 큰 비중을 차지하고 있었다.

굴라르의 반대세력은 그를 탄핵시킬 만큼의 표는 모을 수 없었다. 오래된 민주사회당-브라질노동당 연합이 여전히 작동되고 있었기 때문이다. 이들은 경제안정화 정책을 지지하지 않았지만, 그렇다고 반反굴라르 음모자들에게 가담할 준비가 되어 있는 것도 아니었다. 음모자들에게 남은 유일한 해결책은 군사 쿠데타였다.

대통령 군사 보좌관들은 굴라르에게 모반의 위험성을 경고해 왔다. 이제는 중도주의 장교들조차 군사 모반 쪽으로 기울고 있었다. 그들을 밀어낸 근본 요인은 좌파의 급진적인 움직임이었다. 이 움직임은 대통령에 의해서든 아니면 그 뒤의 배후세력에 의해서든 이미 상당히 진행 중에 있었다.

미국 정부는 시시각각 전개되는 브라질의 정치적 대립에 높은 관심을 보였다. 미국 대사 링컨 고든과 미 육군 무관 버논 월터스 장군은 군, 민 양쪽의 음모자들과 긴밀한 접촉을 유지하고 있었다. 미국은 만약 필요하다면 반굴라르 반란군에게 연료와 무기를 지원하는 비상대책, 일명 브라더 샘 작전Operation Brother Sam을 수립했다. 하지만 이 작전은 필요 없게 되었다. 3월 31일 쿠데타의 발생과 더불어 상황은 간단히 종료되었다. 처음 미나스제라이스에서 시작된 군사 반란은 전국으로 확산되었다. 하루가 채 지나기도 전에 주앙 굴라르는 우루과이로 망명을 떠났다.

4월 1일 상원의장은 굴라르의 부재로 대통령직이 공석임을 선언했다. 이러한 그의 행위에는 어떠한 법적 근거도 없었지만, 의회는 그것을 받아들였다. 권력의 공백은 군의 공모자들과 민간인 협력자들이 채워 갔다. 브라질 지도자들은 다시 한 번 권위주의적 개발노선을 선택했다.

과거를 되돌아보면, 브라질 민주화의 좌절은 사회계급 간의 상호작용과 밀접한 관련이 있다. 제툴리우 바르가스의 포퓰리즘 정책은 도시노동자들의 조직화를 위한 제도들을 만들었다. 이는 사회 상층계급 및 중간계급—대체로 군에 의해 대표되는 계급이지만—에게는 상당한 도전으로 다가왔다. 그래도 궁극적으로는 받아들일 수 있는 상황이었다. 그러나 1964년의 굴라르는 훨씬 더 근본적인 위협을 초래했다(또는 초래한 듯 보였다). 급진적인 수사修辭를 사용하여 노동자는 물론 농민들까지 동원하려는 그를 보면, 마치 사회경제적 기득권층에 대항하는 범凡계층적 노동자-농민 동맹을 구축하기 위해 필요한 환경을 조성하려는 듯 보였다. 갑작스럽게 일제히 등장한 이러한 움직임들에 지배층은 경악하지 않을 수 없었다. 브라질 하층계급의 과격화는 간단히 말해 용납할 수 없는

브라질인의 영혼을 위한 싸움

라틴아메리카의 어느 나라도 브라질만큼 프로테스탄트와 가톨릭의 경쟁이 치열했던 곳은 없을 것이다. 브라질은 세계에서 가톨릭 인구가 가장 많은 나라로 오랫동안 알려져 왔다. 1960년 이후, 공격적인 개신교 선교사들이 브라질 신도들 사이에 큰 영향을 미치기 시작했다. 1990년대에는 브라질 개신교도 수가 두 배로 증가한 반면, 가톨릭교도의 비율은 10퍼센트 감소했다. 한 개신교 교회는 94개의 텔레비전 채널을 소유한 미디어 제국을 건설하기도 했다.

바티칸 당국은 이러한 국면에 심각한 위기감을 표출했다. 교황은 브라질의 젊은 세대 사제들에게 잃어버린 기반을 되찾기 위해 다시 한 번 도전할 것을 호소했다. 그에 대한 극적인 회답이 마르셀로 로시 신부로부터 나왔다. 40대의 카리스마 넘치는 이 사제는 대중매체를 통한 설교로 거대한 군중을 끌어당겼다. 그의 CD들은 초대형 베스트셀러가 되었다. 또한 2003년 제작된 영화 「마리아: 신의 아들의 어머니」에서 그는 대천사 가브리엘 역을 맡기도 했다. 브라질 가톨릭 신자들에게 행한 연설에서, 이 신부는 엄숙히 선언했다. "많은 사람은 자신이 가톨릭 신자라고 말하지만 실제로 그들은 신자가 아닙니다. 이 영화가 그런 사람들을 구원하길 빕니다." 싸움은 이미 시작되었다.

일이었다. 군은 오랫동안 유지해 온 거부권을 행사한 뒤, 관료적 권위주의 체제를 창출했다.

군사독재

1964년 반란의 공모자들은 굴라르 정부가 빠른 속도로 무너진 것에 놀라지 않을 수 없었다. 굴라르의 우유부단함과 좌파 내부의 분열이 효과적인 대중지원을 이끌어 내지 못했다. 반란군은 거의 또는 전혀 저항에 부딪히지 않고 정부의 지휘권을 장악했다.

1964년부터 1985년까지 4성 장군이 지휘하는 권위주의 정부가 잇달아 등장하여 브라질을 통치하였다. 조직과 인사 면면에는 차이가 있었지만, 모든 정부는 군 간부, 기술 관료, 전통적인 정치인들의 연합체였다. 그들은 의회 선거와 같은 형식적 민주주의의 흔적들을 일부 유지했지만, 반대세력이 그들의 지배력을 위협하는 듯 보일 때마다 원칙과 규정을 바꾸어 계속 권력을 유지하였다.

가장 핵심적인 집단은 역시 군이었다. 군 장교들은 제국 붕괴 이후 오랫동안 브라질 정치에 개입해 온 역사가 있다. 1930년, 군은 구舊공화국을 끝내고 바르가스에게 권력을 이양했다. 1937년에는 쿠데타를 통해 바르가스의 권력을 유지시켰지만 1945년에는 그를 몰아냈다. 1954년 바르가스를 자살로 몰아간 것도 군의 성명서였다. 또한 1955년에 쿠비체크의 대통령 취임을 보장한 것도 군의 '예방적' 쿠데타였다.[21] 마지막으로

---

21) 당시 선거에서 주셀리누 쿠비체크와 주앙 굴라르가 각각 대통령, 부통령에 당선되자 두 사람의 취임에 반대하며 쿠데타의 필요성을 주장하는 움직임이 있었다. 이 움직임에 반대하여 선거를 통해 당선된 대통령의 취임을 보장하려는 군부 개입을 '예방적' 쿠데타라 부른다.—옮긴이

1961년 군은 굴라르의 대통령직 승계를 막으려 투쟁을 이끌었고, 1964년에는 그를 무너뜨리기 위한 음모를 주도했다. 군 장교들은 브라질 정치에서 중추적인 행위자였던 것이다.

1945년 이후 정치적 분쟁의 기류가 군 장교집단을 뒤흔들었다. 1950년대에는 민족주의와 반공주의 양극으로 분열되었다. 반공주의자들은 냉전이 심화되는 속에서 미국과 깊은 동질감을 느낀 반면, 민족주의 좌파를 카스트로주의자들이나 공산주의자들의 들러리 정도로 여겼다.

군 간부들의 여론은 포퓰리즘에 대해 완전히 등을 돌린 상태였다. 굴라르가 바로 대표적인 예였다. 굴라르 정부의 경제 장악 실패(브라질은 1964년 3월 해외채권자들에 대해 거의 채무 불이행 수준에까지 다다랐다), 하류계층의 동원, 군 위계질서에 대한 직접적인 위협 등 모든 상황들이 중도주의 장교들을 쿠데타 지지 쪽으로 돌아서게 만들었다. 1964년 초 반란을 주도한 인물은 육군 참모총장 움베르투 카스텔루 브랑쿠였다. 그런데 그는 1961년 굴라르의 대통령직 승계를 지지한 인물이기도 했다.

굴라르를 밀어낸 후, 반란 주도자들은 새로운 과제에 직면했다. 새로 수립할 정부의 형태와 방향을 결정하는 일이었다. 군 장성들이 취한 첫 조치 중 하나는 초헌법적 성격의 제도법령Institutional Act을 제정하는 것이었다(이 이름을 달고 나올 여러 법령 중 첫번째). 이 법령은 브라질 행정부에 특별하고 독점적인 권한을 부여하였다. 예를 들면, 헌법수정안을 채택하거나 세출예산안을 의회에 제출할 수 있었고, 모든 시민의 정치적 권리를 10년간 제한할 수도 있었다. 권위주의 정부가 새롭게 가동되자, 군 내부에서는 신정부의 진로를 두고 여러 노선들이 논쟁을 벌였다. 강경파는 브라질 민주주의가 이기적이고 반역적인 정치인들로 인해 부패했다고 주장했다. 따라서 브라질은 긴 회복기가 필요하며, 그 기간 중에는 의원 제명, 직접선거 금지, 공무원 해고 등의 조치를 취해야 한다는 것이다. 강경파의 경제적 비전도 파악하기 쉽지 않았다. 군의 온건주의자들은 또 다른 그룹을 형성했다. 이들은 상대적으로 짧은 행정적·경제적 재조직만으로도 무책임한 정치인들이 위기에 빠뜨린 선거민주주의를 회복시킬 수 있다고 믿었다.

(군에 의해 정리된) 의회는 새로운 대통령으로 카스텔루 브랑쿠 장군1964~1967을 신속히 선출했다. 당면과제는 인플레이션 통제와 국제수지 개선이었다. 저명한 경제학자이자 외교관인 호베르투 캄푸스가 기획부 장관에 임명되어 경제정책 수립을 지휘했다. 정부는 인플레이션을 감소시키고, 외환계정에서 흑자를 확립했다. 또한 캄푸스의 경제팀은 브라질 경제 제도들을 재구성하면서 현대화를 시도하였다. 정부는 은행 시스템도 정비했다(진정한 의미의 중앙은행도 마침내 설립되었다). 주식시장과 채권시장도 처음으로 제도화하였다. 또한 근로자들을 쉽게 해고할 수 있도록 노동 법령을 개정하고, 수출 규정을 간소화했다. 캄푸스는 오래전부터 브라질은 자본주의에 실패한 것이 아니라고 주장했다. 이유인즉, 아직 자본주의를 시도조차 하지 않았기 때문이라는 것이다. 따라서 그에게는 지금이 그 기회였다. 단기적인 결과는 실망스러웠지만, 카스텔루 브랑쿠와 캄푸스는 낙담하지 않았다. 그들은 미래의 건전한 성장을 위해서는 자신들의 노력이 꼭 필요한 일이라고 생각했다.

미국 정부는 새로운 군사정권에 절대적인 후원을 보냈다. 어느 면에서 이는 20세기 초부터 시작된 양국의 전통적인 우호관계에서 비롯되었다고 할 수 있다. 일부에서는 '암묵적 동맹'unwritten alliance이라 부르기도 하지만, 이 관계는 양국 간의 긴밀한 군사적, 경제적, 정치적 연관성에 바탕을 두고 있다. 워싱턴의 정책 입안자들은 1889년 재빨리 새로운 공화국을 인정한 바 있다. 1차 세계대전에서 브라질은 미국과 손을 잡고 독일에 선전포고를 했다. 2차 세계대전 때에는 연합군 측에 가담하여 이탈리아 전선에 군대를 파병하였다. 냉전이 시작됐을 때도 대부분의 브라질 대통령은 미국과 보조를 맞추었다. 1962년부터 미국 대사 링컨 고든은 굴라르 정부를 전복시키려는 모반자들과 긴밀한 접촉을 유지했다. 따라서 존슨 미 대통령이 신생 군사정권을 서둘러 지원한 것은 놀라운 일이 아니다. 미국 정부는 이제 막 첫 걸음을 뗀 초보 경제를 지원하기 위해 차관을 비롯해 여러 경제지원 종합 프로그램을 허가했다. '진보를 위한 동맹' 프로그램을 강화하여 기술자, 평화봉사단, 기타 자원들을 브라질로 보냈다. 미국 정부는 군 간부 및 경찰의 훈련 지원도 증대시켰다. 브라질은 세계에서 두번째로 큰 규모의 미국 대외지원 프로그램을 받는 수혜국이 되었다. 반공주의 정서와 오랜 암묵적 동맹으로 인해 미 정부는 이 권위주의 정권에 긴밀하게 결부된 것이다.

정치 면에서 카스텔루 브랑쿠는 많은 도전에 직면했다. 1965년 10월 주지사 선거에서 정부가 내세운 후보자들이 미나스제라이스, 과나바라(과거에 리우데자네이루가 포함되어 있던 주) 등 주요 주에서 온건 야당 후보들에게 고배를 마셨다. 이에 대응하여 카스텔루 브랑쿠는 제도법령 2호를 공포했다. 새 법령의 핵심은 기존 정당들을 폐쇄하고, 친정부 정당(국가혁신동맹ARENA)과 허약한 새로운 야당(브라질민주운동MDB)을 수립하는 것이었다. 또한 대통령, 부통령, 그리고 모든 주지사의 선출을 간접선거로 전환하였다.

카스텔루 브랑쿠가 마주해야 할 문제들은 또 있었다. 기대했던 경제의 호전은 1965~1966년에 일어나지 않았다. 따라서 경제 성장을 위해 임기를 1년 더 연장하도록 권유받았다. 사실 브라질 경제 문제는 그가 2

년 반을 더 집권하는 동안에도 해결되지 않았다. 이 무렵, 군은 그렇게 빨리 권력을 이양하지는 않을 것으로 보였다. 실제로, 온건파로 여겨지던 카스텔루 브랑쿠가 국가보안법을 통해 권위주의 정권을 제도화하였다. 이 법은 언론을 검열하고 주요 도시의 시장을 간접선거로 선출하는 등 권력의 확대에 이바지했다. 또한 그는 군사정권의 권위주의적 정책들을 법제화한 새로운 헌법의 제정을 주관했다.

군사정부의 두번째 대통령 아르투르 다 코스타 이 시우바1967~1969는 상황을 더욱 험악하게 만들었다. 취임 직후에는 자유화를 추진하겠다는 희망을 피력했다. 그러나 정국의 추이는 다르게 흘러갔다. 1967년까지 권위주의 정부는 반대파에게 상당히 관용적인 모습을 보였다. 적어도 1960, 70년대 에스파냐어권 아메리카의 군사정부들과 비교하면 그렇다고 할 수 있다. 하지만 관용은 대중동원을 불러왔다. 1967~1968년에 학생들이 주도한 저항운동은 일련의 시위로 이어졌다. 그리고 한 어린 학생이 경찰에 의해 사망하자 리우데자네이루에 대규모 군중 시위가 열렸다. 저항은 정점에 이르렀고, 독재에 대한 항거는 빠르게 전국 규모로 확대되었다.

그러자 군 강경파는 민주주의와 '곤경에 처한' 정부 사이의 어떠한 타협에도 반대하며 강력한 탄압을 주장하였다. 1968년 중반에는 미나스제라이스에서 시작된 일련의 생산 파업이 상파울루의 산업 중심지까지 확산되었다. 주저하던 코스타 이 시우바 정부는 결국 파업 참가자들에게 강력한 진압으로 대응하였다. 이로써 경제 고속성장을 이루기 위해 독재적 수단에 의존하는 권위주의 정부라는 하나의 패턴이 만들어졌다. 그들의 성장정책은 노동조합 탄압, 외국자본 유치, 기업인들에 대한 높은 보상 등을 토대로 하였다.

또한 군은 학생운동 조직을 모두 해체시켰다. 10월에는 군이 출동하여 전국학생연합의 비밀집회를 포위하고 700여 명의 운동가와 지도자들을 체포했다. 학생과 야당인사들에 대한 탄압의 수위가 높아지자, 의회에서는 탄압과 고문에 대한 항의를 표했고, 이는 코스타 이 시우바 대통령과 입법부의 최후 결전으로 이어졌다. 군을 비판한 두 의원에 대해 면책특권을 정지하려 하자 의회의 과반수가 이를 거부하였다. 그러자 정부가 곧바로 제도법령 제5호를 선포했다. 1968년 12월 13일, 군 지휘부는 의회를 폐쇄하고, 인신보호영장 제도를 중단시켰다. 또한 군의 언론 검열 권한을 확대하고, 민주적 권리들을 축소시켰다. 이로써 군정 기간 중에서도 가장 억압적인 시기가 시작되었다. 정권 반대자들로부터 정보를 뽑아내거나, 독재에 도전하는 자들에게 공포감을 불어넣기 위한 수단으로서 고문이 광범위하게 사용되었다.

1969년 브라질은 새로운 차원의 정치적 폭력에 타격을 입었다. 투쟁적인 학생들로 구성된 반정부 그룹이 주로 도시에서 게릴라 네트워크를 형성했다. 그 해 9월 코스타 이 시우바 대통령이 뇌졸중으로 쓰러졌다. 같은 시기, 두 게릴라 조직이 미국 대사를 납치하였다. 그들은 15명의 정치범을 석방하고 모든 매체에 혁명 선언문을 게재하라고 정부에 요구했다. 대사는 그들의 요구가 관철된 직후 풀려났다. 브라질은 그 후 4년 동안 게릴라 전쟁에 시달렸다. 소수의 혁명가들이 타국 외교관들을 납치하여 인질로 삼고 구속된 다른 혁명가들의 석방을 요구했다. 또한 지방에서도 게릴라 활동을 개시하기 위한 태세를 갖추었다.

코스타 이 시우바의 뒤를 이은 에밀리우 메디시 장군1969~1973은 가파른 경제성장을 이끌면서 민족주의를 고양시켰다. 1967년 이후 성장세로 돌아선 브라질 경제는 1950년대의 기록을 두 배로 끌어올렸다. 1968

년에서 1974년까지 평균 경제성장률은 10퍼센트에 이르렀고, 수출은 4배 이상 증가했다. 마치 한 시대를 마감하듯, 커피를 대신하여 공산품이 국가의 수출 선두 품목으로 올라섰다. 바깥에서 이러한 상황을 지켜본 사람들은 '브라질의 기적'에 대해 말하기 시작했다. 국가에 대한 자부심은 군사정권의 지지로 이어지기도 했다. 1970년 월드컵 대회에서 브라질이 세번째로 우승컵을 안았을 때, 나라는 열광적인 축제로 뒤덮였다. 정부는 아마존 지역의 도로 건설을 비롯해 여러 대형 공공사업에 착수했다. 낙관주의와 경제 급성장은 메디시의 통치에 더욱 힘을 불어넣었다.

자유화에서 재민주화까지

1973년까지 게릴라 운동들은 대부분 진압되었다. 그들은 별다른 성과를 거두지 못한 채 인적 자원만 소진하였다. 사실상 그들은 탄압기구를 강화시켜 준 꼴이 되었고, 어떠한 정치적 개방도 그것은 곧 내전을 의미한다는 강경파의 주장이 신뢰감을 갖도록 만들었다.

에르네스투 가이젤 장군1974~1979이 대통령에 취임했을 때, 그는 민주주의와 법치주의의 회복 등 군정 초기의 공약들을 다시 한 번 강조했다. 가장 큰 장애물은 안보 기관들이었다. 이들은 정부 내에서 막강한 영향력을 행사하고 있었다. 고문을 포함한 비열한 수단들을 사용하여 반정부 혁명 세력들을 쉽게 제거했을 뿐만 아니라, 자유화에 대한 강력한 거부권도 행사했다.

가이젤이 재민주화를 추진한 배경에는 그가 개인적으로 긴밀히 연계해 온 카스텔루 브랑쿠의 법치주의 전통이 있었다. 즉, 그는 반대세력의 압력에 대처하기 위한 것이 아니라, 1964년 군사 개입과 함께 공약된 민주화로의 이행을 완수하기 위해 재민주화를 추진하려는 것이었다.

이전의 군사정부들과 마찬가지로, 가이젤 정부의 가장 근본적인 문제는 자유로운 보통선거에서는 승리 가능성이 희박하다는 점이었다. 반면 군부가 민주주의의 원칙들을 진지하게 받아들이지 않는다면 그런 약점은 문제가 되지 않을 것이다. 그러나 그들은 원칙들을 받아들였다. 그 결과 자신들이 원하는 투표수를 얻기 위해 끊임없이 임기응변과 정치공작을 펼쳐야 했다. 문제가 심각해진 것은 1974년 10월의 일이었다. 새 정부는 이전과 달리 상대적으로 자유로운 의회 선거를 허용했다. 결과는 야당의 압도적인 승리였다. 교훈은 분명했다. 대중은, 특히 산업화된 도시 지역의 시민들은, 기회만 주어진다면 정부에 반대표를 던질 것이다.

가이젤 정부는 또한 심각한 경제문제에도 직면했다. 브라질은 석유 재고량이 거의 바닥인 상황에서 1974년의 석유파동을 맞이했다. 유가가 폭등하자 정부는 어쩔 수 없이 높은 가격으로 석유를 수입했고, 이는 인플레이션을 더욱 부채질했다. 1980년에는 인플레이션이 100퍼센트가 넘었으며, 외채는 계속 쌓이고, 산업 생산은 급감했다. 게다가 생산 노동자들도 상파울루에서 행동을 일으켜, 1978년, 1979년, 1980년에 일련의 파업을 단행했다. 정부의 임금 정책에 맞서 이 파업을 이끈 인물은 바로 카리스마 넘치는 노조 위원장 루이스 이나시오 '룰라' 다 시우바였다. 가톨릭교회는 아른스 추기경의 이름으로 파업노동자들을 지원하고, 경제적 '기적'의 시기 동안 이들이 감수한 엄청난 희생을 알리는 데에도 힘을 보탰다.

브라질 군부는 지미 카터 행정부 시기1977~1981에 전통의 동맹국 미국과 긴장관계에 놓이게 되었다. 브라질이 핵확산방지조약 서명을 거부하면서 양국 관계에 균열이 생겼다. 더욱이 원자로 건설을 위한 기술 협정을 미국 대신 독일과 추진하자 관계는 더욱 악화되었다. 인권문제 또한 브라질리아와 워싱턴 정부 사이의 반목을 부추겼다. 브라질 정권이 정치범들에게 고문을 가한다는 사실이 한 국제인권운동을 통해 외부에 알려졌고, 정권의 대외 이미지는 치명적인 손상을 입었다. 카터 대통령은 1978년 브라질을 방문하여 자국민에게 고문을 가하는 정권을 무조건적으로 지원하지는 않을 것임을 강조했다. 양국 사이에 관계 단절은 일어나지 않았지만, 20세기 초부터 착실하게 진전되어 온 '암묵적 동맹'은 약화될 수밖에 없었다.

1979년 자리에서 물러나기 전, 가이젤은 망명 중인 모든 반정부 인사에 대한 금지조치를 해제하고, 브라질 귀국을 허용했다. 그의 후임인 주앙 피게이레두 장군1979~1985은 대부분의 정치범을 석방하는 사면안에 서명하고, 상당수 반체제 인사에 대한 기소도 철회했다. 더불어 구금자들의 고문에 연루된 정부 당국자들에게도 사면이 내려졌다. 또한 갈수록 커져 가는 반독재 통합세력을 갈라놓기 위해, 정부는 두 개의 정당을 해산하고 새로운 정당의 창립을 허가했다. 바로 분열-정복 전략이었다. 정부는 민주사회당PSD을 후원했다. 다수의 반대세력은 브라질민주운동당PMDB을 결성했다. 신생 정당들 가운데에는 1978~80년 파업의 지도자 룰라가 이끄는 노동자당PT도 들어 있었다.

1982년에는 기획부 장관 델핑 네투와 동료 정책 입안자들이 경제회복을 설계하고자 했다. 그 해는 선거가 예정되어 있어, 경제회복은 더더욱 긴급한 사안이었다. 하지만 그들의 이러한 희망은 세계 불황에 막혀 부서지고 말았다. 수출품 가격은 하락하였고, 높은 이자율로 외채 상환 비용은 주체할 수 없을 정도로 증가했다. 1982년 말 브라질은 세계에서 외채 규모가 가장 큰(870억 달러) 나라라는 불명예를 얻었다. 그리고 아르헨티나, 멕시코와 마찬가지로 외채 상환을 유예해야 했다. 긴급한 채무

이행을 위해 브리지론bridge loan이 절실했던 브라질은 IMF가 설계한 경제계획을 받아들였다. 이제 국제수지 흑자를 위해 수입을 가혹할 정도로 축소해야 했다.

1982년 11월, 브라질은 심각한 경제위기 속에서도 1965년 이후 처음으로 직접선거를 통해 모든 주지사를 선출했다. 야당인 브라질민주운동당은 상파울루, 리우데자네이루, 미나스제라이스 등 가장 발전된 주들에서 압도적인 승리를 거두었다. 노동자당은 처음 참여한 선거에서 큰 성과를 내지는 못했다. 새로운 집권 여당인 민주사회당은 하원의 주도권은 잃었지만, 1985년에 간접선거를 통해 새 대통령을 선출할 선거인단을 장악했다.

대통령 직선제 부활을 위해 의회의 법안 통과를 요구하는 대규모 시위가 1983년에 전국적으로 일어났다. 수백만 명의 사람들이 가두시위를 벌이며 "이제는 직접선거를"direita já이라고 요구했다. 그러나 법률 개정에 필요한 의회의 과반수를 확보하지 못해 결국 뜻을 이루지 못했다. 따라서 브라질 고유의 방식대로 대통령 간접선거가 진행되었다. 제1야당 브라질민주운동당 후보는 탕크레두 네베스였다. 미나스제라이스 출신인 그는 노련한 구식 정치인이었다. 그는 재빨리 대통령 선거운동에 돌입하였고, 자신의 온건성을 내세워 군부를 안심시켰다. 반면, 여당인 민주사회당 후보 파울루 말루프는 서툰 선거운동을 펼치다가 당과 거리가 멀어졌다. 상당수의 민주사회당 선거인단 의원들이 이탈하여 탕크레두에게 표를 던졌다.

탕크레두는 대중이 그에게 건 큰 기대를 실현시키지 못하고 세상을 떠났다. 취임식 전날 그는 응급 장 수술을 받았으나, 끝내 회복하지 못했다. 부통령에 당선된 전 상원의원 주제 사르네이가 대통령직에 올랐다.

아이러니하게도 21년 만에 등장한 브라질의 첫 문민 대통령은 민주사회당의 전 대표이자 군사정권의 중심인물이었다.

사르네이 임기에 대한 가장 좋은 평가는, 군은 옆으로 물러나고 대통령이 재민주화에 전념했다는 말일 것이다. 새 정부는 경제안정화 정책(크루자두 계획)을 시행했다. 임금과 물가를 동결시켜 1985년 227퍼센트까지 치솟았던 인플레이션을 극적으로 끌어내렸다. 경제정책의 초기 성공으로 사르네이 지지 세력은 1986년 11월 선거에서 손쉽게 대승을 거두었다. 그러나 경제의 안정화는 오래 지속되지 못했다. 1987년 초에 인플레이션이 다시 폭등했다. 사르네이의 인기는 곤두박질쳤고, 그 해 연말에는 선거의 승리도 빛이 바랬다. 이제는 브라질의 심각한 문제에 새로운 해법을 제시해 줄 새 지도자의 등장이 필요한 상황이었다.

새로운 얼굴은 페르난두 콜로르 지 멜루였다. 가난한 북동부 주 알라고아스에서 주지사를 지낸, 젊은 무명의 정치인이었다. 그는 풍성한 자금을 지원받아 TV 기반의 캠페인을 펼쳤다. 이것은 TV를 소유한 브라질 전체 가정의 4분의 3을 겨냥한 것이었다. 1989년 선거에서 가장 강력한 라이벌은 전 노조 위원장 루이스 이나시우 '룰라' 다 시우바였다. 결선투표에 가서 콜로르가 승리했다. 하지만 룰라의 득표율(47퍼센트)은 좌파에게는 전례 없는 수준에 도달한 것이었다.

임기를 15개월 정도 보낸 1991년 중반, 콜로르의 통치력은 당초 기대에 크게 못 미치는 것으로 드러났다. 자니우 콰드루스처럼 브라질 정치에는 알맞지 않은, 지나치게 권위주의적이고 거만한 스타일로 통치한 것이다.

콜로르는 경제안정화에 승부를 걸었다. 하지만 불행하게도 그의 정책은 금융자산 동결이나 물가연동제의 즉시 폐지 등 단기적인 책략에 의존했다. 그런 정책들은 몇 달 지나지 않아 효력을 잃게 되었다. 1991년 초 안정화 정책은 실패로 끝났다. 인플레이션은 연간 1,585퍼센트를 기록했고, 국가재정은 통제에서 벗어났으며, 물가연동제가 다시 시작되었다. 브라질 경제는 국내외 투자자들에게 실망감을 안겨 주면서 또다시 표류하게 되었다.

콜로르는 신자유주의 개혁이라는 야심찬 프로그램도 이미 개시한 상태였다. 민영화, 규제완화, 낮은 관세를 통한 경제개방 등이 주요 내용이었다. 이 계획안의 많은 내용은 의회에서 기업가들과 민족주의자들의 강력한 저항을 불러일으켰다. 이 프로그램에서 정부가 유일하게 거둔 성공은 대규모 국유제철소를 매각한 것이다. 이 제철소는 민영화된 이후 수익과 생산성이 크게 증가하였다.

콜로르는 어느 정책도 끝까지 완수할 수 없었다. 2년이 조금 지났을 때, 그는 대통령의 권한을 상실했다. 1989년 선거운동에서 그가 공격한 망령이 이제 그를 덮쳤다. 바로 부패였다. 취재기자들, 불만을 품은 대통령 형제, 의회의 진상조사 등을 통해 콜로르가 거대한 뇌물 사건에 연루되어 있음이 드러났다. 그는 TV에 의지하여 자신을 방어하려 했다. 그러나 TV에 어울리던 그의 수완들이 더 이상 힘을 발휘하지 못했다. 대중의 분노는 대통령 탄핵과 해임을 요구하는 시민운동으로 이어졌다. 1992년 9월 하원은 압도적으로 그의 탄핵안을 의결했다. 그리고 상원에서 불법행위를 근거로 그의 유죄를 가결시키려 하자, 표결에 부쳐지기 불과 몇 시간 전에 사퇴하였다.

그의 뒤를 이은 사람은 부통령 이타마르 프랑쿠였다. 상원의원을 지냈지만 정치적으로는 큰 경력이 없는 인물이었다. 그의 가장 큰 장점은 진실함이었다. 하지만 그의 정부는 정당 기반이 약했고 정치적 방향성도 부족했다. 1993년에는 인플레이션이 치솟아 연간상승률이 2,490퍼센트에 이르렀다. 서반구의 전체적인 인식에 따르면, 브라질은 남미의 환자나 마찬가지였다.

최근 상황(1994년~현재)

1993년 말 페르난두 엔히키 카르도주가 재정부장관에 임명되자 정부는 마침내 의지할 곳을 찾게 되었다. 그의 유능한 기술관료들은 다시 한 번 더 인플레이션 억제 정책을 실시했다. 이전에 비해 훨씬 뛰어나게 구상된 이 정책은 인플레이션을 통제하는 데 성공한다.

카르도주는 이러한 성공과 그에 따른 신뢰의 분위기를 활용하여, 1994년 10월 대통령에 출마했다. 브라질사회민주당[22] 소속 전 상원의원인 카르도주는 과거 좌파 지식인이었다는 우려를 불식시키고 보수 정당의 지원을 받아 선거에서 승리한다. 비중 있는 우익 후보자가 없는 선거전에서, 54퍼센트를 획득한 카르도주가 비교적 쉽게 룰라를 따돌리고 당선되었다. 룰라는 이번에도 2위에 머물렀다. 1995년부터 임기를 시작한 카르도주는 사회 전체에 가득한 자신감을 적절히 활용하였다. 이러한 자신감은 경제안정화 정책의 성공에서 나온 것은 물론이지만, 그 전년도에 브라질이 역사상 처음으로 월드컵에서 네번째 우승을 차지한 사실과도 무관하지 않다. 초기에는 카르도주에게 행운이 계속되었다. 헤알화의 안

22) 브라질사회민주당(Partido da Social Democracia Brasileira)은 브라질민주운동당(PMDB)에서 분리되어 1988년 설립된 정당으로 민주사회당(Partido Social Democrático)과는 구별된다.—옮긴이

정세는 지속되었고, 이타마르 프랑쿠 정부에서 지지부진하던 민영화 프로그램에도 다시 속도가 붙었다. 다만 공공부문의 적자는 미해결인 채로 남았는데, 카르도주 체제의 연립정부적 특성과 공무원 감축에 대한 고질적인 저항 등을 감안한다면 그리 놀랄 일도 아니었다.

하이퍼인플레이션의 공포가 사라지자, 과거에는 부유층과 중산층의 전유물이던 내구소비재를 하위계층에서도 일이 년 내에 구입할 수 있게 되었다. 하지만 브라질의 많은 사람들에게는 여전히 기아, 문맹, 질병과 같은 낯익은 사회문제가 남아 있었다. 1990년대 중반에는 경찰이 토지를 불법 점거한 농민들을 학살한 사건이 발생했다. 이 사건을 계기로 무토지 문제가 사회적 이슈로 부상하였고, 정부는 토지분배 프로그램에 가속도를 내었다. 라틴아메리카의 다른 지역들과는 달리, 브라질은 분배 가능한 미개척 국유지를 충분히 보유하고 있었다. 그러나 정부가 자금 대출이나 운송 시스템 같은 부가적 서비스를 제공하지 못해 새로운 토지 소유주들이 경제적으로 발전할 가능성이 없었다. 충분한 성장을 기록하지는 못했지만, 카르도주는 임기의 첫 2년 동안 대중의 지지를 계속 유지했다. 심지어 1997년 중반에는 상당한 정치적 비용을 감수하면서 대선에 재출마하기 위해 헌법 개정을 강행하였다.

그 이듬해, 카르도주의 운세가 변하기 시작했다. 아시아에서 시작된 세계금융위기가 러시아와 브라질을 차례로 강타했다. 카르도주의 경제 책임자들은 고평가된 헤알화를 지키기 위해 금리를 올리고 세금을 인상하며 강경하게 맞서 싸웠다. 9월의 첫 두 주 동안 정부의 외환보유고에서 하루에 10억 6천만 달러씩 사라지자, 결국 자본 도피가 일어났다.

그러한 환경 속에서 1998년 10월 브라질인들은 대선을 맞이했다. 카르도주의 선거캠프는 갈수록 악화되는 금융위기에서 사람들의 관심을 돌리기 위해 온갖 노력을 다했다. 53퍼센트의 득표율을 기록한 카르도주가 재선되고, 룰라는 또다시 패배를 맛보았다. 하지만 1994년과는 달리 카르도주의 승리에는 유권자의 신뢰가 담겨 있지 않았다. 반영된 것은 카르도주의 정통 경제정책 이외에는 대안이 없다는 두려움뿐이었다.

선거에서 승리한 후 카르도주는 IMF의 강력한 압박을 받았다. 공공지출을 대폭 삭감하고 금리와 세율을 다시 한 번 올리라는 요구였다. 그는 충실하게 따랐다. 11월에 브라질은 미국 정부와 국제기관들로부터 415억 달러의 차관을 도입하였다. 자본 도피는 둔화되었지만, 경제성장률이 감소하는 대가를 치렀다(1998년에는 1퍼센트 미만으로 떨어졌다). 카르도주와 그의 재무부장관 페드루 말랑은 해외채권단, 특히 IMF의 요구를 한 글자도 틀리지 않고 잘 따른다는 평판을 얻었다.

해가 바뀌어도 경제 위기는 계속되었다. 1월 초에 자본 도피는 60억 달러로 늘어났다. 8퍼센트의 '통제된' 평가절하 정책이 실패하자, 중앙은행은 헤알화에 변동환율제를 적용하기로 결정했다. 브라질 통화의 가치는 달러 대비 40퍼센트 이상 떨어졌으나, 곧 25퍼센트대에서 안정되었다.

카르도주는 두번째 임기의 나머지를 외채의 채무 불이행을 피하기 위해 절박하게 보내야 했다. 그렇지만 이전 정부들이 지나치게 무관심했던 초등교육을 어느 정도 강화시킨 것은 매우 중요한 사회적 성과라고 할 수 있다. 극도로 파편화된 정당 체제 ── 지나치게 관대한 선거법의 결과 ── 는 세제나 연금 개혁과 같은 논쟁적인 법안들의 통과를 어렵게 만들었다. 세제개혁이 필요한 이유는, 브라질의 조세부담이 국내총생산의 40퍼센트선까지 올라, 세계에서 가장 높은 수준에 이르렀기 때문이다. 또한 공적 연금 제도는 매년 200억 달러 이상의 적자를 기록하고 있었다.

카르도주의 경제 기록은 복합적이다. 과대평가된 통화를 완고하게 유지하다 1998~1999년에 투기적 위기에 직면했다. 그리고 위기가 절정에 달했을 때 20퍼센트의 평가절하가 이루어졌다. 이러한 과대평가 정책은 수출에 찬물을 끼얹고, 브라질 외환보유고의 절반을 날려 보냈다. 후임 대통령은 거대한 외채와 브라질 통화에 대한 투기자본의 공격에 맞서야만 할 것이다. 그러나 카르도주는 임기 동안 민주적 절차를 성실하게 지킨 것에 대해 당연히 자부심을 느껴도 될 것이다. 비록 문민정부의 안정성에 대한 회의론이 널리 퍼져 있었음에도, 여전히 잔존하고 있는 권위주의적 과거로부터 브라질을 좀더 멀리 이끌고 갔기 때문이다.

브라질의 첫 노동자 출신 대통령

2002년 대선에서는 주목할 만한 세 명의 후보가 등장했다. 카르도주 정부의 지지를 받은 주제 세하, 노동자당의 룰라, 북동부의 포퓰리스트 후보 시루 고메스였다. 선거 캠페인은 금융시장이 패닉상태에 빠지면서 엉망이 되었다. 이는 초반 여론조사에서 룰라가 앞서가는 데에 대한 투기세력의 반응이었다. 전직 기계공 룰라는 군정시기에 좌파 노동자당 수립에 기여한 노조 지도자였다. 그리고 세 번의 대통령 선거에 출마해 실패한 경력도 있었다. 2002년 말 선거가 임박하자 룰라는 선거운동에서 자신이 온건하게 보이도록 노력하며 금융과 산업 지도자들의 지지를 확보하였다.

결선투표에서 룰라는 놀라운 표 차이로 승리를 거두었다(그는 최대 경쟁자인 카르도주 정부의 보건부 장관 주제 세하와 결선투표를 벌였다). 민주주의 복원을 위해 싸워 온 수백 만 노동자당 지지자들은 드디어 승리를 맛보았다. 이제 브라질은 역사상 처음으로 진정한 노동계급 출신의 대통령을 맞이하게 되었다. 신임대통령은 재무부 장관이나 중앙은행장

룰라는 군중들을 끌어당기는 힘이 있다. 2010년 대통령 선거에서 그는 브라질 최초의 여성 대통령 지우마 호세프를 도왔다.

과 같은 경제 부문의 핵심 직위에 보수 정통파 인사들을 임명하여 모두를 놀라게 했다.

국제금융계는 룰라의 온건한 출발을 열렬히 환영했다. 해외 금융기관들은 브라질의 신용등급을 상향조정하였고, 정부는 IMF의 요구대로 처음 2년 동안 만족할 만한 기초재정흑자[23]를 달성했다. 브라질은 3차년도의 목표를 초과 달성하였고, 2005년에는 당초 계획보다 2년을 앞당겨 IMF에 대한 채무를 전액 상환하였다. 또한 신정부는 인플레이션 추세를 억제하기 위해 이전 정부의 통화정책을 지속하였다. 그리고 농산품 수출

23) 기초재정흑자(primary budget surplus)는 일반적으로 IMF의 차관 지원 조건으로 제시되며, 이자 상환 부분을 제외한 수치를 반영한다. 따라서 '이자 지급을 제외한 기초재정흑자'라고 표기하는 경우도 있다.—옮긴이

이 호조를 보이면서 브라질 경제는 더욱 강화되었다. 특히 대두 수출은 세계 2위 규모로 성장하였고, 사탕수수를 이용한 에탄올 생산도 크게 확대되었다.

룰라 정부는 빈곤 감소 계획의 하나로서 카르도주 행정부에서 시작된 빈곤층 원조 정책을 더욱 발전시켰다. 보우사 파밀리아Bolsa Familia ; 가족 보조금라 불린 새로운 프로그램은 저소득층 가정에 약간의 기금(한 달에 약 35달러)을 직접 송금하며, 수혜 가정은 자녀들을 반드시 학교에 보내고 정기적으로 건강검진을 받도록 해야 할 의무를 지녔다. 가난한 행정부는 충분한 자금 없이 큰 부담 속에서 이 프로그램을 시작하였고, 정부의 다른 복지프로그램과의 연계도 매우 혼란스러웠다. 그러나 현재 전체 저소득층 인구의 상당 부분인 1,100만 가구, 4,600만 명에게 지원이 이루어지고 있다.

룰라 행정부는 이 새로운 프로그램을 통해 높은 인기를 얻게 되었다. 특히 북동부의 빈곤지구나 빈부격차가 극심한 지역들에서는 더더욱 그러했다. 또한 고등교육 투자를 늘림으로써 중산층의 지지도 얻게 되었다. 그러나 노동자당 내의 좌익세력은 룰라가 당과 국가를 기만하였다며 그와 그의 경제적 정통주의를 맹렬히 공격했다.

2005년 중반, 브라질을 뒤흔든 사건이 발생했다. 노동자당에 의해 만연된 정부 내의 부정부패에 대해 브라질리아에서 일련의 폭로가 이어졌다. 체신부 사업에 대한 감사에서 노동자당의 의회지도부가 출처불명의 현금을 사용하여 조직적으로 표를 매수했음이 밝혀졌다. 그 목적은 정부가 충분한 표를 확보하지 못한 법안을 의회에서 통과시키기 위함이었다. 책임의 화살은 룰라 정부 내의 핵심그룹 멤버들에게 돌아갔다. 그 속에는 과거 학생운동 및 게릴라의 지도자였고, 1990년대 노동자당 대

인종 간 격차의 극복

350년 동안 노예상인들이 들여온 아프리카인의 수는 브라질이 미국보다 네 배나 많다. 오늘날 아메리카 대륙에서 아프리카계 후손이 가장 많이 살고 있는 나라는 브라질이다. 식민지 시기와 독립국가 시기를 거치면서 상당한 인종 혼합이 이루어졌다. 적어도 브라질 인구의 절반은 어떤 식으로든 아프리카계 선조로 이어진다.

그러나 아직도 인종적 계층화가 남아 있어, 피부색이 짙을수록 사회경제적으로 낮은 계급에 속할 가능성이 크다. 1970년대에 나타난 역동적인 흑인 의식 운동을 통해, 브라질이 지닌 아프리카 문화의 뿌리가 재확인되었고, 오랜 인종적 불평등에 대한 사회의 대응이 요구되었다. 1980년대에는 리우데자네이루 주지사 레오넬 브리졸라가 아프리카계 브라질인들을 주정부 요직에 임명했다. 카르도주 행정부에서는 연방정부 차원에서 유럽계 후손들과 아프리카계 혹은 혼혈 후손들 사이의 뚜렷한 격차를 극복하기 위해 대책을 논의하기 시작했다.

2003년 5월, 룰라 대통령은 저명한 아프리카계 브라질인 변호사 조아킹 바르보자 고메스를 대법관에 임명했다. 브라질에서 최고법원은 더 이상 백인의 정치적 지배를 상징하는 보루가 아니었다. 근년 들어, 뿌리 깊은 인종적 불평등을 제거하기 위한 최선의 방법이 무엇인지 논쟁이 계속되고 있으며, 차별철폐 프로그램, 고등교육과 고용에 더 넓은 문호 개방을 보장하는 정책들이 모색되고 있다. 대법관 바르보자 고메스가 자신이 성장한 사회에 대해 평가한 것처럼, "인종 이슈는 금기였고, 브라질 사회가 인종적 낙원이라는 잘못된 이념이 자리 잡고 있었다." 그러나 지금 브라질은 이 문제에 맞서고 있다.

표 시절 당을 온건 성향으로 이끈 주제 지르세우 같은 인물이 포함되어 있었다. 노동자당은 갑자기 도덕적 우월성을 잃고 말았다. 이제 룰라도 브라질 정치의 어두운 면에 휩쓸리게 되었다. 그동안 노동자당은 그러한 곳에는 결코 발을 들여놓지 않을 것이라고 선언해 왔다. 노동자당의 급진 좌파들은 당을 나와(또는 추방되어) 새로운 정당, '사회주의와 자유당' Partido Socialismo e Libertade을 세웠다. 이 신당은 노동자당 내의 많은 불만 세력을 끌어들였다.

그러나 룰라 대통령은 노동자당 지도자들의 부패와 권력 남용에 대한 책임을 간신히 모면했다. 룰라는 로널드 레이건처럼 "아무리 비판을 받아도 타격을 입지 않는 대통령"이라 불렸다. 2006년 대선에서는 페르난두 엔히키 카르도주 정당의 후보인 전 상파울루 주지사 제라우두 알키민이 룰라에게 도전했다. 대선 1차 선거에서 룰라는 48.61퍼센트의 표를 얻었다. 알키민은 41.6퍼센트, 그리고 사회주의와 자유당 후보 엘로이자 엘레나는 6.8퍼센트를 득표했다. 2차 투표에서는 룰라의 득표율이 60.8퍼센트까지 크게 상승하여 39.1퍼센트의 알키민을 따돌리고 승리했다.

두번째 임기에서 룰라는, 그를 비방하던 사람들이 묘사한 혁명적 인물과는 거리가 먼, 수완 좋고 실용적인 개혁가임을 입증했다. 그는 해외에서도 많은 시간을 보냈다. 외교에 쏟은 룰라의 높은 관심은 지역과 세계의 선도국이 되겠다는 브라질의 오랜 열망을 더욱 확고하게 만들었다. 2006년 초에는 볼리비아와 갈등을 겪기도 했다. 볼리비아의 새 대통령 에보 모랄레스가 "착취적" 천연가스 계약이라고 부른 조약이 사태의 원인이었다. 룰라는 볼리비아에 훨씬 유리한 조건(브라질에 천연가스 사용량의 50퍼센트를 제공하는)으로 새로운 협정을 체결하였다. 또한 룰라 행정부는 미국 정부가 면화 재배농에게 보조금을 지급하는 것은 국제협정 위반이라고 지적하며, WTO를 통해 미국 무역정책에 문제를 제기했다. 룰라의 온건한 정책들(우고 차베스의 정책과 비교했을 때)과 아이티에서 유엔평화유지군을 이끌려는 정부의 의지는, 비록 국내에서는 비판을 받지만, 브라질을 '책임 있는' 지역 선도국가로 나타내 보이려는 노력의 반영이다. 브라질 외교관들은 유엔 안전보장이사회의 상임이사국 지위를 획득하기 위해 강대국들을 설득해 왔지만, 지금까지는 성공적이지 못했다. 그러나 그러한 노력은 최근 몇 해 동안 상당한 지지를 얻고 있다.

그럼에도 브라질은, 수백 년까지는 아닐지라도 지난 수십 년간 그랬던 것처럼, 문제가 많은 땅이다. 어떤 문제들은 '개발도상국'에서 나타나는 증상이다. 인구의 성장이 현대사회를 지탱하는 물질자원 생산 능력을 앞지른다. 비록 지난 10년 동안, 부분적으로는 무토지자운동Movimento dos Trabalhadores Rurais Sem Terra, MST의 압박에 의해, 토지재분배가 증가했다고는 해도, 농촌의 빈곤은 여전히 고질적이다. 저소득층 인구에서 약간의 소득 향상이 이루어졌지만, 불평등한 부의 분배는 계속되고 있다. 실업과 불완전 고용도 계속 높은 비율을 차지한다. 빈곤과 마약조직에 의해 도시 폭력은 더욱 기승을 부린다. 초, 중등 공교육은 재원 부족을 겪고 있다. 많은 중산층 가족은 자녀들을 사립학교에 보낸다. 이는 경쟁이 치열한 대입시험에 통과할 수 있도록 자녀들을 대비시키려는 의도에서다. 시험에 합격하면 곧 주립, 연방대학에서의 무상교육이 그들을 기다린다.

그럼에도 불구하고 브라질 경제는 상당히 다각화되었다. 농산품의 수출은, 국제가격이 높게 유지되는 한, 견실한 외화가득外貨稼得 효과를 나타낼 것이다. 브라질은 에탄올 생산의 선두국가가 되었을 뿐만 아니라, 운송부문에서 석유를 대체할 알코올 연료 기술도 발전시켜 왔다. 최근 근해에서 발견된 유전들은 매장량이 풍부하여 장래에는 해외수입 의존성을 없앨 것이다. 페트로브라스나 발리 두 리우 도시Vale do Rio Doce 같은 대기업들은 전 세계 국가들을 상대로 상품과 서비스를 제공한다. 브라질은 농업생산, 교육, 공공 의료 서비스 지원 등의 원조 계획을 통해 아프리카에서도 역할을 넓혀 가고 있다. 민주주의 통치도 이제 20년이 넘어 경제의 안정에 기여한 것은 물론, 국제무대에서 더욱 중요한 역할을 맡을 수 있다는 자신감도 키워 주었다. 브라질의 미래는 여전히 낙관적이다.

[최해성 옮김]

3부 | 주제와 성찰

12장 | 경제발전 전략

독립 이후 라틴아메리카는 경제번영의 길을 진지하게 탐구해 왔다. 지도자들도 시민들도 지역의 자연자원, 인적자원, 창조적 능력에 대해 긍정적이든 부정적이든 광범위한 견해들을 수용했다. 그러나 그들은 효과적인 공공정책의 필요성, 즉 사회적 향상, 구조적 발전, 집합적 복지를 위해 정부가 직접 나서서 조정해야 할 필요성에 대해서는 모두 일관되게 동의했다. 이 목표를 향해 라틴아메리카의 지배층은 대규모 경제정책들을 계속해서 시도했다. 그 결과 때로는 각각의 새로운 '거대 구상'들을 통해 "마침내 이제 우리는 약속의 땅으로 들어가는 열쇠를 가지게 되었다!"는 유토피아적인 기대들을 불러일으키기도 했다. 그 결과 과도한 희망과 완전한 실망 사이의 잔혹한 순환으로 이어졌다. 결국 이는 라틴아메리카 사회의 불변과 회복력을 보여 주었다.

이 장에서 우리의 목표는 가장 중요한 경험들의 원인과 내용과 결과를 서술하는 것이다. 논의는 네 개의 주요한 전략 혹은 '이념'[1]에 초점을 맞추어져 있다.

- 1880년대부터 1920년대까지 지배적이던 경제적 자유주의
- 1930년대부터 1970년대까지 유행한 수입대체산업화
- 1950년대부터 1980년대까지 특별히 중요한 의미가 있었던 사회주의
- 1990년대부터 현재까지 영향력 있는 신자유주의

이러한 각각의 교의는 경제적 복지를 위한 특별한 정책들을 채택했다. 그 교의들은 이 지역의 저개발 혹은 '후진성'의 원인에 대해 각각 다른 설명을 제공했다. 길게 보았을 때 결국 각각의 전략은 경제성장을 촉진시키기 위해서뿐만 아니라 빈곤을 제거하고, 불평등을 감소시키고, 효율성을 증진시키고, 일상의 삶의 조건을 향상하기 위해서 필요한 '발전'의 광범위한 과정을 진척시킬 것을 약속했다. 그러나 어떠한 교의도 성공을 거두지 못했다. 그럼에도 불구하고 라틴아메리카에서는 모든 것을 포괄하는 총체적 해결책에 대한 지속적인 요구와 상당한 믿음이 존재한다.

여기서 우리는 다면적 접근을 채택한다. 이 장은 지성사, 정책 분석, 사회학적 관찰 등을 종합적으로 보여 줄 것이다. 다음 13장은 과거 1세기 반 동안 라틴아메리카의 장기적 변혁을 정치적 차원에서 탐구한다.

후진성의 이야기

일반적으로 경제정책의 처방을 위해서는 극복할 필요가 있는 문제들에

---

1) (경제발전의) '이념'이라는 용어는 여기서는 라틴아메리카의 경제적 곤경을 설명하고, 그 치유책을 제시하려는 시도를 한 어느 정도 실체가 있는 믿음, 사상, 제안(이것들이 실제 실험적으로 적용되었든 아니든 간에)들을 지칭한다.

대한 이해가 요구된다. 다시 말해 과거의 실패, 실수, 취약점에 대한 진단이 필요하다. 그래서 왜 라틴아메리카는 유럽과 미국에 비해 그렇게 멀리 뒤처졌는가라는 핵심적 질문이 부상한다. 우리는 이 지역의 경제적 후진성을 무엇으로 설명할 수 있는가? 덜 공격적 용어로서 후진성 대신에 우리는 '저개발'underdevelopment, '발전의 지연'delayed development, 혹은 '뒤늦은 산업화'late industrialization 등에 대해 언급한다. 그러나 이런 모든 완곡어법에 따른 용어들도 실제로는 거의 같은 사실을 의미할 뿐이다.

이것은 유쾌하지 않은 작업이다. 실패를 설명하는 것은 즐거운 일이 아니다. 성공에 대한 국가적 서사를 구축하는 것이 보다 더 유쾌할 것이다. 예를 들어 라틴아메리카와 달리 미국은 그들의 정치적, 경제적 업적에 대해 애국적인 이야기들을 만들어 왔다. 이러한 시각에 따르면 미국은 출발부터 '언덕 위의 도시'[2)]로 세계에 민주주의의 횃불을 제공했으며, 자유시장경제로 개인기업과 자본주의 윤리의 미덕을 보여 주었다. 좌절도 있었으나(1930년대의 대공황과 2008~2009년의 경제 붕괴에도 불구하고) 그것은 그다지 심각한 것이 아니었다. 미국의 기본적 방향은 지속적 향상이었다. 미국 시민들은 그들의 삶 전체를 통해 이러한 끝없는 진보라는 낙관적 이야기들만을 들어왔다. 미국인들의 국가 신화는 광범위한 공감대를 보여 준다.

그러면 라틴아메리카가 직면한 도전들을 살펴보자. 보다 낳은 미래를 향한 길을 찾기 위해 분석가들은 과거 실패의 원인을 명확히 밝혀내

---

2) '언덕 위의 도시'(city upon a hill)란 미국에 정착한 청교도들이 이상적으로 생각한 도시이다. '언덕'은 하느님과의 가까운 거리를 상징하는 공간이자, 나아가 높은 곳으로부터 하느님의 빛을 온누리에 전파하겠다는 사명감이 함축된 공간이다. '언덕 위의 도시'라는 관념은 훗날, 미국이 세계가 우러러 보는 이상적인 도시가 되리라는 국가적 자부심으로 발전한다.—옮긴이

야 한다. 한 쪽의 해석은 자기 상처 내기와 자아비판을 잔혹하게 반복한다. 『우리들의 경제적 열등감』*Nuestra Inferioridad Económica*, 1912이라는 제목의 유명한 책에서 칠레 저술가 프란시스코 안토니오 엔시나는 지역의 후진성이 열등한 유전자와 질 낮은 교육에서 기인하는 성격, 습관, 가치관 등의 결점에 따른 결과라고 설명한다. 반면 대안적 시각은 희생양을 찾는다. 즉 문제는 우리들 자신에게 있는 것이 아니라, 외부 세계에서 기인한다고 생각한다. 어떤 방식이든 이 지역의 상대적 저개발은 에스파냐, 포르투갈, 미국 혹은 전체 세계경제에 의해 발생했다고 본다.

이야기가 설득력이 있으려면 본래 악역이 필요한 법이다. 잠재적 용의자들을 찾는 것은 어렵지 않다. 그중 하나는 세속적 이익보다 다른 세계에서의 구원을 찾도록 신도들을 속였다는 비난을 받는 가톨릭교회이다. 다른 하나는 원주민의 유산, 즉 예의 원주민 전통이라는 짐이다. 또 다른 하나는 이 지역 전체에 걸쳐 경제적 착취를 했다고 여전히 비난받고 있는 미국이다. 멕시코 저자 다니엘 코시오 비예가스가 한때 언급한 것처럼 용의자들의 리스트는 더 많은 방향으로 확대될 수 있다.

> 왜 이 경이로운 땅에 그렇게 많은 불행과 그렇게 많은 빈곤이 있었던가? …… 아, 그것은 사제의 잘못이라고 누군가는 말한다. 다른 사람들은 군부를 비난한다. 또 다른 사람들은 여전히 인디오, 외국인, 민주주의, 독재, 비실용주의, 무지를 탓한다. 그리고 마침내는 신의 벌이라고까지 말한다.

결국 경제적 후진성은 신의 의지에 따른 일이 되고 말았다. 이보다 더 낙담할 일이 무엇이 있겠는가?

그러나 명예롭게도 라틴아메리카는 굴복하지 않았다. 수십 년 동안 그들은 오래된 문제에 대해 새로운 해결책을 계속해서 찾고 있다. 변화하는 상황과 경제적 위기에 직면하여 매번 그들은 개혁정책들을 제공하기 위한 노력을 반복적으로 지속하고 있다. 그것들이 성공적이었는지 아니었는지는 다소 초점을 벗어난다. 중요한 점은 그들이 계속해서 노력하고 있다는 점이다.

그리고 기록이 보여 주는 것처럼 라틴아메리카는 수많은 경제적 경험을 위한 실험실 역할을 해왔다. 이것이 역사를 매혹적으로 만든다. 그와 비교해서 미국은 자신의 자본주의적 자유시장경제의 길을 한 번도 변화시킬 필요성을 느끼지 못했다는 점은 주목할 만하다. 대조적으로 라틴아메리카는 이 지역의 모든 경제적 질병을 치유할 계획된 해결책들, 즉 각종 유토피아를 찾기 위한 잔혹하고 끝없어 보이는 탐구를 계속했다. 그러한 노력과 투지는 찬사를 받을 만하다.

자유주의 시대(1880년대~1920년대)

라틴아메리카가 번영을 획득하기 위한 첫번째 전략으로 경제적 자유주의 교의를 받아들인 것은 독립 이후 반세기가 완전히 지나서이다. 그것은 이념과 기회가 적절하게 맞아떨어진 결과로서 시작되었다.

경제적 자유주의의 이념적 영향은 유럽으로부터 왔다. 격렬한 정치적 변화 속에서 18세기의 사상가들은 교회나 국가가 부과한 제한에서 경제적 활동을 '자유화'할 필요성을 주장했다. 개인적 자유의 미덕을 찬양하면서 그들은 개인의 자기이익 추구가 생산성을 극대화하고, 그럼으로써 전체사회를 이롭게 한다고 주장했다. 애덤 스미스1723~1790는 『국부론』1776에서 개인의 이익과 집합적 복지가 오늘날 경제학자들이 "시장"의 작동 메커니즘이라고 정의하는 "보이지 않는 손"에 의해 함께 달성될 수 있다고 선언했다. 즉, 수요와 공급의 자연적 상호작용이 시민과 국가를 위해 결과를 최적화한다는 것이다. 따라서 정부는 이러한 과정(자유방임)에 과도하게 개입해서는 안 된다. 번영의 열쇠는 자유였다.

이러한 세계관에서는 교역이 가장 중요한 역할을 담당한다. 군주의 통치가 일상적으로 무역허가, 쿼터, 관세 등을 통해 교역에 과도한 제한을 두던 시대에 자유주의 경제학자들은 개방을 요구했다. 국가들은 상호이익의 기반 위에서 서로 교역할 수 있어야 했다. 데이비드 리카도 1772~1823의 말에 따르면, 모든 국가는 가장 싸게 생산할 수 있는 상품을 수출하고, 그렇지 못한 상품은 수입하면서 자신의 "비교우위"에 집중해야 한다. 모든 국가는 그런 교역을 통해 이익을 얻을 것이었다(가장 고전적 사례로는 영국의 의류와 포르투갈의 와인 교역을 들 수 있다). 이러한 논리에 따르면 교역은 제로섬게임이 아니라 모두를 위한 선이 될 수 있다.

산업혁명 직후 라틴아메리카에도 경제적 기회가 왔다. 19세기 중반 영국과 유럽 대륙의 산업화 과정이 농산품과 원자재에 대한 강력한 수요를 야기했다. 라틴아메리카의 지도자들은 스미스와 리카도의 개념을 받아들여 해외에서 공산품을 수입하는 한편 식료품과 광물의 수출을 촉진하기 시작했다. 자유주의 정책들은 식민지시대 에스파냐와 포르투갈이 시도한 것처럼 바깥 세계의 영향력으로부터 이 지역을 폐쇄하는 대신에 세계경제의 산업화 중심들과 강력한 상호관계를 통해 이 지역이 지닌 자원 '비교우위'를 개발했다. 자유무역과 자유방임이 시대의 슬로건이 되었다.

이리하여 자유주의는 라틴아메리카 전역에서 지배적 이념이 되었다. 자유주의를 주장하는 사람들은 유럽의 이론가들을 인용하면서 국제적 노동분업은 '자연적'인(혹은 신의 의지가 명한), 따라서 최적의 상태임을 자신 있게 주장했다. 그러한 지상명령에서 조금이라도 빗나가는 것은 교역을 축소시키고, 따라서 수입을 감소시키기 때문에 어리석은 일이다. 자원으로 보나 상대적 형세로 보나 라틴아메리카가 자유교역의 원칙을 위반하는 것은 적절하지 않다고 주장한 정치가들은 보호주의적 관세와 관련된 시도들을 무산시켰다.

자유주의 경제정책은 어느 정도 기본적 목표를 달성했다. 라틴아메리카 주요 국가들은 1880년대 이후 놀랄 만한 변화를 경험하였다. 아르헨티나는 광대하고 비옥한 팜파스를 통해 양모, 밀, 소고기 같은 농목업 생산품의 주요 수출국이 되었다. 브라질은 강력하지만 단기적인 고무 붐을 경험하고 나서 대규모 커피 생산국이 되었다. 칠레는 독립 이후 쇠퇴한 산업인 구리 생산을 다시 활성화했다. 쿠바는 담배, 커피, 그리고 특히 사탕수수를 생산했다. 멕시코는 용설란henequén에서 구리와 아연까지 다양한 원자재를 수출하게 되었다. 개발이 시작되면서 산업국, 특히 영국에서 라틴아메리카로 투자가 유입되기 시작했다. 반면 라틴아메리카는 유럽의 섬유, 기계, 사치품을 비롯한 완제품들을 점점 더 많이 구입했다. 실제로 자유주의는 수출-수입 발전을 촉진시켰다.

그러나 또한 모순도 있었다. 많은 다른 이념과 마찬가지로 라틴아메리카의 자유주의도 수입된 것이었다. 주요한 공급처는 영국과 프랑스였다. 그러나 이들 국가와 달리 라틴아메리카는 19세기 중반까지 의미 있는 산업화를 경험하지 못했다. 그 결과 라틴아메리카에는 유럽에서 자유주의를 풍요롭게 한 사회구조가 결여되어 있었다. 그 때문에 결국 상이한 결과들이 나왔다.

라틴아메리카의 경제정책을 둘러싼 주요한 논의는 지역적·국가적 층위의 정치적 결정을 통제할 부와 권력을 가진 (전체 인구 5퍼센트 이하의) 최상위층 지배층 사이에서 제한적으로 이루어졌다. 이들의 자유주의에 대한 경도는 뿌리 깊은 인종 편견으로 인해 복잡해졌다. 그들은 토착민(그리고 노예)들을 지적, 도덕적으로 열등한 인간으로 보았다. 이러한 확신은 동료 시민들의 합리성과 기업가 정신에 대한 믿음이라는 자유주의의 근본적 가정에 대한 도전이었다. 브라질에서 정치인들은 아프리카 노예가 그들의 열대 농업경제를 위해 필요악이라는 전제 하에서 오랫동안 노예제를 정당화했다. 그와 유사한 주장들이 에스파냐어권 아메리카 전역에서 원주민공동체에 대한 지속적 억압을 합리화시켰다. 결국 이러한 편견이 자유주의자들을 다시 사로잡았다.

이러한 우려에 대한 응답으로 라틴아메리카 전역의 지배층은 유럽인 이주를 숙련노동 부족에 대한 해결책으로 여겼다. 그들은 특히 북유럽 이민자들을 선호했는데, 이를 통해 자유주의적 이상의 품질 보증서인 자립정신과 기업가정신이 라틴아메리카에서도 강화될 수 있으리라는 희망 때문이었다. 물론 아이러니하게도 이민자 다수는 북유럽 대신 이탈리아, 에스파냐, 포르투갈 같은 남유럽에서 주로 건너왔다.

인종차별적인 의문에 집단적인 열등감이 더해졌다. 1920년대까지 라틴아메리카의 지배층은 스스로를 유럽 문화의 모방자 정도로 간주했다. 유럽의 이론가들이 열대기후는 높은 수준의 문명을 결코 만들 수 없다고 계속해서 주장해 왔기 때문에, 열대 국가에서는 인종에 대한 우려가 기후에 대한 우려에 더해져 보다 더 심화되었다. 환경결정론이 인종결정론을 더 강화시킨 것이다. 그리고 그 둘의 조합은 이 지역의 많은 국가가 자유주의 이상의 실현을 위한 장으로서는 자격 미달이라는 주장으로 나타났다.

자유시장에 대한 믿음에도 불구하고, 라틴아메리카의 자유주의자들은 국가에 결정적 책무를 맡겼다. 자유주의자들의 리더십에 따라 국가는 발전하는 세계경제로의 라틴아메리카의 새로운 진입을 용이하게 하고 지속시키기 위한 결정적 발걸음을 내딛었다. 특히 예전 에스파냐 제국의 중심지에서 국가는 자본주의 발전을 제한할 위험이 있는 후견주의patronage와 특권구조와 같은 식민지사회의 신봉건적 잔재를 파괴하기 시작했다. 하나의 주요한 업적은 가톨릭교회의 경제적 권력, 특히 토지 소유를 축소시킨 점이다. 그런 진전이 금융시장의 개방과 수익을 추구하는 농업지배층의 출현을 가능하게 했다. 멕시코와 다른 나라들에서 전통적 인디오공동체에 개인 토지소유권을 부여한 것은 이중적 효과를 가져왔다. 하나는 양질의 토지를 상업적 대농장이 구매하거나 편입시킬 수 있게 만들었다는 점이고, 또 다른 하나는 무토지 노동계층을 페온으로 고용할 수 있게 만들었다는 점이다. 게다가 자유주의 국가는 특히 철도와 같은 기반시설의 발전을 위해 외국인 투자를 적극적으로 유치하고자 했다. 아르헨티나 정부는 실제로 영국 철도회사에 양허권을 주면서 최소 이익률을 보장해 주기도 했다. 멕시코 정부도 국영기업을 만들기 위해서가 아니라 빚을 진 회사를 살리기 위해서 결국 철도회사의 다수 지분을 매입했다.

자유주의 국가들은 노동력에 있어 상당한 책임을 떠맡았다. 노동력이 부족한 곳에서 지배층은 해외에서 노동자들을 유입했다. 1880년대에 아르헨티나와 브라질은 유럽으로부터의 이민을 활성화하기 위해 공격적 캠페인을 전개했다. 칠레 또한 보다 작은 규모이지만 상당한 이민자를 받아들였다. 노동력이 풍부한 곳, 특히 원주민들이 많은 나라에서는 자유주의 국가가 노동자들을 훈련시키기 시작했다. 과테말라 정부는 전통적 마을에서 커피 플랜테이션으로의 노동력의 계절적 이주를 지휘하고 강요했다. 엘살바도르에서는 자본주의적 지주들에게 고용된 이주농민들의 노사관계를 감시했다. 다른 곳들의 바나나 플랜테이션에서 19세기 국가는 지속적으로 노동조직을 억압하고, 파업을 분쇄하고, 자본가 계급의 이익을 옹호했다. 요컨대 라틴아메리카 국가는 수출-수입 경제의 형성에 적극적 역할을 수행했다.

바로 이런 이유로 인해 자유주의 정부들의 행위는 일관성이 없는 것이었다. 자유주의 이론은 국가의 역할에 대해 결코 명백한 규정을 제시하지 않았다. 국가의 적극적인 활동은 모순이었다. 자유방임 전략에서 국가는 경제적 측면에서 최소한의 역할만을 맡아야 한다. 이론상 어떤 장기적 발전 '계획'도 있을 수 없다. 당연히 정부 개입의 성격과 범위는 국가에 따라 매우 다양했다. 정책 결정자들은 시장의 신호를 따르는 경향이 있었다. 그리고 보다 결정적으로, 총체적 계획을 추구하기보다 경제적 지배층이 원하는 것을 따르는 경향이 있었다.

자유주의 하의 사회변동

자유주의 모델의 공고화는 라틴아메리카 사회구조에 근본적인 변화를 야기했다. 먼저 상층계급 엘리트들의 근대화를 언급하고자 한다. 지주와 자산가들은 대농장의 자급자족적 생산에 더 이상 만족할 수 없었다. 그들은 상업적 생산 기회와 이익 극대화를 추구했다. 이는 그들에게 기업가정신을 불러일으켰는데, 그로 인해 지배층 그룹의 전망과 활동에 있어서도 의미 있는 변화가 일어났다. 아르헨티나의 목우업자, 콜롬비아와 브라질의 커피 재배업자, 쿠바와 멕시코의 사탕수수 귀족들은 모두 효율성과 상업적 성공을 추구하기 시작했다. 그들은 더 이상 폐쇄된, 반봉건적 지배층이 아니었다. 그들은 공격적 자본가가 되었다.

둘째, 중간 사회계층의 출현과 성장이다. 직업상 이들은 상인, 변호사, 사무직원, 점포 주인, 그리고 수출-수입 경제에서 수익을 올리지만 소유나 정치적 리더십에서 상위계층만큼의 지위를 누리지 못하는 소규모 기업인들로 구성되어 있었다. 특히 상업부문의 성장과 변화가 중요했다. 종종 외국 태생의 상인들은 라틴아메리카 경제와 유럽 해외시장과의 관계를 강화하는 일을 맡으면서 이런 변화과정에서 핵심적 역할을 수행했다. 변호사와 여타 화이트칼라 전문직 종사자들 또한 새로운 시대를 위한 제도적, 법적 틀을 형성하는 데 결정적 역할을 수행했다.

세번째는 노동계급의 출현이다. 이미 언급한 것처럼 수출경제의 확대를 지속하기 위해 지배층은 해외로부터 노동력 유입을 계획적으로 시도했다. 아르헨티나의 후안 바우티스타 알베르디는 한때 "통치하는 것은 사람을 살게 하는 것이다"Gobernar es poblar라고 언급했다. 그러한 입장에 따라 유럽이민이 매우 적극적으로 추진되었다. 1880년대에 시작되어 그 후 30년 동안 이어진 유럽이민의 물결이 너무나 컸기 때문에 한 역사가는 이 시기를 국가의 '충적기'alluvial era라고 불렀다. 브라질 또한 주로 상파울루의 커피농장에서 일할 사람들을 위해 처음에는 이탈리아와 에스파냐에서, 나중에는 일본에서 이민자들을 모집했다. 쿠바는 아프리카 흑인 노예의 수입이 노동력 구성을 결정지었기 때문에 특별한 사례로 남았다(브라질 북동부도 같은 상황이었다). 멕시코는 이러한 패턴에서 두드러지는 예외였다. 라틴아메리카 주요 국가 중에서 멕시코는 해외로부터의 대규모 이민을 추진하지 않았다. 그 이유는 명백하다. 멕시코에는 인디오 농민이 대거 존재했기 때문에 노동력을 위해 새로운 사람들을 유입할 필요가 없었다.

다양한 이유로 노동계급은 20세기 초반에는 정치적 권력기반을 가질 수 없었다. 아르헨티나와 브라질의 이민자들은 귀화하지 않는 한 투표권을 가질 수 없었다. 따라서 정치인들은 그들을 무시하기 일쑤였다. 멕시코에서 시골 출신 노동자들은 권위주의 정권에 영향력을 행사할 기회가 거의 없었다. 그리고 쿠바와 브라질 북동부에서 노예제의 역사는 그 자체로 고통스러운 유산을 남겼다.

이는 적어도 단기적으로는 라틴아메리카의 지배층이 노동계급의 정치 참여로 인한 실질적 위협에 직면하지 않으면서 수출 지향적 경제를 확대해 나갈 수 있었음을 의미한다. 이 시기 대부분 그러한 상황은 여러 가지 측면에서 양자에게 최선인 것처럼 보였다.

확실히 20세기 초부터 노동자들은 처음에는 공제조합의 형태로, 나중에는 노조를 통해 조직화하기 시작했다. 수출-수입 경제의 필수적인 부문, 특히 (철도와 항구와 같은) 운송부문에서 노동자들의 역할은 그들에게 중요한 잠재적 영향력을 부여했다. 어떤 형태의 조업 중단도 국가 교역의 지속성과 무역능력에 즉각적 위협이 되었다. 따라서 대부분의 전투적(그리고 효과적) 운동이 광부, 항만노동자와 철도노동자들을 포함하게 된 것은 너무나 당연했다. 그러나 상대적으로 산업화 단계가 초기였기 때문에 대부분의 노동자는 (고용인 25명 이상의) 매우 작은 회사들에서 일하였다. 단지 섬유업과 같은 몇몇 산업만이 우리가 익히 알고 있는 대량생산 기술을 가진 대규모 공장과 같은 이미지에 부합된다. 1910년대에 라틴아메리카 여러 지역에서 파업 물결이 일어났다. 그러나 모두 강제 진압되었다.

라틴아메리카 경제적 자유주의의 평온한 날들은 대공황으로 막을 내리게 되었다. 미국과 유럽에 경제적 위기가 닥치면서 커피, 설탕, 밀, 금속 같은 라틴아메리카의 식품류와 원자재에 대한 수요가 갑자기 감소하기 시작했다. 1930~1934년 사이 라틴아메리카 수출의 총가치는 1925~1929년 사이에 비해 48퍼센트나 떨어졌다. 이들 생산품을 위한 대안적 판매처가 없었기 때문에 라틴아메리카의 지도자들은 어려움에 직면했다.

몇몇 국가는 해외시장에서 그들의 몫을 힘들게 확보함으로써 어려운 상황에서 벗어나고자 했다. 아르헨티나와 쿠바는 이러한 접근법을 채택했다. 1933년 협정에서 영국은 자국 제품에 특혜 관세를 받는 대가로 아르헨티나 소고기에 대한 수입쿼터를 유지할 것을 약속했다. 쿠바는 유사한 목적을 위해 다른 수단을 사용하면서 1934년 미국 의회에서 강력한 로비를 한 결과 설탕시장에서 28퍼센트의 쿼터를 확보했다. 이러한 수단들은 라틴아메리카 국가들이 자유주의 농업수출경제의 혜택을 부활시키기 위해 쏟은 능숙한 노력들을 반영한다. 이는 또한 농업수출경제 전략의 취약성도 동시에 보여 주었다.

수입대체산업화(1930년대~1970년대)

1929년 세계경제의 붕괴는 자유주의 이념에 대한 광범위한 불만을 야기했다. 라틴아메리카 지배층은 경제적 자유주의의 원칙을 따르기 위해 그들의 (상당한) 권력 내에서 할 수 있는 모든 것을 다 시도했건만, 이제 무거운 대가를 치르게 되었다. 수익은 감소하고 사회적 동요가 일어났다. 모든 곳에서 좌절감이 고조되었다.

게다가 강대국들의 위신이 추락하고 있었다. 1차 세계대전의 무분별한 잔혹함 때문에 고결한 '문명'의 요람이라는 유럽의 전통적인 주장에 대해 의심이 일기 시작했다. 중앙아메리카와 카리브 해에 대한 미국의 반복적인 군사 개입(1898년에서 1932년 사이 자그마치 30번 이상이나 된다!)으로 북쪽의 거인은 약탈적인 식민 지배자로 보이게 되었다. 러시아혁명은 자유주의적 자본주의의 필연적 승리라는 가정에 대한 심각한 의문을 제기했다. 한편 멕시코혁명은 강력하지만 억눌려 있었던 반제국주의, 반양키 감정을 분출시켰다.

이런 상황에서 라틴아메리카의 사회사상에서는 두 개의 연관된 경향이 나타났다. 하나는 바깥 세계에서 잘못을 찾는 것이었다. 다른 하나는 라틴아메리카의 경제 문제에 대한 내부적 해결책을 찾는 것이었다. 페루의 개혁가 빅토르 라울 아야 데 라 토레가 천명하듯이, 그가 "인도아메리카 방식"Indoamerican Way[3]이라 부르는 것을 발견해야 할 시간이었다.

> 어째서 "있는 그대로의" 우리 고유 현실 속에서, 인간의 착취와 민족의 예속이라는 잔인한 양상에서 자유로우면서도 산업화주의의 교육적·건설적 임무를 완수할 수 있을 새로운 정치적·경제적 조직의 토대를 구축하지 않는가?

라틴아메리카는 수입된 이념을 버리고 스스로의 길을 찾아야 했다. 우선 실험적으로, 주요 국가의 정책 결정자들은 산업화 프로그램에

3) '인도아메리카'는 '인디오들의 아메리카'라는 뜻. 다만 아야 데 라 토레는 원주민주의자가 아니었다. 국제적인 반제국주의 연대를 위해 라틴아메리카를 인도아메리카로 규정하면서 라틴아메리카와 외부를 구별했다.—옮긴이

착수하기 시작했다. 이는 점진적 과정을 거쳤다. 1920년대와 1930년대에 산업화는 일반적으로 농업 생산의 보조적 성격이었지 이를 대체할 만한 것은 아니었다. 제조업은 차선의 선택이었다. 그리고 장기적 산업발전 가능성에 대한 상당한 회의도 있었다. 지배층은 국가의 자질 요인에 기반을 둔 리카도의 '인위적' 산업과 '자연적' 산업의 구분을 기꺼이 인용하면서, 1930년대 대부분의 기간 동안 그들 생각에 인위적인 활동(제조업)에 대해 지지를 보내지 않았다.

그러나 산업화는 곧 명백한 목표를 가지게 되었다. 그러한 생각은 19세기 유럽과 미국이 이미 걸은 길을 그대로 답습하고자 하는 것은 아니었다. 대신에 라틴아메리카 경제는 그들이 예전에 해외에서 수입하던 공산품들(섬유, 의류, 음료, 자기, 화장품, 소형 제품)을 생산하기 시작했다. 그래서 이러한 접근을 '수입대체산업화'라고 부른다.

정치 지도자들이 이러한 전략을 촉진시키면서, 그들은 강력한 개입주의 국가에 의존하게 되었다. 주도적 정책들은 정부 후원 하에서 경제성장을 달성하고 그를 보장할 수단들에 초점을 맞추었다. 국가가 지원하는 기관들이 기업에 신용을 제공했다. 한편 공공투자는 필수적인 기반시설(특히 운송과 통신)을 강화시켰다. 각 부처와 관료들은 사회적 압력을 아랑곳하지 않고 목표와 가이드라인을 제시했다. 물론 항상 성공적이지는 않았다. 그럼에도 불구하고 책임을 맡은 관료들은 정치적 혹은 민중적 영향에서 자유로운 아이디어를 최고라고 생각했다. 그러나 가끔 그들도 적당한 분배정책을 옹호했다. 이 시기에 라틴아메리카의 정책에서 가장 두드러지는 성격 중 하나는 해외시장보다 국내 생산자와 소비자에게 더 많은 관심을 가지는 내부지향적 발전이었다.

이론으로서의 수입대체산업화

수입대체산업화를 위한 이념적, 이론적 지지는 두 개의 주요한 출처에서 비롯되었다. 하나는 민족주의, 즉 자치와 자결에 대한 오랜 염원이다. 지식인과 정책 입안자들이 자유주의적 실험을 점검한 결과, 많은 이가 신이 부여한 '국제적 노동분업'이라는 '비교우위' 이론이 라틴아메리카를 초보적 농업, 경제적 후진성 그리고 정치적 취약성에 빠트렸다고 결론지었다. 라틴아메리카는 경제적 자급자족과 독립의 기반 위에서 진정한 정치적 주권을 획득할 수 있다. 이는 산업화를 의미했다.

두번째 영감은 처음에는 예상 밖의 출처인 유엔의 기술사무국에서 비롯되었다. 유엔 산하에 1940년대에 만들어진 라틴아메리카경제위원회[4]는 이 지역과 개별 국가들의 경제적 문제점들에 대한 체계적 분석의 임무를 맡았다. 그러나 라틴아메리카경제위원회는 기술사무국 이상의 존재였다. 아르헨티나의 매우 능력 있는 경제학자인 라울 프레비시의 지휘 하에서 라틴아메리카경제위원회는 라틴아메리카와 세계경제의 관계에 관한 토론에 공격적 참여자가 되었다. 워싱턴으로부터, 즉 미국의 힘과 존재로부터 거리를 두려는 의도적 노력에 따라 라틴아메리카경제위원회는 본부를 칠레 산티아고에 두었다. 처음부터 라틴아메리카경제위원회는 라틴아메리카 관련 전망과 문제제기에서 자신의 목소리를 내기 시작했다.

라틴아메리카경제위원회의 가장 큰 업적 중 하나는 산티아고 시기

4) 라틴아메리카경제위원회(ECLA: Economic Commission for Latin America)는 에스파냐어로는 CEPAL(Comisión Económica para América Latina)이다. 라틴아메리카경제위원회는 후에 라틴아메리카카리브해경제위원회(ECLAC)로 이름이 바뀌어 오늘에 이른다.—옮긴이

동안 라틴아메리카적 시각에서 그들 국가의 문제를 보는 방식을 배운 새로운 경제학자 세대를 육성한 것이었다. 그들은 다른 라틴아메리카 국가의 경제학자들과 서로 알게 되었고, 경제정책 결정의 문제점과 가능성에 대한 정보들을 서로 비교할 수 있었다. 그리하여 라틴아메리카경제위원회는 경제 분석에 라틴아메리카식의 독특한 접근법을 반영하고 실현할 수 있도록 기여했다.

1950년대에 라틴아메리카경제위원회는 1차 산품을 수출하는 나라들의 교역조건이 시간이 흐름에 따라 점차 체계적으로 악화한다는 것을 보여 주는 일련의 기술적 보고서들을 출판하기 시작했다. 제조품의 가격이 농산품이나 광산물의 가격보다 빠르게 증가함으로써 라틴아메리카 국가들은 자신의 수출품의 실질가치를 점점 상실하게 된다는 것이다. 비록 라틴아메리카경제위원회는 명백한 정책적 권고는 보통 자제했지만, 이 딜레마와 관련해서는 3개의 논리적 해결책을 제시했다. 첫째는 1차 산품에 대한 국제적 협약을 맺는 것이고, 둘째는 규모가 큰 라틴아메리카 국가들은 산업화를 시도하는 것이고, 셋째는 지역 국가들 사이의 경제적 통합을 통해 역내 소비시장을 확대하는 것이었다.

라틴아메리카경제위원회의 주장은 라틴아메리카, 특히 미국의 격렬한 반응을 불러왔다. 아이젠하워 행정부1953~1961는 라틴아메리카경제위원회를 외국인 투자와 민간기업에 손실을 가져오는 정책들을 촉구하는, 착각에 빠진 '국가주의' 사상의 벌집이라고 말했다.

그러나 사실 프레비시와 라틴아메리카경제위원회의 논지들은 지역 전반에 걸쳐 급진파들보다 중도파들을 위한 이론적 무기를 제공해 주었다. 무엇보다 라틴아메리카경제위원회는 개혁적 라틴아메리카인들에게 그들만의 경제 전략을 형성할 수 있다는 자신감을 심어 주었다. 그리하

선천적으로 관습적 지식과 외교적 수사에 회의적이었던 라울 프레비시는
1940년대의 유엔 회의들에 참석할 때면 참을성 있게 있지 못했다.

여 라틴아메리카경제위원회는 라틴아메리카의 자기인식과 자기 정체성 탐구를 위한 하나의 역사적 전기를 만들었다. 라틴아메리카의 분석가들과 정치인들은 산업국의 경제학자, 은행가, 기업인들을 만날 때 항상 뭔가 뒤처짐을 느껴 왔었기 때문에 라틴아메리카경제위원회의 그러한 작업은 의미 있는 업적이었다.

실제 정책으로서의 수입대체산업화

수입대체산업화의 주요 목표는 경제적 자립이었다. 기본 생각은 자국 산업을 일으킴으로써 유럽과 미국의 공산품에 덜 의존하는 것이었다. 국가 경제를 보다 통합적이고 자급자족적으로 만듦으로써, 세계의 경기후퇴로 발생하는 충격에 국가 경제가 덜 취약하게 만들고자 했다. 이러한 열망은 종종 조국의 주권 유지를 갈망하는 군부 장교들의 관심도 끌었다.

두번째 목표는 일자리 창출이었다. 거의 대부분 도시에 집중된 라틴아메리카의 프롤레타리아는 1930년대와 1940년대에 사회세력으로서 그 힘을 과시하기 시작했다. 칠레와 같은 몇몇 국가에서 노조운동은 정부의 전횡적 개입에서 상대적으로 자유로웠다. 멕시코, 아르헨티나, 브라질과 같은 나라에서 정치인들은 노동자를 잠재적인 정치 자산으로 인식하여 노동조직을 활성화하기(그리고 지배하기) 위해 직접 개입했다. 동맹자로 인식되든 위협으로 인식되든 도시노동자 계급은 안전한 고용을 원하고 있었고, 라틴아메리카의 지도자들은 산업화를 이에 대응하기 위한 하나의 길로 보았다.

1930년대 말에서 1960년대까지 최소한 주요 국가에서는 수입대체 산업화 정책이 어느 정도 성공을 거두었다. 세계 대공황과 2차 세계대전은 국내의 초기 산업들에게 암묵적 보호와 명백한 기회를 제공했다. 국가는 이러한 상황을 이용하는 데 핵심적 역할을 수행했다. 정부는 관세나 쿼터제를 통해 외국의 경쟁을 제한했고, 신용과 대출을 통해 지역투자를 촉진했으며, 공공부문 지출을 통해 국내수요를 확대했다. 그리고 아마 그 중 가장 중요한 것은 정부가 국가 소유 기업들의 설립을 통해 산업화 과정에 직접 참여했다는 점이다. 결과적으로 이 지역의 큰 나라들은 중요한 산업시설들을 발전시켰다. 아르헨티나에서는 토르쿠아토 디 텔라 사가 가전제품과 자동차를 생산했다. 브라질에서는 보우타헤돈다가 철강을 생산했고, 멕시코에서는 몬테레이 그룹이 양질의 맥주를 제조했다.

라틴아메리카경제위원회의 또 다른 처방에 따라 이 지역 국가들은 1960년대에 라틴아메리카자유무역지대LAFTA를 설립하기 위해 뭉쳤다. 그 의도는 산업발전을 촉진하고 지속할 수 있는 보다 크고 통합된 역내 시장을 창출하는 것이었다. 약 20년 후에 라틴아메리카통합협의회ALADI

라는 이름이 다시 붙여졌다. 그러나 각국의 민족주의 감정과 서로 경쟁 관계에 있는 경제구조로 인해 이들 중 어떤 실험도 실제로 성공을 거두지는 못했다.

그럼에도 불구하고 수입대체산업화는 지속되었고, 그로 인해 1950년대부터 1970년대까지 지역의 성장률은 5~6퍼센트대를 맴돌았다(1950년대는 연평균 성장률이 5.1퍼센트였고, 1960년대는 5.4퍼센트, 1970년대는 5.8퍼센트였다). 이러한 성과를 내는 데 가장 중요한 역할을 한 나라는 제조업 부문에서 엄청난 이익을 낸 브라질과 멕시코였다. 사실 이 두 나라는 이 무렵 경제 '기적'—멕시코는 1950년대~1960년대, 브라질은 1968~1973년 사이의 놀라운 성장—이라는 국제적 찬사를 받았다. 수입대체산업화는 제대로 작동하는 것처럼 보였다.

그러나 지역의 보다 작고 부존자원이 적은 나라들에게 있어 수입대체산업화는 가능한 선택이 아니었다. 주로 중앙아메리카와 카리브에 위치한 이런 나라들은 (4장에서 정의한 것처럼) '플랜테이션 사회'가 되었다. 광물과 다른 천연자원이 부족했기 때문에 그들은 설탕, 커피, 담배, 바나나, 카카오 등과 같은 한두 가지 수출농작물 경작에 경제를 의존했다. 생산은 엄청난 노동력을 요구하는 대규모 플랜테이션에서 발생했다. 이런 노동력은 아프리카에서 수입된 노예나 강제로 징발된 원주민들에 의해 충당되었다. 민간투자는 대부분 외국에서 들어왔다. 토지소유는 매우 집중되어 있었고, 사회질서는 상층부의 지배층과 밑바닥의 농민과 노동자들 사이에서 극단적으로 분리되어 있었다. 중간계층은 아주 작았고, 국내 소비시장은 극히 소규모였다. 식민지시대 초반부터 이 지역은 그들의 생산품을 해외로—처음에는 에스파냐와 포르투갈, 그 후는 영국과 유럽대륙, 마지막에는 미국으로—내보냈다.

보다 규모가 큰 나라들에서 산업발전의 사회적 결과는 복잡하게 나타났다. 하나는 기업적 자본가계급의 형성이다. 칠레에서 이러한 그룹의 사람들은 주로 지주 지배층 가문에서 나왔다. 멕시코와 아르헨티나에서는 보다 낮은 계층에서 나왔고, 따라서 전통적 지배계급의 권력에 잠재적 위협이 되었다. 어쨌든 기본적 측면은 모두 같다. 즉 수입대체산업화 형태의 산업화일지라도 이는 라틴아메리카 사회에서 새로운 권력 그룹을 형성했다. 이들의 역할은 장차 더 많은 논란이 될 것이었다.

결국 아르헨티나, 멕시코, (그리고 정도는 덜하지만) 브라질의 경제 여정은 수입대체산업화 발전 모델의 약점을 드러냈다. 일반적으로 수입대체산업화는 단기적으로는 성장을 가져다주었다. 그러나 중장기적으로는 한계에 부닥쳤다. 국내시장 특히 인구가 많지 않은 나라의 국내시장은 쉽게 포화상태에 도달했다. 생산과정은 상당한 규모의 자본재 수입을 지속적으로 요구한다. 보호된 시장에서 높은 생산비용은 소비자에게 전가된다. 그리고 거의 독점적 구조는 기술에 대한 투자를 막는다. 국가의 보호주의 하에서 수립되고, 관세장벽에 의해 보호받으며, 국가의 엄청난 보조를 받는 비효율적인 지역 기업들은 국제시장에서 경쟁할 수 없었다. 게다가 산업발전에 자원이 집중됨으로써 농업부문이 약화되는 경향이 발생했다. 실제로 라틴아메리카의 정책 결정자들은 수입대체산업화에 등을 돌리고 새로운 전략을 찾기 시작했다.

사회주의적 대안(1950년대~1980년대)

자유주의와 수입대체산업화 그 어느 것도 발전을 위한 도전에 있어서 영구적 해결책이 아니었다. 둘 모두 종국에는 경제적 위기와 정체로 귀결되었다. 둘 모두 대중(농민과 노동자)을 희생하고 특권층(지주와 기업인)에 혜택을 줌으로써 사회적 불평등이라는 유산을 남겼다. 그리고 양자 모두 경제적 취약성의 정치적 비용을 분명히 보여 주었다. 결정적 순간이 닥쳤을 때 수출-수입 전략과 산업화 드라이브는 세계경제와 강대국 정치의 예측불허의 변화로 인해 고통받아야 했다.

이러한 상황에 직면해 라틴아메리카의 많은 사상가는 급진적 변화의 길을 찾게 되었다. 그래서 사회주의의 대의 혹은 보다 명확하게 맑스주의 이념을 포용했다. 많은 사람이 혁명 운동에 참여했다. 이런 사상의 주창자들은 대부분 지배층이나 노동계급 출신이 아니었다. 주로 중간계급에서 출현했다. 이들은 책을 많이 읽고, 대학 교육을 받고, 사회정의라는 목표에 열성적인, 그리고 종종 순진해 빠진 이상주의자들이었다. 그들의 관점에서 사회주의 이론은 분석을 위한 틀일 뿐만 아니라 행동을 위한 프로그램이기도 했다.

칼 맑스와 프리드리히 엥겔스가 처음 발전시켜 '맑스주의'로 알려진 이 사상은 몇 가지 핵심 원칙을 지니고 있었다. 가장 근본적인 것은 자본주의가 생산도구의 소유주들에 의한 노동자 착취, 종국에는 이로 인한 끊임없는 계급투쟁이라는 갈등을 수반한다는 확신이었다. 노동자들은 강력한 이념적 세뇌의 결과 종종 자신들의 곤궁함을 받아들인다. 이런 관점에 따라 맑스는 그러한 세뇌를 야기하는 조직화된 종교를 "인민의 아편"이라고 일축하기도 했다. 이러한 상황을 개선시킬 유일한 수단은 (필연적이지는 않더라도) 대체로 아래로부터의 무장봉기, 즉 사회혁명이다. 혁명의 승리는 계급의 경계를 제거하고, 급진적 변화를 가져오고, 일반적으로 사회의 집합적 복지를 촉진할 '프롤레타리아 독재'를 수립할 것이다.

이러한 세계관의 논리를 확대하면서, 레닌은 제국주의가 "자본주의 최고의 단계"를 나타낸다는 생각을 발전시켰다. 사회계급의 모순이 절정에 도달함에 따라 선진 산업국들은 세계의 덜 발전된 지역(아프리카, 아시아, 라틴아메리카)에서의 식민지 확대에 관심을 돌린다고 레닌은 주장하였다. 식민지에 대한 혹독한 경제적 착취로 자본주의 국가들은 자국 노동자들의 삶의 기준을 향상시킬 수 있을 충분한 임금인상을 실현해 혁명의 가능성을 미연에 방지할 수 있다. 이러한 추론에 따라 레닌은 맑스와는 완전히 대조적으로, 최초의 진정한 프롤레타리아 혁명은 가장 선진화된 산업국가가 아닌 빈곤에 시달리는 덜 발전된 지역에서 발생할 것이라는 주장을 하게 되었다(따라서 그는 차르 지배 하의 러시아를 가장 유력한 후보로 보았다). 레닌은 자본주의가 타도되는 길은 오직 혁명을 통해서라고 주장했다.

맑스-레닌주의 이념은 라틴아메리카에서 상당한 호소력을 발휘했다. 계급갈등에 대한 맑스-레닌주의의 진단은 지역 전체의 사회적 불평등에 직접 적용되었다. 혁명적 행동에 대한 맑스-레닌주의의 호소는 짓밟힌 노동자와 농민들에게 즉각적인 희망을 제공했다. 제국주의를 자본주의의 정점으로 인식하는 것은 강대국 정치에 대한 논리적 설명과 민족주의적 호소를 위한 기반 둘 다를 제공해 주었다. 게다가 맑스주의 인터내셔널과 라틴아메리카 민족주의자들은 자본주의 세계의 리더이자 서반구의 지배세력인 미국이라는 공동의 적을 가지고 있었다.

그러나 교조적 원칙보다 중요한 것은 맑스-레닌주의 사상의 근본적인 매력이었다. 즉, 억압받는 자의 이념으로서 그것은 19세기 이래 라틴아메리카에서 잘 알려진 저항의 문화로부터 매우 깊은 공감을 불러냈다. 이러저러한 형태로 사회주의는 라틴아메리카를 위한 약속의 길을 제공하는 것처럼 보였다.

처음에 라틴아메리카에서 맑스주의 사상의 첫번째 매개체는 정당이었다. 러시아혁명 이후 정통파 공산주의 정당들이 많은 나라에서 출현했다. 대개 도시에 기반을 두고, '진보적 부르주아지'를 대변한다고 주장하는 지식인들과 정치인들이 주도한 이 정당들은 봉기보다는 '권력을 향한 평화적 길'을 지지하는 경향이 있었다. 1930년대부터 1950년대를 거치면서 정당 지도자들은 소련과 밀접한 관계, 종종 복종적인 관계를 발전시켰다. 1960년대와 1970년대에 공산당은 이 지역 대부분의 국가에서 국내 정치와 별 상관없는 수동적 관측자가 되었다.

이와 대조적으로 사회주의 정당들은 전후 라틴아메리카 정치에서 때때로 중요한 역할을 수행했다. 이들은 대부분 주권의 존엄성에 대한 민족주의적 주장을 맑스의 계급투쟁 분석과 연결하는 한편, 미 '제국주의'를 고발하면서도 국제무대에서 소련의 명령에도 따르지 않는 좌파 정치인 그룹들이었다. 공산주의자들보다 훨씬 더 유연한 입장을 가지고 지역의 현실에 보다 적절히 대응하는 이들 (다양한 형태의) 사회주의 정당들은 정치적 좌파에 상당한 신뢰를 주었다. 그들의 가장 뚜렷한 성공사례는 과테말라의 하코보 아르벤스와 칠레의 살바도르 아옌데였다.

4장과 10장에서 본 것처럼 그와 같은 정부들의 운명은 사회주의를 향한 '평화적 길'이 불가능하다는 사실을 입증했다. 두 정권 모두 미국이 지원하는 반동적 군사 쿠데타에 의해 전복되었다. 결론은 무시될 수 없다. 선거가 얼마나 자유롭고 공정하든지 간에 선거정치는 사회주의 변혁의 의미 있는 길을 제공해 줄 수 없었다. 워싱턴이 항상 개입했다.

유일한 선택은 무장혁명이었다.

혁명운동들

혁명은 대통령궁에 대한 공격 그 이상의 것이다. 우리 필자들은 혁명을 '정치적, 사회적, 경제적 권력의 배분에 있어 구조적 변화를 가져올 목적으로, 힘의 사용과 위협을 통해 정치적 권력을 초법적으로 획득하는 것'으로 간주한다. 진정한 혁명은 구조적 변화 없이 단순히 지도자만 교체하는 병영반란이나 판에 박힌 쿠데타와는 질적으로 다르다. 혁명은 (대개 좌파성향이지만 반드시 그런 것은 아닌) 사회경제적 변화에 지대한 영향을 가져올 프로그램들을 지닌다. 권력을 획득한 이후 혁명 지도자들은 그들의 사회적 프로그램들을 실현할 수도 있고, 그러지 못할 수도 있다. 그러므로 '불완전한' 혹은 '성공적이지 못한' 혁명과 같은 일들이 벌어지는 것이다.

라틴아메리카에서 발전된 맑스 사상의 중심 내용은 국가 권력에 대한 믿음이다. 사회질서를 좌우하고, 권력과 이익의 분배를 유지하고, 현상유지를 합법화하는 것은 국가였다. 국가가 이런 모든 일을 할 수 있다면, 반대로 무효화할 수도 있다. 그것이 바로 국가를 정복할 만한 가치가 있는 이유였다. 국가기구를 통제하고 민족경제를 '지휘할 높이'에 있게 되었을 때 혁명가들은 급진적이고 효과적인 사회적 변화를 가져올 수 있을 것이었다. 국가의 전지전능함에 대한 믿음은 이리하여 혁명 이념의 중심축이 되었다.

1950년대부터 1980년대까지 라틴아메리카 거의 모든 지역에서 무장혁명운동이 출현했다. 비록 민족주의나 포퓰리즘의 대의를 내세우는 경향이 있는 사람들까지 사실상 모두가 이런저런 종류의 맑스주의 이념가임을 주장했다. 그들은 종종, 산업 프롤레타리아의 필요성을 강조한 맑스주의에 도전해 혁명운동이 농촌 농민들 사이에서 시작될 수 있다는 것을 주장한(그리고 보여 준) 마오쩌둥주의에서 영감을 받기도 했다. 그들의 지도자와 간부들은 게릴라로 알려져 있다. 게릴라는 끈질기고 장기적인 일련의 치고 빠지기 공격을 통해 기존의 정부를 소멸시키려고 시도한 소규모 전투 단위를 말한다.

쿠바에서 피델 카스트로의 전위세력은 라틴아메리카 최초이자 가장 중요한 게릴라였다. 카스트로의 권력 장악은 서반구 전체에 충격의 물결을 일으켰다. 피델의 사례로 인해 보다 대담해진 (그리고 때때로 쿠바의 적극적 지지를 받은) 중요한 게릴라 운동들이 과테말라, 베네수엘라, 콜롬비아에서 발생했다. 비록 성공적이지는 않았지만 페루의 안데스에서도 또 다른 그룹들이 잠시 나타났다. 그리고 볼리비아의 고지대에서는 에르네스토 '체' 게바라가 게릴라 운동을 조직했으나, 1967년에 진압되었다. 도시게릴라 운동이 아르헨티나, 브라질, 콜롬비아, 우루과이에서 나타났다. 그러나 혁명 그룹들은 이 지역에서 상대적으로 크고 발전된 국가에서는 거의 진전을 보여 주지 못했다.

게릴라운동의 두번째 파도는 1970년대와 1980년대에 대부분 중앙아메리카에서 최고조에 달했다. 엘살바도르에서 10년 동안의 갈등은 결국 교착상태에 빠져들었다. 니카라과에서 젊은 혁명가들은 1979년 독재자인 아나스타시오 소모사를 추방하고, 민중의 기쁨 속에서 권력을 장악했다.

이런 모든 부침 속에서 게릴라운동은 단지 중간 규모의 '플랜테이션 사회'인 쿠바와 니카라과 두 나라에서만 정치적 권력을 겨우 장악할 수 있었다. 그 이유를 찾는 것은 어렵지 않다. 혁명운동의 성공은 그들 자신의 능력에도 달려 있지만, 사회적 지지와 당시 정부의 군사력 또한 중요한 변수이다. 특히 피델주의자들과 산디니스타들 모두 부패한 독재자들이 본래의 지지기반인 지주, 기업인, 미국의 지원을 상실하였을 때 그들에게 도전했다는 점은 주목할 만하다. 냉전 전체를 통해 엘살바도르가 니카라과보다 더 위험했다. 그러나 위험이 있는 곳 어디에서나 워싱턴은 맑스주의 혁명가들에게 포위된 정부를 구출하기 위해 달려갔다.

이러한 현실들에 직면하여 사회주의는 1990년대에는 이념적 매력을 상실했다. 냉전 종식과 소련 붕괴가 맑스 이념에 대한 신뢰를 상실하게 했다. 쿠바의 경제적 어려움은 미국에 도전하는 비용이 현실적으로 얼마나 큰지를 보여 주었다. 무엇보다 가장 중요한 것은 라틴아메리카 전역에서 드러난 게릴라운동의 처참한 운명으로 인해 혁명적 활동이 거의 절망적으로 비추어지게 되었다는 점이다. 20세기가 끝나 갈 무렵 사회주의적 대안에도 커튼이 드리워지고 있었다.

해방신학

라틴아메리카 급진주의의 가장 의미 있는 유산 중 하나는 그 부산물인 '해방신학'의 출현이다. 해방신학의 교의는 맑스 이론과 가톨릭 교리라는 두 개의 서로 다른 전통의 믿기 힘든 결합에서 탄생했다. 그 결과 해방신학은 사회정의라는 이름으로 오늘날까지 여전히 정치적 활동을 강력하고 활기차게 전개시키고 있다.

일반적 통념은 대개 가톨릭교회를 보수정치의 기반, 즉 반동적 원칙에 기반을 두고 사회의 지배층과 동맹을 맺는 계서적 조직이라고 묘사한다. 그러나 교구의 사제들이 가난한 자들의 고통을 매우 가까이에서 목격해 왔다는 점을 상기해야 한다. 그들은 신도들에게 음식을 나누어 주면서 가난과 불평등 그리고 사회 불의라는 어려운 현실들을 민감하게 느꼈다. 가난한 자들 또한 신이 선택한 사람들임에도 불구하고 그들은 자

그리고 …… 종속이론은?

'종속'이론은 라틴아메리카의 경제발전 전략 논쟁에서 어떤 위치를 차지하는가?

어떤 사람은 옆길 정도라고 말할 것이다. 시간이 지나면서 종속이론은 역사적 분석을 위한 개념적 틀보다 공공정책이나 사회적 행동을 위한 처방으로서의 유용함이 더 잘 드러났다.

물론 이론과 정책 사이에 관련성이 없지는 않다. 종속이론적 접근의 초기 이론적 기반은 산업 선진국과의 교역에서 라틴아메리카의 교역조건이 장기적으로 악화된다는 라틴아메리카경제위원회의 연구들에서 나왔다. 이러한 문헌들은 결정권을 가진 강대국들이 세계경제체제 중심부의 특권적 '핵' 안에 집중되어 있기 때문에 세계무역은 가난한 나라들을 희생시켜 부유한 국가들에게 불공정한 혜택을 준다고 말한다(이러한 통찰력은 분명 현재의 '세계화' 형태에서도 놀랄 만한 타당성을 가진다는 점을 반드시 언급해야 할 것이다).

사회계급 분석, 보다 구체적으로는 종속의 맑스주의적 분석은 추가적 도구로서, 라틴아메리카 국가들 사이에서 경제발전의 결과가 서로 다른 이유를 설명하는 수단을 제공했다. 누가 이러한 동력으로부터 혜택을 받았는가? 또 누가 뒤처졌는가? 이러한 질문에 대해 맑스주의적 저술들은 (예를 들어 부르주아지와 프롤레타리아트처럼) 이미 형성된 사회계급 범주들, 논쟁과 획기적 생각들이 풍부한 문헌들, 그리고 '계급투쟁'이 역사적 변화를 위한 최종 기반을 형성한다는 확신들을 보여 주었다. 이런 맑스주의적 방향성 때문에 종속이론적 접근은 불가피하게 정치적 '좌파'와 동일시되었다.

학문 영역 안에서 사회과학자들은 사회계급 구성(예를 들어 농업과 연관된 계급 대 광업과 연관된 계급)의 다양한 차이를 검토하기 위해, 세계의 '주변부'에서 자본주의 발전이 어떻게 광범위한 빈곤을 영구화하면서 동시에 경제적 불평등도 강화하는지를 보여 주기 위해, 또 라틴아메리카에서 그러한 과정의 정치적 결과를 추정하기 위해 종속이론의 틀을 적용했다.

그러나 종속이론은 명쾌한 일련의 정책 처방들을 만들어 내지는 못했다. 반대로 종속이론은 (수입대체산업화를 통한) 지역산업의 민족주의적 보호에서부터 지역의 경제통합과 사회혁명까지를 망라하는 과도한 해결책들을 제시했다. 이런 모든 전략은 경제적 종속을 완화하고, 민족적 자립을 강화하며, 사회정의를 촉구하려는 의도를 지니고 있었다. 그러나 수단이 목표보다 엄청 더 광범위했다.

장기적으로 종속이론적 접근은 경험적 장치들만큼 매우 실질적임이 증명되었다. 그러한 생각에서 우리는 이 책에서도 종속이론적 접근을 적용한다.

신의 곤경을 묵묵히 받아들이고 그럼으로써 하늘나라에서의 구원만을 기다려야 했다. 진보적 사제들은 이런 전통적 가르침을 거부했다. 대신 지금은 지상에서 민중의 삶을 위해 행동해야 할 때라고 말했다.

1960년대와 1970년대에 떠오른 해방신학자들은, 유럽 노동자들의 고통에 대한 동정심을 담은 논문으로서 1891년 '레룸노바룸'이라는 제목의 교황 회칙에 잘 나타난 사회정의와 공정함에 대한 기독교적 관심을 맑스주의 계급분석과 결합하기 시작했다. 이러한 사제들의 시각에서 보면 빈곤의 존재 그 자체는 탐욕과 이기심과 연민의 부족이라는 광범위한 악의 결과이다. 세계가 필요로 하는 것은 '해방'의 길이다. 페루의 예수회 사제인 구스타보 구티에레스의 고전적 논문에 따르면 진정한 해방은 다음 세 가지 차원에서 전개될 것이다.

- 빈곤과 불의의 직접적 원인들의 제거
- "스스로 자유롭게 그리고 존엄하게 발전할 수 있는 능력을 제한하는 것들"로부터 가난한 사람들의 해방
- 이기심과 악에서 모든 신도의 해방, 즉 신과 다른 인간과의 보다 완벽한 관계

이런 시각에서 그리스도는 구세주일 뿐만 아니라 억압받는 자를 위한 해방자이기도 하다. 이리하여 사회정의의 요구는 기독교인들의 엄숙한 사명이 된다. 따라서 독실한 신도는 '가난한 사람들에 대한 우선적 선택'을 실천할 필요가 있다. 정치적 행동은 연민과 은총과 연대의 행위이다.

가톨릭의 가르침에 대한 이런 급진적 수정은 주로 라틴아메리카에서 출현했다. 이 지역의 사제, 선교사, 수녀들은 빈곤뿐만 아니라 군사정

권 아래서 자행되는 끔찍한 인권 유린에 대해서도 맞서게 되었다. 그들은 긴급히 행동할 필요성을 느꼈다. 1968년 콜롬비아 메데인 시에서 개최된 라틴아메리카 주교단 회의에서 해방신학은 가장 주된 주제가 되었다. 그것은 주목하지 않을 수 없는 사회적 필요에 대한 창조적이고 연민어린 응답이었다.

혁명이론과는 아주 대조적으로 해방신학은 국가의 정복을 부르짖지는 않았다. 대신 의식화, 풀뿌리 조직화, 지역운동과 같이 아래에서 나오는 민중의 힘을 강화할 것을 주장했다. 신학적 의미에서 정부기구는 구원의 범주를 벗어나는 것으로 간주되었다. 그것은 부패하고, 비효율적이며, 무정하고, 체계적인 억압의 도구였다. 국가를 장악하는 대신 민중은 그들을 위한, 또 그들에 의한 새로운 권력 형태를 창조해야 했다. 사회운동으로 조직화된 보통사람들이 노력하면 일상의 삶에서 의미 있는 향상을 가져올 수 있을 것이었다.

가톨릭교회 안에서 해방신학은 체제를 뒤엎을 만한 칼을 손에 넣었다. 민중의식을 고양하기 위한 노력의 일환으로 지지자들은 교구 주민들이 종종 그룹으로 혹은 기초공동체 단위로 성경에 대해 곰곰이 다시 생각해 볼 것을 장려했다. 이러한 전략은 신의 말씀을 해석할 권위를 개인 신도가 아니라 사제, 나아가 교황에게 부여한 교회의 전통에 대한 정면 도전이었다. 전통적인 교회의 시각에 따르면 신의 의지에 대한 올바른 이해는 ('교황의 무류성'infallibility이라는 관념에서 강조되는 것처럼) 오로지 교회 지도자들을 통해서 전달되는 것이었다. 논쟁, 의심, 개인적 해석의 여지는 없었다.

여러 가지 측면에서 진보적이었던 교황 요한 바오로 2세가 해방신학을 격렬하게 비난하고, 주요 주창자들을 파문한 것은 바로 이런 이유 때문이었다. 그의 계승자인 베네딕토 16세는 해방운동에 훨씬 더 비관용적이었다. 해방신학은 교회의 권력구조에 도전하였고, 따라서 해방신학은 받아들여질 수 없는 것이었다.

한때 지배적이었으나, 지금은 도전받는 신자유주의(1980년대~현재)

이런 와중에 새롭게 전개된 전 지구적 국면 속에서 라틴아메리카는 경제 위기에 직면하였다. 1970년대에 석유가격이 빠르게 상승하였는데, 주로 OPEC의 시장 조작 때문이었다. 이는 라틴아메리카 대부분 국가에서 수입대금을 증가시켰다. 또한 석유 수출업자들의 예금이 갑자기 밀려들어 주요 민간은행들은 오일달러 횡재를 맛보았다. 이 새로운 자금을 빌려 줄 곳이 필요했기 때문에 은행들은 다른 개도국들보다 신용도가 높고 게다가 돈을 필요로 하는 라틴아메리카로 눈을 돌렸다. 은행가들은 또한 주권 국가인 이 고객들이 파산과는 무관하다고 생각했다. 빌린 돈은 군부정권에서든 민선정부에서든 국민의 환심을 사기 위한 타성적 지출에 사용되었다. 그렇게 라틴아메리카 외채의 규모를 크게 증가시키는 대출의 물결이 시작되었다.

1980년대 초 라틴아메리카는 위기 상황에 처해 있음을 깨달았다. 채무국들은 채무를 초기에는 적당한 (그러나 변동) 이자율로 계약했다. 그런데 미국과 유럽 국가들이 자국의 심각한 스태그플레이션에 대응하기 위해 긴축통화정책을 채택하면서 이자율이 치솟기 시작했고, 그로 인해 외채 서비스의 비용도 증가했다. 동시에 라틴아메리카 원자재의 국제가격도 곤두박질치기 시작했다. 그래서 채무국들은 점점 더 외화가 줄어들었다. 더 이상 지탱할 수 없는 상황에 이르렀다.

1982년 8월 멕시코가 외채에 대한 지불을 더 이상 할 수 없다고 선언했다. 몇 달 후에는 최대 채무국인 브라질이 멕시코의 뒤를 따랐다. 이는 전 세계 위기의 방아쇠를 당기는 것이었다. IMF의 주도로 은행들은 '구호' 자금 명목으로 추가로 돈을 빌려 주었다. 이는 사태를 오히려 악화시켰다. 라틴아메리카의 총외채는 1980년 2,420억 달러에서 1990년 4,310억 달러로 증가했다.

1980년대 동안 라틴아메리카의 신용위기는 오랫동안 지속된 경제위기에 수반되었다. 외국 채권자들을 만족시키기 위해(그리고 채무원리금을 상환하기 위해) 라틴아메리카 국가들은 잇따라 정부 지출과 보조금을 대폭 삭감하고, 신용시장을 조이고, 가능한 곳에서는 실질임금을 감소시키는 IMF식의 정통 긴축정책을 채택해야 했다. 결과는 경기침체였다. 〈도표 12.1〉에서 보듯이 이 지역 전체의 총생산량은 1983~1984년 사이 급격하게 하락했고, 그 다음 연도들도 그다지 높지 않은 성장률을 보였다. 실제로 라틴아메리카의 1인당 국내총생산은 1981년에서 1989년 사이 8.3퍼센트나 감소했다. 실업률은 부풀어 올랐고, 임금은 급락했다. 다른 채무국들에게는 좋은 행동모델이 된 멕시코에서는 실질임금이 거의 50퍼센트나 하락했다.

1982년에서 1985년 사이 위기의 초기 단계에서 은행이나 채무국들은 상황을 '유동성'(혹은 현금흐름)의 문제로 보고 '시간 끌기'를 시도했다. 이러한 접근법은 은행들의 성공적인 구제를 보장했다. 몇몇 은행은 위험에 심각하게 노출되어 있었던 것이다. 그런데 1985년 미국 재무장관 제임스 A. 베이커 3세가 채무국에서 경제성장이 필요하다고 강조했을 때, 즉 이들 채무국이 단순히 유동성 위기가 아닌 지불상환능력의 위기에 직면했다는 사실을 인정했을 때, 두번째 국면이 시작되었다. 1989년

〈도표 12.1〉 라틴아메리카의 경제성장률(1960~2000년)

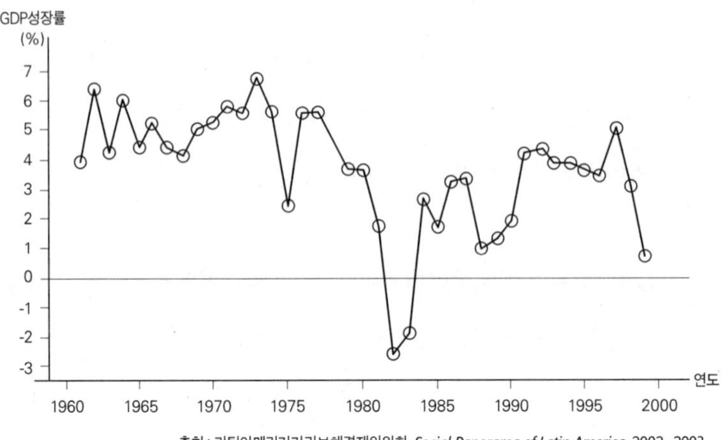

출처 : 라틴아메리카카리브해경제위원회, *Social Panorama of Latin America*, 2002~2003.

베이커의 후임자인 니콜라스 브래디는 시장기반 경제정책을 시행할 의지가 있는 국가들을 대상으로 한 채무삭감과 구조조정안을 담은 광범위한 포트폴리오에 대한 미국 정부의 지지를 발표했다.

이 위기의 원인을 이해하려는 노력 끝에, 국제 금융기구들은 결국 라틴아메리카에 근본적 경제개혁이 필요하다는 결론에 도달했다. 문제의 주요 원인으로 수입대체산업화에서 발생하는 구조적 왜곡을 지목하였다. 물론 채무위기 그 자체는 대부분 라틴아메리카 외부에서(통제영역 밖에서) 온 요소들에서 기인한다. 비록 그럴지라도 미 재무성, 세계은행, IMF와 같은 주요 국제기구(이들의 본부는 모두 워싱턴에 있다)의 경제학자들과 정책 결정자들은 라틴아메리카 경제의 구조조정을 위한 분명한 메시지를 보냈다.

'워싱턴 컨센서스'로 알려지게 된 그들의 처방은 다음 세 가지 원칙을 수반한다.

- 첫째, 라틴아메리카 정부들은 민간부문을 지원해야 한다.
- 둘째, 라틴아메리카 정부들은 무역정책을 자유화해야 한다.
- 셋째, 아마 가장 중요한 것으로서, 라틴아메리카 정부들은 국가의 경제적 역할을 감소시켜야 한다(특히 국가 소유 산업을 민영화해야 한다).

라틴아메리카 정부들은 재정 긴축——워싱턴도 말뿐이지 거의 지키지 않는 일이었다——을 단행해야 했다. 그들은 예산 지출을 사회적 보조금이 아닌 장기적 시각에서의 보건, 교육, 기반시설 투자에 선택적으로 집중해야 했다. 또한 정치적 혹은 관료주의적 제한 없이 시장의 힘이 작동하도록 국가경제에 대한 규제를 철폐해야 했다(의사진행 발언: 적어도 한 저명한 라틴아메리카 정책 결정자는 후에 "이런 일들은 우리 스스로 우리나라를 위해 하기 원해서 한 일이지 국제여론 때문이 아니다"라고 주장하면서 '워싱턴 컨센서스'라는 딱지는 "모욕적"이라고 비판했다).

여러 가지 측면에서 워싱턴 컨센서스는 1880년대에서 1920년대까지의 경제모델과 같은 자유주의 수출-수입 경제정책으로의 회귀를 요구했다. 그래서 이는 '신자유주의'로 알려지게 되었다. 물론 둘 사이에 차이가 없지 않다. 그러나 이 두 이념 모두 시장의 '보이지 않는 손'에 대한 믿음이라는 똑같은 기반에 기초하였다.

이러한 신자유주의 비전은 하나의 커다란 역설을 내포하고 있었다. 전체 프로그램의 중심은 국가의 역할을 감소시키는 것인 데 반해, 이러한 정책의 실현은 오로지 강력한 국가에 의해서만 완수될 수 있다는 점이다. 경제개혁은 보호받던 기업들, 노조에 소속된 노동자들, 공공부문 종사자들과 같이 견고하게 형성된 기존 그룹들의 저항에 직면할 수밖에 없다. 워싱턴의 제안 중 또 다른 하나인 광범위하고 공평하고 효과적인 세수 정책의 시행은 거의 모든 사람의 반대를 불러왔다. 그러한 압력을 극복하기 위해서는 강력하고 자율적인 국가가 필요했다. 컨센서스의 제안자들은 이러한 모순을 작지만 효율적인, 즉 그들의 적절한 표현에 따르면 "홀쭉하지만 솜씨 좋은"lean and mean 정부를 지지함으로써 해결하고자 했다. 그렇기는 하지만 이러한 오만한 공식조차도 경제 부문에서 국가의 역할에 대한 기본적 의문에는 직접적으로 답할 수 없었다.

자유무역

19세기의 자유주의처럼 신자유주의 컨센서스는 교역의 역할을 크게 강조했다. 경제적 세계화가 매우 긴요하기 때문에 국가들은 국제적 노동분업을 받아들이고 그들이 '비교우위'를 지니는 생산품을 수출해야만 했다. 라틴아메리카도 수입대체산업화를 포기하고, 그들이 가장 잘 할 수 있는 농업, 광업, 천연자원 개발과 같은 일로 되돌아가야 했다.

1990년대 동안 경제 이념과 실천적 고려에 따라 미국은 서반구에서 '자유무역'이라는 선택을 지지하였다. 이는 관세와 기타 수입장벽들의 축소 일정을 규정하는 공식조약들을 통해 완수되었다. 목표는 미국의 수출시장을 확대하고, (주로 저임금 노동력에 대한 접근을 통해) 미국 제조업체의 효율성을 강화하며, 그 외 다양한 방식을 통해 세계경제에서 미국의 '경쟁력'을 강화하는 것이었다. 아메리카의 지역통합은 또한 유럽, 일본 등 오늘날 경제대국들과의 협상에서 워싱턴의 힘을 강화할 것이었다.

1990년에 조지 부시(아버지) 행정부는 캐나다, 멕시코와 북미자유무역지대 설립을 위한 공식 협상을 시작했다. 또한 부시는 같은 해에 "앵커리지 항구에서 티에라델푸에고까지 뻗은" 전체 반구를 포용하는 자유무역지대 창설을 제안했다.

3장에서 언급한 것처럼 북미자유무역협정은 1994년 1월에 효력이 발휘되어 세계에서 가장 큰 무역블록 중 하나가 되었다. 결국 북미자유무역협정은 미국의 경제정책과 대 멕시코 관계에서 전환점을 기록했다. 역사상 처음으로 워싱턴은 남쪽에 있는 이웃과 명백한 경제적 통합정책을 추구하고 있었다. 그것은 또한 미국의 영향권을 공고히 하는 것이기도 했다.

그러나 반구 전체를 포괄하는 자유무역지대에 대한 전망은 매우 어두워 보였다. 그 과정을 시작하기 위해 클린턴 행정부는 1994년 12월 마이애미에서 거창한 '미주정상회담'을 주최했다. 강도 높은 막후 협상을 거쳐 그 자리에 모인 사람들은 2005년까지 미주자유무역지대FTAA로 나아갈 목표와 차후년도에 그러한 목표를 완성하기 위한 정상회담을 지속할 것임을 선언했다. 1998년과 2001년 사이에 개최된 다음 정상회담들은 그 목표에 대한 입에 발린 말만 늘어놓았지, 실질적 진전은 극도로 느리게 진행되었다.

그러는 동안 미국은 라틴아메리카 개별국가들과 (그리고 보다 작은 국가들의 그룹들과) 일련의 FTA에 착수했다. 이는 '중심축과 바퀴살'hub-and-spoke 대형으로 알려진 시스템을 만들었다. 이러한 시스템 아래서 거점국가 혹은 '허브'는 분리된 일련의 양자 간 협정 하에 있는 각 '바퀴살' 국가의 시장에서 특별한 우선권을 향유한다. 그러나 '바퀴살' 국가들은 다른 '바퀴살' 국가 시장에 우선적으로 접근을 할 수 없다. 그리고 보다 심각한 것은 '바퀴살' 국가들이 '허브' 시장 안에서 선택받기 위해 서로 경쟁해야 한다는 사실이다. 허브를 위해 좋은 것이 '바퀴살'에도 항상 좋은 것은 아니다.

FTA는 근본적인 아이러니를 내포하고 있다. 정부 대 정부 협정으로

북미자유무역협정에 대한 우려가 에스파냐의 정복에 대한 기억을 되살렸다. (Danziger/Christian Science Monitor)

서 FTA는 시장의 '보이지 않는 손'보다 주권국가들의 신중한 결정을 보여 주는 사안이었다. 그리고 FTA는 무역에 대한 장벽을 낮추기는 하지만, 그것을 완전히 게다가 즉각적으로 제거하지는 않았다. 엄격히 말해 '자유무역'이라는 용어는 부적절한 명칭이었고, 지금도 그러하다. FTA는 완전한 무역 자유를 실현시키지 못했다. 그것은 국가에 의한 무역 관리의 새로운 용어일 뿐이다.

2009년 말 현재 미국은 라틴아메리카의 9개국—멕시코, 칠레, 중앙아메리카 국가들(그리고 도미니카공화국), 페루—과 FTA를 맺고 있다. 콜롬비아와의 협정은 미국 상원의 인준을 기다리고 있다. 파나마와는 협상을 진행 중이다. 라틴아메리카 인구의 절반을 차지하는 아르헨티나, 브라질, 에콰도르, 파라과이, 베네수엘라, 볼리비아와 같은 다른 주요 국가들은 경제적 운명을 북쪽의 거인과 밀접하게 연결시키는 것에 대해 관심이 없다. 이러한 의미에서 라틴아메리카는 중간 바로 아래 부분에서 분리되었다. 이러한 흐름이 어디서 어떻게 끝날 것인지는 아무도 모른다.

대항적 움직임들

미국이 중심축과 바퀴살 전략을 추구함에 따라, 라틴아메리카 지도자들은 일련의 대응전략을 구상했다. 그들의 노력은 더 이상 비교우위라는 고전적 개념에 의지하지 않는 국제무역 이론들의 중요한 발전에서 지적 지원을 이끌어 냈다. 노벨상 수상 경제학자인 폴 크루그먼이 지적하는 것처럼 국가는 종종 매우 유사한 상대국과 무역을 한다. 그리고 사실 종종 수출한 것과 유사한 종류의 상품을 수입한다. 그 이유는 기업들이 종종 가벼운 차이가 있지만 유사한 상품들을 생산하기 때문이다. 기업들이 자신의 상품을 생산하는 데 점점 더 전문화되고 효율적이 되면서 판매를 확대하고, 사업을 확대하고, 보다 큰 시장을 찾는다. 소비자들 역시 다양성을 좋아한다. 그래서 여러 나라 기업들의 생산품을 고르고 선택한다. 결과적으로 국가들은 유사한 생산품을 서로 교환하게 된다. 그래서 어떤 미국인들은 폭스바겐 차를 사고, 어떤 독일인들은 포드 차를 사는 것이다. 혹은 아르헨티나인들은 은은한 칠레산 백포도주를 소비하고, 칠레인들은 강렬한 아르헨티나산 적포도주를 즐기기도 한다.

어쨌든 이러한 통찰력은 라틴아메리카 국가들 간 FTA를 위한 근거가 되었다. 그 하나의 방식으로 몇몇 국가는 '중심축과 바퀴살' 배열을 만들었다. 그중 가장 중요한 나라는 중앙아메리카 국가들과 FTA를 맺은 멕시코, 남미의 다른 국가들과 특혜관계를 정립한 칠레, 그리고 자신을 중심으로 남미자유무역지대SAFTA의 창설을 추진한 브라질이었다.

두번째 방식은 하위 지역통합을 수반하였다. 중미공동시장이 다시 살아나고, 카리브공동체CARICOM가 재활성화되었으며, 안데스 협약이 개정되어 새로운 활력을 얻었다. 이러한 프로젝트들이 회원국 사이에서 경제성장을 자극할 수 있고 미국이나 다른 강대국들과의 관계에서 협상력을 강화할 수 있을 것으로 기대되었다.

이러한 계획들 중에서 가장 야심차고 영향력 있는 것은 1991년 남미에서 출현한 남미공동시장이다. 이는 아르헨티나, 브라질, 우루과이, 파라과이의 경제적 운명을 연결시켜 놓았다. 회원국들은 대외공동관세를 골자로 하는 '관세동맹'을 구축하고, 완전한 공동시장을 향해 계속 나아갈 것을 결정했다. 특히 브라질과 아르헨티나의 오랜 경쟁관계를 고려할 때 남미공동시장은 진정 놀랄 만한 발전이었다. 그 회원국들은 라틴아메리카 국내총생산의 거의 절반, 총인구의 40퍼센트 이상, 해외무역의 약 3분의 1을 차지한다.

규모보다 더 중요한 것은 전략적 방향이다. 전통적 자유무역협정과 대조적으로 남미공동시장은 '외부 지향적 통합'에 대한 확고한 믿음을 대변한다. 그러한 방향은 수입대체산업화를 통해 완전히 폐쇄된 시장에 의존하기보다 회원국들을 국제무대에서 한층 더 경쟁력 있게 만들기 위한 결정에서 나왔다. 그러한 프로젝트는 또한 남미원뿔지대에서 평화와 민주주의의 공고화라는 명백한 정치적 목표도 가지고 있다. 군사적 긴장을 완화하기 위해서 아르헨티나와 브라질은 핵무기 개발 금지에 동의했다. 남미공동시장은 이 지역의 민간 민주주의자들에게 협의와 상호지지를 위한 정기적 기회를 어느 정도 제공했다. 그리하여 이 지역 군부의 오랜 특권적 지위를 소멸시키는 효과를 가져왔다.

브라질은 더 야심차게 1994년에 남미자유무역지대 창설을 제안하기에 이르렀다. 브라질의 발상은 2005년까지 (서반구 전체가 아닌) 남미 전역에 걸친 자유무역지대를 만드는 것이었다. 남미자유무역지대의 목적은 다양했다. 역내 무역을 급속히 증가시킨 남미공동시장의 경험을 활용하고, 특히 칠레와 안데스그룹Grupo Andino으로부터 남미공동시장의 "고립"을 피하고, 아메리카 대륙에서 미국이 주도하는 광범위한 통합 계획의 가능성을 논의할 때 협상력을 증대시키는 것이다. 남미자유무역지대는 남미의 지배적 파워가 되리라는 브라질의 역사적 요구를 재확인시켜 주는 사안이 될 것이었다.

지금까지 미국에 대한 가장 직접적이고 급진적인 도전은 베네수엘라에서 비롯되었다. 8장에서 설명한 것처럼 우고 차베스는 '21세기 사회주의'를 추구하였다. 차베스는 라틴아메리카에서 자신의 권위를 상승시키기 위한 노력의 일환으로 ALBA라는 구상을 추진했다. ALBA는 미주자유무역지대에서, 더 나아가 서반구에서 미국의 헤게모니에 대한 '대안'을 제공할 광범위한 동맹을 추구하였다. 유가의 급속한 상승이 차베스에게 막대한 오일달러를 안겨 주어, 동맹국들에게 온갖 종류의 경제적 지원을 할 수 있게 해주었다. 2006년까지 차베스 정부는 쿠바뿐만 아니라 볼리비아, 에콰도르, 니카라과와 같은 라틴아메리카의 다른 중도-좌파 정부들과도 밀접한 관계를 형성했다. 차베스는 또한, 대단히 실용적인 면을 지닌 중요한 좌파 인물이자 남미에서의 리더십에서 주요 경쟁자이기도 한 브라질의 룰라와도 복잡한 성격의 관계를 유지했다.

룰라와 차베스 두 사람은 서로 다른 이유로 미국의 미주자유무역지대 계획에 반대했다. 브라질은, 워싱턴이 미국 농업에 대한 대규모 보조금 제공을 중단하라는 브라질의 요구를 거부하자 미주자유무역지대에 반대했다. 베네수엘라는 미주자유무역지대가 전체적으로 지니는 지정학적 영향 때문에 반대했다. 2005년 11월 아르헨티나 마르델플라타에서 개최된 기억될 만한 미주정상회담에서 브라질과 베네수엘라는 미주자유무역지대 구상을 해체하기 위해 힘을 합쳤다. 적어도 가까운 시일 안에는 미주자유무역지대 비전을 되살릴 수 없을 것이다. 남은 것은 지역통합 계획들을 짜깁기한 분열된 서반구이다.

잠정적 성찰과 2008년의 경제붕괴

끝없이 계속 미루어지는 것처럼 보였지만 라틴아메리카는 2003년 전후 신자유주의의 열매를 수확하기 시작했다. 원자재 수요의 증가에 직면하여 지역 국가들의 수출이 급격히 증가했다. 라틴아메리카는 유럽이나 미국과 같은 전통적 시장뿐만 아니라 특히 중국과 같은 세계의 다른 새로운 지역에서도 열렬한 소비자들을 만났다. 결과적으로 라틴아메리카는 5년간 연평균성장률 5퍼센트 정도의 지속적인 경제성장을 시작했다. 이러한 수치는 1인당 연간 3퍼센트의 성장률에 해당한다. 이는 단연코 1970년대 이래 이 지역 최고의 경제적 성과였다.

워싱턴 컨센서스의 제안자들은 기쁨을 거의 억누를 수 없었다. 그들의 자신감 있는 예견에 따르면, 시장 힘의 무제한적 상호작용이 세계화된 세상에서 경제적 창조성, 활력, 기업가 정신을 촉발한 것처럼 보였다. 실제로 자본주의 정신이 고조되고 있었다.

그러나 위험신호도 있었다. 선견지명 있는 관측자들이 지적한 것처럼 라틴아메리카 자유무역의 확대는 일부 구조적 취약성을 나타내고 있었다.

- 성장률은 매우 환영받을 만했지만 (아시아나 동유럽과 같은) 세계의 다른 많은 지역들의 성장률에 비해서는 낮은 편이었다.

- 불평등 수준이 세계에서 가장 높았다.
- 빈곤율은 감소했지만 실업률은 여전히 높았고 또 증가하고 있었다.
- 기반시설과 교육에 대한 투자가 불충분했다.
- 이 지역은 (중국이나 인도의 예처럼) 경제적 재구조화가 아닌 전통적인 원자재 수출에 계속 의존했다.

분석가들에 따르면 이런 모든 이유 때문에 라틴아메리카는 아직도 외부의 경제적 충격에 매우 민감하다. 이러한 취약성은 1930년대와 1980년대에 이 지역에 비싼 대가를 치르게 했다. 그러한 일이 다시 일어나지 말란 법이 없었다.

충격은 2008년 후반부에 미국과 세계금융시장의 급작스러운 붕괴와 함께 닥쳤다. 조지 부시(아들) 행정부 말기에 미국 경제는 깊은 침체에 빠져들었다. 미국 정부는 수천억 달러의 구제 금융을 통해 주요 금융기관들을 살렸다. 이는 결과적으로 금융산업을 사회화하는 효과를 가져왔다. 한편 연방준비기금FRB은 시중금리를 거의 0퍼센트 수준으로 내렸다. 여전히 부진한 경제를 살리기 위해 버락 오바마 대통령은 2009년 초 대대적인 공공지출 프로그램을 제안했다. 그 프로그램은 국가 경쟁력을 강화하고, 경제 활동을 자극하기 위해 마련되었다.

경제정책의 면에서 이러한 위기는 많은 영향을 미쳤다. 이번 위기는 '시장'이 전지전능하지도 않고 스스로 규제할 능력도 없음을 보여 주었다. 그것은 정부 감독의 필요성을 입증했다. 위기는 특히 교육과 기반시설(교량, 고속도로, 인터넷 등)과 같은 공공투자의 중요성을 강조했다. 이는 위기의 시기에는 단지 정부만이 결정적 행동을 취할 수 있음을 뚜렷이 보여 주었다. 흥미롭게도 이러한 통찰은 1930년대 대공황 시기에 정부가 대규모 적자 재정지출 프로그램을 통해 위기에 대응해야 한다고 주장한 영국 경제학자 케인스1883~1946에 대한 관심을 다시 불러일으켰다. 케인스에 따르면 비결은 정부가 지출하는 돈의 양이 얼마인가보다는, 정부 지출이 얼마나 설득력 있게 경제게임에 부활의 신호를 보낼 수 있느냐, 그리하여 민간부문의 행위자들이 두려움을 극복하고 다시 경제활동을 시작할 수 있게 설득할 수 있느냐에 있다.

당연한 결과로서 이러한 경향은 워싱턴 컨센서스의 교조적 적용에 완강하게 저항한 라틴아메리카의 지식인들과 정책 결정자들에게 만족을 주었다. 그들이 직면한 문제로 인해 많은 사람들이 국가경제에서 국가의 적극적 참여를 배제하려는 정책을 내키지 않아 했다. 그런데 이제는 심지어 미국도 회복의 길을 마련하기 위해 중앙정부에 의존하고 있지 않은가. 국가의 개입은 또다시 좋은 것이 되었다!

그러나 라틴아메리카의 단기적 전망은 그다지 밝지만은 않다. 2008년 미국에서 시작된 충격이 심각한 부정적 영향들을 야기할 것이다. 라틴아메리카가 미국의 서브프라임 대출에 투자했기 때문이 아니라(라틴아메리카는 거기에 전혀 투자하지 않았다), 라틴아메리카의 생산품에 대한 미국과 유럽의 수요가 급격하게 감소했기 때문이다. 1930년대처럼 해외시장이 고갈되고 있는 것이다. 외국인 투자 또한 급격히 쇠퇴했다. 한 신뢰할 만한 예상에 따르면, 이 지역의 경제성장은 2009년 2퍼센트 이하로 감소할 것이며, 그 후에도 곧 좋아질 것이라는 확신은 없다.

이러한 고통스러운 환경에서 라틴아메리카의 지도자들과 사상가들은 경제발전을 위한 새로운 길을 탐구하기 시작했다. 다시 한 번 실행 가능한 전략을 위한 탐구가 진행되고 있다.

[김기현 옮김]

13장 | 정치변동의 역학

라틴아메리카의 경제개발 전략은 정치와 어떤 상관관계를 지녔을까? 12장에서 살펴보았듯이 라틴아메리카 국가들은 자유주의, 산업주의, 사회주의, 신자유주의 등 다양한 방식의 경제발전을 추구했다. 이 변화들의 원인과 결과로 사회구조가 변하고, 도시가 급성장하고, 정치적으로는 혁명, 개혁, 반동, 민주주의 등의 여러 실험이 이루어졌다. 정치적 영역에서 다양성과 변화는 중심적, 결정적 주제였다.

비교분석은 경제변동과 정치변동의 관계를 이해하는 데 유용하다. 이 장의 목표는 두 가지이다. 첫째는 정치변동 과정의 국가 간 '유사성'을 대략 그려 내는 것이다. 즉 어느 한 국가의 역사를 서술하지 않고 각국 발전의 전체적인 맥락이 드러나도록 복합적인 설명을 제시하고자 한다.

둘째 목표는 라틴아메리카 국가들 간의 핵심적 '차이'를 규명하는 것이다. 이를 통해 예를 들면 다음과 같은 흥미로운 질문을 제기할 수 있다. 왜 사회혁명은 볼리비아와 멕시코에서 발생했고 페루에서는 일어나지 않았는가? 왜 아르헨티나, 브라질, 칠레처럼 상이한 국가들이 거의 동시에 군사독재를 겪었는가? 비교분석을 통해 우리는 개별 국가를 더 명

료히 인식할 수 있을 뿐만 아니라 인과관계의 패턴을 찾아낼 수 있다.

우리는 변동 과정을 탐구하기 위해 특정 대통령이나 행정부의 부침보다 정치 시스템(또는 정치 체제)의 근본적 변화에 초점을 맞출 것이다. 이를 통해 시간의 흐름에 따른 구조적 변화 패턴을 규명하고자 한다.

이를 위해 우리는 정치 체제들을 간단하게 분류하는 것으로 시작한다. '민주주의' 부류에 들어가는 것들을 우리는 다음과 같이 나눈다.

- 과두민주주의: 선거로 경쟁하되, 경쟁이 사회경제적 지배층 파벌들 사이의 경쟁에 국한
- 호선민주주의co-optative democracy: 부상하는 중간계급의 선거 참여를 유도
- 자유민주주의: 자유·공정 선거를 시행하고 시민적 권리를 완전히 향유
- 비자유민주주의: 최근 가장 흔한 유형으로, 자유·공정 선거를 시행하되 시민적 자유를 일부(그러나 체계적으로) 제한

아울러 우리는 몇 가지 형태의 '권위주의'를 볼 수 있다.

- 전통적인 독재: 군부 지도자의 1인 통치
- 일당(또는 지배 정당) 통치: 흔히 현지 기업가와 노동조합 간의 다계급 '포퓰리즘' 연합의 지배
- '관료적' 권위주의: 군부(장교 개인이 아닌)가 기술관료를 위시한 민간부문의 관료와 협력하여 지배
- 혁명 국가: 사회주의적 처방에 따라 구조의 변화를 추구

이러한 분류에서 볼 수 있듯이 라틴아메리카에는 매우 다양한 정치체제가 존재했다. 개념과 관련된 과제는 무질서해 보이는 사례들을 설명할 수 있는 규칙을 찾는 것이다. 우리는 최종적인 규칙이 아니라 이를 위한 분석의 도구를 제시하고자 한다.

과두 지배와 상향식 개혁(1880년대~1920년대)

12장에서 설명했듯이 유럽의 산업혁명은 19세기 라틴아메리카 경제의 근본적 변화를 촉진했다. 라틴아메리카 지배층은 자유주의 이론의 영향을 받아 '수출-수입' 경제의 수립과 공고화에 주력했다. 라틴아메리카는 '비교우위'에 따라 농산물과 광물 등 1차 산품 수출을 가속화하고 유럽과 미국에서 공산품을 수입했다. 이러한 교환을 기반으로 무역이 번창했고 투자가 공업국에서 유입되었다.

국내적으로 수출-수입 발전은 상층계급의 경제력을 강화했다. 전통 지주들은 국제무역으로 목장과 농장에서 일거에 막대한 이익을 거두었다. 라틴아메리카 지배층──특히 지주──은 이제 이익이 크게 걸린 국내정치에 눈독을 들이게 되었다. 이들은 더 이상 봉건 영지와 같은 대농장에 머무는 것에 만족하지 못하고 정치권력을 추구하게 되었다. 활극을 즐기던 카우디요의 시대는 막을 내렸다.

상층계급이 정치권력을 추구한 방식은 크게 두 가지로 나눌 수 있다. 하나는 아르헨티나와 칠레의 경우처럼 지주나 경제 지배층이 정부를 직접 장악하는 것이었다. 이들은 군부의 도움을 받아 강력하고 배타적인 정권을 수립하고, 미국이나 유럽 민주국가와 유사한 헌법 제정을 통해 정당성을 천명했다. 아르헨티나와 칠레에서는 적어도 정권 초기 단계에서는 지배층의 파벌을 대표하는 정당 간 신사적인 경쟁이 펼쳐졌다. 정당들은 기본 정책에 대해 의견이 대립될 때보다는 합치될 때가 더 많았고, 수출주도 경제성장 전략에 대해서도 이견이 없었다. 경쟁은 제한되었고 부정선거가 빈번히 일어났다. 이러한 정권을 '과두민주주의'라고 볼 수 있을 것이다.

둘째 패턴은 주로 군 장교 출신인 독재자가 집권해 역시 궁극적으로는 경제 지배층의 이익을 위한 법질서 확립을 강제하는 것이었다. 1876년 집권한 멕시코의 포르피리오 디아스가 전형적인 예이고, 같은 경향이 베네수엘라와 페루 등 다른 국가에서도 나타났다. 이 체제는 직접 정치권력을 행사한 과두민주주의와 달리 사회 상층부 출신이 아닌 독재자를 내세워 지배층이 간접 통치하는 형태를 띠었다.

이 두 경우 모두 안정과 사회의 통제에 역점을 두었다. 반대세력은 탄압받았고 권력 투쟁의 주체는 제한되었다. 기본 목표는 필요하다면 지방 카우디요의 권력을 빼앗아 중앙집권을 이루고 강력한 국민국가를 만드는 것이었다. 아르헨티나 중앙집권주의자들은 부에노스아이레스를 1880년 연방수도로 확정하면서 연방주의자들에게 승리했다(미국 워싱턴 D.C.의 경우도 이와 흡사하다). 멕시코 포르피리오 디아스의 강압정책은 지방 권력층을 희생시켜 국가 권력을 강화했다. 브라질의 동 페드루 2세 제국 정부는 실효적 국민국가 수립에 앞서 나갔다(그러나 지방주의자들의 역습으로 1899년 제국이 전복되었다).

이들 중앙집권주의자들의 주요 동기는 수출-수입 경제발전을 보호해 지속시키는 것이었다. 이들은 정치적으로 안정되어야 외국 투자를 유치할 수 있고, 경제가 성장할 수 있다고 보았다. 투자가 유입되면 법질서 강화에 도움이 되었다. 철도 건설이 좋은 예이다. 외국 투자자들은 정치적으로 불안한 국가에 투자를 꺼렸으나, 멕시코나 아르헨티나의 사례처럼 일단 건설된 철도는 중앙집권 공고화에 기여했다. 국가 어디서 봉기가 발생하든 철도를 통해 연방군을 파견해 진압할 수 있을 것이기 때문이다(실제로 그렇게 되었다).

수출-수입 경제의 공고화는 도시 노동계급의 등장을 초래했다. 1914~1927년 사이에 아나키즘에 영향을 받은 반체제 노동운동이 대규모 총파업을 일으켜 주요 국가들의 수도를 뒤흔들었다. 대부분의 노동운동은 정부에 의해 무력으로 진압당했고, 노조가 이후 수십 년간 약화되는 결과를 낳았다. 라틴아메리카의 과두지배층은 노동계급에게 중대한 양보를 할 의무를 느끼지 못했다.

호선민주주의

자유주의 지배층은 노동계급에 양보하는 대신 부상하는 중간계급과 연대를 맺고 권력 강화를 도모했다. 가장 흔한 방법은 중간계급의 공직 진출을 가능케 하는 최소한의 제도적 개혁을 시행하는 것이었다. 이로써 정책의 중대한 변화를 방지할 수 있었다. 아르헨티나 선거법 개혁은 선거권을 거의 모든 남성까지 확대하고 중간계급을 대표하는 급진당의 1916년 대선 승리에 기여했다. 칠레에서는 1890년대부터 변화가 시작되어 사실상의 의회 지배체제를 일시적으로나마 확립했다. 브라질에서는 1899년 왕정 전복 후 제한적인 선거정치 시대가 시작되었다. 이러한 일반적인 규칙은 1910년 전면적인 혁명이 발생한 멕시코에서조차도 성립한다. 멕시코혁명의 원래 동기는 사회변화가 아니라 소외된 중간계급이 정치체제에 진출할 권리를 얻는 것이었다.

일반적으로 이러한 개혁 운동들은 상층계급에서 중간계급까지 효과적인 정치참여를 확대하고, 하층계급을 계속 배제하는 '호선민주주의'를 만들어냈다. 간혹 예상치 못한 결과를 초래하기도 했으나, 이러한 전환은 사회경제적 지배층이 사회경제체제 유지를 위해 중간계급을 끌어들이려는 시도의 결과였다.

이와 같은 변화의 중요한 부작용으로 직업 정치인 집단의 형성을 들 수 있다. 정당정치는 정치권력을 위해 헌신할 수 있는 야심찬 활동가들이(주로 남성들) 정치경력을 쌓는 장이었다. 이들은 주로 지배층의 이익을 대변했지만 뚜렷하게 독립적인 집단을 형성했다. 또한 국내정치의 지배적인 행위자로 부상하면서 군부의 분노와 경멸의 대상이 되기도 했다.

개혁주의 전략은 라틴아메리카의 여러 국가, 또는 적어도 이들 국가 지배층의 목적을 달성하는 데 기여했다. 1차 세계대전 기간과 그 이후 유럽의 원자재 수요가 늘어 번영이 지속되었다. 수출-수입 모델은 라틴아메리카를 자본주의 세계체제에 통합시키고 수익을 창출하는 유용한 수단으로 보였다. 정치적 변화는 지배층의 오랜 헤게모니를 보장할 것 같았다. 그런데 얼마 뒤에 재앙이 닥쳤다.

포퓰리즘과 독재(1930년대~1970년대)

대공황은 라틴아메리카 경제에 재앙적인 충격을 주었다. 정치 영역 또한 광범위한 변화가 초래되었다.

이 시기의 대응 방법 중 하나는 군사독재로 회귀하는 것이었다. 1929년 10월 뉴욕 증권시장 붕괴 후 채 1년이 못 되어 아르헨티나, 브라질, 칠레, 페루, 과테말라, 엘살바도르, 온두라스에서 군 장교들이 정권 찬탈을 시도하거나 집권에 성공했다. 멕시코는 자국만의 헌정위기를 겪고 있었고, 쿠바는 1933년 군사독재 정권에 넘어갔다. 군부 쿠데타 근간의 논리는 경기침체가 대중의 폭력 시위를 야기하고 기존의 사회질서를 무너뜨릴 수 있다는 것이었다. 대공황은 직접적으로 군사독재를 초래했다고 볼 수는 없지만 수출-수입 성장 모델의 지속가능성에 의혹을 제기하고, 지배층에 대한 신뢰를 떨어뜨렸으며, 하층계급의 좌절을 키우고 중간계급이 군사독재를 받아들이는 데 기여했다. 1930년대 초기부터 군부는 라틴아메리카 정치의 주요 행위자라는 전통적 역할을 재천명했다.

1929년 이후 군사독재의 물결은 '과두민주주의'의 굴욕적인 종식을 가져왔다. 한편 경제발전은 라틴아메리카 사회에—특히 중산층과 도시노동자 계급의 출현을 비롯한—심대한 변화를 야기했다. 전통 지배층의 파벌 간 경쟁은 더 이상 정치적 정당성을 확보할 수 없었다. 물론 과두지배를 지속시키기 위한 '반민주주의'semi-democracy 체제 수립 시도도 있었다. 이 체제 하에서 선거는 실시되기도 전에 부정으로 얼룩졌고 수용 가능한 후보만이 당선되었다. 아르헨티나의 1932년에서 1943년 사이의 '오명汚名의 십년'이라 부르는 기간이 이에 해당한다. 당시 선거에서는 '애국적인 부정'이 자행되었다. 그러나 대부분 국가에서 과두지배층이 정치에서 사라졌다.

이에 더해 두 가지 사건이 정치 변화의 주요 요인으로 작용했다. 하나는 수입대체산업화 경제정책의 도입이다. 12장에서 설명했듯이 이 정책은 국가의 경제적 역할을 강화했다. 국가는 '유치幼稚 산업'을 보호하기 위해 무역장벽을 높였고, 정부 구매를 통해 자국 생산자에게 특혜를 부여했으며, 국가 소유의 '준국영' 기업들 사이의 협력을 촉진했다. 이렇게 보호와 참여를 통해 라틴아메리카 국가들은 경제 회복에 필요한 추진력을 결집시켰다.

산업이 발전하면서 노동계급의 힘과 중요성도 커졌다. 노동운동은 자립적이든 국가 주도든 1930년대에 급격히 증가했고 산업을 계속 확장하기 위해서는 노동자의 지지(또는 노동자 통제)가 필수요소가 되었다. 고용자에게 노동자는 이윤 창출과 노동력 제공을 위해 필요한 존재였다. 노동조합은 중요한 행위자로 부상했다.

이러한 사회경제적 변화는 두 가지 형태로 정치 변화에 반영되었다. 하나는 호선민주주의의 지속이다. 호선민주주의 하에 기업가와 노동자들은 선거와 같은 경쟁을 통해 (주로 제한된) 권력을 획득할 수 있었다. 새로운 집단과 사회계층의 이익을 대표하기 위해 정당이 재편된 칠레가 이 경우에 해당한다. 칠레에서는 친노동자 정당과 친기업가 정당이 선거에 참여했고 이들의 참여는 정권이 유지되는 데 큰 기여를 했다.

다른 형태는 다계급 '포퓰리즘' 연합의 결성이다. 산업 지배층의 등장과 노동운동의 활성화는 기업가와 노동자의 공동 이익에 기반을 둔 친산업 연합의 형성을 가능케 했다. 이 연합은 오래된 농업 지배층과 지주계급에 정면으로 도전했다. 일부 국가에서 연합은 국가 권력을 이용해 개인의 권력 강화를 꾀한 국가 지도자들이 주도했다. 브라질의 제툴리우 바르가스와 아르헨티나의 후안 페론은 각각 1930년대와 1940년대에 도시 기반의 다계급 포퓰리즘 연합 결성에 착수했다. 이 두 정권의 공통분모로 노동계급을 동원할 수 있는 능력, 민족주의적·반제국주의적 수사(와 정책)를 통합의 담론으로 이용한 점, 지도자 개인에 대한 추종집단의 활용, 국내 반대세력을 용납하지 않은 점을 들 수 있다.

포퓰리즘 연합이 극단적 형태로 나타난 '조합주의' 국가에서는 정치기관이 정당이 아닌 기능에 따라 분리되었다. 이는 사회를 '조합'이라는 기능적 집단—군인, 성직자, 지주, 상인, 목동 등—으로 나누어 이론적으로 선량한 군주국 통치 하에 두었던 과거 스페인의 전통에서 유래했다. 1930년대 들어 무솔리니 집권기의 이탈리아에서 이를 현대적으로 해석한 전형적인 조합주의 국가가 수립되었다. 1940년대 스페인의 프랑코도 유사한 정권을 확립했다. 파시즘은 공산주의와 마찬가지로 일부 라틴아메리카인들의 동조를 얻었다.

조합주의가 제도화된 사례로 브라질 바르가스 정권과 아르헨티나 페론 정권, 멕시코 라사로 카르데나스 정권을 꼽을 수 있다. 멕시코는 카르데나스의 주도로 여당(이후 제도혁명당으로 알려졌다)의 내부구조를 기능에 따라 노동자와 농민, 군인, 그리고 나머지 국민('민중' 부문이라 칭했다)별로 조직 또는 '부문'으로 구분했다. 브라질이나 아르헨티나와 마찬가지로 조합주의의 주된 목적은 계급갈등을 제거하고, 정당 간 경쟁을 완화하고, 중앙집권적 권력을 강화하는 것이었다.

조합주의적이든 아니든 간에 포퓰리즘 정권은 두 가지 주요 특징을 보였다. 하나는 권위주의 정권이었다는 점이다. 이들 정권은 이익집단 간 연합(예컨대 산업)을 상충하는 이익집단(예컨대 지주)에 대항해 결성했으므로, 상충하는 이익집단의 정치참여를 봉쇄하고 배제와 억압을 가했다. 또 다른 특징은 시간이 지나자 드러났듯이, 서로 필연적으로 충돌할 수밖에 없는 계급(예컨대 노동자와 기업가)의 이익을 동시에 대표했다는 점이다. 이러한 정권을 유지하려면 지도자 개인의 영향력과 카리스마에 크게 의존할 수밖에 없었다. 또한 강력한 지도력이 있더라도 경제위기를 맞으면 정권의 생존도 어려워질 수밖에 없었다. 첨언하자면, 멕시코가 혁명의 유산을 '제도화'하기 위해 부단히 애를 쓴 까닭도 이러한 맥락에서 이해할 수 있다.

여성과 정치

전통적으로 라틴아메리카 여성의 사회적 역할은 오랫동안 사적인 영역, 특히 가정으로 제한되어 있었다. 주로 하층계급 중에는 남편(또는 동거인)이 죽거나 떠나 가장이 된 여성이 많았다. 상층계급의 대가족 중에는 노부인이 결혼, 거주지, 상속과 같은 사적인 사안에 지대한 결정권을 행사하며 가족을 지배하는 경우가 많았다.

세월이 흘러 여성의 사회활동의 수용범위도 넓어졌다. 19세기의 교양 있는 여성은 '테르툴리아'tertulia로 불리는 문학 모임을 주최해 소설과 미문belles lettres; 문학에 대해 문인들과 열띤 토론을 벌이기도 했다. 페루의 클로린다 마토 데 투르네르나 메르세데스 카베요 데 카르보네르 같은 뛰어난 여성작가도 등장했다(이러한 전통은 17세기 멕시코의 수녀였던 소르 후아나 이네스 데 라 크루스부터 시작되었다). 이러한 변화는 20세기 들어 빨라졌다. 중상류층의 양갓집 젊은 여성은 더 이상 각종 사회적 행사에 남편을 보호자로 동반하지 않았다(부분적으로는 부부 관계가 불편한 경우 이렇게 하는 것이 위험이 적었기 때문이기도 했다). 여성의 취업도 가능해져 교사, 교수, 치과의를 비롯한 의사, 그리고 변호사로도 활동했다.

그러나 공직은 여성에게 개방되지 않았다. 정치는 전통적으로 남성의 영역으로 여겨졌다. 그러나 이미 1920년대 무렵부터 칠레 등 여러 국가에서 여성들이 선거권을 요구하며 집회를 열었고, 이윽고 목적을 달성했다. 〈표 13.1〉과 같이 라틴아메리카의 여성은 대부분 1930년대와 1940년대에 선거권을 쟁취했다(파라과이에서는 1961년까지 늦어졌다).

여성의 선거권 획득에 관한 불편한 사실은, 선거권이 일방적이거나 부정선거를 통해 새로운 정치적 지지기반을 조성하려는 권위주의 지도자들의 의도에서 부여되었다는 것이다. 지도자들의 이러한 전략은 포퓰

〈표 13.1〉 미주대륙 여성의 선거권 부여

국가	여성 선거권이 인정된 연도	국가	여성 선거권이 인정된 연도
미국	1920	칠레	1949
에콰도르	1929	코스타리카	1949
브라질	1932	아이티	1950
우루과이	1932	볼리비아	1952
쿠바	1934	멕시코	1953
엘살바도르	1939	온두라스	1955
도미니카공화국	1942	니카라과	1955
과테말라	1945	페루	1955
파나마	1945	콜롬비아	1957
아르헨티나	1947	파라과이	1961
베네수엘라	1947		

출처 : Elsa M. Chaney, *Supermadre : Women in Polities in Latin America* (Austin: University of Texas Press, 1979), p. 169.

리즘(또는 조합주의) 정권에서 두드러졌다.

이러한 경향은 에콰도르 군사정권이 1929년 여성 선거권을 헌법상 보장하며 물꼬를 텄다. 유사한 상황이 브라질1932, 쿠바1934, 도미니카공화국1942, 아이티1950. 멕시코1953, 페루1955, 파라과이1961, 그리고 중앙아메리카 대부분의 국가에서도 일어났다. 가장 유명한 사례는 에비타가 서반구 역사에서 가장 강력한 여성 중 하나가 된1947 아르헨티나일 것이다. 이때마저도 에비타는 겸허함을 잃지 않고 다음과 같이 말했다.

> 조국이라는 거대한 집에서 저는 수많은 가정의 우리 여성과 조금도 다르지 않습니다. 모든 여성처럼 저도 남편과 아이들 생각에 새벽잠을 설칩니다. …… 저는 진정으로 제가 우리 국민의 어머니라고 생각합니다.

주도면밀하고 야심찼던 에비타는 이렇게 유서 깊은 가정적인 여성상과 모성을 자아냈다.

민주주의의 물결

1940년대부터 1960년대까지 라틴아메리카는 견실한 경제성장률을 기록했다. 2차 세계대전 중 식량, 광물, 원자재에 대한 수요 증가는 전통 수출부문의 회복을 이끌었다. 그리고 라틴아메리카 대국들은 수입대체산업화 전략으로 높은 경제성장을 구가했다. 라틴아메리카경제위원회와 같은 기관의 분석은 수입대체산업화의 지속에 기여했고 금융 전문가들은 고도로 국가주도의 멕시코 '경제 기적'을 칭송했다.

2차 세계대전 이후의 낙관론에 힘입어 선거민주주의는 큰 진척을 이루었다. 1940년대 중반부터 1970년대 초반까지 라틴아메리카 국가의 절반 정도—특히 남미(아르헨티나, 볼리비아, 브라질, 칠레, 콜롬비아, 에콰도르, 페루, 우루과이, 베네수엘라가 해당)—에서 자유·공정 선거가 실시되었다. 이 국가들은 거의 완전한 시민적 권리(표현, 집회, 정당가입의 자유 등)를 향유하는 진정한 '자유'민주주의의 모습을 보였다.

이 국가들에서 당선된 지도자들은 대부분 중간계급 출신 개혁 성향의 민주적인 정치가들로, 하층계급의 발언권을 확대하고 사회정의 실현을 위한 실질적인 변화를 유도하고 사회경제적 구조의 현대화를 도모했다. 이들의 열망은 기득권을 위협했다. 농업 지배층은 농지개혁을 거부했고, 기업가들은 증세(와 노조 가입 권리 부여)에 저항했으며 냉전의 한가운데에 있던 미국은 중도좌파 사회정책에 반대했다.

전후의 경제 호황은 1960년대와 1970년대를 거치며 수그러들어 갈등이 증폭되었다. 12장에서 보았듯이 수입대체산업화는 대량의 자본재 수입에 의존했다. 기업가들은 국내 시장의 규모가 작아 공산품의 자국 수요는 매우 제한되어 있다는 사실을 깨달았다. 기술 혁신은 국제기준으로는 미미한 수준이었으나 육체노동자들의 실업을 초래했다. 일자리를 잃은 농촌 주민들이 대도시로 이주하면서 도시노동자가 크게 늘어났고, 실업의 증가는 불가피했다. 그리고 이는 노조의 격렬한 저항을 촉발했다.

관료적 권위주의 체제

노동계급의 압박이 거세지자 브라질1964, 아르헨티나1966, 우루과이1973, 칠레1973에서 지배층은 군사 쿠데타를 통해 매우 억압적인 정권 수립을 도모했다. 이 정권들에서 모든 주요 결정은 군 수뇌부가 내렸다(또는 거부권을 행사했다). 군부와 민간 지배층은 경기 침체 해결을 위해 투자를 촉진해야 한다고 여겼다. 이를 위해 노동계급의 결집을 해체하고 무력으로라도 진압해야 한다고 믿었다. 노동계급의 조직력이 강할수록 이는 어려웠다.

군사정부는 임금, 노동조건, 복리후생, 단결권 등 노동계의 핵심적 이익 결정권을 장악했다. 노동계급은 정부 관료가 허가한 조건을 받아들일 수밖에 없었다. 1970년대 중반 들어 칠레와 브라질에서 전면적인 파업은 거의 자취를 감추었다. 아르헨티나에서 노조는 전통적으로 결집력이 강해 탄압하기 더 어려웠으나 노조 지도자들은 활동을 자제해야 했다. 세 군사정권 모두 노사 관계에서 권위주의적 접근을 취했다.

군사정권은 왜 이렇게 강압 정책을 고수했을까? 단기적으로는 천정부지의 인플레이션을 억제하기 위해서였다고 할 수 있다. 이 정권들은 인플레이션과 국제수지 적자가 경제를 심각하게 위협할 때 집권했다. 당시 민간과 정부 모두 국제 신용이 차단되었다. 따라서 인플레이션을 방

한 미국 만화가는 라틴아메리카의 군부를 민주주의 제도에 대한 지속적인 위협으로 묘사했다. (Roy B. Justus, *Minneapolis Star*, 1963)

지하는 안정화 정책을 도입할 수밖에 없었고, 노동자들의 실질임금도 덩달아 하락했다. 군사정권이 노조를 엄중히 통제하려 한 것은 이러한 맥락에서 이해할 수 있다.

군부는 민간 지도자들도 탄압하고 자신을 '반反정치적'이라고 천명했다. 그리고 국가 위기의 원인은 직업 정치인들의 무능, 부정, 부패, 배신이라고 매도했다. 군부정권은 특히 급진 좌파를 비롯한 좌파 정치인들과 노동운동 지도자들을 혹독하게 억압했다. 이에 반대할 수 있는 정치적 통로는 매우 제한적이었다. 가장 민주적인 체제를 유지했던 칠레는 정당이 모두 해산당하고 선거인 명부가 불태워지는 등 가장 모진 군사독재를 겪었다.

아르헨티나의 군부정권은 1976년 국회와 모든 정당 활동을 중지시키는 강경 노선을 취하며 경쟁을 통한 정치를 중단시켰다. 아르헨티나나 칠레보다 덜 급진적인 분위기에서 집권한 브라질은 기존 정당들을 새로 창당한 두 개의 관제정당으로 대체하고 이들을 정권의 통제 하에 두었다. 브라질의 강압 정책은 1960년대 후반에 맹위를 떨치다 1970년대 후반부터 점진적인 '개방'으로 선회했다.

이러한 경로를 밟은 정권을 '관료적 권위주의' 정권이라 하며, 다음과 같은 특징들을 보인다. 첫째, 공직 자격을 군인, 공무원, 대기업 등 고도로 관료화된 집단으로 제한했다. 둘째, 노동계급을 정치적·경제적으로 배제하고 노동운동을 통제했다. 셋째, 특히 정권 초기에 정치적 활동을 전면적 또는 부분적으로 금지했고, 정치적 사안을 기술적인 문제로 치부하고 협상을 통한 합의가 아닌 행정적인 해결을 도모했다. 넷째, 가장 악명 높은 특징으로 반대세력을 위협하고 통제하는 수단으로 고문과 투옥, 암살을 폭넓게 자행했다. 가장 악랄한 사건은 아르헨티나와 칠레에서 반체제 활동 혐의가 있는 수천 명의 사람들이 '실종'된 것이었다. 국가권력을 확보하기 위해 국가가 테러를 저지른 것이었다.

관료적 권위주의 정권의 마지막 특징으로, 이들은 경제성장을 재개하기 위해 국제경제의 지배적 행위자들과 결속을 강화했다. 이로써 이들 국가들이 전 지구적 세계체제에 또다시 종속되는 결과를 낳았다. 구체적으로 이들 정권의 연합 상대는 다국적 기업들(IBM, 필립스, 다우 케미컬, 폭스바겐 등 여러 국제적인 기업이 여기에 포함되었다)이었다. 또한 외자를 도입하고 시간을 벌기 위해서 미국과 유럽의 은행과 국제 대출기관(세계은행과 미주개발은행 등)과도 타협했다. 이러한 일의 지배연합에서 가장 세계화된 인력으로, 칠레의 '시카고 보이즈'와 같은 조롱 섞인 별명을 얻은 주로 젊은 미국 유학파 경제학자들에게 위임되었다.

멕시코의 경우는 달랐다. 1930~1940년대 이후 정부가 노동조직을 실효적으로 통제할 수 있었으므로 반反조합주의 '포퓰리즘' 권위주의에서 군사쿠데타 없이 '관료적' 권위주의로 이행할 수 있었다. 노동에 대한 통제력은 1982년 이후 발생한 장기간의 경제위기로 도전을 맞았다. 제도혁명당은 1990년대에 들어 급격한 변화를 겪으며 통제를 완화(그리고 결국 상실)했다.

혁명의 여정(1950년대~1980년대)

아르헨티나, 브라질, 칠레처럼 상대적으로 자원이 풍부한 국가들과 정반대의 발전 환경에 있었던 국가들은 가슴을 저미는 종속과 빈곤을 겪었다. 4장에서 보았듯이 이들은 2000년 기준 인구 1,000만 이하의 중앙아메리카와 카리브 해의 빈국들이다. 광물이나 천연자원이 나지 않는 이들 국가의 경제는 한두 작물—사탕수수, 커피, 담배, 바나나, 카카오—을 기반으로 성장했다. 이러한 작물 생산은 대규모 플랜테이션에서 이루어졌고—따라서 플랜테이션 사회라는 이름을 얻게 되었다—대량의 노동력이 필요해 아프리카 노예가 수입되거나 원주민에 대한 강제 착취가 이루어졌다.

플랜테이션 사회는 19세기 후반부터 20세기 초반까지 더 큰 국가들과 같은 길을 갔다. 즉 수출-수입 경제를 확장하고, 효율성을 높이고, 해외시장(미국)에 집중했다. 이에 따라 외국(주로 미국) 투자가 유입되었고 소규모 상업 및 전문직 지배층이 등장했다. 사회경제적 구조는 토지소유 불평등과 노동력 착취라는 토대 위에 형성되었다. 대응되는 정치 형태는 '과두민주주의'로, 상층계급 안에서 대통령이 돌아가며 취임했고 일시적인 위기가 발생했을 때는 단기간 군부 통치가 들어섰다.

1930년대에 플랜테이션 사회는 라틴아메리카의 지배적 경향에서 일탈했다. 중앙아메리카와 카리브 지역은 대공황으로 특히 깊은 상처를 입었다. 이들은 브라질과 아르헨티나처럼 수입대체산업화를 선택할 수 없었다. 이들에게는 자원, 자본, 기술, 무엇보다도 시장이 없었다. 빈곤과 작은 규모 때문에 국내 제조업을 뒷받침할 소비자가 충분하지 못했다. 유일한 길은 주로 미국에 농산물을 계속 수출하는 것이었다. 다른 국가들이 경제 독립을 꿈꾸며 산업시설을 지을 때 이들은 미국 시장에 완전히 종속되었다.

남미 국가들이 '호선민주주의'와 대중기반 포퓰리즘을 실험할 때 이 지역의 과두민주주의는 1인 장기독재에 정권을 내주었다. 과테말라의 호르헤 우비코, 엘살바도르의 막시밀리아노 에르난데스 마르티네스, 니카라과의 아나스타시오 소모사, 도미니카공화국의 라파엘 트루히요, 쿠바의 풀헨시오 바티스타 등 악랄한 독재자들이 출현했다. 이들 독재자는 모두 군부 출신이고, 개인숭배를 추구하고, 가혹한 철권통치를 펼쳤으며, 국고를 털어 자신과 가족의 부를 늘렸다.

사회 갈등은 2차 세계대전 이후 수십 년에 걸쳐 심화되었다. 그런데 주요 갈등의 주체는 도시노동자 계급이 아니었다. 도시노동자 계급이 거의 존재하지 않았기 때문이다. 가장 큰 문제는 토지였다. 플랜테이션 대지주들은 효율성과 이윤을 올리기 위해 마을과 자영농, 농민의 땅을 빼앗았다. 땅을 빼앗기고 쫓겨나 분노하는 농민이 늘어났다. 계급갈등은 다른 라틴아메리카 국가들처럼 심화되었으나 갈등의 본질은 플랜테이션 사회 고유의 것이었다. 헐벗은 민중은 점차 항의의 목소리를 높였지만 폭력적인 탄압이 돌아올 뿐이었다.

정치적 결과는 자명했다. 하나는 폭력으로 권력을 쟁취하려는 맑스주의 혁명운동의 탄생이었다. 반대세력은 제도를 통한 사회개혁은 불가능하므로 힘에는 힘으로 맞설 수밖에 없다고 결론지었다. 도미니카공화국에서는 비밀결사가 라파엘 트루히요 암살에 성공했으나 곧바로 그의 측근이 집권해 승리를 도둑맞았다. 한편 과테말라, 엘살바도르, 니카라과, 쿠바에서는 무장 게릴라 집단이 출현했다.

맑스주의 혁명운동은 쿠바와 니카라과에서만 정권을 잡았고 엘살바도르 게릴라는 휴전에 만족해야 했다. 나머지 지역에서는 게릴라 운동이 모두 패배해 사라졌다. 플랜테이션 사회 구조는 명백히 혁명이 성공하기 위한 필요조건이었다(그러나 충분조건은 결코 아니었다).

쿠바와 니카라과 혁명지도자들의 최대 과제는 국가를 쟁취하는 것만이 아니라 강한 국가를 건설하는 것이었다(기존 정부를 전복할 수 있었던 이유는 이들이 너무나 약했기 때문이었다). 초기에 피델 카스트로의 카리스마에 의존하던 쿠바는 1970년대 국가 제도들의 안정적이고 강력한 네트워크로 진화한다. 1976년 맑스주의 헌법이 발효되고 쿠바공산당의 지배력이 강화되었으며 군은 현대화, 전문화되었다. 중앙관리체제가 확립되며 쿠바 정부는 국가경제를 지휘했다. 니카라과 산디니스타 지도부는 개인의 카리스마에 의존하지 않고 1984년 선거를 통해 정통성을 얻었다. 또한 통치에 대중이 참여하는 기제를 확립하고 소모사의 재산 등을 국유화해 경제에 주요 역할을 확보했다.

대체로 사회주의 혁명 지도부는 단일체의 정치 시스템을 구축했다. 이러한 경향에는 다음과 같은 원인들이 있다.

• 강력한 정부가 근본적인 정책 변화의 필수 요건이라는 확신
• 강력하고 호전적인 반대 세력의 잔존
• 외세 개입 위협의 존재
• 혁명의 '순수성'에 대한 이념적 헌신 — 정통과 규율에 대한 당파적 인(그리고 부분적으로는 심리적인) 집착

이들이 추구한 것은 명목상의 반대세력만을 허용하거나 이조차 없이 권력을 사실상 독점하는 것이었다. 이 방면에서 쿠바는 니카라과보다 성공을 거두었다. 혁명의 원인이 무엇이었든 결과는 명백했다. 즉 혁명정부는 권위주의로 기우는 경향을 보였다.

혁명정권은 유토피아 건설의 열망을 안고 사회 전반적인 변화를 추진했다. 쿠바와 니카라과 둘 다 집권 직후 전국적인 문맹퇴치 운동을 벌였다. 이 운동의 사회적 목표는 노동자와 농민의 '역량 강화'를 통해 국가경제에 완전한 참여를 막는 장벽을 허물고, 오래된 불평등의 주요 원인을 제거하는 것이었다. 정치적 의도는 국민을 동원하고 혁명사회에 걸맞은 가치를 불어넣어 "새로운 사회주의적 인간"을 만들어 내는 것이었다.

농지개혁도 중요한 목표였다. 카스트로 정권은 두 단계를 거쳐 이 목표를 달성했다. 먼저, 1959년에 '경자유전' 정책을 착수했고, 그 다음 67에이커를 넘는 사유지를 모조리 국유화했다. 그 결과 전체 농민 중 사유지 경작자는 30퍼센트 정도만 남았다. 산디니스타 지도부는 소모사 일가의 소유지를 주로 활용했다. 1988년 협동조합과 국영농장이 니카라과 농지의 약 35퍼센트를 통제했다.

쿠바와 니카라과는 이윽고 미국의 매서운 적대정책에 직면했다. 5장에서 보았듯이 미국 정부는 — 민주당, 공화당 집권기에 관계없이 — 쿠

바 카스트로 정권 전복을 거듭 시도(그리고 실패)했다. 1980년대에 레이건 행정부는 반혁명 콘트라[1]가 산디니스타 정권을 몰아내도록 광범위한 정치적·군사적 원조를 제공했다. 미국은 냉전 논리에 따라 라틴아메리카 혁명운동 세력을 공산주의자들의 잠재적 침입로로 간주했다. 이들의 집권은 용납될 수 없었고, 집권하더라도 통치하도록 내버려둘 수 없었다.

다른 플랜테이션 사회 국가들은 부분적으로는 좌파 혁명 발발을 우려한 결과 군부가 엄혹한 독재정권을 수립했다. 이 우익 정권은 냉전에 힘입어 1970년대와 1980년대에 전면적 탄압 정책에 착수했다. 엘살바도르 정부군은 애국 '반공주의'의 미명하에 무고한 시민을 수천 명 학살했다. 과테말라 군부는 비밀리에 '인종청소' 계획을 세워 원주민에 대한 집단살해를 자행했다. 이들 독재정권은 남미의 '관료적 권위주의' 정권의 특징을 모두 지니지는 않았지만—즉 기술관료 지배층의 참여가 없었다—오히려 더 억압적이었다. 게다가 폐쇄적인 군 위계질서의 특성으로 인해 '관료주의적' 색채를 띠었다.

민주주의의 재개(1980년대~현재)

이후 라틴아메리카 전역에서 일어난 변화는 예측하지 못한 주목할 만한 경향, 즉 정치적 민주주의 확산을 촉진했다. 이러한 변화 중 첫째는 1980년대 발생한 '외채 위기'로, 경제적 부담이 가중되어 관료적 권위주의 독재정권을 떠받치던 사회 연합을 붕괴시켰다. 국내 기업가들은 다국적 기업의 위협에 직면했다. 또한 일부 군부 독재자들은 이 '해결 불가능한 문

---

1) '콘트라'(contra)라는 단어 자체가 '반대하는'이라는 의미임.—옮긴이

제'를 민간에 맡기고 병영으로 돌아갔다.

둘째는 아래로부터의 압력이었다. 군부의 가혹한 인권유린은 지식인, 예술인, 중산층 대표자, 국제사회의 저항을 불러일으켰다. 1980~1990년대 라틴아메리카 정치의 중요한 특징은 국민이 자신들의 권리를 주장하고 정부의 책임을 묻는 등 시민 참여가 높아졌다는 것이다. 군부의 잔혹한 탄압으로 반대세력이 결집된 것도 참여 증대에 일조했다. 인권운동으로 중산층 출신의 고학력 민간 지도자들이 부각되었다. 민주주의가 뿌리내리자 자유·공정선거가 더 엄수되었다.

셋째 요인은 냉전의 종식1989~1991년이었다. 그 결과 맑스주의의 이상에 대한 환멸만 확산된 것이 아니었다. 냉전의 종식은 라틴아메리카에 팽배했던 좌우 대립의 원인을 제거했고 정치적 갈등을 대폭 완화했다. 또한 서구 '민주주의'가 소련식 '사회주의'보다 본질적으로 우월하다는 인식이 생겨났다. 나아가 냉전의 종식은 미국이 수십 년간 지속한 반공 십자군 전쟁을 끝냈다. 1990년대에 들어 라틴아메리카는 자신의 문제를 강대국 간 갈등의 일부로서가 아니라 독립적으로 해결할 수 있게 되었다.

넷째이자 탈냉전과 관련된 변화는 이념의 종식이다. 워싱턴 컨센서스가 확산되면서 대중의 담론은 정치에서 경제로, 이상주의에서 실용주의로 옮겨 갔다. 정치인들은 수십 년간 치열했던 이념 대립을 멈추고 휴전에 암묵적으로 합의했다. 신자유주의적 처방이 시대의 대세가 되었다. 기술관료가 추진한 주류 경제학에 입각한 경제정책 앞에서 전통적인 열띤 토론이 사라졌다. 저항 대신 체념의 분위기가 자리 잡았다.

이러한 정치 변동의 범위와 시기를 보이기 위해 〈도표 13.1〉은 1972~2004년 사이 라틴아메리카의 민주주의 및 반半민주주의 정권의 등장을 표시하고 있다. 세로축은 정권 유형별 국가의 수를 나타내고, 가

〈도표 13.1〉 라틴아메리카 선거민주주의의 확산(1972~2008년)

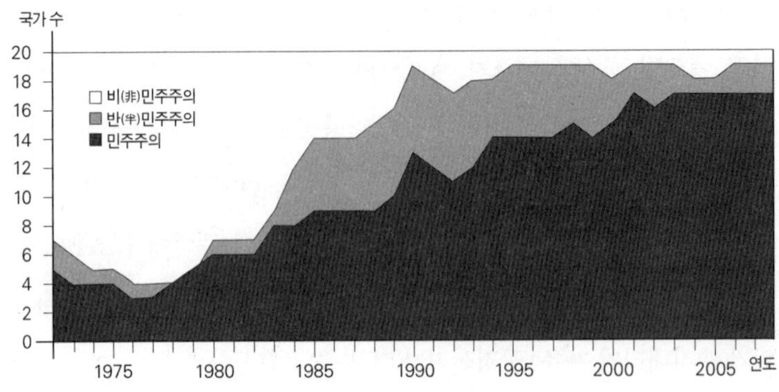

로축은 연도별 변화를 나타낸다. '민주주의' 범주에는 자유공정선거가 실시되는 국가가 포함된다. '반민주주의'는 자유로우나 불공정한 '부정' 선거가 시행되는, 즉 누구나 출마할 수 있으나 내정된 후보만 당선되는 국가를 의미한다. 도표의 윗부분은 모든 비민주주의 및 권위주의 정권을 포함한다.

이 도표는 장기간에 걸친 정치적 민주주의의 확산을 나타낸다. 엄혹한 군사독재기였던 1970년대 중반에는 콜롬비아, 코스타리카, 베네수엘라 3개국만이 자유·공정선거를 시행했다. 민주화의 장기적 확산은 1978년 에콰도르, 페루, 도미니카공화국이 동참해 선거민주주의 국가가 6개국으로 늘어나면서 민주화 확산의 장기 추세가 드러난다. 1980년대에는 1985년 아르헨티나와 우루과이, 그 후 브라질과 칠레 등 남미에서 민주주의 회복이 두드러졌다. 1990년대에는 멕시코, 중앙아메리카, 카리브 지역에서 새롭게 민주주의가 수립되었다. 1998년 선거민주주의는 15개국, 반민주주의는 4개국으로 늘었고 권위주의 국가는 하나만이 남았다. 2004년에는 쿠바, 아이티, 베네수엘라 3개국이 예외로 남아 20개국 중

17개국에서 자유·공정선거가 시행되었다.

대부분 국가에서 민주주의는 제한적이고 '불완전'했다. 몇몇 국가에서는 군부가 막후에서 큰 영향력을 휘두르고 주요 정책에 거부권을 행사했다. 인권 침해도 여전했다. 언론의 자유는 일부만 보장되었다. 중대 결정, 특히 경제 정책에 대한 결정은 고압적, 비민주적으로 이루어졌다. 좌파 정치세력은 군부독재의 오랜 탄압(과 물리적 제거)을 겪으며 약화되고 분열되었다. 농지개혁과 소득재분배와 같은 핵심 사안은 진지하게 고려될 여지가 없었다. 따라서 민주주의적 변환은 기득권에게 근본적인 위협이 되지 않았다. 1960년대의 '위험한' 민주주의에 비해 새로운 민주주의는 '안전했다'.

21세기에 들어 라틴아메리카에는 다양한 정치적 스펙트럼이 존재하게 되었다. 한쪽 끝에는 자유·공정선거와 표현, 결사, 반대의 자유가 보장된 자유민주주의가 있다. 칠레, 우루과이, 코스타리카는 오랜 반독재 투쟁 끝에 이 지역에서 가장 민주화된 국가라는 위상을 되찾았다. 다른 쪽 끝에는 권위주의 경향을 보이며 실패하기도 했지만 쿠데타가 터진 과테말라, 파라과이, 베네수엘라가 있다.

이 두 극단의 중간에 선거를 통한 경쟁과 기본권의 지속적인 침해가 결합된 불완전한 민주주의인 '비자유민주주의'가 있다. 1990년대에는 브라질과 아르헨티나를 포함한 라틴아메리카의 많은 국가가 이 범주에 들어갔다. 이들 국가의 핵심 국가기관—의회, 법원, 감사기관, 행정부처 등—은 대단히 약했다. 이에 따라 다음과 같은 중요한 질문이 제기되었다. 라틴아메리카의 취약한 민주국가들이 국민의 권리를 보호할 의지와 능력을 발전시킬 수 있을 것인가? 이들이 힘과 능력을 길러 법치주의를 확립할 수 있을 것인가?

여성의 역량 강화?

1950년대부터 1980년대까지 라틴아메리카에서 여성의 힘은 점차 커졌다. 니카라과에서 여성은 니카라과 무장군의 3분의 1을 구성했고 엘살바도르에서도 저항군의 상당수를 차지했다. 남미에서 군사독재정권이 확산되자 여성은 저항의 방법을 찾았다. 브라질 여성들은 '어머니 투쟁회'를 결성해 인권유린을 비난하고 정치범과 망명자들의 사면을 요구했다. 아르헨티나에서는 '5월 광장 어머니회'가 '실종'된 사랑하는 사람들에 대한 정보 공개를 요구하며 철야 농성을 벌였다. 칠레 여성들이 조직한 아르피예라 운동은 분노와 슬픔을 저항예술의 형태로 표현했고 다른 여성들도 반군부독재 시위에 동참했다.

민주화의 경향은 애초에는 상충하는 효과를 초래했다. 남성 민간 정치인들은 권력 탈환에 몰두해 초기에 정치 절차를 통제하고 고위직을 남성이 독차지하고 여성에게는 명목상의 양보만 베풀었다. 이러한 경향은 1990년대에 들어 바뀌기 시작했다. 여성은 때로는 과반수가 넘을 정도로 상당한 수의 유권자 집단이 되었다. 여성의 학력도 높아지고 노동 참여율도 올랐다. 이들은 연대해 여성의 여건 개선을 위한 많은 풀뿌리운동과 비정부기구를 형성했다. 멕시코, 아르헨티나, 칠레, 브라질 등에서 페미니즘 서적들이 출현했다.

이 결과 라틴아메리카 여성은 고위 공직에 대거 진출했다. 1990년에 여성은 상원의 5퍼센트와 하원 9퍼센트의 의석만을 점유했으나 2002년에는 각각 13퍼센트와 15퍼센트를 차지했다. 이 비율은 미국과 거의 같은 수준이다. 정당 여성후보 의무할당 법들은 엄중히 집행된 국가일수록 성과를 거두었다. 2000년 라틴아메리카 장관의 13퍼센트가 여성이었다. 이들은 외교관계와 같은 주요 보직의 장관에 임명되었고 일부 국가에서는 남성 권력의 마지막 보루라고 여기던 국방장관에도 올랐다.

필연적이었지만 드디어 여성 대통령도 등장했다. 과거에도 여성 대통령은 있었지만—아르헨티나의 이사벨 마르티네스 데 페론, 니카라과의 비올레타 바리오스 데 차모로, 파나마의 미레야 모스코소—이들은 사망한 남편의 직위를 계승한 경우였다. 이후 독립적인 여성이 만만찮은 대통령 후보자로 등장했고, 2005~2006년 미첼 바첼레트가 칠레 대통령에 당선되었다. 이후 아르헨티나의 크리스티나 페르난데스 데 키르치네르가 뒤를 이었다(전 대통령의 부인이지만 훨씬 이전부터 독자적으로 정치경력을 쌓았다). 마치스모의 유산은 선입견만큼이나 강하지는 못했다. 주목할 만한 사실은 이러한 기준에서 라틴아메리카는 미국보다 훨씬 앞서 있었다는 것이다.

경제적 불확실성과 정치적 환멸

경제 영역에서는 라틴아메리카 민주국가들은 신자유주의에 입각한 긴축주의 경제개혁의 성과를 서서히 거두기 시작했다. 인플레이션이 하락하고 투자가 늘어났으며 오랜 지연 끝에 경제가 다시 성장했다. 2004~2007년 사이 라틴아메리카 평균경제성장률은 5퍼센트를 넘었으나, 2008~2009년에 다시 급락했다.

기본적인 문제가 여전히 미제로 남았다. 신규 민간투자는 대부분 직접투자(플랜트나 공장 건설)보다 '포트폴리오' 투자(주식이나 채권 구매) 형태로 유입되었다. 포트폴리오 투자는 유동성이 높고 대단히 불안정해서 투자국에서 한순간에 빠져나갈 수 있다. 경제개혁은 인상적이고 대체로 과감했지만 경제는 예측할 수 없는 국제금융시장의 상황에 여전히 취약했다.

구조적인 문제도 있었다. 지속되는 빈곤이 그중 하나이다. 1990년대 중반 라틴아메리카 인구의 거의 40퍼센트가 국제기준으로 '빈곤층'으로 분류되었다. 또 다른 고질적인 문제는 불평등이었다. 통계가 집계된 1950년대 이래 라틴아메리카의 소득분배는 세계에서 가장 불평등했고——아프리카, 남아시아, 중동보다——시간이 갈수록 더 악화되었다. 사회 평등 실현은 여전히 난제로 남았다.

이러한 고질적인 문제가 해결되지 않자 라틴아메리카 전역에 환멸이 퍼졌다. 대중의 좌절은 이른바 '신좌파'('분홍빛 물결') 부상의 도화선이 되었다. 1998년 베네수엘라를 필두로 브라질, 아르헨티나, 에콰도르, 니카라과의 좌파가 선거에서 승리했다. 2006년 멕시코와 페루에서 포퓰리즘 후보들이 석패하면서 일부 관측자들은 이 물결이 정점을 지났다고 생각했다(많은 이들은 이것이 맞기를 바랐다). 그러나 2008년 파라과이는 전직 가톨릭 주교이자 '해방신학'의 옹호자인 페르난도 루고를 대통령으로 선택하면서 파라과이의 멕시코 제도혁명당에 해당하는 콜로라도당의 62년 장기집권을 종식시켰다. 엘살바도르에서는 최대 좌익 게릴라운동 출신 정당 후보인 마우리시오 푸네스가 당선되었다.

이러한 경향이 시사하는 바는 무엇인가? 첫째, 가장 중요한 점은 분홍빛 물결은 저항운동이었다는 것이다. 이는 빈곤과 불평등, 부패에 대한 저항이었다. 또한 사회정의를 효과적으로 실현할 능력(또는 의지)이 없는 정부에 대한 저항이었다. 나아가 경제를 지배하는 얼굴 없는 세력과 무관심한 정치 지도자들에 대한 시민의 저항이었다.

둘째, 이는 워싱턴 컨센서스가 낳은 신자유주의 정책, 즉 자유무역과 외국투자의 촉진, 국가권력의 축소를 도모한 자유시장 정책에 대한 거부였다. 빈민은 워싱턴 컨센서스가 고통받는 대중을 희생해 특권 지배층의 배를 불린다고 여겼다. 또한 이 운동은 부시 정부의 일방주의, 특히 이라크전에 대한 뿌리 깊은 반감에서 비롯된 반미주의 색채를 띠었다. 라틴아메리카 민중은 미국의 정책을 아메리카를 넘어 전 지구적 차원에서 평가했고, 더 이상 미국 사회를 존경하지 않았다.

셋째, 분홍빛 물결은 다양한 운동들의 집합이었다. 이 운동들은 각국이 처한 여건에서 자생했다. 또한 운동의 중심이 없었고, 참여는 자발적이고 자유로웠으며, 지위 상승을 위한 내부 경쟁에 열려 있었다. 운동들은 교조주의로 흐르지 않았다. 이들의 이념적 원천은 민족주의, 포퓰리즘, 원주민 전통, 가톨릭 그리고 놀라울 것도 없지만 희석된 형태의 맑스주의 등 다양했다.

나아가 분홍빛 물결은 민주화 물결이기도 했다. 분홍빛 물결의 지도자들은 자유·공정선거를 통해 권력을 쟁취했고 국민을 대표했다. 베네수엘라의 우고 차베스는 당선 이후 권위주의로 돌아섰지만 다른 지도자들은 그렇지 않았다. 그리고 이들은 차베스를 추종하지도 않았다. 차베스가 부시를 조롱하는 것에 감탄하고 오일달러로 인한 일확천금을 부러워하긴 했어도 그의 선언들이나 정책을 모방하지는 않았다. 브라질의 룰라는 차베스와 점차 거리를 두었고 남미 지역 지도자 자리를 놓고 그의 최대 맞수로 떠올랐다.

분홍빛 물결의 부상은 궁극적으로 1990년대에 부각된 민주주의 '길들이기'에 대한 대응으로 이해할 수 있다. 앞서 설명했듯이 이행기 이후의 민주주의는 기득권과 지배층을 거의 위협하지 못했다. 정치 의제는 협소했고, 민중은 조직화되지 못했으며, 정부는 수단과 능력을 갖지 못했다. 이제 민주주의는 과거처럼 '위험'하지 않았다. 그러나 21세기에 들어 대중의 불만 축적과 전통적 제도의 해체는 새로운 세대의 정치운동에 대한 수요와 기회를 창출했다. 변증법적 차원에서 볼 때 1990년대 라틴아메리카 민주주의의 취약성이 2000년대 신좌파를 위한 기반을 닦았다고 할 수 있다.

비교분석적 탐구

이 장의 두번째 큰 목표는 라틴아메리카 국가 간 정치적 조건의 핵심적 차이를 찾아내고 설명하는 것이다. 비교분석은 세 단계로 진행된다. 첫째, 라틴아메리카 사회의 공통요소를 규명한다. 둘째, 역사적 경험의 주요 차이를 밝힌다. 셋째, 가장 어려운 것으로 이들 차이의 인과관계를 확인하는 것이다. 즉 우리는 다음과 같은 질문을 제기할 수 있다. 각국의 정치적 궤적을 설명할 수 있는 확연한 사회경제적 발전 경향이 존재하는가?(도식적으로는, y의 변화가 x의 변화에 기인하는가?)

이것이 실제로 어떻게 적용될 수 있을까? 이제까지 우리는 라틴아메리카를 두 국가집단으로 나누어 역사적 변화의 공통 양상을 설명했다. 이들 두 집단은 ⓐ아르헨티나나 브라질 등 크고 더 발전한 국가와, ⓑ저소득 '플랜테이션 사회'다. 이제 국가 간 본질적 차이를 규명하고 설명하는 문제로 넘어가 보자. 이를 위해 아래와 같이 두 가지 방법을 도입한다.

①'개별 국가들을 가로지르는' 사회구조와 정치적 경험의 차이를 분석한다. 예컨대 이를 통해 아르헨티나와 브라질, 또는 쿠바와 엘살바도르를 비교할 수 있다.

②개별 국가들의 '시간에 따른 변화'를 분석한다. 예를 들면 이 방법으로 칠레의 반동적 독재를 지지한 사회적 연합의 형성이나 현재 쿠바의

혁명 정권을 분석할 수 있다.

재차 강조하지만 우리의 목표는 이러한 사건들에 대해 확고한 판단을 내리는 것이 아니라 도식적으로 사고하는 방법을 제시하는 것이다.

개념적 틀의 구축

첫번째 작업은 사회구조를 분석하기 위한 틀을 만드는 것이다. 이를 위해 도시와 농촌으로 나누어 사회계급 집단을 아래와 같이 구분할 수 있다.

- 도시 상층계급 : 주로 기업가, 은행가, 금융업자, 대大상인으로 구성.
- 농촌 상층계급 : 주로 지주.
- 도시 중간계급 : 전문직, 교사, 점포주 등 이질적 계층으로 구성.
- 농촌 중간계급 : 라틴아메리카에서는 두드러지지 않는 집단으로, 소규모 농업종사자 및 농촌 상인으로 구성.
- 도시 하층계급 : 주요 산업 노동계급으로 구성되나 서비스 부문과 점차 증가하는 이농 실업자를 포함.
- 농촌 하층계급 : 농촌 프롤레타리아와 전통적 농민으로 구성. 이중 일부는 국가경제활동에 포함되고 일부(주로 원주민공동체)는 시장과 자급자족의 경계에서 생활.

라틴아메리카에서 '민중계급'으로도 부르는 '하층계급'은 사회의 가장 큰 부분을 차지한다. 이들은 빈곤과 저학력, 때로는 영양실조를 겪고 있으며, 발전의 혜택에서 제도적으로 배제된 집단이다. '하층계급'의 많은 수가 공식 경제 밖에서 임시직에 종사하는 등 급증하는 '비공식 부문'

에 참여하고 있다(비공식 부문은 행상, 걸인, 영세사업자 등으로 이루어진 불특정 집단이다. 간결성을 유지하기 위해 이 분석에서는 별도로 고려하지 않기로 한다).

또 다른 사회적 행위자는—계급이나 계층은 아니나 중요한 집단인—'외부 부문'이다. 여기에는 민간투자가, 기업, 국제기구(IMF, 세계은행 등), 외국 정부, 외국 군부 등이 포함된다. 외부 부문은 때로는 자기들끼리 대립하기도 했지만 라틴아메리카에 막대한 영향력을 행사해 왔다.

이러한 사회적 행위자들은 상대적인 우위를 점하기 위해 주요 기관의 통제권을 놓고 경쟁한다. 가장 중요한 기관인 '국가'는 대규모 자원을 장악하고 무력의 합법적 사용을 독점한다(예컨대 국가만이 국민을 감옥에 수감할 수 있다). 국가 내 주요 집단은 군부와 정당정치인(존재한다면), 기술관료를 비롯한 관료집단이 있다. 또 다른 중요한 사회적 행위자는 가톨릭교회와 비정부기구들이다.

〈도표 13.2〉는 이러한 집단과 기관의 일반적인 모습을 그리고 있다. 이 도표는 특정 라틴아메리카 국가에 대한 묘사가 아니라 우리의 과제를 규명하기 위한 이론적인 수단이자 추상적인 도식이다.

이와 같은 도식을 어떠한 역사적 상황에도 적용할 수 있으려면 국가별로 공통적인 근본 질문을 제기해야 한다. 그러한 질문들로는 다음과 같은 것들이 있다.

- 주요 사회계급은 무엇인가? 어떤 사회계급이 존재하고 어떤 계급이 존재하지 않는가?
- 어떤 사회계급이 가장 많은 권력을 가졌는가?
- 어떤 집단끼리 연합을 맺고 있는가? 그 연합의 기반은 무엇인가?

〈도표 13.2〉 사회적 주체들의 가상적 배열

	사회계급		외부 부문	국내 제도
	도시	농촌		
상층	산업가, 은행가	대지주	외국인 투자자 상인	국가
중간층	상인, 전문직, 지식인	소농	외국 정부	교회
하층	노동자, 이주 실업자	농민(소작농)		

- 국가는 얼마나 강력한가? 특정 사회계급에 포획되어 있는가, 아니면 독립적인가?
- 국제무대에서 지배적인 요인은 무엇인가? 특히 이에 대한 미국의 입장은 어떠한가?

이제 몇몇 국가를 선별해 정치적·사회적 이행의 도식적 분석을 제시하고자 한다. 여기서 분석하는 시기는 1950년대부터 1990년대까지이나 다른 시기도 같은 분석을 적용할 수 있다. 강조하지만 이것은 해석일 뿐 결정적인 주장이 아니다. 이는 토론과 논쟁을 야기할 자료와 판단을 요한다. 그렇지만 이 접근법은 우리의 두 가지 기본 주장을 확증한다. 즉 라틴아메리카의 정치적 결과는 사회계급 구조에 기인하고, 계급구조는 그 국가가 세계경제에서 처한 위치에 주로 좌우된다. 또한 이러한 사회 현상에 대한 비교 접근법을 통해 라틴아메리카 사회, 정치의 공통점과 차이점을 규명할 수 있다.

국가별 분석

첫번째 분석 대상은 아르헨티나이다. 9장에서 보았듯이 아르헨티나는 소고기와 밀의 경제적 위상이 두 가지 사회적 결과를 야기했다. 농민 계층, 특히 팜파스 지역에서 농민 계층이 형성되지 않았다는 점과, 노동계급이 유럽에서 수입되었다는 점이다. 페론 집권 전의 정부와 외국 부문은 〈도표 13.3〉에서 보듯이 주로 지주 계층과 연합을 맺었다(실선 화살표는 상대적으로 견고한 연합, 점선 화살표는 약하거나 부분적인 연합을 의미한다). 1916~1939년 사이 도시 중간계급의 지지로 집권한 급진주의자들조차도 목축업계 과두지배층에게 특혜를 베풀었다.

도시노동자 계급은 1930년대부터 정치체제에 영향력을 행사했으나 경제적·인구학적 요인으로 농민과 계급 연합을 형성하는 것은 불가능했다. 대신 연합할 상대로 가장 가능성 있는 집단은 신흥 기업가로, 이들은 지주 및 지주와 유착한 외국 세력에 도전을 노리고 있었다. 따라서 노동자, 기업가, 일부 중간계급 간 도시적, 다계급적 연합 형성의 사전조건은 갖추어져 있었다. 후안 페론은 자신의 정치적 감각과 포퓰리스트적 언변, 개인적 카리스마를 이용해 이 연합을 실현하고 국가 조합주의 구조를 도입해 연합을 제도화했다. 연합 형성이 성공할 수 있었던 요인은 지주와 공동 보수연합을 맺을 농민 계층이 존재하지 않았다는 것이다. 그리고 연합의 붕괴 원인은 산업 성장이 제한되어 연합 내부에서 노사간 계급갈등이 발생했기 때문이다.

군부는 1966년과 1976년에 페론주의자들을 권력에서 차단하기 위해 정부를 찬탈하고 '관료적 권위주의' 정권 수립을 시도했다. 당시 지배연합은 군부, 외국인 투자자, 지주로 구성되었다. 노동자는 탄압받고 권력에서 강제로 배제당했다. 중간계층은 관망하다가 1983년 알폰신 대통

〈도표 13.3〉 아르헨티나의 정치적·사회적 연합

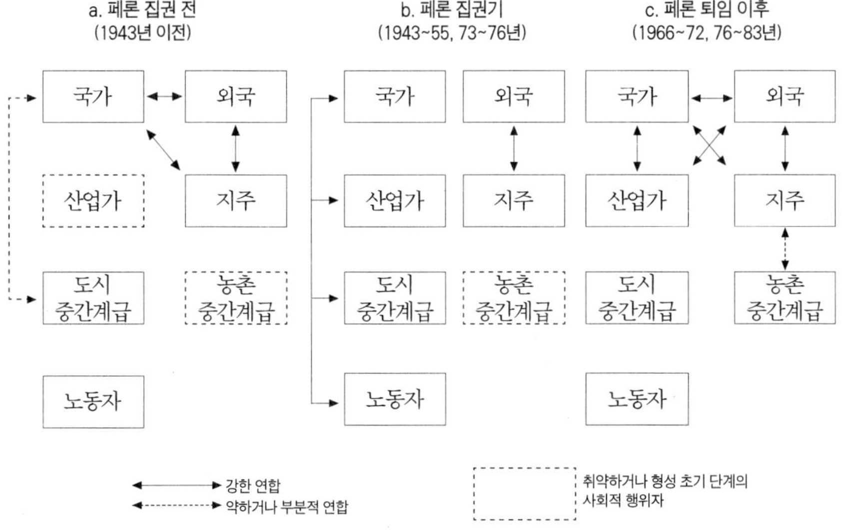

령이 당선되자 기회를 잡았다. 이들의 정당은 이후 페론주의자인 카를로스 메넴이 당선되면서 버림받았다. 메넴은 곧 주류경제학적 안정화 정책을 시행해 아르헨티나의 계급 정치를 완전히 뒤엎었다. 한때 주류 경제학적 정책과 불구대천의 원수였던 페론주의자들은 전면적인 민영화를 포함한 이 교의를 실현할 수 있도록 의회에서 찬성표를 던졌다.

칠레의 사례는 사뭇 다르다. (농촌 계절노동자를 포함한) 농민과, 1900년대부터는 적어도 라틴아메리카의 기준으로는 잘 조직화된 노동계급 등 모든 사회적 행위자가 존재했다. 구리 개발기업 등 외세는, 아르헨티나와 달리 토지뿐 아니라 금융업과 산업에 깊이 관여한 상층계급과 결탁했다. 정당들은 특정 사회집단을 대표했지만 대체로 자유선거가 시행되었다.

〈도표 13.4〉 칠레의 정치적·사회적 연합

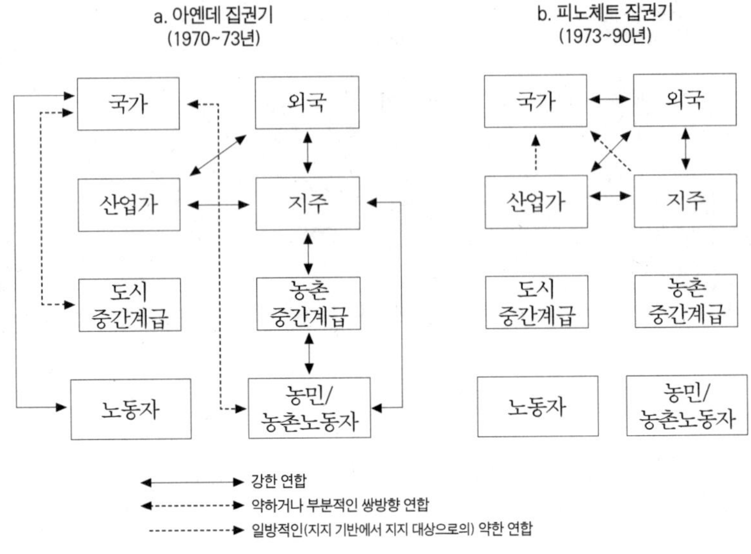

따라서 강력한 사회주의 운동이 일어날 수 있는 요소들이 존재했다(〈도표 13.4〉 참조). 정당 정치는 이념적 양극화로 치달을 수 있었다(그리고 실제로 그렇게 되었다). 외세와 상층계급의 연합은 기득권에 대한 반감에 민족주의적 색채를 더했다. 노동자와 농민으로 이루어진 광범위한 기반의 연합은 가능해 보였다. 결국 이는 살바도르 아옌데 정부 초기의 승리와 낙관주의로 이어졌다. 그러나 칠레 사회주의 운동은 산업 노동계급 말고는 지지를 얻을 수 없었다. 특히 아옌데 지지자들은 중하층 계급을 자기편으로 만드는 데 실패했다. 반면 도시와 농촌의 상층계급은 혈연관계 등을 통해 결속을 유지했고 지주들은 농촌의 다른 계층의 지지를 획득했다. 미국의 물밑 개입은 아옌데 정권의 붕괴를 조장했고 칠레 보수 세력을 '구원'했다.

〈도표 13.5〉 브라질의 정치적·사회적 연합

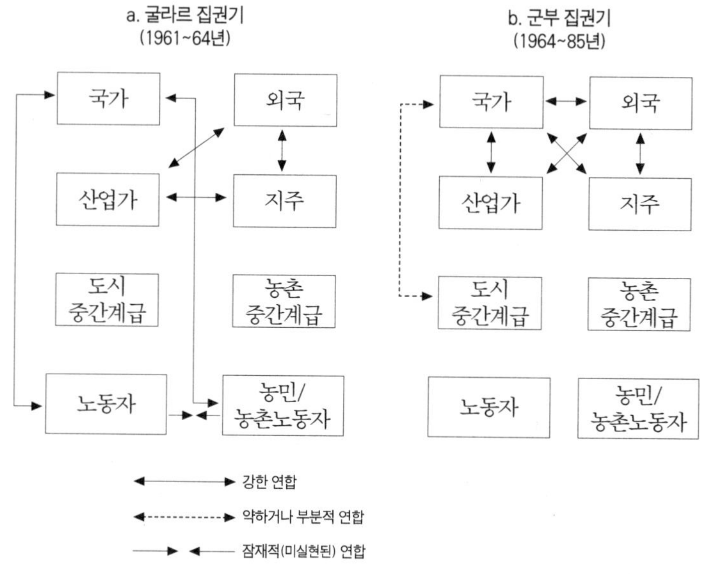

1973년 이후 칠레 군부는 아르헨티나처럼 관료적 권위주의 체제를 수립했다. 지배 연합은 산업가, 지주, 외국인 투자자, 그리고 막강한 힘을 가진 정부로 구성되었다. 장군과 기술관료, 특히 '시카고 보이즈'로 채워진 칠레 정부는 모든 반대 세력을 타도하는 길로 나아갔다. 정부는 부의 집중도 심화시켰다. 금융 구조조정과 광범위한 민영화를 통해 부유한 가문과 재벌이 국영기업을 사들였기 때문이다.

브라질의 모습도 비슷하다. 바르가스 집권기에 신국가 체제는 국가 통제 하에 도시노동자를 조직화했다. 1960년대 초반 바르가스의 후계자인 굴라르는 노동자의 동원을 강화하고 농민의 조직화를 촉진(또는 적어도 허용)했다. 노동자-농민 연합이 가시화되자 〈도표 13.5〉와 같이 상층계급과 외국 세력이 반발해 1964년 군부의 개입과 전형적인 관료적 권위

〈도표 13.6〉 멕시코의 정치적·사회적 연합

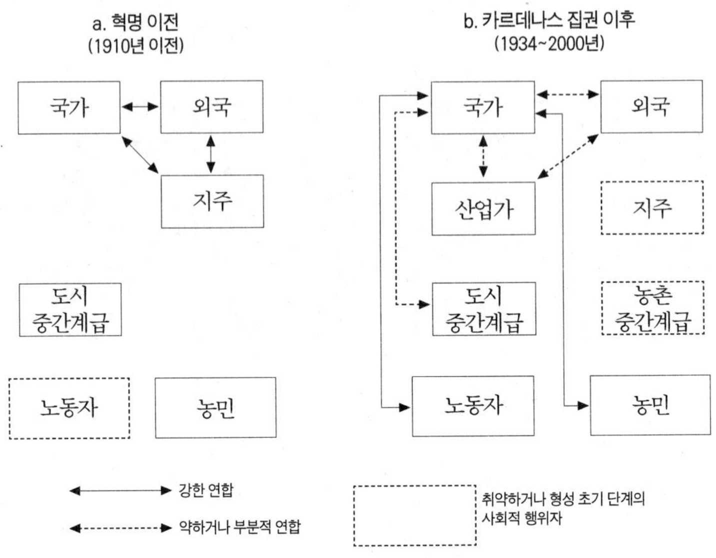

주의 정권 수립을 조장했다. 사회 전 분야에 탄압이 몰아닥쳤지만(탄압의 강도는 분야마다 크게 달랐지만) 브라질 정부는 아르헨티나나 칠레보다 중간계급의 더 큰 지지를 유지할 수 있었다. 이러한 차이가 브라질에서 자유화 과정abertura이 더 이른 시기에 성공할 수 있었던 이유를 일부 설명한다.

멕시코는 또 다른 조합을 보여 준다. 1910년 혁명 이전에는 자생적인 산업 지배층이나 농촌 중간계층은 없었으나 조직화되지 못한 초기 단계의 노동계급은 존재했다. 〈도표 13.6〉과 같이 포르피리오 디아스 집권기의 지배 연합은 지주와 외국부문, 정부로 구성되었다.

멕시코혁명은 이 연합을 파괴했고 농업개혁을 통해 농촌 지배층을 약화시켰다. 정부는 권력을 강화하고 1930년대부터 산업 부르주아지의 형성을 촉진했다. 혁명 이후 정부는 노동자와 농민 양쪽의 지지를 얻었고 카르데나스 집권기에는 대중을 다룰 수 있는 전략을 고안했다. 노동자와 농민이 서로 분리되도록 조직화하는 것이었다. 계급 기반 정치의 우발적 출현을 막으려는 정권의 강박증을 반영하듯이 제도혁명당은 노동자와 농민을 별도의 '부문'에 편입시켰다. 그러나 1990년대 중반 들어 제도혁명당은 주요 선거, 특히 주와 지방선거에서 패배를 맛보았다. 더욱이 당 지도부 내 갈등은 다계급 헤게모니를 붕괴시킬 수 있는 위협이 되었다.

쿠바의 플랜테이션 사회는 또 다른 양상을 보인다. 외국(즉 미국)이 사탕수수 산업을 지배했다는 사실은 자국 상층계급이 실질적으로 거의 존재하지 않았음을 의미한다. 〈도표 13.7〉처럼 제당소와 플랜테이션 농장의 노동자는 적극적인 프롤레타리아 계급을 형성했고 계절노동은 도농 간 노동자의 관계를 긴밀하게 했다. 노동조합은 허약했고 군은 부패했으며 바티스타 정부는 미국 이익집단의 노리개로 전락했다.

쿠바는 반제국주의적 정서를 이용할 수 있었던 사회주의 운동의 요소를 갖추고 있었다. 피델 카스트로가 성공할 수 있었던 또 다른 비결은 외국 세력을 제외하고는 아무도 혁명에 저항하지 않았고, 외국 세력의 국내 대리인도 가용 자원을 모두 동원해서 저항하지 않았다는 점이다. 카스트로와 동료 장교들은 1959년부터 사회구조 개조에 착수해 과거 상층계급의 잔당을 제거하고, 도농의 중간 및 하층 계급을 조직화하고, '통제' 경제를 확립했다. 그러나 이는 소련의 대대적 지원 덕분에 가능한 것이었다. 소련에 대한 종속은 1990년 초반에 소련과 함께 소련의 원조도 사라졌을 때 통렬히 명백해졌다.

이제까지 우리가 한 분석의 목표를 방법론적 목표와 실질적substantive

〈도표 13.7〉 쿠바의 정치적·사회적 연합

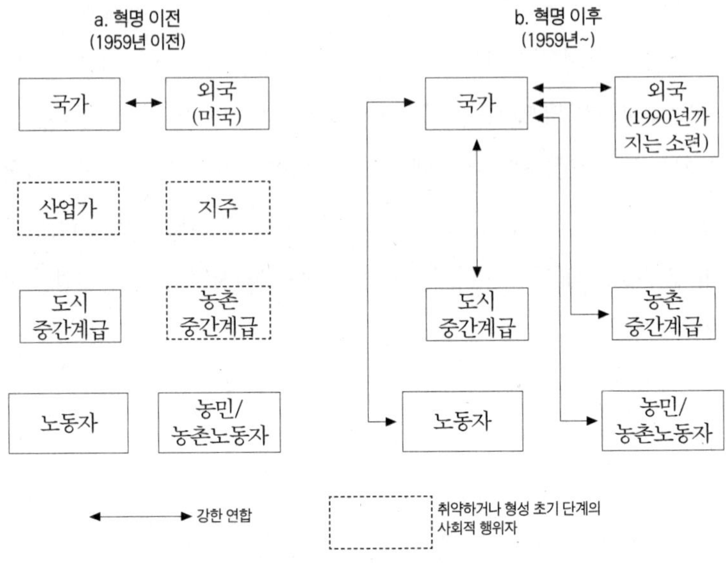

목표로 나누어 볼 수 있다. '방법론적' 목표는 이 책에서 설명한 국가 간 차이와 유사성을 규명할 수 있도록 비교분석의 원칙과 기법을 제시하는 것이다. '실질적' 목표는 시간에 따른 사회구조—그리고 사회적 연합—의 변화가 라틴아메리카의 정치변화의 패턴을 규명할 수 있다는 주장을 입증하는 것이다.

강조하건대 이 방법은 비교역사분석의 접근법 중 하나일 뿐이다. 이러한 분석에는 다른 여러 방법이 있다. 정치학자들은 공식적(그리고 비공식적) 제도, 특히 선거제도의 중요성에 주목해 왔다. 젠더 전문가들은 여성과 가족에 대한 처우에 따라 사회를 비교하는 방법의 유용성을 보여주어 왔다. 사회학자와 인류학자들은 사회운동과 풀뿌리조직을 비교학적 차원에서 분석해 왔다. 문화연구 연구자들은 이념의 윤곽을 드러내고

문학, 예술, 사회형성 간의 미묘한 상호작용을 규명해 왔다. 이러한 관점들은 모두 대단히 유용하다.

우리의 기본 주장은 단순하다. 비교역사분석은 실행가능하며 건설적이며 새로운 시각을 제공한다. 이는 과학이라기보다는 기술에 가깝다. 또한 비교역사분석은 특정 사회의 '고유'한 특징과 인과관계를 보여 준다. 이에 대한 확신이 이 책의 근간을 이루고 있다.

[이준희 옮김]

14장 | 문화와 사회

풍요, 어우러짐, 복합성이 라틴아메리카의 문화적 표현들의 전형적인 특징이다. 이런 모습들은 라틴아메리카의 과거에 깊이 뿌리를 두고 있다. 에스파냐와 포르투갈의 정복자들은 이베리아반도의 문화를 가져왔고, 이 문화가 원주민 문화보다 우월하다고 여겼다. 그들은 마찬가지로 아프리카 종교와 문화도 이베리아반도의 문화보다 열등하다고 여겼다. 식민지시대 동안 지배층 사회는 유럽의 문학, 시, 미술, 음악, 연극을 적절성, 적합성, 창조성의 표준으로 보았다. 이 유럽지향적인 세계는 하층계급을 멸시했다. 한편 인디오 사회들은 생존했지만, 에스파냐인과 포르투갈인들과 부단히 접촉해야 했기 때문에 어느 정도의 자율성만 유지할 수 있었다. 이와 유사하게 흑인노예들도 아프리카의 종교, 믿음, 풍습, 언어 전통을 유지했지만, 그들의 주인들과 새로운 환경에 대처하는 방법을 배워야 했다.

서로 다른 문화들이 평행선을 달렸지만, 세월이 흐르면서 혼합과 혼종성이 강화되었다. 상이한 인종들 간의 상호작용이 각자의 기원과는 다른 새로운 문화적 형식들을 낳았다. 아프리카계 노예와 자유민들은 새로운 리듬과 음악 형식을, 또 그들의 종교적 믿음을 표현하는 대안적 방법들을 창조했다. 그들은 원주민 전통과 유럽 전통에도 빚을 졌다. 인디오들은 에스파냐 문화를 변용하여 자기들에게 맞게 변화시켰다. 유럽 기원의 사람들도 자신들의 풍습과 문화를 변화시켰다. 아메리카에서 태어난 이들은 자신들이 이베리아반도에서 온 이들과 근본적으로 다르다고 여겼다.

독립 직전에는 라틴아메리카인들 중 적은 비율의 사람들만 글을 알았다. 여성은 극소수만 글을 알았다. 에스파냐 식민지들에서는 지배층 자제들과 다른 계층의 재능 있는 소수 남성이 16세기와 17세기에 설립된 대학(가령 멕시코시, 리마, 보고타, 과테말라시의 대학들)에 진학하기도 했다. 그러나 교육을 받은 사람들 대부분은 가정교사에게 받았다. 브라질인들은 포르투갈의 코임브라나 다른 유럽 도시들에 있는 대학에 다니기 위해 대서양을 건너야 했다. 브라질은 1808년 포르투갈 왕실이 리우데자네이루로 옮겨 왔을 때 비로소 인쇄기를 보유하게 되었다. 그리고 10년 후에야 브라질에 대학들이 설립되었다.

문학작품, 소론essay 그리고 심지어 신문은 사회의 작은 영역, 주로 도시민들 사이에서만 유통되었다. 많은 작가 지망자가 언론인으로 생계를 유지했다. 이는 19세기와 20세기에도 계속될 전통이었다. 이러한 문단 성향과 문화적 교환들은 중산층 혹은 사회 상류층에 속하는 지식인과 문사文士, letrado들의 남성중심적 세계를 더욱 강화시켰다. 비록 19세기 중반에 몇몇 여성 문인이 이 집단에 참여했지만 말이다. 그래서 라틴아메리카 문화의 정전이 된 대표적인 소설, 시, 소론들은 사회의 한 부분, 한 종류의 문화적 생산만을 반영하고 있을 뿐이다. 하층계급 사람들이 생산한 다른 문화적 형식들은 일상의 삶과 긴밀한 관계를 맺고 있었지만 기록으로는 덜 남고 덜 보존되었다.

그렇다면 라틴아메리카인들이 글쓰기, 미술, 노래, 퍼포먼스 등을 통해 자신들을, 또 자신들의 세계를 묘사한 것은 어떤 점에서 독특했는가? 20세기와 21세기에 영화, 라디오, 텔레비전, 인터넷 등으로 어떠한 변화가 있었는가? 나아가 국가, 지역, 대륙 전체의 역사가 라틴아메리카 문화에 어떠한 모습을 부여했을까?

식민지에서 독립국가로

18세기 말에 유럽과 미국의 계몽주의에서 유래한 자유주의 사상들이 에스파냐 제국과 포르투갈 제국에 유포되었다. 때로는, 식민지에 밀반입된 볼테르, 루소, 제퍼슨, 디드로 같은 문필가들의 책과 팸플릿들을 통해 자유주의 사상이 들어왔다. 그러나 극소수의 특권층 자제들이 유학 혹은 해외여행을 마치고 돌아오면서 자유주의 사상들이 들어오는 경우가 더 빈번했다. 이 사상들은 독립운동에만 영감을 준 것이 아니라 건축과 문학에도 영향을 끼쳤다. 건축가들은 교회와 공공건물을 설계할 때 장엄한 바로크 양식과 이보다는 더 장식적인 로코코 양식을 버렸다. 그리고 더 선명하고 깔끔한 신고전주의 양식의 건물들을 지었다. 미국혁명과 프랑스혁명에 영감을 얻은 인본주의적 사상가들은 식민지 제도를 비판하고 자유와 민족주의를 고취시키는 소론과 기사들을 썼다. 많은 이에게 아메리카 대륙의 위엄과 잠재적 위대함은 옛것과 단절하고 새것과 포옹하는 것을 정당화시키는 주제가 되었다.

에스파냐 제국이 흔들리면서, 애국시가 새로운 민족적 정체성의 공고화에 기여했다. 그 시기의 시인들 중에서 에스파냐 대위와 에콰도르 여성의 아들인 호세 호아킨 데 올메도1780~1847는 1820년 과야킬 시가 에스파냐로부터 독립을 선언할 때 그곳에 있었다. 그의 가장 널리 알려진 시 『후닌의 승리: 볼리바르에게 바치는 노래』*La victoria de Junín: Canto a Bolívar*는 전쟁터에서의 해방자 볼리바르의 영웅적인 모습을 예찬하고, 독립군 전사들이야말로 잉카의 적법한 계승자라고 선언하면서 독립을 정당화한다.

이미 새로운 주제가 출현했다. 일부 문인에게 권위, 정당성, 전통은 유럽적 유산이 아니라 원주민적 과거에서 비롯되었다. 애국시는 독립 지도자들의 거의 신적인 능력과 관련된 많은 비유를 구축했는데, 이들의 투쟁심은 식민지와 정복 이전의 과거에 깊이 뿌리를 내리고 있는 것으로 묘사했다. 애국시 속의 지도자들은 독립을 위한 피비린내 나는 전투들 속에서 출현하는 신생국들의 계몽주의적 미래를 약속했다.

소설은 옛 질서와 새 질서에 대한 사회적 비판을 위한 새로운 형식을 제공했다. 멕시코 언론인이자 문인인 호세 호아킨 페르난데스 데 리사르디1776~1827가 1816년에 쓴 『페리키요 사르니엔토』*El periquillo sarniento*가 이 장르의 전형적인 예이다. 많은 이가 라틴아메리카 최초의 소설로 꼽는 이 작품은 아무렇게나 속 편하게 살아가는, 멕시코시 크리오요 가정의 아들이 주인공인 피카레스크 소설이다. 이 장르는 페르난데스 데 리사르디로 하여금 자신이 사는 사회를 유쾌하게 묘사하고, 식민지에서 독립국가로의 이행기의 모든 사회계급을 풍자하도록 해주었다.

몇몇 뛰어난 박학자가 라틴아메리카 신생국들의 건국에 기여했다. 이들 중 특히 돋보인 이는 안드레스 베요1781~1865였다. 카라카스 출신으로 법학을 전공한 변호사인 그는 독일인 자연학자이자 탐험가인 알렉산더 폰 훔볼트가 1800년 남미에서 과학 탐험을 할 때 동행했다. 베요는 또한 잠시 시몬 볼리바르의 스승이기도 했다. 베네수엘라공화국 외교관으로 근무한 이후 베요는 칠레로 가서 칠레대학 초대 총장이 되었다. 베요는 1852년에, 나폴레옹 법전에서 차용한 칠레민법을 만들었다. 후에 콜롬비아와 에콰도르도 이 법을 채택했다. 수풀이 무성하고 풍요로운 대륙의 열대산물에 대한 송시訟詩인 베요의 장편 서사시집 『열대지역 농업에 바치는 실바』*Silva a la agricultura de la zona tórrida*, 1826는 라틴아메리카 문학을 창건한 문학작품foundational work으로 여겨진다. 베요는 자신들만의 문화적, 지적 전통으로 고유 문학을 창조하기를 강력하게 열망한 신생 공화국 건국 세대의 열망을 대변했다.

낭만주의, 인디오, 노예

1820년부터 1850년까지 라틴아메리카 대부분 국가의 정치적 양상은 혼란과 분쟁이었다. 자유주의자들과 보수주의자들이 헤게모니를 다투고, 분쟁 당사자들은 권력을 요구했다. 에스파냐 제국에서 분리된 국가들의 본질을 정의하는 일이 이 시기 인문주의자들과 작가들의 관심사가 되었다. 부상하는 일군의 지식인 세대는 신고전주의적 형식주의를 배격함으로써 유럽과의 차별화를 시도했다. 그러나 19세기와 20세기 내내 되풀이될 패턴 속에서였다. 즉 그들은 유럽의 예술 동향들을 전유하여 아메리카 토양에 적용하고 변화시켰다.

독립 이후 낭만주의가 이 신생국들을 정의하는 수단이 되었다. 신생국들의 부와 번영 잠재력에 대한 열광적인 이상주의가 이 문학적 흐름을 이끌었다. 아메리카의 천혜의 풍요로움과 아메리카인의 힘이 위대함을 보증했다. 아르헨티나 시인이자 문인인 에스테반 에체베리아1805~1851는 남미에서 낭만주의를 주창한 최초의 사람 중 하나였다. 프랑스 낭만주의

운동의 정점의 순간에 파리에서 살다가 부에노스아이레스에 돌아온 그는 아르헨티나의 자연환경과 사회적 현실을 반영한 국민문학을 구축하려고 시도했다. 이는 유럽에 등을 돌렸다는 의미가 아니다. 에체베리아와 다른 많은 19세기 지식인은 구세계를, 후진적이고 원시적이고 폭력적인 아메리카의 특성에 대한 긍정적 영향으로 간주했다. 그의 가장 유명한 작품인 『도살장』*El matadero*, 1839은 후안 마누엘 데 로사스처럼 자신이 생각하기에 가장 반동적이고 신뢰할 수 없는 카우디요들 사이의 충돌을 다룬다. 에체베리아에게는 유럽화된 계몽적 지식인들이야말로 신생 국가를 문명화시키는 데 필요한 문화를 전도할 선택된 사람들이었다.

이런 점에서 에체베리아의 작품은 저명한 문인이자 언론인, 그리고 훗날의 아르헨티나 대통령으로 반反로사스 투쟁 때문에 칠레에서 망명 생활을 할 수밖에 없었던 도밍고 파우스티노 사르미엔토1811~1888의 선구적인 작품이었다. 1845년 사르미엔토는 칠레에서 로사스의 권위적 통치를 공격한 『파쿤도: 문명과 야만』을 썼다. 사르미엔토에게 시골의 가우초는 국가의 잠재력에 장애물이었다. 대신 사르미엔토는 교육, 학습, 교양이 국가의 후진성을 탈바꿈시킬 수 있는 곳인 도시를 선호했다. 사르미엔토의 작품이 역설하는 기본 전제는 유럽인들의 이민이 아르헨티나의 문화적, 인구학적 결함을 해결하리라는 것이었다. 아이러니하게도 사르미엔토는 가우초가 국가에 부정적인 영향을 끼친다고 비웃으면서도, 이 인물형을 국가와 국민의 특성에 대한 모든 논란의 중심으로 만들었다. 칠레에 머무는 동안 사르미엔토는 라틴아메리카 최초의 사범학교 설립을 책임졌다. 아르헨티나 대통령1868~1874으로서의 사르미엔토는 공교육을 확대하여 아르헨티나가 근대화로 가는 길을 닦고자 했다.

19세기 중반의 모든 아르헨티나 작가가 가우초를 사회를 낙후시키는 요인이라고 배격한 것은 아니었다. 1872년 호세 에르난데스1834~1886는 서사시 『마르틴 피에로』*Martín Fierro*를 썼고, 즉시 대중적인 성공을 거두었다. 가난한 아르헨티나 카우보이가 팜파스에서 힘든 삶을 영위하는 내용의 이야기이다. 에르난데스는 가우초에 대한 낭만화된 이야기를 통해 사르미엔토의 이민자 유치 제안에 반대하고, 이 목가적인 인물을 아르헨티나 국민의 '진정한' 대표자로 제시했다. 에르난데스에게 가우초는 아르헨티나의 독립과 생명력을 보증했다. 가우초에 대한 에르난데스의 시적 경의는 어느 면에서는 이 귀족적인 인물형이 곧 팜파스에서 사라질 것 같은 상황에 대한 한탄이다. 시골과 도시의 이 긴장은 19세기와 20세기 내내 계속되었다. 아르헨티나 민족주의자들은 여러 차례에 걸쳐서 국가적 상징으로서의 가우초 이미지로 되돌아왔다. 유럽화된 도시의 타락한 영향으로 간주하던 것들에 대한 대항마로 삼은 것이다.

라플라타 강 지역 거주자들이 아르헨티나의 미래에서 가우초의 역할을 두고 논쟁을 벌인 반면, 브라질 낭만주의자들은 다른 고민들과 직면했다. 제국의 정치적 안정은 주로 장군들의 강고함 덕분이었다. 이들은 브라질 남부 가우슈(가우초)들의 10년 봉기를 비롯한 수많은 지역 반란을 짓밟았다. 이런 이유로 아르헨티나와 반대로 브라질 가우슈들은 아예 국민적 상징이 될 자격을 박탈당했다.

대신 낭만주의 문인들은 브라질 인디오에 향수 어린 관심을 기울였다. 19세기 중반 브라질 원주민은 절멸되고 동화되거나 혹은 오지로 내몰렸다. 사회의 한 부문으로 보기 힘든 상태에서 이들은 브라질 민족의 순수하고 소박한 창건 신화의 정수가 되었다.

두 낭만주의 문인이 인디오주의로 알려지게 될 운동의 표상이 되었다. 한 사람은 안토니우 곤사우베스 지아스1823~1864였는데 서사시 『칭비

라 족』*Os Timbiras*, 1857를 완성하기 전에 조난 사고로 비극적인 죽음을 맞이했다. 지아스는 포르투갈인이 부당하게 브라질을 정복하고 원주민을 대량 살상하는 잘못을 저질렀다고 믿었다. 그의 작품은 이러한 상실을 한탄하고 있다. 한때 포르투갈 항해자들을 양팔을 활짝 벌려 환영한 이들의 언어를 보존하기 위해 지아스는 1858년 투피[1)]어 사전을 편찬했다. 제국 정부의 후원으로 교육제도 연구 임무를 띠고 유럽을 여행할 때는 고향을 그리는 간절한 마음이 담긴 시들도 썼다. 시 「타향살이」*Canção do exílio*, 1843의 짧은 두 구절은 브라질 국가에 포함되었으며, 브라질의 자연과 아름다움에 대한 강렬한 자부심을 표현했다.

주제 지 알렝카르1829~1877는 아마 가장 널리 읽힌 인디오주의 운동 작가일 것이다. 그는 포르투갈 남성들과 원주민 여성들 사이의 대단히 낭만화된 관계를 다룬 3부작 소설을 썼다. 가령 『이라세마』*Iracema*, 1865는 브라질 북동부 세아라 주를 배경으로 포르투갈 백인 남성 마르칭과 "사랑스런 입술의 처녀" 이라세마 사이의 사랑 이야기를 다룬다. 알렝카르는 친숙한 낭만주의적 전의轉義, trope들을 사용하면서 좌절된 사랑을 창조하는데, 이는 자연과 문명의 긴장을 재현한 것이다. 아메리카America의 철자 순서를 바꾼 이름인 이라세마Iracema는 고귀한(그리고 순결한) 야만인 그대로이고, 연인의 아이를 가지지만 출산 후에 비극적으로 죽는다. 포르투갈인과 인디오의 혼혈인 이라세마의 아들은 상징적으로 새로운 브라질 민족이다. 브라질 태생의 클래식 작곡가 안토니우 카를루스 고메스1836~1896는 이 동일한 주제를 음악에 이용하였다. 이탈리아 밀라노의 스

---

1) 브라질 4대 부족 중 가장 강력한 집단으로 다른 군소 부족들을 규합해 부족 국가를 형성하기도 했다.—옮긴이

칼라 극장에서 초연된 그의 1870년 오페라 「과라니」는 알렝카르의 원주민 3부작의 다른 소설을 차용했다. 이 작품은 브라질 오페라로는 유일하게 국제적인 칭송을 받았다.

인디오를 민족의 화신으로, 또 낭만적 과거의 담지자로 이용하는 것이 가능했던 이유는 인디오가 19세기 브라질에서 근본적으로 비가시적인 존재였기 때문이다. 아프리카 출신 노예들은 그렇지 않았다. 그들의 노동력은 상파울루의 커피 플랜테이션에서, 페르남부쿠의 사탕수수 제당소에서, 마라냥의 면화밭에서 플랜테이션 주인, 상인, 기타 지배층 사람들에게 의미 있는 부의 축적을 위한 수단을 제공했다. 아프리카계 브라질인들은 모든 경제 부문에서 일했다. 이들은 나라의 번영에 필수적으로 여겨졌다. 중간계급과 상층계급의 너무나 많은 이가 노예를 소유하고 있었기 때문에 노예해방이라는 개념이 사회 전반적인 지지를 얻는 일은 더디게 진행되었다.

그러나 노예폐지 운동은 대단히 중요한 시인을 낳았다. 안토니우 지 카스트루 아우베스1847~1871는 법대 학생일 때 처음 시를 썼다. 노예제 반대 운동이 탄력을 받으면서 그는 개인소유 노예들의 해방을 기념하고 노예제 종식을 요구하는 대중행사에서 자신의 작품을 소리 높여 낭송했다. 그의 가장 유명한 시 중에서 「노예선」*O navio negreiro*, 1869은 브라질에서 가혹한 삶이 예정되어 있는 아프리카인들이 대서양을 횡단하면서 겪는 끔찍한 처우를 묘사한다.

쿠바는 브라질과 마찬가지로 1880년대가 되어서야 노예제를 폐지했다. 쿠바 문인들 중에서 노예제를 비판하는 작품을 쓴 사람으로는 상류계급 여성 헤르트루디스 고메스 데 아베야네다1814~1873가 있다. 그녀의 첫번째 소설 『사브』*Sab*, 1841는 노예제 규탄으로 쿠바와 에스파냐에서 논란을 점화시켰다. 백인 노예소유주들에 비해 도덕적으로 우월한 노예 사브에 대한 긍정적인 묘사와 결혼 제도에 대한 그녀의 비판은 쿠바 상류사회를 발칵 뒤집어 놓았다. 에스파냐 정부는 즉시 이 소설을 금지했다. 이듬해 아베야네다의 소설 『두 여인』*Dos mujeres*은 또다시 결혼을 비판하고 간통을 긍정적으로 묘사했다. 이 두 주제는 아베야네다 특유의 자유분방한 삶의 방식을 반영하였다. 아베야네다는 성인이 된 후 대부분의 세월을 에스파냐에서 살았고, 대담하게도 스스로 자신을 에스파냐왕립 아카데미 회원 후보로 추천했다. 그러나 여성이라는 이유로 가입이 허용되지 않았다. 아베야네다는 20세기 중요한 여성 작가가 될 이들의 선구자로 여겨졌다.

미술은 19세기에 새로 그 중요성을 획득했다. 에스파냐에서 독립한 국가들과 브라질 제국이 국가가 지원하는 아카데미들을 설립하면서였다. 이 기관들은 보통 유럽에서 미술 선생들을 초청해 학생들을 교육시켰다. 또한 민족적인 주제를 담은 미술을 장려하고, 재능 있는 미술가들에게 상을 주고 유럽에 가서 공부를 계속할 수 있도록 했다. 미술가들은 신생 국가의 역사에서 위대한 역사적 순간들을 묘사한 서사적인 그림을 그렸다. 벽 크기의 캔버스에 독립기의 인물들을 그렸는데, 이들은 칼을 들고 말 위에 올라 독립을 선언하거나 에스파냐인들을 무찌르기 위해 부대를 독려했다(브라질에 대한 11장의 「이피랑가의 외침」 묘사를 보라). 독립의 영웅들 주변에는 모든 인종의 병사들이 뒤얽혀 전투에 뛰어들었다.

알레고리화畵도 인기를 끌었다. 많은 그림이 인디오주의 문학에 의거하여 인디오들의 유럽인들과의 비극적인 만남이라는 슬픈 이야기를 담고 있다. 풍경화 화가들은 안데스의 웅장한 아름다움과 울창한 열대우림의 깊고 짙은 수풀을 포착했다. 정물화들은 자연의 보고에서 쏟아져

아고스치뉴 주제 다 모타(1824~1878)의 「멜론과 파인애플」이라는 제목의 정물화는 브라질의 풍요로운 자연자원을 담고 있다.

나오는 풍요로운 산물을 묘사했다. 이 그림들 대다수가 공공건물이나 사회 상류층의 집에 걸렸다. 비록 이러한 미술을 위한 시장은 작았지만 국가와 지배층은 재능 있는 화가들이 생존할 수 있을 만큼의 충분한 수요를 제공했다. 이와 동시에 정교 분리 문제를 두고 자유주의자들과 보수주의자들의 계속되는 대립이 미술에 대한 종교계의 대규모 지원을 약화시켰다. 후원의 탈집중화가 진행되어 작품 활동은 지역의 부유한 가문들에 의존하게 되었다. 보통 이들은 새로 생긴 국립 아카데미에서 교육받지 않은 미술가들과 건축가들이 작업한 작품을 지원하였다. 민속 미술가들 역시 대중의 여전히 독실한 신앙을 위해 다채로운 성인聖人 조각상들을 만들었다. 이 조각상들은 종교 행렬과 지역 축제에서 매우 중요했다.

세계경제 속의 문학, 예술, 새로운 사상들

1870년대에 정치적 안정, 진전되는 도시화, 라틴아메리카 여러 지역으로 향하는 유럽 이민 물결의 시작이 문화적 풍경을 변모시켰다. 기선과 대서양 횡단 케이블이 뉴스, 사람, 최근 문화적 동향을 더 빠른 속도로 라틴아메리카와 카리브 지역에 가져왔다. 수출경제 붐 시기에 점점 부를 쌓은 부르주아지는 그들의 주요 도시가 유럽 도시를 모방해야 한다고 역설했다. 이들은 증가하는 수익으로 수도首都 개조를 지원했다. 현대 유럽 양식을 좇아 벨에포크 풍의 아름다운 건물과 넓은 거리들을 만들었다. 20세기에 접어들 즈음 부에노스아이레스는 호화로운 오페라 하우스인 콜론 극장을 뽐냈다. 마나우스의 고무귀족들과 그 부인네들은 숨 막히는 더위 속에서 유럽풍의 프록코트와 육중한 벨벳 드레스와 실크를 걸치고 아마존 극장에서 공연되는 이탈리아 오페라를 보러 갔다. 국제적으로 저명한 한 피아니스트는 에콰도르 키토의 수크레 국립극장 개관 공연을 했다. 유명한 프랑스 연극배우 사라 베르나르는 자신의 비시즌에 남미 순회에 나서 리우데자네이루, 상파울루, 몬테비데오, 부에노스아이레스에서 공연하며 관객을 끌어모았다. 그녀는 프랑스어로 열연을 펼쳤고, 관객들은 모든 말을 이해했다. 프랑스어는 지배층의 제2언어였고 세계성, 교양, 구세계와의 연결 표식이었다.

언론인, 문인, 지식인들도 유럽을 바라보면서 그들의 나라가 어떻게 근대화되고, 또 변화하는 국제경제 질서에 적응할 수 있을지 모색했다. 실증주의 철학이 답을 제공하는 듯했다. 실증주의는 식민유산의 굴레에서 벗어날 길을 찾으려고 고심하던 이들에게 국가 경제를 유럽과 미국에 결합시킬 이념적 정당화를 선사했다. 프랑스 사상가 오귀스트 콩트

1798~1857가 발전시킨 실증주의는 인류 역사를 세 단계로 대별했다. 신학과 형이상학의 단계 이후의 세번째이자 정점의 단계는 과학과 기술을 포용했다. 이성, 질서, 진보가 진화와 번영의 길을 열 것이었다. 근대적 도로와 교량, 철도와 기선, 전보와 다른 기술이 라틴아메리카 각국의 기반시설을 향상시키고 수출시장을 위한 생산을 증진시켰다. 이러한 진전은 라틴아메리카가 유럽을 "따라잡을" 잠재력을 지니고 있다는 공감대를 형성했다. 실증주의는 실질적인 성공을 위한 과학적 근거가 있는 공식을 제공했다.

실증주의 철학은 브라질, 칠레, 멕시코에 가장 큰 영향을 끼쳤다. 하지만 이 세 나라의 실증주의 주창자들은 실증주의 관련 사상들을 아주 다른 방식으로 적용시켰다. 브라질 제국에서 실증주의는 공화파의 정서와 결합되었다. 군사학교의 벵자밍 콩스탄치 보텔류 지 마갈랑이스 같은 인물들이 제국이 진보의 걸림돌이 되었기 때문에 해체되어야 한다는 사상을 조장했다. 브라질 실증주의자들은 군, 언론인, 젊은 지식인들 사이에서 지지를 획득했다. 실증주의 철학 주창자들은 1889년 황제 동 페드루 2세의 퇴위 전후에 영향력 있는 인물들이었다. 그리고 그 결과 실증주의자들의 좌우명인 질서와 진보는 오늘날에도 브라질 국기에 등장한다.

칠레에서 실증주의 사상들은 국립대학 총장이었기도 한 발렌틴 레텔리에르1852~1919를 통해 급진당에 스며들었다. 멕시코 실증주의는 더 지속적인 영향력을 행사했다. 1867년 베니토 후아레스 대통령은 국립고등학교를 재조직하기 위해 가비노 바레다1818~1881를 임명했다. 바레다는 콩트의 철학적 신조를 철두철미 따랐다. '과학자'들로 알려진, 포르피리오 디아스 대통령의 보좌관 집단이 정부의 재정과 기획을 설계한 1890년대에도 실증주의의 영향이 지속되었다. 그들은 경제적 진보를 보장할 정치적 안정을 확약할 중요한 방책으로 사회질서를 강조했다. 이를 도모하면서 멕시코 실증주의자들은 권위주의 체제를 정립했다. 그들은 또한 인디오가 유럽인보다 열등하다는 견해도 받아들였다. 얼마 안 가 멕시코 혁명이 이 인종주의적 발상을 뒤엎을 것이었다.

사실주의와 자연주의

실증주의가 광범위한 영향력을 획득함과 동시에 문단에서는 낭만주의가 사실주의와 자연주의에게 자리를 내주었다. 또다시 유럽의 동향(특히 프랑스의 동향)이 라틴아메리카 문인들에게 영감을 주었다. 사실주의 문인들은 자신들이 거주하는 '진정한' 세계를 묘사하려고 했다. 페루 문인 클로린다 마토 데 투르네르1852~1909는 안데스 사회에 대한 묘사로 사실주의의 선구자로 간주된다. 잉카의 옛 수도 쿠스코에서 태어난 그녀는 식민지시대와 잉카 역사에 흥미를 느끼게 되었고, 자신의 작품 속에서 원주민 인물들을 긍정적으로 묘사했다. 마토는 원주민 문화를 이해하고 고취시키려는 열망으로 케추아어를 배웠다. 1889년 그녀는 『둥지 없는 새들』*Aves sin nido*을 발간했다. 이 소설은 어떻게 유럽인들이 원주민의 권리를 박탈하고, 방종한 성직자들이 그들을 학대하고 착취하는지 보여 준다. 또한 백인 남성과 인디오 여성 사이의 사랑 이야기를 서술한다.

비록 이런 유형의 관계는 도시의 중간계급과 상층계급이 근본적으로 원주민과 접촉할 일이 없는 19세기 중반의 브라질에는 받아들여질 수도 있겠지만, 페루에서는 사회적 관습이 아주 달랐다. 인디오와 메스티소가 인구의 절대적인 다수를 차지하고 있었고, 인종주의적이고 계서적인 규범이 팽배해 있었다. 인디오와 유럽인이 나란히 사는 사회에서 '올바른' 사회라면 그러한 낭만적 만남은 대단한 물의로 비쳤다. 마토는 원주민에 대한 진보적인 관점 외에도 아베야네다처럼 더 폭 넓은 여성교육의 주창자였다.

자연주의는 사실주의의 자연스러운 결과로 출현했다. 자연주의자들은 현실을 시나 산문으로 단순하게 묘사하는 대신 '과학적으로' 설명하려고 시도했다. 자연주의는 사회적 다윈주의의 영향을 받은 지식인들 사이에서 특히 인기를 얻었다. 찰스 다윈의 진화론을 각색한 사회적 다윈주의는 유전과 사회적 환경이 개인의 성격에 영향을 끼친다고 보았다. 사회적 조건들과 삶의 기착지들이 어쩔 도리 없이 암울한 결과를 빚어내면서 대체로 강력한 염세주의가 자연주의에 각인되어 있다.

이 문학 동향에서 두드러지는 인물인 발도메로 리요1867~1923는 칠레 북부의 광산 지역에서 성장했다. 그는 광부들의 혹독한 노동조건에 몸서리쳤다. 그의 글은 광부들의 고난을 더 많은 대중에게 알리고, 연민을 불러일으키고, 그들의 상황을 개선하려는 시도였다. 『지하』*Sub terra*, 1904에 수록된 단편들에서 리요는 운명의 덫에 걸려 유럽산 기계를 사용하면서 칠레 광물을 국제시장에 공급하는 음울한 삶을 살 수밖에 없는 광부들을 묘사했다.

브라질의 자연주의자 아도우푸 카밍냐1867~1897는 1894년 소설 『선량한 크리오울루[2)]』*O Bom Crioulo*로 독자들을 충격에 빠트렸다. 그는 주인공으로 흑인 선원을 선택했다. 당시로서는 드문 문학적 선택이었다. 카밍냐는 순수하고 천진난만한 금발의 사환을 향한 흑인 선원의 사랑이라는 비극적 이야기를 펼쳤다. 비록 카밍냐는 주인공의 동성애를 사악한 특성으로 보았으나, 이 소설은 그 대담한 주제 때문에 선구적인 작품으

2) 크리오요에 해당하는 포르투갈어.—옮긴이

로 남았다.

더 즉각적인 영향을 끼친 브라질 자연주의 작가는 언론인이자 군 공학자인 에우클리지스 다 쿠냐1866~1909였다. 1897년 다 쿠냐는 브라질 북동부의 농촌 마을인 카누두스 주민들을 진압하기 위한 연방군에 종군했다. 그 마을은 카리스마 있는 방랑 전도자 안토니우 콘셀례이루[3]가 이끌었다. 다 쿠냐는 군의 이 작전을 1902년 『오지』*Os Sertão*[4]에 기록했다. 다 쿠냐는 메마르고 혹독한 지역을 생동감 있게 표현하고, 브라질 해안지대가 '문명의 사슬'인 반면, 오지 주민들의 후진성은 환경적으로 결정되었다는 자연주의적 주장을 펼친다. 페루 소설가 마리오 바르가스 요사1936~는 그의 훌륭한 소설 『세상 종말 전쟁』*La guerra del fin del mundo*, 1984에서 카누두스 이야기를 다시 서술한다.

한 문인이 19세기 말에서 20세기 초까지 브라질의 모든 낭만주의, 사실주의, 자연주의 작가들 위에 우뚝 솟아올랐다. 조아킹 마리아 마샤두 지 아시스1839~1908는 브라질의 위대한 작가이자 라틴아메리카 전 시대를 통틀어 가장 중요한 작가의 한 사람으로 보편적으로 여겨진다. 노예와 포르투갈인 세탁부의 아들로 태어난 마샤두 지 아시스는 1880년대에 그의 동시대인들과 다른 방식의 서사 기법으로 글을 쓰기 시작했다. 이 새로운 문체로 쓴 첫 소설이 『브라스 쿠바스의 사후 회고록』*Memórias póstumas de Brás Cubas*이다. 마샤두 지 아시스의 단편과 소설들은 사실주의와 초현실주의 요소들에 19세기 말 브라질 사회의 정치적, 사회적, 경제

3) 본명은 안토니우 비센치 멘지스 마시에우이고 '콘셀례이루'는 '조언자'라는 뜻이다.—옮긴이
4) 이 책은 우리나라에는 영어 번역서 이름에서 비롯된 『오지에서의 반란』(*Rebellion in the Backlands*)으로 보통 알려져 있다.—옮긴이

적 난맥상을 신랄하게 비판하는 시선을 결합시키고 있다. 마샤두 지 아시스의 간결하고 적확한 문체, 인간 상호작용의 심리적 차원에 대한 꼼꼼하고 탁월한 고찰은 브라질 문학에서 그의 작품을 독보적으로 만들었다.

모데르니스모

19세기 말에 니카라과 시인 루벤 다리오1867~1916가 모데르니스모[5]로 알려진 문학운동의 신기원을 열었다. 독창적인 이미지와 영감이 넘치는 상징주의가 담긴 음악적인 시행을 통해 시와 산문을 풍요롭게 한 다리오는 선집 『푸름』*Azul*, 1888을 통해 스물한 살의 나이에 일약 라틴아메리카의 유명인사가 되었다. 20세기로의 전환기에 라틴아메리카 전역에서 간행되던 수많은 신문은 독자층을 확대시켜 혁신적인 문화 발전을 이끌었고, 다리오는 어디에서나 즉각 충격을 주었다. 그의 작품은 문학적 대화의 측면에서 볼 때 세계주의적cosmopolitan이었다. 또한 유럽과 라틴아메리카 사이의 통상적인 영향 관계를 뒤집었다. 예전의 다른 문학·예술 양식과 달리 라틴아메리카의 모데르니스모는 아메리카 대륙에서 탄생, 동진하여 대서양을 넘어 에스파냐와 유럽의 다른 지역들에 이르렀다. 모데르니스모는 또한 새로운 문인 세대의 자신감을 반영한 것이었다. 이들은 유럽 문인들과 비교해도 자신들의 작품에 고유한 가치가 있다고 여겼다. 한 문학 비평가는 "에스파냐어로 쓴 어떤 시와 조우해도, 그 시가 다리오 이전에 쓴 것인지 이후에 쓴 것인지 정확하게 말할 수 있다"라고 말했다.

---

5) 영어의 모더니즘에 해당하는 단어이지만, 모더니즘과는 다른 문학 경향이기 때문에 원어 그대로 표기했다.—옮긴이

모데르니스모 운동에서 자신감이 충만한 또 다른 거인은 쿠바 시인이자 독립운동 지도자인 호세 마르티1853~1895였다. 마르티의 적극적인 정치 행보는 그로 하여금 인생의 대부분을 망명 생활을 하게 만들었다. 마르티는 망명 중 언론인으로 생계를 유지했다. 다리오와 마찬가지로, 마르티는 자신의 시, 소론, 신문 기고문에서 에스파냐어를 혁신하려고 의식적으로 노력했다. 쿠바 독립의 이상을 위한 마르티의 열정적인 독려, 특히 쿠바 이주민 공동체를 단결시키려는 노력은 독립의 대의명분 지지 규합에 결정적인 역할을 했다. 불행하게도 마르티는 꿈이 성취되기 전인 1895년 쿠바 공격에서 사망했다.

미국과 쿠바의 독립세력이 1898년 에스파냐를 패퇴시키고 시오도어 루스벨트가 파나마를 비롯해 중앙아메리카 다른 곳에 개입하기 시작했을 때, 루벤 다리오는 워싱턴의 의도를 불신하게 되었다. 다리오의 시집 『삶과 희망의 노래』*Cantos de vida y esperanza*, 1905는 북쪽의 거인이 결국 라틴아메리카에 군림할지도 모른다는 깊은 우려를 표출했다.

서반구에서 미국의 증가하는 영향력은 다른 지식인들에게도 경각심을 불러일으켰다. 1900년 우루과이 수필가 호세 엔리케 로도1871~1917는 셰익스피어의 연극 『폭풍우』*The Tempest*에서 영감을 얻어 『아리엘』*Ariel*이라는 제목의 소론을 썼다. 로도의 소론에서 아리엘은 라틴아메리카를, 칼리반은 미국을 가리킨다. 로도는 사회발전 수단으로 전문화와 물질주의를 강조하는 미국 문화, 그래서 그가 보기에 어이없는 공리주의에 사로잡힌 미국 문화를 비판했다. 로도는 미국이 자신의 문화를 세계 다른 곳에 강요할까 봐 두려워했다. 그래서 라틴아메리카인들이 미국의 문화, 부, 증대하는 힘에 무비판적으로 매료되는 경향에 경고를 보냈다. 이 위협과 맞서기 위해 로도는 라틴아메리카 젊은이들에게 폭넓은 고전 교육에서 영감을 구할 것을 촉구했다. 로도의 소론은 전 라틴아메리카 지식인들에게 지속적인 영향을 끼쳤다. 20세기 초 미국이라는 신흥 강대국을 우려하는 이들의 민족주의적이고 범 라틴아메리카적인 감정을 고무시켰다.

모데르니스모 문인들보다 후대 세대의 대표적인 작가이기는 하지만, 칠레의 시인이자 교육가, 그리고 페미니스트인 가브리엘라 미스트랄 1889~1957은 1945년 라틴아메리카인으로는 최초로 노벨문학상을 받음으로써 작품이 국제적인 예찬을 받게 되었다. 시집 『죽음의 소네트』*Sonetos de la muerte*, 1914로 칠레 전국에서 인정을 받은 미스트랄은 처음에는 초등학교 교사로, 나중에는 산티아고에서 개교한 가장 명망 있는 공립 여학교의 교장으로 근무하면서 시 창작을 계속했다. 『고적함』*Desolación*, 1922이라는 제목의 두번째 시집은 국제적인 호평을 받았다. 바로 그 해에 미스트랄은 칠레를 떠나, 멕시코에서 교육부 장관 호세 바스콘셀로스 주도로 진행된 교육개혁에 참여했다. 그 후 미스트랄은 미국에서 가르치고, 칠레 외교관으로, 또 문화대사로 일했다.

초등학교 교사라는 초창기 경력 덕분에 미스트랄은 국제적으로 저명한 시인으로, 또 교육 개혁가로 두 가지 길을 걷기 시작했다. 칠레의 작은 마을에서 어린아이들에게 초보적인 문해 교육을 시킨 미스트랄의 경험은 교직이 경제적 독립 가능성을 제공한다는 사실을 발견한 수천 명의 다른 하층계급, 그리고 중간계급 여성들의 경력과 다를 바 없었다. 이들 중 많은 여성이 초창기 라틴아메리카 페미니즘 운동과 여성 참정권 운동의 중요한 창시자와 지도자가 되었다. 중산층과 지배층 출신의 다른 여성들도 이들에게 합류하여 라틴아메리카 사회에서 여성의 역할에 대한 논쟁을 시작했다.

1850년대에 이 여성들은 아르헨티나, 브라질, 쿠바, 멕시코에서 신문을 간행하기 시작했다. 이 간행물들은 정치, 교육, 공적 영역에서 여성과 관련된 쟁점들을 다루었다. 여성해방, 참정권, 여성의 법적 지위, 결혼, 가족에 대한 논쟁들을 빠르게 확산시킨 그 운동은 숙련노동자, 이민자, 공무원, 교사들의 지지를 얻었다. 세기의 전환기에 열린 수많은 회의congress는 더 큰 권리를 얻기 위한 방안들을 논했다. 이 방안들은 보통 정치적인 노선에 따라, 혹은 목표 달성을 위한 다양한 전략에 따라 첨예하게 나뉘었다. 비록 아베야네다, 마토, 미스트랄 같은 여성문인들이 이런 운동들의 지도자는 아니었지만, 이들의 출간 작품들이 라틴아메리카 전역에 페미니즘 사상의 씨앗을 뿌리고 여성의 사회적 인지도를 높였다.

민족주의, 급진적 정치, 격동의 시대

20세기의 처음 20년은 전 세계적으로 격변의 시대였다. 쿠바의 1898년 전쟁, 멕시코혁명, 1차 세계대전, 러시아혁명, 아르헨티나 코르도바에서 일어난 학생개혁운동 같은 국제적인 사건들이 라틴아메리카에 커다란 반향을 불러일으켰다. 어떤 점에서는, 이 지역에서 미국의 부상에 대한 대항 수단으로 로도가 고전적 교육을 촉구한 일은 향수 어린 과거로 되돌아가려는 시도였다. 하지만 이 시도 대신 강력한 민족주의적 감정이 출현하여 북쪽의 거인에 대항했다. 사회적이고 정치적인 혁명이 전통적 위계질서를 뒤엎은 멕시코에서는 특히 민족주의적 감정이 강렬했다. 원주민과 최하층계급에 대한 학대는 더 이상 개인적인 문제가 아니었다. 멕시코의 새로운 지식인 세대는 자신들과 국가 및 국민과의 관계에 대해 다시 생각했다. 그들은 멕시코의 복잡성과 다양성을 반영하는 미술, 문학, 시, 음악, 연극의 새로운 형식들을 산출했다.

라틴아메리카 전역에서 아나키즘, 사회주의, 공산주의 같은 수많은 새로운 정치사상이 맹위를 떨쳤다. 지역에 따라서는, 신세계에서 더 나은 기회를 찾으려던 유럽인 이민자들이 들여온 것이었다. 이 사상들은 긴급한 사회 문제들에 대한 해결책을 제시하는 듯했다. 이 급진적인 사상들의 주창자들은 공제조합, 노동조합, 파업, 혁명적 변화에 대한 희망을 조장했다. 라틴아메리카 미술인들과 문인들이 유럽의 새로운 경향들을 취하고 적용시키면서 유럽 실험주의의 현란한 변화들도 라틴아메리카에 영향을 끼쳤다. 입체파, 미래파, 초현실주의 등이 그것이다. 이런 경향의 문인들에게 모데르니스모 시는 너무 구식이었다. 또한 미학, 진실, 미 등에 지나치게 집착했다. 자유시, 잠재의식, 파격적인 표현 형식이 새로운 시학을 구축했다. 유럽을 파괴하고 경제적 혼돈을 남긴 세계대전과 파시즘의 부상은 지식인들 사이의 논쟁을 격화시켰다. 많은 이가 좌파로 급진적으로 이동한 탓이었다. 어떤 이들에게 혁명은 사회적, 경제적 문제들에 대한 해결책을 제공해 주는 듯했다.

'전위주의'라는 용어가 20세기 초 문화적 움직임들의 핵심이었던 '실험'이라는 개념을 점유했다. 문인과 미술인들은 자신들이 선두에 있다고 생각했다. 그들은 라틴아메리카의 문화 생산을 전인미답의 경지로 이끌기를 원했다. 시인들은 루벤 다리오의 작품이 지나치게 장식적이고 본질이 결여되어 있다고 여겼다. 시인들은 인유引喩, allusion 대신 메타포 사용을 선택했고, 쓸데없는 어휘들과 불필요한 운율이라 생각되는 것들을 제거했다. 시 텍스트와 시각예술과의 융합도 실험했다.

시인들은 자신들의 작품 주제에 대해 대중 수용의 한계가 어디까지인지 시험했다. 칠레의 젊은 시인 파블로 네루다1904~1973는 관능적인 사랑의 시들을 담은 『스무 편의 사랑의 시와 한 편의 절망의 노래』*Veinte poemas de amor y una canción desesperada*, 1924를 썼다. 이 시집은 다소 물의를 빚었으나 네루다의 가장 대중적인 책이 되었다. 같은 세대의 많은 지식인들과 마찬가지로 네루다는 1930년대에 공산당에 합류했고, 그의 시는 정치적이고 공공연하게 맑스주의적인 내용을 띠게 되었다. 아프리카계 쿠바 언론인이자 작가인 니콜라스 기옌1902~1989도 1930년대에 공산주의 운동에 합류했다. 초창기 시에서 아프리카계 카리브 형식과 리듬을 실험한 기옌은 흑인시poesía negra로 이름을 떨쳤다.

19세기부터 부에노스아이레스는 이미 문학 생산의 최대 중심지였다. 그러나 1930년대에 새로운 중요성을 획득했다. 아르헨티나에서 여성 작가들의 선구자이던 빅토리아 오캄포1890~1979의 지휘 하에서였다. 19세기의 부유한 귀족 가문에서 태어난 오캄포는 문학과 문화의 최대 후원자가 되었다. 1931년 그녀는 아르헨티나인 에두아르도 마예아1903~1982와 미국 문인 왈도 프랭크1889~1967의 도움을 받아 문화 잡지 『수르』*Sur*[6]를 창간했다. 『수르』는 이내 라틴아메리카에서 가장 유명한 문학지가 되었다. 오캄포의 개인적인 재정 지원으로 같은 이름의 출판사도 설립되었다. 두 가지 사업에서 오캄포는 확고하게 운영권을 장악했고, 이념이 아닌 문학성을 지상요구로 삼았다. 『수르』는 앙드레 지드, T. S. 엘리엇, 알베르 카뮈 같은 외국 작가들의 번역에 중요한 창구가 되었다. 또한 라틴아메리카 전역의 지식인들이 참여하는 치열한 문학적, 문화적 논쟁의 장을 제공했다.

6) '남'(南)이라는 뜻.—옮긴이

리우데자네이루와 상파울루는 실험의 또 다른 의미 있는 중심지가 되었다. 1920~1930년대에 브라질에서 새로운 역동적인 문화 운동이 일어나면서였다. 모더니즘(이보다 앞선 에스파냐어권 아메리카의 모데르니스모 시와 혼동하면 안 된다)으로 알려진 이 운동의 주창자들은 브라질 문화를 쇄신하고자 했다. 모더니즘 추종자들은 브라질에서 가장 중요한 메트로폴리스인 상파울루의 상류사회를 지배한 커피귀족들이 수용한 유럽 문화전통을 케케묵고 겉치레뿐이라고 보고 이를 배격했다. 브라질 독립 100주년 기념 즈음에 주로 부유하고 보헤미안적인 일단의 미술가와 문인이 우아한 시립극장에서 현대예술주간이라고 일컬어지는 행사를 개최했다. 이 행사에는 미술 전람회, 강연, 시 낭송이 포함되어 있었다. 그리고 여전히 19세기의 전통적 양식을 옹호하던 문화적 기득권층에 대한 도전으로 기획되었다. 에이토르 빌라-로부스1887~1959는 현대예술주간 동안에 자신의 곡을 지휘했다. 클래식 음악을 민속음악 및 전설과 결합시킨 곡이었고, 특유의 민족 전통과 외국의 문화적 영향들을 전달하는 음악을 만들기 위한 노력이었다. 비록 당대의 문화 비평가들은 전반적으로 현대예술주간을 무시했지만 이 행사에 참여한 이들 중 많은 사람이 1930년대부터 지도적인 예술가와 문인이 되었다.

브라질 모더니즘에서 중요한 흐름 하나는 오스왈드 지 안드라지1890~1954가 이끈 식인종 운동이다. 이 운동의 주창자들은 식민지시대 일부 브라질 인디오들 사이의 식인의식 전통을 언급하면서 예술가와 문인들이 유럽과 아메리카의 예술 전통을 차용해야 한다고 주장했다. 그리고 이 영향들을 소화시켜 그들만의 혁신적 창조물을 내어 놓아야 한다는 것이었다.

「과라칭게타의 다섯 아가씨」라는 제목의 에밀리아누 지 카발칸티(1897~1986)의 이 모더니즘 회화 작품은 브라질의 새로운 인종 개념을 재현했다. (상파울루 미술관)

이 운동의 상징적인 소설이 마리우 지 안드라지1893~1945 ; 오스왈드 지 안드라지와는 무관한 인물이다가 쓴 『마쿠나이마』*Macunaíma*, 1928이다. 마리우 지 안드라지는 현대예술주간을 조직한 인물이자 문학 비평가, 민속학자였다. "특징 없는 영웅" 마쿠나이마는 아마존 밀림에서 태어나 상파울루로 여행하면서 근대 도시사회를 경험하고 밀림으로 되돌아온다. 그는 경이로운 초자연적 능력을 소유하고 있고, 안드라지가 소설 속에서 구현한 문학 기법은 후에 마술적 사실주의로 알려지게 된다. 민담과 전래 이야기를 자유롭게 차용하고 브라질 구어를 사용하면서 이 소설은 범 브라질 민족문화 정체성을 고취하고자 한다.

문학과 시와 더불어 브라질 미술은 보통사람들, 특히 비유럽계 사람들에 초점을 맞추면서 대단히 민족주의적인 주제를 취했다. 새로운 미학은 유색인을 브라질의 긍정적인 대표자로 삼는 특징을 보여 준 것이다. 타르실라 두 아마라우1886~1973는 이 흐름을 주도한 화가였고, 「흑인 여인」1923과 「식인풍습」1929 같은 그녀의 작품은 상파울루 부르주아지의 보수적인 취향에 충격을 주었다.

혁명미술과 혁명문학

비슷한 시기에 멕시코 미술가들과 문인들도 그들의 나라에서 일어난 극적인 변화들에 응답하였다. 1920년 무렵 멕시코혁명의 가장 폭력적인 단계가 종식되었다. 알바로 오브레곤이 권력을 잡았다. 이제 시대적 임무는 1910년대의 전쟁에서 살아남은 지도자들이 약속한 개혁들을 실행하는 것이었다. 호세 바스콘셀로스1882~1959가 교육부 장관으로서 정부의 문화적 의제를 재정립했다. 그는 전국에 2,000개의 새로운 도서관을 만드는 일이 포함된 농촌 교육 프로그램을 추진했다. 미술국이 민중예술을 보존하는 임무를 맡았고, 당대의 시인, 문인, 미술가, 작곡가들의 작품 활동을 독려했다.

바스콘셀로스는 『우주적 인종』*La raza cósmica*, 1925이라는 책을 통해 멕시코의 민족적 정체성 논쟁에 가장 큰 기여를 했다. 바스콘셀로스는 라틴아메리카가 유럽인, 아프리카인, 아시아인, 아메리카 인디오가 다 혼합된 새로운 '제5인종'을 낳고 있다고 주장했다. 오늘날의 기준으로 볼 때 바스콘셀로스가 세계의 여러 주민에게 부여한 일부 속성들은 정형화되어 있고 다소 인종주의적이다. 그럼에도 불구하고 바스콘셀로스는 광범위하게 이루어진 혼혈mestizaje이 멕시코를 위해 긍정적인 추이라는 논지를 표명했다.

바스콘셀로스가 인종적 혼합을 예찬한 반면 멕시코의 다른 지식인들은 인디오주의 혹은 원주민주의에 열성적이었다. 이는 그레고리오 로페스 이 푸엔테스1895~1966의 1935년 소설 『인디오*El indio*』의 중심 주제였다. 또한 뛰어난 지휘자이자 피아니스트이자 작곡가인 카를로스 차베스1899~1978의 음악 작품에도 스며들었다. 그는 콜럼버스 도래 이전의 악기들을 사용하는 「인디오 교향곡」1935과 「소치필리-마쿠일소치틀」1940을 작곡할 정도였다. 이 문화운동은 멕시코의 원주민 역사를 강조하면서 제도권의 정치적 신조가 되어 멕시코시의 웅장한 국립인류학박물관 건립에 영감을 줄 정도였다.

멕시코혁명이 예술 분야에 엄청난 창조적인 기운을 발산하면서 미술가들도 이 논쟁에 뛰어들었다. 많은 미술가가 바스콘셀로스처럼 멕시코 국민의 원주민과 메스티소 면모를 예찬했다. 이들의 작업 중에서 가장 특출한 결과물은 공공 벽화를 통해 구현되었다. 디에고 리베라1886~1957, 다비드 시케이로스1896~1974, 호세 클레멘테 오로스코1883~1949라는 재능 있는 화가 3인방이 멕시코의 무수한 문맹 대중에게 메시지를 전파하고 계도할 방안을 찾았다. 이들은 선언문에서 선포했다. "미술은 더 이상 개인적 만족의 표현이어서는 안 된다. 모든 사람을 위한 투쟁적이고 교육적인 도구가 되고자 해야 한다." 멕시코국립자치대학 치팡고 캠퍼스의 농업대학이나 멕시코시 대통령궁 같은 공공건물의 거대한 벽화들을 통해 이들은 에스파냐인 도래 이전의 과거를 이상화하고, 에스파냐 정복자들과 양키 자본가들을 가차 없이 조롱하고, 사파타 같은 민중 지도자들을 영웅 반열에 올려놓았다. 벽화주의 화가들은 정도의 차이는 있어도 맑스주의자들이었지만, 본질적으로는 민족주의자였고, 혁명적인 멕시코의 민중사를 재구성하는 데 가장 큰 역할을 했다.

프리다 칼로 : 사생활과 대중의 시각

동시대 인물들의 그늘에 오랫동안 가려 있던 프리다 칼로(1907~1954)는 최근, 20세기의 가장 유명한 화가 중 한 사람으로 부상했다. 전기 영화 「프리다」(2002)에서 볼 수 있는 것처럼 그녀의 개인적 삶은 비극, 투쟁, 저항의 삶이었다. 어릴 때 소아마비를 앓고 그 후 전차 사고로 심하게 다친 그녀는 빈번한 병마와 끊임없는 통증을 견뎌 냈다. 1929년 칼로는 이미 유명인사이던 디에고 리베라와 결혼하고 멕시코공산당에 가입했다.

그녀의 정치적 헌신과 벽화주의 전통에 대한 높은 평가에도 불구하고 칼로의 그림은 대단히 개인적이고 사적이고 강렬했다. 결코 잊을 수 없는 자화상들로 특히 유명한 칼로는 멕시코의 민속적 종교미술 전통과 유럽의 초상화 전통을 결합시켰다. 인습을 타파하고 독창적이었던 칼로는 가끔 기독교 전통의 이미지들에 영감을 얻었지만 항상 자신만의 방법으로 그려 냈으며, 종종 고전적인 종교적 재현 관습에 도전했다. 칼로의 그림에서 여성의 육체는 그리스도의 육체처럼 나신이고 유혈이 낭자하는가 하면 마리아의 육체처럼 옷을 입고 금욕적인 정서를 지니고 있기도 하다. 또한 칼로는 자기희생적인 여성이라는 전통적 이상을 배격하고 여성의 성과 관능성을 확연히 드러냈다. 리베라가 인정하듯이, "미술사에서 최초로 여성이 스스로를 이렇게 철저히 솔직하게 표현했다."

멕시코혁명은 많은 논쟁과 대중적인 소설들을 쏟아 냈다. 일찌감치 1915년에 마리아노 아수엘라1873~1952가 의미 없는 전쟁에 속박된 인물들의 이야기인 『하층민들』*Los de abajo*을 발간했다. 한 등장인물이 다음과 같이 말한다. "혁명은 허리케인과 같다. 당신이 혁명 속에 있으면 사람이 아니다. …… 당신이 나뭇잎이면 바람에 휘날리는 죽은 나뭇잎이다." 1920년대에 마르틴 루이스 구스만1887~1976은 『독수리와 뱀』*El águila y la serpiente*을 썼다. 이상주의적 혁명가들과 부패한 정치인들을 다룬 이야기이고, 또한 판초 비야에 대한 목격담도 담겨 있다.[7] "판초 비야가 발포를

---

7) 마르틴 루이스 구스만은 멕시코혁명 때인 1914년 판초 비야 부대에 소속되어 그를 지근거리에서 보좌했다.—옮긴이

자신의 작업실에서 일하는 프리다 칼로.

하면 권총이 발포하는 것이 아니다. 그 사람 자체가 발포한다. 총알이 뜨악한 총구에서 튀어나오는 것이 아니라 비야의 가슴에서 날아온다." 한 세대 후에 카를로스 푸엔테스1928~2012는 극찬을 받은 두 편의 소설 『아르테미오 크루스의 죽음』*La muerte de Artemio Cruz*, 1962과 『세상에서 가장 맑은 지역』*La región más transparente*, 1958에서 회의적인 시선을 선보였다. 이 작가들에게 멕시코혁명의 가장 뚜렷한 특징은 폭력이었다. 그들의 목표와, 그들이 창조한 인물들의 목표는 혁명의 폭력성을 확인하는 것이었다.

멕시코 외에도 라틴아메리카 전역의 젊은 지식인들은 1929년 세계경제가 붕괴된 이후 사회주의와 공산주의 운동에 대단히 매력을 느꼈다. 수출 상품들에 대한 수요가 곤두박질치면서 라틴아메리카 국가들은 대공황의 영향을 체감하기 시작했다. 유럽 사회는 양극화되어 또 다른 세계대전으로 향하고 있었다. 새로운 맑스주의자들 중에서 호세 카를로스 마리아테기1895~1930라는 이름의 페루 언론인이 있었다. 1928년 마리아테기는 『7편의 페루 현실 해석 소론』*Siete ensayos de interpretación de la realidad peruana*을 발간했다. 라틴아메리카에서 지역의 조건과 실천에 의거해서 어떻게 사회주의 혁명이 일어날 수 있을지를 다룬 독창적인 분석이었다. 마리아테기는 페루가 공동체적, 봉건적, 자본주의적 요소를 동시에 지니고 있다고 주장했다. 그는 안데스 사회의 토지소유 체제 하에서 인디오들의 예속적 위치를 비난했다. 그의 해결책은 토지 소유권을 재편해서 전통적인 원주민공동체 토지에 의거한 생산이 이루어지게 하는 것이었다.

인종에 대한 재성찰

라틴아메리카의 모든 지식인이 혼혈인이나 원주민 후손들을 민족의 긍정적인 표상으로 본 것은 아니었다. 메스티소 역시 혹독한 비판을 받기도 했다. 호세 바스콘셀로스가 멕시코에서 메스티소에 우호적인 사상인 '우주적 인종'을 제기한 지 얼마 안 되어, 알레한드로 O. 데우스투아1849~1945는 1931년 페루에 대해 신랄한 비판을 가했다. 그는 말했다. "우리 페루인들 사이에서 메스티소 문제는 다른 나라보다 훨씬 심각하다. 도덕 해체기의 인디오와 타락기의 에스파냐인의 산물인 메스티소는 각 인종의 모든 결점을 물려받았다. 정복자의 품격 있는 삶의 유산조차 보존하지 못했다. …… 민족 문화에서 혼혈은 재앙이었다." 데우스투아에게 혼혈은 사회적 진보의 조짐이 아니라 후진성의 징후였다. 유산으로 물려받은 인종 구성이 페루를 도탄에 빠트렸다.

그러나 안데스의 다른 사상가들은 자국의 인디오 유산에서 영감을 얻었다. 문인 호르헤 이카사1906~1978는 1938년 소설 『와시풍고』*Huasipungo*[8]에서 에콰도르의 토착민 착취에 관심을 기울였다. 또 다른 주목할 만한 경우는 페루의 원주민과 크리오요 세계 양쪽을 꿰뚫어 본 호세 마리아 아르게다스1911~1969였다. 아르게다스는 어릴 때 인디오 공동체에서 자란 메스티소였고,[9] 에스파냐어와 케추아어의 완벽한 이중언어자였다. 『케추아 노래』*Canto Kechwa*, 1938에서 아르게다스는 "원주민은 열등하지 않다. 그리고 아직은 자신들이 인디오라는 사실을 부끄러워하는 고지대 주민들이 자신들의 영혼에 담겨 있는 위대한 창조적 가능성을 스스로 발견할 날이 오면, 그때는 메스티소와 인디오들이 스스로의 가치에 신뢰를 보내면서, 자신들의 창조적 능력이 유럽 예술의 창조적 능력과 동등하다는 것을 결국 입증해 낼 것이다. 지금은 유럽 예술이 그들의 예술을 대신하고 있고 또 부끄러운 것으로 만들고 있지만 말이다."

인종적 혼합과 민족문화에 대한 이 논쟁은 브라질에서도 벌어졌다. 페루 인구의 다수가 원주민인 반면, 브라질은 아프리카 밖에서는 가장 많은 아프리카계 인구를 가지고 있고, 의미 있는 혼혈 소수자 집단도 존재했다. 지우베르투 프레이리1900~1987는 1933년 『주인 저택[10]과 노예 숙소』*Casa-Grande e Senzala*라는 제목의 사회학적 저서에서 이 논쟁을 다루었다(영어로는 『주인과 노예』라는 제목으로 출판되었다). 그는 포르투갈 식민자들이 플랜테이션에 의거한 다인종적 열대 정주지를 창조했다고 주

---

8) '와시풍고'는 주인에게 마치 노예처럼 예속된 인디오들의 움막을 말한다. 이 움막 역시 주인 소유이다.—옮긴이

9) 아르게다스는 두 살 때 어머니를 여의었고, 그를 키우기 귀찮아한 계모가 인디오 하인들에게 양육을 책임지게 하다시피 한 덕분에 인디오들의 세계에 정통할 수 있었다.—옮긴이

10) 플랜테이션 주인의 대저택을 가리킨다.—옮긴이

장했다. 프레이리의 글은 브라질 문화와 사회에 대한 아프리카인과 원주민의 공헌을 예찬했다. 그의 사상은 그때까지도 라틴아메리카, 유럽, 미국에서 통용되던 인종주의적 이념과 날카로운 대조를 이루었다.

그럼에도 불구하고 비판자들은 프레이리가 인종적 혼혈이 위계나 성의 측면에서 강압적인 성격을 지니고 있다는 점을 간과함으로써 브라질의 식민지적 과거를 지나치게 낭만화시켰다고 주장했다. 또 훗날 '인종적 민주주의'로 귀결되는 프레이리의 브라질 사회에 대한 성격 규정이, 유럽인 이민이 브라질 민족의 인종적 구성을 개선할 수 있으리라는 광범위한 희망이 존재했다는 점을 흐리고 있다고 비판했다. 사실 당시 팽배해 있던 '백화'白化 이념은 아프리카계 브라질인에 대한 교묘한 차별 행태를 견지했다. 게다가 아프리카인-인디오-유럽인이라는 선명한 삼각 구도에 대한 프레이리의 강조는 일본인, 시리아계 레바논인 이주자들 같은 다른 민족 집단 혹은 인종 집단의 역할을 간과했다. 그러나 프레이리의 논지는 그 취약함에도 불구하고(혹은 그 취약함 덕분에) 제툴리우 바르가스 정부1930~1945에 의해, 미국에 전염병처럼 번지고 유럽의 파시스트 이념에도 침투한 인종차별과 긴장을 제거한 특출한 나라 브라질이라는 민족주의적 담론으로 확대·수용되었다.

프레이리의 인종에 대한 사상이 브라질에서 정부의 공식적 지지를 받을 무렵, 프랑스의 카리브 식민지인 마르티니크 섬의 젊은 아프리카인 후손인 에메 세제르1913~2008는 『귀향 수첩』*Cahier d'un retour au pays natal*, 1939이라는 책 한 권 분량의 장시를 창작하기 시작했다. 이 시는 카리브 문화를 규정한 순간을 재현했다. 세제르와 다른 젊은 지식인들은 전통적 문학의 유럽 중심적 관점을 문제 삼았다. 그들은 네그리튀드라는 운동을 전개했다. 이 운동은 카리브 문화와 사회의 아프리카 뿌리에 관심을 두었고, 자부심을 가지고 아프리카를 바라보았다. 이 운동을 둘러싼 사상들은 아이티를 비롯한 다른 카리브 섬들의 지식인들에게 의미 있는 충격을 주었다. 아이티 대통령 프랑수아 뒤발리에1957~1971는 네그리튀드 운동의 사상들을 전유하여(아이티에서는 흑인주의로 불렸다) 자신의 정권에서 물라토를 소외시키는 것을 정당화했다. 다른 이들에게 이 운동은 그들과 아프리카를 더 긴밀하게 연결시켰다. 네그리튀드 운동은 유럽에 거주하는 아프리카 학생들 사이에서 중요한 이념이 되었고, 이들은 2차 세계대전 이후 아프리카의 탈식민화 운동을 이끈 세대를 형성했다.

대중매체의 등장

소론, 책, 벽화, 시, 회화, 신문은 제한된 수의 사람들에게만 도달한 반면, 무성영화는 19세기 말에 도입된 후 거의 즉각 새로운 대중적 문화 매체가 되었다. 비록 20세기에 접어들 무렵에는 유럽과 미국의 영화가 스크린을 지배했지만, 브라질과 멕시코의 사업가들이 영화를 만들면서 최초의 국민적 영화 스타들을 만들어 냈다. 초창기에는 다큐멘터리가 국내 영화생산을 지배했다.

1920년대에는 라디오가 또 다른 중요한 새 대중매체가 되어 점점 늘어나는 청취자들에게 뉴스, 음악, 토크 쇼, 스포츠, 버라이어티 쇼를 제공했다. 콜게이트파몰리브사는 상업적 성공을 거둔 드라마들을 1930년대의 쿠바에서 에스파냐어로 방송했다. 라디오 드라마radionovela는 라틴아메리카 전역에서 하루아침에 인기를 얻었다. 주로 외국기업들이 장악한 음반산업도 라디오 방송국들과 제휴했다. 그들은 현지 음악인과 가수들을 발굴하고 이들의 음악을 제작했다. 음악인들은 성공적인 음반 제작, 배급, 면밀한 방송 편성을 통해 이따금 폭발적인 성공을 거두고 국민적인 유명인사가 되었다. 국영 라디오 방송국들은 애국심과 민족주의를 고취시키는 중요한 도구가 되었다. 라디오는 지역적 차이들에 의거한 프로그램들을 방송하면서도 한 국가의 언어를 표준화했다(라디오는 모든 사회 계층이 텔레비전을 시청할 수 있게 된 후인 20세기 말에도 중요한 문화전파 수단으로 남았다).

미국 영화사들은 1929년에 발성영화를 제작하기 시작했을 때, 라틴아메리카 시장의 수요에 재빨리 화답하여 에스파냐어 리메이크 필름을 동시 제작하거나 기라성 같은 할리우드 스타들의 출연 영화를 더빙했다. 미국 영화들이 라틴아메리카에 흘러들면서 은막에 투영된 '미국식 생활방식'을 모든 곳의 관객에게 전파했다. 비록 이 영화들과의 경쟁으로 라틴아메리카 국가들의 영화산업 발전이 쉽지 않았지만, 멕시코와 아르헨티나는 국가 지원 덕분에 자국의 스타, 이야기, 배경을 담은 대본으로 제작을 하는 영화 생산의 황금기에 들어섰다. 할리우드의 영화사 시스템을 모방한 제작사들이 멕시코시, 부에노스아이레스, 리우데자네이루, 상파울루에 설립되었다. 카를로스 가르델1887~1935 같은 탱고 가수들과 돌로레스 델 리오1905~1983 같은 멕시코 디바들은 영화 출연으로 국제적인 유명인사가 되었다. 쿠바와 페루 역시 영화를 제작하기 시작했지만 멕시코와 아르헨티나 영화가 라틴아메리카 다른 나라에 더 큰 영향을 끼치는 경향이었다.

미국이 2차 세계대전에 참전했을 때, 미국 정부는 할리우드 영화사들을 전시 사업에 동원했다. 월트 디즈니는 미국의 "남쪽 우방"들과 우호 관계를 증진시킬 방책을 찾아 라틴아메리카로 여행을 가서 라틴아메리카 인물형이 등장하는 새로운 만화를 구상했다. 어느 할리우드 영화사는 포르투갈에서 태어난 브라질의 삼바 가수 카르멩 미란다1909~1955를 발탁하여 '라틴 폭탄'Latin bombshell[11]으로 통칭되는 영화들에 출연시켰다. 로스앤젤레스에서 촬영했지만 라틴아메리카를 배경으로 한 이 일련의 영화들은 라틴아메리카에 대한 오랜 정형화된 이미지를 재생산했다.

민중문화, 극장, 스포츠

보통 민중음악으로 지칭되는 하층계급의 음악은 식민지시대부터 안데스에서 카리브의 섬들에 이르기까지 일상적인 삶에서 중요한 부분이었지만, 라디오와 영화가 이 음악들을 더 많은 국민에게 전파했다. 아프리카계 쿠바 춤인 룸바, 아르헨티나의 탱고, 감상적이고 낭만적인 볼레로, 브라질의 삼바가 영화에 등장했고, 전파를 타면서 지배층이 종종 '하층문화'로 간주하던 것을 합법화시켜 주었다.

민족주의와 반제국주의 감정이 라틴아메리카에서 강화되면서(특히 1930~40년대에) 민중의 '참' 문화가 부가적인 의미를 획득했다. 각국 정부는 원주민과 아프리카 음악 전통을 수집하고 보존하는 기획들에 착수했고, 지역 음악은 새로운 민족적 중요성을 인정받았다. 그와 동시에 쿠바의 댄스 밴드들이 차차차와 룸바를 미국에 들여왔고, 탱고는 라틴아메리카 전역에서, 나아가 라틴아메리카를 넘어 통용되었다.

현대식 극장이 1930~40년대에 전면 등장했다. 멕시코의 연극 연출가들은 혁신적인 조명, 무대장치, 정치적 내용의 플롯 등을 활용한 전위 연극을 무대에 올렸다. 아르헨티나의 극작가들은 사회문화적 문제들을 다루는 각본을 썼다. 브라질에서는 폴란드 이민자 연출가 즈비그니에프

11) 미국 여배우 진 할로우가 1920~30년대에 할리우드의 섹시 아이콘으로 등장했을 때 '금발의 폭탄'(blonde bombshell)으로 불린 것에서 비롯된 표현이다.—옮긴이

지엥빙스키1908~1978가 네우송 호드리게스1912~1980가 집필한 『웨딩드레스』*Vestido de novia*를 연출하여 연극을 혁신했다. 이 연극은 혼수상태에 빠진 한 젊은 여인의 이야기로, 그녀는 자신의 실패한 결혼과 임박한 죽음의 이유를 알아내려고 한다. 현실, 기억, 환영 등 여러 층위를 넘나드는 초현실주의적이고 비선형적인 획기적인 공연이 브라질 연극에서 혁명을 일으켰다. 이 초기 작품들이 연극 수준과 내용의 비약적인 발전의 토대가 되었다. 한 전문가가 설명하듯 극작가와 연출가들은 "현대사회를 살아가는 사람들의 사회적, 정치적, 종교적, 개인적 갈등을 표출한 그럴듯한 인물들을 통해 민족적이면서도 인간적인 정신을 포착함으로써" 라틴아메리카 연극에 "새로운 느낌의 고유의 정체성"을 도입하는 도전을 했다.

혁신적인 연극은 아프리카계 브라질 예술가들에게 새로운 공간을 제공하여 그들의 문화적 유산을 고수하게 해주었다. 1940년대 중반 젊은 흑인 지식인 아브지아스 두 나시멘투1914~2011는 흑인실험극단Teatro Experimental do Negro을 설립했다. 아프리카 후예들에게 초점을 맞추는 새로운 연극을 발전시키려는 목적에서였다. 이 기획은 1945년에 나시멘투가 주연을 맡은 유진 오닐의 「황제 존스」*Emperor Jones* 공연을 시작으로 브라질 연극의 주제를 확장시킴으로써 문화적 규범을 넓혔다. 또한 나시멘투는 지배적인 미의 기준을 재정의하려는 시도로 미인 대회를, 그리고 흑인 그리스도라는 주제로 예술 경연을 개최하기도 했다.

20세기 초 축구가 라틴아메리카에서 가장 인기 있는 스포츠가 되었다. 1920년대까지 남미의 많은 지역을 지배한 경제 강국인 영국 사람들이 들여온 축구는 처음에는 상류계급만 했다. 그러나 중간계급과 하층계급이 이내 이 스포츠를 받아들였다. 축구 클럽, 프로 선수, 헌신적인 팬들이 라틴아메리카 축구의 경쟁력을 세계적으로 강화했다. 우루과이는

1930년 제1회 월드컵에서 우승했다. 우루과이가 두 번1930년과 1950년, 아르헨티나가 두 번1978년과 1986년, 브라질이 다섯 번1958, 1962, 1970, 1994, 2002년 등 라틴아메리카 국가들은 역대 월드컵에서 절반 가까이 우승했다.

야구는 두번째로 인기 있는 스포츠로 일찌감치 1870년대에 쿠바인 지지자들을 얻었다. 미국 이외의 나라에서 야구의 확산은 19세기 말과 20세기 초 미국의 제국주의적 영향으로 볼 수 있다. 쿠바, 도미니카공화국, 니카라과, 파나마, 푸에르토리코에서 미국 점령군이 야구를 대중화시켰다. 베네수엘라에서는 미국 정유사들이 지배하던 고립영토에서 야구를 했다. 이 나라들은 일찍이 1930년대에 미국 메이저리그에 재능 있는 선수들을 공급하기 시작했다.

라틴아메리카 문화가 세계시장에 진입하다

1940년대와 그 이후 라틴아메리카에서 눈에 띄게 촉진된 도시화와 중간계급의 성장은 문화생산에 의미심장한 영향을 끼쳤다. 교육이 확산되고 더 많은 여성이 대학에 진학했다. 문해율은 높아지고 능동적인 독자층이 성장했다(텔레비전은 1950년대에 도입되었다. 그러나 명실공히 대중매체가 되는 1960년대 중반까지 텔레비전 시청자는 도시 중간계급에 국한되어 있었다). 1940, 1950, 1960년대를 통해 점점 많은 사람이 책과 다른 형태의 문화산품들을 향유했다. 소설가, 시인, 극작가, 영화 제작자들도 증가했다. 건축가들은 새로운 모더니즘 건축을 받아들였다. 이는 외국 동향을 차용한 것이기는 하지만 새로운 차별화된 양식을 창안했다. 쿠바혁명 후 라틴아메리카에 대한 늘어나는 관심이 이 대륙의 소설가, 시인, 수필가에 대한 국제적인 관심을 유발했다. 라틴아메리카 문인들은 처음에는 에스파냐 출판사들을 통해 더 많은 외국인 독자에게 전파되었지만 곧 영어와 프랑스어로 작품이 번역되었다. 라틴아메리카 문학의 '붐'이 일었다. 1940년대에서 1970년대 사이에 소설, 소론, 시, 연극, 영화에서 너무나 큰 다양성이 존재했기에, 이 짧은 개관으로는 이 지역 전역에서 혁신적 작품이 그렇게 많이 출현한 이유를 제대로 평가하기 힘들다. 그러나 몇 가지 요소를 주목할 필요가 있다.

과테말라의 시인, 소설가, 외교관이었으며 1930년대에 이미 다작 작가이던 미겔 앙헬 아스투리아스1899~1974는 1960~70년대에 문학에서의 '라틴아메리카 붐'의 선구자가 되었다. 그는 인류학과 마야 신화에 두루 관심을 가지고, 신랄한 정치적 입장이 담긴 자신의 소설에 통합시켰다. 아스투리아스는 1954년 과테말라에서 추방되었다. CIA의 지원으로 전복된 개혁지향적인 하코보 아르벤스 정부를 지지했기 때문이다. 아스투리아스의 첫번째 대작 『대통령 각하』*El Señor Presidente*, 1946는 원래 1933년 탈고되었으나, 군사독재 하의 삶에 대한 통렬한 비판 때문에 10여 년 동안 출판될 수 없었다. 그 다음 소설 『옥수수인간』*Hombres de maíz*, 1949은 마야 문화와 풍습을 옹호한 작품이다. 1967년 아스투리아스는 가브리엘라 미스트랄 이후 라틴아메리카인으로는 두번째로 노벨문학상을 수상했다.

원주민 아메리카에 대한 아스투리아스의 관심은 더 젊은 세대 작가들도 공유했다. 페루 작가 호세 마리아 아르게다스는 에스파냐인과 케추아인의 혼혈로 페루 남부 안데스의 한 마을에서 가난하게 성장했다. 그의 소설 『깊은 강들』*Los ríos profundos*, 1958은 에스파냐어와 케추아어가 혼합된 글쓰기를 선보였으며 유럽화된 문화와 원주민 문화의 충돌을 다룬다. 이와 유사하게 멕시코의 시인이자 소설가인 로사리오 카스테야노스

1925~1974는 원주민이 많은 지역인 치아파스를 무대로 한 소설들을 썼다. 『어둠의 예식』*Oficio de tinieblas*, 1962은 19세기로 거슬러 올라가 초칠 원주민의 봉기 이야기를 서술한다. 카스테야노스의 작품은 멕시코 원주민에 대한 일체감과 깊은 연민을 드러낸다.

멕시코혁명 때부터 멕시코 지식인들은 세대를 거듭하여 자국 정체성과 문화의 뿌리와 본질을 투영했다. 1950년 옥타비오 파스1914~1998는 아홉 편의 소론으로 『고독의 미로』*El laberinto de la soledad*라는 책을 발간해서 이 문제들을 다루었다. 파스는 인간은 본질적으로 외롭다는 관념에 의거하여 축제가 공동체를 표현할 기회를 제공하고, 보통 자기 부정의 탈을 쓰고 있는 멕시코인들에게 그 탈을 벗어 버릴 기회를 준다고 여겼다. 파스는 또한 콜럼버스 도래 이전 시대부터 멕시코혁명까지의 멕시코 역사에 대한 포괄적인 분석을 제공했다. 1968년 수백 명의 멕시코 학생 학살 사건 이후 파스는 이 책을 다시 발간하면서 그 비극적 사건을 논한 소론 한 편을 추가했다. 젊은 시절 혁명좌파에 동조한 파스는 나이가 들면서 한층 온건한 입장으로 기울어 사회주의 체제의 권위적 속성을 비판하였다. 파스에게 예술은 인간 존재의 중요한 구성요소였다. 파스는 "시 없는 사회는 존재할 수 없지만, 사회는 결코 시처럼 구현되지 않는다. 결코 시적이지 않은 것이다. 가끔 이 두 용어는 결별을 모색한다. 그러나 가능하지 않다"라고 말했다. 파스는 1990년 노벨문학상을 수상했다.

혁신적 건축

멕시코 지식인들이 과거가 그들 사회에 미친 영향을 조명하는 동안, 많은 브라질인은 미래를 긍정적으로 바라보았다. 브라질의 현대 건축양식은 이 나라가 단순히 유럽과 미국을 모방하는 것이 아니라 뭔가 새로운 것을 창조하고 있다는 사실을 입증했다. 20세기 초부터 건축업자들은 처음에는 아르누보, 나중에는 아트데코 같은 유럽 건축설계 조류를 빌려와 신축 공공건물, 개인주택, 공공 기념물에 적용했다. 유학 후 귀국해 신축 병원, 학교, 대학, 주거단지를 설계한 이들을 통해 현대건축이 라틴아메리카에 들어왔다. 한 학자가 적고 있듯이, "현대건축운동의 실용적 기저에는 민주주의, 창조적 자유, 사회평등, 건설적 합리성, 진보, 과학에 대한 신뢰, 인간과 사회를 보호하고 도시를 재창조하는 물리적 현실을 생산하는 과학적 방법에 대한 신뢰가 깔려 있다." 이 운동의 활력이 브라질을 장악했고 세계에서 가장 혁신적인 건축물 몇 개를 낳았다.

브라질 현대건축운동 지도자들 중에는 루시우 코스타1902~1998와 오스카르 니에메예르1907~2012가 포함되어 있었다. 이들은 현대 고층유리빌딩의 아버지인 프랑스 건축가 르코르뷔지에1887~1965의 1929년과 1936년 브라질 방문에 영향을 받았다. 1940년대에 니에메예르는 벨루오리존치에서 혁신적인 가톨릭교회 건물을 비롯한 일련의 현대적 빌딩 건축계획을 설계했다. 그는 벨루오리존치의 시장이자 훗날 주지사가 된 주셀리누 쿠비체크의 열렬한 지지를 받으며 일을 추진했다. 그리고 브라질 대통령1956~1961으로서의 쿠비체크는 브라질 내륙에 브라질리아라는 새 수도를 완공하는 데 행정부의 노력을 경주했다. 그는 건축가들과 도시계획가들에게 국제공모전에 응모할 것을 촉구했다. 루시우 코스타의 기획이 선정되었다. 신수도는 거대한 비행기 형상을 하고 있으며, 그 중심축을 따라 대통령궁, 의회, 대법원이 들어섰다. 대단위 아파트 단지가 비행기 날개처럼 중심에서 외곽으로 펼쳐졌다. 니에메예르는 가장 중요한 건물들을 설계했다. 그의 건축물들은 혁신적이고 대담했다. 그는 날렵한 아치, 긴 나들목, 거대한 기하학적 형상을 구현했다. 비판자들은 도시가 몰

눈부시게 빛나는 수도 브라질리아는 대단히 현대적인 건축물을 뽐내고 있다(위 : 연방수도 청사, 아래 : 입법부의 쌍둥이 타워와 건물에 국회 상하원이 들어서 있다).

개성적이고, 보행에 불편하고, 과잉계획이라고 주장했지만, 그것은 브라질이 유럽 국가 혹은 미국보다 더 현대적이지는 않더라도 적어도 대등하게 현대적이라는 환상을 상징했다.

브라질리아가 건설되고 있을 때, 프랑스-브라질 합작영화와 새로운 음악 형식이 브라질을 국제 지도에 올려놓았다. 영화 「흑인 오르페」1959는 카니발이 한창인 리우데자네이루의 언덕배기에 있는 파벨라를 배경으로 하고 있으며 모든 배우가 흑인이었다. 최우수 외국영화 부문에서 오스카상을 받은 이 영화는 브라질과 브라질의 인종 관계에 대한 목가적인 시각을 관객에게 제공했다. 그리고 세계를 쿨재즈와 싱코페이션 비트의 보사노바bossa nova ; 새로운 스타일이라는 뜻로 이끌었다. 보사노바는 즉각 국제적인 성공을 거두었다.

1960년대에는 라틴아메리카의 다른 음악 형식들, 특히 카리브의 음악 형식들도 세계무대로 뛰어들었다. 쿠바의 살사, 도미니카공화국의 메렝게, 콜롬비아의 쿰비아가 라틴아메리카 전역에서 인기를 끌게 되었고, 카리브 지역 이민자들과 함께 미국으로 옮아갔다. 이와 유사하게 멕시코 이민자들도 지역 음악을 가지고 왔다. 그중에는 1940~50년대 멕시코 영화를 통해 라틴아메리카 전역에서 인기를 끌게 된 란체라canción ranchera도 포함되어 있다.

라틴아메리카 혁명문화

쿠비체크가 브라질리아를 완공하고 보사노바 음악가들이 뉴욕 카네기홀 객석을 가득 채우는 동안, 피델 카스트로와 그의 수염투성이 혁명가 그룹은 라틴아메리카의 정치적, 문화적 풍경을 바꾸고 있었다. 1959년 쿠바 반란자들의 승리에 뒤이어 예술적, 문학적 열정이 폭발했다. 초기

개혁들은 쿠바와 외국에서 광범위한 지지를 얻었다. 새 정부는 학생들이 시골로 쏟아져 나가 농민에게 읽기를 가르친 1961년의 성공적인 캠페인을 통해 문해율을 76퍼센트에서 96퍼센트로 높였다. 교육의 기회가 확대되었다. 가난한 사람들의 아들, 딸들이 대학교육과 기술교육을 받았다. 총천연색 벽화와 포스터가 혁명의 이상을 고취시켰다. 초등학생들은 민족적이고 혁명적인 새 노래들을 배웠다. 카스트로 통치의 처음 2년 동안, 문화적 이질성이 한 일간지의 문학 증보판 『루네스 데 라 레볼루시온』*Lunes de la revolución*[12]에 표현되었다. 이는 문화와 혁명적 변화의 관계에 대한 풍요로운 논쟁을 위한 장을 제공했다.

쿠바 체제가 사회주의로 향하고 솔직한 비판자들을 혁명의 적으로 간주하면서 『루네스 데 라 레볼루시온』은 폐간되었다. 이 문학 증보판의 많은 기여자들이 나라를 떠났다. 그러나 대륙을 가로지르는 급진적 변화를 기약하는 혁명의 열기가 충성스러운 내부 지지자들을 고무시키고 쿠바의 경험에 대한 해외의 지지를 이끌어 냈다. 1960년대 중반의 신음유시Nueva Trova[13] 운동은 정치화된 가사를 이용하여 혁명이 성취한 것들을 예찬했다. 쿠바는 국제회의들을 조직하여 라틴아메리카 전역의 소설가, 시인, 미술인, 영화감독, 극작가, 음악인들을 초청해 라틴아메리카의 혁명적 전망을 기리게 했다. 실비오 로드리게스1945~와 파블로 밀라네스1943~ 같은 쿠바의 싱어송 라이터들이 작곡한 혁명적 노래들이 라틴아메리카 전역에 퍼졌다.

---

12) '혁명의 월요일'이라는 뜻.—옮긴이

13) 밑에서 사회의식이 담긴 노래 경향으로 소개하고는 있지만, 그러면서도 시적 서정성을 지향했기 때문에 '누에바 트로바'라는 이름이 붙었다.—옮긴이

정치성 짙은 쿠바의 참여음악은 더 큰 대륙적인 추세를 대변한 것이었다. 미국의(그리고 정도는 덜하지만 유럽의) 팝음악, 특히 로큰롤이 1950~60년대에 점점 더 커지는 라틴아메리카 시장에 도달했다. 많은 라틴아메리카 음악인들이 이 새로운 음악들을 받아들였다. 그들은 동일한 스타일의 노래와 곡을 만들었고 호의적인 반응을 얻었다. 또 다른 음악인들은 지역 전통에 눈을 돌려 외국 음악의 영향에 대항했다. 아르헨티나와 칠레에서 민속학자와 음악인들이 전통 소리와 악기를 발굴했다. 이들은 사라져 가는 노래와 리듬을 보존하면서 자신들의 연구를 이용해 '새노래'Nueva Canción로 알려지게 될 새로운 음악 장르를 창조했다.

칠레가 이 운동의 중심이었고, 미천한 태생의 여인 비올레타 파라1917~1967가 선도자 중 한 사람이었다. 칠레 좌파 지지자인 파라는 민속음악을 채집하고, 빈민가 주민, 광부, 공장 노동자들의 문제를 다룬 노래들을 작곡했다. 그녀는 자신의 집을 음악인과 민속 예술가들을 위한 센터로 만들었다. 음악인들이 자신의 음악을 선보일 수 있는 문화적 장場인 '페냐 전통'을 활성화시킨 것이었다. 칠레의 새노래는 진보 성향의 정치적 내용 덕분에 살바도르 아옌데 사회주의 정권1970~1973에서 특히 인기를 끌었다. 안데스 리듬, 악기, 시적인 가사를 이용한 새노래는 외세, 특히 미국의 영향에 대항하는 민족적이고 원주민적인 문화를 표명했다. 아옌데를 실각시키고 아우구스토 피노체트의 17년 독재정권을 세운 쿠데타 이후 킬라파윤Quilapayún과 인티 이이마니Inti-Illimani 같은 음악 그룹들은 망명을 했다. 이들은 군부통치에 대한 국제적 규탄을 이끌어 내기 위한 수단으로 세계를 돌며 자신들의 음악을 공연했다. 아르헨티나 노래꾼 메르세데스 소사1935~2009와 미국의 발라드 가수 존 바에즈1941~는 비올레타 파라의 가장 유명한 노래 「삶에 감사해」Gracias a la vida, 1966를 대중화시켰다. 이 노래는 고난에 처한 사람들에게 바치는 심금을 울리는 송가였다.

브라질인들도 새노래 운동에서 나름대로 독특한 공헌을 했다. 로큰롤과 다른 외국음악의 영향들에 대한 반발로 브라질 대중음악은 통기타와 지역 악기들을 사용하여 민족적 주제를 다루는 노래들을 만들었다. 이 노래들은 때로는 대단히 정치적이었다. 또 때로는 민속음악 경향을 띠거나 일상의 소박한 이야기를 담았다.

이 음악 조류는 시, 연극, 문학을 대안적 문화 관점으로 조망한 예술운동인 트로피칼리아Tropicália ; 열대주의의 도전을 받았다. 이 운동의 주창자들은 1920~30년대에 전개된 모더니즘적 발상, 즉 식인주의 발상을 빌려와 예술가들은 국제적인 문화 흐름을 자유롭게 전유해서 민족적 표현형식으로 창조적인 변화를 주어야 한다고 주장했다. 열대주의는 1960년대 말 세계를 휩쓴 격렬하고 반항적인 청년문화의 반영이기도 했다. 열대주의의 음악 부문 주도자들인 카에타누 벨로수1942~와 지우베르투 지우1942~는 1969년 잠시 망명을 떠나야만 했다. 그러나 곧 돌아와 길고 생산적인 음악 경력을 지속하고 있다. 벨로수는 브라질인들 중 국제적으로 가장 널리 알려진 예술가이고, 지우는 싱어 송 라이터로 계속 활동하면서도 룰라 정부에서 2002년부터 2008년까지 문화부 장관을 역임했다.

문학 붐

앞서 말했듯이, 쿠바혁명으로 라틴아메리카와 카리브는 전 세계적인 관심을 받게 되었다. 한 역사가는 다음과 같이 말했다. "라틴아메리카 소설가들은 작품을 통해, 정치적·사회적 행위에 대한 옹호를 통해, 그리고 많은 작가가 번역과 여행(때로는 망명) 등으로 해외시장과 독자에게 다가

갈 수 있었던 행운을 통해 유명해졌다."

1960년대 '붐 세대'의 최초 멤버로 훌리오 코르타사르1914~1984를 꼽을 수 있다. 그는 인생에서 오랜 세월을 프랑스에서 보냈다. 『팔방놀이』*Rayuela*, 1963는 그의 가장 독창적인 작품 중 하나로 독자들에게 이 소설의 장章들을 두 가지 방식으로 읽을 기회를 제공했다. 코르타사르는 또한 의식의 흐름과 내면 독백 기법을 사용했다. 처음에는 쿠바혁명을 지지했다가 1965년 망명을 떠난 쿠바 소설가 기에르모 카브레라 인판테1929~2005도 『세 마리 슬픈 살쾡이』*Tres tristes tigres*, 1967[14]를 비롯한 실험적 소설들을 통해 의식의 흐름 기법을 사용했다. 카브레라 인판테도 국제적 찬사를 받은 '붐' 세대 작가의 일원으로 간주되었으나, 그 자신이 그 딱지를 거부했다.

카브레라 인판테는 쿠바혁명에서 소외되었다. 반면 파블로 네루다는 50년에 걸친 긴 문학 경력 속에서 라틴아메리카 좌파에 충실했다. 네루다의 작품은 라틴아메리카 문화의 원주민 뿌리를 예찬하고 미국 다국적 기업들의 라틴아메리카 침투를 고발했다. 장편 서사시집 『모두의 노래』*Canto general*, 1950가 네루다의 대표작 중 하나로 마추피추의 잉카 유적의 경이로운 아름다움을 찬미했다. 『모두의 노래』는 또한 스탠더드 오일의 라틴아메리카 자원 착취를 규탄하기도 했다. 좌익 정치관 때문에 1971년 네루다의 노벨문학상 수상 선정은 논란이 되었다. 그는 1973년 9월 칠레에서 아우구스토 피노체트가 권력을 잡은 뒤 12일 후에 사망했다. 새 정권은 막 국가를 장악한 군부에 저항하는 대중시위가 있을까 싶

---

14) 이 소설 제목을 직역하면 '세 마리 슬픈 호랑이'겠지만 원어 제목이 't' 발음을 이용한 언어 유희의 성격을 지니고 있기 때문에 '세 마리 슬픈 살쾡이'로 번역한다.—옮긴이

어 네루다의 장례식에 조문객이 참석하는 것을 금했다.

네루다의 정치시는 국경과 편협한 민족주의를 넘어서는 대륙적 감성을 라틴아메리카인에게 일깨우는 것을 문학적 사명으로 생각한 많은 언론인과 소설가에게 반향을 일으켰다. 에두아르도 갈레아노1940~가 이러한 수필가 중 한 사람이다. 갈레아노는 1960년대 초반 영향력 있는 우루과이 주간지 『마르차』*Marcha*의 편집장이었다. 『마르차』는 아르헨티나의 문화지 『수르』처럼 라틴아메리카 작가들의 글을 폭넓게 실었다. 1973년 우루과이에서 군부가 정권을 잡자 갈레아노는 아르헨티나로 피신해서 『크리시스』*Crisis*를 창간했다.[15)] 1976년 아르헨티나에서 장군들이 정권을 잡자, 갈레아노는 다시 피신해서 이번에는 에스파냐로 갔다. 그의 가장 영향력 있는 저서는 『수탈된 대지』*Las venas abiertas de América Latina*, 1971로 라틴아메리카, 유럽, 미국에서 널리 읽혔다.[16)] 갈레아노는 이 책을 통해 정복에서 당대에 이르기까지의 라틴아메리카 역사를 전면적으로 분석했다. 처음에는 에스파냐인들과 포르투갈인들이, 그 후에는 영국과 미국 정부가 라틴아메리카인과 자원을 착취했다는 관점을 특유의 신랄한 문체로 옹호했다. 당대의 일부 라틴아메리카 사상가들처럼 갈레아노는 대륙 전체의 역사를 우려한 것이다. 갈레아노는 다음과 같이 쓰기도 했다. "나는 기억, 특히 아메리카의 과거에 대한 기억, 그중에서도 특히 기억상실증에 걸린 친애하는 땅 라틴아메리카에 대한 기억에 집착하는 작가이다."

---

15) '마르차'는 '행진', '크리시스'는 '위기'라는 뜻. —옮긴이

16) 2009년 4월 미주기구 정상회담에서 베네수엘라의 우고 차베스가 미국 대통령 버락 오바마에게 일독을 권한 바로 그 책이다.

파블로 네루다처럼 브라질 작가 조르지 아마두1912~2001도 1930년대에 공산당에 가입했다. 아마두는 감옥에서 세월을 보내고, 제툴리우 바르가스 정권에서 자신의 책들이 금서가 되는 것을 보고 망명을 떠났다. 1946년 아마두는 제헌의회 의원으로 선출되었다. 1950년대에 그는 창작에 전념하기 위해 적극적인 정치 활동을 그만두었다. 그의 작품은 브라질 북동부를 기리는 지역적 특징을 지닌다. 빈곤과 사회 불평등을 주목하는 동시에 브라질의 아프리카계 사람들과 혼혈들을 예찬했다. 아마두의 1943년 소설 『끝없는 대지』*Terras do Sem Fim*는 무소불위의 지주 가문들에 예속되어 있는 바이아의 카카오 재배자들에게 가해지는 섬뜩한 착취를 그렸다. 다른 작품들은 브라질 각계각층의 기억할 만한 인물들의 해학적인 피카레스크 풍 묘사로 가득 차 있다. 가령 『도냐 플로르와 그녀의 두 남편』*Dona Flor e Seus Dois Maridos*, 1966은 한 미망인의 근심 걱정 없고 여성화된 유령 남편의 귀환을 다루는 희극적인 이야기이다. 유령 남편은 미망인의 극히 평범한 두번째 배우자와의 재혼을 방해한다.

아마 20세기 말에 국제적으로 가장 이름을 떨친 라틴아메리카 작가는 콜롬비아의 언론인이자 문인인 가브리엘 가르시아 마르케스1927~2014였을 것이다. 그의 가장 유명한 소설로 1982년 노벨문학상 수상작인 『백년의 고독』*Cien años de soledad*, 1967은 세계적인 현대 고전이다. 콜롬비아의 바나나 재배 지역에 위치한 마콘도라는 허구적인 마을을 배경으로 한 이 소설은, 이해하기 힘든 요소들이 현실적인 무대에 침입하는 '마술적 사실주의' 문체로 서술되었다. 가르시아 마르케스는 이 장르에서 글쓰기의 도전에 대해서 이야기한 적이 있다. "나의 가장 중요한 문제는 현실로 보이는 것과 환상으로 보이는 것을 나누는 경계선을 파괴하는 것이었다."

『백년의 고독』은 독자들이 눈을 떼기 힘든 소설이다. 콜롬비아 역사에 대한 강력한 알레고리이고, 현대 라틴아메리카의 삶, 사랑, 격정, 인간에 대한 탐구이다. 가르시아 마르케스는 이 작품에서 역사적 사건들을 끌어들였다. 소설 속의 한 이야기는 1928년 시에나가 사건에 기초하고 있다. 사회주의혁명당(공산당의 전신)이 이끈 한 노조가 1928년 시에나가에서 파업을 선언해 25,000명의 노동자, 특히 미국 유나이티드 프루트의 플랜테이션 노동자들이 바나나 수확을 중단하자 긴장은 최고조에 달했다. 미국인 경영자는 미겔 아바디아 멘데스 대통령에게 다급한 전갈을 보내 이를 "대단히 심각하고 위험한 상황"이라고 설명했다. 아바디아 멘데스는 '공공질서' 유지를 구실 삼아 군대를 파견했다. 이에 따른 충돌은 '바나나 플랜테이션 학살' 사태를 야기했다. 이는 콜롬비아인들의 집단기억의 중심 사건을 이룬다. 의도적으로 과장되기는 했지만, 소설가 가브리엘 가르시아 마르케스의 『백년의 고독』에서도 이 사건이 다루어졌다(그러나 이 비극에도 불구하고 유나이티드 프루트는 콜롬비아에서 철수하지 않았다. 1940년대에 시가토카 병이 번져 바나나 플랜테이션이 초토화되었을 때 비로소 철수했다). 1970~80년대에 가르시아 마르케스는 칠레 피노체트 체제에 대한 노골적인 반대자였다. 또한 가르시아 마르케스는 1990년대에 반란 단체들과 콜롬비아 정부 사이의 실패한 몇 차례 평화협정 협상을 돕기도 했다.

1960~70년대에 문학과 시만 붐이었던 것은 아니다. 영화와 텔레비전도 새로운 차원으로 접어들었다. 2차 세계대전 이후 라틴아메리카 영화는 국제적인 영화와 확대일로의 텔레비전의 영향과 경쟁해야 했다. 라틴아메리카 영화의 질이 전반적으로 낮아지면서, 프랑스의 누벨바그와 이탈리아의 네오레알리스모 영화 양식의 영향을 받은 젊은 지성인들은 자국의 사회 현실을 반영하려는 영화를 제작하기 시작했다. 브라질에서

이 운동은 새로운 영화cinema novo로 알려지고, 사회정치적 주제들을 다큐멘터리 식으로 투영시켰다. 「황폐한 삶」1963을 감독한 네우송 페레이라 두스 산투스1928~와 「검은 신 하얀 악마」1964라는 걸작을 만든 글라우베르 로샤1939~1981 같은 감독들이 국제적인 찬사를 받았다.

다른 나라의 영화 제작자들도 비슷한 노선의 작품들을 제작했다. 토마스 구티에레스1928~1996는 혁명 후의 쿠바에 대한 영화들을 감독했다. 「저개발의 기억」1968은 혁명에 대한 지식인의 이중성을 진단한다. 움베르토 솔라스1941~2008가 감독을 맡은 서사적 3부작 「루시아」1968는 쿠바 역사에서 세 명의 여인을, 그리고 이들과 혁명적 변화와의 관계를 그린다. 아르헨티나의 영화 제작자 페르난도 '피노' 솔라나스1913~1992와 옥타비오 헤티노1935~2012는 라틴아메리카, 아시아, 아프리카의 해방운동을 칭송하는 「용광로의 시간」1970을 찍었다. 혁신적인 영화 기법으로 보통 흑백으로 촬영한 이 영화들은 라틴아메리카의 지속적인 사회적, 경제적 문제들에 대해 강력한 메시지를 전달하고자 한 세대의 대표적 작품들이다.

연극은 1960년대에 강렬한 변화를 겪었다. 극작가와 연출가들은 유럽과 미국에서 영감을 얻는 대신 라틴아메리카 관련 주제들에 더 초점을 맞췄다. 이 흐름의 주도자들 중에 브라질 연극 연출가 아우구스투 보알1931~2009이 있다. 그는 새로운 공연과 무대 양식을 개발했다. 뮤지컬 연극 「아레나 극단이 좀비를 이야기하다」*Arena conta Zumbi*, 1965는 17세기의 도망노예 공동체 파우마리스에 대한 이야기를 다시 함으로써[17] 정부 검열관들을 피했다. 이 연극은 그 전 해에 권력을 잡은 군부 정권에 대한 저항의 메타포였던 것이다. 이와 마찬가지로, 칼리의 실험극단을 이끈 콜롬비

17) 좀비는 동료들을 규합하여 사탕수수 농장에서 탈출한 흑인 노예였다.—옮긴이

아 연출가 엔리케 부에나벤투라1925~2003와 보고타의 칸델라리아 극단을 이끈 산티아고 가르시아1929~는 혁신적인 정치극 형식을 선보였다. 많은 연극 그룹이 연출가의 권위에서 탈피하여 더 집단적인 과정을 통해 작품을 발전시키고 상연했다. 1968년 라틴아메리카 전역에서 열린 연극 축제들은 배우, 연출가, 극작가, 공연자들 사이에서 일종의 공동체 의식을 만들어 냈다. 그들은 서로의 작품을 관람하고, 더 많은 관객을 위해 어떻게 연극을 만드는 것이 최선일지 생각을 나누었다. 다른 연극 장르들이 사라졌다는 뜻이 아니다. 중간계급 관객들은 폭넓은 즐길 거리를 원했지만, 실험연극은 새롭고 흥미로운 것들을 다루었다는 뜻이다.

연극이 더 실험적으로 흐른 반면, 텔레비전은 더 상업적이 되었다. 초기 단계에서 텔레비전 방송국은 라디오 프로그램과 유사하게 자체 제작한 프로그램들에 의존했다. 1960년대 외국(주로 미국) 프로그램이 범람하여 점점 늘어나는 시청자들에게 더빙한 텔레비전 드라마와 영화들을 제공했다. 이와 동시에 라디오 드라마가 새로운 매체로 전이되었다. 좋아하는 저녁시간대 드라마를 보기 위해 많은 가족이 텔레비전 주위에 모여들면서 텔레노벨라telenovela라고 불리는 텔레비전 드라마는 전 국민적인 것이 되었다. 텔레비전 드라마는 역사물에서 현대물까지 다양했다. 어떤 드라마들은 낭만적이고 가족적인 전통적 주제에 초점을 맞추었고, 또 어떤 드라마들은 사회적·정치적 쟁점들을 다루었다. 1970~80년대에 아르헨티나, 브라질, 콜롬비아, 멕시코, 베네수엘라는 라틴아메리카의 다른 국가, 에스파냐, 포르투갈, 미국의 에스파냐어 채널, 심지어 중국과 러시아처럼 멀리 떨어진 나라들에까지 드라마를 수출하기 시작했다.

라디오와 텔레비전은 문맹자들에게까지 도달했다. 만화책은 반문맹자, 노동계급과 그들의 아이들의 오락을 위한 인기 있는 출판매체가 되었다. 민족적 주제와 독특한 현지 인물들은 1930~40년대에 인기를 얻었다. 그와 동시에 미국 만화책이 라틴아메리카 시장에 침투했다. 디즈니 만화와 기타 외국 만화 시리즈가 번역되어 널리 퍼졌다. 텔레비전 드라마가 인기를 끌면서, 출판사들은 일상의 이야기를 서술하며 광범위한 독자를 얻은 사진소설fotonovela을 출간했다. 만화책은 1970년대에 정치적 성격의 문맹퇴치 캠페인에서 교육 수단도 되었다. 정부 기관들은 사회적, 교육적 쟁점들을 만화로 만드는 경향이 있었다.

독재, 민주주의, 신사회운동

1970년대에 남미를 휩쓴 권위주의 체제와 1980년대에 중앙아메리카 국가들을 분열시킨 사회적 갈등으로 수만 명의 혁명가와 정치 운동가들과 함께 수많은 참여 작가, 음악인, 영화 제작자들이 망명을 떠날 수밖에 없었다. 그들은 망명한 라틴아메리카의 다른 나라들에서, 유럽에서, 더 적은 수이지만 미국에서도 새로운 경험에 대해 글을 쓰거나 고국에서 벌어지는 정치 탄압을 기록으로 남겼다. 이리하여 증언문학literatura testimonial이라는 새로운 장르가 출현했다. 이들 작품 속에서 사람들은 그들의 삶, 활동, 그들이 겪은 탄압을 이야기했다.

가장 유명한 책(그리고 나중에 논쟁거리가 된 책)은 1인칭으로 구술된 리고베르타 멘추1959~의 책이었다. 멘추는 1970년대 조국의 혁명적 움직임에 관여한 과테말라 원주민 여성이다. 그녀의 증언서사testimonio 『나의 이름은 멘추』*Me llamo Rigoberta Menchú y así me nació la conciencia*, 1982는 이렇게 시작한다. "나는 이 이야기가 내 삶뿐만 아니라 우리 동포의 삶이기도 하다는 점을 강조하고 싶다. …… 나의 이야기는 과테말라의 모든 가난한 사람의 이야기이다. 그리고 내 개인적 경험은 모든 동포의 현실이다." 그녀의 책에서 멘추는, 혁명 게릴라들을 도와주었다는 이유로 자신의 가족 몇 사람을 과테말라 보안대가 어떻게 죽였는지 서술했다. 멘추의 증언서사는 국제적인 성공을 거두었고, 인권수호 활동은 1992년 그녀에게 노벨평화상을 안겨 주었다. 그 후 인류학자 데이비드 스톨이 문제를 제기했다. 그는 멘추의 이야기가 과테말라 군부의 잔인함에 대해 국제적인 여론을 환기시키는 데 도움을 주었다는 점은 인정했다. 그러나 세부 내용의 정확성에 대해서는 이의를 제기했다.

과테말라 원주민을 위한 멘추의 이야기는 지난 수십 년 동안의 더 광범위하고 전 대륙적인 사회 현상을 대변한다. 원주민 집단들은 단체를 만들어 국가에 새로운 요구를 해왔다. 이들은 천연자원이 지역공동체에 더 혜택을 주는 방식으로 배분되어야 한다고 요구했다. 어떤 원주민 집단들은 문화적 자율성을 주장했다. 또 어떤 집단들은 원주민 언어가 교육 프로그램에서 필수가 되어야 한다고 요구했다. 많은 단체가 토지가 원주민에게 귀속되도록 노력을 경주했다. 어떤 면에서 이 사회적 표출들은 문인들이 자국 인디오들의 이름으로 말하던 옛 원주민주의의 배격이다. 범 인디오 국제회의와 회합들은 원주민과 민족문화의 관계를 재개념화하려는 운동가들에게 또 다른 발판을 제공했다.

원주민들 외에도 사회적, 정치적 질서를 비판하는 사회 그룹들이 있었다. 많은 라틴아메리카 좌파 여성들은 1970~80년대에 망명 생활을 하면서 젠더에 대한 사회적, 문화적 가정에 대해 다시 생각하기 시작했다. 어떤 이들은 좌파에 만연된 전통적인 성 역할과 중앙집권화된 정치 운동의 위계적 특징을 문제 삼았다. 유럽과 미국의 페미니즘 사상의 영향을 받은 많은 여성이 여성운동과 여성 조직화에 도움이 된 노하우를 가지고 망명에서 돌아왔다. 1975년 유엔 주최로 멕시코에서 열린 제1회 세계여성대회에 고무된 여성들이 반독재 투쟁, 사회적·경제적 불평등과 싸우는 풀뿌리운동에 합류했다. 각국의 여성운동은 생식권生殖權에서 가정폭력 근절을 위한 새로운 국가기구 설립에 이르기까지 수많은 쟁점을 다루었다.

여성 문인들도 더 중요해졌다. 포스트-붐 작가들 중에서 이사벨 아옌데1942~와 루이사 발렌수엘라1938~가 인정을 받았다. 이사벨 아옌데는 칠레에서 태어나 1973년 쿠데타 이후 망명을 떠났다. 1980년대부터 그녀의 작품은 국제적으로 폭넓은 독자층을 확보했다. 베네수엘라 망명 때 쓴 『영혼의 집』*La casa de los espíritus*, 1982은 그녀가 죽어가는 할아버지에게 쓴 편지 한 통에서 영감을 얻었다. 마술적 사실주의의 영향을 받은 그녀의 단편과 장편소설들은 특히 여성의 경험에 초점을 맞춘다. 아르헨티나의 소설가이자 단편 작가인 루이사 발렌수엘라는 『전쟁에서처럼』*Como en la guerra*, 1977과 『무기의 변화』*Cambio de armas*, 1982에서 실험적인 전위주의 문체를 사용하여 아르헨티나 독재가 인간들 사이의 상호작용에 끼친 영향을 고찰했다. 두 여성 작가는 남성과 여성의 관계에 대한 의식 있는 새로운 페미니즘적 비판을 대변하고, 다른 많은 작가가 이를 공유하고 있다.

라틴아메리카 전역에서 페미니즘 운동이 출현한 일과 나란히 게이와 레즈비언들이 새로운 정치적, 사회적 공간을 열기 시작했다. 정치화된 몇몇 그룹이 1971년 힘을 합쳐 아르헨티나동성애해방전선을 설립했다. 1975년 아르헨티나를 뒤덮고 이듬해 군사 쿠데타로 귀결된 탄압의 물결이 이 운동의 흔적을 지워 버렸다. 1970년대 중반에서 말까지 푸에르토리코, 멕시코, 브라질에서 유사한 단체들이 결성되었다. 이들은 성 차별과 성적 취향에 관한 헤게모니적 규범에 도전한 새로운 정치 담론을 만드는 데 기여한 지원 단체이자 의식과 공간을 창출한 단체들이었다. 많은 레즈비언 운동가가 여성운동으로 옮아갔다. 이들은 초기의 반발을 뚫고 포용적인 페미니즘 프로그램을 만드는 데 공개적으로 참여했다.

1980년대 초반 에이즈 때문에 한편으로는 게이들의 정치 조직이 소멸되기도 했고, 다른 한편으로는 운동가들이 국가가 보건 문제에 관심을 가지라고 압력을 넣는 새로운 전략을 개발하면서 강화되기도 했다. 국제레즈비언게이협회는 1995년 제17차 국제회의를 브라질 리우데자네이루에서 개최했다. 그 행사는 멕시코에서 칠레에 이르기까지 새로운 지역적, 국가적, 대륙적 조직들에게 용기를 북돋아 주었다. 이 운동의 정치적 의제는 반차별 법안 제정, 계속되는 폭력과 게이 비판에 대한 문제 제기, 대중 교육을 포함한다. 긍지 퍼레이드pride parade와 시위행진은 가시성을 위한 중요한 수단이 되었다. 최근 브라질 상파울루의 레즈비언, 게이, 양성애자, 트랜스젠더 퍼레이드는 300만 군중이 운집한 세계 최대의 퍼레이드가 되었다.

정치화된 운동이 벌어지는 것과 동시에 동성애에 대해 글을 쓴 작가들이 부각되었다. 그중 하나가 레이날도 아레나스1943~1990이다. 아레나스는 그의 글과 거리낌 없는 게이의 삶의 방식 때문에 1967년 쿠바 정부와 갈등을 빚었다. 공식 허가 없이 해외에서 책을 출판했다가 잠시 투옥되기도 했다. 마침내는 1980년 쿠바를 떠났다. 그의 작품 『밤이 오기 전에』*Antes que anochezca*, 1992는 카스트로 체제, 가톨릭교회, 미국 문화와 정책을 예리하게 비판한 솔직한 자서전이었다. 또 다른 유명한 게이 작가로는 마누엘 푸익1932~1990이 있으며, 그 역시 고국에서 도피했다. 아르헨티나에서 정치 상황이 양극화되면서 1973년 망명을 떠난 것이다. 그의 소설 『거미여인의 키스』*El beso de la mujer araña*, 1976는 게이와 혁명가 두 죄수의 관계를 이야기했다. 이 소설은 나중에 성공적인 브로드웨이 뮤지컬로, 또 상까지 수상한 할리우드 영화로 만들어졌다. 이 작품들은 예전에는 금기였던 주제들에 대한 창조적인 관심을 책으로 출판하고 싶어 하는 새로운 문인 세대의 출현을 알린다.

여성, 게이, 레즈비언이 불평등과 차별에 대한 새로운 관심을 표명하기 시작한 것과 마찬가지로, 1980년대 여러 나라의 민주화 과정은 아프리카계 라틴아메리카 작가들에게도 기회를 확대시켰다. 브라질에서는 흑인단결운동Movimento Negro Unificação 같은 신사회운동이 아프리카계 브라질인과 유럽계 후손들 사이의 여전한 사회적, 경제적 간극을 통렬하게 비판했다. 비록 이 운동 자체는 많은 지지자를 얻지 못했지만, 이 운동의 많은 사상이 인종적 불평등에 대한 국민적 논쟁을 야기하고, 국가가 차별의 역사적 패턴을 인식해야 한다고 압력을 넣고, 새로운 정부 프로그램들을 만들어 냈다. 유사한 운동들이 페루, 에콰도르, 콜롬비아, 멕시코에서도 전개되어 지식인과 운동가들이 이들 나라에 여전히 남아 있는 차별의 행태와 아프리카의 긍정적인 영향에 주목했다.

아프리카-라틴아메리카 문화는 1980년대부터 르네상스를 만끽했다. 카리브에서 유럽과 미국으로 향한 이주의 물결이 흑인 정체성과 문화에 대한 사상들을 더 많이 유통시켰다. 살사에서 부에나비스타소셜클럽 같은 아프리카계 쿠바 음악에 이르는 음악 양식들이 월드뮤직 애호가들 사이에서 인기를 얻었다. 비정부기구, 인류학자, 민족음악학자ethnomusicologist들이 아프리카계 라틴아메리카 전통을 채집, 보존했다.

새로운 음악 형식과 문화 전통이 창조되고 있다. 예를 하나 들자면, 아프리카계 브라질 정체성들은 아프리카 공연단bloco Afro 참여를 통해 새로운 방식으로 표현되고 있다. 아프리카 공연단들은 카니발 축제 참여를 위해 조직된 타악기 악단이다. 1970년대 말에 브라질 북동부 도시 바이아의 아프리카계 브라질인 빈민가에서 주민들을 축제에 참여시키고, 카니발 음악을 지배하던 백인 록 밴드들을 일컫는 트리우 엘레트리쿠trio elétrico[18]를 대신할 아프리카계 브라질 대안을 마련하기 위한 목적으로 탄생했다.

10여 개의 아프리카 공연단 중에서 제일 유명한 것은 사우바도르 주의 올로둥Olodum이다. 조그만 동네 악단으로 시작한 올로둥은 이제 사우바도르에서 수천 명의 단원과 전 세계적인 팬을 거느리고 있다. 악단 이름은 요루바어 어휘 올로두마리olodumare ; 신 중의 신에서 왔다. 올로둥은 '삼바-레게'의 창안으로 널리 인정받는다. 카리브 레게 특유의 노래 멜로디와 카니발 거리음악의 정열적인 북소리 리듬을 결합시킨 혁신적인 음악 형식이다. 아주 최근, 이 악단은 서구의 전통적인 악기 편제를 가미했다. 그러나 드럼과 가수들이 여전히 무대 중앙을 차지한다. 올로둥은 살사, 서부 아프리카 음악, 팝, 칸동블레의 성가chant, 아프리카계 아메리카 힙합의 음악적 요소들도 받아들였다. '삼바-레게'라는 이름이 연상시키듯, 올로둥 단원들은 자신들이 아프리카인들의 이산과 관계가 있으며, 아프리카계 카리브인들과 음악 양식을 공유하고 있다고 생각한다.

이 접속은 네그리튀드 혹은 '흑인성'의 예찬, 아프리카와 이산 아프리카인의 예찬으로 확장된다. 올로둥의 국제관계 책임자인 빌리 아르키미무는 이 현상에 대해 다음과 같이 설명한다. "올로둥은 국제적인 흑인

---

18) '트리우 엘레트리쿠'는 카니발 축제를 위해 고안된 고출력 사운드 시스템을 갖춘 차량이다. 차량 위에서 군중을 상대로 공연이 이루어진다. 1949년 바이아의 카니발에 처음 도입되어 다른 지역으로 전파되었다.—옮긴이

운동의 일환이고 우리는 자부심과 긍지를 고취하기를 원한다." 아프리카성이 종종 폄하되는 사회, 심지어 아프리카계 브라질인들 사이에서도 폄하되는 사회에서 두드러진 이 아프리카 뿌리의 고취와 함께, 인종적 평등을 위한 헌신적 투쟁과 전 세계의 흑인 지도자들에 대한 예찬이 뒤따른다. 아르키미무는 "우리는 저항적인 노래들을 가지고 차별과 싸운다. 우리의 메시지는 맬컴 엑스, 마커스 가비, 밥 말리, 마틴 루터 킹의 메시지와 같다. 우리는 평등을 위해 싸우고 있다"라고 말했다. 흑인의 자각과 인종적 평등에 대한 그들의 호소가 얼마나 효과가 있는지 가늠하기는 불가능하지만, 아프리카계 브라질 정체성의 강력한 사례인 것만은 틀림없다.

영화, 팝음악, 인터넷

1980년대의 혹독한 경제위기는 라틴아메리카의 영화산업에 상당한 제약을 가했다. 그렇지만 1960년대의 베테랑 감독들은 물론이고 여성이 대거 포함된 신세대 영화 제작자들이 높은 수준의 영화와 다큐멘터리를 생산하기 시작했다. 이들 중 많은 작품이 정치적, 사회적 내용을 담고 있다. 군부독재 기간 혹은 그 직후의 극적인 사건들을 직접 다룬 두 편의 영화가 이 장르를 대표했다. 루이스 푸엔소1946~ 감독의 「오피셜 스토리」1985는 1970년대 말에서 1980년대 초까지의 '더러운 전쟁' 중에 아르헨티나에서 실종된 이들의 아이들에 대해 이야기했다. 브루노 바레토1955~ 감독의 「9월의 나흘」1997은 1969년에 벌어진 도시게릴라들의 미국 대사 납치를 다시 이야기했다. 이 두 편의 영화는 국제적인 인정을 받았다.

지난 20년 동안 개봉된 많은 영화, 특히 멕시코, 아르헨티나, 브라질 영화들의 경제적 가치와 이들의 수준 높은 각본과 빼어난 연기는 세계시장에서 경쟁을 가능하게 했다. 월터 살레스1956~는 브라질 북동부의 황량

하고 빈곤한 지역에서 아버지를 찾는 한 아이에 대한 감동적인 영화「중앙역」1998을 감독했다. 주연을 맡은 노장 배우 페르난다 몬치네그루1929~는 국제적인 예찬을 받았다.「이 투 마마」2001는 열일곱 살의 두 소년과 이십대 유부녀가 장거리 자동차 여행을 떠나는 성인영화로 배경에는 현대 멕시코의 정치적, 사회적 문제들이 깔려 있다. 많은 상을 받은 영화이다.「모터사이클 다이어리」는 에르네스토 '체' 게바라가 1959년 쿠바의 풀헨시오 바티스타 독재를 무너뜨린 혁명군에 합류하기 이전의 청년 시절에 했던 라틴아메리카 여행을 낭만적으로 재창조하는 한편 정치 영화의 전통을 이었다.

라틴아메리카의 삶의 이면, 특히 긴급한 빈곤문제와 마약밀매의 충격은 영화 제작자들에게 또 다른 주요 주제가 되었다. 리우데자네이루의 파벨라는 2002년 브라질의 범죄 영화「시티 오브 갓」의 배경이 되었다. 여러 세대에 걸친 잡범과 마약 밀매자들의 삶, 도시 시민에게 부과된 폭력을 추적했다. 콜롬비아-미국 합작영화「은총이 가득한 마리아」2004 역시 마약이 가난한 사람들의 삶에 끼치는 영향을 다루었다. 영화는 가정이 심각한 경제적 문제에 직면하자 미국으로의 마약 운반에 동의한 한 여인의 시련을 추적했다. 라틴아메리카 영화인들은 또한 이민에서 환경파괴에 이르는 다양한 주제에 초점을 맞춘 다큐멘터리 제작에도 뛰어났다.

지난 수십 년 동안 무엇보다도 텔레비전과 광고음악이 의미심장한 성장을 했다. 비록 오늘날의 텔레비전 프로그램 편성은 폭넓은 시청자들을 위한 가벼운 오락거리에 치중하지만, 국영텔레비전방송국과 전국 네트워크를 갖춘 일부 방송국은 다양한 형태의 문화에 방송시간을 할애한다. 여기에는 명품 예술 공연, 역사 다큐멘터리, 지식인과 작가들이 출연하는 토론 프로그램, 미술 프로그램들이 포함되어 있다. 몇몇 나라에서는 전국 네트워크를 갖춘 방송국들이 수십억 달러 가치의 대기업이 되었다.

대부분의 나라에서 80~95퍼센트의 국민이 통상적으로 텔레비전을 시청하는 것으로 추정된다. 농촌과 가난한 국가들에서는 시청자 비율이 다소 더 낮지만 중요한 축구 경기(특히 월드컵 결승전) 중계가 있으면 온 나라가 손을 놓고 가족과 친구들과 함께 본다. 세계적인 축구 스타와 야구 선수들이 유럽과 미국 팀들에게 보내는 수출품이 되었듯이, 텔레비전 드라마도 이제 세계적으로 방송되어 라틴아메리카의 다양한 새로운 이미지들을 마이애미, 모잠비크, 모스크바의 시청자들에게 전한다.

밥 말리1945~1981가 자메이카의 레게를 유럽과 미국의 청자들에게 소개한 1970년대부터 라틴아메리카 팝음악은 점점 더 강렬하게 국제 청년 시장에 침투했다. 자메이카 영화 「어려우면 어려울수록」1972에서 지미 클리프1948~의 연기는 열대기후의 킹스턴의 갱과 마리화나 판매인들에 대한 낭만적 시각을 창조하였다. 미국의 안목 있는 소비자들 사이에서 월드뮤직 수요는 라틴아메리카 각국의 다양한 음악 장르에 뿌리를 둔 라틴 음악 시장을 창출하고 성장시켰다. 푸에르토리코 출신의 리키 마틴1971~과 멕시코의 란체라 전통을 미국의 컨트리 음악, 독일의 폴카, 카리브 음악들과 혼합시킨 셀레나1971~1995 같은 라티노 스타들은 라틴아메리카와 미국에서 광범위한 애청자를 얻은 크로스오버 음악을 제공했다.

더 의미심장한 것은 인터넷이 라틴아메리카에서 커뮤니케이션과 문화에 혁명을 가져왔다는 점이다. 오늘날 중간계급의 많은 사람들이 컴퓨터를 소유하고 있고, 사이버카페와 이와 유사한 사업들은 분당 계산으로 인터넷을 사용하는 서비스를 사람들에게 제공하고 있다. 많은 비정부 단체가 더 낮은 사회경제적 배경의 사람들이 인터넷에 접근할 수 있도록 도와주는 프로젝트들을 전개시켰다. 지역에 기반을 둔 공동체 프로그램들은 청년들에게 비디오카메라로 그들의 일상적 경험을 촬영하는 일을 훈련시키기 시작했다. 사이버혁명은 문화, 뉴스, 정보에 대한 접근을 민주화시켰다. 또한 학자, 문인, 저술가, 일반대중들 사이의 국제적인 교류를 용이하게 했다.

이런 모든 이유 덕분에 라틴아메리카는, 너무도 오랫동안 자신의 남쪽 이웃들을 경시한 나라인 미국에 점점 늘어나는 영향력을 행사하고 있다. 마이애미는 말할 것도 없고 뉴욕, 시카고, 로스앤젤레스 같은 도시들에는 급성장 중인 에스파냐어 사용 공동체들이 있다. 그리고 보스턴, 뉴욕, 마이애미와 그 주변에는 브라질인이 대거 거주한다. 최근에는 이민자들이 미국 중서부와 남부의 소도시나 농촌으로 이동하고 있다. 음악, 춤, 요리가 변화를 겪는 중이다. 1992년 미국에서 처음으로 라틴아메리카 소스salsa가 케첩보다 많이 팔렸다. 2006년 라티노 인구는 4,320만 명에 이르렀고, 2050년에는 라티노가 미국 인구의 4분의 1에 달할 것으로 예측된다. 미국 내의 이런 변화는 라틴아메리카에 대한 미국의 믿음과 태도를 틀림없이 변화시킬 것이다.

그리고 미래의 라틴아메리카의 운명은, 과거 몇 세기 동안 그랬던 것처럼, 계속해서 세계열강과 예속적인 관계에 머무를 것이다. 라틴아메리카는 여전히 투쟁, 승리, 비극, 모순의 땅으로 남을 것이다. 그러는 동안 국외자들은 가브리엘 가르시아 마르케스가 "정신 나간 남자들과 역사적인 여자들이 전설 속의 이야기처럼 한없이 완고함을 발휘하는 그 거대한 영토인 라틴아메리카에서 들려오는 환영 같은 소식들"이라고 부른 것에 계속해서 소스라치게 놀라고 매료될 것이다.

[우석균 옮김]

웹사이트 안내

우리는 모든 독자에게 『현대 라틴아메리카』를 위한 웹사이트www.oup.com/us/skidmore를 들러 보기를 권한다. 우리는 이 웹사이트가 대충 무시될 수 있는 겉치레 "보완물"이 아니라 이 책과 일체라고 여긴다. 정기적으로 업데이트될 것이기에, 사이트 내용은 계속 변할 것이다.

이 사이트는 일반 독자들과 학생들을 위해 다음 사항들을 포함하고 있다.

- 주요 사건들의 연대표
- 주요 뉴스 추이에 대한 분석
- 이 책에서 다루는 국가들의 위정자 목록

이 웹사이트는 장별로 다음 사항들을 제공한다.

- 리뷰용 질문들
- 추가 권장서지와 연구를 위한 제안들

이 웹사이트는 또한 전체 라틴아메리카와 관련해 다음 사항들을 제공한다.

- 통계 자료들의 출처 개요
- 인터넷 자료 안내
- 정선된 주요 문건

여기에 덧붙여 우리는 강의 담당자들을 위해 '현대 라틴아메리카 강의'라는 제목의 특별 섹션을 만들었다(이 디렉토리에 접근하기 위해서는 웹사이트 자체에서 쉽게 얻을 수 있는 비밀번호가 필요하다). 이 디렉토리는 다음 사항들을 포함하고 있다.

- 라틴아메리카 관련 강의를 위한 교육적 도전들에 대한 소론
- 강의계획서 견본
- 교육용 비디오와 영화

우리는 가끔 웹사이트를 검토할 것이기 때문에, 내용 추가와 수정 관련 제안들을 환영한다. 홈페이지에 있는 '제안' 아이콘을 클릭하기 바란다. 미리 감사를 표하는 바이다.

토머스 E. 스키드모어
피터 H. 스미스
제임스 N. 그린

옮긴이 후기

『현대 라틴아메리카』*Modern Latin America*는 토머스 E. 스키드모어와 피터 H. 스미스에 의해 1984년 초판이 나온 이후 지금까지 정치와 역사 등의 분야에서 라틴아메리카 입문서 역할을 톡톡히 해왔다. 7판의 주목할 만한 변화가 있다면 제임스 N. 그린이 새로 필진으로 합류해서 '14장 문화와 사회'를 집필했고, 작년에 사망한 차베스의 행보와 원주민운동 등의 고조로 근본적인 사회 변화가 감지된 최근 라틴아메리카 정세를 반영하여 베네수엘라와 안데스를 다루는 별도의 장을 각각 추가했다는 점이다. 또한 이 책을 위한 웹사이트를 구축해 미지의 동료, 강의자, 학생들과 쌍방향 소통을 시도했다는 점도 새로운 시도로 꼽을 수 있다.

『현대 라틴아메리카』가 30년 동안 라틴아메리카 입문서로 각광을 받을 수 있었던 것은 간결한 요약과 서술, 적절한 통계 활용, 박스 글로 묶인 흥미로운 여담들, 여러 영역에 걸친(가령, 사회계급 연합의 제 양상 비교, 플랜테이션 사회와 수입대체산업화 국가의 향후 발전과정 비교, 노동계급의 형성과 성격 비교 등등) 라틴아메리카 국가들 사이의 비교 등을 통해서 이 지역에 대한 이해의 수준을 높이고 학습동기를 부여했기 때문이다. 특히 2부는 국가별 혹은 소지역별로 사례 연구를 다루는 장들로 구성되어 있고, 이들을 독립적으로 읽어도 되도록 구성에 신경을 썼다는 점도 커다란 장점이라고 할 수 있다.

그렇다고 『현대 라틴아메리카』가 학습을 위한 실용주의적 접근이나 흥미 위주의 서술로 일관했다는 것은 아니다. 스키드모어와 스미스는 근본적인 질문을 던지고 있다. 도대체 무엇이 잘못되어 라틴아메리카가 번번이 발전이 좌절되었는지 묻는 것으로 책을 시작하고 있으며, 서구적 분석 틀로만 그 원인을 재단하는 것을 경계하는 목소리를 내고 있다. 그래서 두 사람은 서구의 근대화 이론과 라틴아메리카의 종속이론에 모두 주목했다. 가령, 경제변동이 사회변화를 유발하고, 사회변화가 정치변화로 이어진다는 전제나, 사회계급들 사이의 변화하는 연합이 시간이 흐르면서 정치 갈등의 패턴을 변화시킨다는 생각이 근대화 이론의 산물이다. 반면 국제분업에서 라틴아메리카 개별 국가들이 차지하는 위치에 대한 주목, 중심부와 주변부 패러다임, 중심부와의 경제변동 과정의 차이가 사회변화와 정치변화의 차이로 귀결될 수밖에 없다는 관점 등은 종속이론에서 빚진 것이다. 즉, 두 사람은 초지일관 서구 이론과 라틴아메리카 이론의 차이를 변증법적으로 극복하고자 무진 애를 쓴 것이다. 그러다 보니 최근 흐름에 새로운 시각으로 접근하려는 노력은 상대적으로 적어 보인다. 가령, 차베스, 신사회운동, 원주민운동 등 1990년대 라틴아메리카에서 발생한 주요한 사회적 흐름을 서구식 민주주의에 위배되는 포퓰리즘적 흐름 정도로 단편적으로 규정하고 있다는 점에 대해서는 생각해 볼 여지가 많다.

이 책은 사실 과거에도 번역되어야 할 책으로 꼽혀 여러 사람이 번역 시도를 하였다는 이야기를 들었는데 이제야 결실을 맺었다. 여러 역자가 번역에 참여하다 보니 마무리 과정이 턱없이 늘어진 것이 대단히 아쉽지만 그럴듯한 입문서가 생겼으니 앞으로 국내 라틴아메리카연구에 조금이나마 도움이 될 것 같아 작은 위안이 된다. 될 수 있으면 각 역자의 번역 기준이나 용어를 존중하려 했지만 부득이 손을 댄 경우도 있다. 그로 인해 혹시나 발생하게 된 오류가 있다면 달게 지적을 받도록 하겠다.

우석균/김동환

찾아보기

【ㄴ】

【ㄷ】

【ㄹ】

【ㅁ】

【ㅂ】

【ㅅ】

【ㅇ】

【ㅈ】

【ㅊ】

【ㅋ】

【ㅌ】

【ㅍ】

【ㅎ】